医学院校专业基础课程教材

医用运动生理学

主编 王 杨 张 林

中国医药科技出版社

内 容 提 要

　　运动生理学是人体科学领域，特别是医学及相关专业的一门基础课程。该课程的主要任务是使学生学习并掌握机体在运动状态及动态环境下的正常生理功能特点，是生理科学领域的一门重要课程。

　　本教材从医学生理及人体运动科学两方面对正常人体的功能特点给予介绍。全书共15章。内容翔实、全面，编排合理、新颖。适合医学类院校的学生作为基础课程教材。

　　为达到学习中理论联系实际、学以致用的教学目的，本书在各章中适当的增加了应用例子，在章节的结尾列举了思考题以帮助学生理论联系实际进行思考。

图书在版编目（CIP）数据

医用运动生理学/王杨，张林主编．—北京：中国医药科技出版社，2010.10
医学院校专业基础课程教材
ISBN 978 – 7 – 5067 – 4788 – 2

Ⅰ．①医…　Ⅱ．①王…　②张…　Ⅲ．①运动生理 – 生理学 – 医学院校 – 教材　Ⅳ．①G804.2

中国版本图书馆 CIP 数据核字（2010）第 183640 号

美术编辑　张　璐
版式设计　郭小平
出版　中国医药科技出版社
地址　北京市海淀区文慧园北路甲 22 号
邮编　100082
电话　发行：010 – 62227427　邮购：010 – 62236938
网址　www. cmstp. com
规格　787 × 1092mm¼₆
印张　27½
字数　602 千字
版次　2010 年 10 月第 1 版
印次　2010 年 10 月第 1 次印刷
印刷　三河市腾飞印务有限公司
经销　全国各地新华书店
书号　ISBN 978 – 7 – 5067 – 4788 – 2
定价　55.00 元

医学院校专业基础课程教材建设委员会

编 委 会

本书编委会

序

人体运动生理学是研究在运动状态下人体生理功能特点的一门重要学科，以生理学为基础，是生理学的重要组成部分，涉及面很广，世界卫生组织（WHO）在《国际功能、残疾和健康分类》（International Classification of Functioning, Disability and Health, ICF）将人体生理功能分为八大类。人体运动生理学是临床医学，尤其是运动医学及康复医学等学科的重要基础理论。随着生命科学的迅猛发展，人体运动生理学以其特有的角度发现和探索生命在运动状态下的科学规律，并在医学领域发挥着越来越重要的作用。

本书是为医学院校的本科学生编写的，编者以生理学理论为基础，吸收了大量人体运动科学理论，同时考虑到医学院校的专业特点，以及将来在工作中可能遇到的问题，在内容的深度和广度上做了合理安排。在每章附有参考题及最新专业信息的电子链接以启发学生的思路。同时，本书也将使广大相关专业人士受益，可在教学、培训工作中发挥重要作用。

丁伯坦　　首都医科大学
中国康复研究中心　康复医学教授
2010 年 6 月 29 日

前言

　　生命是一个统一的整体。人体的结构和功能十分复杂。人生活在世界上，不断地与外界进行物质交换和能量交换。细胞是能够体现人体生命活动的最小单位。细胞和细胞间质形成组织、器官、系统，进而形成整个人体。生理学把人体称为内环境，以与外部环境区分。

　　《医用运动生理学》是参照国家教育部高等学校特色专业建设的精神，参考卫生部教材办公室、全国高等医药教材建设研究会新编教材《生理学》内容编排的人体运动生理学教材。

　　本教材所涉及的主要内容是目前医学院校康复医学及养生保健相关专业必须掌握的、最常用的知识。教材力求反映 21 世纪生理学及人体运动科学的现状和发展趋势，体现基础理论、基础知识；体现老学科领域的新思想、新内容、新知识、新特点。

　　本教材整合人体生理学基础及生命运动科学的基础知识点，重新调整、归类相关内容，全书共 15 章。在每章结束部分设置了应用专栏，专栏中提到的问题与每章的学习要点密切相关，学习者能从正文中找到相应的答案或原则性提示。同时，在每章结束后有网站导航，学习者可以从电子网站的刷新内容把握新知识、新进展。全书有大量插图，在知识点及内容上尽可能与国际相关专业的教科书接轨。

　　由于时间紧迫，疏漏及错误之处在所难免，欢迎批评指正，并恳请给予谅解。

医学院校专业基础课程教材编委会

2010 年 6 月

目　录

绪 论

教学 目标

了解运动生理学的基本特点及研究的三个层次，掌握运动生理学中新陈代谢的变化规律，机体在运动过程中表现出其物质代谢及能量代谢的特点。

相关 概念

运动生理（exercises physiology）：相对于一般生理学而言，研究在工作及运动等负荷状态下，机体所表现出来的功能特点、特征的科学。运动生理可包括以竞技体育训练为中心的运动生理和以医疗及养生保健为主要学习目的的医学运动生理。

运动生理学的三个层次：运动生理学的功能和机制可从三个水平进行研究，即细胞和分子水平、机体内各器官和系统水平、机体的整体水平的研究。

新陈代谢（metabolism）：机体与环境之间进行的物质和能量交换以及机体内物质和能量的转变过程叫称为陈代谢。它包括物质代谢和能量代谢两个方面。

同化作用和异化作用（anabolism and catabolism）：机体获取环境中的营养物质并转变成自身的组成成分，同时储存能量的过程称为同化作用（或称为合成代谢）；机体将自身的组成物质加以分解，释放出其中的能量，并且把分解的终产物排出体外的变化过程被称为异化作用（又称分解代谢）。

第一节 概 述

运动生理学是以生理学理论为基础的一门应用学科，以安静、急性及慢性运动状态下机体的功能特点为研究对象。运动生理学的任务就是要研究运动状态和与运动相关的特殊环境下这些生理功能的发生机制、发生条件以及机体所处内外环境的各种变化对其的影响，掌握功能变化的规律。

相对于安静状态下正常机体功能的生理学而言，运动生理学则更着重于研究运动状态下的功能特点，如运动状态下肝脏的糖异生及糖分解的特点；糖原的有氧氧化及无氧酵解特点；心血管活动特点；肺通气、肺换气特点等；在分子水平上分析和研究血糖、尿糖、血气、电解质、酸碱度的变化特点。

中国运动生理学的发展应追溯到上海商务印书馆在 1920~1930 年出版的万有文库

丛书中收录的由程瀚章编写的《运动生理》（1924年版），在这本教材中按人体的各功能、系统逐一阐述了运动对人体生理功能的作用和作用机制，并在与运动关系密切的各器官和系统如心脏、呼吸、骨、关节、肌肉、神经等用了较大篇幅进行叙述。1940年代蔡翘编著的《运动生理学》的出版则巩固了运动生理学作为一门独立学科的地位。

运动生理学发展与军事体育和运动训练学密切关联，将其密切地与现代医学科学联系，发展成为运动医学则是随着运动生理学的发展而兴起的。科技水平的日益发展及医疗实践的进步积累了大量人体生理功能知识，通过对人体和动物的实验分析研究，逐渐形成机体功能的系统性理论科学。医学中关于疾病问题的理论研究是以人体生理学的基本理论为基础的。同时，在医学治疗和治疗后期的功能恢复过程中运动生理学发挥着重要作用。运动生理学通过不断吸纳竞技运动中总结出来的新内容和发现的新问题，不断地丰富其理论，从一个特殊的角度推动着医学科学的研究和发展。可以说运动生理学是临床医学、康复医学及相关领域的一门重要的基础理论学科。

第二节　运动生理学研究的三个水平

研究机体运动机制需要从不同层次提出问题而研究，可分别从三个水平进行详解。

一是细胞和分子机制的研究。运动的物质基础是机体，而构成机体最基本的结构和功能单位是各种细胞。器官的功能与组成该器官的细胞特性密不可分，如骨骼肌的功能与骨骼肌细胞特性之间的关系、内外分泌腺体的功能与腺细胞特性之间的关系密不可分。在细胞水平，其功能特性又取决于构成细胞内的物理化学特性，特别是大分子的物理化学特性。心脏这一器官的功能之所以能够得到维持，是由于心肌细胞中的蛋白质分子在离子浓度变化和酶作用下，细胞内大分子变化而发生的兴奋性变化（如收缩或舒张、兴奋性的传导）。这种对心脏功能在心肌细胞和生物大分子水平上进行的研究即细胞、分子水平的研究。

二是机体内各器官和系统的研究。这方面的研究着重于阐明器官和系统对于运动状态下机体的作用、活动规律及其活动受到控制的各类因素。血液循环系统的基础是心脏、血管及淋巴系统，器官和系统的研究需要阐明的则是心脏各部分如何协同运动、射血功能、血管特点、血液流动的动力和阻力、心血管活动的调节等规律。这类研究的着重点在于对完整的心脏、血管和循环系统进行观察，因此称为器官和系统水平的研究。

三是整体地分析并探索机体内各器官、系统的相互联系和相互影响、机体与内外环境之间相互联系和相互影响。机体的整个生理活动并不等于心、肺、肾等器官水平生理功能的简单总和，而体现为各种生理功能之间相互联系、相互制约，完整而协调的过程。机体的生理活动还具有个体特点，且随着个体生活条件的变异而不断变化发展着。完整机体内心脏搏动的频率（心肌的自律性）和力量（收缩和舒张力）受体内外环境、健康状况及情绪等因素的影响。在这里研究的对象是整个机体，因此称为整体水平研究。

总之，机体安静及运动状态下，其生理功能虽然以细胞和分子特性为基础，遵循物理化学的规律，但其特点表现为既有细胞和分子水平的研究和科学规律，还有器官、系统和整体水平的研究和科学规律。因此在学习运动生理学时，全面地理解某一运动功能的机制，必须从细胞和分子、器官和系统以及整体三个水平进行把握。

运动生理学可以略分为以分析身体运动特点为目的的运动生理学（exercises physiology）和以竞技体育训练为目的的运动生理学（sports physiology）。前者着重于分析竞技状态下的结构及功能特点；后者着重于将生理学理论和概念进一步应用于竞技技能训练，提高运动员的运动水平。

在很多方面，以基础理论为研究目的运动生理学和以提高训练竞技技能为目的的运动生理学两者并存，不加以区分。医学运动生理学相对于竞技运动理论，更加着重于养生保健、健康长寿方面的运动特点分析，它综合了体育和运动生理学的某些方面，范围包括了体育锻炼及运动医学、健康和健身、运动功能、身体活动、身体测量和评估以及运动生理学专业领域中的一些特殊方面，如营养、增补剂、体温调节、海拔高度、身体组成。

第三节　运动生理学中的新陈代谢特点

新陈代谢是生命活动的基本特征，包括物质代谢和能量代谢，而物质代谢又包含了分解代谢（catabolism）和合成代谢（anabolism）两个方面。

生物机体为适应运动负荷具有在持续运动中提高新陈代谢的能力。例如骨骼肌在静止状态下的基础代谢率为 $0.63W/kg$，维持运动时每分钟消耗糖原的能力则可提高到每 $90mg/min$（$0.5mmol$），从而产生出 $24W$ 的机械能及 $76W$ 的热能，骨骼肌的能量消耗提高了 160 倍。在短时间的爆发力运动过程中，骨骼肌的产能会更大，如成人从蹲姿到跳起的动作过程中骨骼肌可产生出 $314W/kg$ 的机械能。

新陈代谢中的能量代谢产生出热能和化学能两个部分，生物机体中的细胞不能直接利用能量代谢产生的热能，而只能利用其中的化学能，即三磷酸腺苷－磷酸肌酸系统（ATP－CP 系统）提供的能量维持生命活动。ATP 在线粒体中释放高能磷酸键，在产生 ADP 的同时释放出 $30.5kJ/mol$ 的化学能；骨骼肌中的肌糖原在此化学能的参与下，在无氧状态下将糖原酵解成乳酸，同时释放少量的 ATP，这一过程供能迅速但产生能供给骨骼肌的能量较少。有氧氧化则可将糖原分解成二氧化碳和水，释放出供骨骼肌收缩所需的能量。

激烈而长时间运动而产生的多余热量则由体表以发汗为主的体温调节机制所清除。伴随着运动中物质代谢及能量代谢的变化，可产生体液丢失加剧，尿量减少，体重减少；循环系统方面出现心脏的每搏量和心输出量下降、心率上升、皮肤血流量下降而血管的外周阻力上升的现象。

有氧代谢初期的物质基础是血中游离脂肪酸及乳酸，肝脏则通过逐渐提高糖原的输出而参与有氧供能过程。骨骼肌在运动中消耗血浆中的糖原（血糖）后，肝脏随后补充血中糖原不足，糖原输出可比正常水平提高 5 倍，此时的血糖可高于正常值并维持在较高的水平。

大脑为机体高级运动中枢的所在部位。安静状态下脑循环血量为心输出量的 15%，消耗能量约占身体总能量代谢的 20%，有氧代谢是大脑功能的重要途径，但也可通过乳酸代谢途径部分地补充功能不足。亚极限负荷运动的初期由于心输出量的上升，脑通过其自身调节增加脑循环血量以补充供氧；而短时间剧烈运动则使血糖消耗上升，而降低脑血糖的供给，此时大脑还可通过提高乳酸代谢途径的供能比例，以维持大脑的功能水平。

复习题

1. 简述机体在负荷运动状态下新陈代谢的特点。
2. 举例说明运动生理学理论的三个层次。
3. 什么是同化作用，举例说明其在运动中的作用。
4. 什么是异化作用，它在运动过程中的能量供应中有何作用，举例说明。

思考与讨论

你认为负荷状态下的新陈代谢特点与一般生理学中介绍的理论有何不同？

（王　杨）

参 考 文 献

[1] Henry C J. Basal metabolic rate studies in humans: measurement and development of new equations. Public Health Nutr, 2005, 8: 1133~1152.
[2] Matthews G G. Cellular physiology of nerve and muscle. 4th ed. Blackwell Publishing, 2003.
[3] Guyton A C. Text book of medical physiology. 10th ed. WB Saunders Co, Philadelphia, 2000.
[4] 王庭槐. 生理学. 第2版. 北京：高等教育出版社，2008.

第一章　骨骼肌功能学

教学 目标

　　掌握骨骼肌纤维的基本结构，静息电位和动作电位的概念以及产生原理；神经冲动传导和兴奋由神经向肌肉的传递过程；神经－肌肉接头兴奋传递的机制，骨骼肌收缩的滑行学说、肌肉收缩和放松的过程；了解肌纤维类型和运动、肌电的测量与应用。

相关 概念

　　肌小节（sarcomere）：肌原纤维上每一段位于 2 条 Z 线之间的区域，是肌肉收缩和舒张的最基本单位，它包含一个位于中间部分的暗带和两侧各 1/2 的明带，合称为肌小节。

　　静息电位（resting potential）：细胞未受刺激时存在于细胞膜内外的电位差称为静息电位，亦可称为跨膜电位，简称膜电位。

　　动作电位（action potential）：可兴奋组织或细胞受到阈上刺激时，在静息电位基础上发生的快速、可逆转、可传播的细胞膜两侧的电变化，称为动作电位。

　　兴奋－收缩耦联（excitation－contraction coupling）：通常把以肌细胞膜的电变化为特征的兴奋过程和以肌丝滑行为基础的收缩过程之间的中介过程称为兴奋－收缩耦联。

　　肌电图（electromyogram，EMG）：用适当的方法将骨骼肌兴奋时发生的电位变化引导、记录所得到的图形，称为肌电图。

　　单收缩（simple contraction）：整块骨骼肌或单个肌细胞受到一次短促的刺激而产生一次动作电位时，会出现一次机械收缩和随之的舒张现象，称为单收缩。

　　强直收缩（tetanic contraction）：当骨骼肌受到连续刺激时，后一个刺激都落在前一刺激引起的收缩未结束之前，使肌肉不能充分休息，而产生下一次收缩，一直维持在缩短状态中，称为强直收缩。

　　向心收缩（concentric contraction）：肌肉收缩时，长度缩短的收缩称为向心收缩。

　　离心收缩（eccentric contraction）：肌肉在收缩产生张力的同时被拉长的收缩称为离心收缩。

　　等长收缩（isometric contraction）：肌肉在收缩时其长度不变，这种收缩称为等长收缩，又称为静力收缩。

　　等动收缩（isokinetic contraction）：在整个关节运动范围内肌肉以恒定的速度，且肌肉收缩时产生的力量始终与阻力相等的肌肉收缩称为等动收缩。

运动单位（motor unit）：一个 α - 运动神经元和受其支配的肌纤维所组成的最基本的肌肉收缩单位称为运动单位。

+-

人体的肌肉分为骨骼肌、心肌和平滑肌三大类。其中，骨骼肌是体内数量最多的一种组织，约占人体体重的40%（女性为35%）。骨骼肌的主要活动形式是收缩和舒张。在神经系统的调节以及机体各器官系统的协调下，通过舒缩活动完成运动、动作，维持身体姿势。

第一节 骨骼肌结构特征

骨骼肌细胞又称肌纤维（myofiber），是骨骼肌的基本结构和功能单位。成人肌纤维直径约60μm，长度为数毫米到数十厘米。肌纤维含有大量肌原纤维（myofibril）和丰富的肌管系统。肌原纤维排列高度规则有序，是由许多肌小节（sarcomere）串联而成的长纤维结构。肌小节是肌肉收缩和舒张的最基本单位。每条肌纤维外面包有一层薄的结缔组织膜，称为肌内膜。许多肌纤维排列成束（即肌束），表面被肌束膜包绕。许多肌束又聚集在一起构成一块肌肉，外面包以结缔组织膜，称为肌外膜。每一块肌肉的中间部分一般膨大而称为肌腹，两端为肌腱。肌腱直接附着在骨骼上。骨骼肌收缩时通过肌腱牵动骨骼而产生运动。

一、肌原纤维和肌小节

肌原纤维是肌纤维中最主要的组分，直径约1~2μm，呈细丝状，沿细胞的长轴平行排列。每条肌原纤维都有明暗相间的横纹，皆整齐地排列在同一水平上。在偏光显微镜下，明带（light band）呈单折光，为各向同性，又称 I 带；暗带（dark band）呈双折光，为各向异性（anisotropic），又称 A 带。暗带的长度为1.5μm，无论在肌肉处于静止、受到牵拉或收缩时基本不变。因为横纹呈规律的排列，故骨骼肌也称横纹肌（图1-1）。在电镜下，暗带中央有一条浅色窄带称 H 带，H 带中央还有一条深 M 线。明带中央则有一条深色的细线称 Z 线（或称为 Z 盘）。两条相邻 Z 线之间的一段肌原纤维称肌小节。每个肌节都由一个完整的暗带和两侧各半个明带组成。安静时肌节长约2.0~2.2μm，在收缩和被拉长时，变化范围约为1.5~3.3μm。肌肉生长时通过增加

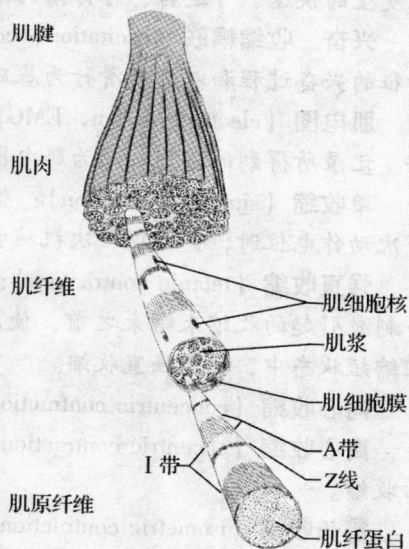

图1-1 骨骼肌超微结构示意图

肌腱
肌肉
肌纤维
肌原纤维
肌细胞核
肌浆
肌细胞膜
A带
I 带
Z线
肌纤蛋白

新的肌小节来使肌纤维长度延长，而不是通过肌小节宽度的增加。

　　每个肌纤维含有数百乃至数千条肌原纤维，肌原纤维又是由上千条粗、细两种肌丝有规律地平行排列组成的（图 1-2）。粗肌丝（thick filament）长约 1.5μm，直径约 15nm，位于肌节的 A 带，借 M 线固定，两端游离。在 H 带两侧的 A 带上，沿粗肌丝的长轴旋转伸出一些等间距的横桥，每旋转 1 周共伸出 6 个横桥，等间距离为 14.3nm。粗肌丝借助横桥与相邻的细肌丝相连，在 H 带的粗肌丝没有横桥。细肌丝（thin filament）长约 1μm，直径约为 5nm，一端固定在 Z 线上，从 Z 线上伸出，两侧分别构成半个 I 带，再由 I 带继续向 A 带内伸进一定距离，插入粗肌丝间隙中，形成 6 条细肌丝围绕 1 条粗肌丝，然后止于 H 带外侧。所以此处横切面上可见 1 条粗肌丝周围有 6 条细肌丝；而 1 条细肌丝周围有 3 条粗肌丝（图 1-3）。两种肌丝在肌节内的这种规则排列以及它们的分子结构，是肌纤维收缩功能的主要基础。肌纤维处于静止状态时，从两条 Z 线伸出的肌动蛋白微丝两端相隔的距离即 H 带的宽度。当肌纤维收缩时，肌动蛋白微丝两端接近或接合，H 带变窄以至消失；当肌纤维弛张时，肌动蛋白微丝两端之距离稍宽，H 带也变宽。

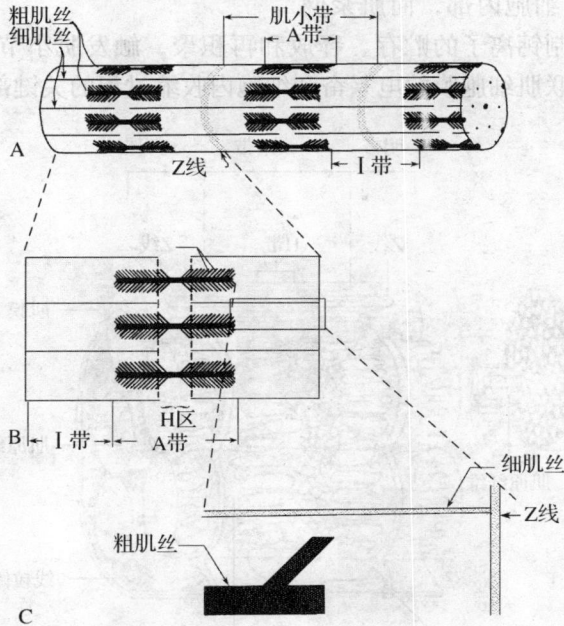

图 1-2　肌原纤维的结构图

A. 一段肌原纤维结构示意图，A 带由粗肌丝和细肌丝组成；
B. 一个肌小节的放大结构示意图，粗肌丝上有伸向细肌丝
的横桥结构，H 区没有细肌丝；C. 横桥的超微结构示意图

二、肌管系统

　　肌原纤维周围包绕着膜性囊管状结构，这些膜性囊管状结构称为肌管系统，可分为横小管系统［transverse tabular system，又称 T-系统（T-system）］和纵小管系统（longitudinal tubular system，又称 L-管系统）。它们是骨骼肌兴奋引起收缩耦联过程的

形态学基础。横小管系统是肌细胞膜大致在 Z 线部位由表面凹陷进入肌纤维内部，伸展到每一肌原纤维之间，反复分支形成的膜小管系统。横小管系统与细胞外液贯通，肌细胞膜上的兴奋可通过横小管扩布到肌细胞内部。纵小管系统即肌质网（sarcoplasmic reticulum）系统。细胞内肌质网位于横小管之间，纵行包绕每条肌原纤维，形成花边样的网，在接近横小管处形成特殊的膨大扁囊，称为终末池（terminal cistern），其中贮存了大量钙离子。每一个横小管和来自两侧的终末池构成复合体，称为三联管（triad）。横小管与纵小管内腔互不相通，三联管结构有约 12nm 的间隙（图 1 - 4）。横管系统的作用是将肌细胞的兴奋沿 T 管膜传导到细胞内部，而肌浆网

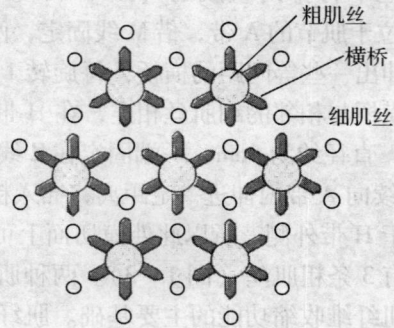

图 1 - 3　粗肌丝和细肌丝的空间排列示意图

和终末池的作用是控制钙离子的贮存、释放和再积聚，触发肌小节的收缩和舒张。可见，三联管结构是耦联肌细胞膜的电兴奋和细胞内收缩过程的关键部位。

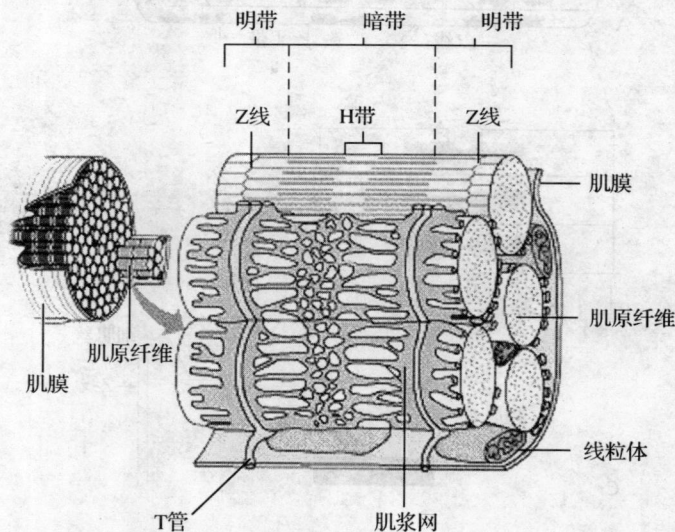

图 1 - 4　肌管系统结构示意图

三、分子水平的骨骼肌

蛋白质占肌肉干重的 75% ~ 80%，与收缩机制有关的蛋白质占肌肉蛋白质的 50% ~ 60%。肌细胞收缩的物质基础是粗、细蛋白质肌丝。

（一）粗肌丝

粗肌丝由肌球蛋白（myosin，又称肌凝蛋白）有序排列组成。1 条粗肌丝中约有

200个肌球蛋白分子。肌球蛋白分子形似豆芽，呈双头长杆状，头和杆连接处类似关节，可以屈伸，头部具有ATP酶活性。许多肌球蛋白的杆状部分集束构成粗肌丝的主干，其头部向外突出，形成横桥（cross-bridge，图1-5）。横桥部具有ATP酶活性，可分解ATP而获得能量，使横桥发生屈伸运动。在一定条件下，头部可与细肌丝上的肌动蛋白呈可逆结合。

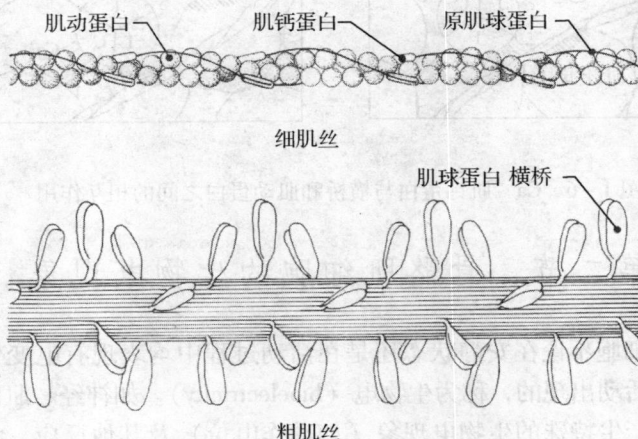

图1-5　细肌丝与粗肌丝结构示意图

（二）细肌丝

细肌丝主要由肌动蛋白（actin，又称肌纤蛋白）、原肌球蛋白（tropomyosin，又称原肌凝蛋白）和肌钙蛋白（troponin，又称原宁蛋白）组成（图1-5）。后2种属于调节蛋白，在肌收缩中起调节作用。

1. 肌动蛋白

肌动蛋白分子单体呈球状（称G-肌动蛋白），每个球形单体上都有一个可以与肌球蛋白头部相结合的位点。许多单体相互接连成串珠状的纤维形，并以双螺旋聚合成纤维状肌动蛋白（F-肌动蛋白），构成细肌丝的主干。

2. 原肌球蛋白

原肌球蛋白也是由双螺旋多肽链组成，位于F-肌动蛋白的双螺旋浅沟中并与其松散结合。在安静状态下，原肌球蛋白分子位于肌动蛋白的活性位点之上，阻碍横桥与肌动蛋白结合。每个原肌球蛋白分子大约掩盖7个活性位点。

3. 肌钙蛋白

肌钙蛋白是由3个球形亚单位组成。亚单位I、亚单位T和亚单位C分别对肌动蛋白、原肌球蛋白和Ca^{2+}具有高亲和力。肌钙蛋白的作用之一是把原肌球蛋白附着于肌动蛋白上。当细胞内Ca^{2+}浓度增高时，肌钙蛋白亚单位C与Ca^{2+}结合，引起整个肌钙蛋白分子构型改变，进而引起原肌球蛋白分子变构，暴露肌动蛋白分子上的活性位点，使肌动蛋白与横桥得以结合（图1-6），最终导致肌纤维收缩。

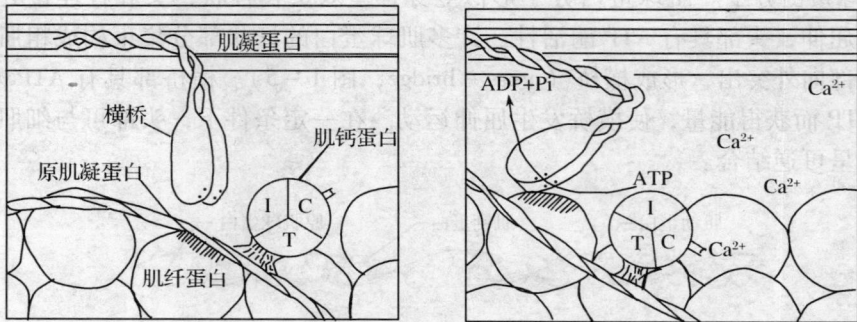

图 1 – 6　Ca^{2+} 肌钙蛋白与横桥和肌动蛋白之间的相互作用

第二节　骨骼肌细胞的生物电现象

一切活组织的细胞不论在安静状态还是在活动过程中均表现有电变化，这种电变化是伴随着细胞生命活动出现的，称为生物电（bioelectricity）。如神经、肌肉和腺体等组织受刺激后，能迅速产生特殊的生物电现象（如动作电位）及其他反应，将神经、肌肉和腺体组织称为可兴奋组织（excitable tissue），这些可兴奋组织接受刺激后所产生的生物电反应过程及其表现，称之为兴奋（excitation）。生物电是一种极普遍的生理现象，是活组织的基本特征之一，也是兴奋的标志。细胞水平的生物电现象主要有两种表现，即在安静时具有的静息电位（resting potential，RP）和受刺激后产生的动作电位（action potential，AP）。动作电位产生在组织细胞其他生理反应之前，对其他反应起着先导和触发作用。因此，动作电位的出现可作为可兴奋组织细胞兴奋的标志，并且将组织细胞产生动作电位的能力称为兴奋性。生物电在运动人体科学研究中的应用非常广泛，如记录骨骼肌、心肌、脑细胞生物电的肌电图（EMG）、心电图（ECG）和脑电图（EEG）。

一、静息电位

（一）静息电位的概念

细胞未受刺激时存在于细胞膜内外的电位差称为静息电位，亦称为跨膜电位，简称膜电位（membrane potential）。

分析细胞水平生物电的变化和产生机制，需采用微电极进行细胞内电位记录方法来加以研究。细胞静息电位的测量方法见图 1 – 7。

在所有被研究过的动植物细胞中（少数植物细胞例外），静息电位都表现为膜内较膜外为负，如果规定膜外电位为 0mV 时，则膜内电位大都在 – 10 ～ – 100mV 之间，哺乳动物的肌肉和神经细胞为 – 70 ～ – 90mV。静息电位相对恒定，通常把静息电位存在时细胞膜内外两侧所保持的外正内负状态，称为膜的极化（polarization）。当静息电位的数值向膜内负值加大的方向变化时，称做膜的超极化（hyperpolarization）；相反，如果膜内电位向负值减少的方向变化，称做去极化或除极（depolarization）；细胞先发生去极化，然后再向正常安静时膜内所处的负值恢复，则称做复极化（repolarization）。

（二）静息电位产生原理

"离子学说"认为，细胞内外离子分布和浓度的不均匀以及对不同离子的选择性通透是细胞水平生物电产生的两个前提。从正离子看（表 1 - 1），哺乳动物骨骼肌细胞内 K^+ 浓度较高，约为膜外的 40 倍，膜外 Na^+ 浓度较高，约为膜内的 12 倍。从负离子来看，膜外以 Cl^- 为主，膜内则以大分子有机负离子（A^-）为主。未受刺激的静息状态下，膜对 K^+ 的通透性大，对 Na^+ 的通透性则很小，对膜内大分子 A^- 则无通透性。由于膜内外存在着 K^+ 浓度梯度，而且在静息状态下，膜对 K^+ 又有较大的通透

图 1 - 7　静息电位测试示意图
A. 微电极与被测细胞；B. 电极刺入前后；C. 膜电位的变化

性（K^+ 通道开放），所以一部分 K^+ 便会顺着浓度梯度向膜外扩散，即 K^+ 外流。膜内带负电荷的大分子 A^-，由于电荷异性相吸的作用，也应随 K^+ 外流，但因不能透过细胞膜而被阻止在膜的内表面，致使膜外正电荷增多，电位变正，膜内负电荷增多，电位变负。这样膜内外之间便形成了电位差，它在膜外排斥 K^+ 外流，在膜内又牵制 K^+ 的外流，于是 K^+ 外流逐渐减少。当促使 K^+ 流的浓度梯度和阻止 K^+ 外流的电梯度这两种抵抗力量相等时，K^+ 的净外流停止，使膜内外的电位差保持在一个稳定状态，即静息电位。由于静息电位主要是 K^+ 由细胞内向外流动达到平衡时的电位值，所以又把静息电位称为 K^+ 平衡电位。

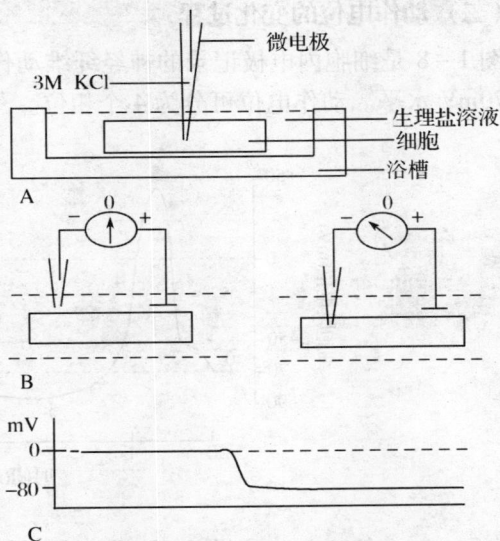

表 1 - 1　哺乳动物骨骼肌细胞内、外液中主要离子的浓度和电位

离子浓度	细胞外液（mmol/L）	胞质（mmol/L）	平衡电位（mV）	静息电位（mV）
Na^+	145	12	+67	—
K^+	4	155	−98	—
Cl^-	120	4	−90	—
有机负离子	—	155	—	—

二、动作电位

（一）动作电位的概念

可兴奋组织或细胞受到阈上刺激时，在静息电位基础上发生的快速、可逆转、可传播的细胞膜两侧的电变化，称为动作电位。不同细胞受到刺激后产生的动作电位具有不同的形态。例如，枪乌贼大神经轴突动作电位时程仅 1ms，骨骼肌细胞动作电位的时程也很短，仅持续几毫秒，而心室肌细胞动作电位时程可达几百毫秒。

（二）动作电位的变化过程

图1-8是细胞内电极记录的神经纤维动作电位。细胞膜处于静息电位状态，大概在 -70mV 水平。动作电位可分为 4 个相位。

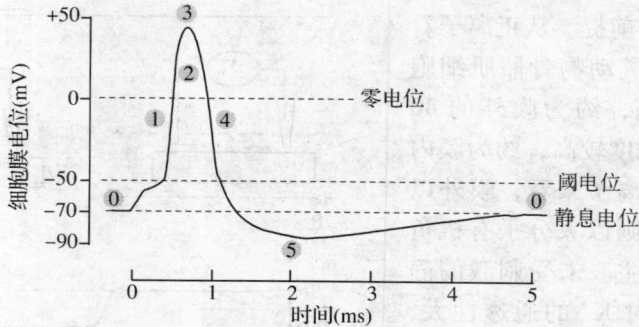

图 1-8　动作电位图（细胞内记录）

0. 静息电位；1. 去极化；2. 超射；3. 峰电位；4. 复极化；5. 超级化（后电位）

1. 初始相

在初始相膜电位去极至阈电位，这是动作电位产生的前提。刺激可以是旁边已兴奋的细胞膜电位改变，或者是化学突触上离子通道中的离子内流。

2. 去极化

去极化过程中，膜内的负电位迅速减小至零，进而膜电位发生反转，由原来的外正内负转变为外负内正，由原来 -90mV 反转到约 +50mV，电位变化的幅度约 140mV，形成动作电位曲线的上升支。上升支进行的时间很短，大约在 0.5ms 内完成。细胞膜的静息电位由 -90mV 减小到 0mV 的过程被称为去极化（depolarization phase），去极化是膜电位消失的过程；细胞膜电位由 0mV 转变为外负内正的过程称为反极化。反极化的电位幅度称为超射（over shoot）。

3. 复极化

动作电位的上升支很快从顶点（ +30mV）快速下降，膜内电位由正变负，直到接近静息电位的水平，形成曲线的下降支；称为复极化时相（repolarization phase）。所谓复极化是指在去极化的前提下膜极化状态的恢复。由于变化幅度大，时间短不超过2ms，动作电位波形很像一个尖峰，故又称峰电位。

4. 超极化

在下降过程中，电位会短时间下降到低于静息电位水平，然后再上升达到静息电位，这种静息电位的增大（绝对值）被称为超极化（而下降部分被称为负后电位，上升部分则是正后电位）。

典型的神经动作电位的波形由峰电位、负后电位和正后电位组成。因此，动作电位在静息电位基础上爆发了一次电位快速上升又快速下降以及随后的缓慢波动，包括了锋电位和后电位 2 种电位变化。其中锋电位特别是它的上升支是动作电位的主要成分。一般所说的动作电位就是指锋电位而言。

在动作电位过程中，神经细胞的兴奋性也发生相应的变化。兴奋性变化分为绝对不应期、相对不应期、超常期和低常期。从时间关系来说，绝对不应期相当于初始相至去极化的 −60mV 阶段。此阶段中无论给予多强的刺激，细胞都不会再次兴奋。相对不应期是去极化过程中膜内电位 −60 ~ 80mV 这段时期，用阈上刺激才能引起动作电位。超常期是复极化过程中膜内电位 −80 ~ −90mV 阶段，用阈下刺激就能引起细胞产生动作电位，说明细胞的兴奋性超过了正常。低常期在超极化阶段，细胞内膜电位低于静息电位，需要较大刺激才能诱发动作电位（图 1 −9）。

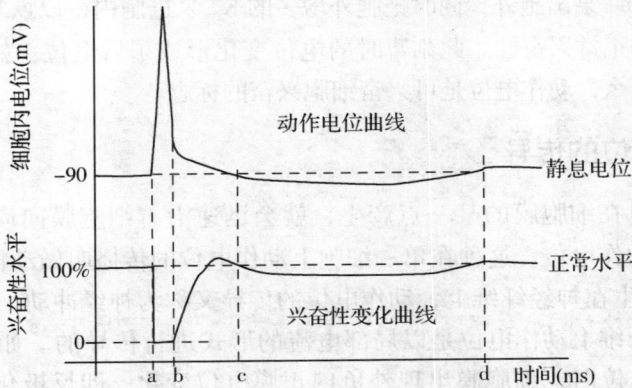

图 1 − 9　动作电位变化与兴奋性变化之间的关系

动作电位有以下特点。①"全或无"（all or none）现象：动作电位的产生需要一定的刺激强度，刺激达不到阈值，动作电位不出现，达到阈值后，动作电位的幅度就达到最大值，动作电位的幅度也不会因刺激加强而增大。这一特征称为动作电位的"全或无"现象。②不衰减性传导：动作电位一旦在细胞膜的某一部位产生，它就会向整个细胞膜传播，而且它的幅度不会因为传播距离增加而减弱。③脉冲式：由于不应期的存在使连续的多个动作电位不可能融合，两个动作电位之间总有一定间隔。

（三）动作电位产生原理

动作电位产生的机制与静息电位相似，都与细胞膜的通透性及离子转运有关，也可以用离子流学说来解释。静息状态时，虽然细胞外 Na^+ 浓度比细胞内高，有由细胞外向细胞内扩散的趋势，但是膜上 Na^+ 通道关闭，Na^+ 不能大量内流。当细胞受到一个阈刺激（或阈上刺激）时，膜上的钠通道被激活，有少量的 Na^+ 内流，引起细胞膜轻度去极化（初始相）。当膜电位去极化至某一临界电位时，电压门控式 Na^+ 通道开放，此时膜对 Na^+ 的通透性突然增大，并且超过了膜对 K^+ 的通透性，Na^+ 迅速大量内流，使膜发生更强的去极化。较强的去极化又会使更多的钠通道开放和形成更强的 Na^+ 内流，如此便形成钠通道激活对膜去极化的正反馈（又称 Na^+ 的再生性循环），使膜迅速去极化，直到膜内正电位增大到足以阻止由浓度差所引起的 Na^+ 内流时，膜对 Na^+ 的净移动为零，从而形成了动作电位的上升支，此时膜两侧的电位差称为 Na^+ 的平衡电位。根据 Nernst 公式计算出 Na^+ 平衡电位的数值（50 ~ 70mV），与实际测得的动作电位的超射值（40 ~ 50mV）非常接近。

Na$^+$通道开放的时间很短，当细胞膜除极到峰值时，很快失活而迅速关闭，从而使膜对 Na$^+$ 通透性变小。与此同时，电压门控式 K$^+$ 通道开放，膜内 K$^+$ 在浓度差和电位差的推动下又向膜外扩散，膜内电位由正值向负值发展，恢复到兴奋前的负电位状态，形成动作电位的下降支，亦即复极化时相（repolarization phase）。直至恢复到静息电位水平。

在复极化末期，膜电位的数值虽然已经恢复到静息电位水平，但细胞内外离子的浓度差发生了变化，即一部分 Na$^+$ 在去极化中扩散到细胞内，一部分 K$^+$ 在复极化过程中扩散到细胞外。于是激活了 Na$^+$－K$^+$ 依赖式 ATP 酶即 Na$^+$－K$^+$ 泵，钠泵加速运转，逆浓度差将胞内多余的 Na$^+$ 泵出胞外，同时把胞外增多的 K$^+$ 泵进胞内，以恢复静息状态的离子分布，保持细胞的正常兴奋性。此刻暂时的电位变化形成了后电位。如果说静息电位是兴奋性的基础，那么，动作电位是可兴奋细胞兴奋的标志。

三、动作电位的传导

动作电位一旦在细胞膜的某一点产生，就会迅速沿着细胞膜向周围传播，直到整个细胞膜都产生动作电位。这种在单一细胞上动作电位的传播叫做动作电位传导（conduction）。如果发生在神经纤维上，动作电位的传导又称为神经冲动，它是双向的。

在无髓神经纤维上动作电位是以局部电流的形式进行传导的。如图 1 - 10A 所示，当 e 点发生动作电位时，细胞膜出现外负内正膜电位变化，即反极化状态。而相邻部位没有兴奋，仍然处在膜外为正膜内为负的状态。由于细胞外液和细胞内液都具有良好的导电性，e 点的电位差必然会引起局部的由正到负的电流流动，即在膜外是由未兴奋点流向兴奋点 e，在膜内是由兴奋点 e 流向未兴奋点。这种局部流动的电流称为局部电流（local current）。局部电流流动的结果造成 e 点相邻的未兴奋点的膜内电位上升，而膜外电位下降，产生膜去极化，从而触发邻近部位的膜动作电位产生。就这样兴奋部位的膜与相邻未兴奋部位的膜之间产生的局部电流不断地流动下去，就会使产生在 e 点的动作电位迅速地进行传播，一直到整个细胞膜都发生动作电位为止（图 1 - 10B、图 1 - 10C）。因此，动作电位的传导实质上是局部电流流动的结果。由于动作电位的传导其实是沿着细胞膜不断产生新的动作电位，因而它的幅度和形状在长距离传导过程中保持不变。

有髓神经纤维外面包裹着一层电阻很高的髓鞘，在某一郎飞结的动作电位只能与相邻的郎飞结之间产生局部电流，使相邻的郎飞结兴奋，因此动作电位是跨越一段带髓鞘的神经纤维而呈跳跃式传导（图 1 - 10D）。因为，有髓神经纤维较粗大、电阻较小、动作电位跳跃式传导，所以动作电位在有髓神经纤维上的传导速度要比在无髓神经纤维上快的多。如人的粗大有髓神经纤维的传导速度超过 100m/s，而一些纤细无髓神经纤维的传导速度还不到 1m/s。

四、细胞间的兴奋传递

兴奋在不同细胞上的传递是通过电 - 化学的方式进行的，比如神经肌肉接头处的兴奋传递。与兴奋在同一细胞上的传导相比，神经肌肉接头处的兴奋传递具有单向性、突触延搁和易受环境因素影响的特点。

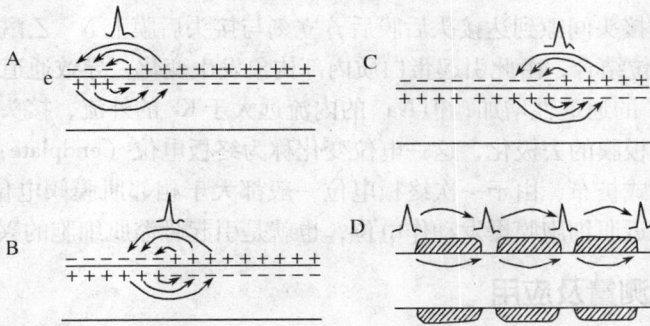

图 1 – 10　动作电位传导示意图

A、B、C 动作电位在无髓神经纤维上的传导过程，在无髓神经纤维上动作
电位以局部电流的方式进行传导；D 动作电位在有髓神经纤维上的传导过
程，在有髓神经纤维上动作电位呈跳跃式传导

（一）神经 – 肌肉接头的结构

　　神经 – 肌肉接头的结构又称为运动终板（motor end – plate）。运动神经纤维在到达神经末梢处时先失去髓鞘，然后发出许多细小分支，终末部分膨大，嵌入到肌细胞膜中，此处的神经细胞膜较正常部位要厚些，被称为接头前膜（终板前膜），与之相对应的骨骼肌细胞膜称为接头后膜，也称终板后膜、终板膜（end – plate membrane）。接头后膜往往形成许多小皱褶，以增加接头后膜表面积。接头前膜与接头后膜之间的间隙称为接头间隙（终板间隙），此间隙约为 20nm，其中充满了细胞外液。在神经末梢的轴浆内含有许多直径约 50nm 的囊泡，囊泡内含乙酰胆碱。神经末梢兴奋时乙酰胆碱以囊泡为单位批量地向接头间隙内释放，称为量子式释放（quantum release）。在接头后膜上存在乙酰胆碱受体，能与乙酰胆碱发生特异性结合。在接头间隙和接头后膜的皱褶中同时存

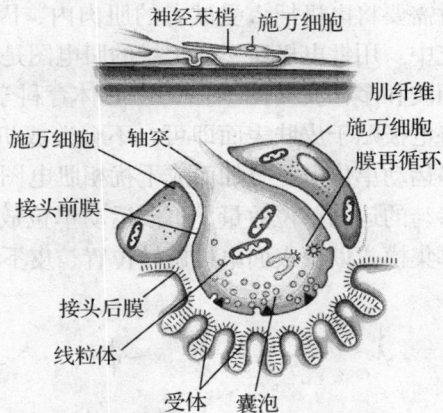

图 1 – 11　神经 – 肌肉接头示意图

在大量的胆碱酯酶，它可以将乙酰胆碱水解使其失活（图 1 – 11）。

（二）神经 – 肌肉接头的兴奋传递

　　当动作电位沿神经纤维传到轴突末梢时，引起轴突末梢处的接头前膜上的 Ca^{2+} 通道开放，Ca^{2+} 从细胞外液进入轴突末梢，促使轴浆中含有乙酰胆碱的囊泡向接头前膜移动。当囊泡到达接头前膜后，囊膜与接头前膜融合进而破裂，将乙酰胆碱释放到接头间隙。一次动作电位引起的 Ca^{2+} 内流，可导致 200～300 个囊泡几乎同步地在接头前膜以胞吐形式将其中的乙酰胆碱分子释放到接头间隙。每一个乙酰胆碱囊泡中的乙酰

胆碱分子数约为 5000 ~ 10000 个。这种以囊泡为单位的 "倾囊" 释放被称为量子释放。

乙酰胆碱通过接头间隙到达接头后膜后，立刻与接头后膜上 N^{2-} 乙酰胆碱门控通道受体的 2 个 α – 亚单位结合，由此引起蛋白质内部构象发生变化，导致通道开放，结果引起终板膜对 Na^+、K^+ 的通透性增加，但 Na^+ 的内流远大于 K^+ 的外流，接头后膜处的膜电位幅度减小，引起终板膜的去极化，这一电位变化称为终板电位（endplate potential）。终板电位以电紧张的形式扩布，由于一次终板电位一般都大于相邻肌膜阈电位的 3 ~ 4 倍，所以它很容易引起邻近肌细胞膜爆发动作电位，也就是引起骨骼肌细胞的兴奋。

五、肌电的测量及应用

骨骼肌在兴奋时，会由于肌纤维动作电位的传导和扩布，而发生电位变化，这种电位变化称为肌电。用适当的方法将骨骼肌兴奋时发生的电位变化引导、记录所得到的图形，称为肌电图（electromyogram，EMG），是肌肉中许多运动单元动作电位在时间、空间上的叠加，反映了神经、肌肉的功能状态。

骨骼肌收缩时的肌电活动通过电极引导，生物放大器放大，显示器显示、计算机数据采集等过程，转变成为可通过计算机进行计算、处理的数据，然后用适当的计算机软件进行分析处理，为医学诊断和科学研究提供可靠的依据。目前，在基础医学研究、临床诊断、体育科研中和康复工程中有广泛的应用。

采集肌电信号的电极有两种，一种是针电极，另一种是表面电极。用针电极采集肌电时需要将电极插入受试者的肌肉内，因此会造成一定程度的损伤，不便用于体育科学研究中。用针电极所引导记录的肌电图是运动单位电位，其波形可分为单相波、双相波、三相波和多相波（图 1 – 12）。在体育科学研究中一般用表面电极采集肌电信号。在记录时将电极贴于皮肤表面即可，不会造成机体损伤。用表面电极引导记录的肌电图往往是许多运动单位电位叠加而成干扰相肌电图（图 1 – 13），因此受不同功能状态和流动状态下参与的运动单位数量、不同运动单位放电频率、运动单位活动的同步化程度、运动单位募集模式以及表面电极旋转位置、皮下脂肪厚度、体温变化等因素影响。

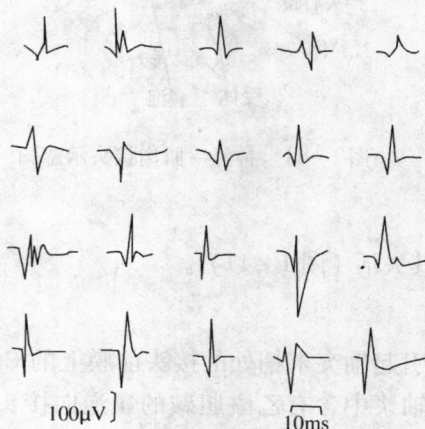

100μV   10ms

图 1 – 12　轻度用力时肱二头肌不同部位的电位

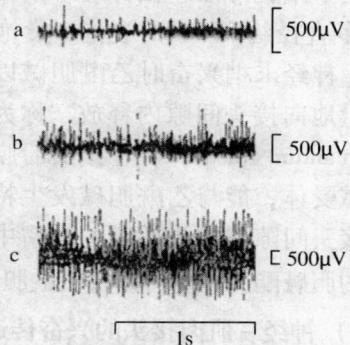

a　　　　　　　　　　　　　　　500μV

b　　　　　　　　　　　　　　　500μV

c　　　　　　　　　　　　　　　500μV

1s

图 1 – 13　不同程度收缩时骨骼肌肌电图
（表面电极引导）

a. 轻度用力收缩（单纯相）；b. 中等用力收缩
（混合相）；c. 重度用力收缩（干扰相）

第三节 骨骼肌的收缩

肌肉收缩的全过程包括 3 个相互衔接的主要环节：①细胞膜的电位变化，触发肌肉收缩这一机械变化，即兴奋 - 收缩耦联。②横桥的运动引起肌丝的滑行。③收缩的肌肉舒张。

一、肌丝滑行学说

20 世纪 50 年代 Huxley 等人提出了肌丝滑行学说（sliding filament theory），认为肌肉的缩短是由于肌节中细肌丝在粗肌丝之间的滑行，而肌肉的长度和结构不变，即当肌肉收缩时，由 Z 线发出的细肌丝在某种力量的作用下主动向暗带中央滑动，结果相邻的各 Z 线互相靠近，肌节的长度变短，从而导致肌原纤维以至整条肌纤维和整块肌肉的缩短。这一理论最直接的证据是，肌肉收缩时暗带长度不变，只有明带缩短，同时可见 H 带相应变窄（图 1 - 14）。

二、肌纤维收缩的分子机制

肌肉收缩是肌动蛋白与肌球蛋白相互作用，将分解 ATP 所释放的化学能转变成机械能的过程，其能量转换发生在肌球蛋白头部与肌动蛋白之间（图 1 - 15）。

在舒张状态时，横桥结合的 ATP 被横桥头部的 ATP 酶分解，分解产物 ADP 和无机磷酸仍留在头部，此时的横桥其方位与细肌丝成 90°，并对细肌丝上的肌动蛋白具有高度亲和力，但并不能与肌动蛋白结合，因为肌钙蛋白与原肌球蛋白的复合物覆盖了肌动蛋白的活化位点。

当运动神经元发放的神经冲动到达神经 - 肌肉接头处时，接头后膜（肌纤维膜）产生兴奋，肌质网向肌浆释放 Ca^{2+}（肌质网中的 Ca^{2+} 浓度远远大于肌浆中的 Ca^{2+} 浓度），肌浆中的 Ca^{2+} 浓度瞬时升高。激活肌钙蛋白亚单位 C 与 Ca^{2+} 结合，引起肌钙蛋白分子结构改变，进而使原肌球蛋白分子结构发生变化，使原肌球蛋白滑入 F⁻ 肌动蛋白双螺旋沟的深部，肌动蛋白分子上的活性位点暴露。

粗肌丝上的横桥头部迅速与肌动蛋白分子活性位点结合，造成横桥头部构象改变，使头部向 M 线方向摆动 45°，并拖动细肌丝向 M 线方向滑动，将横桥头部贮存的能量（来自 ATP 的分解）转变为克服负荷的张力和肌节的缩短。

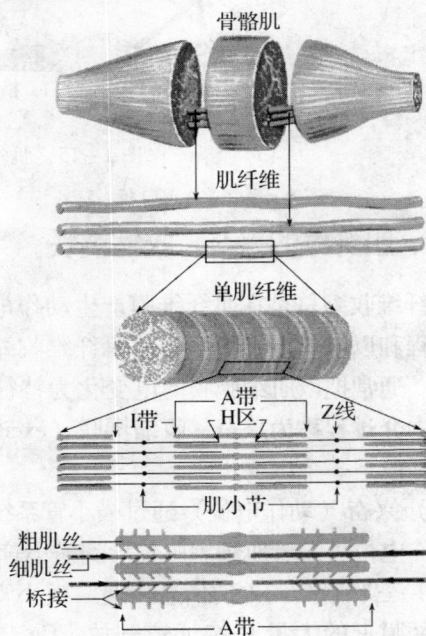

图 1 - 14 骨骼肌收缩示意图

横桥头部发生变构和摆动的同时，ATP 分解的 ADP 和无机磷酸与之分离。在 ADP 解离的位点，横桥头部马上又结合一个 ATP 分子，使横桥头部对肌动蛋白的亲和力明显下降，并与肌动蛋白解离。ATP 分解为 ADP 和无机磷酸，并恢复垂直于细肌丝的高势能状态和对肌动蛋白的高亲和力。如果胞浆内的 Ca^{2+} 浓度较高，便又可与下一个新的肌动蛋白活化位点结合，重复上述收缩过程。如果胞浆内的 Ca^{2+} 浓度降低到静息水平，则肌钙蛋白与 Ca^{2+} 解离，肌钙蛋白与原肌球蛋白复合物恢复原来的构象，竖起的横桥头部便不能与肌动蛋白上新的位点结合，肌肉进入舒张状态。上述横桥与肌动蛋白结合、摆动、复位、再结合的过程，称为横桥周期（cross – bridge cycling）。

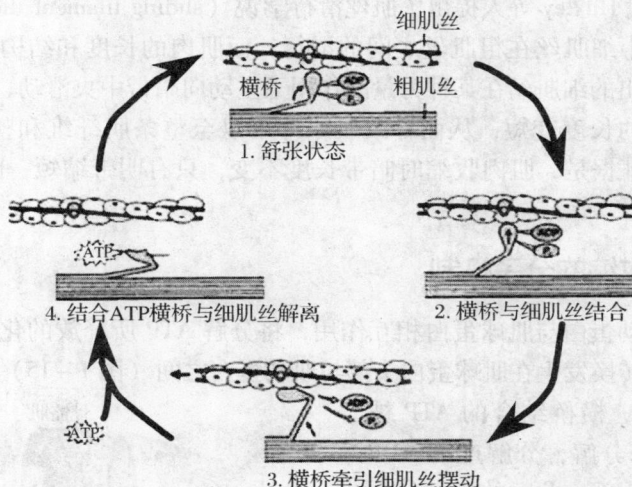

图 1 – 15　肌丝滑行原理示意图

三、肌纤维的兴奋 – 收缩耦联

肌纤维收缩总是在肌纤维膜产生动作电位后发生，因此，在以膜电位变化为特征的兴奋过程和以肌丝滑行为基础的肌纤维收缩过程之间，必然存在某种中介环节把两者联系起来。通常把以肌细胞膜的电变化为特征的兴奋过程和以肌丝滑行为基础的收缩过程之间的中介过程称为兴奋 – 收缩耦联（excitation – contraction coupling）。兴奋 – 收缩耦联过程包括以下 3 个主要步骤。

（1）兴奋（动作电位）通过横小管系统传导到肌细胞内部　横小管是肌细胞膜的延续，动作电位可沿着肌细胞膜传导到横小管，并深入到三联管结构。

（2）三联管结构处的信息传递　横小管膜上的动作电位可引起与其邻近的终末池膜及肌质网膜上的大量 Ca^{2+} 通道开放，Ca^{2+} 顺着浓度梯度从肌质网内流入胞浆，肌浆中 Ca^{2+} 浓度生高后，Ca^{2+} 与肌钙蛋白亚单位 C 结合时，导致一系列蛋白质的构型发生改变，最终导致肌丝滑行。

（3）肌质网对 Ca^{2+} 再回收　肌质网膜上存在的 Ca^{2+} – Mg^{2+} 依赖式 ATP 酶（钙泵），当肌浆中的 Ca^{2+} 浓度升高时，钙泵将肌浆中的 Ca^{2+} 逆浓度梯度转运到肌质网中贮存，从而使肌浆 Ca^{2+} 浓度保持较低水平，由于肌浆中的 Ca^{2+} 浓度降低，Ca^{2+} 与肌钙蛋白亚单位

C 分离，最终引起肌肉舒张。

　　Ca^{2+}在耦联过程中起了关键性作用。肌细胞胞浆内增加的Ca^{2+}绝大部分来自肌浆网内的Ca^{2+}释放。在心肌，由肌浆网释放的Ca^{2+}占80% ~90% ，在骨骼肌的一次单收缩中胞浆内增加的Ca^{2+}几乎100%来自肌浆网Ca^{2+}的释放。而胞浆内Ca^{2+}浓度的下降主要依赖于肌浆网膜上的钙泵，它每分解1分子ATP可将2个Ca^{2+}由胞浆转运至肌浆网，使胞浆Ca^{2+}浓度下降和肌肉舒张。因此，肌肉舒张过程也是一个主动过程，需要耗能。在骨骼肌舒张过程中，胞浆中升高的几乎全部被肌浆网上的钙泵回收；而在心肌，大部分被纵行肌浆网上的钙泵回收，另有10% ~20%的Ca^{2+}是经肌膜上的Na^+/Ca^{2+}交换体和钙泵排出胞外的。

四、骨骼肌的收缩形式

　　骨骼肌收缩是指肌肉张力增加和（或）肌肉长度缩短的机械变化，其收缩形式有以下几种。

（一）单收缩和强直收缩

　　整块骨骼肌或单个肌细胞受到一次短促的刺激而产生一次动作电位时，会出现一次机械收缩和随之的舒张现象，称为单收缩（simple contraction，图1-16）。当骨骼肌受到连续刺激时，后一个刺激都落在前一刺激引起的收缩未结束之前，使肌肉不能充分休息，而产生下一次收缩，一直维持在缩短状态中，称为强直收缩（tetanic contraction，图1-17）。由于刺激的频率不同，强直收缩可分为2种。①不完全强直收缩：连续刺激的频率较低，新刺激落在前一次收缩的舒张期内，会表现出舒张不完全。②完全强直收缩：连续刺激的频率较高，新刺激落在前一次收缩的收缩期内，会出现收缩的叠加现象。据测定，完全强直收缩的肌张力可达单收缩的3~4倍，因而可产生强大的收缩效果。正常情况下，人体内骨骼肌的收缩都属于完全强直收缩，这是因为躯体运动神经传来的冲动频率总是连续的。

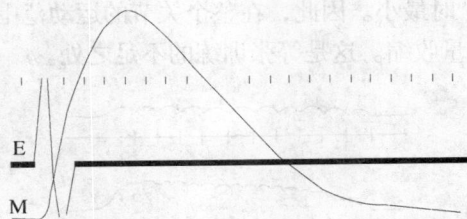

图1-16　猫胫前肌的等长单收缩曲线

　　当肌肉接受一连串彼此间隔时间很短的连续兴奋冲动时，由于各个刺激间的时间间隔很短，后一个刺激都落在由前一刺激所引起的收缩尚未结束之前，就又引起下一次收缩，因而在一连串的刺激过程中，肌肉得不到充分时间进行完全的休息，而一直维持在缩短状态中。肌肉因这种成串刺激而发生的持续性缩短状态，称强直收缩。引起强直收缩的刺激称强直刺激。

（二）运动时骨骼肌收缩的形式

　　运动时可根据肌肉工作需要而定，肌肉收缩可表现为整块肌肉的长度发生变化，也可不发生变化。根据肌肉收缩时的长度变化，把肌肉收缩分为4种基本形式，即向心收缩（concentric contraction）、等长收缩（isometric contraction）、离心收缩（eccentric contraction）和等动收缩（isokinetic contraction）。在完成工作或对抗地心引力对身体的作用时，这几种收缩往往同时或按顺序发生。

1. 向心收缩

肌肉收缩时，长度缩短的收缩称为向心收缩。向心收缩时肌肉长度缩短、起止点相互靠近，因而引起身体运动。而且，肌肉张力增加出现在前，长度缩短发生在后。但肌肉张力在肌肉开始缩短后即不再增加，直到收缩结束。故这种收缩形式又称为等张收缩（isotonic contraction）。有时也称为动力性或时相性收缩。肌肉向心收缩时，是做功的。其数值为负荷重量与负荷移动距离的乘积。

在向心收缩过程中，所谓的等张收缩是相对的，尤其是在体情况下，更是如此。由于在肌肉收缩过程中，往往是通过骨的杠杆作用克服阻力做功。在负荷不变的情况下，要使肌肉在整个关节活动范围内以同样的力量收缩是不可能的。如当肌肉收缩克服重力垂直举起杠铃时，随着关节角度变化，肌肉做功的力矩也会发生变化。因此，需要肌肉用力的程度也不同。在整个运动范围内，肌肉用力最大的一点称为"顶点"。出现"顶点"主要是因为在此关节角度下杠杆效率最差，加上肌肉缩短损失一部分力量，而促成了"顶点"的产生。

当肱二头肌收缩使肘关节屈曲举起某一恒定负荷时，它产生的张力随着关节角度变化而变化（图1-18）。肱二头肌收缩时所产生的张力，在关节角度为120°时最大，而在30°时最小。因此，在整个关节的运动范围内，只有在"顶点"肌肉才能有可能达到最大力量收缩。这是等张训练的不足之处。

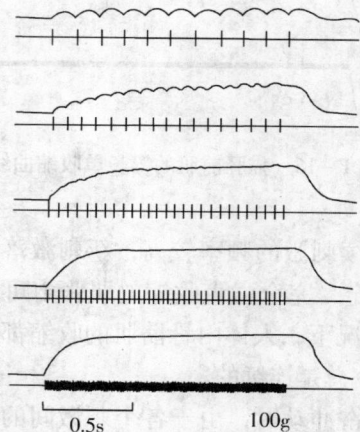

图1-17　不同频率的连续刺激对
骨骼肌收缩的影响

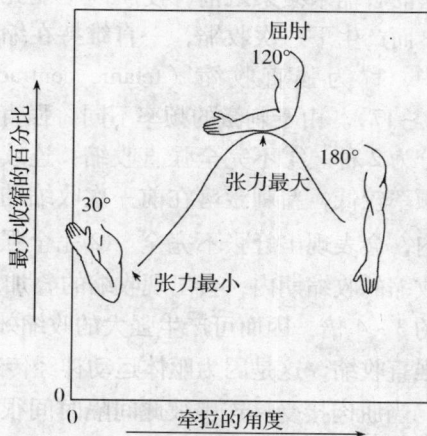

图1-18　屈肘时的肌肉张力与
关节角度的关系

2. 等长收缩

肌肉在收缩时其长度不变，这种收缩称为等长收缩，又称为静力收缩。肌肉等长收缩时由于长度不变，因而不能克服阻力做机械功。

等长收缩有2种情况。其一，肌肉收缩时对抗不能克服的负荷，如试图拉起根本拉不起的杠铃时，肱二头肌所进行的收缩就是等长收缩。其二，当其他关节由于肌肉离心收缩或向心收缩发生运动时，等长收缩可使某些关节保持一定的位置，为其他关节的运动创造适宜的条件。要保持一定的体位，某些肌肉就必须做等长收缩。如做蹲起动作时，肩带和躯干的某些肌肉发生等长收缩以保证躯干的垂直姿势，同时腿部和臀部的某些肌肉做向心收缩。当蹲下时，肩带和躯干的某些肌肉同样发生等长收缩以保证躯干的垂直姿势，但腿部和臀部的某些肌肉做离心收缩，在更复杂的运动中，身体姿势不断发生变化，因此肌肉的收缩形式也不断发生变化。在体育运动中，如体操中的"十字支撑"、"直角支撑"和武术中的站桩，参加工作的肌肉就是进行等长收缩。

3. 离心收缩

肌肉在收缩产生张力的同时被拉长的收缩称为离心收缩。如下蹲时，股四头肌在收缩的同时被拉长，以控制重力对人体的作用，使身体缓慢下蹲，起缓冲作用。因此，肌肉做离心工作也称为退让工作。再如搬运重物时，将重物放下以及下坡跑和下楼梯等也需要肌肉进行离心收缩。肌肉离心收缩可防止运动损伤。如从高处跳下时，脚先着地，通过反射活动使股四头肌和臀大肌产生离心收缩。由于肌肉离心收缩的制动作用，减缓了身体的下落速度，不致于使身体造成损伤。离心收缩时肌肉做负功。

4. 等动收缩

在整个关节运动范围内肌肉以恒定的速度，且肌肉收缩时产生的力量始终与阻力相等的肌肉收缩称为等动收缩。由于在整个收缩过程中收缩速度是恒定的，等动收缩有时也称为也称为等速收缩。在运动实践中，自由泳的划水动作就具有等动收缩的特点。

等动收缩和等张收缩具有本质的不同。肌肉进行等动收缩时在整个运动范围内都能产生最大的肌张力（图 1-19），等张收缩则不能。此外，等动收缩的速度可以根据需要进行调节。因此，理论和实践证明，等动练习是提高肌肉力量的有效手段。

要让肌肉做等动收缩，必须有专门的仪器设备，即等动练习器。仪器的主要部件是一个速度控制器。速度控制器可以保证无论参与工作的肌肉在收缩时产生多大的张力，其收缩速度不变，同时速度可调。在练习中可根据不同的目的和要求选择适当的速度。另外，还有力量的测试和记录装置，用来评定运动时的肌肉力量。

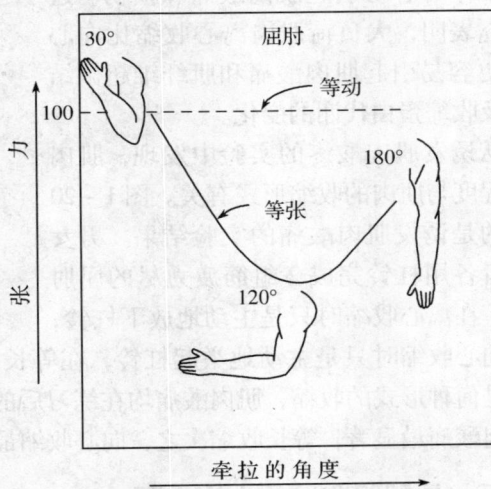

图 1-19 等动收缩时全运动范围内肌肉的最大张力

5. 骨骼肌不同收缩形式的比较

（1）力量 肌肉最大收缩时产生张力的大小取决于肌肉收缩的类型和收缩速度。同一块肌肉，在收缩速度相同的情况下，离心收缩可产生最大的张力。离心收缩产生的力量比向心收缩大 50% 左右，比等长收缩大 25% 左右。

关于肌肉离心收缩为何能产生较大的张力，一般认为有如下两方面的原因：首先是牵张反射，肌肉受到外力的牵张时会反射性地引起收缩。在离心收缩时肌肉受到强烈的牵张，因此会反射性地引起肌肉强烈收缩。其次是离心收缩时肌肉中的弹性成分被拉长而产生阻力，同时肌肉中的可收缩成分也产生最大阻力。而向心收缩时，只有可收缩成分肌纤维在收缩时产生克服阻力的肌肉张力。肌肉在向心收缩时，一部分张力在作用于负荷之前，先要拉长肌肉中的弹性成分。一旦肌肉中的弹性成分被充分拉长，肌肉收缩产生的张力才会作用于外界负荷上。因此肌肉收缩产生的张力，有一部分是用来克服弹性阻力的，这就使实际表现出来的张力小于实际肌肉收缩产生的张力。

（2）肌电　在等速向心收缩和离心收缩时，肌电与肌张力在一定范围内呈直线关系。积分肌电（IEMG）与肌肉张力成正比。在负荷相同的情况下，离心收缩的 IEMG 较向心收缩低（参见本章第二节和第七节）。

（3）代谢　在输出功率相同的情况下，肌肉离心收缩时所消耗的能量低于向心收缩，其耗氧量也低于向心收缩。肌肉离心收缩时其他与代谢有关的生理指标的反应（如心率、心输出量、肺通气量、肺换气效率、肌肉的血流量和肌肉温度等）均低于向心收缩。

（4）肌肉酸痛　很早就发现，肌肉做退让工作时容易引起肌肉酸痛和损伤。近来研究表明，大负荷肌肉离心收缩比向心收缩更容易引起肌肉酸痛和肌纤维超微结构以及收缩蛋白代谢的变化。

从诱发肌肉酸疼的实验中发现，肌肉酸疼程度与肌肉的收缩形式有关。图1－20显示的是诱发肌肉酸痛的实验结果。男女受试者各用杠铃完成 2 组筋疲力尽的屈肘运动。在离心收缩时只是主动地放下杠铃，

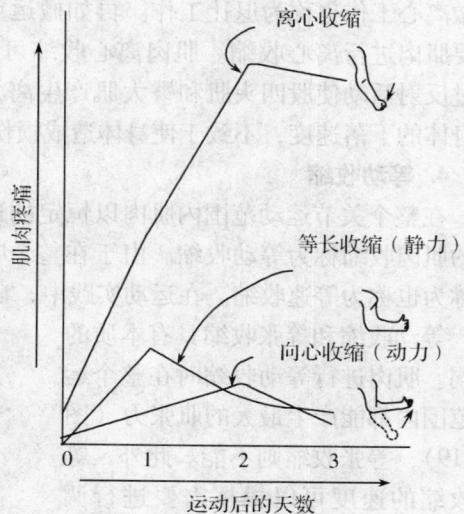

图1－20　离心收缩、等长收缩和向心收缩后的肌肉酸痛变化

而在向心收缩时只是主动地举起杠铃，在等长收缩时保持杠铃不动。从图中可以看出，无论是何种形式的收缩，肌肉酸痛均在练习后的 1～2 天才明显出现。肌肉离心收缩引起的肌肉酸痛最显著，等长收缩次之，向心收缩最低。

五、骨骼肌收缩的力学表现

人体所有的运动都是在对抗阻力的情况下产生的，因此，肌肉力量在运动中具有至关重要的作用。运动员在其他条件相同的情况下，肌肉力量的大小是决定运动成绩的主要因素。

（一）绝对力量与相对力量

某一块肌肉做最大收缩时所产生的张力为该肌肉的绝对肌力。肌肉的绝对肌力和肌肉的横断面大小有关，肌肉的横断面越大，其绝对肌力越大。而肌肉横断面的大小又取决于组成该肌肉的肌纤维数量和每条肌纤维的粗细。绝对肌力只能反应肌肉力量的大小，而不能反应肌肉每条肌纤维力量的大小。因此，引出了相对肌力的概念。相对肌力是指

肌肉单位横断面积（一般为 $1cm^2$ 肌肉横断面积）所具有的肌力。如果某一块肌肉的绝对肌力为 60kg，肌肉横断面积为 $20cm^2$，则相对肌力为 60/20 = 3（kg/cm^2）。

在整体情况下，一个人所能举起的最大重量称为该人的绝对力量。绝对力量的大小与体重有关，在一般情况下，体重越大绝对力量越大。如果将某人的绝对力量除以他的体重，可得到此人的相对力量。即每千克体重的肌肉力量。如有甲乙 2 名受试者的绝对力量都是 150kg，甲的体重为 75kg，乙的体重为 60kg。则甲的相对力量为每千克体重 2kg（150/75 = 2）。乙的相对力量为每千克体重 2.5kg（150/60 = 2.5）。因此，相对力量可更好地评价运动员的力量素质。

（二）肌肉力量与运动

1. 力量－速度曲线

肌肉收缩的快慢和所克服的外部阻力相关。当负荷较小时，肌肉收缩速度加快；当负荷较大时，肌肉收缩速度减慢。实验证明，逐渐增加负荷量肌肉收缩力量也逐渐增加，而收缩速度则逐渐降低。当负荷量刚好超过极限负荷时，肌肉张力达到最大值，但此时的收缩速度为零，肌肉所做的外功为零。如果逐渐减小负荷量，肌肉的收缩速度逐渐加快。当负荷量为零时，肌肉的收缩速度达到最大值。此时肌肉所做的功从理论上讲也是零（图 1-21）。肌肉收缩时产生的张力大小，取决于活化的横桥数目，收缩速度则取决于能量释放速度和肌凝蛋白 ATP 酶活性，而与活化的横桥数目无关。

图 1-22 表示的是在运动中产生最大力量与运动速度之间的关系。当受试者在等动练习器上，从 0°~180° 的速度伸膝时，记录下最大力量。当收缩速度每秒为零度时，此时产生的张力最大。这就是所谓的等长收缩。当运动速度增加时，肌肉产生的张力下降。

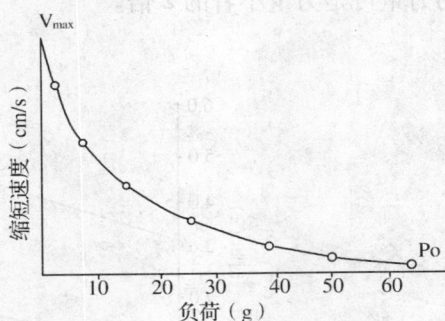

图 1-21 力量－速度曲线（离体肌肉）

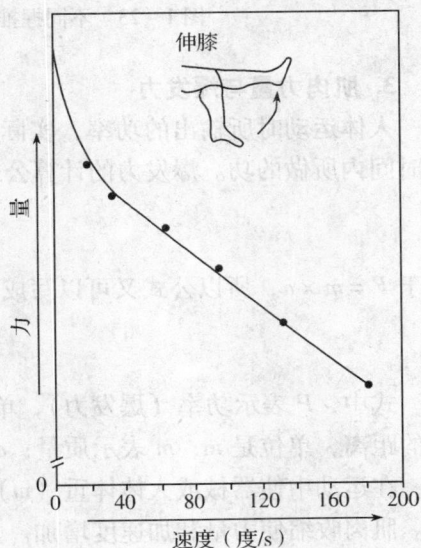

图 1-22 力量－速度曲线（在体肌肉）

从力量－速度曲线上可以看出，在其他因素相同的情况下，要想得到较快的收缩速度，就必须降低负荷量。如果要克服更大的负荷阻力，肌肉的收缩速度就要减慢。通过不同负荷量的训练，可得到不同的训练效果。小负荷训练可使肌肉的收缩速度得到提高。用大负荷进行训练，虽然可使肌肉力量得到较好的发展，但无助于收缩速度的提高。如果要达到最大的输出功率，得到最佳的训练效果，就必须采用最适的负荷和速度。

2. 肌肉力量与运动速度

肌肉力量增加可以提高运动速度。一个人的力量从100kg增加到120kg，那么，他克服100kg负荷的速度就会比力量增加前快。当负荷量依次下降到90kg、80kg、70kg或60kg，运动速度会越来越快。用最大等长力量与肢体运动速度相关的研究显示，力量越大的人动作速度越快。图1-23表示力量水平不同的人在各种负荷下的运动速度。在负荷相同的条件下，力量越大动作速度越快。当以同样的速度运动时，力量特别大者的力量可是力量小者的2倍。

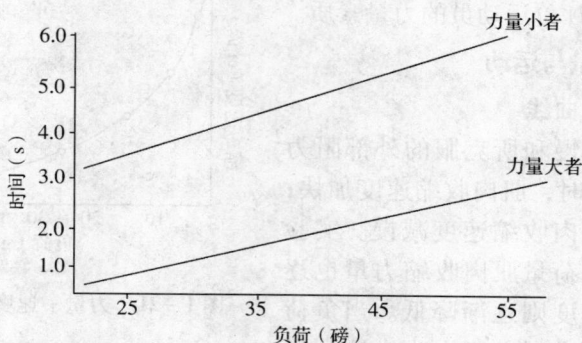

图1-23　不同握推力量人员在不同负荷下的运动时间

3. 肌肉力量与爆发力

人体运动时所输出的功率，实际上就是运动生理学中所说的爆发力，是指人体单位时间内所做的功。爆发力的计算公式为：

$$P = \frac{F \times D}{t}$$

由于 $F = m \times a$，所以公式又可以写成：

$$P = \frac{m \times a \times D}{t}$$

式中，P 表示功率（爆发力），单位是 kg·m/s；F 表示力，单位是 kg；D 表示位移的距离，单位是 m；m 表示质量；a 表示加速度；t 表示做功时间，单位是 s。

在运动中使器械或人体体重（m）产生加速度（a）所需要的力（F）来自肌肉收缩。肌肉收缩使力量和加速度增加。加速度增加，完成运动所需要的时间（t）减少。从而使运动的输出功率（P）增加。在某些运动项目中，如投掷、短跑、跳跃、举重、拳击和橄榄球等项目，运动员必须有较大的爆发力。

在训练中是极大限度地提高相对爆发力还是绝对爆发力，取决于在所从事的运动项目中哪种素质更为重要。如短跑、跳跃等项目的运动员应保持较轻的体重，使肌肉的相对力量得到提高。同时又要通过训练使肌肉的收缩速度得到提高。对需要提高绝对爆发力的运动员，如投掷项目运动员、美式橄榄球防守运动员及日本相扑运动员等，应增加肌肉的体积，提高运动员的绝对爆发力。这样可能使加速度有所下降，但不应下降到引起绝对爆发力下降的水平。问题在于找到使绝对爆发力与加速度两者结合能达到最佳运动能力的那一点。

六、运动单位的动员

（一）运动单位

一个 α - 运动神经元和受其支配的肌纤维所组成的最基本的肌肉收缩单位称为运动单位（motor unit，MU）。

根据解剖和生理功能的不同，可将运动单位分为两类。即运动性运动单位（kinetic motor unit）和紧张性运动单位（tonic motor unit）。运动性运动单位的肌纤维兴奋时发放的冲动频率较高，收缩力量大，但容易疲劳，氧化酶的含量较低，属于快肌运动单位。紧张性运动单位的肌纤维兴奋时冲动频率较低，但发放可持续较长的时间，氧化酶的含量较高，属于慢肌运动单位。

运动单位的大小是不同的。一个运动单位中的肌纤维数目因肌肉不同而不同。眼外直肌每个运动单位只有 5~7 条肌纤维，而腓肠肌有 200 多条肌纤维。一般说来，一个运动单位中的肌纤维数目越少，就越灵活，而越多则产生的张力越大。每个运动单位又可分成许多亚单位。每个亚单位由 10~30 条肌纤维组成。

在同一运动单位中的肌纤维的兴奋与运动是同步的，而同一肌肉中不同运动单位的肌纤维的活动则不一定是同步的。

（二）运动单位动员

肌肉收缩时产生张力的大小与兴奋的肌纤维数目有关。肌肉收缩时参与的肌纤维数目越多，产生的张力就越大。由于肌肉中所有的肌纤维都属于不同的运动单位，因此同时兴奋的运动单位数目决定了张力的大小。张力不但与兴奋的运动单位数目有关，而且，也与运动神经元传到肌纤维的冲动频率有关。参与活动的运动单位数目与兴奋频率的结合，称为运动单位动员（motor unit involvement，MUI）。运动单位动员也可称为运动单位募集（motor unit recruitment）。

如图 1 - 24 所示，当肌肉做持续最大收缩时，MUI 可以达到最大水平，肌肉力量会随收缩时间的延长而下降（图 1 - 24 下图），但 MUI 基本保持不变（图 1 - 24 上图）。这说明在最大力量收缩时，肌肉 MUI 已达最大值。随着疲劳程度的增加不会有新的运动单位再参与工作。由于肌纤维动作电位的产生和传导是相对不疲劳的，因此，在整个肌肉收缩过程中，MUI 始终保持最大水平。肌肉疲劳时每个运动单位的收缩力量会相对下降，因此在持续最大用力收缩过程中，肌肉张力逐渐下降。另一方面，如果让肌肉保持次最大力量（50% 最大力量）收缩至疲劳，在持续的收缩过程中，肌肉的张力可以基本保持不变（图 1 - 25 下图），但 MUI 却逐渐升高（图 1 - 25 上图）。这是因为在次最大用力的收缩中，在开始阶段只需要动员较少数量的运动单位就可以产生足够的力量，随着疲劳程度增加，参与工作的每个运动单位的收缩力量会有所下降。为了维持肌肉力量，就必须动员较多的运动单位参与工作，因此在一定范围内，肌肉力量可以得到维持，但 MUI 却随着疲劳程度的增加而增加。

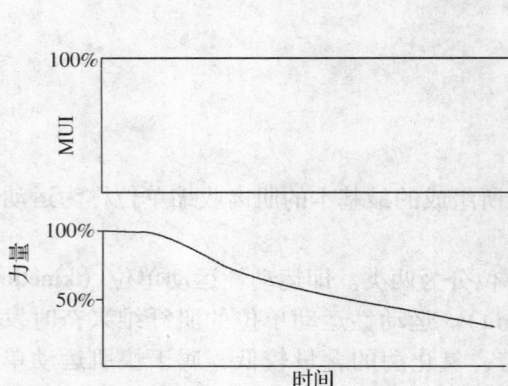

图1-24   最大力量收缩时肌力与运
动单位动员的关系

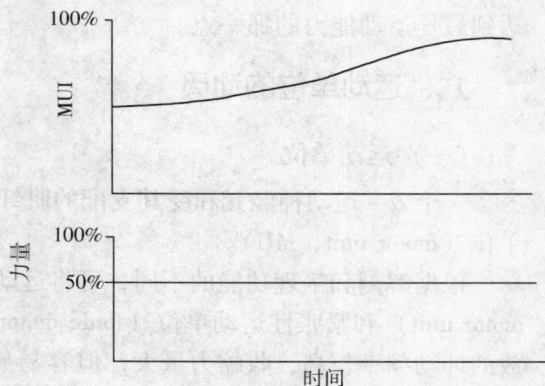

图1-25   50%最大力量持续收缩时肌力
与运动单位动员的关系

第四节   肌纤维类型与运动能力的关系

1873年，法国人Ranvier用电刺激法把骨骼肌分为红肌和白肌，认为红肌、白肌的收缩功能不同，红肌收缩慢而持久，白肌收缩快而短暂。随后人们对骼肌肌纤维类型的形态、功能和代谢特征等开始进行广泛研究。1962年，Bergstrom发明肌肉的活检技术，使得对人体骨骼肌肌纤维类型的研究有了飞跃性的发展。近来利用基因克隆技术又发现许多新的肌球蛋白重链和肌纤维类型。在人体运动训练中，了解机体骨骼肌纤维类型的组成、运动训练的适应性变化及机制，对改进运动训练方法、提高运动训练水平和科学选材等都有很重要的意义。

一、肌纤维类型的划分

划分肌纤维类型有许多种方法，根据不同分类方法，可将肌纤维划分为不同的类型（表1-2），主要有如下几种划分肌纤维类型的方法：①根据收缩速度，可将肌纤维划分为快肌纤维（fast-twitch，FT）和慢肌纤维（slow-twitch，ST）。②根据收缩及代谢特征，可将肌纤维划分为快缩、糖酵解型（fast glycolytic，FG），快缩、氧化、糖酵解型（fast oxidative glycolytic，FOG）和慢缩、氧化型（slow oxidative，SO）。③根据收缩特性及色泽，也可将肌纤维划分为快缩白、快缩红和慢缩红3种类型。④组织化学染色法，将肌纤维分为Ⅰ型和Ⅱ型，其中Ⅱ型肌纤维又分为Ⅱ$_a$、Ⅱ$_b$、Ⅱ$_c$（Ⅱ$_c$是一种介于Ⅱ$_a$和Ⅱ$_b$之间的过渡型肌纤维）3个亚型。⑤根据肌肉收缩蛋白肌球蛋白重链（myosin heavy chain，MHC）的基因表达，将肌纤维的MHC划分为Ⅰ$_a$、Ⅰ$_c$、Ⅱ$_a$、Ⅱ$_{ac}$、Ⅱ$_c$、Ⅱ$_{ab}$、Ⅱ$_b$7种类型。

表 1-2　肌纤维分类对应表

分类方法	肌纤维类型		
肌肉颜色	红肌	红肌	白肌
收缩速度及颜色	慢缩红	快缩红	快缩白
ATP 酶染色法	I	II_a	II_b
代谢特征	SO	FOG	FG
MHC	I_c	II_a、II_c、II_{ac}	II_{ab}、II_b

　　慢肌和快肌纤维数量在一块肌肉中所占的百分比，称为肌纤维的百分组成。研究资料表明，一般的成年男、女骨骼肌中慢肌纤维平均约占 44%～58%；从双生子的研究中发现，女性慢肌为 49.1%，男性 55.9%。在快肌纤维中，通常快 a 纤维占绝大部分，其次是快 b 纤维，快 c 则较少见，一般末超出纤维总数的 2%～3%。此外，人类肌纤维的百分组成还受功能、性别、年龄、遗传等因素的影响。在功能上，以维持姿势紧张（静力性工作）为主的肌中。慢肌纤维的百分比较高，如比目鱼肌中慢肌纤维占 87%，以动力性工作为主的肌肉，慢肌纤维的百分比即较低，如肱三头肌中慢肌纤维只占 43%。至今性别对肌纤维百分组成的影响还未取得一致的意见。一些人认为男、女姓的肌纤维的百分组成没有性别差异，但通过双生子股外侧肌的研究，发现女子慢肌纤维略低于男子。在年龄上，一般认为青少年时期，肌纤维的百分组成无年龄差异，但 30 岁以后，随着年龄的增加，肌中慢肌纤维比例增加，而快肌纤维助百分比相应减少。与此同时，快肌纤维的面积也随年龄的增加而逐渐减小。慢肌纤维的面积保持不变，故快肌纤维/慢肌纤维的面积比率也随年龄的增加而减小。

　　在遗传上，通过对单卵和双卵双生子骨骼肌中两类肌纤维分布的研究发现，单卵双生子之间的肌纤维分配极为一致，其对内变异远较双卵双生子为小，表明人类肌纤维的百分组成或其配布是受遗传决定购。根据研究者的测算，纤维类型分配的遗传度，男子为 99.5%，女子为 92.2%。

二、不同类型肌纤维的形态、功能及代谢特征

（一）不同肌纤维的形态特征

不同的肌纤维其形态学特征也不同（表 1-3）。

表 1-3　人体骨骼肌形态结构、功能特征

特征	慢肌（ST）	快肌（FT）
肌纤维直径	小	大
肌原纤维数量	少	多
收缩蛋白含量	较少	较多
横纹	不明显	明显
线粒体数量	多	少
线粒体体积	大	小
肌浆网发达程度	不发达	发达

续表

特征	慢肌（ST）	快肌（FT）
毛细血管	丰富	较少
神经支配	小运动神经元	大运动神经元
神经元轴突	细	粗
神经终末形状	弥散状	局限较小部位
神经传导速度	慢（2~8m/s）	快（8~40m/s）
神经与肌纤维接触面积	小	大
神经元支配肌纤维数量	多	少
收缩速度（m/s）	50	110
收缩力量	小	大
抗疲劳能力	强	弱
有氧代谢能力	高	低
无氧代谢能力	低	高

（二）生理学特征

1. 肌纤维类型与收缩速度

快肌纤维收缩速度明显高于慢肌纤维，这是快慢肌纤维的重要区别。在人体的骨骼肌中，快肌运动单位与慢肌运动单位是相互混杂的，一般不存在单纯的快肌与慢肌。但每块肌肉中快肌与慢肌运动单位的分布比例是不同的。通过肌肉收缩时所表现出的力量－速度曲线（图1-26A）可以看出，肌肉中如果快肌纤维的百分比较高，肌肉的收缩速度较快，力量－速度曲线向右上方转移。快肌纤维百分比高者，力量－速度曲线向右上方转移。

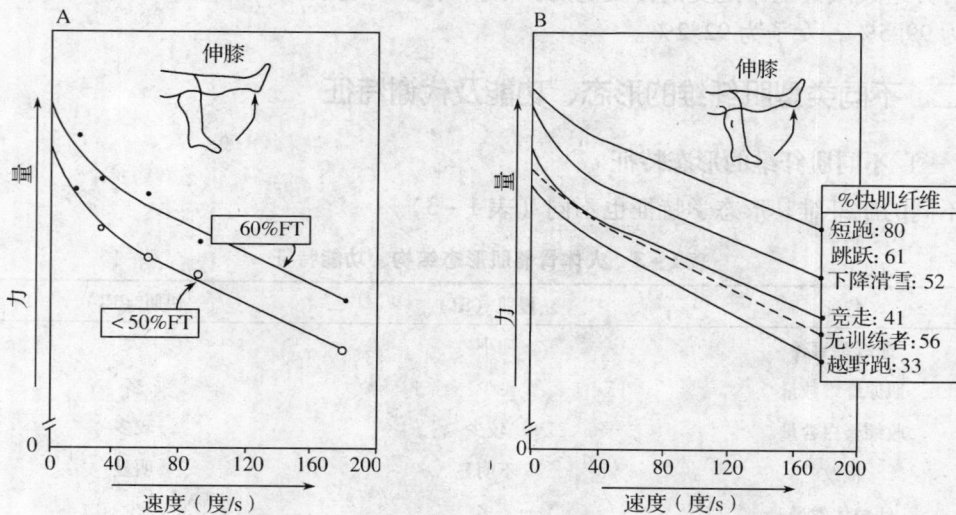

图1-26　无训练者（A）和快肌纤维百分比不同的运动员（B）的力量－速度曲线

2. 肌纤维类型与肌肉力量

肌肉收缩的力量与单个肌纤维的直径和运动单位中所包含的肌纤维数量有关。由于快肌纤维的直径大于慢肌纤维，而且快肌运动单位中所包含的肌纤维数量多于慢肌运动单位。因此，快肌运动单位的收缩力量明显地大于慢肌运动单位。

在人体中快肌纤维百分比较高的肌肉收缩时产生的张力较大。让受试者进行最大力量伸膝时，发现股外肌快肌纤维百分比较高的人，最大伸膝力量也较大；最大伸膝力量与快肌纤维百分比成正比关系。

由于收缩力量和速度均与肌肉中快肌纤维百分比有关。快肌纤维百分比较高的肌肉的收缩速度和力量均大于慢肌纤维百分比较高的肌肉。故快肌纤维百分比较高的肌肉的力量－速度曲线向右上方转移（图1－26A）。运动员在完成某一动作时，如果参与工作的肌肉中快肌纤维百分比较高，则在同样的运动速度下能发挥较大的力量，当肌肉力量相同时能产生较大的收缩速度。

图1－26B表示的是不同项目运动员的力量－速度曲线。快肌纤维百分比越高的运动员，其力量－速度曲线在图中的位置越靠近右上方。参加较大爆发力运动项目（如短跑、跳跃及投掷等项目）运动员，与其他运动员相比能在更高的运动速度下发挥更大的力量。此外，快肌纤维百分比最低的耐力型运动员（如越野跑），其曲线甚至会低于无训练者。

从图1－26B中也可看出，尽管无训练者的快肌纤维百分比仅稍低于短跑和跳跃项目的运动员（56%对61%），但是由于缺乏训练，其肌肉的收缩力量及速度均较低，甚至低于快肌纤维百分比分别为52%和41%的下降滑雪和竞走项目的运动员。说明运动训练对肌肉的收缩力量和速度均有明显的影响。运动员通过运动训练可以使力量－速度曲线向右上方转移。

3. 肌纤维类型与疲劳

不同类型的肌纤维抗疲劳能力不同。图1－27比较了人的快肌纤维和慢肌纤维的抗疲劳特性。当以每秒180°的角速度重复完成最大用力伸膝运动时，在开始阶段股外肌中快肌纤维百分比为61%的受试者，伸膝时股外肌的肌肉力量远远大于快肌纤维百分比为38%的受试者。而当继续进行重复收缩时，快肌纤维百分比为38%的受试者的力量下降速度较慢，而快肌纤维占61%的受试者的力量下降速度较快，并且很快低于快肌纤维百分比较低的受试者。由此可以认为和慢肌纤维相比，快肌纤维在收缩时能产生较大的力量，但容易疲劳。

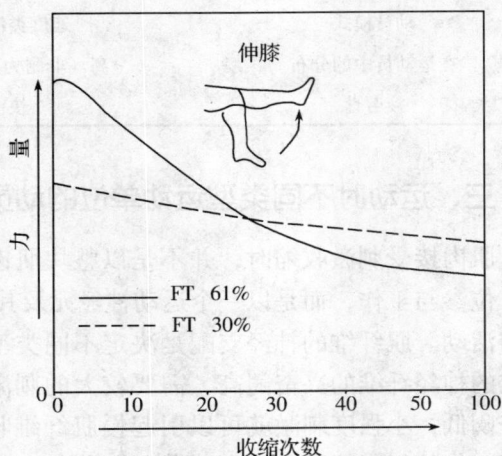

图1－27　快肌纤维和慢肌纤维与疲劳的关系

慢肌纤维抗疲劳能力高于快肌纤维，这是因为慢肌纤维中的线粒体体积大而且数目多，线粒体中有氧代谢酶活性较高，肌红蛋白的含量也比较丰富，毛细血管网较为发达，慢肌纤维的有氧代谢能力强。快肌纤维易疲劳，与快肌纤维的有氧代谢能力较低有关。快肌纤维含有较丰富的葡萄糖酵解酶，有氧代谢能力低，而无氧酵解能力较高。所以在收缩时所需的能量大都来自糖的无氧代谢，从而引起乳酸大量积累，最终导致肌肉疲劳。

（三）代谢特征

慢肌纤维中氧化酶系统，如细胞色素氧化酶（CYTOX）、苹果酸脱氢酶（MDH）和琥珀酸脱氢酶（SDH）等的活性都明显高于快肌纤维。慢肌纤维中的线粒体大而多，线粒体蛋白（线粒体蛋白主要是各种氧化酶）含量也较快肌纤维多；快肌纤维中线粒体的体积小，而且数量少，线粒体蛋白含量也少。实验证明慢肌纤维氧化脂肪的能力为快肌纤维的 4 倍。

快肌纤维中一些重要的与无氧代谢有关酶的活性明显高于慢肌纤维。如镁－三磷酸腺苷酶（Mg－ATPase）活性为慢肌纤维的 3 倍；肌激酶（MK）活性为慢肌纤维的 1.8 倍；磷酸肌酸激酶（CPK）活性为慢肌纤维的 1.3 倍；乳酸脱氢酶（LDH）的活性为慢肌纤维的 2.0～2.5 倍。可见快肌纤维的无氧代谢能力较慢肌纤维高。快肌纤维和慢肌纤维的一些不同的特性见表 1－4。

表 1－4 快肌和慢肌运动单位的比较

特性	快肌（FT）	慢肌（ST）
有氧能力	低	高
无氧能力	高	低
毛细血管密度	低	高
收缩时间	快	慢
收缩力量	大	小
动员模式	速度类活动	耐力类活动
在运动员中的分布	高（非耐力运动员）	高（耐力运动员）
疲劳性	快	慢

三、运动时不同类型运动单位的动员

肌肉接受刺激收缩时，并不是以整块肌肉为单位参与工作，也不是以单个肌纤维为单位参与工作，而是以一个运动神经元及其支配的一组肌纤维为单位（即运动单位）参与活动。肌纤维的神经支配是决定不同类型肌纤维参与工作的主要因素，支配快肌纤维的神经纤维的兴奋阈高，需要较大的刺激才能引起快肌纤维收缩，而慢肌纤维的兴奋阈低，小强度刺激就可以引起慢肌纤维收缩。因此，在运动中不同类型的肌纤维参与工作的程度依运动强度而定。高耐克（Gollnick）等人让受试者以 2/3 最大摄氧量强度运动，发现慢肌纤维中的糖原首先被消耗，继而转向快肌纤维。其至当慢肌纤维中的糖原完全枯竭时，快肌纤维中还有糖原剩余。而以 150% 最大摄氧量强度运动时，快肌纤维中的糖原首先被消耗。说明在以较低的强度运动时，慢肌纤维首先被动员；

运动强度较大时，快肌纤维首先被动员。

在运动训练时，采用不同强度的练习，可以发展不同类型的肌纤维。为了增强快肌纤维的代谢能力，训练计划必须包括大强度的练习；如果要提高慢肌纤维的代谢能力，训练计划就要由低强度、持续时间较长的练习组成。

四、肌纤维类型与运动

人体骨骼肌肌纤维类型的分布混杂，不同肌肉中快肌纤维、慢肌纤维的比例差异较大。一般人上肢、下肢肌肉的快肌纤维、慢肌纤维各占50%，但从每个受试者来看，慢肌纤维百分比最低可达15%，最高可达85%。

骨骼肌纤维类型没有明显的性别差异（表1-5），但肌纤维面积却有显著性差异。男女体育大学生股外侧肌的平均肌纤维面积分别为$6200\mu m^2$、$4400\mu m^2$，因此，男女肌肉力量的性别差异并不是由于肌纤维类型的百分比不同，而是由于肌纤维面积不同所致。

表1-5　男女骨骼肌不同肌纤维类型分布特征

受试者	肌肉名称	I（%）	II_a（%）	II_b（%）	II_c（%）
一般人（男）	股外侧肌	46	39	15	—
一般人（女）	股外侧肌	51	37	12	—
体育大学生（男）	股外侧肌	52	35	10	3
	肱三头肌	50	41	9	1
体育大学生（女）	股外侧肌	52	34	12	1
	肱三头肌	51	36	10	4

研究发现，运动员的骨骼肌纤维类型有明显的项目特征，特别是与肌肉供能形式有密切关系的周期性运动项目关系更为密切。图1-28、图1-29显示了各项目运动员的肌纤维类型百分比构成，可见短时间、剧烈运动的项目，如短跑、举重等项目运动员，肌肉中快肌纤维百分比明显占优势；而耐力性项目，如马拉松、长跑等项目运动员，肌肉中却是慢肌纤维的百分比占优势；对有氧能力和无氧能力需求均较高的中跑运动员，其两类肌纤维的分布接近相等，类似的情况亦见于跳高运动员。

五、康复训练对肌纤维的影响

肌肉收缩是机体体育活动中的原动力，肌纤维的快速活动（收缩、放松）使身体各部位产生激烈的位移，当肌纤维沿着力的方向远离肌肉的附着点，超过了肌纤维的强度，肌纤维的部分或全部就发生解剖学的结构改变——撕裂或断裂，即肌肉拉伤。肌肉拉伤以及所有的运动创伤患者在治疗恢复期间都会出现肌肉萎缩，其中尤以快肌纤维萎缩最迅速及明显。因此除了采取治疗手段外，还要积极开展合理训练活动——康复训练，以恢复肌肉功能。

Kouidi发现7名尿毒症病人股外侧肌所有肌纤维类型都萎缩，其中II型肌纤维较其他类型明显。超微结构中，毛细血管、线粒体减少。经过6个月的康复训练（每周训练3次，每次90min户内运动，包括10min功率自行车热身、50min功率体操或爬楼梯等有氧运动、10min 低重量抗阻练习、10min 牵张练习、10min 整理练习），Ⅱ型肌纤维面积增加了51%，平均肌纤维面积增加29%，毛细血管、线粒体数量和体积也增加了。从运动能力看，摄氧量峰值增加了48%，运动时间延长了29%，肌肉力量和神经传导速度也增加。

Jones 让 9 名健康受试者左腿固定 2 周，然后解除固定，做 6 周的康复训练，期间每天做 5 组最大等动屈伸膝关节运动，每组 30 次，每组休息 1min。发现 2 周的固定使股四头肌瘦体重比固定前减少（4.7±0.9）%，等长收缩力量也减少（27±3）%；训练 1 周后股四头肌瘦体重仍低于固定前（4.3±0.9）%，但是等长收缩力量明显大于固定后即刻；训练 6 周后股四头肌瘦体重超过固定后即刻，而等长收缩力量大于固定前。说明肌肉有计划的运动练习，可以改善肌肉形态结构、功能。

引起上述变化的原因主要是运动训练可以使肌纤维选择性肥大，肌纤维内酶活性发生改变。

（一）肌纤维选择性肥大

训练可使肌纤维肥大，因而有训练者与无训练者相比，其肌纤维直径或横断面积均大于无训

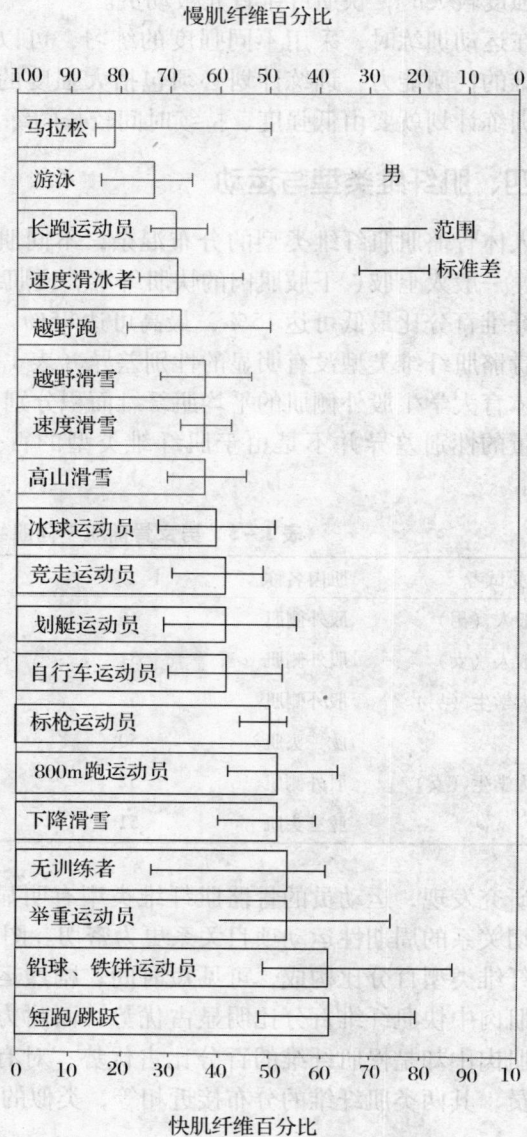

图 1-28　男运动员肌纤维类型分布

练者，通常肌纤维这种肥大表现为选择性肥大，即不同形式的训练优先增大某类肌纤维。耐力训练可引起慢肌纤维选择性肥大，速度、爆发力训练可引起快肌纤维选择性肥大。我国朱为模 1986 年发现 10 周的举重训练，快肌纤维面积由 $5473\mu m^2$ 增加到 $7140\mu m^2$（$P<0.05$）。考斯特尔（Costil）发现长跑运动员慢肌纤维的相对面积（ST area%）要比快肌纤维的相对面积大 22%（$P<0.05$）。萨尔庭对 6 名成年男受试者进行了 5 个月的长跑训练。在训练前后，测定了受试者的最大摄氧量、慢肌纤维百分比、慢肌纤维面积、琥珀酸脱氢酶活性和磷酸丙糖激酶等指标，发现受试者的最大摄氧量、慢肌纤维面积、琥珀酸脱氢酶活性和磷酸丙糖激酶在训练后都显著提高了，但慢肌纤

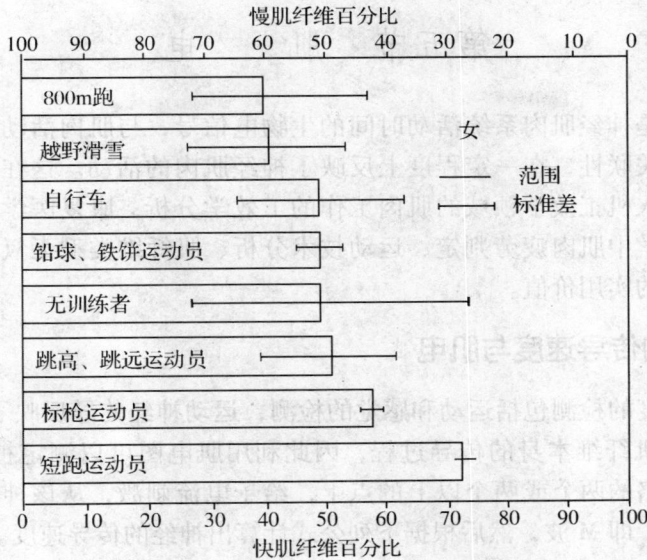

图1-29 女运动员肌纤维类型分布

维百分比没有明显提高（表1-6）。

表1-6 长跑训练对肌纤维的影响

指标	训练前	训练后	P
最大摄氧量（L/min）	3.9	4.5	<0.01
慢肌纤维百分比（ST%）	32.0	36.0	>0.05
慢肌纤维面积（STarea%）	27.9	38.1	<0.001
琥珀酸脱氢酶（SDH）活性［毫克分子/（g·min）］	4.7	9.1	<0.001
磷酸丙糖激酶［微克分子/（g·min）］	27.1	58.8	<0.01

（二）酶活性改变

肌纤维对训练的适应还表现为肌肉中有关酶活性的有选择性增强（表1-6、表1-7）。研究不同项目赛跑运动员和无训练者腿肌中琥珀酸脱氢酶（SDH）、乳酸脱氢酶（LDH）及磷酸化酶（PHOSP），长跑运动员的肌肉中，与氧化供能有密切关系的SDH活性较高，而与糖酵解及磷酸化供能有关的LDH及PHOSP则活性最低。短跑运动员则相反，LDH和PHOSP活性较高，而SDH活性较低。中跑运动员居短跑和长跑运动员之间。

表1-7 短跑、中跑、长跑运动员肌肉中酶活性的差异

项目	性别	例数	SDH	LDH	PHOSP
短跑	男	2	12.0	1287.0	15.3
中跑	男	7	14.8	868.0	8.4
长跑	男	5	16.6	767.0	8.1
无训练者	男	11	7.4	822.0	7.6

第五节 肌 电

肌电记录的是神经肌肉系统活动时间的生物电信号，与肌肉活动状态和功能状态存在不同程度的关联性，在一定程度上反映了神经肌肉的活动。这在临床医学的神经肌肉疾病诊断，人机工效学领域的肌肉工作的工效学分析，康复医学领域的肌肉功能评价以及体育科学中肌肉疲劳判定、运动技术分析、肌纤维类型无氧阈的无损伤预测等方面均有重要的实用价值。

一、神经的传导速度与肌电

神经传导速度的检测包括运动和感觉的检测，运动神经传导反映了冲动经过神经、神经肌肉接头和肌纤维本身的传导过程，因此利用肌电图可以测定神经的传导速度。方法是在神经通路的两个或两个以上的点上，给予电流刺激，从该神经所支配的肌肉上记录诱发电位，即 M 波，然后根据下列公式计算出神经的传导速度。

$$V = S/t$$

式中，V 为神经传导速度，单位为 m/s；t 为两刺激点从刺激开始到肌肉开始收缩的时间差，单位为 s；S 为两刺激点之间的距离，单位为 m。

二、骨骼肌功能状态评定

通常肌肉疲劳时其肌电活动也会发生变化，因此用肌电可以评定骨骼肌的功能状态。其中，表面肌电图（surface electromyogram，sEMG）在评价肌肉功能状态方面具有良好的特异性、可靠性、灵敏性和局部性，同时检测过程无又具有创伤性、实时性和多靶点测量的优点。时域和频域分析是 sEMG 信号分析最常用的方法。

1. 肌肉收缩过程中 sEMG 时域的分析

时域分析主要包括积分肌电（iEMG）和均方根振幅（RMS），它们可在时间维度上反映 sEMG 信号振幅的变化特征，其数值变化与肌肉收缩力大小有关，即肌肉募集数量的多少。

在肌肉等长收缩至疲劳的研究过程中发现，在一定的范围内，肌电幅值随着肌肉疲劳程度的加深而增加。Petrofsky 让受试者的抓握肌以 20% ~70% 最大肌力（MVC）的 5 种不同力量做等长收缩至疲劳的过程中，发现 RMS 呈线性增加。70% MVC 以上的等长收缩至疲劳时，虽然 RMS 在整个收缩过程中也随疲劳的加深而增大，但增大的幅度逐渐减小。

Petrofsky 观察等张收缩至疲劳过程中的 RMS 的变化时，让受试者在功率自行车上以 20%~100% 最大摄氧量（VO2max）的负荷蹬踏功率自行车，同时测试股四头肌肌电。发现在 20%~40% VO2max 的负荷下，RMS 随着疲劳程度的加深，其增大程度不明显；而负荷为 60%~100% VO2max 时，RMS 却随着疲劳的增加而明显增加。并且，负荷越大其增加越明显。

受试者做等长收缩至疲劳，发现随着肌肉疲劳程度的增加，iEMG 逐渐加大。疲劳时肌电振幅的升高，可能是由于肌肉在持续的工作过程中，先参与工作的运动单位发生疲劳。为了维持运动，必须动员其他的新的运动单位参与，这就是所谓的运动单位的募集。由于运动单位的数量的增加，而使肌电的 iEMG 增加。

2. 肌肉收缩过程中 sEMG 频域的分析

肌肉收缩的 sEMG 频域的分析是在快速傅里叶转换基础上计算平均功率频率（mean power frequence，MPF）和中位频率（media frequence，MF），用来定量描述 sEMG 信号功率谱曲线的转移或者各种频率分量的相对变化，通常与肌肉功能状态，即疲劳程度有关。

无论是动态或是静态运动，随着疲劳程度的加深，肌电的频谱左移，并导致 MPF、MF 下降。肌肉工作的负荷强度越大，疲劳的程度越大，MPF 的减小明显。

三、肌力评定

利用肌电图可以评价肌力。当肌肉以不同的负荷进行收缩时，其肌电的积分值（iEMG）同肌力成正比关系，即肌肉产生的张力越大 iEMG 越大。Komi 让受试者以 4.5cm/s 的速度做匀速的屈肘运动。肌肉的收缩形式分别为向心收缩和离心收缩。不论是疲劳前还是疲劳后，肱桡肌在工作中的 iEMG 都随着肌张力的加大而增高，并存在线性关系。MPF 和 MF 在逐渐用力收缩过程中也有逐渐增大的趋势，研究认为与活动肌纤维直径的大小或不同类型肌纤维的等级募集有关。

Chaffin 等人发现当肌肉用 40% 最大随意收缩（maximum voluntary contraction，MVC）以下强度收缩时，肌力与肌电呈线性关系。60% MVC 以上强度时，肌力与肌电也呈线性关系。但此时的直线斜率较大。而肌力在 40%~60% MVC 时，肌力与肌电之间的线性关系往往就不存在了。在 40% MVC 以下强度时，肌电的变化反应慢肌运动单位的电活动。60% MVC 以上的强度时，肌电的变化反应快肌运动单位的电活动。40%~60% MVC 之间的强度，两种运动单位都参与活动，固肌力与肌电之间的线性关系就不存在了。

四、动作分析

利用肌电图进行动作分析。在运动过程中可用多导肌电记录仪将肌电记录下来，并根据运动中每块肌肉的放电顺序和肌电幅度，结合高速摄像等技术，对运动员的动作进行分析诊断。

本章小结

　　肌细胞又称肌纤维，是肌肉的基本结构和功能单位。每条肌纤维含有上千条与长轴平行排列的肌原纤维。肌原纤维又分为许多相互连续的节段，称为肌小节。每个肌小节都由一个完整的暗带和两侧各半个明带组成。明带含有细肌丝，主要由肌动蛋白构成。暗带含有细肌丝和粗肌丝，粗肌丝主要由肌球蛋白组成。

　　一切活组织的细胞不论在安静状态还是在活动过程中均存在生物电变化，细胞处于安静状态未受刺激时，细胞膜内外的电位差称为静息电位。可兴奋组织或细胞受到阈上刺激时，在静息电位基础上发生的快速、可逆转、可传播的细胞膜两侧的电变化，称为动作电位。

静息电位的产生原理可以用"离子学说"来解释，即细胞内外离子分布和浓度的不均匀以及对不同离子的选择性通透。在静息状态，哺乳类动物骨骼肌细胞内的 K^+ 浓度高于细胞外40倍，而 Na^+ 细胞外浓度高于细胞内12倍；膜外以 Cl^- 为主，膜内则以大分子有机负离子（A^-）为主。未受刺激的静息状态时，细胞膜对 K^+ 的通透性大，而对 Na^+ 的通透性较小，对膜内大分子 A^- 则无通透性。由于各离子浓度差的存在，K^+ 向细胞外流动，A^- 却被滞留在细胞内膜周围，这样膜内外之间便形成了电位差。当促使 K^+ 外流的由浓度差形成的向外扩散力与阻止 K^+ 外流的电场力相等时，细胞内外的电位差值就稳定在一定水平上，这就是静息电位，也称为为 K^+ 平衡电位。

动作电位产生的机制也可用"离子学说"来解释。当细胞受到一个阈刺激（或阈上刺激）时，膜上的 Na^+ 通道被激活，Na^+ 内流使膜去极化，直到膜内正电位增大到足以阻止由浓度差所引起的 Na^+ 内流时，膜对 Na^+ 的净移动为零，从而形成了动作电位的上升支，此时膜两侧的电位差称为 Na^+ 的平衡电位。Na^+ 通道开放的时间很短，当细胞膜除极到峰值时，很快失活而迅速关闭，从而使膜对 Na^+ 通透性变小。与此同时，K^+ 通道开放，膜内 K^+ 在浓度差和电位差的推动下又向膜外扩散，膜内电位由正值向负值发展，恢复到兴奋前的负电位状态，形成动作电位的下降支，直至恢复到静息电位水平。

在复极化末期，Na^+ - K^+ 泵激活，逆浓度差将胞内多余的 Na^+ 泵出胞外，胞外增多的 K^+ 泵进胞内，以恢复静息状态的离子分布，保持细胞的正常兴奋性。此刻暂时的电位变化形成了后电位。

动作电位一旦在细胞膜的某一点产生，就会迅速沿着细胞膜向周围传播，直到整个细胞膜都产生动作电位。这种在单一细胞上动作电位的传播叫做动作电位传导。在无髓神经纤维上动作电位是以局部电流的形式进行传导的。在有髓神经纤维上动作电位是越过每一段带髓鞘的神经纤维呈跳跃式传导的。

兴奋在不同细胞上的传递是通过电－化学的方式进行，神经细胞与肌细胞之间的兴奋传递的结构是神经－肌细胞接头处，即运动终板。当动作电位沿神经纤维传到轴突末梢时，在 Ca^{2+} 的作用下，囊泡将乙酰胆碱释放到接头间隙。乙酰胆碱通过接头间隙到达接头后膜，并和接头后膜上的特异性的乙酰胆碱受体结合，产生接点后膜终板电位。当终板电位达到一定阈值，就可引发肌细胞膜产生动作电位。神经肌肉接头处的兴奋传递具有单向性、突触延搁和易受环境因素影响的特点。

肌肉收缩的全过程包括3个相互衔接的主要环节：兴奋－收缩耦联、横桥的运动引起肌丝的滑行、收缩的肌肉舒张。

兴奋（动作电位）通过横小管系统传导到肌细胞内部，并深入到三联管结构。横小管膜上的动作电位可引起与其邻近的终末池膜及肌质网膜上的大量 Ca^{2+} 通道开放，Ca^{2+} 顺着浓度梯度从肌质网内流入胞浆，肌浆中 Ca^{2+} 浓度生高后，Ca^{2+} 与肌钙蛋白亚单位 C 结合时，引起肌钙蛋白分子结构改变，进而使原肌球蛋白分子结构发生变化，使原肌球蛋白滑入 F^- 肌动蛋白双螺旋沟的深部，肌动蛋白分子上的活性位点暴露。 粗肌丝上的横桥头部迅速与肌动蛋白分子活性位点结合， 造成横桥头部构象改变， 使头部向 M 线方向摆动 45°， 并拖动细肌丝向 M 线方向滑动， 最终导致肌丝滑行。 横桥头部发生变构和摆动的同时， 横桥头部马上又结合一个 ATP 分子， 使横桥头部对肌动蛋白的亲和力明显下降， 并与肌动蛋白解离。 如果胞浆内的 Ca^{2+} 浓度较高， 便又可与下一个新的肌动蛋白活化位点结合， 重复上述收缩过程。 如果胞浆内的 Ca^{2+} 浓度降低到静息水平， 则肌钙蛋白与 Ca^{2+} 解离， 肌钙蛋白与原肌球蛋白复合物恢复原来的构象， 竖起的横桥头部便不能与肌动蛋白上新的位点结合， 肌肉进入舒张状态。 上述横桥与肌动蛋白结合、 摆动、 复位、 再结合的过程， 称为横桥周期。

根据肌肉收缩时的长度变化， 把肌肉收缩分为 4 种基本形式： 向心收缩、等长收缩、 离心收缩和等动收缩。 在完成工作或对抗地心引力对身体的作用时，这几种收缩往往同时或按顺序发生。

肌纤维类型的划分有多种方法。 根据收缩速度， 可将肌纤维划分为快肌纤维和慢肌纤维。 根据收缩及代谢特征， 可将肌纤维划分为： ①快缩、 糖酵解型。②快缩、 氧化、 糖酵解型。 ③慢缩、 氧化型。 根据收缩特性及色泽， 也可将肌纤维划分为快缩白、 快缩红和慢缩红 3 种类型。 组织化学染色法， 将肌纤维分为I型和II型， 其中II型肌纤维又分为II_a、 II_b、 II_c（II_c 是一种介于II_a 和II_b 之间的过渡型肌纤维） 3 个亚型。 根据肌肉收缩蛋白肌球蛋白重链的基因表达， 将肌纤维的 MHC 划分为I_a、 I_c、 II_a、 II_{ac}、 II_c、 II_{ab}、 II_b 7 种类型。

不同肌纤维其形态学特征、 生理学特征和代谢特征不同， 在运动时的动员程度也不同。 以较低的强度运动时， 慢肌纤维首先被动员， 运动强度较大时， 快肌纤维首先被动员。

运动员的肌纤维组成具有项目特点。 从事时间短、 强度大项目的运动员，骨骼肌中快肌纤维百分比较从事耐力项目运动员和一般人高。 相反， 从事耐力项目运动员的慢肌纤维百分比却高于非耐力项目运动员和一般人。

运动训练可以从肌纤维选择性肥大和酶活性选择性改变等方面影响肌纤维功能， 因此应采取不同方式的康复训练以恢复肌肉功能。

骨骼肌兴奋时， 因肌纤维动作电位的传导和扩布， 而发生电位变化， 这种电位变化称为肌电。 用适当的方法将骨骼肌兴奋时发生的电位变化引导、 记录所得到的图形称为肌电图， 是肌肉中许多运动单元动作电位在时间、 空间上的叠加， 反映了神经、 肌肉的功能状态。 目前， 在基础医学研究、 临床诊断、 体育科研中和康复工程中有广泛的应用。 在体育科学研究中一般用表面电极采集肌电信号， 用于测定神经的传导速度、 评定骨骼肌的功能状态、 评价肌力、 进行动作分析和技术诊断等。

复 习 题

1. 试述静息电位和动作电位的产生原理。
2. 试述在神经纤维上动作电位是如何进行传导的。
3. 试述兴奋在神经 - 肌肉接头处动作电位的传递过程。

4. 运动时骨骼肌收缩形式有哪些？各有什么生理学特点。

5. 试述骨骼肌肌纤维的收缩原理。

6. 为什么最大用力收缩时离心收缩产生的张力较向心收缩大？

7. 什么是肌肉收缩时的绝对力量、相对力量以及爆发力？它们在运动实践中有何应用和意义？

8. 骨骼肌肌纤维类型如何划分？不同类型肌纤维有何形态、功能和代谢的特征？从事不同项目运动员的肌纤维类型的组成有什么特点？

9. 运动时各类型肌纤维是如何被动员的？

10. 康复训练对肌纤维有什么影响？

11. 简述肌电图在体育科研中的应用？

思考与讨论

学习了肌肉收缩的原理、类型以及肌纤维分类，你认为它们在体育实践中有何指导意义。

（朱　荣　刘海平）

参 考 文 献

[1] Donald M. Engelman. Introduction membranes are more mosaic than fluid. Nature, 2005, 438 (1)：578~580.

[2] Johnsen B, Fuglsang – Frederiksen A, de Carvalho M, et al. Amplitude, area and duration of the compound muscle action potential change in different ways over the length of the ulnar nerve. Clin Neurophysiol, 2006, 117 (9)：2085~2092.

[3] Kandel E, Schwartz J, Jessell T M. Principles of Neural Science. 4th ed. McGraw – Hill Medical, 2000.

[4] Schmidt R F, Thews G. Human Physiology. 2nd edition. New York：Springer – Verlag, 1989.

[5] 王健. sEMG 信号分析及其应用研究进展. 体育科学, 2000, 20 (4)：56~60.

[6] 姚泰. 生理学. 第6版. 北京：人民卫生出版社, 2003.

[7] 王庭槐. 生理学. 第2版. 北京：高等教育出版社, 2008.

[8] 王瑞元. 运动生理学. 北京：人民体育出版社, 2002.

[9] 卢祖能, 曾庆杏, 李承晏, 等. 实用肌电图学. 北京：人民卫生出版社, 2000.

网 站 导 航

1. http：//www – neuromus. ucsd. edu/NSMRC

2. http：//www. uk – muscle. co. uk/muscle – research – forum/

3. http：//www. cmrc. dk/

4. http：//www. anatomy. usyd. edu. au/mru/

5. http：//www. esmr. org/

第二章 血液与循环功能

掌握血液的组成和内环境、功能及其生成的调节；心脏的结构特点；心肌细胞的生理特性，心输出量及影响因素。心电图的测量方法和应用；动脉血压的形成及影响因素，影响静脉回流的因素，组织液的生成与回流。心血管的神经支配，颈动脉窦和主动脉弓压力感受器反射。运动对血量、红细胞、白细胞、血小板及血红蛋白的影响；运动对心血管系统的影响。熟悉血液的一些重要理化特性；了解动脉管壁结构与功能的关系；心脏泵血的机制；心血管活动的体液调节；运动对血液凝固和纤溶能力的影响。了解血液的组成正常时候血量、红细胞、白细胞、血小板及血红蛋白、血液凝固和纤溶的生理特点；心音的形成过程；静脉的一般结构特点；微循环和淋巴管系统的结构特点。静脉血压，心血管中枢。

相关 概念

内环境（internal environment）：即细胞外液，是细胞赖以生存的体内环境。

稳态（homeostasis）：是指内环境的理化性质的相对恒定状态。

渗透压（osmotic pressure）：由于溶解于液体中的溶质所造成的溶液的渗透压力，包括晶体渗透压和胶体渗透压。

自律性（autorhythmicity）：指心脏在没有任何外来刺激的作用下，能自动发生节律性兴奋的特性，称为自动节律性，简称自律性。

期前收缩（premature systole）：心室在有效不应期之后受到人工的或窦房结之外的病理性异常刺激，而产生一次期前兴奋，称为期前收缩。

心动周期（cardiac cycle）：心脏一次收缩和舒张，构成一个机械活动周期，称为心动周期。

射血分数（ejection fraction）：每搏输出量占心室舒张末期容积的百分比。

心指数（cardiac index）：正常人安静时的心输出量与体表面积成正比，每平方米体表面积的心输出量称为心指数。

心力储备（cardiac reserve）：心输出量随机体代谢需要而增加的能力，称为心力储备。

血压（blood pressure, BP）：是指血管内流动的血液对于单位面积血管壁的侧压力。

中心静脉压（central venous pressure，CVP）：腔静脉或右心房内的血压，称中心静脉压。

运动性贫血（exercise anemia）：经长时间的、系统的运动训练，尤其是耐力性训练的运动员在安静时，其红细胞数并不比一般人高，有的甚至低于正常值，这种现象称为运动性贫血。

血凝（blood coagulation）：血液离开血管数分钟后，血液就由流动的溶胶状态变成不能流动的胶冻状凝块，这一过程称为血液凝固。

+-+

血液是一种流体组织，充满于心血管系统中，在心脏的推动下不断循环流动。血液是在动物进化过程中出现的，它由血细胞和血浆组成，血细胞是血液的有形成分，包括红细胞、白细胞和血小板。血浆是血细胞以外的液体成分。血细胞和血浆之间不断地透过细胞膜进行物质交换。而血液在血管中不断地运输，把营养和氧气输送到全身各处，以提供各组织和器官生理功能的需要，同时，血液又在神经和体液的调节下，维护着整个血液及血管功能的稳定。

第一节 血液生理

一、血液的组成与内环境

1. 血液的组成

人体内血液的总量称为血量，是血浆量和血细胞量的总和。正常成年人的血液总量约相当于体重的7%～8%，或相当于每千克体重70～80ml，其中血浆量为40～50ml。

血浆中含有水（90%～91%）、蛋白质（6.5%～8.5%）和低分子物质（2%）。低分子物质中有多种电解质和小分子有机化合物，如代谢产物和其他某些激素等。由于这些溶质和水分都很容易透过毛细血管与组织液交流，这一部分液体的理化性质的变化常与组织液平行。在血液不断循环流动的情况下，血液中各种电解质的浓度，基本上代表了组织液中这些物质的浓度。

血浆蛋白的分子很大，不能透过毛细血管管壁。血浆蛋白分为白蛋白、球蛋白与纤维蛋白原三大类。各种血浆蛋白具有不同的生理功能，主要包括：营养、运输、缓冲功能，还能形成胶体渗透压、调节血管内外的水分分布、参与机体的免疫及凝血和抗凝血功能。

血液中含有不同的血细胞，主要包括红细胞、白细胞和血小板三类细胞，它们均起源于造血干细胞。红细胞是血液中数量最多的一种血细胞，其生理功能是运输氧气和二氧化碳，并对血液酸度的变化起缓冲作用。白细胞根据形态、功能和来源部位可以分为三大类：粒细胞、单核细胞和淋巴细胞。血小板具有重要的保护功能，主要表现在人体生理止血、凝血作用和维持血管内皮完整等方面。

2. 血液与内环境

体液分细胞外液和细胞内液，细胞外液一方面作为细胞直接生活的内环境，同时又是机体与外环境进行物质交换的媒介。人体内除细胞外液外，尚有更多的液体（约为前者的2倍）存在于细胞内部，称为细胞内液。细胞外液和细胞内液，约占机体总重量的60%。一般来说，细胞内液是细胞内各种生物化学反应得以进行的场所，细胞外液则是细胞直接生活的液体环境。因此，如果大气是整个人体的外环境，细胞外液就是第一个细胞生活的具体环境，故称为内环境（internal environment）。在细胞外液中，4/5在血管外构成组织液，1/5在血管内成为血浆的组成部分。

细胞与细胞外液的物质交换，经常改变着内环境的理化性质。在运动时，人体的功能活动会发生一系列的显著变化，如体温上升、排汗增加、代谢产物增多等，使血液的理化性质受到明显的影响，内环境平稳状态受到破坏。但在运动结束或者在神经体液的调节下，又能使机体内环境的平衡得到恢复，达到新的平衡状态。而且内环境的理化性质只能做较小幅度的波动，能够保持动态平衡。这一状态称为稳态（homeostasis）。血液对内环境某些理化性质的变化有一定的"缓冲"作用。如血液中含有多种缓冲物质，可以减轻酸性代谢产物引起的pH变化；血液中的水比热较大，可以吸收大量的热量而使温度升高不多。这类缓冲作用虽然有限，但在血液运输各种物质的过程中可防止其理化性质发生太大的变化。

内环境相对稳定，细胞的新陈代谢才能正常进行，才能保持细胞的正常兴奋性和器官的正常活动，因此内环境理化性质的相对稳定，对于维持整个机体血液和血管的正常功能都是非常必要的。

二、血液的理化特性

1. 血液的比重

血液的比重为1.05～1.06，它取决于血液中红细胞数量及蛋白质含量。

红细胞的悬浮稳定性（suspension stability）：将与抗凝剂混匀的血液静置于一支玻璃管（如分血计）中，红细胞由于比重较大，将因重力而下沉，但正常时下沉十分缓慢。通常以红细胞在1h内下沉的距离来表示红细胞沉降的速度，称为红细胞沉降率，简称血沉。正常男性的红细胞沉降率第一小时不超过3mm，女性不超过10mm。红细胞下降缓慢，说明它有一定的悬浮稳定性；红细胞沉降率愈小，表示悬浮稳定性愈大。

2. 血液的黏滞性

通常通过体外测定血液与水相比的相对黏滞性（glutinousness），这时血液的相对黏滞性为4～5，血浆为1.6～2.4。全血的黏滞性主要决定于所含的红细胞数，血浆的黏滞性主要决定于血浆蛋白质的含量。水、酒精等在物理学上所谓"理想液体"的黏滞性是不随流速改变的，而血液在血流速度很快时类似理想液体（如在动脉内），其黏滞性不随流速而变化；但当血流速度小于一定限度时，则黏滞性与流速成反变的关系。这主要是由于血流缓慢时，红细胞可叠连或聚集成其他形式的团粒，使血液的黏滞性增大。机体因某种疾病使微环境血流速度显著减慢时，红细胞在其中叠连和聚集，对血流造成很大的阻力，影响循环的正常进行。这时可以通过输入血浆白蛋白或低分子右旋糖酐以增加血流冲刷力量，使红细胞分散。

3. 血浆渗透压

血浆渗透压（osmotic pressure）约为 313mOsm/kgH$_2$O，相当于 7 个大气压 708.9kPa（5330mmHg）。血浆中溶解于其中的晶体物质，特别是电解质，称为晶体渗透压（crystal osmotic pressure）。由于血浆与组织液中晶体物质的浓度几乎相等，所以它们的晶体渗透压也基本相等。血浆中含有大量蛋白质，蛋白质分子量大，所产生的渗透压小，不超过 1.5mOsm/kgH$_2$O，约相当于 3.3kPa（25mmHg），称为胶体渗透压（colloid osmotic pressure）。由于组织液中蛋白质很少，所以血浆的胶体渗透压高于组织液。在血浆蛋白中，白蛋白的数量多而分子量小，故血浆胶体渗透压主要来自白蛋白。若白蛋白明显减少，即使增加球蛋白数量而保持血浆蛋白总含量基本不变，血浆胶体渗透压也将明显降低。

当毛细血管壁两侧的静水压不等时，水分子就会通过毛细血管壁从压力高的一侧向压力低的一侧移动。血浆蛋白一般不能透过毛细血管壁，因此血浆的胶体渗透压能限制血浆的水分子向毛细血管外移动；同样，组织液的胶体渗透压则限制组织液的水分子向毛细血管内移动。所以血浆胶体渗透压虽小，但对于血管内外的水平衡有重要作用。由于血浆和组织液的晶体物质中绝大部分不易透过细胞膜，所以细胞外液的晶体渗透压的相对稳定，对于保持细胞内外的水平衡极为重要。

等渗溶液与等张溶液：在临床或生理实验使用的各种溶液中，其渗透压与血浆渗透压相等的称为等渗溶液（isoosmotic solution，如 0.85% NaCl 溶液），高于或低于血浆渗透压的则相应地称为高渗或低渗溶液。将正常红细胞悬浮于不同浓度的 NaCl 溶液中即可看到：在等渗溶液中的红细胞保持正常大小和双凹圆碟形；在渗透压递减的一系列溶液中，红细胞逐步胀大并双侧凸起，最后出现细胞膜损伤而发生溶血，这时血红蛋白逸出细胞外。正常人的红细胞一般在 0.42% NaCl 溶液中时开始出现溶血，在 0.35% NaCl 溶液中时完全溶血。不同物质的等渗溶液不一定都能使红细胞的体积和形态保持正常。能使悬浮于其中的红细胞保持正常体积和形状的盐溶液，称为等张溶液（isotonic solution）。所谓"张力"实际是指溶液中不能透过细胞膜的颗粒所造成的渗透压。如 NaCl 不能自由透过细胞膜，所以 0.85% NaCl 既是等渗溶液，也是等张溶液；但尿素，因为它是能自由通过细胞膜的，1.9% 尿素溶液虽然与血浆等渗，但红细胞置入其中后立即溶血，所以不是等张溶液。

4. 血浆的 pH

正常人血浆的 pH 约为 7.35～7.45。血浆 pH 主要取决于血浆中主要的缓冲对，即 NaHCO$_3$/H$_2$CO$_3$ 的比值。通常 NaHCO$_3$/H$_2$CO$_3$ 比值为 20。血浆中除 NaHCO$_3$/H$_2$CO$_3$ 外，尚有其他缓冲对。在血浆中有蛋白质钠盐/蛋白质、Na$_2$HPO$_4$/NaH$_2$PO$_4$，在红细胞内尚有血红蛋白钾盐/血红蛋白、氧合血红蛋白钾盐/氧合血红蛋白、Na$_2$HPO$_4$/NaH$_2$PO$_4$、KH$_2$PO$_4$、KHCO$_3$/H$_2$CO$_3$ 等缓冲对，都是很有效的缓冲对系统。一般酸性或碱性物质进入血液时，由于有这些缓冲系统的作用，对血浆 pH 的影响已减至很小，特别是在肺和肾不断地排出体内过多的酸或碱的情况下，血浆 pH 的波动范围极小。

三、血液的功能

1. 维持内环境的相对稳定性

血液能维持水、电解质、渗透压、酸碱度、体温和血液有形成分的相对稳定。这些因素的相对稳定使得人体的内环境相对稳定。

2. 运输作用

血液不断从呼吸器官吸入的氧和消化系统吸收的营养物质运送到全身各处，供组织和细胞代谢；同时，又将全身各处的代谢产物如二氧化碳、水、尿素等运输到肺、肾和皮肤等器官排出体外。

3. 调节作用

血液将内分泌的激素运输到全身各处，对机体的活动进行调节。同时血液在机体的体温调节中也发挥了重要的作用。当体温上升时，皮肤血管舒张，血液便能把机体深部组织的热量送到体表散发；温度降低时，皮肤血管收缩，减少皮肤血管流量，减少热量的散发，以维持体温。

4. 防御和保护作用

血液有防御作用，白细胞能够对入侵的微生物、体内坏死组织和衰老的细胞进行吞噬。血浆中有多种免疫物质，特别是免疫抗体、补体系统等，他们能对外来的细菌和病毒进行对抗和消灭，以免给机体造成伤害，防止疾病的发生。同时血小板、血浆凝血因子、生理性抗凝物质以及促进血纤维溶解的物质都能对凝血和纤溶起作用。

第二节　血液循环生理及其调节

心脏和血管组成机体的循环系统，血液在其中按一定方向流动，周而复始，称为血液循环。血液循环的主要功能是完成体内的物质运输，运输代谢原料和代谢产物，使机体新陈代谢能不断进行；体内各内分泌腺分泌的激素，或其他体液，通过血液的运输，作用于相应的靶细胞，实现机体的体液调节；机体内环境理化特性相对稳定的维持和血液防卫功能的实现，也都有赖于血液的不断循环流动。

一、心脏的功能

心脏是一个由心肌组织构成并具有瓣膜结构的空腔器官，是血液循环的动力装置。生命过程中，心脏不断做收缩和舒张交替的活动，舒张时容纳静脉血返回心脏，收缩时把血液射入动脉，为血液流动提供能量。通过心脏的这种节律性活动以及由此而引起瓣膜的规律性开启和关闭，推动血液沿单一方向循环流动。心脏的这种活动形式与水泵相似，因此可以把心脏视为实现泵血功能的肌肉器官。

几个世纪以来，生物学家一直认为心脏是一个单纯的循环器官，近年来关于心钠素的研究，认识到心脏除循环功能外，还具有内分泌功能。心房肌细胞可以合成心钠素，具有利尿、利钠、舒张血管和降血压作用。

（一）心脏的一般结构

心脏被心间隔分为左、右两半心，左、右半心又分成左、右心房和左、右心室4

个腔，同侧心房和心室借房室口相通。在心房和心室之间有房室瓣。右边是三尖瓣，左边是二尖瓣。心室和动脉之间有动脉瓣。右心室和肺动脉之间是肺动脉瓣，左心室和主动脉之间是主动脉瓣。瓣膜的功能是保证血流在心脏内朝着一个方向流动，防止血液倒流。瓣膜的关闭是血液流动时心房、心室、动脉的压力差所造成的。

心房有储存血液并辅助泵血的功能，而心室的主要功能是泵血的功能。右心房接受来自身体各器官和组织的含氧量少而含二氧化碳较多的静脉血，然后进入右心室后泵入肺动脉，通过肺循环变成富含氧量而二氧化碳较少的动脉血。左心房接受肺静脉中的动脉血，进入左心室后泵入到主动脉，通过体循环把血液输送到全身各器官和组织处。前者称之为肺循环，后者称之为体循环。

（二）心肌的生理特性

心肌组织的生理特性包括自动节律性、传导性、兴奋性和收缩性。自律性、传导性和兴奋性是以肌膜的生物电活动为基础的，故又称为电生理特性。心肌的收缩性是指心肌能够在肌膜动作电位的触发下产生收缩反应的特性，它是以收缩蛋白质之间的生物化学和生物物理反应为基础的，是心肌的一种机械特性。心肌组织的这些生理特性共同决定着心脏的活动。

1. 自动节律性

心脏在没有任何外来刺激的作用下，能自动发生节律性兴奋的特性，称为自动节律性，简称自律性（autorhythmicity）。自律性来源于自律细胞，自律细胞在单位时间（每分钟）自动发生兴奋的频率是衡量自律性高低的指标。

心特殊传导系统各部位自律性的高低不等。窦房结的自律性最高（约 100 次/min），房室交界（约 50 次/min）和房室束依次减少，浦肯野纤维最低（约 25 次/min）。正常情况下，由于窦房结自律性最高，主导着整个心的兴奋和跳动，称为心脏正常起搏点。以窦房结为起搏点的心跳节律，称为窦性心律。其他传导组织的自律性均低于窦房结，故不能表现出来，称为潜在起搏点。在病理情况下，心脏有可能受某潜在起搏点的控制，这时该潜在起搏点称为异位起搏点。由异位起搏点控制的心律，称为异位心律。

2. 传导性

心肌细胞传导兴奋的能力称为传导性。心内兴奋传导的途径：由窦房结发出兴奋，通过心房肌传布到两心房，并沿心房优势传导通路以较快速度传到房室交界，再经房室束及其左、右束支、浦肯野纤维网迅速传到心室，引起两心室兴奋。

兴奋在心内各部位的传导速度不相同，其中房室交界区最慢，而房室交界是正常兴奋由心房传至心室的必经途径，交界区这种缓慢传导称为房室延搁，其重要生理意义在于使心房兴奋和收缩完毕之后，心室才开始兴奋和收缩，这有利于心室得到充分血液充盈，保证足够射血量。

3. 兴奋性

兴奋性周期性变化与收缩活动的关系：细胞在发生一次兴奋过程中，兴奋性呈周期性变化，是所有神经和肌组织共同的特性。但心肌细胞的有效不应期特别长，一直延续到机械反应的舒张期开始之后。因此，只有到舒张早期之后，兴奋性变化进入相对不应期，才有可能在受到强刺激作用时产生兴奋和收缩。从收缩开始到舒张早期之间，心肌细胞不会产生第二个兴奋和收缩。这个特点使得心肌不会像骨骼肌那样产生完全强直收缩，而始终作收缩和舒张相交替的活动，这使得心脏有血液回心充盈的时期，才可能实现其泵血功能。

其兴奋性在一次兴奋过程中发生周期性变化，可以分为以下几个时期。

（1）有效不应期　心肌细胞一次兴奋过程中，不能再产生动作电位的时期，称为有效不应期。心肌细胞发生一次兴奋后，在一段时间内再受到第二个刺激，不论刺激有多强都不能引起动作电位。心肌细胞兴奋后不能立即再产生第二次兴奋的特性，称为不应性，不应性表现为可逆的、短暂的兴奋性缺失或极度下降。

（2）相对不应期　从有效不应期完毕到复极化基本上完成的这段期间，为相对不应期。这一时期内，施加给心肌细胞以高于正常阈值的强刺激，可以引起扩播性兴奋。

（3）超常期　心肌细胞继续复极，与阈电位水平的差距较小，用以引起该细胞发生兴奋所需的刺激阈值比正常要低，表明兴奋性高于正常，故称为超常期。最后，复极完毕，膜电位恢复正常静息水平，兴奋性也恢复正常。当膜电位复极至静息电位后，心肌细胞兴奋性也恢复正常。

心肌细胞的有效不应期特别长，相当于机械收缩的整个收缩期和舒张早期。因此，心肌不会产生完全强直收缩，始终保持收缩与舒张交替进行，以实现心的泵血功能。

正常情况下，窦房结产生的每一次兴奋传播到心房肌或心室肌的时间，都是在它们前一次兴奋的不应期终结之后，因此，整个心脏能够按照窦房结的节律而兴奋。但在某些情况下，如果心室在有效不应期之后受到人工的或窦房结之外的病理性异常刺激，则可产生一次期前兴奋，引起期前收缩（premature systole）或额外收缩（图2-1）。期前兴奋也有它自己的有效不应期，这样，当紧接在期前兴奋之后的一次窦房结兴奋传到心室肌时，常常正好落在期前兴奋的有效不应期内，因而不能引起心室兴奋和收缩，需等到下一次窦房结的兴奋传到心室时才能引起心室收缩。这样，在一次期前收缩之后往往出现一段较长的心室舒张期，称为代偿性间歇（compensatory pause）。

4. 收缩性

工作心肌细胞有收缩性，其收缩机制与骨骼肌相似，心肌收缩有以下特点。

（1）对细胞外液中的 Ca^{2+} 有明显依赖性　心肌细胞兴奋-收缩耦联所需的 Ca^{2+}，一部分由终池释放，另一部分来自细胞外液。但其终池很不发达，贮 Ca^{2+} 量比骨骼肌少，故心肌细胞收缩所需的 Ca^{2+}，在很大程度上依赖细胞外液提供。

（2）收缩呈"全或无"式　当刺激达到阈强度时，由于心内特殊传导组织传导兴奋的速度很快，且细胞间闰盘电阻很低，兴奋容易通过，所以，兴奋几乎同时到达所有的心房肌或心室肌，引起同步收缩。如果刺激小于阈强度，心肌就不发生收缩。

（3）不产生强直收缩　心室肌细胞有效不应期特别长，不产生强直收缩的原因前面已阐述清楚，不再重述。

（三）心脏的泵血功能

心脏活动呈周期性，每个周期中心脏表现出以下三方面活动：①兴奋的产生以及兴奋向整个心脏扩布。②由兴奋触发的心肌收缩和随后的舒张，与瓣膜的启闭相配合，造成心房和心室压力和容积的变化，从而推动血液流动。③伴随瓣膜的启闭，出现心

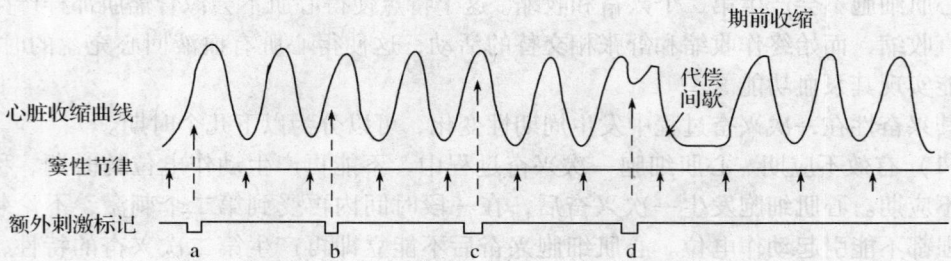

图 2-1 期前收缩与代偿间歇

额外刺激 a、b、c 落在有效不应期内，不引起反应；

额外刺激 d 落在相对不应期内，引起期前收缩和代偿性间歇

音。心脏泵血作用是由心肌电活动、机械收缩和瓣膜活动三者相联系配合才得以实现。

1. 心动周期

心脏一次收缩和舒张，构成一个机械活动周期，称为心动周期（cardiac cycle）。心房与心室的心动周期均包括收缩期和舒张期。正常心脏的活动由一连串的心动周期组合而成。

心动周期持续的时间与心跳频率有关。成年人心率平均为 75 次/min，每个心动周期持续 0.8s。一个心动周期中，两心房首先收缩，持续 0.1s，继而心房舒张，持续 0.1s，继而心房舒张，持续 0.7s。心房收缩时，心室处于舒张期，心房进入舒张期后不久，心室开始收缩，持续 0.3s，随后进入舒张期，占时 0.5s。心室舒张的前 0.4s 期间，心房也处于舒张期，这一时期称为全心舒张期（图 2-2）。心房和心室两者的活动依一定的次序先后进行，左右两侧心房或两侧心室的活动则几乎是同步的。另一方面，无论心房或心室，收缩期均短于舒张期。如果心率增快，心动周期持续时间缩短，收缩期和舒张期均相应缩短，但舒张期缩短的比例较大。因此，心率增快时，心肌工作的时间相对延长，休息时间相对缩短，这对心脏的持久活动是不利的。

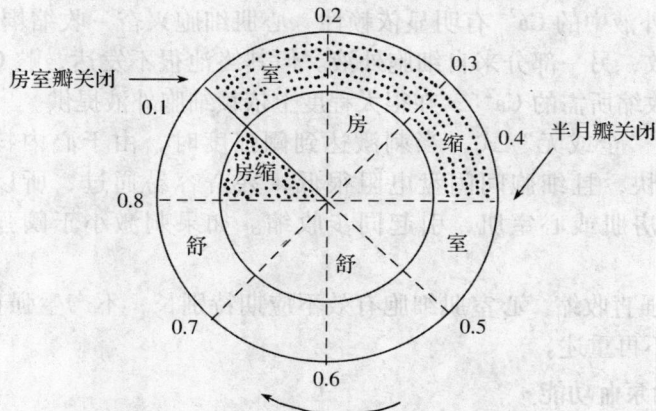

图 2-2 心动周期

2. 心脏的泵血过程

根据心动周期中室内压力和容积等的变化，可将心脏泵血过程分为以下几个时期。

（1）心房收缩期　心房开始收缩前，心脏处于全心舒张期。此期室内压低于房内压，房室瓣处于开放状态，血液顺压力梯度从静脉流入心房，由心房流入心室；此时室内压也远低于动脉压，故动脉瓣是关闭的。

当心房收缩时，心房容积减小，房内压力升高，使心房内的血液流入心室，心室充盈的血量进一步增多。心房收缩持续 0.1s，随后进入房舒期。房缩期流入心室的血量，只占一个心动周期中由心房流入心室总血量的 30% 左右，故发生心房纤维性颤动时，对心脏的射血和充盈功能影响较小。

（2）心室收缩期　分为等容收缩期和射血期。

①等容收缩期：心房收缩完毕，心室开始收缩，室内压力迅速增高，当室内压超过房内压时，心室内的血液推动房室瓣使其关闭。此时，室内压仍低于动脉压，动脉瓣仍处于关闭状态。这段时期内，心室腔处于关闭状态，无血液进出心室，心室肌虽在持续收缩，心室容积并不改变，故称等容收缩期，约持续 0.05s。

②射血期：随着心室继续收缩，室内压力继续上升，当超过大动脉压时，血液冲开动脉瓣，顺心室与动脉之间的压力梯度迅速射入动脉，进入射血期，约持续 0.25s。射血期前段，血液射入动脉的速度快，射入的血量约占心室一次射血量的 80% ~ 85%，该期称快速射血期（约 0.1s）；射血期后段，射血速度减慢，称慢速射血期（约 0.15s）。

（3）心室舒张期　分为等容舒张期和充盈期。

①等容舒张期：心室开始舒张后室内压下降，当下降到低于大动脉压时，动脉内的血液向心室方向倒流，推动动脉瓣使其关闭。此时室内压仍低于房内压，房室瓣仍处于关闭状态。这段时期亦无血液进出心室，心室容积不变，称为等容舒张期，约持续 0.06 ~ 0.08s。

②充盈期：心室肌继续舒张，室内压力继续下降，当下降到低于房内压时，心房内血液顺房室之间的压力梯度推开房室瓣，快速流入心室，使心室充盈，心室容积迅速增大，称快速充盈期（约 0.11s）。该期流入心室的血量约占心室总充盈量的 2/3。随着心室充盈，静脉内的血液经心房流入心室的速度减慢，称慢速充盈期（约 0.22s）。心室舒张期的最后 0.1s 开始时，进入了下一个心动周期，心房又开始收缩（约 0.1s）。

综上所述，由于心房与心室的舒缩活动，导致心房与心室内压力变化，从而推动瓣膜的闭启及血液的流动。

（四）心脏泵功能的评定

心脏泵血功能可用以下指标进行测量和评价。

1. 心输出量（cardiac output）

心脏泵血量是衡量心功能的主要指标。

（1）每搏输出量和射血分数　心每搏动一次，由一侧心室射出的血量称为每搏输出量。正常成人安静时约为 60 ~ 80ml，且左右心室基本相等。每次心搏，心室内血液并没有全部被射出，心舒期末心腔内的血液约 130 ~ 145ml，称为心室舒张末期容积。每搏输出量占心室舒张末期容积的百分比，称为射血分数（ejection fraction），健康成人安静时为 55% ~ 65%。

（2）心输出量和心指数　每分钟由一侧心室射出的血量称为心输出量。它等于每搏输出量乘以心率。心率以 75 次/min 计算，心输出量为 4.5 ~ 6.0L，平均 5L。正常人安静时的心输出量与体表面积成正比，每平方米体表面积的心输出量称为心指数（cardiac index）。中等身材的成年人，在安静和空腹时的心指数为 3.0 ~ 3.5L/（min·m^2），是分析、比较不同个体心功能常用的评定指标。

（3）影响心输出量的因素　心输出量受每搏输出量多少和心率快慢的影响，而每搏输出量又受心室舒张末期充盈量、心肌收缩能力和动脉压的影响。

①心室舒张末期充盈量：心室舒张末期充盈量（即心肌前负荷）是静脉回心血量和射血后留在心室内的剩余血量之和。在一定范围内，静脉回心血量增加，心室舒张末期充盈量增加，心肌前负荷增大，心室容积随着增大，心肌纤维初长（即收缩前的长度）增长，心肌收缩力增强，每搏输出量增多；相反，则每搏输出量减少。如果静脉血回心速度过快，量过多，可造成心肌前负荷过大，心肌收缩力反而减弱，导致每搏输出量减少。

②心肌收缩能力：人体的心肌收缩能力受神经和体液因素影响。如运动时，交感神经活动增强，肾上腺素和去甲肾上腺素分泌增多，使心肌收缩能力增强，每搏输出量增多；迷走神经活动增强时，则引起相反效应。

③动脉血压：动脉血压为心肌后负荷。一定范围内动脉血压升高时，搏出量可正常，动脉血压过高（超过 160mmHg）时，搏出量降低。如果动脉血压长期升高，心室肌则因长期处于收缩加强状态而逐渐肥厚，病情进一步发展可致泵血功能减退。

④心率：心率在一定范围内变动时，心输出量随之增减。但如果心率太快（超过 170 ~ 180 次/min），因心舒期明显缩短，心室充盈量显著减少，将引起心输出量减少；心率过慢（低于 40 次/min），心输出量亦明显减少。

2. 心脏做功（cardiac work）

血液在循环系统内流动过程中所消耗的能量，是由心脏做功所供给的。换句话说，心脏做功所释放的能量转化为压强能和血流的动能，血液才能循环流动。心室一次收缩所做的功，称为每搏功（stroke work），可以用搏出的血液所增加的动能和压强能来表示。搏出血液的压强能可用平均动脉压表示，它等于［舒张压 +（收缩压 ~ 舒张压）］×1/3。由于心室充盈是由静脉和心房输送回心的血液充盈心室造成的，计算心室收缩释放的能量时不应将充盈压［可用左室舒张末期压或平均左房压表示，约为 0.8kPa（6mmHg）］计算在内。搏功单位为 g.m.。搏功乘以心率即为每分功，单位为 g.m./min。计算左室搏功和每分功的简式如下：

左室每搏功 = 每搏量×（平均动脉压 – 肺动脉楔压）（mmHg）×0.0136

右室每搏功 = 每搏量×（平均肺脉压 – 肺动脉楔压）（mmHg）×0.0136

$$每分功 = 每搏功×心率$$

设搏出量为 70ml，收缩压为 120mmHg，舒张压为 80mmHg，平均左房压为 6mmHg，心率 75 次/min，代入上式，求得左心室搏功为 83.1g.m.；每分功为 6.23g.m.。

右心室搏出量与左心室相等，但肺动脉平均压仅为主动脉平均压的 1/6 左右，故右心室做功量也只有左心室的 1/6。

用做功量来评定心泵血功能，其意义显而易见，因为心脏收缩不仅仅是排出一定量的血液，而且这部分血液具有压强能以及很快的流速。在动脉压增高的情况下，心脏要射出与原先同等量的血液就必须加强收缩。如果此时心肌收缩的强度不变，那么，搏出量将会减少。实验表明，心肌的耗氧量与心肌的做功量是平行变动的，其中，心输出量的变动不如心室射血期压力和动脉压的变动对心肌耗氧量的影响大。即心肌收缩释放的能量主要用于维持血压。由此可见，作为评定心泵血功能的指标，心脏做功量要比单纯的心输出量更为全面。特别是在需要对动脉压不相等的不同个体，以及同一个人动脉压发生变动前后的心脏泵血功能进行分析比较时，情况更是如此。

3. 心脏泵功能的调节

机体在长期进化的过程中，逐步完善一套循环调节机构，使循环功能适应不同生理情况下新陈代谢的需要。这种调节是在复杂的神经和体液机制参与下，通过对心脏和血管活动的综合调节而实现的。心输出量取决于心率和搏出量，机体通过对心率和搏出量两方面的调节来调节心输出量。

4. 心脏泵血功能的贮备

心输出量可随机体代谢增长而增加。健康成年人静息状态下心率为 75 次/min，搏出量约为 70ml，心输出量为 5L 左右。强体力劳动时，心率可达 180～200 次/min，搏出量可增加至 150ml 左右，心输出量可达 25～30L，为静息时的 5～6 倍。心脏每分钟能射出的最大血量称最大输出量。由上可以看出，心输出量能够在需要时成倍地增长，表明健康人心脏泵血功能具有贮备功能。心输出量随机体代谢需要而增加的能力，称为泵功能贮备或心力储备（cardiac reserve）。心力储备的大小主要取决于搏出量和心率能够提高的程度。

健康人有相当大的心力贮备，而有心脏疾患的病人，静息时心输出量或许与健康人没有明显差别，尚能够满足静息状态下代谢的需要，但在代谢活动增强时，输出量相应的增加程度不如正常人，最大输出量可表现为低于正常人；而训练有素的运动员，心脏的最大输出量远比一般人高，可达 35L 以上，为静息时的 8 倍左右。

（五）心音

心动周期中，心肌收缩、瓣膜启闭、血液加速度和减速度对心血管壁的加压和减压作用以及形成的涡流等因素引起的机械振动，可通过周围组织传递到胸壁。如将听诊器放在胸壁某些部位，就可以听到声音，称为心音。心音发生在心动周期的某些特定时期，其音调和持续时间也有一定的规律。正常心脏可听到 4 个心音：即第一、第二、第三和第四心音，但多数情况下只能听到第一和第二心音，在某些健康儿童和青年人也可听到第三心音，40 岁以上的健康人也有可能出现第四心音。心脏某些异常活动可以产生杂音或其他异常心音。因此，听取心音或记录心音图对于心脏疾病的诊断有一定意义。

第一心音发生在心缩期，音调低，持续时间相对较长，在心尖搏动处（左第五肋间隙锁骨中线）最清晰。它是由心缩期心室射血引起大血管扩张及产生的涡流发出的低频振动，及房室瓣突然关闭所引起的振动形成的，是第一心音的主要组成成分，通常可用第一心音为心室收缩期开始的标志。第二心音发生在心脏舒张期，频率较高，持续时间较短。听诊的第二心音主要与主动脉瓣的关闭有关，标志心室舒张期开始。第三心音发生在快速充盈期末，是一种低频、低振幅的心音。它是由于心室快速充盈期末，血流充盈减，流速突然改变，形成一种力使心室壁和瓣膜发生振动而产生的。第四心音是与心房收缩有关的一组心室收缩期前的振动，故也称心房音。正常心房收缩，听不到声音，但在异常有力的心房收缩和左室壁变硬的情况下，心房收缩使心室充盈的血量增加，心室进一步扩张，引起左室肌及二尖瓣和血液的振动，则第四心音加强。

（六）神经对心肌收缩功能的影响

支配心脏的神经及其递质对心肌收缩功能均产生明显影响，它们对心肌收缩功能的调节机制则比较复杂。主要从如下两个方面来了解。

1. 迷走神经和乙酰胆碱的作用

迷走神经兴奋时，节后纤维释放递质乙酰胆碱，激动心肌细胞膜上 M 型胆碱能受体，产生负性变力、负性变时和负性传导性等效应。

2. 心交感神经和儿茶酚胺的作用

心交感神经末梢释放的递质是去甲肾上腺素，它与心肌细胞膜 β 肾上腺素能受体相结合，产生正性变力、正性变时和正性变传导性效应。肾上腺髓质分泌的去甲肾上腺素和肾上腺素，以及外源性 β 受体激动剂也有类似作用。

心交感神经和儿茶酚胺对心肌的作用是多方面的。心交感神经兴奋引起心率加快，使心缩期和心舒期缩短的情况下，加速了心肌舒张，可以弥补因心室舒张期缩短带来的心室充盈不足的后果。另一方面，由于收缩能力增强，心肌收缩增强、增快，心脏射血量也不至于因心缩期的缩短而减少；兴奋传导加速，心房肌以及心室肌收缩的同步性有所加强，也促使心房或心室的收缩强度增加，有利于维持心输出量。因此，当心交感神经兴奋时，在心率加快的同时，搏出量增加或不变，心输出量因而得以增加。

（七）心电图

正常人体，由窦房结发出的一次兴奋，按一定的途径和进程，依次传向心房和心室，引起整个心脏的兴奋。因此，每一个心动周期中，心脏各部分兴奋过程中出现 的电变化传播方向、途径、次序和时间等都有一定的规律。这种生物电变化通过心脏周围的导电组织和体液，反映到身体表面，使身体各部位在每一心动周期中也都发生有规律的电变化。将测量电极放置在人体表面的一定部位记录出来的心脏电变化曲线，就是临床上记录的心电图。心电图反映心脏兴奋的产生、传导和恢复过程中的生物电变化。

1. 心电图的描记及导联

心电描记器的记录电极放在体表的任何两个非等电部位，都可记录出心电变化的图像，这种测量方法叫做双极导联。目前在临床检查心电图时，单极和双极导联都在使用。常用的心电图导联方法有：

（1）标准导联　属双极导联，电极连接方法如下。①第一导联（简称 I）：右臂（－），左臂（＋）。②第二导联（简称 II）：右臂（－），左足（＋）。③第三导联（简称 III）：左臂（－），左足（＋）。

（2）加压单极肢导联　为了弥补肢体导联描记的图形较小的不足，将探查电极放在标准导联的任一肢体上，将其余两肢体上的引导电极分别与 5000Ω 电阻串联在一起作为无关电极。这种导联记录出的心电图电压比单极肢体导联的电压增加 50% 左右，故名加压单极肢体导联，它能消除肢体各部电阻差异的影响。在右臂为加压单极右上肢导联（aVR），在左臂则为加压单极左上肢导联（aVL），在左腿则为加压单极左下肢导联（aVF）。

（3）单极胸导联 将一个测量电极固定为零电位，把中心电端和心电描记器的负端相连，成为无关电极。另一个电极和描记器正端相连，作为探查电极，可放在胸壁的不同部位。分别构成6种单极胸导联，各探查电极的具体位置是：V_1，胸骨右缘第四肋间；V_2，胸骨左缘第四肋间；V_3，在V_2与V_4连线的中点；V_4，左锁骨中线第五肋间；V_5，左腋前线与V_4同一水平；V_6，在腋中线与V_4同一水平。

一般心电图机的导线可分为红、黄、蓝、白、黑5种颜色，红色连线接右上肢，黄色连线接左上肢，蓝色连线接左下肢，黑色连线接右下肢，白色连线接心前导联。

2. 正常心电图的波形及生理意义

心电图记录纸上有横线和纵线划出长和宽均为1mm的小方格。记录心电图时，首先调节仪器放大倍数，使输入1mV电压信号时，描笔在纵向上产生10mm偏移，纵线上每一小格相当于0.1mV的电位差。横向小格表示时间，每一小格相当于0.04s（即走纸速度为25mm/s）。因此，可以在记录纸上测量出心电图各波的电位数值和经历的时间。

测量电极安放位置和连线方式（导联方式）不同所记录到的心电图，在波形上有所不同，但基本波形包括一个P波，一个QRS波群和一个T波，有时在T波后，还出现一个小的U波（图2-3）。

P波：反映左右两心房的去极化过程。P波波形小而圆钝，历时0.08～0.11s，波幅不超过0.25mV。

Ta波（心房T波）：代表心房复极过程所产生的电变化。它开始于P波之后，与P波的方向相反。PTa间期（从P波开始到Ta波终了的时程）为0.15～0.45s；故Ta波与PR段、QRS波和ST段的初期重叠在一起，而且Ta波波幅很低，故通常心电图上看不出Ta波。

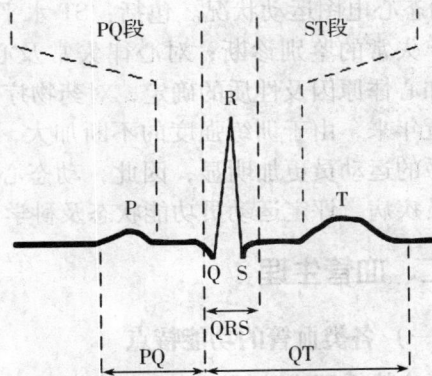

图2-3 正常人心电模式图

QRS波群：代表左右两心室去极化过程的电位变化。典型的QRS波群，包括3个紧密相连的电位波动，第一个向下波为Q波，以后是高而尖峭的向上的R波，最后是一个向下的S波。但在不同导联中，这三个波不一定都出现。正常QRS波群历时约0.06～0.10s，代表心室肌兴奋扩布所需的时间。各波波幅在不同导联中变化较大。

T波：反映心室复极（心室肌细胞3期复极）过程中的电位变化，波幅一般为0.1～0.8mV。在R波较高的导联中T波不应低于R波的1/10。T波历时0.05～0.25s。T波的方向与QRS波群的主波方向相同。

U波：是T波后0.02～0.04s可能出现的一个低而宽的波，方向一般与T波一致，波宽约0.1～0.3s，波幅大多在0.05mV以下。U波的意义和成因均不十分清楚。

在心电图中，除了上述各波的形状有特定的意义之外，各波以及它们之间的时程关系也具有理论和实践意义，其中比较重要的有以下几项。

①P－R间期（或P－Q间期）：是指从P波起点到QRS波起点之间的时程，为0.12~0.20s。P－R间期代表由窦房结产生的兴奋经由心房、房室交界和房室束到达心室，并引起心室开始兴奋所需要的时间，故也称为房室传导时间。在房室传导阻滞时，P－R间期延长。

②PR段：从P波终点到QRS波起点之间的曲线，通常与基线同一水平。PR段形成的原因是由于兴奋冲动通过心房之后在向心室传导过程中，要通过房室交界区。兴奋通过此区传导非常缓慢，形成的电位变化也很微弱，一般记录不出来，故在P波之后，曲线又回到基线水平，成为PR段。

③Q－T间期：从QRS波起点到T波终点的时程，代表心室开始兴奋去极到完全复极到静息状态的时间。

④ST段：指从QRS波群终了到T波起点之间的与基线平齐的线段，它代表心室各部分心肌细胞均处于动作电位的平台期（2期），各部分之间没有电位差存在，曲线又恢复到基线水平。

3. 24 小时动态心电图

动态心电图或称Holter心电监测，是Holter提出并于1961年应用与临床。记录24h动态心电图运动状况。包括：ST水平趋势图、心率变异、身体运动后的数据及各种心律失常的鉴别诊断；对心律失常及心肌缺血的定性、定量诊断，对阵发性晕厥、眩晕和心悸原因及性质的确定，对药物疗效的评定及起搏器的功能评定。

近年来，由于训练强度的不断加大，运动员心律失常发生率逐年升高，尤其是在高水平的运动员更加明显，因此，动态心电图的应用价值也就显得特别重要，在诊断运动员疾病、评定运动员功能状态及科学训练和比赛等方面起了很大的作用。

二、血管生理

（一）各类血管的功能特点

不论体循环或肺循环，由心室射出的血液都流经由动脉、毛细血管和静脉相互串联构成的血管系统，再返回心房。在体循环，供应各器官的血管相互间又呈并联关系。

从生理功能上可将血管分为以下几类。

（1）弹性贮器血管　指主动脉、肺动脉主干及其发出的最大的分支。这些血管的管壁坚厚，富含弹性纤维，有明显的可扩张性和弹性。左心室射血时，主动脉压升高，一方面推动动脉内的血液向前流动，另一方面使主动脉扩张，容积增大。因此，左心室射出的血液在射血期内只有一部分进入外周，另一部分则被贮存在大动脉内。主动脉瓣关闭后，被扩张的大动脉管壁发生弹性回缩，将在射血期多容纳的那部分血液继续向外周方向推动。大动脉的这种功能称为弹性贮器作用。

（2）分配血管　从弹性贮器血管以后到分支为小动脉前的动脉管道，其功能是将血液输送至各器官组织，故称为分配血管。

（3）毛细血管前阻力血管　小动脉和微动脉的管径小，对血流的阻力大，称为毛细血管前阻力血管。微动脉的管壁富含平滑肌，后者的舒缩活动可使血管口径发生明显变化，从而改变对血流的阻力和所在器官、组织的血流量。

（4）毛细血管前括约肌　在真毛细血管的起始部常有平滑肌环绕，称为毛细血管前括约肌。它的收缩或舒张可控制毛细血管的关闭或开放，因此可决定某一时间内毛细血管开放的数量。

（5）交换血管　指真毛细血管。其管壁仅由单层内皮细胞构成，外面有一薄层基膜，故通透性很高，成为血管内血液和血管外组织液进行物质交换的场所。

（6）毛细血管后阻力血管　指微静脉。微静脉因管径小，对血流也产生一定的阻力。它们的舒缩可影响毛细血管前阻力和毛细血管后阻力的比值，从而改变毛细血管压和体液在血管内和组织间隙内的分配情况。

（7）容量血管　静脉和相应的动脉比较，数量较多，口径较粗，管壁较薄，故其容量较大，而且可扩张性较大，即使较小的压力变化就可使容积发生较大的变化。在安静状态下，循环血量的60%～70%容纳在静脉中。静脉的口径发生较小变化时，静脉内容纳的血量就可发生很大的变化，而压力的变化较小。因此，静脉在血管系统中起着血液贮存库的作用，在生理学中将静脉称为容量血管。

（8）短路血管　指一些血管床中小动脉和静脉之间的直接联系。它们可使小动脉内的血液不经过毛细血管而直接流入小静脉。在手指、足趾、耳廓等处的皮肤中有许多短路血管存在，它们在功能上与体温调节有关。

（二）血压

1. 血压及动脉血压的概念

血压（blood pressure，BP）是指血管内流动的血液对于单位面积血管壁的侧压力。动脉管内流动的血液对单位面积动脉管壁的侧压力，称为动脉血压。在每个心动周期中，心室收缩，动脉血压升到最高值称为收缩压；心室舒张，动脉血压下降到最低值称为舒张压。收缩压与舒张压之差称为脉搏压，简称脉压。一个心动周期中动脉血压的平均值，称为平均动脉压。

2. 动脉血压正常值

临床常用听诊法间接测定肱动脉血压作为动脉血压的标准。我国健康年轻人在安静状态下收缩压为13.3～16.0kPa（100～200mmHg），舒张压为8.0～10.7kPa（60～80mmHg），脉压为4.0～5.3kPa（30～40mmHg），平均动脉压约13.3kPa（100mmHg）。

3. 动脉血压的形成

封闭的心血管系统内有足量血液充盈是形成动脉血压的前提。心室收缩射血和外周阻力是形成血压的基本因素。血液流经小动脉和微动脉所遇到的阻力称外周阻力。此外，大动脉管壁弹性对动脉血压的形成亦起重要作用（图2-4）。

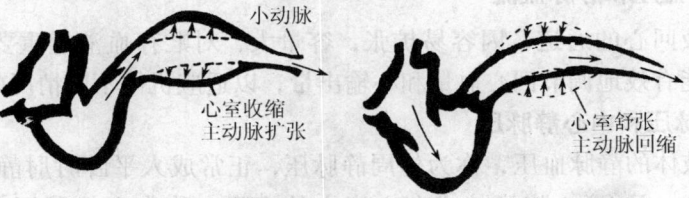

小动脉

心室收缩
主动脉扩张

心室舒张
主动脉回缩

图2-4　大动脉管壁的弹性对动脉血压形成所起作用

4. 影响动脉血压的因素

凡能形成动脉血压的因素，都能影响动脉血压。

（1）每搏输出量　如果其他因素不变，每搏输出量增多，收缩压升高。当每搏输出量减少时则主要使收缩压降低，脉压减小。

（2）心率　其他因素不变，若心率加快，由于心舒期缩短明显，在心舒期内流向外周血量减少，使该期末存留在大动脉内血量增多，故舒张压升高。当心率减慢时，舒张压降低明显，脉压增大。

（3）外周阻力　如果外周阻力增大而其他因素不变时，心舒期中血液流向外周的速度减慢，心舒期末存留在大动脉内血量增多，而致舒张压升高。在心缩期内，由于动脉血压升高而使血流速度加快，流向外周血量较多，使收缩压升高不如舒张压升高明显，脉压减小。外周阻力减小时则舒张压降低明显，脉压增大。因此，舒张压高低主要反映外周阻力的大小。

（4）大动脉管壁的弹性　大动脉管壁弹性因能缓冲动脉血压的变化而使收缩压不致过高，舒张压不致过低，减小脉压。如大动脉管壁弹性降低，则可导致收缩压升高，舒张压，脉压增大。

（5）循环血量与血管容积　正常情况下循环血量与血管容积相适应，保持血管内有足量血液充盈，这是形成动脉血压的重要前提。如果发生大失血使循环血量明显减少，而血管容积相对增大，则引起动脉血压急剧下降。应及时给病人输血、输液以补充循环血量。

（三）动脉脉搏

在每个心动周期中，动脉内的压力发生周期性的波动。这种周期性的压力变化可引起动脉血管发生搏动，称为动脉脉搏。手术时暴露动脉，可以直接看到动脉随每次心搏而发生的搏动。用手指也可摸到身体浅表部位的动脉搏动。由于小动脉和微动脉对血流的阻力很大，故在微动脉段以后脉搏波动即大大减弱。到毛细血管，脉搏已基本消失。

医生在进行诊断时按病人桡动脉的脉搏，可以了解病人的脉搏频率和节律是否规则等。中医把切脉作为诊断疾病的重要手段之一。动脉脉搏与心输出量、动脉的可扩张性以及外周阻力等因素关系密切。中医学中的脉象，就是研究各种生理和病理情况下桡动脉脉搏的特征。运动脉搏常用来了解训练课的运动强度，训练结束后的恢复状况和运动员的训练水平。

（四）静脉血压和静脉血流

静脉是血液回心的通道，因容易扩张，容量大，对贮存血液起重要作用。而静脉血压的高低则能有效地调节回心血量和心输出量，以适应机体不同情况的需要。

1. 外用静脉压和中心静脉压

各器官或肢体的静脉血压，称为外周静脉压，正常成人平卧时肘静脉压为 $0.59 \sim 0.98$kPa（$6 \sim 10$cmH$_2$O）。腔静脉或右心房内的血压，称中心静脉压（central venous pressure），正常变动范围为 $0.39 \sim 1.18$kPa（$4 \sim 12$cmH$_2$O）。中心静脉压的高低取决于心射血能力和静脉回心血量。

2. 影响静脉回心血量的因素

单位时间内由静脉回心的血量称为静脉回心血量。影响静脉回心血量的因素有如下。

（1）心收缩力 心收缩力改变是影响静脉回心血量最重要的因素。心收缩力增强，每搏输出量增多，心舒期室内压低，血液流入心室内增多，中心静脉压降低，有利于静脉血回心；反之，心收缩力减弱，中心静脉压升高，静脉回心血量减少。

（2）重力和体位 平卧体位，全身静脉与心脏基本处在同一水平，重力大致相等。当人由卧位变为直立时，因受重力影响，心脏以下的静脉血管扩张充盈，所容纳的血液约增多500ml，导致静脉回心血量减少。

（3）骨骼肌的挤压作用 骨骼肌收缩时，位于肌肉内和肌肉间的静脉受挤压，促使静脉血回流。四肢静脉内有向心方向的静脉瓣，使静脉血液只能流向心脏而不能倒流。骨骼肌挤压作用对人体下垂肢体的静脉血液回流起很大的促进作用。

（4）呼吸运动 胸膜腔内压低于大气压，为负压。吸气时胸膜腔内负压值增大，使胸腔内的大静脉和右心房更加扩张，由于容积增大，中心静脉压下降，促进静脉血回心；呼气时相反，使静脉回心血量减少。

（5）体循环平均充盈压 体循环平均充盈压是反映血管系统充盈程度的指标。实验证明，血管系统内血液充盈程度愈高，静脉回心血量也就愈多。当血量增加或容量血管收缩时，体循环平均充盈压升高，静脉回心血量也就增多。反之，血量减少或容量血管舒张时，体循环平均充盈压降低，静脉回心血量减少。

（五）微循环

微循环是指微动脉和微静脉之间的血液循环。血液循环最根本的功能是进行血液和组织之间的物质交换，这一功能是在微循环部分实现的。

1. 微循环的组成

各器官、组织的结构和功能不同，微循环的结构也不同。人手指甲皱皮肤的微循环形态比较简单，微动脉和微静脉之间仅由呈袢状的毛细血管相连。骨骼肌和肠系膜的微循环形态则比较复杂。典型的微循环由微动脉、后微动脉、毛细血管前括约肌、真毛细血管、通血毛细血管（或称直捷通路）、动-静脉吻合支和微静脉等部分组成。图2-5是一个典型的微循环单元。

微动脉管壁有环行的平滑肌，其收缩和舒张可控制微血管的血流量。微动脉分支成为管径更细的后微动脉。每根后微动脉向一根至数根真毛细血管供血。真毛细血管通常从后微动脉以直角方向分出。在真毛细血管起始后端通常有1~2个平滑肌细胞，形成一个环，即毛细血管前括约肌。该括约肌的收缩状态决定进入真毛细血管的血流量。

毛细血管的血液经微静脉进入静脉。最细的微静脉管径不超过20~30μm，管壁没有平滑肌，在功能上有交换血管的作用。较大的微静脉管壁有平滑肌，在功能上是毛细血管后阻力血管。微静脉的舒缩状态可影响毛细血管血压，从而影响毛细血管处的液体交换和静脉回心血量。

另外，微动脉和微静脉之间还可通过直捷通路和动-静脉短路沟通。直捷通路是指血液从微动脉经后微动脉和通血毛细血管进入微静脉的通路。通血毛细血管是后微动脉的直接延伸，其管壁平滑肌逐渐稀少至消失。直捷通路经常处于开放状态，血流速度较快，其主要功能并不是物质交换，而是使一部分血液能迅速通过微循环而进入静脉。直捷通路在骨骼肌组织的微循环中较为多见。动－静脉短路是吻合微动脉和微静脉的通道，其管壁结构类似微动脉。在人体某些部分的皮肤和皮下组织，特别是手指、足趾、耳廓等处，这类通路较多。动－静脉吻合支在功能上不是进行物质交换，而是在体温调节中发挥作用的。当环境温度升高时，动－静脉吻合支开放增多，皮肤血流量增加，皮肤温度升高，有利于发散身体热量。环境温度低时，

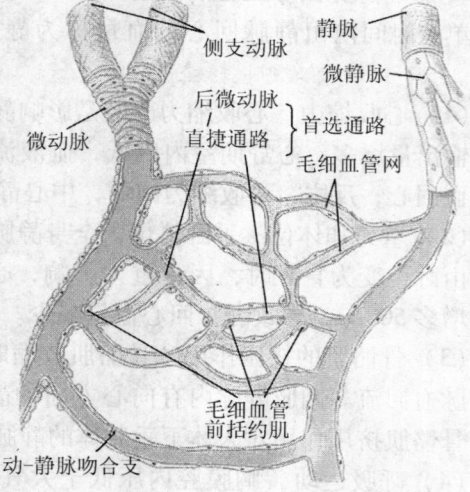

图 2-5 微循环组成模式图

则动－静脉短路关闭，皮肤血流量减少，有利于保存体热。动－静脉短路开放，会相对地减少组织对血液中氧的摄取。在某些病理状态下，例如感染性和中毒性休克时，动－静脉短路大量开放，可加重组织的缺氧状况。

2. 毛细血管的数量和交换面积

人体全身约有 400 亿根毛细血管。不同器官组织中毛细血管的密度有很大差异，例如在心肌、脑、肝、肾，毛细血管的密度为每立方毫米组织 2500～3000 根；骨骼肌为每立方毫米组织 100～400 根；骨、脂肪、结缔组织中毛细血管密度较低。假设毛细血管的平均半径为 $3\mu m$，平均长度为 $750\mu m$，则每根毛细血管的表面积约为 $14000\mu m^2$。由于微静脉的起始段也有交换功能，故估计每根毛细血管的有效交换面积为 $22000\mu m^2$。由此可以估计全身毛细血管（包括有交换功能的微静脉）总的有效交换面积将近 $1000m^2$。

3. 血液和组织液之间的物质交换

组织、细胞之间的空间称为组织间隙，其中为组织液所充满。组织液是组织、细胞直接所处的环境。组织、细胞通过细胞膜和组织液发生物质交换。组织液与血液之间则通过毛细血管壁进行物质交换。因此，组织、细胞和血液之间的物质交换需通过组织液作为中介。

血液和组织液之间的物质交换主要是通过以下几种方式进行的。

（1）扩散 扩散是血液和组织液之间进行物质交换的主要方式之一。毛细血管内外液体中，直径小于毛细血管壁孔隙的分子能通过管壁进行扩散运动。分子运动是向各个不同方向进行的杂乱运动，故当血液流经毛细血管时，血液内的溶质分子可扩散入组织液，组织液内的溶质分子也可以扩散入血液。对于某一种物质来说，其通过毛细血管壁进行的扩散的驱动力是该物质在管壁两侧的浓度差，即从浓度高的一侧向浓度低的一侧发生移动。溶质分子在单位时间内通过毛细血管壁进行扩散的速率与该溶质分子在血浆和组织液中的浓度差、毛细血管壁对该溶质分子的通透性、毛细血管壁

的有效交换面积等因素成正比,与毛细血管壁的厚度(即扩散距离)成反比。对于非脂溶性物质,毛细血管壁的通透性(紧密连接内皮除外)与溶质分子的大小有关,分子愈小,通透性愈大。毛细血管壁孔隙的总面积虽仅占毛细血管壁总面积的约千分之一,但由于分子运动的速度高于毛细血管血流速度数十倍,故血液在流经毛细血管时,血浆和组织液的溶质分子仍有足够的时间进行扩散交换。脂溶性物质如 O_2、CO_2 等可直接通过内皮细胞膜进行扩散,因此整个毛细血管壁都成为扩散面,单位时间内扩散的速率更高。

(2)滤过和重吸收　当毛细血管壁两侧的静水压不等时,水分子就会通过毛细血管壁从压力高的一侧向压力低的一侧移动。水中的溶质分子,如其分子直径小于毛细血管壁的孔隙,也能随同水分子一起滤过。当毛细血管壁两侧的渗透压不等时,可以导致水分子从渗透压低的一侧向渗透压高的一侧移动。由于血浆蛋白质等胶体物质较难通过毛细血管壁的孔隙,血浆胶体渗透压能限制血浆的水分子向毛细血管外移动;组织液的胶体渗透压则限制组织液的水分子向毛细血管内移动。生理学中将由于管壁两侧静水压和胶体渗透压的差异引起的液体由毛细血管内向毛细血管外的移动称为滤过,而将液体向相反方向的移动称为吸收或重吸收。血液和组织液之间通过滤过和吸收方式发生的物质交换,和通过扩散方式发生的物质交换相比,仅占很小的一部分,但在组织液的生成中起重要的作用。

(3)吞饮　在毛细血管内皮细胞一侧的液体可被内皮细胞膜包围、吞饮入细胞内,形成吞饮囊泡。囊泡被运送至细胞的另一侧,并被排出至细胞外。因此,这也是血液和组织液之间通过毛细血管壁进行物质交换的一种方式。一般认为,较大的分子如血浆蛋白等可以由这种方式通过毛细血管壁进行交换。

(六)组织液的生成与回流

血液通过毛细血管壁与组织液进行物质交换,组织液通过细胞膜与细胞进行物质交换,血液与组织细胞间的物质交换必须通过组织液这个中间环节才能实现。

组织液是血浆中除血浆蛋白质以外的成分,通过毛细血管壁滤过而产生。组织液生成与回流依靠有效滤过压,它取决于毛细血管血压、组织液静水压、血浆胶体渗透压和组织液胶体渗透压 4 个因素。其中毛细血管血压和组织液胶体渗透压是促使液体从管内滤出到管外而生成组织液的力量,血浆胶体渗透压和组织液静水压是将组织液重吸收入血管的力量。滤过力量与重吸收力量之差称为有效滤过压,用下式表示:有效滤过压 =(毛细血管血压 + 组织液胶体渗透压)-(血浆胶体渗透压 + 组织液静水压)。

正常情况下,组织液不断生成,又不断被重吸收,保持动态平衡,故血量和组织液量能维持相对稳定。若这种动态平衡遭到破坏,组织液生成过多或吸收减少,组织间隙中就有过多的潴留,形成组织水肿。上述决定有效滤过压的各种因素,如毛细血管血压升高和血浆胶体渗透压降低时,使组织液生成增多,甚至引起水肿。静脉回流受阻时,毛细血管血压升高,组织液生成增加。在某些病理情况下,毛细血管壁的通透性增高,一部分血浆蛋白质滤过进入组织液,使组织液生成增多,发生水肿。

(七)淋巴液的生成与回流

淋巴管系统是组织液向血液回流的一个重要的辅助系统。毛细淋巴管以稍膨大的盲端起始于组织间隙，彼此吻合成网，并逐渐汇合成大的淋巴管。全身的淋巴液经淋巴管收集，最后由右淋巴导管和胸导管导入静脉。

组织液进入淋巴管，即成为淋巴液。因此，来自某一组织的淋巴液的成分和该组织的组织液非常接近。在毛细淋巴管起始端，内皮细胞的边缘像瓦片般互相覆盖，形成向管腔内开启的单向活瓣。当组织液积聚在组织间隙内时，组织中的胶原纤维和毛细淋巴管之间的胶原细丝可以将互相重叠的内皮细胞边缘拉开，使内皮细胞之间出现较大的缝隙。因此，组织液包括其中的血浆蛋白质分子可以自由地进入毛细淋巴管。

正常成人在安静状态下每小时约有 120ml 淋巴液流入血液循环，其中约 100ml 经由胸导管，20ml 经由右淋巴导管进入血液。以此推算，每天生成的淋巴液总量约为 2～4L，大致相当于全身血浆总量。组织液和毛细淋巴管内淋巴液的压力差是组织液进入淋巴管的动力。组织液压力升高时，能加快淋巴液的生成速度。

毛细淋巴管汇合形成集合淋巴管。后者的管壁中有平滑肌，可收缩。淋巴管中有瓣膜，使淋巴液不能倒流。淋巴管壁平滑肌的收缩活动和瓣膜共同构成"淋巴管泵"，推动淋巴流动。淋巴管周围组织对淋巴管的压迫也能推动淋巴流动，如肌肉收缩，相邻动脉的搏动，以及外部物体对身体组织的压迫和按摩等等。凡能增加淋巴生成的因素也都能增加淋巴液的回流量。

淋巴液回流的生理功能主要是将组织液中的蛋白质分子带回至血液中，并且能清除组织液中不能被毛细血管重吸收的较大的分子以及组织中的红细胞和细菌等。小肠绒毛的毛细淋巴管对营养物质特别是脂肪的吸收起重要的作用。由肠道吸收的脂肪 80%～90% 是经过这一途径被输送入血液的。因此小肠的淋巴呈乳糜状。淋巴回流的速度虽较缓慢，但一天中回流的淋巴液相当于全身血浆总量，故淋巴液回流在组织液生成和重吸收的平衡中起着一定的作用。

三、心血管活动的调节

人体在不同的生理状况下，各器官组织的代谢水平不同，对血流量的需要也不同。机体的神经和体液机制可对心脏和各部分血管的活动进行调节，从而适应各器官组织在不同情况下对血流量的需要，协调各器官之间的血流分配。

（一）神经调节

机体对心血管活动的神经调节是通过各种心血管反射实现的。

1. 心脏和血管的神经支配

（1）心脏的神经支配　支配心脏的传出神经为心交感神经和心迷走神经。

①心交感神经及其作用：心交感神经的节前神经元位于脊髓第一至第五胸段的中间外侧柱，其轴突末梢释放的递质为乙酰胆碱，后者能激活节后神经元膜上的 N 型胆碱能受体。心交感节后神经元位于星状神经节或颈交感神经节内。节后神经元的轴突组织心脏神经丛，支配心脏各个部分，包括窦房结、房室交界、房室束、心房肌和心室肌。

心交感节后神经元末梢释放的递质为去甲肾上腺素，与心肌细胞膜上的 β 肾上腺素能受体结合，可导致心率加快，房室交界的传导加快，心房肌和心室肌的收缩能力加强。这些效应分别称为正性变时作用、正性变传导作用和正性变力作用。

②心迷走神经及其作用：支配心脏的副交感神经节前纤维行走于神经干中。这些节前神经元的细胞体位于延髓的迷走神经背核和疑核，在不同的动物中有种间差异。在胸腔内，心迷走神经纤维和心交感神经一起组成心脏神经丛，并和交感纤维伴行进入心脏，与心内神经节细胞发生突触联系。心迷走神经的节前和节后神经元都是胆碱能神经元。节后神经纤维支配窦房结、心房肌、房室交界、房室束及其分支。心室肌也有迷走神经支配，但纤维末梢的数量远较心房肌中为少。两侧心迷走神经对心脏的支配也有差别，但不如两侧心交感神经支配的差别显著。右侧迷走神经对窦房结的影响占优势；左侧迷走神经对房室交界的作用占优势。

心迷走神经节后纤维末梢释放的乙酰胆碱作用于心肌细胞膜的 M 胆碱能受体，可导致心率减慢，心房肌收缩能力减弱，心房肌不应期缩短，房室传导速度减慢，即具有负性变时、变力和变传导作用。

一般说来，心迷走神经和心交感神经对心脏的作用是相拮抗的。但当两者同时对心脏发生作用时，其总的效应并不等于两者分别作用时发生效应的代数和。在多数情况下，心迷走神经的作用比交感神经的作用占有较大的优势。在动物实验中如同时刺激迷走神经和心交感神经，常出现心率减慢效应。

（2）血管的神经支配　除真毛细血管外，血管壁都有平滑肌分布。不同血管的平滑肌生理特性有所不同，有些血管平滑肌有自发的肌源性活动，而另一些血管平滑肌很少有肌源性活动。但绝大多数血管平滑肌都受局部组织代谢产物影响。支配血管平滑肌的神经纤维可分为缩血管神经纤维和舒血管神经纤维两大类，两者又统称为血管运动神经纤维。

①缩血管神经纤维：缩血管神经纤维都是交感神经纤维，故一般称为交感缩血管纤维，其节前神经元位于脊髓胸、腰段的中间外侧柱内，末梢释放的递质为乙酰胆碱。节后神经元位于椎旁和椎前神经节内，末梢释放的递质为去甲肾上腺素。体内几乎所有的血管都受交感缩血管纤维支配，但不同部位的血管中缩血管纤维分布的密度不同。皮肤血管中缩血管纤维分布最密，骨骼肌和内脏的血管次之，冠状血管和脑血管中分布较少。在同一器官中，动脉中缩血管纤维的密度高于静脉，微动脉中密度最高，但毛细血管前括约肌中神经纤维分布很少。

人体内多数血管只接受交感缩血管纤维的单一神经支配。在安静状态下，交感缩血管纤维持续发放约 $1 \sim 3$ 次/s 的低频冲动，称为交感缩血管紧张，这种紧张性活动使血管平滑肌保持一定程度的收缩状态。当交感缩血管紧张增强时，血管平滑肌进一步收缩；交感缩血管紧张减弱时，血管平滑肌收缩程度减低，血管舒张。

②舒血管神经纤维：体内有一部分血管除接受缩血管纤维支配外，还接受舒血管纤维支配。舒血管神经纤维主要有以下几种。ⓐ交感舒血管神经纤维：交感舒血管纤维在平时没有紧张性活动，实验发现只有在动物处于情绪激动状态和发生防御反应时才发放冲动，使骨骼肌血管舒张，血流量增多。在人体内可能也有交感舒血管纤维存在。ⓑ副交感舒血管神经纤维：少数器官如脑膜、唾液腺、胃肠外分泌腺和外生殖器等，其血管平滑肌除接受交感缩血管纤维支配外，还接受副交感舒血管纤维支配。副交感舒血管纤维末梢释放的递质为乙酰胆碱，后者与血管平滑肌的 M 胆碱能受体结合，引起血管舒张。副交感舒血管纤维的活动只对器官组织局部血流起调节作用，对循环

系统总的外周阻力的影响很小。

2. 心血管中枢

神经系统对心血管活动的调节是通过各种神经反射来实现的。生理学中将与控制心血管活动有关的神经元集中的部位称为心血管中枢。控制心血管活动的神经元并不是只集中在中枢神经系统的一个部位，而是分布在中枢神经系统从脊髓到大脑皮层的各个水平上，它们各具不同的功能，又互相密切联系，使整个心血管系统的活动协调一致，并与整个机体的活动相适应。

（1）延髓心血管中枢　一般认为，最基本的心血管中枢位于延髓。延髓心血管中枢的神经元是指位于延髓内的心迷走神经元和控制心交感神经和交感缩血管神经活动的神经元。这些神经元在平时都有紧张性活动，分别称为心迷走紧张、心交感紧张和交感缩血管紧张。在机体处于安静状态时，这些延髓神经元的紧张性活动表现为心迷走神经纤维和交感神经纤维持续的低频放电活动。

（2）延髓以上的心血管中枢　延髓以上的脑干部分以及大脑和小脑中，也都存在与心血管活动有关的神经元。它们在心血管活动调节中所起的作用较延髓心血管中枢更加高级，特别是表现为对心血管活动和机体其他功能之间的复杂的整合。如下丘脑是一个非常重要的整合部位，在体温调节、摄食、水平衡以及发怒、恐惧等情绪反应的整合中，都起着重要的作用。这些反应都包含有相应的心血管活动的变化。这些心血管反应显然是与当时机体所处的状态相协调的，主要是使骨骼肌有充足的血液供应，以适应防御、搏斗或逃跑等行为的需要。

3. 心血管反射

当机体处于不同的生理状态如变换姿势、运动、睡眠时，或当机体内、外环境发生变化时，可引起各种心血管反射，使心输出量和各器官的血管收缩状况发生相应的改变，动脉血压也可发生变动。心血管反射一般都能很快完成，其生理意义在于使循环功能能适应于当时机体所处的状态或环境的变化。

颈动脉窦和主动脉弓压力感觉反射：颈动脉窦和主动脉弓血管壁有对牵张刺激敏感的压力感受器。颈动脉窦压力感受器的传入神经为窦神经，主动脉弓压力感受器的传入神经为主动脉神经，并分别加入舌咽神经和迷走神经进入延髓（图2-6）。

当动脉血压升高时，颈动脉窦和主动脉弓压力感受器所受牵张刺激增强，沿窦神经和主动脉神经传入延髓的冲动增多，使心抑制区和舒血管区紧张性增强，而缩血管区紧张性减弱，经心迷走神经传至心的冲动增多，经心交感神经传至心的冲动减少，故而心率变慢，心肌收缩力减弱，心输出量减少；由交感缩血管神经传至血管的冲动减少，故血管舒张，外周阻力降低。因心输出量减少，外周阻力降低，使动脉血压回降至正常水平，故这一反射又称为降压反射（depressor reflex）。相反，如果动脉血压降低，此反射作用使血压回升。压力感受器反射的重要生理意义在于保持动脉的相对稳定。

4. 心血管反射的中枢

对于某种特定的刺激，不同部分的交感神经的反应方式和程度不同，即表现为一定整合形式的反应，使各器官之间的血流分配能适应机体当时功能活动的需要。如当动物的安全受到威胁而处于警觉、戒备状态时，可出现一系列复杂的行为和心血管反应，称为防御反应。猫的防御反应表现为瞳孔扩大、竖毛、耳廓平展、弓背、伸爪、呼吸加深、怒叫，最后发展为搏斗或逃跑。伴随防御反应的心血管整合形式，最特征性的是骨骼肌血管舒张，同时心率加快，心输出量增加，内脏和皮肤血管收缩，血压轻度升高。人在情绪激动时也可发生这一整套心血管反应整合形式。肌肉运动时心血管活动的整合形式与防御反应相似，但血管舒张仅发生在进行运动的肌肉，不进行运动的肌肉的血管发生收缩。睡眠时心脏和血管的活动恰好与防御反应时相反，即心率减慢，心输出量稍减少，内脏血管舒张，骨骼肌血管收缩，血压稍降低。

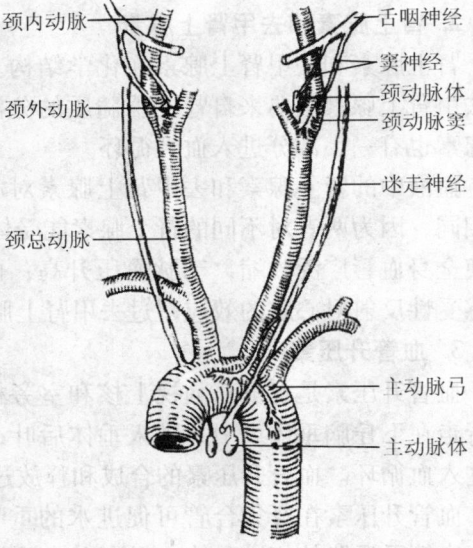

图 2-6　颈动脉窦区与主动脉弓区的压力感受器

（二）体液调节

心血管活动的体液调节是指血液和组织液中一些化学物质对心肌和血管平滑肌的活动所起的调节作用。在这些体液因素中，有些是通过血液携带的，可广泛作用于心血管系统；有些则在组织中形成，主要作用于局部的血管，对局部组织的血流起调节作用。

1. 肾素－血管紧张素系统

肾素是由肾小球入球小动脉壁上的近球细胞合成和分泌的一种酸性蛋白酶，经肾静脉进入血循环。血浆中的肾素底物，即血管紧张素原，在肾素的作用下水解，产生一个十肽，为血管紧张素Ⅰ。在血浆和组织中，特别是在肺循环血管内皮表面，存在有血管紧张素转换酶，在后者的作用下，血管紧张素Ⅰ水解，产生一个八肽，为血管紧张素Ⅱ。血管紧张素Ⅱ在血浆和组织中的血管紧张素酶A的作用下，再失去一个氨基酸，成为七肽血管紧张素Ⅲ。血管紧张素Ⅱ和血管紧张素Ⅲ作用于血管平滑肌和肾上腺皮质等细胞的血管紧张素受体，引起相应的生理效应。

对体内多数组织、细胞来说，血管紧张素Ⅰ不具有活性。血管紧张素中最重要的是血管紧张素Ⅱ。血管紧张素Ⅱ可直接使全身微动脉收缩，血压升高；也可使静脉收缩，回心血量增多。血管紧张素Ⅱ可作用于交感缩血管纤维末梢上的神经－平滑肌接头前血管紧张素受体，发挥神经－平滑肌接头前调节的作用，使交感神经末梢释放递质增多。血管紧张素Ⅱ还可作用于中枢神经系统内一些神经元的血管紧张素受体，使交感缩血管紧张加强。因此，血管紧张素Ⅱ可以通过中枢和外周机制，使外周血管阻力增大，血压升高。此外，血管紧张素Ⅱ可强烈刺激肾上腺皮质球状带细胞合成和释放醛固酮，后者可促进肾小管对 Na^+ 的重吸收，并使细胞外液量增加。血管紧张素Ⅱ还可引起或增强渴觉，并导致饮水行为。血管紧张素Ⅲ的缩血管效应仅为血管紧张素Ⅱ的 10%～20%，但刺激肾上腺皮质合成和释放醛固酮的作用较强。

在某些病理情况下，如失血时，肾素－血管紧张素系统的活动加强，并对循环功能的调节起重要作用。

2. 肾上腺素和去甲肾上腺素

肾上腺素和去甲肾上腺素在化学结构上都属于儿茶酚胺。循环血液中的肾上腺素和去甲肾上腺素主要来自肾上腺髓质的分泌。肾上腺素能神经末梢释放的递质去甲肾上腺素也有一小部分进入血液循环。

血液中的肾上腺素和去甲肾上腺素对心脏和血管的作用有许多共同点，但又不完全相同，因为两者对不同的肾上腺素能受体的结合能力不同。静脉注射去甲肾上腺素，可使全身血管广泛收缩，动脉血压升高；血压升高又使压力感受性反射活动加强，压力感受性反射对心脏的效应超过去甲肾上腺素对心脏的直接效应。

3. 血管升压素

血管升压素是在下丘脑视上核和室旁核一部分神经元内合成的。这些神经元的轴突行走在下丘脑垂体束中并进入垂体后叶，其末梢释放的血管升压素作为垂体后叶激素进入血循环。血管升压素的合成和释放过程也称为神经分泌。

血管升压素在肾集合管可促进水的重吸收，故又称为抗利尿激素。血管升压素作用于血管平滑肌的相应受体，引起血管平滑肌收缩，是已知的最强的缩血管物质之一。在正常情况下，血浆中血管升压素浓度升高时首先出现抗利尿效应，只有当其血浆浓度明显高于正常值时，才引起血压升高。这是因为血管升压素能提高压力感受性反射的敏感性，故能缓冲升血压效应。血管升压素对体内细胞外液量的调节起重要作用。在禁水、失水、失血等情况下，血管升压素释放增加，不仅对保留体内液体量，而且对维持动脉血压，都起重要的作用。

4. 心钠素

心钠素是由心房肌细胞合成和释放的一类多肽。在人的循环血液中，最主要的是一种由 28 个氨基酸构成的多肽。心钠素可使血管舒张，外周阻力降低；也可使每搏输出量减少，心率减慢，故心输出量减少。心钠素作用于肾的受体，还可以使肾排水和排钠增多，故心钠素也称为心房利尿钠肽。此外，心钠素还能抑制肾的近球细胞释放肾素，抑制肾上腺球状带细胞释放醛固酮。脑内心钠素可以抑制血管升压素的释放。这些作用都可导致体内细胞外液量减少。

在生理情况下，当血容量增多、取头低足高的体位、身体浸入水中（头露出水面）时，血浆心钠素浓度升高，并引起利尿和尿钠排出增多等效应。因此，心钠素是体内调节水、盐平衡的一种重要的体液因素。心钠素和另外一些体液因素在血压和水、盐平衡的调节中还起相互制约的作用。内皮素和血管升压素也都能刺激心房肌细胞释放心钠素。

5. 前列腺素

前列腺素是一族二十碳不饱和脂肪酸，分子中有个环戊烷，其前体是花生四烯酸或其他二十碳不饱和脂肪酸。全身各部的组织细胞几乎都含有生成前列腺素的前体及酶，因此都能产生前列腺素。前列腺素按其分子结构的不同，可分为多种类型。各种前列腺素对血管平滑肌的作用是不同的，如前列腺素 E_2 具有强烈的舒血管作用，前列腺素 $F_{2\alpha}$ 则使静脉收缩。前列环素（即前列腺素 I_2）是在血管组织中合成的一种前列腺素，有强烈的舒血管作用。

　　交感缩血管纤维末梢释放递质的过程受前列腺素调制。去甲肾上腺素和血管紧张素 Ⅱ 等缩血管物质作用于血管平滑肌相应的受体，引起血管平滑肌收缩，同时也使血管平滑肌生成前列腺素 E_2 和前列环素。前列腺素 E_2 和前列环素可使血管平滑肌对去甲肾上腺素和血管紧张素 Ⅱ 的敏感性降低。另一方面，血管平滑肌生成的前列腺素又可通过神经 - 平滑肌接头间隙作用于交感神经纤维末梢接头前的前列腺素受体，使交感纤维末梢释放递质减少。可见，前列腺素在交感神经 - 血管平滑肌接头处起着一种局部负反馈调节作用。

6. 阿片肽

　　体内的阿片肽有多种。垂体释放的 β - 内啡肽和促肾上腺皮质激素来自同一个前体。在应激等情况下，β - 内啡肽和促肾上腺皮质激素一起被释放入血液。β - 内啡肽可使血压降低。β - 内啡肽的降血压作用可能主要是中枢性的。血浆中的 β - 内啡肽可进入脑内并作用于某些与心血管活动有关的神经核团，使交感神经活动抑制，心迷走神经活动加强。内毒素、失血等强烈刺激可引起 β - 内啡肽释放，并可能成为引起循环休克的原因之一。针刺穴位也可引起脑内阿片肽的释放。这可能是针刺使高血压患者血压下降的机制之一。

　　除中枢作用外，阿片肽也可作用于外周的阿片受体。血管壁的阿片受体在阿片肽作用下，可导致血管平滑肌舒张。另外，交感缩血管纤维末梢也存在接头前阿片受体，这些受体被阿片肽激活时，可使交感纤维释放递质减少。

7. 组胺

　　组胺是由组氨酸在脱羧酶的作用下产生的。许多组织，特别是皮肤、肺和肠黏膜的肥大细胞中含有大量的组胺。当组织受到损伤或发生炎症和过敏反应时，都可释放组胺。组胺有强烈的舒血管作用，并能使毛细血管和微静脉的管壁通透性增加，血浆漏入组织，导致局部组织水肿。

（三）局部血流调节

　　体内各器官的血流量一般取决于器官组织的代谢活动，代谢活动愈强，耗氧愈多，血流量也就愈多。器官血流量主要通过对灌流该器官的阻力血管的口径的调节而得到控制。除了前述的神经调节和体液调节机制外，还有局部组织内的调节机制。在不同器官的血管，神经、体液和局部机制三者所起作用的相互关系是不同的，在多数情况下，几种机制起协同作用，但在有些情况下也可起相互对抗的作用。实验证明，如果将调节血管活动的外部神经、体液因素忽略，则在一定的血压变动范围内，器官、组织的血流量仍能通过局部的机制得到适当的调节。这种调节机制存在于器官组织或血管本身，故也称为自身调节。关于器官组织血流量的局部调节机制，一般认为主要有以下两类：

1. 代谢性自身调节机制

　　组织细胞代谢需要氧，并产生各种代谢产物。局部组织中的氧和代谢产物对该组织局部的血流量起代谢性自身调节作用。当组织代谢活动增强时，局部组织中氧分压降低，代谢产物积聚增加。组织中氧分压降低以及多种代谢产物，如 CO_2、H^+、腺苷、ATP、K^+ 等，都能使局部的微动脉和毛细血管前括约肌舒张。因此，当组织的代谢活动加强（如肌肉运动）时，局部的血流量增多，故能向组织提供更多的氧，并带走代谢产物。这种代谢性局部舒血管效应有时相当明显，如果同时发生交感缩血管神经活动加强，该局部组织的血管仍舒张。

2. 肌源性自身调节机制

许多血管平滑肌本身经常保持一定的紧张性收缩，称为肌源性活动。血管平滑肌还有一个特性，即当被牵张时其肌源性活动加强。因此，当供应某一器官的血管的灌注压突然升高时，由于血管跨壁压增大，血管平滑肌受到牵张刺激，于是肌源性活动增强。这种现象在毛细血管前阻力血管段特别明显。其结果是器官的血流阻力增大，器官的血流量不致因灌注压升高而增多，即器官血流量能因此保持相对稳定。当器官血管的灌注压突然降低时，则发生相反的变化，即阻力血管舒张，血流量仍保持相对稳定。这种肌源性的自身调节现象，在肾血管表现特别明显，在脑、心、肝、肠系膜和骨骼肌的血管也能看到，但皮肤血管一般没有这种表现。用罂粟碱、水合氯醛或氰化钠等药物抑制平滑肌的活动后，肌源性自身调节现象也随之消失。

（四）动脉血压的长期调节

动脉血压的神经调节主要是在短时间内血压发生变化的情况下起调节作用的。而当血压在较长时间内（数小时、数天、数月或更长）发生变化时，肾通过对体内细胞外液量的调节而对动脉血压起调节作用。有人将这种机制称为肾－体液调节系统。此系统的活动是：当体内细胞外液量增多时，血量增多，血量和循环系统容量之间的相对关系发生改变，使动脉血压升高；而当动脉血压升高时，能直接导致肾排水和排钠增加，将过多的体液排出体外，从而使血压恢复到正常水平。体内细胞外液量减少时，发生相反的过程，即肾排水和排钠减少，使体液量和动脉血压恢复。

总之，血压的调节是复杂的过程，有许多机制参与。每一种机制都在一个方面发挥调节作用，但不能完成全部的、复杂的调节。神经调节一般是快速的、短期的，主要是通过对阻力血管口径及心脏活动的调节来实现的；而长期调节则是通过肾对细胞外液量的调节实现的。

第三节　运动对血量的影响

正常成年人的血量占体重的 7%～8%。人体在安静状态下，大部分的血量都在心血管中迅速流动，这部分血量称循环血量。还有一部分血量潴留在肝、肺、腹腔静脉以及到下静脉丛等处，流动缓慢，血浆较少，红细胞较多，这部分血量称为贮存血量。

运动时由于贮存的血液被动员，使循环血量增加。运动员循环血量增加比无训练者大得多，而且尤以耐力性项目运动员增加更显著。一般人约增加 10%，而运动员可增加 25%～30% 以上。同时，由于各部位血管口径发生了变化，使血液大部分可能流向工作肌。运动时骨骼肌血流量比安静时可增加 4～20 倍，心肌可增加 3～5 倍，而内脏和皮肤等部位的血流量却比安静时减少 2～5 倍。

血容量即人体循环血量的总量。包括血浆容量和血细胞容量。一次性运动对血容量的影响，取决于运动的强度、持续时间、项目特点、环境温度及湿度、热适应和训练水平等。

从事短时间大强度运动时，血浆容量和血细胞容量都明显增加，而血细胞容量增加较明显。短时间运动时总血容量增加，主要是由于贮存血量被动员，使循环血量增加；而短时间运动出现的血液相对浓缩，其原因可能由于贮存血量中血浆量相对较少，血细胞容量较大，进入循环血中使血细胞浓度相对增高。

长时间耐力性运动时，由于种种原因可引起红细胞的溶血，肾脏和消化道也常常排出少量红细胞，对循环血中红细胞总数影响不大，红细胞不会发生显著变化。血容量的改变主要是由血中水分转移造成的，如果血浆中的水分从毛细血管中渗出到组织间液或排出体外，将引起血浆容量减少，产生血液浓缩现象。反之，如果组织间液的水分渗入到毛细血管，血浆容量增加，则血液稀释。

长时间的耐力运动时，产热明显增加，通常以出汗的方式散热。汗液中水分占90%以上。环境温度在35℃时每蒸发1g汗，散放0.58kcal的热量。温度越高，运动强度越大，或运动时间越长，血浆中水分损失也越多。一次性长时间运动可使血浆容量减少10%左右。有资料报道，高温环境运动脱水时若体重下降3%～8%，血浆容量可减少6%～25%。脱水将使人体心输出量及有氧能力下降，代谢产物堆积增多，疲劳加剧，运动能力下降。

第四节　运动对血细胞的影响

一、运动对红细胞的影响

（一）红细胞的生理特性

红细胞是血液中数量最多的一种血细胞，正常男性每微升血液中平均约500万个（5.0×10^{12}/L），女性较少，平均约420万个（4.2×10^{12}/L）。红细胞含有血红蛋白，因而使血液呈红色。红细胞在血液的气体运输中有极重要的作用。正常成熟红细胞没有细胞核，呈双凹圆碟形，平均直径约8μm，周边稍厚。红细胞具有可塑性变形的特点。红细胞在血管中流动时可因血流速度和血管口径不同而暂时改变形态，这种变形能力是影响血液的流变性的重要因素。红细胞的寿命平均为120天。衰老的红细胞被巨噬细胞吞噬。

正常红细胞生成、发育成熟过程中，需有维生素 B_{12} 和叶酸作为辅酶。机体对维生素 B_{12} 的吸收要有内因子参与。内因子是由胃腺的壁细胞所分泌的一种糖蛋白，当胃的大部分被切除或胃腺细胞受损伤，机体缺乏内因子，或体内产生抗内因子的抗体时，即可发生维生素 B_{12} 吸收障碍，影响幼红细胞的分裂和血红蛋白合成，出现巨幼红细胞性贫血，即大细胞性贫血。

如第三章所述，血红蛋白由1个珠蛋白和4个血红素组成，每个血红素能携带1个氧分子。血红蛋白和氧分子结合形成氧合血红蛋白（oxyhemoglobin，HbO_2），通过血液的运输，把氧分子输送到组织和细胞，供机体的正常代谢（图 2 - 7）。

血红蛋白的合成还必须有铁作为原料，机体贮存的铁主要来自于破坏了的红细胞。衰老的红细胞被巨噬细胞吞噬后，血红蛋白被消化而释出血红素中的 Fe^{2+}。由于慢性出血等原因，体内贮存的铁减少，或造血功能增强而供铁不够，合成血红蛋白不足，均可引起小细胞性贫血。

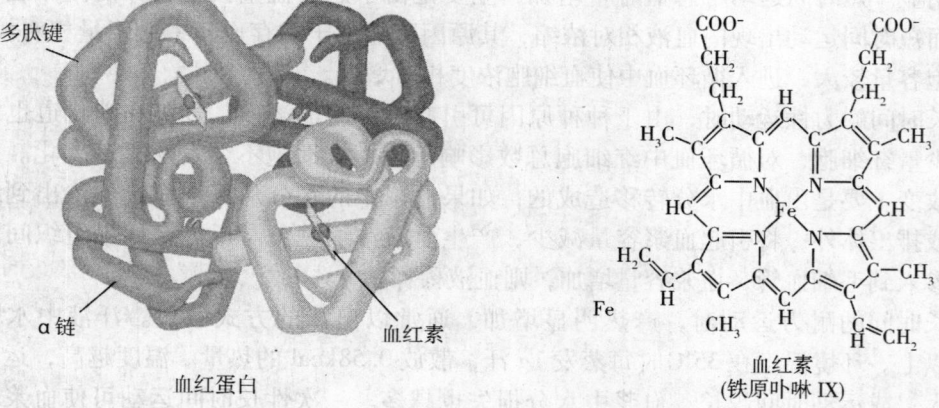

图 2 - 7 血红蛋白及血红素的结构

已经证明有 2 种调节因子分别调制着 2 个不同发育阶段红系祖细胞的生长。机体的激素，包括促红细胞生成素、雄激素、甲状腺激素和生长激素，都可增强促红细胞生成素的作用；雌激素则有抑制红细胞生成的作用。这可能是男性的红细胞数和血红蛋白量高于女性的原因。

（二）运动对红细胞数量的影响

红细胞数目因运动而发生变化，其数量变化与运动的种类、运动强度和持续时间有关。100% VO_2max 强度运动后即刻，红细胞数目比运动前增加 10% 左右，运动后 30min 也还有 5% 的增加。

1. 一次性运动对红细胞数量的影响

短时间、大强度快速运动比进行长时间耐力运动红细胞增加更明显。在同样时间的运动中，运动量越大，红细胞增加越多。不过这种增多在很大程度上是与血浆的减少有关。

运动后即刻观察到的红细胞数增多，主要是由于血液重新分布所引起的。长时间运动时，排汗和不感蒸发的增加引起血液浓缩。运动中肌细胞中代谢产物如乳酸、无机磷酸盐等浓度升高，使细胞内渗透压增高，毛细血管中血浆渗透压梯度增大，钾离子进入细胞外液使肌肉毛细血管舒张，这些因素均造成血浆成分向肌细胞和组织液移动，血液浓缩增加。而对于短时间运动后即刻的红细胞增多，有人认为这主要是贮血库释放的较浓缩的血液进入循环血，相对提高了红细胞的浓度。短时间的静力性或动力性运动中，肌肉持续紧张收缩使静脉受到压迫，血液流向毛细血管增多，使毛细血管内压升高，血浆中的水分渗出，血液出现浓缩。

运动中红细胞数量的暂时性增加，运动停止后便开始恢复，1~2h 后可恢复到正常水平。

2. 长期运动训练对红细胞数量的影响

长时间、系统的运动训练，尤其是耐力性训练的运动员在安静时，其红细胞数并不比一般人高，有的甚至低于正常值，被诊断为运动性贫血（exercise anemia）。这种现象在耐力性项目运动员中较为常见。值得注意的问题是在运动训练中如何区别真性贫血和假性贫血。目前国内运动员所采用的检测贫血的指标是按照临床医学的方法和标准，即以单位容积中血红蛋白的含量（g/dl）和以单位体积中红细胞的数量进行评定。这无法从整体上加以评定。耐力训练可使人体血容量增加8%，其中血浆容量增加较多，红细胞容量增加相对较少。耐力项目运动员红细胞容量增加15%，但血浆容量增加的更多。

由于运动员血容量增加与红细胞量增加相比较在很大程度上是以增加血浆量为主，所以血细胞容量的相应指标如红细胞数、红细胞比容、血红蛋白含量等比一般人有降低的趋势。虽然单位体积的红细胞数和血红蛋白量不高，但红细胞总数和血红蛋白总量较高。

安静时运动员红细胞、红蛋白总量增加，与进行紧张训练和比赛时（特别是跑步时）红细胞的运动性溶解作用刺激加强了红细胞和血红蛋白的生成机制有关。

由于红细胞和血红蛋白生成仅保证所增加的循环血量中红细胞和血红蛋白维持"正常"浓度，维持运动员的红细胞和血红蛋白生成之间的正常比值，所以，单位容积内红细胞中血红蛋白的含量同正常值无明显差别甚至偏低。这种现象应视为运动员血液系统对训练的一种适应性反应。

安静时运动员的红细胞浓度下降和红细胞比容下降具有一定的生理意义，因为它降低了血黏度，减少血循环的阻力，减轻了心脏负荷。而在肌肉运动时，血浆的水分丧失使血液比安静时相对浓缩，保证血红蛋白含量的相应提高，但又不至于明显影响血液的流变性，所以优秀的运动员运动中血黏度、红细胞比容等没有明显变化。这表明，他们能承受血液中较大幅度的运动性变化而使血液能维持在正常状态，并且对于提高氧的运输能力仍有较大的功能潜力。

由上述原因造成的红细胞数量偏低或血红蛋白含量下降而诊断为运动性贫血者，称之为假性贫血，是红细胞功能性稀释的反映，是一种适应及健康的表现，不是病态的"贫血"。但也不能忽视还有一些运动员是由于真正的运动性贫血而造成的红细胞数和血红蛋白含量的下降，虽然血液某些指标的测定结果相似，但发生机制和功能反应是与假性贫血有区别的。总之，对真性贫血和假性贫血需加以具体分析才能确定。

（三）运动对红细胞比容的影响

红细胞比容即红细胞压积，是指红细胞在全血中所占的容积百分比，健康成年人为全血标本中 0.37～0.50，即37%～50%，女子低于男子。运动时红细胞数量的变化直接影响到红细胞比容的变化。其红细胞比容值的变化基本与红细胞数的变化相一致。

在一定的温度和血流切变率条件下，正常人红细胞比容是影响血液黏度的主要因素。当比容超过50%以上时，血黏度将随细胞比容变化呈指数关系上升。血循环阻力增加，对运动可产生不利的影响。这容易误认为红细胞比容增加也会相应使血红蛋白浓度提高，有利于运动中氧的运输。在正常黏度范围内增加红细胞数和血红蛋白浓度将有利于更好地运输氧，增加携氧能力。但如果红细胞比容增加过多，超过正常血黏度，血流阻力增加，血流速度减慢，反而降低氧运输和其他养料的运输，也降低体内体温调节和清除废物的能力，使运动能力下降。因此，红细胞比容变化对循环效能的影响，要从携氧能力和血黏度变化这两个方面来分析。红细胞比容增高不仅能增大血液黏度，而且还能促使红细胞聚集，形成"缗钱状"叠连，进一步加重血流障碍。与此相反，红细胞比容降低时，虽红细胞数量减少，但却能降低血黏度，增加血液流动性，因而在全身或局部血压降低时可改善微循环血流，增加氧气供应。

运动中红细胞数量和红细胞比容的变化与训练水平有关。对我国自行车运动员定量负荷前后红细胞比容的测定表明，优秀运动员运动前后红细胞比容没有明显变化。而训练水平较低的运动员红细胞比容在运动后即刻明显增加。这提示：训练水平较低的运动员，运动时由于红细胞比容增加（血液浓缩），使血黏度增加，致使循环阻力增加和心脏负担加重，限制或降低了运动能力。当然，血黏度增加的同时还引起一系列的连锁反应，如清除代谢产物、调节体温和运送营养物质的能力降低等。这些因素都会加速运动性疲劳的发生。因此，红细胞比容的变化和血黏度可作为评定耐力运动员功能的参考指标。

（四）运动对红细胞流变性的影响

1. 红细胞流变性

正常情况下红细胞各自成分散状态存在于流动的血液中，并在血流切应力作用下很容易变形，即被动的适应于血流状况而发生相应的改变，以减少血流的阻力。红细胞的这一特性称为细胞的流变性。红细胞流变性主要表现为红细胞的变形能力、红细胞的轴向集中以及红细胞内的胞浆流动等。正常形态的红细胞呈双面凹陷的盘形，有较大的表面积/容积比值，很容易发生变形。在层流时，各层液体产生速度梯度的力量（通常为血压）即切变应力（切应力）。红细胞在切应力作用下会变形、伸长，长轴指向血流方向，并且其细胞膜被迫产生的指向轴心的力量还使红细胞膜不断旋转变形，迅速发生轴向集中，而在靠近管壁的周边部分形成一低黏度血浆的光滑的流动层。红细胞的流变性保证了即使在红细胞比容较高的情况下，也能顺利发生轴流现象，从而减少流动的阻力。红细胞的高度变形能力使它能顺利通过小于自身直径的微血管和狭窄部位。因此，红细胞的流动性是影响血液流动的重要因素，也是影响体内红细胞寿命和微循环有效灌注的重要因素。此外，红细胞膜的不断变形运动还有助于促进细胞内成分的充分扩散转运，大大增加氧气的转运效率。

在某些情况下，如果红细胞的流变性下降，红细胞可发生聚集及变形性低下的改变，这将增加血黏度，影响血液的流速和氧气的交换。

红细胞流变性可通过测定红细胞渗透脆性、红细胞悬液黏度、红细胞滤过率、红细胞比容和红细胞电泳率等指标反映出来。

2. 运动时红细胞流变性的变化

运动时红细胞流变性随运动强度、运动持续时间和训练水平不同而有所差别。一次性极限强度运动也会使红细胞滤过率下降、悬浮黏度增加及红细胞变形性降低，并且这种变化可持续 1h 以上。对马拉松跑等超长距离项目运动员血液流变学研究结果发现，男、女马拉松运动员跑后红细胞滤过能力降低 10% ~20%，血浆渗透压升高。

影响红细胞变形能力的因素主要有：①红细胞表面积与容积的比值。②红细胞内部黏度。③红细胞膜的弹性。高渗血浆可以影响上述所有因素。

红细胞变形性降低可使血液流变性降低，并影响组织供氧和使心脏负荷加重，使运动成绩下降，对运动后恢复也有不良影响。运动后心血管意外的发生可能与此有关。因此，无训练者不宜进行一次性高强度的极限运动。

经过系统训练的运动员安静时红细胞变形能力增加。有人认为，这是因为运动加快了对衰老红细胞的淘汰，代之以新生的红细胞，降低了红细胞膜的刚性，增加了红细胞膜的弹性。

二、运动对白细胞的影响

（一）白细胞的生理特性

白细胞无色、有核，体积比红细胞大。根据其形态、功能和来源部位可以分为三大类：粒细胞、单核细胞和淋巴细胞。根据形态差异可分为颗粒和无颗粒两大类。颗粒白细胞的细胞浆含有颗粒，根据颗粒染色的不同分为中性、嗜酸性和嗜碱性粒细胞；无颗粒白细胞分为淋巴细胞和单核细胞。各种白细胞在白细胞总数中所占的百分比称为白细胞分类计数，简称白细胞分类。白细胞是使机体实施免疫功能的最重要成分，白细胞数量的变化直接影响机体的免疫功能。

正常成年人安静时白细胞总数是 4 000 ~ 10 000 个/μl，白细胞的生理变动范围较大，一日之内，下午比早晨多，运动时比安静时多，进食后、炎症、月经期和分娩期都增多。训练程度、季节气候对白细胞也有影响。当每微升超过 10 000 个白细胞时，称为白细胞增多，而每微升少于 4 000 个白细胞时，称为白细胞减少。机体有炎症时常出现白细胞增多。白细胞静止时呈圆形，膜表面有很多小褶叠，白细胞内黏度及细胞核的存在使其被动变形能力明显低于红细胞。正常状态下，白细胞可以引起微血管中血流呈间歇流。而在低驱动压时，可以引起微血流永久性闭塞。实验证明，心肌缺血后发生的无再流现象与白细胞流变行为改变有关。

（二）运动时白细胞变化的三个时相

早在 20 世纪 30 年代就有人报道运动后外周血中白细胞增多的现象，之后又有众多的研究观察到这一现象。前苏联叶果罗夫和兰道斯把运动引起的白细胞增多称为肌动白细胞增多，分三个时相，即淋巴增多时相、中性粒细胞时相和中毒时相。

淋巴细胞增多时相的主要特点是白细胞总数略有增加，可达 $(10 ~ 12) \times 10^9/L$；淋巴细胞数增加到 40% ~ 50%，中性粒细胞相对减少了 10% ~ 15%，这种时相在肌肉始动工作时，短时间轻微体力活动后及赛前状态都可出现。此时淋巴细胞增多的原因，主要是肌肉活动时贮血库释放血入循环、淋巴结也释放大量淋巴细胞入血循环所致。

中性粒细胞增多时相的主要特点是白细胞数明显增加，可达 $(16 ~ 18) \times 10^9/L$；中性粒细胞明显增加，淋巴细胞减少到 10% ~ 12%，嗜酸性粒细胞减少到 1% ~ 2%，此时相是有训练的运动员在进行长时间中等强度运动或大强度运动后出现的。

中毒时相可分为 2 个阶段，再生阶段和变质阶段。再生阶段的特点是白细胞总数大大增加，可达 $(30 ~ 50) \times 10^9/L$，嗜酸性粒细胞消失。变质阶段的血液中白细胞被破坏，白细胞总数开始减少。出现中毒时相是没有训练的人在进行长时间的、大强度的力竭性运动时，引起造血器官功能下降的不良反应。

（三）运动时白细胞的变化

白细胞总数和淋巴细胞增加的最大幅度出现在最大负荷运动停止后即刻。其增加的幅度随最大负荷运动的持续时间延长而增加。以较低的强度运动时，无论是短时间

（5min）还是持续长时间（30min），运动停止后即刻白细胞总数和淋巴细胞数的增加幅度反而减少。检测结果还表明，不同持续时间的运动后淋巴细胞数量的增加幅度总是大于白细胞总数的增加幅度。这些结果说明，运动后即刻白细胞总数和淋巴细胞数的增加幅度主要与运动负荷有关，而与运动负荷的持续时间关系较小。在 30min 以内的一次性运动后，无论运动的强度如何，白细胞增多的主要成分是淋巴细胞。

（四）运动后白细胞的恢复

运动后白细胞的恢复与运动强度和持续时间有关。运动强度越大，持续时间越长，白细胞的恢复速度越慢。

运动引起的白细胞数量变化对机体免疫功能的影响包括：运动后外周血中白细胞数增加的同时伴有淋巴 T 细胞百分比的下降，TH/TS 细胞比例下降（即辅助性 T 细胞与抑制性 T 细胞之比下降），这是细胞免疫功能下降的重要标志。运动后所发生的白细胞数量变化能否影响机体免疫功能，主要取决于白细胞数变化的幅度和持续的时间。如果变化幅度小且变化持续时间短，不会影响免疫功能。但如果变化幅度大，持续时间长（恢复慢），将对机体免疫功能发生深刻影响。

三、运动对血小板的影响

（一）血小板生理特点及功能

血小板又称血栓细胞，主要是从骨髓成熟的巨核细胞胞浆脱落下来的小块胞质。来自骨髓中的巨核细胞，其数量正比于巨核细胞。全身 1/3 以上的血小板储藏于脾脏内。血小板在止血、凝血及纤溶过程中起着重要作用，还与毛细血管内壁完整性的保持有关。其发挥作用与本身所具有的黏附、聚集和释放、收缩等生理功能是分不开的。正常成年人的血小板数量是 150 000 ~ 350 000 个/μl〔（150 ~ 350）×10^9/L〕。其寿命约为 7 ~ 14 天，代谢十分旺盛。在运动后、饭后、组织损伤、大量失血及传染病后恢复期，血小板增加；女性月经开始时，血小板减少。血小板有维护血管壁完整性的功能。当血小板数减少到 50 000 个/μl（50×10^9/L）以下时，微小创伤或仅血压增高也会使皮肤和黏膜下出现血淤点，甚至出现大块紫癜。

血小板的功能和生理特性主要表现有黏附、聚集、释放、收缩和吸附。这些特性与血小板的止血和凝血功能密切相关，一旦这些特性失常，血小板的功能也就发生紊乱。

1. 血小板的黏附

血管损伤后，流经此血管的血小板被血管内皮下组织表面激活，立即黏附于损伤处暴露的胶原纤维上。这是血小板发挥生理作用的第一步。血小板与胶原的黏着有赖于双方的结构状态和功能正常，如果抑制血小板外衣上的葡萄糖基转移酶，或封闭胶原纤维上的自由氨基，则血小板几乎完全丧失黏着胶原组织的作用。

2. 血小板的聚集

黏附主要是一种表面现象，黏附一旦发生了，血小板的聚集过程也随即发生。聚集是指一些血小板相互粘连在一起的过程。在血管的损伤部位，血小板黏附出现后，损伤的组织或红细胞释放出 ADP 等诱聚物质是血小板发生的第一相聚集，在此基础上促使血小板释放出内源性诱聚剂，如二磷酸腺苷（ADP）等，激发第二相聚集反应。如果第一相聚集后，血小板没有发生自身释放反应，则聚集后的血小板又可自行解聚，从而不能形成血栓，某些出血性疾病患者或正常人服用某些药物（如阿司匹林）后，血小板聚集功能可能发生类似过程而出现障碍，导致某些出血时间延长。血小板聚集功能障碍或亢进都会导致机体疾病。

3. 血小板的释放

黏附和聚集血小板致所含生物活性物质分泌到血小板周围环境中，如 ADP、5 - 羟色胺（5 - HT）、儿茶酚胺等，可以使小动脉收缩，有助于止血。血小板的这一生理过程称为血小板的释放反应。

4. 血小板的收缩

血小板的收缩是指血小板依赖其固有的收缩蛋白所产生的收缩作用。血小板收缩可使血凝块回缩硬化，加强止血过程。

5. 血小板的吸附

悬浮于血浆中的血小板能吸附许多凝血因子于其表面。一旦血管破损，随着血小板的黏着与聚集的发生，破损的血管局部的凝血因子增多，促进并加速凝血过程的发生和进行。

（二）运动对血小板数量和功能的影响

剧烈运动后即刻血小板数量、血小板平均容积增加，血小板活性增强，循环血中血小板聚集趋势也增加。这些变化可能与运动时肾上腺素分泌增多有关，也可能与二磷酸腺苷（ADP）、血小板激活因素和花生四烯酸等因素有关。研究表明，血小板数的增加只在大强度运动下发生，其增加的幅度与负荷强度呈高度正相关，增加幅度最大达 18%。这些血小板多来自于脾脏中贮存的血小板。

运动后，血小板黏附率和最大聚集率明显增加。血小板由血流轴心向外周移动的过程中，受到血流冲击可发生损伤，加之剧烈运动使体内循环血流加快和管壁出现不易察觉的损伤，促使红细胞释放 ADP，这两种因素短时间引起血小板活化，使血小板黏附率与聚集率增加。另外，运动所导致的应激状态也是导致运动后血小板黏附性和聚集性增强的一个重要原因。血小板的这些变化可能对运动中血管微细损伤的修复和通透性的调节等过程具有十分重要的生理作用。

第五节　运动对血红蛋白的影响

一、血红蛋白的功能

血红蛋白（hemoglobin，Hb）是红细胞内主要成分，是一种结合蛋白质。每一血红蛋白分子由一分子的珠蛋白和四分子亚铁血红素组成，珠蛋白约占 96%，血红素占 4%。红细胞携带 O_2（氧）和 CO_2（二氧化碳）这一功能是靠红细胞内的 Hb 来完成的。Hb 中的亚铁在氧分压高时（肺内），易与氧结合，生成氧合血红蛋白（HbO_2），这种过程称氧合作用。在氧分压低时（组织内），与氧容易分离，把氧释放出来，供细胞代谢的需要，这种过程称为氧离作用。

Hb 也能与 CO_2 结合成氨基甲酸血红蛋白，又称碳酸血红蛋白，在组织内（CO_2 分压高）与 CO_2 结合，到肺内（CO_2 分压低）释放出 CO_2。Hb 不仅有运输氧和二氧化碳的作用，还有缓冲血液酸碱度的作用。

由于 Hb 指标相对稳定，又能较敏感地反应身体功能状态，所以，在运动训练中经常利用这一指标评定运动员功能状态、训练水平，预测运动能力。

运动员经过系统的运动训练，血液的有形成分会发生一些变化。正常情况下 Hb 的变化与红细胞的变化趋于一致，运动中凡能影响红细胞的因素都能影响 Hb。

二、血红蛋白与运动训练

（一）对运动员血红蛋白正常值的评定

血红蛋白过低或过高都会影响运动员的运动能力。低于正常值，即出现贫血，氧及营养物质供给不足，必然导致运动能力下降。Hb 值过高，血液中红细胞数量和比容也必然增多，血流的黏滞性增大，造成血流阻力增加和心脏负担加重，使血流动力学改变，引起身体一系列的不适应和紊乱。血黏度（blood viscosity）单位为帕斯卡秒（$Pa \cdot s$）可略写为 η（艾诺）。血流在血管中流动时的黏度可用相关单位（RU）表示。当 Hb 为 14g% 时，血黏度为 4RU，血红蛋白为 20g% 时，血黏度为 $6Pa \cdot s$。正常生理活动应保持血黏度在 4~5 单位。因此，保持 Hb 值在最适程度范围，可使运动员达到最佳功能状态，这也是科学地进行训练的有效途径之一。

由于运动员 Hb 值存在个体差异，不能用一个统一的正常值标准来评定运动员 Hb含量。应针对每一个体情况进行测定和分析。有人做了较长时间的观察，提出了血红蛋白半定量分析的方法。应用这一方法，可以了解每名运动员 Hb 含量的正常范围。通过观察和分析运动员 Hb 含量的变动，掌握运动员功能状态情况，有的放矢地调整运动员身体功能达最佳状态。还可通过测定运动员的 Hb 预测运动成绩。

在应用 Hb 指标时应注意以下几个问题：

（1）冬训期间评价标准应略低，女运动员月经期间亦稍低，这是正常的生理波动。

（2）运动员 Hb 含量存在个体差异。每名运动员存在季节、生物周期等的周期性差异。

（3）虽然 Hb 含量存在个体差异，但一般男运动员 Hb 值不应超过 17g（170g/L），女运动员不应超过 16g（160g/L）。最低值不得低于本人全年平均的 80%。同一次检测中，如果个别运动员 Hb 值与平均值相差过大时，应引起注意。

（4）运动员在大运动量后的调整期，Hb 由低向高恢复时，运动员的自我感觉与运动成绩最好，可能这一时期是运动员身体功能状态"最佳期"。这个"最佳期"并不是出现在人们想象的"超量恢复期"。

（5）Hb 指标主要用于评定某个训练周期或阶段，如根据 1~2 周内运动员对运动量和运动强度的反应来评定运动员的功能状态等，而不能用于评定每次训练课的情况。在观察、分析 Hb 指标变化时，应结合其他指标（如无氧阈、尿蛋白、心率等）以及运动员的自我感觉和运动能力进行综合分析。

（6）Hb 指标的应用主要针对以有氧工作为主的运动项目。其他项目只能以此作为参考指标。

（二）用 Hb 指标进行运动员选材

实践证明，按每名运动员的 Hb 平均值，可将 Hb 值的个体差异分为 3 个类型，即偏高型、正常型和偏低型。每一个基本类型中又可分为 2 个亚型，即：按标准差（SD）大于 1g% 的波动大者，小于 1g% 的波动小者。因此，理论上可以把运动员的血红蛋白分为 6 个类型。但在实际工作中经常遇到的只有 4 个类型：即偏高波动小者、正常波动大者、正常波动小者和偏低波动小者。运动训练实践证明，以血红蛋白值高、波动小者为最佳。这种类型运动员能耐受大负荷运动量训练，从事耐力性项目运动较好。而以血红蛋白值偏低波动小者为较差。

在运动员训练期间，每周或每隔一周测定一次血红蛋白，1~2 个月左右就可以基本判定运动员属哪种类型。但也要注意，分析时应根据运动训练的实际情况综合分析，并和其他队员进行横向比较才较为客观。这个指标在耐力性项目或速度耐力性项目运动员选材时可作参考。

第六节 运动对血液凝固和纤溶能力的影响

人体具有极为完善的止血功能。这一止血功能主要是通过血管壁、血小板和血浆三方面因素的协同作用来实现。首先是小血管于受伤后立即收缩，若破损不大即可使血管封闭。主要机制是由损伤刺激引起的局部缩血管反应，但持续时间很短。其次是血管内膜损伤，内膜下组织暴露，这可以激活血小板和血浆中的凝血系统。由于血管收缩使血流暂停或减缓，有利于激活的血小板黏附于内膜下组织并聚集成团，成为一个松软的止血栓以填塞伤口。随后，在局部又迅速出现血凝块，即血浆中可溶的纤维蛋白原转变成不溶的纤维蛋白分子多聚体，并形成了由血纤维与血小板一道构成的牢固的止血栓，有效地制止了出血。这三个因素虽然有先后次序，但又相互重叠和密切联系。与此同时，血浆中也出现了生理的抗凝血活动与纤维蛋白溶解活性，以防止血凝块不断增大和凝血过程蔓延到局部以外。生理止血主要由血小板和某些血浆成分共同完成。

在血管无明显破损的情况下，心血管内也经常有少量的纤维蛋白形成，并覆盖在毛细血管内膜的表面上，这是维持毛细血管正常通透性的一个重要因素。但是纤维蛋白不断地生成，又不断地溶解。人体内的血液凝固和纤维蛋白溶解这两个过程处于动态平衡，机体的血管既不会由于通透性失常而发生出血或渗血现象，也不会由于出现血凝块而产生血栓以堵塞血流。

1. 血液凝固

血液离开血管数分钟后，血液就由流动的溶胶状态变成不能流动的胶冻状凝块，这一过程称为血液凝固（blood coagulation），简称凝血或血凝。当血管受伤出血时，会立即形成凝血、止血。止血由血管的损伤部位收缩，血小板黏附、聚集、变态，从而形成白色血栓，然后由血液凝固系统形成纤维蛋白（胶冻状血块）完成止血过程。

血液凝固最终是血浆中纤维蛋白原转变为纤维蛋白，成为很细小的网状构造，最终成为血凝块。凝血过程基本上是一系列蛋白质有限水解的过程，凝血过程一旦开始，各个凝血因子便一个激活另一个，形成"瀑布"样反应链，直至血液凝固。凝血过程大体可分为 3 个基本阶段（图 2 – 8）。

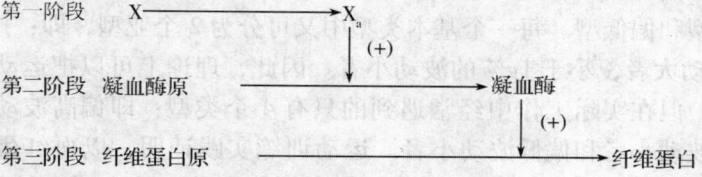

第 一 阶段　X ⟶ X_a

(+)

第二阶段　凝血酶原 ⟶ 凝血酶

(+)

第三阶段　纤维蛋白原 ⟶ 纤维蛋白

图 2 – 8　血液凝固过程示意图

　　凝血是一个复杂的过程，有凝血因子参与。凝血因子血浆与组织中直接参与凝血的物质，统称为凝血因子，其中已按国际命名法用罗马数字编号的有 12 种。

　　凝血中因子 X 的激活（X_a）可通过 2 种途径实现：内源性激活途径和外源性激活途径。

　　（1）内源性激活途径是由血浆中的因子 XII 的激活开始的。因子 XII 与血管内膜下的胶原纤维接触激活成 XII_a 此后，XII_a 相继激活因子 XI 和因子 IX，分别变为 XI_a 和 IX_a。IX_a 与因子 VIII 和血小板 3 因子及 Ca^{2+} 组成复合物，该复合物即可激活因子 X 生成 X_a。

　　（2）外源性激活途径是组织损伤释放的因子 III 与血浆中的因子 VII 形成复合物。在 Ca^{2+} 存在的情况下激活因子 X 为 X_a。因子 X 的激活与凝血酶原的激活都是在血小板 3 因子提供的磷脂表面进行的，因此称为磷脂表面阶段。在凝血过程的 3 个基本阶段中，Ca^{2+} 不可缺少。

2. 纤维蛋白溶解

　　血浆内又有防止血液凝固的物质，称为抗凝物质。血液在血管内能保持流动，除其他原因外，抗凝物质起了重要作用。在正常生理条件下，凝血过程中生成的纤维蛋白可在一系列水解酶的作用下转化成可溶性的纤维蛋白降解产物，这些物质构成纤维蛋白溶解系统（简称纤溶系统）。纤维蛋白溶解（纤溶）系统包括四种成分，即纤维蛋白溶解酶原（纤溶酶原）、纤维蛋白溶解酶（纤溶酶）、纤溶原激活物与纤溶抑制物。纤溶的基本过程可分两个阶段，即纤溶酶原的激活与纤维蛋白（或纤维蛋白原）的降解。

　　（1）纤溶酶的激活　　纤溶酶的主要作用是分解纤维蛋白，同时它还能分解其他凝血因子如纤维蛋白原、因子 V、因子 VII、因子 II、因子 XII。纤溶酶原的激活物有三类：即血管激活物、组织激活物和血浆激活物。当血凝块形成时，大量的纤溶酶原被吸附其中，但这并不能马上引起纤溶，此时纤溶酶原并末被大量激活。随后，受损的组织和血管内皮细胞缓慢的释放出纤溶酶原激活物，特别是组织酶原激活物，激活纤溶酶原，最终导致血凝块溶解。在生理止血中，血凝、抗凝与纤维蛋白溶解相互配合，既有效地防止了失血，又保持了血管内血流畅通。

　　（2）纤溶蛋白的降解　　纤溶酶和凝血酶一样也是蛋白酶，但其对纤维蛋白原的作用与凝血酶不同，纤溶酶是一种肽链内切酶，可逐步将整个纤维蛋白或纤维蛋白原分子分割成可溶性的小肽，称为纤维蛋白降解产物。这些降解产物一般不会再凝固，且其中一部分还具有抗凝作用。

纤溶酶是血浆中活性最强的蛋白酶,特异性较小,可以水解凝血酶、因子 V、因子Ⅷ、激活因子Ⅻ$_a$;促使血小板聚集和释放 5 - 羟色胺、ADP 等;还能激活血浆中的补体系统;但其主要作用还是水解纤维蛋白原和纤维蛋白。正常情况下,血管内膜表面经常有低水平的纤溶活动,它与管内的凝血过程处于平衡状态。

3. 运动的影响

运动引起血凝和纤溶系统亢进。在凝固系统中,激烈运动时可以发现内源性凝血因子,特别是因子Ⅷ为中心的活性亢进。运动引起的血中肾上腺素的增加,是伴随着因子Ⅷ从体内储备中释放的。此外,也可以看到因子的活性亢进和纤维蛋白原的增加。

另外,步行这类轻微运动,也发现纤溶系统活性亢进。纤溶系统的活性亢进与运动强度成正比,还与运动时间有关。这种活性亢进的机制,一般认为和凝血系统一样,是由于运动使得血中儿茶酚胺增加,引起血管壁释放纤溶酶原激酶。

研究表明,血凝能力及凝血酶原时间、部分凝血活素等在运动和非运动之间没有太大的差别,而纤溶能力则是运动要比非运动者加强。对训练年限与纤溶能力的关系进行观察时发现,通过长期的运动锻炼,能使血液纤溶能力保持在正常范围,并且不致因年龄的增长而下降。

第七节　运动对心血管的影响

一、肌肉运动时血液循环功能的变化

骨骼肌收缩时,耗氧量增加。循环系统的适应性变化就是提高心输出量以增加血流供应,从而满足肌肉组织的氧耗,并及时运走过多的代谢产物。

(一) 肌肉运动时心输出量的变化

运动一开始,心输出量急剧增加,通常 1min 达到峰值,并维持在一定水平。运动时心输出量的增加与运动量或耗氧量成正比。

运动时,肌肉的节律性舒缩和呼吸运动加强,回心血量增加,保障了心输出量的增加。运动时交感缩血管中枢兴奋,容量血管收缩,体循环平均充盈压升高,有利于增加静脉回流。

在回心血量增多的基础上,由于运动时心交感中枢兴奋和心迷走中枢抑制,使心率加快,心肌收缩力加强,心输出量显著增加。交感中枢兴奋还能使肾上腺髓质分泌增多,循环血液中儿茶酚胺浓度升高,进一步加强心肌的兴奋作用。

(二) 肌肉运动时各器官血液量的变化

运动时增加的心输出量并不是平均分配给全身各个器官的。通过体内的调节机制,各器官的血流量进行重新分配。其结果是使心脏和参与运动的肌肉血流量明显增加,不参与运动的骨骼肌及内脏的血流量减少。在运动开始时,皮肤血流量也减少,但以后由于肌肉产热增加,体温升高,通过体温调节机制,使皮肤血管舒张,血流增加,以增加皮肤散热。

运动时各器官血流量的重新分配具有十分重要的生理意义,即通过减少对不参与活动的器官的血流分配，保证有较多的血流分配给运动的肌肉。由于阻力血管舒张，肌肉中开放的毛细血管数目增加，血液和肌肉组织之间进行气体交换的面积增大，气体扩散的距离和时间缩短，从而能满足肌肉运动时增加的氧耗。有人曾经推算，人在做剧烈运动时，由于内脏器官、皮肤和不参与运动的肌肉的阻力血管收缩，可以从心输出量中省出大约 3L/min 的血液，分配至运动的肌肉。如果动脉血的含氧量为 20ml%，心输出量不增加，仅通过血流量的重新分配，也可向运动的肌肉多提供 600ml/min 的氧。对于心脏功能不健全者，运动时心输出量增加有限，因此，血流量的重新分配就显得更为重要。

运动时血流量重新分配的意义，还在于维持一定的动脉血压。如果不考虑非活动器官的缩血管效应，仅有运动肌肉的舒血管效应，则总的外周阻力就会减少，动脉血压会下降。必须使心输出量显著增加，才能使动脉血压维持在初始的水平。

（三）肌肉运动时动脉血压的变化

肌肉运动时动脉血压的变化，是许多因素的总效应。运动时动脉血压水平取决于心输出量和外周阻力两者之间的关系。若心输出量的增加和外周阻力的降低两者的比例恰当，则动脉血压变化不大。反之，动脉血压就会升高或降低。在有较多肌肉参与运动的情况下，如步行时，肌肉血管舒张对外周阻力的影响大于其他不活动器官血管收缩的代偿作用，故总的外周阻力仍有降低，表现为动脉舒张压的降低；另一方面，由于心输出量显著增加，故收缩压升高，而平均动脉压则可能比安静时稍低。

二、运动、训练对心血管系统的影响

经常进行体育锻炼或运动训练，可促使人体心血管系统的形态、功能和调节能力产生良好的适应，身体素质得到提高。运动训练对心血管的长期性影响概括起来有以下几个方面。

（一）窦性心动徐缓

运动训练，特别是耐力训练可使安静时心率减慢。某些优秀的耐力运动员安静时心率可低至 40～60 次/min，这种现象称为窦性心动徐缓。这是由于控制心脏活动的迷走神经作用加强，而交感神经的作用减弱的结果。窦性心动徐缓是可逆的，即使安静心率已降到 40 次/min 的优秀运动员，停止训练多年后，有些人的心率也可恢复接近正常值。

一般认为，运动员的窦性心动徐缓是经过长期训练后心功能改善的良好反应，故可将窦性心动徐缓作为判断训练程度的参考指标。

（二）运动性心脏增大

研究发现，运动训练可使心脏增大，运动性心脏增大与病理性增大在功能上是有极显著差别的。病理性增大的心脏扩张、松弛，收缩时射血能力弱，心力贮备低，心肌纤维内 ATP 酶活性下降，不能承受哪怕是轻微的体力负荷。而运动性增大的心脏，外形丰实，收缩力强，心力贮备高，其重量一般不超过 500g。因此，运动性心脏增大是对长时间运动负荷的良好适应。近年来运动员超声心动图的研究结果表明，运动性心脏增大对不同性质的运动训练具有专一性反应。如以静力及力量性运动为主的投掷、摔跤和举重运动员心脏的运动性增大是以心肌增厚为主；而游泳和长跑等耐力性运动员的心脏增大却以心室腔增大为主，也有报道心脏厚度也增加，但心脏内半径与心壁厚之比维持在正常范围。

（三）心血管功能改善

安静状态下及从事最大运动时每搏输出量与每分输出量（心率×每搏输出量）的变化可用下列数据说明。

（1）安静时　①一般人：5000ml/min = 71ml/次×70次/min。②运动员：5000ml/min（100ml/次×50次/min）。

（2）最大运动时　①一般人：22000ml/min = 113ml/次×195次/min。②运动员：35000ml/min（179ml/次×195次/min）。

从上列数据可以看出，安静状态下两者每分输出量相等，但运动员的心率较低，故每搏输出量较大。从事最大运动时，两者的心率都达到同样的高度，但运动员的每搏输出量可从安静时的100ml增加到179ml，每分输出量可高达35L。无训练者的每搏输出量只能从安静时的71ml增加到113ml，每分输出量只能提高到22L，运动员每搏输出量的增加是心脏对运动训练的适应。

此外，经过训练心肌微细结构会发生改变，心肌纤维内ATP酶活性提高，心肌肌浆网对 Ca^{2+} 的贮存、释放和摄取能力提高，线粒体与细胞膜功能改善，ATP再合成速度增加，冠脉供血良好，使心肌收缩力增加。

运动训练不仅使心脏在形态和功能上产生良好适应，而且也可使调节功能得到改善。有训练者在进行定量工作时，心血管功能动员快、潜力大、恢复快。运动开始后，能迅速动员心血管系统功能，以适应运动活动的需要。进行最大强度运动时，在神经和体液的调节下可发挥心血管系统的最大功能潜力，充分动员心力贮备。运动后恢复期短，也就是说运动时功能变化很大，但运动一停止就能很快恢复到安静时的水平。

三、测定脉搏（心率）和血压在运动实践中的意义

（一）脉搏

脉搏是指动脉血管壁随心脏的收缩和舒张而发生的规律性搏动。在正常情况下，脉搏频率和心率是一致的，所以运动实践中常用测量脉搏来代替心率的测定。

1. 基础心率及安静心率

清晨起床前静卧时的心率为基础心率。身体健康、功能状况良好时，基础心率稳定并随训练水平及健康状况的提高而趋平稳下降。如身体状况不良或感染疾病等，基础脉搏则会有一定程度的波动。

在运动训练期间，运动量适宜时，基础心率平稳，如果在没有其他影响心率因素（如疾病、强烈的精神刺激、失眠等）存在的情况下，在一段时间内基础心率波动幅度增大，可能是运动量过大，身体疲劳积累所致。

安静心率是空腹不运动状态下的心率。运动员的安静心率低于非运动员，有的运动员的安静心率可减慢到每分钟三十余次。不同项目运动员的安静心率也有差别，一般来说，耐力项目运动员的安静心率低于其他项目运动员，训练水平高的运动员安静

心率较低。评定运动员安静心率时，应采用运动训练前后自身安静心率进行比较，运动后心率恢复的速度和程度也可衡量运动员对负荷的适应水平。

2. 评定心脏功能及身体功能状况

安静时一般人和运动员心脏功能差异并不十分明显，只有在进行强度较大运动时，这种差异才能明显地表现出来。通过定量负荷或最大强度负荷试验，比较负荷前后心率的变化及运动后心率恢复过程，可以对心脏功能及身体功能状况做出恰当的判断。目前常用的定量负荷试验有联合功能负荷试验及台阶试验等。

测试受试者在定量负荷中或负荷后的心率还可测定 PWC170 或间接推测受试者的最大吸氧量。PWC170 是指把心率定为 170 次/min 的稳定负荷状态下单位时间内所做的功，是运动者功能评定中的一种常见次极限负荷测试方法。根据 PWC170 状态下做功的大小可评定运动员的功能，根据最大吸氧量可评定运动员有氧工作能力。

心率的测定还可以检查运动员的神经系统的调节功能，对判断运动员的训练水平有一定的意义，常用的卧倒－直立试验和直立－卧倒试验，通过测定试验前后的心率并根据心率增减次数可评定受试者自主性神经系统功能。

3. 控制运动强度

运动中的吸氧量是运动负荷对机体刺激的综合反应，目前在运动生理学中广泛使用吸氧量来表示运动强度。

Astrand 等在 20 世纪 50 年代对 80 名男女成年人的研究证明，心率和吸氧量及最大吸氧量成线性相关，并发现最大心率百分比和最大吸氧量的百分比也呈线性相关，这就为使用心率控制运动强度奠定了理论基础。

在耐力训练中，使用心率控制运动强度最为普遍，有人提出耐力训练心率 =（最大负荷后心率－运动前心率）÷2 + 运动前心率。在耐力训练中保持这样的心率，5min 才能收到良好的效果。

耐力负荷的适宜强度也可以用安静时心率修正最大心率百分比的方法来确定，即运动时心率［安静时心率 +60%（最大心率－安静时心率）］。

Carlson 等提出了运动强度心率测定方法，目的是用心率控制在不同状态下的运动强度而获得良好的运动效果。常用的卡尔森公式为：（最大心率－运动前安静心率）÷2 + 运动前心率。所测定的心率可为教学、训练及健身锻炼提供生理学依据。

在涉及游泳等运动的间歇训练中，一般多将心率控制在 130～150 次/min 之间。成年人健身跑可用 170 减去年龄所得的心率数值来控制运动强度。

近年来，有关无氧阈的研究，为较精确地判断运动强度开辟了新途径。当由低强度转换到高强度的运动过程中，体内产生的乳酸和气体交换，在某一点上会产生一种规律性的变化。这种规律性的变化反映了机体内能量代谢的变化。因此，有人认为可以通过测定递增负荷运动中产生的血乳酸非线性变化时的心率，间接推测运动时身体能量代谢方式——有氧或无氧代谢。

由于心率反映的是心脏功能，而无氧阈主要是反映骨骼肌利用氧的能力，两者在生理机制上有较大的差别，因此，用心率反映无氧阈水平是否在功能上有一定的科学根据，需要进一步的研究，但用心率来间接推测身体能量代谢的方式在运动实践中显然有一定的应用价值。

（二）血压

血压也是反映心血管功能状态的重要生理指标，在运动实践中有广泛的应用。

（1）清晨卧床时血压和一般安静时血压较为稳定，测定清晨卧床血压和一般安静时血压对训练程度和运动疲劳的判定有重要参考价值。

随着训练程度的提高，运动员安静时的血压可略有降低。如果清晨卧床血压比同年龄组血压高 15% ~ 20%，持续一段时间不复原，又无引起血压升高的其他诱因，就可能是运动负荷过大所致。如果清晨卧床血压比平时高 20% 左右且持续 2 天，往往是功能下降或过度疲劳的表现。

（2）测定定量负荷前后血压及心率的升降幅度及恢复状况可检查心血管系统功能并区别其功能反应类型，从而对心血管功能作出恰当的判断。

（3）运动训练时，可根据血压变化了解心血管功能对运动负荷的适应情况。由于收缩压主要反映心肌收缩力量和每搏输出量，舒张压主要反映动脉血管的弹性及外周小血管的阻力，因此运动后理想的反应应当是收缩压升高而舒张压适当下降或保持不变。一般而言，收缩压随着运动强度的加大而上升。大强度负荷时，收缩压可高达 190mmHg 或更高，舒张压一般不变或轻度波动。根据运动训练时血压的变化可判断心血管功能对运动负荷是否适应。

四、体育运动与心血管疾病

（一）运动在心血管疾病防治中的作用及机制

适当的有氧运动可强体质，并对防治心血管疾病具有重要意义。研究表明，运动可以预防和治疗高血压病，可以延缓动脉粥样斑块的进展，增加冠状动脉的贮备，在冠心病的康复中有重要作用。以前对心功能不全的患者，很多人主张绝对卧床休息。近年研究表明，除急性期外，一般情况下适当地进行运动可使患者体能及症状改善，运动能提高上述心血管疾病患者的生活质量和存活率。

运动对心血管疾病防治作用的机制可归纳为 3 个方面，即中心效应、周围效应及其他效应。

1. 中心效应

（1）维持或增加心肌氧的供应　运动可预防或延缓冠脉粥样硬化的进展，并且能增加冠脉侧枝循环，增加冠脉直径，从而改善心肌的血液灌注和分布。

（2）减少心肌工作的氧耗量　运动训练能降低安静和运动时的心率，降低安静和运动时收缩压和平均动脉压，从而使心脏的做功减少；另外，运动训练还可减少循环血液中儿茶酚胺的水平，从而使心脏的氧耗量下降。

（3）增进心肌的功能　运动可增加休息和运动时的每搏输出量、射血分数，增加心肌收缩力，其原因是由于后负荷减少和生理性心肌肥大所致。

（4）增加心肌电稳定性　运动训练可减轻运动时心肌的局部缺血，减少安静和运动时血浆儿茶酚胺的水平，从而增加室颤阈值。

2. 周围效应

（1）骨骼肌功能加强　运动训练后骨骼肌内线粒体数目和体积增加，有氧代谢酶活性增强，同时肌动蛋白及肌组织糖原含量增加。

（2）血管贮备力增强　运动训练可致肌肉内毛细血管数增加；运动训练后血管舒张功能增强，血管内皮可产生内皮舒张因子（EDRF），参与心血管功能的调节；另外，运动后血管对缩血管物质的反应性减弱，从而造成心脏负荷降低，心功能改善。

3. 其他方面

包括增加 HDL-c/LDL-c 的比值，改善糖的代谢，增加胰岛素的敏感性，减少血小板聚集性，增加纤溶酶活性，减轻肥胖，从而使抗动脉粥样硬化的能力增强，致动脉粥样硬化的能力减弱等。另外，运动可消除情绪紧张，增加病人生活的信心和乐趣。

总之，运动对心血管疾病的治疗和康复有重要的理论意义和实际意义。

（二）慢性心血管病患者进行体育运动时的注意事项

（1）患者的锻炼项目和运动量应与疾病性质与功能水平相适应，可以用简易生理指标，如心率和血压的变化控制运动量，保持心率和血压适当增高而不引起症状。患者应学会测量脉搏和血压，同时注意自我感觉，判断个人的疲劳程度，在出现症状前停止活动。

（2）从小运动量开始，随机体功能状态的改善而逐渐增加，然后维持适宜运动量并经常进行。

（3）与医生保持联系，并在医生指导下学习一些急救知识。

（4）鼓励参加集体活动，这样在发生运动损伤或心脏意外等情况时，有同伴在场，可给予帮助。但作为集体项目运动，运动量不宜个别对待，因此要妥善安排。

（5）参加体育运动的同时，要注意饮食、生活制度及用药等问题。

（6）动力（等张、有氧）活动较好，静力（等长、无氧）活动宜采用低负荷、多重复的训练法，避免以增强力量为主的一般力量训练。

（7）要区别对待，根据个人运动习惯、运动能力、功能状态、年龄及性别等特点安排运动活动计划，特别要注意与病情相适应，不要参加激烈比赛，注意安全。

（三）高血压和冠心病患者的体育锻炼

1. 高血压

高血压也称原发性高血压，它是一种初期以血压增高，继而引起心、脑、肾脏等器官损害的独立的全身性疾病。其病理为中枢神经系统功能失调，使全身小动脉长期处于收缩状态而造成血流阻力增大，致血压升高。有些患者的高血压仅仅是某些病症的一种症状，称之为继发性高血压，一般只要原发疾病治愈了，血压便可降至正常。

按世界卫生组织规定，将血压超过 160mmHg/95mmHg 列为高血压，我国高血压的发病率一般为 7.30%~11.19%。现代医学认为，高血压是脑卒中和冠心病的主要危险因素。在我国，高血压病的最后结果是 70% 为脑卒中，20% 为心脏病（常与冠心病共存），10% 为肾脏病变，成为主要的致残疾病和死因。

国内外的治疗经验都已肯定，运动是治疗高血压病的有效辅助疗法，具有降压、改善自觉症状、减少降压用药和巩固疗效的作用。高血压运动疗法多采用步行、体操、游泳、太极拳及其他游戏等有氧运动，运动方式和手段可根据患者条件适当选择。

2. 冠心病

冠心病（coronary artery disease）全称为冠状动脉粥样硬化性心脏病。冠心病患者血胆固醇和三酰甘油增高，是产生动脉粥样硬化的主要原因，动脉粥样斑块内的胆固醇来源于血胆固醇的沉积。由于动脉粥样硬化可使血管腔变小，影响心脏供血，故又称为缺血性心脏病。当冠状血管某些部分堵塞时，它所供血的区域就断绝了血液供应，该部分的心肌细胞就会因缺氧而死亡，医学上称心肌梗死。

在冠心病中心绞痛是一种突出的症状，常在过度兴奋、疲劳、受凉或饱食之后发生。疼痛的位置常在胸骨上、中段之后，可从心前区放射至左肩、上肢、颈或背部。有各种性质的疼痛，如胸闷、压迫感、紧束感。疼痛发作时人有濒死的恐惧，发作持续 1~5min。心绞痛发作时可有血压升高、心率加快等现象。多数心电图可有短暂的 ST 段下降或 T 波改变。

运动及体力活动可改善冠心病症状，主要是通过适当的运动或体力活动使冠状动脉口径和侧枝循环增加；使心肌发达，收缩力增强，心率减慢，每搏输出量增加，静脉回流加速；使血液中胆固醇含量降低，高密度脂蛋白和低密度脂蛋白比值提高；使体重稳定甚至降低，从而相对减少心脏负荷，纠正脂质代谢异常，有助于防止病变加重，使患者情绪稳定，改善焦虑、抑郁等不良心理状态。

冠心病患者在不同的康复治疗阶段应有不同的运动或体力活动要求。对慢性冠心病（稳定型心绞痛及陈旧性心肌梗死）患者，建议从事运动强度为最大摄氧量的 60% 的有氧耐力运动，从小强度逐渐过渡到中等强度，较为理想的是进行症状限制性运动试验，运动时心率在 110~130 次/min 为宜。运动持续时间可考虑主项耐力性运动每次 20~30min，辅助性放松运动可每天进行 10~20min。运动次数以每周至少 3~4 次为宜。有人认为，如果一次运动强度等于或大于最大摄氧量的 60%，持续 20min，则每周 3 次即隔日一次最好。对冠心病患者来说，运动或体力活动必须循序渐进地进行。

本章小结

细胞外液是细胞直接生活的环境，为了区别人体生存的外界环境，又把它称为机体的内环境。内环境在安静状态下能够保持动态平衡，这对维护机体的正常生理功能有很大的作用。血浆渗透压具有重要作用，一方面可维持红细胞的体积、形态和功能；另一方面可保持血容量和组织液的相对稳定。血液中的红细胞具有渗透脆性、悬浮稳定性的特性，其主要功能是运输氧和二氧化碳。运动员在运动的时候，对血量主要是以增加血浆量为前提，因此血液里的成分必然要相对于正常人为低，经过系统训练的运动员安静时红细胞的变形能力增加，在很大程度上是因为运动加快了对衰老的红细胞的淘汰，代替以年轻的红细胞，使得红细胞的弹性更强。运动锻炼能改善血液的纤溶能力，使得纤溶能力达到一个平衡状态，并可以保持纤溶不易随着年龄的增长而减退。

心脏是一个由心肌组织构成的具有瓣膜结构的空腔器官，是血液循环的动力装置，同时还具有一定的内分泌功能。构成心脏的心肌具有自动节律性、传导性、兴奋性和收缩性，心肌细胞的电生理特性和机械特性保证心脏不断自动地、协调地、舒缩交替地"全或无"的同步收缩，完成心脏的泵血功能。心脏泵功能可以用心输出量、心指数、射血分数、心力贮备及心脏做功能力等指标反映。心脏泵功能的调节是在复杂的神经和体液参与下，通过对心脏和血管活动的综合调节来实现的。心电图反映了心脏兴奋的产生、传导和恢复过程中的生物电变化，对了解心脏活动情况和诊断心脏疾病有重要价值。动脉、毛细血管和静脉三类血管结构特点不同而功能亦不相同，其中进行血液和组织之间物质交换这一血液循环的基本功能是在微动脉与微静脉之间的微循环来完成的。血管内血液对单位面积血管壁的侧压力即为血压。在不同的生理状况下，完整机体的动脉血压是心脏每搏输出量、心率、外周阻力、主动脉和大动脉的弹性贮器作用及循环血量和容量血管间关系等各种因素互相作用的结果。在不同的生理状况下，机体通过神经、体液及局部血流调节等机制对心血管活动进行调节，以适应各器官组织对血流量的需要，协调地进行各器官间的血流分配。肌肉运动可引起血流循环功能的变化，经常进行体育运动可促进心血管系统的形态、功能和调节能力产生良好的适应，从而提高人体工作能力。脉搏和血压的测定在运动实践中有重要的应用价值。体育运动对心血管疾病有预防和治疗作用，因此高血压和冠心病等心血管疾病的患者应适当参加体育运动。

复习题

1. 试述血液的组成和功能。

2. 何谓内环境？血液对维持内环境相对稳定的作用及意义。

3. 试述血小板的功能。如何应用血红蛋白指标指导科学训练？试述一次性运动和长期运动对红细胞的影响。

4. 心肌的各种生理特性有何生理意义？

5. 在心脏泵血过程中，左心室内压力和瓣膜开闭是如何保证血液正常流动的？

6. 各种因素是如何影响心输出量的？

7. 各种因素是如何影响动脉血压的？

8. 正常心电图的波形及其生理意义是什么？

9. 肌肉运动时，人体血液循环系统发生哪些主要的功能变化？这些变化是如何引起的？

10. 以减压反射为例，说明心血管活动神经调节的生理过程。

11. 运动训练对心血管系统有何影响？

12. 有训练的人和一般人在进行定量工作时心血管功能有何不同？

13. 测定脉搏和血压在运动实践中有何意义？

❓ 思考与讨论

1. 心血管系统在维持内环境的稳定中所起的作用。
2. 如何在体育锻炼中提高血液对机体的作用。
3. 对临床上有慢性心血管疾病的患者如何进行体育锻炼？

（温二生）

参 考 文 献

[1] 曲绵域.实用运动医学.北京：北京科学技术出版社，1996.
[2] 杨锡让.实用运动生理学.北京：北京体育大学出版社，2003.
[3] 韩济生.神经科学纲要.北京：北京医科大学、中国协和医科大学联合出版社，1983.
[4] 何瑞荣.心血管生理学.北京：人民卫生出版社，1987.
[5] 骆鸿，何瑞荣.延髓腹外侧部对心血管活动的调节.生理科学进展，1987，18：224～229.
[6] 徐丰彦，张镜如.人体生理学.北京：人民卫生出版社，1989.
[7] 姚泰.中枢神经系统对血压的调节.生理科学进展，1989，20：276～283.

✉ 网 站 导 航

1. http：//people. eku. edu/ritchisong/301notes4. htm
2. http：//faculty. ccri. edu/kamontgomery/physiology
3. http：//www. cvphysiology. com/Blood% 20Flow/BF015. htm

第三章 呼吸功能

教学 目标

　　理解呼吸运动的过程及其环节；掌握气体在血液中运输的方式及过程，氧解离曲线的特点及其意义，呼吸和酸碱平衡的关系，呼吸运动的神经支配和调节；掌握影响呼吸运动的化学因素：PCO_2、pH 和 PO_2，运动对呼吸功能的影响以及运动时的合理呼吸方式。

　　学习和掌握最大摄氧量的概念、测定方法以及其生理学基础，最大摄氧量在运动实践中的应用；学习无氧阈的概念、测定方法及无氧运动能力的生理学基础、能力的测试与评价，提高无氧运动能力的训练方法；理解促进有氧运动能力训练的方法。

相关 概念

　　呼吸（respiration）：机体与外界环境之间的气体交换过程称为呼吸，由外呼吸、气体在体内的运输和组织换气三部分组成。

　　呼吸运动（respiratory movement）：呼吸肌的收缩和舒张引起的胸廓节律性扩大和缩小称为呼吸运动。

　　肺容量（pulmonary capacity）：肺容纳的气量称为肺容量。

　　肺活量（vital capacity，VC）：在做最大深吸气后，再做最大呼气时所呼出的气量，称为肺活量。

　　余气量（residual volume，RV）：最大呼气之末，存留于肺中的气体量，称为余气量。

　　功能余气量（functional residual capacity，FRC）：平静呼气之末，存留于肺中的气体量，为余气量与补呼气量之和。

　　肺泡通气量（alveolar ventilation）：每分钟吸入肺泡真正与血液进行气体交换的气量称为肺泡通气量。

　　生理无效腔（alveolar dead space）：进入肺泡的气体，可因血流在肺内分布不均而不能都与血液进行气体交换，未能发生交换的这一部分肺泡中气体的容量称为肺泡生理无效腔。

　　解剖无效腔（anatomical dead space）：吸入的气体，部分残留在鼻或口与终末细支气管之间的呼吸道内，不参与肺泡与血液之间的气体交换，这部分呼吸道的容积称为解剖无效腔。

用力肺活量（forced vital capacity，FVC）：一次最大吸气后尽力尽快呼气，所能呼出的最大气体量称为用力肺活量。

中心静脉压（central venous pressure，CVP）：腔静脉或右心房内的血压，称中心静脉压。

通气/血流比值（VA/Q）：通气/血流比值是指每分钟肺泡通气量（VA）和每分钟肺毛细血管血流量（QC）之间的比值。

氧容量（oxygen capacity of Hb）：100ml 血液中，Hb 所能结合的最大 O_2 量称为 Hb 氧容量。

氧含量（oxygen content of Hb）：100ml 血液中 Hb 实际结合的 O_2 量称为 Hb 的氧含量。

血氧饱和度（oxygen saturation of Hb）：Hb 氧含量占氧容量的百分比称为 Hb 的血氧饱和度。

肺牵张反射（pulmonary stretch reflex）：由肺扩张或缩小引起吸气抑制或兴奋的反射，称为肺牵张反射。

通气当量（VE/V）：每分钟通气量（VE）与摄氧或二氧化碳量（VO_2 或 VCO_2）的比值，是评价呼吸效率的一项重要指标，分别称为氧通气当量（VE/VO_2）和二氧化碳通气当量（VE/VCO_2）。

运动后过量氧耗（excess post – exercise oxygen consumption，EPOC）：运动后机体由较高代谢水平逐步恢复到运动前安静水平过程中多消耗的氧量。

最大摄氧量（maximal oxygen uptake，VO_2 max）：人体在进行有大量肌肉群参加的长时间剧烈运动中，机体摄取并利用氧的能力达到本人的最高水平时，单位时间内所能摄取并利用的氧量。

VO_2 max 平台期时间（maximal oxygen uptake peak duration，VO_2 max PD）：VO_2 max 平台期时间是指人体在最大摄氧量峰值水平能维持的运动时间。

乳酸阈（lactate threshold）：在进行递增负荷运动中血乳酸水平会出现急剧积累并增加，此拐点称为乳酸阈。

通气阈（ventilatory threshold，VT）：渐增负荷运动中，肺通气量和 CO_2 呼出量急剧增加时的拐点称为通气阈。

有氧运动能力（aerobic exercise capacity）：有氧运动能力是指机体依靠氧运输系统（心肺功能）供氧，并在细胞的线粒体的氧化磷酸化，提供运动所需的能量状态下的运动能力。

无氧运动能力（anaerobic exercise capacity）：运动时机体不依靠细胞线粒体的氧化磷酸化提供足够的能量，需从其他途径完成 ATP 的再合成，用以供应运动所需能量状态下的运动能力，包括 ATP – CP 系统和糖酵解系统的供能。

最大乳酸训练（max lactic acid endurance training）：通过训练强度和间歇时间的控制，让机体的血乳酸值尽可能地达到最高值，一般认为血乳酸在 12～20mmol/L 是最大无氧代谢训练的范围。

耐乳酸训练（lactic acid endurance training）：耐乳酸训练是指通过训练强度和间歇

时间的控制，使机体的血乳酸水平维持在较高的水平，一般认为以血乳酸在 12mmol/L 左右为宜。

·—·

机体与外界环境之间的气体交换过程称为呼吸（respiration）。通过呼吸，机体从外界环境摄取新陈代谢所需要的氧气（oxygen，O_2），同时排出代谢所产生的二氧化碳（carbon dioxide，CO_2）。因此，呼吸是维持机体生命活动所必需的基本生理过程之一。

呼吸的全过程由 3 个环节组成，即外呼吸、气体运输和组织换气（又称内呼吸）。外呼吸即肺部毛细血管血液与外界环境之间的气体交换，包括肺通气和肺换气两个过程；气体运输即由循环血液将 O_2 从肺部

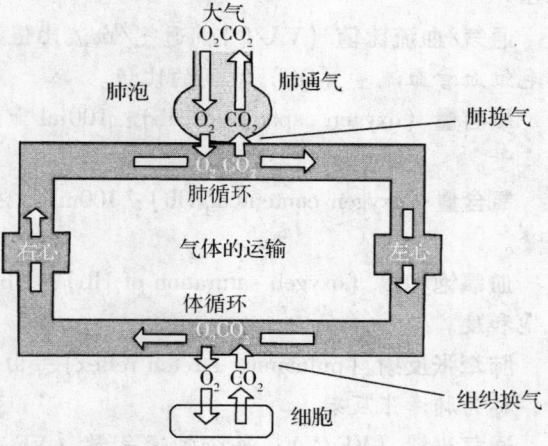

图 3 - 1　呼吸过程示意图

运输到组织毛细血管，同时将 CO_2 从组织细毛血管运输到肺的过程。组织换气是指组织毛细血管血液与组织、细胞之间的气体交换过程（图 3 - 1）。

第一节　肺通气和肺换气

一、肺通气

肺通气是肺与外环境之间的气体交换的过程。气体进出肺是由于外界环境和肺泡气之间存在着压力差的缘故。而此压力差是由呼吸运动时引起的胸廓的扩大和缩小实现的。因此，外界环境与肺泡气之间的压力差是肺通气的直接动力，呼吸肌收缩舒张引起的有节律性的呼吸运动是肺通气的原动力。

（一）呼吸运动

呼吸肌的收缩和舒张引起的胸廓的节律性扩大和缩小称为呼吸运动（respiratory movement）。它是通过呼吸肌的舒缩活动来实现的，构成肺的通气动力。呼吸肌分为主要吸气肌、辅助吸气肌和呼气肌。主要吸气肌由膈肌和肋间外肌组成；辅助吸气肌由胸肌、斜方肌、胸锁乳突肌和背阔肌等组成；呼气肌由肋间内肌和腹壁肌组成。呼吸运动可分为平静呼吸与用力呼吸。

1. 平静呼吸

安静状态下，正常人的呼吸运动平稳而均匀，12～18 次/min，这种呼吸运动称为平静呼吸。其特点是：吸气主动，呼气被动，吸气是依靠膈肌和肋间外肌的收缩使胸廓扩大来完成的。膈肌收缩时，膈肌两侧的弯窿顶下移，并推挤腹腔脏器向下，扩大

胸廓上下径。肋间外肌收缩时，肋骨沿肋脊关节旋转轴上提并向外侧翻转，同时胸骨也随之推向前上方，使胸廓前后及左右径扩大。胸廓扩大时，肺容积的增大使肺内压下降，当低于大气压时，空气进入肺内，形成吸气。呼气是通过膈肌和肋间外肌的舒张，使扩大的胸廓回位（恢复）来完成的。膈肌和肋间外肌的舒张，加之肺和胸廓的弹性回缩与重力作用，使得膈肌、肋骨回位，胸廓缩小，同时引起肺容积的缩小，肺内压随着肺容积的缩小而上升，当高于大气压时，肺内气体排出体外，完成呼气。平静呼吸中，膈肌所起的作用比肋间外肌大，而且整个过程只有吸气肌的收缩和舒张，没有呼气肌参与。

2. 用力呼吸

用力呼吸的特点是呼吸运动时吸气肌收缩加强，且呼气肌也参与收缩活动。用力吸气时，除主要的吸气肌加强收缩外，辅助吸气肌也参与收缩，使胸廓进一步扩大，从而吸入更多气体。用力呼气时，除吸气肌舒张外，还有肋间内肌与腹壁肌的同时收缩，使肋骨和胸骨下移并使腹内压增加，使内脏推挤膈肌上移，从而促使胸廓进一步缩小，呼气加深。在机体缺氧、CO_2 增多或肺通气阻力增大较严重的情况下，可出现呼吸困难（dyspnea），表现为呼吸运动显著加深，鼻翼扇动，同时还会出现胸部困压的感觉。

3. 呼吸形式

膈肌的收缩和舒张可引起腹腔内器官位移，造成腹部的起伏，这种以膈肌舒缩活动为主的呼吸运动称为腹式呼吸（abdominal breathing）。肋间肌收缩和舒张时主要表现为胸部的起伏，因此，以肋间肌舒缩活动为主的呼吸运动称为胸式呼吸（thoracic breathing）。一般情况下，儿童以腹式呼吸为主，成年人的呼吸运动呈腹式和胸式混合式呼吸。

一些运动为不影响动作的正常发挥，可通过改变呼吸形式从而有效地保证动作质量。如双杠或地上做倒立动作时，由于臂和肩胸部固定，使胸式呼吸受到限制，若用胸式呼吸既会影响臂和肩胸部的固定，也会造成身体重心的不稳，故可采用腹式呼吸。做屈体直角动作造型时，腹肌的用力使得腹式呼吸受到限制，此时再用腹式呼吸会造成身体造型的抖动，影响做直角动作的质量，则应采用胸式呼吸。

（二）肺通气的动力学特点

前已述及，肺通气是通过呼吸肌运动引起肺内压的变化从而推动气体进出肺，由此可见肺内压的变化在肺通气中有重要作用。

1. 肺内压

肺泡内的压力称肺内压（intrapulmonary pressure）。气体进出肺泡是借助于肺内压与大气压之间的压差，在呼吸道通畅的情况下，吸气之末、呼气之末或胸廓停止运动，呼吸均会暂停，此时肺内压与大气压相等，气体停止流动。在平静吸气过程中，肺随胸廓扩大，容积增加，肺内压下降，当低于大气压 1~2mmHg 时，空气顺压力差进入肺泡，随着肺内的压力逐渐上升，直至吸气末，肺泡与大气之间压力消失，气体才停止入肺。在平静呼气过程中，胸廓缩小，肺弹性回缩，肺内压上升，当高于大气压 1~2mmHg 时，肺内气体顺压差呼出，随着肺内压的逐渐下降，直到呼气末，肺内压与大气压相等，呼气停止。

根据肺内压的周期性交替升降是引起肺通气的直接动力的这一原理，在自然呼吸停止时，可用人为的方法建立肺内压与大气压之间的压力差，以维持肺通气，这就是人工呼吸（artificial respiration）。人工呼吸的方法很多，如人工呼吸机进行正压通气，或简便易行的口对口人工呼吸等。自然呼吸一旦停止，必须紧急实施人工呼吸。

人体运动时，呼吸气体出入肺的流量与流速随运动强度和运动形式而增减，肺内压的波动幅度也发生相应变化。此外，若紧闭声门或口鼻，再用力做呼气动作（憋气）时，肺内压可高于大气压 40~60mmHg。若此时做用力吸气动作，肺内压可低至 −30~100mmHg。

2. 胸内压

胸内压指的是胸膜腔内的压力。胸膜腔（pleural cavity）是位于肺表面的胸膜脏层和衬在胸壁内的胸膜壁层形成的肺和胸廓之间密闭的间隙。正常的胸膜腔内没有空气，仅有一薄层浆液，从而使胸膜腔两层间的摩擦阻力减小且相互黏在一起，不易分开。

胸膜腔内的压力可以通过特制的检压计进行测定，测定时将与检压计相连接的注射针头斜刺入胸膜腔内，直接测定胸膜腔内压（图3−2）。测定发现，胸内压在呼吸过程中始终低于大气压，为负压。胸膜腔内这种负压的形成是与人的生长发育密切相关的。婴儿出生后，胸廓发育速度快于肺发育的速度，使胸廓容积大于肺。而胸膜壁层和脏层紧贴不分，因此，肺始终处于被动牵拉状态，胸膜腔便受到 2 种力的作用；一种是使肺泡扩张的肺内压；另一种是由肺的弹性回缩和肺泡表面张力共同组成的回缩力。所以胸膜腔内的压力是这两种力的代数和，而在吸气或是呼气之末肺内压等于大气压。

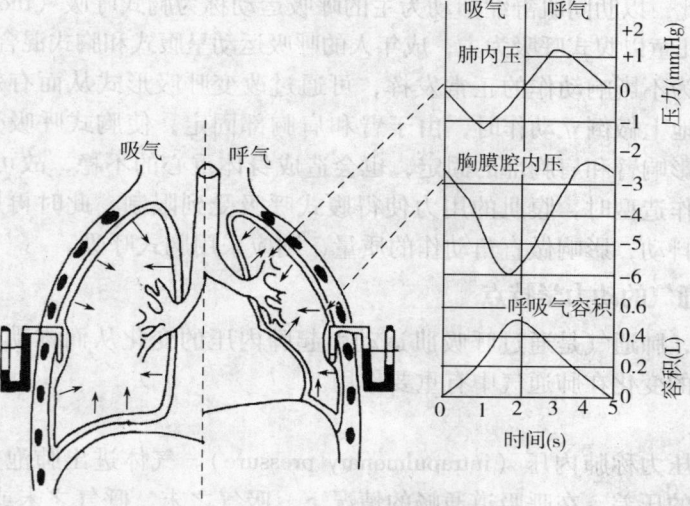

图 3−2　呼吸时肺内压、胸内压及肺容积的变化

由此可见，在吸气或是呼气之末，胸内负压是由肺的弹性回缩力造成的。吸气时，肺扩张，肺的回缩力增大，胸内负压更大，通常平静吸气之末胸内压为 −10~−5mmHg。呼气时，肺缩小，肺的弹性回缩力小，胸内负压减小，平静呼气之末胸内压为 −5~−3mmHg。胸膜腔为负压的重要生理作用有：

（1）能够牵拉肺呈扩张状态，并可使自身不具主动张缩能力的肺能随胸廓容积的变化而扩大、缩小，有利于肺泡进行气体交换。因此在外伤或疾病等原因导致胸壁或肺破裂时，胸膜腔与大气相通，空气将立即自外界或肺泡进入胸膜腔内，形成气胸（pneumothorax）。此时胸膜腔的密闭性丧失，胸膜腔内压等于大气压，肺将因其自身回缩力的作用而塌陷，不再随胸廓的运动而节律性扩张和缩小。此时将危及生命，须紧急处理。

（2）吸气时胸内负压的加大可使对心房、静脉腔和胸导管的扩张作用更加显著，从而更有利于心房的充盈以及静脉血和淋巴液的回流。相反，在一些需要憋气的运动项目如举重等，会因为胸内压增高而影响到静脉血和淋巴的回流，引起眩晕，需引起注意。

（三）肺通气的阻力

肺通气动力不断克服肺通气的阻力，方可实现肺通气。肺通气的阻力可分为弹性阻力和非弹性阻力。

弹性阻力（elastic resistance）包括胸廓和肺的弹性阻力，约占总阻力的70%。肺的弹性阻力来自肺的弹性纤维和肺泡内层液泡的表面张力。胸廓的弹性阻力则是胸廓的弹性组织所形成的。胸廓处于自然状态下，不表现弹性作用，这时胸腔内负压是肺的弹性回缩力造成的。吸气时肺内进入一定气量，胸腔扩大之后出现了回缩的弹性阻力。当其他条件相同时，肺总容量不同弹性阻力也不同，如同样的气量分别进入成人和儿童的肺中，因为儿童的肺总容量较小，故吸入气体的比例相对较大，肺的弹性回缩力也较大。所以总容量小的肺，其弹性阻力大。另外，胸廓的弹性阻力也会因为肥胖、腹内压增加等因素而增大。

非弹性阻力（inelastic resistance）约占总阻力的30%，其中包括气道阻力、惯性阻力和组织的黏滞阻力。气道阻力（airway resistance）来自气体流经呼吸道时气体分子之间和气体分子与气道壁之间的摩擦，是非弹性阻力的主要成分，占80%~90%。气道阻力受气流速度、气流形式和管径大小的影响，流速大，阻力大；流速慢，阻力小。气流形式有层流和湍流，层流阻力小，湍流阻力大。气道管径大，阻力小，反之，则阻力大。呼吸运动加深、加快时，气流加快，涡流增多，所以非弹性阻力增大。运动时交感神经兴奋，呼吸道平滑肌舒张，支气管口径增大，有利于降低非弹性阻力。

惯性阻力（inertial resistance）是气流在发动、变速、换向时因气流和组织的惯性所产生的阻止肺通气的力。黏滞阻力（viscous resistance）来自呼吸时组织相对位移所发生的摩擦。平静呼吸时，呼吸频率较低、气流速度较慢，惯性阻力和黏滞阻力都很小。健康成人组织的黏滞阻力约占非弹性阻力的10%~20%。

（四）肺通气功能

1. 肺容量及其变化

肺所容纳的气量称为肺容量（pulmonary capacity）。肺容量是肺活量、功能余气量、余气量的总和（图3-3）。

（1）潮气量　每次呼吸时，吸入或呼出的气体量称为潮气量（tidal volume，TV）。正常成年人平静呼吸时的潮气量为400~600ml，平均约500ml。运动时潮气量增大，最大时可接近肺活量值。

（2）补吸气量和深吸气量　平静吸气之后再做最大吸气时，增补吸入的气量，称

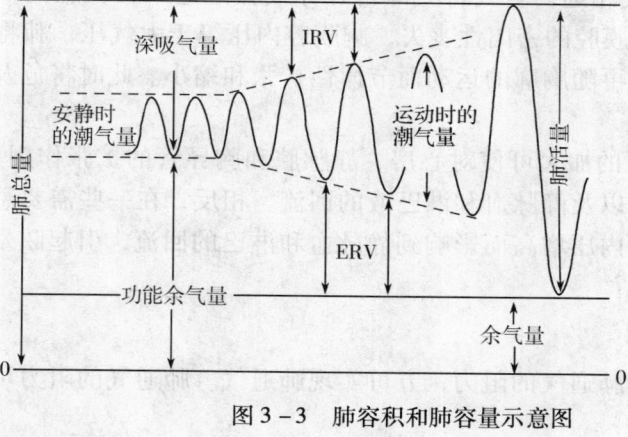

图3-3　肺容积和肺容量示意图

为补吸气量（inspiratory reserve volume，IRV），正常成人约为1500～2200ml。补吸气量与潮气量之和称为深吸气量（inspiratory capacity，IC）。深吸气量是衡量最大通气能力的一个重要指标，胸廓的形态和吸气肌的发达程度是影响深吸气量的重要因素。

（3）补呼气量　平静呼气之后，再做最大呼气时所能呼出的气体量称为补呼气量（expiratory reserve volume，ERV）。正常成人约为900～1200ml。补呼气量的大小反映了呼气功能的贮备能力。

（4）功能余气量和余气量　平静呼气之末，存留于肺中的气体量，称为功能余气量（functional residual capacity，FRC），尽最大力呼气之后，仍贮留于肺内的气量，称为余气量（residual volume，RV）。正常成年人余气量男性约为1500ml，女性约为1000ml。可见，功能余气量为余气量和补呼气量之和，约为2500ml。余气量的存在可避免肺泡在低肺容积条件下的塌陷。功能余气量的生理意义是缓冲呼吸过程中肺泡气氧分压（PO_2）和二氧化碳分压（PCO_2）的变化幅度。由于功能余气量的缓冲作用，吸气时，肺内PO_2不致突然升得太高，PCO_2不致降得太低；呼气时，则PO_2不会降得太低，PCO_2不会升得太高。这样，肺泡气和动脉血液的PO_2和PCO_2就不会随呼吸而发生大幅度的波动，有利于肺换气。

（5）肺活量　在做最大深吸气后，再做最大呼气时所呼出的气量，称为肺活量（vital capacity，VC）。肺活量为最大吸气后做最大呼气所呼出的气量，是潮气量、补吸气量和补呼气量之和。正常成年人男性约为3500ml，女性约为2500ml。运动锻炼既能使人的肺活量水平提高，也能延缓肺活量的衰减，高水平的运动员肺活量可达7000ml之多。肺活量的大小与性别、年龄、体表面积、胸廓大小、呼吸肌发达程度以及肺和胸壁的弹性等因素有关，而且有较大的个体差异。为了便于比较研究，有时可用肺活量的相对值，即肺活量/体重（ml/kg）或肺活量/身高（ml/cm）来评价肺通气功能水平。

（6）肺总容量　肺所能容纳的最大气量为肺总容量（total lung capacity，TLC），肺总容量是肺活量和余气量之和。成年男性平均为5000ml，女性平均为3500ml。其值因性别、年龄、体表面积、锻炼程度和体位而异。

2. 肺通气量

单位时间内吸入（或呼出）的气量称为肺通气量（ventilation volume，VE）。它反映肺的通气功能，一般以每分钟为单位计量，故也称每分通气量。若呼吸深度一致，则每分通气量为：

$$每分通气量 = 呼吸深度（潮气量）× 呼吸频率（每分呼吸次数）$$

安静时成年人的潮气量约为 500ml，呼吸频率为 12~16 次，每分通气量为 6~8L。每分通气量随年龄、性别、代谢水平而不同，如人体新陈代谢水平高时呼吸深度和呼吸频率都将增加，从而使每分通气量增加。剧烈运动时，每分通气量可增至 80~150L 或更多（180~200L）。

3. 无效腔和肺泡通气量

每次吸入的气体，一部分将留在鼻或口与终末细支气管之间的呼吸道内，不参与肺泡与血液之间的气体交换，这部分呼吸道的容积称为解剖无效腔（anatomical dead space）。正常成人的解剖无效腔约为 2.2ml/kg，体重为 70kg 的成年人，其解剖无效腔约 150ml。另外，进入重力肺泡的气体，也可因血流在肺内分布不均而不能都与血液进行气体交换，未能发生交换的这一部分肺泡容量称为肺泡无效腔（alveolar dead space）。肺泡无效腔与解剖无效腔之和称为生理无效腔（physiological dead space）。健康人平卧时，重力造成肺血流重新分布，生理无效腔等于或接近于解剖无效腔。但在运动时肺泡无效腔对肺泡通气量的影响将加大。

由于无效腔的存在，每次吸入的空气不能都到达肺泡与血液进行气体交换。因此，肺泡通气量指每分吸入肺泡能真正与血液进行气体交换的气量。即为：

$$肺泡通气量 = （潮气量 - 无效腔）× 呼吸频率$$

从表 3-1 中可以看出，由于无效腔的存在，在肺通气量相同的情况下，深而慢的呼吸时肺泡通气量比浅而快的呼吸时更多，更有利于气体交换。运动时呼吸不仅要深而且也要适当加快，这样才可以进一步提高肺泡通气量，但这时呼吸肌的能量消耗会增多，所以只有在进行剧烈运动、对氧需求大的情况下才采用这种方式的呼吸。

表 3-1　不同呼吸频率和潮气量时的肺通气量和肺泡通气量

呼吸频率（次/min）	潮气量（ml）	每分通气量（ml）	每分肺泡通气量（ml）
8	1000	8000	6800
16	500	8000	5600
32	250	8000	3200

4. 肺通气功能的指标及其测定

（1）肺活量　肺活量反映了肺一次通气的最大能力，也是测定肺通气功能简单易行、应用较普遍的指标，常用于开展国民体质测定。

（2）用力肺活量　一次最大吸气后尽力尽快呼气，所能呼出的最大气体量称为用力肺活量（forced vital capacity，FVC），也称为时间肺活量。通常以呼出气体所占总肺活量的百分比来表示，正常成人最大呼气时，第一秒、第二秒和第三秒呼出的气量约占总肺活量 83%、96% 和 99%，故在 3s 内人体基本上可以呼出全部肺活量的气量，其中第一秒的值（FEV_1）意义最大。用力肺活量是肺通气功能较好的动态指标，它不仅反映肺活量的大小，而且还能反映肺的弹性变化和气道是否通畅等情况。

（3）最大通气量　单位时间内所能呼吸的最大气量。它取决于：①胸部的完整结构和呼吸肌的力量。②呼吸道畅通程度。③肺弹性，称最大通气量（VE_{max}）。一般只做15s通气量的测定，并将所测得的值乘以4，即为每分最大通气量。最大通气量是衡量通气功能的重要指标，可以用来评价受试者的通气储备能力：

$$通气贮量百分比 = \frac{最大通气量 - 安静时通气量}{最大通气量} \times 100\%$$

通气贮备百分比越大说明机体的通气储备能力越强，正常通气贮量的百分比值应大于或等于93%。

二、肺换气

肺泡与肺泡毛细血管血液之间的气体交换称为肺换气，它是通过气体分子从分压高处向分压低处转移，以气体扩散的方式实现的。

（一）气体交换的动力

气体分子不停地进行无定向的运动，当不同区域存在分压差时，气体分子将从分压高处向分压低处发生转移，这一过程称为气体的扩散（diffusion）。肺换气和组织换气就是以扩散方式进行的，所以气体交换的动力是气体的分压差。通常将单位时间内气体扩散的容积称为气体扩散速率（diffusion rate，D）。气体扩散速率受多种因素的影响。

$$气体扩散速率 = \frac{分压差 \times 温度 \times 扩散面积 \times 扩散系数}{扩散距离}$$

（1）气体的分压差　两个区域之间的分压差是气体扩散的动力，分压差的大小决定着气体的扩散方向和扩散速率。所以分压差越大，扩散速率越大；反之，分压差越小，则扩散速率越小。运动时，肺泡膜两侧的 CO_2 和 O_2 分压差增大，肺换气速度也加快。

（2）扩散系数　溶解度（S）是单位分压下溶解于单位容积溶液中的气体量。一般以1个大气压、38℃时、100ml 液体中溶解的气体毫升数来表示。溶解度与分子量的平方根之比（$S/\sqrt{MV}$）称为扩散系数（diffusion coefficient）。它取决于气体分子本身的理化特性。

（3）扩散面积和距离　气体扩散速率与扩散面积（A）成正比，与扩散距离（d）成反比。

（4）温度　气体扩散速率与温度（T）成正比。

（二）人体不同部位气体的分压

人在正常状态下，不同部位各种气体之分压较为恒定，人体不同部位的 PO_2、PCO_2 见表3-2。

大气压因海拔高度而改变，在高原，大气压的降低引起各种气体分压相应降低。在深水下，大气压的提高引起各种气体分压相应的提高。这种条件对登山和潜水运动员有很大的影响。所谓"高原训练"，就是利用高原 PO_2 低、缺氧环境对机体的刺激作用，达到机体在多方面产生功能性的生物学适应，从而使人体各项功能水平提高，为创造良好成绩打下基础。

表3-2 海平面空气、肺泡气、血液和组织细胞内的PO_2、PCO_2 （单位：mmHg）

气体分压	空气	肺泡气	动脉血	静脉血	组织细胞
PO_2	159	104	100	40	$0 \sim 30$
PCO_2	0.3	40	40	46	$50 \sim 80$

（三）肺换气和组织换气

气体交换要通过极薄的生物膜，通过肺换气的生物膜叫做呼吸膜，通过组织换气的生物膜是由毛细血管壁、基膜和组织细胞膜组成。这些均由脂质构成的生物膜，对PO_2和PCO_2等亲脂性气体分子通透性较高。

1. 肺换气

在肺循环中，当来自肺动脉的静脉血液流经肺泡毛细血管时，由于肺泡气中的PO_2（102mmHg）高于静脉血中的PO_2（40mmHg），而肺泡气中PCO_2（40mmHg）低于静脉血中的PCO_2（46mmHg），O_2由肺泡扩散入血液，CO_2则由血液向肺泡扩散，由此形成了肺换气，从而使含O_2较少、含CO_2较多的静脉血转变为含O_2较多、含CO_2较少的动脉血。O_2和CO_2在血液和肺泡之间的扩散都极为迅速，不到0.3s即可达到平衡。通常，血液流经肺毛细血管的时间约0.7s，所以当血液流经肺毛细血管全长约1/3时，肺换气过程已基本完成。肺换气有很大的储备能力，即使在运动时血流速度加倍的情况下，也能完成气体交换。

由于肺通气在不断进行，每次的通气只使1/7的肺泡气更新，故肺泡气的成分相对恒定，使得肺泡气PO_2总比静脉血高，而PCO_2总是比静脉血低。O_2和CO_2在肺部的换气过程见图3-4中箭头方向所示。

2. 影响肺换气的因素

除分压差的大小是影响换气的重要因素外，肺换气还受其他因素的影响，具体如下。

（1）气体的分子量和溶解度 气体的扩散速率与分子量的平方根成反比，与溶解度成正比，气体扩散速率越快则气体交换越快。CO_2在血浆中的溶解度约为O_2的24倍，但是CO_2的分子量为44，其分子量大于O_2（32），所以在同样的分压下，CO_2的扩散速率约为O_2的21倍。但在气体交换时，呼吸膜两侧的PO_2差约为PCO_2差的10倍，故CO_2的实际扩散速度约为O_2的2倍。运动时肺泡两侧的CO_2和O_2分压差均增大，肺换气速度也增加。

（2）呼吸膜（respiratory membrane） 肺换气时CO_2和O_2必须通过呼吸膜才能进行。气体扩散速率与呼吸膜厚度成反比，呼吸膜越厚，单位时间内交换的气体量就越少。呼吸膜由6层结构组成（图3-5）：表面活性物质的液体层、肺泡上皮细胞层、上皮基底膜、肺泡上皮和毛细血管膜之间的间隙（基质层）、毛细血管基膜和毛细血管内皮细胞层。虽然呼吸膜有6层结构，总厚度却只有约0.65μm，气体易于扩散通过。任何使呼吸膜增厚的疾病都会降低气体的扩散速率。此外，呼吸膜的面积与气体扩散速度成正比，正常成人两肺的扩散面积达到 $70m^2$，安静状态下，呼吸膜扩散面积约需 $40m^2$，故有相当大的贮备面积。运动或劳动时肺部毛细血管开放数量和开放程度增加，扩散面积将加大。

（3）通气/血流比值　通气/血流比值是指每分钟肺泡通气量（VA）和每分钟肺毛细血管血流量（Q）之间的比值，简写为 VA/Q。正常成年人安静时 VA 约为 4.2L，Q 约为 5L，因此 VA/Q 的比值约为 0.84，此时通气量与血流量匹配最合适，肺换气效率最高。

通气/血流比值可作为衡量肺通气功能的重要指标，若 VA/Q 值大于 0.84，意味着通气过剩，血流不足，部分肺泡气未能与血液气充分交换，致使肺泡无效腔增大；反之，若 VA/Q 值小于 0.84，则意味着通气不足，血流过剩，部分静脉血流经肺泡时气体交换不充分，未能变成动脉血就流回了心脏，造成功能性"动－静脉短路"。由此可见，此值升高或降低都意味着气体交换不能充分进行。

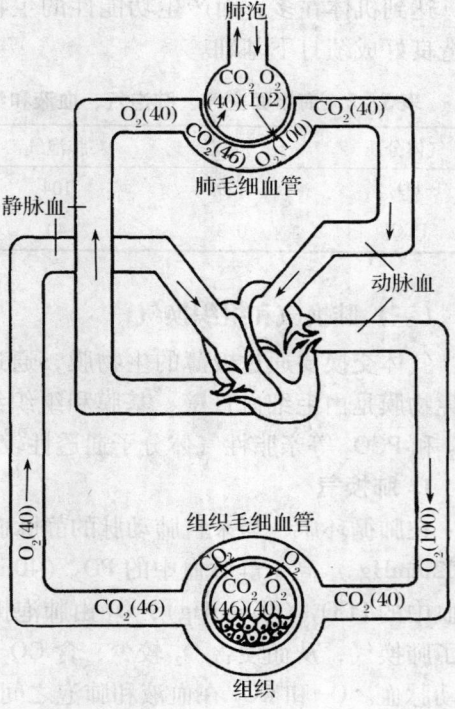

图 3 - 4　肺换气和组织换气示意图
图中数字表示气体分压（mmHg）

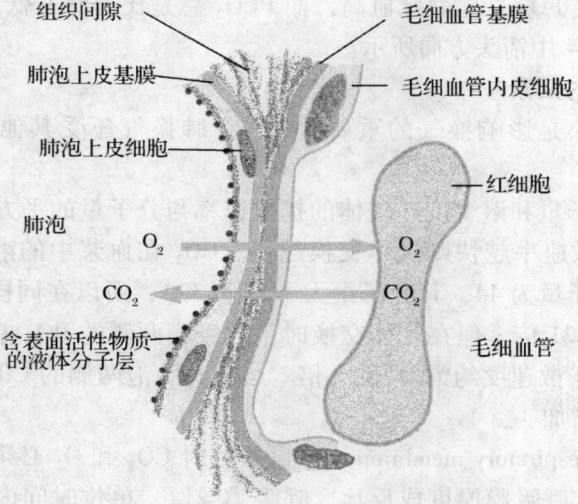

图 3 - 5　呼吸膜示意图

运动时通气量加大，心输出量增加，肺血流量也加大，这对 VA/Q 值的影响不大，但气体交换得到加强，机体氧的摄取量提高。

3. 组织换气

组织换气的机制与肺换气相似，不同的是气体的交换发生于液相（血液、组织液、细胞内液）介质之间。组织中细胞的有氧代谢使得组织细胞中 PO_2 下降，PCO_2 升高，所以动脉血液流经组织毛细血管时，O_2 顺着分压差从血液向组织液和细胞扩散，CO_2 则由组织液和细胞向血液扩散（图 3-4），动脉血因失去 O_2 及获得 CO_2 而变成静脉血。由此形成了组织换气。

而当人体在运动时，组织代谢加快，使组织液中的 PO_2 降低，PCO_2 升高，导致组织换气过程加快，换气量也将加大。

第二节 气体运输

换气和组织换气不断地进行，扩散入血液的 O_2 和 CO_2 是由血液进行运输。运输方式主要有 2 种：小部分气体是以物理溶解的方式进行运输，大部分气体以化学结合的方式进行运输。物理溶解的量虽很少，但进入血液的气体要先溶解才能发生化学结合，结合的气体也要先溶解才能从血液中逸出。物理溶解与化合结合两者之间处于动态平衡，即：气体 ⇌ 物理溶解 ⇌ 化合结合。

一、氧气的运输

血液中以物理溶解形式存在的 O_2 量仅占血液总 O_2 含量的 1.5% 左右，其余的 98.5% 以化学结合的方式进行运输。血红蛋白存在于红细胞内，其分子结构特点成为有效的运输 O_2 的工具，Hb 也参与 CO_2 的运输。

（一）Hb 的分子结构

Hb 分子由 1 个珠蛋白和 4 个血红素（又称亚铁原卟啉）组成（图 3-6），血红素

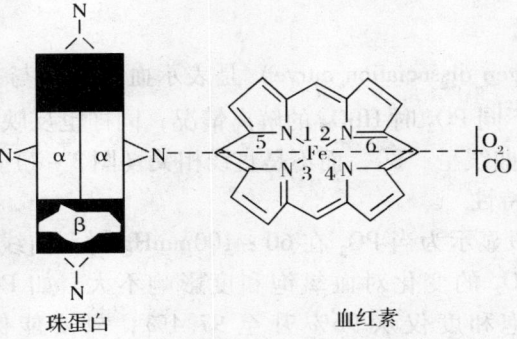

珠蛋白　　　　　　　　　　血红素

图 3-6　血红蛋白组成示意图

又由 4 个吡咯基组成一个环，中心为一个 Fe^{2+}。珠蛋白有 4 条多肽链，每条多肽链与 1 个血红素相连接，构成 Hb 的单体或亚单位。Hb 是由 4 个单体构成的四聚体。不同 Hb 分子珠蛋白的多肽链的组成不同。成年人的 Hb（HbA）由 2 条 α 链和 2 条 β 链组成，为 $α_2β_2$ 结构。胎儿的 Hb（HbF）由 2 条 α 链链和 2 条 γ 链组成，为 $α_2γ_2$ 结构。出生

后不久，HbF 即为 HbA 所取代。每条 α 链含 141 个氨基酸残基，每条 β 链（或 γ 链）含 146 个氨基酸残基（HbFγ 链与 HbA 的 β 链的区别在于其中有 37 个氨基酸残基不一样）。血红素基团中心的 Fe^{2+} 可与氧分于结合而使 Hb 成为氧合血红蛋白。

Hb 的 4 个亚单位之间和亚单位内部由氢键连接。Hb 与 O_2 的结合或解离将影响氢键的形成或断裂，使 Hb 四级结构的构型发生改变，Hb 与 O_2 的亲和力也随之而发生变化，这是 Hb 氧解离曲线呈 S 形和波尔效应（Bohr effect）的基础。

（二）Hb 与 O_2 的可逆结合

Hb 与 O_2 的结合或解离的反应是迅速的、可逆的，不需酶的催化，但受 PO_2 的影响。在肺内 PO_2 高，Hb 迅速与 O_2 结合，形成 HbO_2（氧合血红蛋白），这一过程中，血红蛋白中的 F^{2+} 与氧结合，但并没有引起离子的转移，故称氧合，而不是氧化。在 PO_2 低的组织内，Hb 迅速释放出 O_2，形成还原氧血红蛋白，这一过程称做氧离。

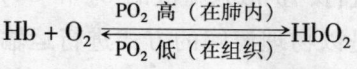

$$Hb + O_2 \underset{PO_2 \text{ 低（在组织）}}{\overset{PO_2 \text{ 高（在肺内）}}{\rightleftharpoons}} HbO_2$$

1g Hb 可结合 O_2 的量约为 1.34 ~ 1.36ml。在 100ml 血液中，Hb 所能结合的最大 O_2 量称为 Hb 氧容量（oxygen capacity of Hb），而 100ml 血液中 Hb 实际结合的 O_2 量称为 Hb 的氧含量（oxygen content of Hb）。Hb 氧含最占氧容量的百分比称为 Hb 的氧饱和度（oxygen saturation of Hb）。如血液中 Hb 浓度为 15g/100ml 时，Hb 的氧容量为 20.1ml/ 100ml（血液），若 Hb 的氧含量是 20.1ml，则 Hb 氧饱和度是 100%；如果 Hb 氧含量是 15ml，则 Hb 氧饱和度约 75%。通常情况下，血浆中溶解的 O_2 极少，可忽略不计，因此，Hb 氧容量、Hb 氧含量和 Hb 氧饱和度可分别视为血氧容量（oxygen capacity of blood）、血氧含量（oxygen content of blood）和血氧饱和度（oxygen saturation of blood）。HbO_2 呈鲜红色，Hb 呈紫蓝色。机体缺氧或是中毒时会导致血液中 Hb 增多，当血液中 Hb 含量达 5g/100ml（血液）以上时，皮肤、黏膜呈暗紫色，这种现象称为发绀（cyanosis）。

（三）氧解离曲线

氧解离曲线（oxygen dissociation curve）是表示血液 PO_2 与 Hb 氧饱和度关系的曲线。该曲线既表示在不同 PO_2 时 HbO_2 的解离情况，同样也反映了在不同 PO_2 时 O_2 与 Hb 的结合情况。这条曲线呈"S"，而不是直线相关（图 3–7）。

1. 氧解离曲线的特性

氧解离曲线的上段显示为当 PO_2 在 60 ~ 100mmHg 时，曲线坡度不大，形式平坦，表明在这个范围内 PO_2 的变化对血氧饱和度影响不大。如 PO_2 从 80mmHg 升高至 100mmHg 时，Hb 氧饱和度仅从 96% 升至 97.4%，只要能保持动脉血中 PO_2 在 60mmHg 以上，Hb 氧饱和度仍有 90%。这种特点对高原适应或有轻度呼吸功能不全的人均有利于肺换气，不会因供氧不足而发生明显的低氧血症。

氧解离曲线的中段较陡，是 HbO_2 释放 O_2 的地方。PO_2 在 40 ~ 60mmHg 之间，PO_2 稍有下降，便会引起 Hb 饱和度的明显下降。混合静脉血的 PO_2 为 40mmHg，此时 Hb 氧饱和度约为 75%，血氧含量约为 14.4ml/100ml，所以每 100ml 血液流经组织时释放 5ml O_2。

氧解离曲线的下段是 PO_2 在 40mmHg 以下时，此时曲线更陡，表示 PO_2 稍有下降，Hb 氧饱和度就大幅度下降，释放出大量的 O_2，保证组织换气。在组织活动加强时，肌肉组织代谢加强，耗氧量明显增多，PO_2 可急剧下降，这时 HbO_2 可解离出更多 O_2 供组织利用。因此，氧解离曲线的下段，对保证向代谢旺盛的组织提供更多的 O_2 十分有利。

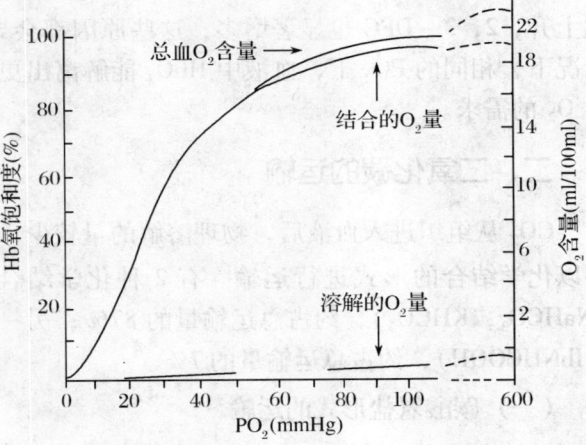

图 3 - 7　氧解离曲线

2. 影响氧解离曲线的因素

在多种因素的影响下，氧解离曲线的位置会发生偏移，即表现为 Hb 与 O_2 亲和力发生改变。具体影响氧解离曲线的因素有：血液中 PCO_2、pH、温度以及红细胞中糖酵解产物 2,3 - DPG（2,3 - 二磷酸甘油酸）。

（1）pH 和 PCO_2 的影响　当血液 pH 降低和 PCO_2 升高时，会使 Hb 对 O_2 的亲和力下降，氧解离曲线右移，从而使血液释放出更多的 O_2；反之，当血液中 pH 降低和 PCO_2 升高时，会使 Hb 对 O_2 的亲和力提高，氧解离曲线左移，从而使血液结合更多的 O_2（图 3 - 8）。目前认为，酸度增加时，H^+ 与 Hb 多肽链某些氨基酸残基结合，使 Hb 构型变为紧密型，降低了 Hb 和 O_2 的亲和力，生理学中把酸度对 Hb 和 O_2 的亲和力的影响称为波尔效应。

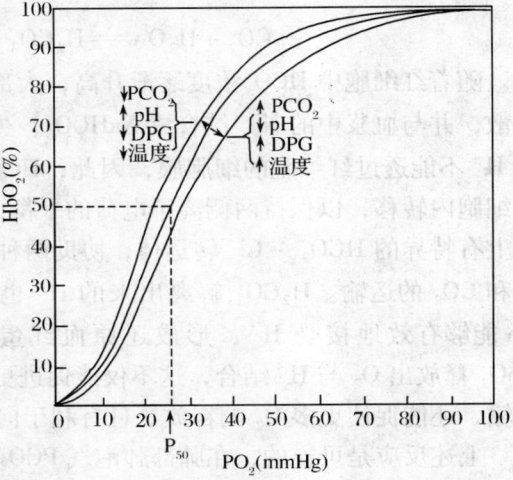

图 3 - 8　影响氧解离曲线位置的主要因素

（2）温度的影响　温度升高促使 HbO_2 解离，氧解离曲线右移；反之温度降低时氧解离曲线左移。温度对氧解离曲线的影响可能是通过温度影响血液 H^+ 的活动度而间接的产生波尔效应。

（3）2,3 - DPG 的影响　2,3 - DPG 是糖无氧酵解的产物，能与 Hb 结合使 Hb 结构变为紧密型，从而降低了 Hb 和 O_2 的亲和力。2,3 - DPG 浓度升高时，氧解离曲线右移。另外，2,3 - DPG 也可以提高 H^+ 的浓度而间接影响 Hb 和 O_2 的亲和力。

（4）其他因素的影响　Hb 和 O_2 的亲和力还受其他因素的影响，如 CO（煤气的主要成分）可与 Hb 结合，可以和 O_2 竞争 Hb 的结合，且与 Hb 结合的亲和力比 O_2 与 Hb 的大 200 倍，不利于血液对 O_2 的运输。

运动中肌肉代谢加强，H^+ 和 CO_2 的产生增多，使 PCO_2 升高，pH 降低。另外，体温上升，2，3 - DPG 也显著增多，这些原因都会导致氧解离曲线向右移动。在这样的情况下，相同的 PO_2 下，血液中 HbO_2 能解离出更多的 O_2 量，以满足机体代谢，增强对 O_2 的需求。

二、二氧化碳的运输

CO_2 从组织进入血液后，物理溶解的量较少，约占总运输量的 6%。另外的 94% 主要以化学结合的形式进行运输。有 2 种化学结合形式：一种是形成碳酸氢盐的形式（$NaHCO_3$，$KHCO_3$），约占总运输量的 87%；另一种是形成氨基甲酸血红蛋白的形式（HbNHCOOH），约占总运输量的 7%。

（一）碳酸氢盐形式的运输

组织细胞代谢所产生的 CO_2 进入血液，与水结合生成 H_2CO_3，之后解离成 HCO_3^- 和 H^+。由于 CO_2 和 H_2O 生成 H_2CO_3 的反应需要碳酸酐酶（CA）的催化，而 CA 在血浆中极少，在红细胞中含量丰富，所以该反应是在红细胞中进行。即如下式：

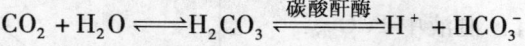

$$CO_2 + H_2O \Longrightarrow H_2CO_3 \xrightarrow{\text{碳酸酐酶}} H^+ + HCO_3^-$$

随着红细胞中 HCO_3^- 浓度逐渐升高，大部分 HCO_3^- 可顺浓度差通过红细胞膜向血浆扩散，并与血浆中的 Na^+ 结合成 $NaHCO_3$，少部分在红细胞内与 K^+ 结合成 $KHCO_3$。由于 H^+ 不能透过红细胞的细胞膜，因此，HCO_3^- 在透出红细胞的同时，血浆中的 Cl^- 向红细胞内转移，以保持两侧离子电荷的平衡，这一现象称做"氯离子转移"。在红细胞膜上有特异的 $HCO_3^- - Cl^-$ 转运体，协助两种离子进行跨膜交换，有利于上述反应的进行和 CO_2 的运输。H_2CO_3 解离出来的 H^+ 也必须及时移去，才有利于反应继续进行。Hb 能够有效地接受 H^+，形成还原血红蛋白（HHb）。因此，在组织毛细血管中，HbO_2 释放出 O_2 与 H^+ 结合，这不仅能促进更多的 CO_2 转变为 HCO_3^-，且有利于 CO_2 的运输，还能促使更多 O_2 的释放，且有利于向组织供氧（图 3 - 9）。

上述反应是可逆的，在肺部肺泡气 PCO_2 比静脉血低，当血液流经肺部时，血浆中溶解的 CO_2 首先扩散入肺泡，红细胞内的 HCO_3^- 与 H^+ 生成 H_2CO_3，碳酸酐酶又加速 H_2CO_3 分解成 CO_2 和 H_2O，CO_2 从红细胞扩散入血浆，而血浆中的 HCO_3^- 便进入红细胞以补充被消耗的 HCO_3^-，Cl^- 则扩散出红细胞。这样，以 HCO_3^- 形式运输的 CO_2 在肺部被释放出来。由此可知碳酸酐酶在 CO_2 的运输中具有非常重要的作用。

（二）氨基甲酸血红蛋白形式的运输

一部分 CO_2 进入红细胞后能与 Hb 的自由氨基直接结合，生成氨基甲酸血红蛋白（carbaminohemoglobin，HHbNHCOOH。图 3 - 9），这一反应无需酶的催化，而且迅速、可逆，如下式所示：$HbNH_2 + CO_2 \Longrightarrow HbNHCOOH$。

调节这一反应的主要因素是氧合作用。组织中 PO_2 低，HbO_2 释放 O_2 而结合 CO_2 形成 HbNHCOOH；在肺内，PO_2 高时，HbO_2 生成增多，HbNHCOOH 释放 CO_2，反应向左向进行。用上述方式结合静脉血中 CO_2 并进行运输的占总运输量的 7%，但在肺部排出 CO_2 总量中，由 HbNHCOOH 释放出来的 CO_2 却占 20% ~ 30%，可见其运输效率较高。

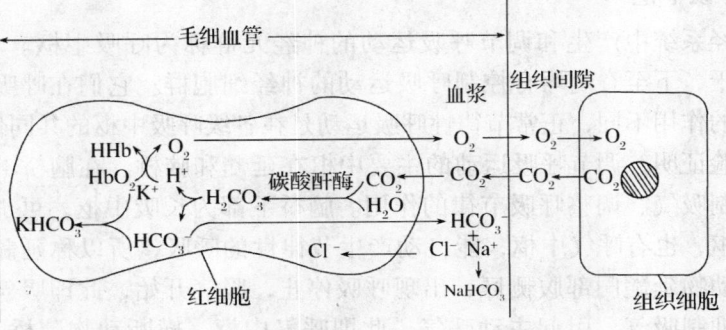

图 3 – 9 CO_2 在血液中的运输示意图

(三) 呼吸与酸碱平衡

血液在运输 CO_2 过程中，形成了 H_2CO_3 与 $NaHCO_3$，两者是血液中的重要缓冲物质，通常 $H_2CO_3 / NaHCO_3$ 的比值为 1/20。呼吸在维持血液酸碱平衡中起着重要作用。当代谢产物中有大量酸性物质产生时，它们与 HCO_3^- 结合生成 H_2CO_3，后者分解成为 CO_2 和 H_2O，血中的 PCO_2 上升，导致呼吸运动加强，使 CO_2 排出量增加，由此以稳定血浆中的 pH。当体内碱性物质增多时，与 H_2CO_3 作用使血中 $NaHCO_3$ 等盐的浓度增高，于是 PCO_2 降低，从而导致呼吸减弱使 H_2CO_3 浓度逐渐回升，维持 $H_2CO_3 / NaHCO_3$ 的比值，使 pH 恢复正常。

综上所述，呼吸可在血液酸碱度发生变化时及时实施代偿反应。如机体在运动时由于组织代谢增加而引起的酸性代谢废物增加会使血液中的 $H_2CO_3 / NaHCO_3$ 比值变化，血液 pH 下降，同时机体在运动时呼吸加深、加快，有利于对血液 pH 进行缓冲并减少由运动引起的酸碱不平衡。

第三节 呼吸运动的调节

呼吸运动由呼吸肌协调，受躯体神经支配。呼吸运动在一定程度上受大脑皮层的随意控制，有一定的随意性。呼吸运动也是一种节律性活动，呼吸的深度和频率随机体活动水平而改变。运动时，根据机体活动及代谢水平，通过调节呼吸的频度和深度，以适应机体代谢需要。呼吸运动的调节是通过神经系统和体液因素共同来实现的。

一、呼吸运动的神经支配和调节中枢

(一) 呼吸运动的神经支配

支配膈肌的神经是膈神经，其运动神经元位于颈髓 3、颈髓 4 段的灰质。肋间肌受肋间神经支配，其运动神经元在脊髓胸段的灰质前角。若在动物的中脑上下丘之间横切，则动物的呼吸能保持正常活动；若在延髓下做横切，仅保留脊髓，动物的呼吸立即停止。可见，节律性呼吸是由延髓和脑桥通过膈神经和肋间神经进行调节的。

（二）呼吸中枢

中枢神经系统中产生和调节呼吸运动的神经元群称为呼吸中枢。上自大脑皮质、下丘脑及脑干，下至脊髓均有控制呼吸运动的神经细胞群。它们在呼吸节律的产生和调节中所起的作用不同，正常节律性呼吸运动是在各级呼吸中枢的共同作用下实现的。

动物实验证明，调节呼吸运动的主要中枢在延髓和脑桥。在脑桥上部为呼吸调整中枢，有抑制吸气、调整呼吸节律的作用。脑桥下部为长吸中枢，可加强吸气。延髓既有吸气中枢，也有呼气中枢，能自动产生节律性的呼吸，所以称延髓为呼吸基本中枢。电刺激动物延髓闩部腹侧区，出现呼吸停止，吸气开始，此即吸气中枢。刺激闩部背侧区，抑制吸气，引起主动呼气，此即呼气中枢。横断动物脑桥与延髓的联系，并在第六颈段横切延髓，再切断脑神经和颈神经背根，仅保留膈肌的运动神经支配，这时仍可以记录到与呼吸运动一致的电活动。说明延髓呼吸中枢具有吸气、呼气、吸气的顺序和整齐的间隔。

呼吸还受脑桥以上部位如大脑皮质、边缘系统及下丘脑等的影响，特别是大脑皮质对呼吸运动可以在一定范围内进行随意调节。如讲话、唱歌、吹奏乐器以及运动过程中根据技术动作要求进行的憋气和重新调整呼吸节奏等，都是靠大脑皮质对呼吸肌的随意调节。正常人的呼吸运动是可以通过大脑皮质建立条件反射的。

（三）呼吸节律的形成

关于呼吸节律形成的机制，迄今为止比较公认的是"神经元网络"学说，神经元网络学说认为，呼吸节律的产生依赖于延髓内呼吸神经元之间的相互联系和相互作用。有学者在大量实验研究资料基础上提出了多种模型，其中最有影响的是20世纪70年代提出的中枢吸气活动发生器和吸气切断机制模型（图3-10）。该模型认为，在延髓内存在一些起中枢吸气活动发生器和吸气切断机制作用的神经元。中枢吸气活动发生器神经元的活动引起吸气神

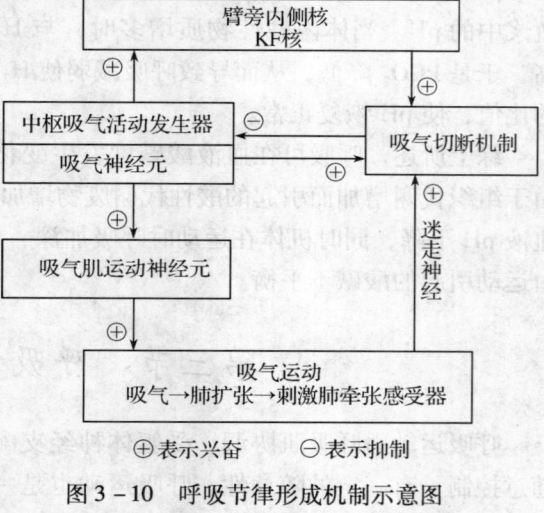

图3-10 呼吸节律形成机制示意图

经元呈渐增性的放电，继而兴奋吸气肌运动神经元，引起吸气过程；中枢吸气活动发生器神经元的活动还能增强脑桥 PBKF 神经元和延髓吸气切断机制神经元的活动。吸气切断机制神经元在接受来自吸气神经元、PBKF 神经元和迷走神经中肺牵张感受器的传入信息时活动增强，当其活动增强到一定阈值时，就能抑制中枢吸气活动发生器神经元的活动，使吸气活动及时终止，即吸气被切断，于是吸气过程转为呼气过程。在呼气过程中，吸气切断机制神经元因接受的兴奋性影响减少而活动减弱，中枢吸气活动发生器神经元的活动便逐渐恢复，导致吸气活动的再次发生。如此周而复始，形成节律性的呼吸运动，由于脑桥 PBKF 神经元的活动和迷走神经肺牵张感受器的传入活动可

增强吸气切断机制的活动，促进吸气转为呼气，所以在实验中如果损伤 PBKF 并切断迷走神经，动物便出现长吸式呼吸。该模型仍有许多不完善之处，尚待进一步研究。

二、呼吸运动的反射性调节

呼吸运动的反射性调节的种类有呼吸肌本体感受性反射、肺牵张反射和防御性反射。使呼吸加强的反射主要是呼吸肌本体感受性反射。

（一）呼吸肌的本体感觉性反射

呼吸肌本体感受性反射指的是呼吸肌本体感受器传入冲动所引起的反射性呼吸变化，是一种正反馈调节。呼吸肌内存在着本体感受器肌梭，其适宜的刺激是肌肉的机械牵拉。当呼吸肌被动拉长或呼吸肌气道阻力加大时，肌梭受到牵拉产生兴奋，冲动通过脊神经达到脊髓，反射性地使肌梭所在部位的呼吸肌收缩加强。切断相应的脊神经传入背根，反射活动即减弱或消失。反射性活动对于维持节律性呼吸有一定的作用。

除呼吸肌外，身体躯干、四肢的肌肉和关节，都存在着本体感受器肌梭。人在运动或劳动时，躯干及四肢的本体感受器受到牵拉刺激，亦可反射性地引起呼吸的加强。所以，无论身体何部位的肌肉，只要其本体感受器肌梭受到牵拉刺激，都会使呼吸加强。

（二）肺牵张反射

由肺扩张或缩小引起吸气抑制或兴奋的反射，称为肺牵张反射（pulmonary stretch reflex），是一个典型的负反馈调节。肺牵张反射中的感受器主要分布在支气管及细支气管的平滑肌内，其阈值低，适应慢。吸气时，肺扩张牵拉感受器引起兴奋，冲动经迷走神经纤维传入延髓吸气中枢，从而使吸气中枢产生抑制作用，终止吸气转为呼气。呼气时，肺缩小，牵拉感受器的刺激减弱，传入冲动减少，解除了对吸气中枢的抑制，吸气中枢再次兴奋，产生吸气，从而又开始一个新的呼吸周期。其生理意义在于维持节律性呼吸，使吸气不致过长、过深，与脑桥呼吸调整中枢共同调节呼吸的频率和深度。

与动物相比，人类的肺牵张反射敏感性较低。成人潮气量要超过 1500ml 时才能引起肺牵张反射。所以在平静呼吸时，肺牵张反射一般不参与呼吸运动的调节。运动时发生的肺牵张反射，对呼吸频率和深度的调节具有重要意义。

三、化学因素对呼吸运动的调节

化学因素对呼吸的调节也是呼吸反射性调节的一类，这里的化学因素是指动脉血液、组织或脑脊液中的 O_2、CO_2 和 H^+。机体通过呼吸调节血液 O_2、CO_2 和 H^+ 的水平，血液中 O_2、CO_2 和 H^+ 水平的变化又通过刺激化学感受器调节呼吸运动，从而形成对内环境稳定的调节。

（一）化学感受器

能接受 O_2、CO_2 和 H^+ 等化学物质刺激的感受器称为化学感受器。与调节呼吸运动有密切关系的有外周化学感受器和中枢化学感受器。

1. 外周化学感受器

外周化学感受器位于颈内外动脉分叉处的颈动脉体和主动脉弓血管壁外的主动脉

体。当动脉血液 PO_2 降低、PCO_2 升高或 H^+ 值升高时，外周的化学感受器兴奋，继而发放冲动，颈动脉体由窦神经传入呼吸中枢，主动脉体由迷走神经传入延髓呼吸中枢，反射性地引起呼吸加深、加快和血液循环功能的变化。虽然颈动脉体和主动脉体两者都参与呼吸和循环的调节，但是颈动脉体主要参与呼吸调节，而主动脉体在循环调节方面较为重要。

2. 中枢化学感受器

中枢化学感受器位于延髓腹外侧的浅表部位，主要接受脑脊液和局部细胞外液中 H^+ 的刺激。因为血液中的 H^+ 较难通过血－脑屏障，故血液中的 pH 变动对中枢化学感受器的作用较小，也较缓慢。而 CO_2 可以自由通透通过血－脑屏障，在碳酸酐酶的催化下，CO_2 和 H_2O 生成 H_2CO_3，之后间接生成解离 H^+，由此再刺激中枢化学感受器参与呼吸调节。但由于延髓脑脊液中碳酸酐酶的含量很少，CO_2 与 H_2O 的反应较慢，所以中枢化学感受器对 CO_2 的反应有一定的时间延迟，潜伏期长，落后于外周化学感受器对 CO_2 的反应。

中枢化学感受器不感受低氧的刺激，但对 H^+ 的敏感性比外周化学感受器高，反应潜伏期较长。中枢化学感受器的生理功能主要是调节脑脊液的 H^+ 浓度，使中枢神经系统有一稳定的 pH 环境；而外周化学感受器的作用则主要是在机体低氧时驱动呼吸运动。

（二）CO_2、H^+ 和 O_2 对呼吸运动的影响

1. CO_2 对呼吸的调节

CO_2 对呼吸有很强的刺激作用，它是调节呼吸运动的重要化学因素。人在过度通气后可发生呼吸暂停，就是由于过度通气排出了较多的 CO_2，血液 PCO_2 下降，以致对呼吸中枢的刺激减弱。因此，一定水平的 PCO_2 对维持呼吸中枢的基本活动是必需的。在一定的范围内，吸入气体的 CO_2 增加时，可因血液 PCO_2 的增加而引起呼吸加深、加快，呼出更多的 CO_2，使肺泡 PCO_2 维持在一定范围内（图 3 – 11）。但如果吸入气中 CO_2 进一步增多，超过 10% 以上，则会抑制呼吸中枢，通气量不能再作相应的增加，致使肺泡以及动脉血 PCO_2 增高明显，体内 CO_2 堆积，抑制了中枢神经系统的活动，产生呼吸困难、不安、头痛、头晕、甚至昏迷等症状。所以动脉血 PCO_2 超过一定限度则有抑制和麻醉效应。

CO_2 对呼吸的刺激作用是通过两条途径实现的：一条是刺激外周化学感受器，冲动传入延髓呼吸中枢，使其兴奋，反射性加深加快呼吸；另一条是通过刺激中枢化学感受器，再经神经联系兴奋延髓呼吸中枢，使呼吸加深、加快。去除外周化学感受器的作用之后，CO_2 引起的通气反应仅下降 20% 左右，所以刺激中枢化学感受器起主要作用。但因为中枢化学感受器的反应较慢，所以当动脉血 PCO_2 突然增高时，外周化学感受器在引起快速呼吸反应中起重要作用。

2. H^+ 对呼吸的调节

H^+ 对呼吸的调节也是通过外周化学感受器和中枢化学感受器实现的。中枢化学感受器对 H^+ 的敏感性较外周化学感受器高，约为后者的 25 倍。但是 H^+ 通过血－脑屏障的速度较慢，限制了它对中枢化学感受器的作用。因此，血液中的 H^+ 主要通过刺激外周化学感受器而起作用。所以当动脉血液中 H^+ 浓度升高时，呼吸运动加深、加快，肺通气量增加；H^+ 浓度降低时，呼吸运动受到抑制，肺通气量降低（图 3-11）。

3. 低 O_2 对呼吸运动的调节

低 O_2 对呼吸运动的刺激是直接通过外周化学感受器实现的；而低氧对中枢的直接作用是抑制，即低氧使呼吸中枢的神经元得不到充裕的、供代谢所需的氧，从而降低了呼吸中枢的功能反应。轻微缺氧时，来自外周化学感受器的传入冲动能引起呼吸中枢兴奋，因而可对抗轻度缺氧对呼吸中枢的抑制作用，反射性地加强了呼吸；严重缺氧时，外周化学感受器的反射效应对抗不了深度缺氧对呼吸中枢的抑制作用，将抑制呼吸运动，严重的甚至死亡。

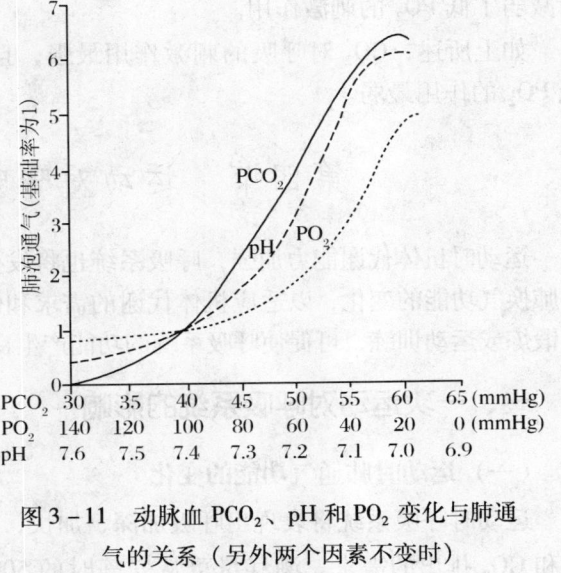

图 3-11 动脉血 PCO_2、pH 和 PO_2 变化与肺通气的关系（另外两个因素不变时）

通常在动脉血 PO_2 下降到 80mmHg 以下时，肺通气量才出现可觉察到的增加（图 3-11）。可见，动脉血 PO_2 的改变对正常呼吸运动的调节作用不大，仅在特殊情况下低氧刺激才有重要意义。

4. CO_2、H^+ 和 PO_2 在呼吸运动调节中的相互作用

图 3-11 显示的是 CO_2、H^+ 和 PO_2 三个因素中只改变一个因素而保持其他两个因素不变时的肺通气效应。然而，在自然呼吸情况下，不可能只有一个因素改变而其他因素不变。通常一种因素的改变会引起其他一种或是两种因素相继改变或几种因素的同时改变，三者间相互影响、相互作用，对肺通气的影响既可因相互总和而加大，也可因相互抵消而减弱。图 3-12 为一种因素改变，另外两种因素不加控制时的情况。可以看出：PCO_2 升高时，H^+ 也随之升高，两者的作用总和起来，使肺通气较单独 PCO_2 升高时为大；H^+ 增加时，因肺通气增大排出更

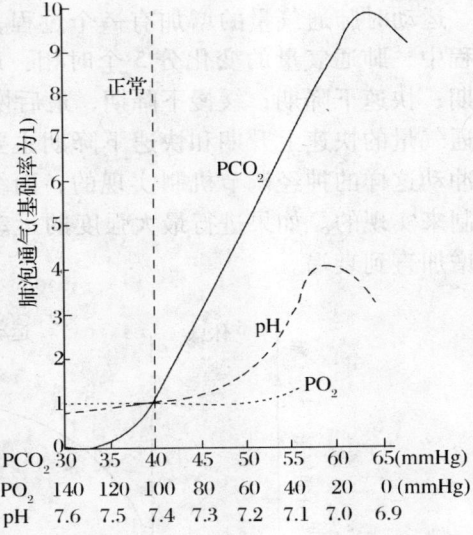

图 3-12 动脉血 PCO_2、pH 和 PO_2 变化与肺通气的关系（另外两个因素变化时）

多的 CO_2，PCO_2 下降，抵消了一部分 H^+ 的刺激作用，结果使肺通气的增加较单独 H^+

升高时要小。PO_2 下降时，也因肺通气量增加，呼出较多的 CO_2，使 PCO_2 和 H^+ 下降，而减弱了低 PO_2 的刺激作用。

如上所述，CO_2 对呼吸的刺激作用最强，且比其单因素作用时更明显，H^+ 次之，低 PO_2 的作用最弱。

第四节　运动对呼吸功能的影响

运动时机体代谢能力加强，呼吸系统也将发生一系列变化，主要表现为肺通气功能和肺换气功能的变化，以适应机体代谢的需求和保证技术动作的顺利完成。经常从事体育锻炼或运动训练，可促使呼吸系统的功能产生良好的适应，从而提高机体工作能力。

一、一次运动对呼吸系统的影响

（一）运动时肺通气功能的变化

运动时呼吸系统将表现出呼吸加深、加快，肺通气量增加，以适应机体更多 O_2 消耗和 CO_2 排出的需求。潮气量可从安静时的 500ml 上升到 2000ml 以上，呼吸频率从 12～18 次/min 增加到 40～60 次/min。因此，运动时肺通气量可增加到 80～150L/min，约为安静时的 10～12 倍。

运动强度较低时，肺通气量的增加主要是通过潮气量的增加实现的，表现为呼吸加深，而呼吸频率增加不明显；当运动强度超过某一强度后，肺通气量的进一步增加则主要依靠呼吸频率的增加，此时表现为呼吸又深又快。

运动时肺通气量的增加有一个过程，而人体在进行时间较长、强度较低的运动过程中，肺通气量的变化分 5 个时相：运动开始后的快速上升期；缓慢升高期；稳定期；快速下降期；缓慢下降期，最后恢复到安静时的水平（图 3-13）。一般认为肺通气量的快速上升期和快速下降期主要是通过肌肉和关节的感受器或发放终止神经冲动这样的神经调节机制实现的；而缓慢升高期和缓慢下降期则是通过体液调节机制来实现的。如果进行最大强度的运动，肺通气量的增加不出现稳定期，而是持续增加直到衰竭。

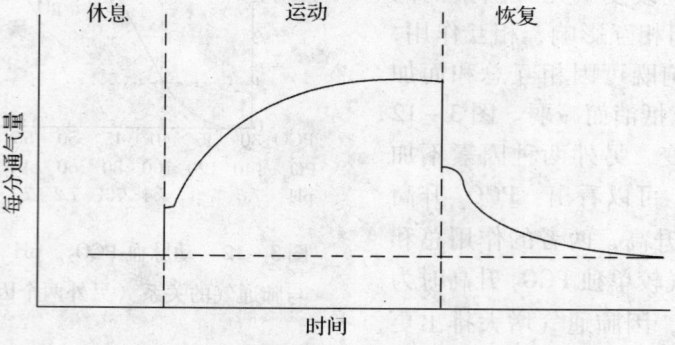

图 3-13　运动时的肺通气量变化

（二）运动时肺换气功能的变化

1. 肺换气的变化

（1）人体各器官组织代谢的加强，使肺部的静脉血中 PO_2 比安静时低，导致 O_2 在肺部因呼吸膜两侧分压差增大而扩散速率增大。

（2）血液中儿茶酚胺含量增多，导致呼吸细支气管扩张，使通气肺泡数量增多，肺泡毛细血管开放增多，导致呼吸膜的表面积增大。

（3）右心室泵血量的增加也使肺血流量增加，从而使通气/血流比值维持在 0.84 左右，氧的扩散容量增大。

2. 组织换气的变化

（1）由于活动时肌肉组织耗氧量增加，使组织的 PO_2 下降迅速，导致组织液和血液的 PO_2 差增大，血液中的 O_2 向肌肉组织扩散加速。

（2）活动时组织毛细血管开放数量增加，增大血流量的同时增大了气体交换的面积。

（3）组织中由于 CO_2 积累使 PCO_2 升高以及局部温度的升高使氧解离曲线发生右移，促使 HbO_2 进一步解离，使组织能得到更多的氧供。

（三）运动时呼吸的调节

运动时呼吸的调节是属于多因素的调节，包括神经和体液机制两个方面的因素。运动时，机体代谢加快，代谢的酸性产物增加，使血液中的 PCO_2 和 pH 升高，从而刺激中枢和外周的化学感受器，呼吸中枢发放冲动后反射性地作用于呼吸肌，引起呼吸加深、加快，以满足机体摄取更多 O_2 和排除更多 CO_2 的需要。但机体运动时代谢加强需要一个过程，而在运动初期呼吸运动就开始加强了，甚至还没开始运动，仅仅给予暗示就开始出现肺通气量加强的反应了。一般认为，运动初期主要是通过神经调节以及运动肢体的本体感受器反射性调节而改变呼吸的节律，使呼吸加深、加快。此后，随着运动的继续，体液调节机制才逐渐发挥对呼吸系统的调节作用。另外，也有研究发现，肌肉活动时产热增加，体温升高，体温的变化可以通过体温调节机制使呼吸加快，并在长时间运动过程中对通气功能产生影响和控制作用。

二、长期运动对呼吸系统的影响

长期的体育锻炼和运动训练可以使呼吸功能发生一系列适应性改变以改善呼吸系统的功能。呼吸功能对运动训练的适应主要是通过呼吸肌力量和耐力的增强以及组织对氧利用率的提高来实现的。

（一）呼吸肌对运动训练的适应

有规律的耐力训练可以提高呼吸肌细胞氧化酶的活性，从而增强呼吸肌的耐力，以缓解运动中呼吸困难的产生，减少运动中的代谢性酸中毒，并且可以降低大强度运动中的血乳酸浓度，有利于运动的维持和继续。

经常从事体育锻炼的人呼吸肌力量较强，可以在呼吸的时候收缩更强，胸内压下降更明显，使更多的空气进入肺部进行气体交换。因此可以增加机体的肺活量、每分肺通气量以适应机体代谢增长的需要。有研究表明，有训练的耐力运动员的肺活动和每分肺通气量都较无训练者大。

（二）肌肉摄氧能力对运动训练的适应

耐力训练可使慢肌纤维线粒体增大、增多、线粒体氧化酶活性增高，摄取氧、利用氧的能力增强。肌肉摄氧能力的高低可由肌肉动－静脉氧差来衡量。有研究表明，一般人安静时的动－静脉氧差约为4.5%，而耐力训练者的动－静脉氧差可以大大增加，达到15.5%甚至更大。

（三）呼吸效率的提高

呼吸当量（ventilatory eguivalent）是指每分钟的通气量（VE）与摄氧量（VO_2）的比值，是评价呼吸效率的一项重要指标。正常成人安静时的呼吸当量约为20~28L/L，也就是说机体在安静时每分钟从20~28L的通气量中摄取到1L O_2。在一定范围内（强度超过50% VO_2max），呼吸当量会随着运动强度的增大而增加，当呼吸当量增大到30~35L/L时，表明运动强度较大，摄氧效率低下，无训练者坚持不了多少时间，但有些高水平运动员在呼吸当量达到40~60L/L时仍能奋力运动。另外，在运动负荷相同时，优秀耐力项目运动员的呼吸当量要小于非耐力项目运动员，提示在相同肺通气量情况下，运动员的吸氧量比无训练者多，即呼吸效率比较高。

由此可见，长期训练后呼吸肌的力量和耐力以及肌肉摄氧能力的增加可使机体肺活量、肺通气量、呼吸效率得到改善，从而使呼吸功能增加。

三、运动时的合理呼吸

运动时进行合理的呼吸，有利于维持内环境的基本稳定，有利于提高运动效果，以创造优异的运动成绩。合理的呼吸方法是运动技能的一个有机组成部分，所以参加运动者必须掌握合理的呼吸方法和技巧。

（一）提高肺泡通气效率

运动时，可通过增加呼吸频率和增加呼吸深度两种方式来提高肺通气量。剧烈运动时，呼吸频率和肺通气量迅速上升，呼吸深度反而变浅，出现呼吸表浅、过快，甚至产生胸闷、呼吸困难等不适感。运动时，提高肺泡通气量比提高肺通气量意义更大，而过快、过浅的呼吸会因为解剖无效腔的缘故使肺泡通气量下降。过深、过慢的呼吸则会导致肺换气受阻，使肺泡无效腔增大。另外，上述两种情况均能增加呼吸肌的额外负担，加大其对 O_2 的消耗，相对而言比较容易导致疲劳。所以有意识地采取适宜的呼吸频率和较大的呼吸深度，以此提高肺泡通气量和肺泡气更新率。

在深呼气之后，肺泡中的余气量相对较少，吸入新鲜空气越多，肺泡中的 PO_2 就会越高，从而有利于机体摄取更多的 O_2。

（二）减少呼吸道阻力

运动时需氧量增加，呼吸加强，肺通气也相应增加。在剧烈运动时，为减少呼吸道阻力，人们常采用以口代鼻，或口鼻并用的呼吸方法。具体优点有：①减少肺通气的阻力，增加通气。②减少呼吸肌为克服阻力而增加的额外负担，推迟疲劳出现。③增加散热途径。

应注意的是用口呼吸时，启口不宜过大，防止灰尘和异物的吸入，尤其是冬季不要启口太大，尽可能使空气经过口腔加温再通过咽喉和气管进入肺。

（三）呼吸动作与技术动作配合

呼吸的形式、时相和节奏等应适应技术动作的变换，随技术动作而进行自如地调整，这不仅为了提高动作的质量，而且为配合完成高难度技术动作提供了保障，同时也能推迟疲劳的发生。

进行周期性运动宜采用富有节奏的、混合型的呼吸。这将会使运动更加轻松和协调，更有利于创造出好的运动成绩。如周期性的跑步运动，长跑宜采用 2~4 个单步一吸气、2~4 个单步一呼气的方法进行练习；短跑常采用"憋气"与断续性急促呼吸相结合，即每"憋气" 2~12 个单步（或更多）后，做一次 1s 以内完成的急骤深呼吸。

对于非周期性运动的呼吸，应注意呼吸的时相，要配合人体关节运动和解剖学特征与技术动作的结构特点。如在完成扩胸、外旋、提肩、展体时，采取吸气较为有利；而在做相反的动作时则采用呼气较为顺利。又如"卧躺推杠铃"练习杠铃放下过程（臂外展、扩胸）应采用吸气，杠铃推起过程（臂内收、收胸）应采用呼气。"俯卧撑"练习俯卧过程（两臂外展、胸扩展）采用吸气，撑起过程（两臂内收、胸内收）采用呼气。但在个别练习中，组合成套而又不能兼顾呼吸和运动相配合的运动项目中，应立足以完成动作为基础，再考虑呼与吸的动作。

呼吸的主要形式有胸式呼吸和腹式呼吸。运动时采用何种形式的呼吸，应根据有利于技术动作的运用而又不妨碍正常呼吸为原则，灵活转换。如体操中的手倒立、肩手倒立、头手倒立、吊环十字悬垂等动作是需要固定胸肩带部的技术动作，为避免胸式呼吸造成的动作不稳定，采用腹式呼吸较好；而另一些技术动作，如屈体静止、"两头起"的静止造型等动作需要腹部的固定，则要转为胸式呼吸较适宜。

（四）合理运用憋气

憋气是指或深或浅的吸气后，紧闭声门，尽力地做呼气动作。通常在完成最大静止用力的动作时，需要憋气来配合。如大负荷的力量练习、举重运动、角力、拔河等。憋气对运动有良好的作用：①憋气时可反射性地引起肌肉张力的增加，如人的臂力和握力在憋气时最大。②可为运动环节创造良好的肌肉收缩条件，如短跑时憋气一方面可控制胸廓起伏，使快速摆臂动作获得相对稳定的支撑点，另一方面又避免腹肌松弛，从而获得更快步频及步速。但是憋气也有不良的影响，主要有：①憋气会压迫胸腔，使胸内压上升，造成静脉血回心量受阻，进而心输出量锐减，血压大幅下降，导致心肌、脑细胞及视网膜供血不足，产生头晕、恶心、耳鸣和眼花等不适感。②憋气结束，出现反射性的呼吸加深，造成胸内压骤减，静脉回心血量迅速增加，导致心肌过度伸展，射血量增加，血压骤升，这对心力储备差者十分不利。特别是对儿童的心脏发育极为不利。另外，对血管弹性差的老年人容易使心、脑、眼等部位的血管破损，带来严重不良的后果。

由此看来，合理的憋气十分重要，常采用以下方法：①憋气前的吸气不要太深。②结束憋气时，为避免胸内压的骤减，使胸内压有一个缓冲、逐渐变小的过程，呼出气应逐步少许地、有节制地从声门中挤出，即采用微启声门、喉咙发出"嗨"的呼气。③憋气应用于决胜的关键时刻，如跑近终点的最后冲刺、杠铃举起及摔跤制服对手的一刹那。

第五节　有氧和无氧代谢能力

一切运动的能量供应都是由有氧代谢和无氧代谢共同组成。因此，运动能力又可分为有氧工作能力和无氧工作能力。无氧工作能力又可分为力量爆发型的 ATP – CP 系统的运动能力及糖的无氧酵解系统的运动能力。其代谢过程与整个人体生理系统密切相关，不仅与运动能力有关，还与遗传、心理、社会等因素有关。

一、运动时的供氧

（一）需氧量和摄氧量

1. 需氧量

需氧量是指机体在维持某种生理活动时单位时间所需的氧量。正常成人在静息时，为维持各组织器官的基本生理活动，需氧量约为 250ml/min 或 $3.5ml/(kg \cdot min)$。儿童的代谢水平较成年人高，虽然总需氧量较成人高，但每千克体重需氧量反而高于成年人。反之，老年人因为代谢水平低而需氧量较成年人要少。运动时需氧量会显著的增加，并受运动强度和持续时间的影响。对于运动强度大，持续时间短的运动项目，每分需氧量大；反之，运动强度较小、持续时间长的运动项目每分需氧量则小，但是因为持续时间长，故总需氧量较大。由此可见，运动时每分需氧量与运动强度有关，而总需氧量则是由运动强度和运动时间共同决定的。在运动后的恢复期内，机体的代谢水平仍处于较高水平，此时的需氧量仍超过安静状态。某项运动的纯需氧量计算方法为：

总需氧量 =（运动时每分摄氧量 – 安静时每分摄氧量）×运动时间 +

（恢复期每分摄氧量 – 安静时每分摄氧量）×恢复时间

2. 摄氧量

单位时间内，机体摄取并被实际消耗或利用的氧量称为摄氧量（oxygen uptake），又称为吸氧量（oxygen intake）或耗氧量（oxygen consumption），通常以每分钟为单位计量摄氧量。安静时，机体代谢水平低，能量消耗少，摄氧量与需氧量是平衡的。运动时，需氧量随着运动强度的增加而显著增加（图 3 – 14），为满足机体需氧量的要求，摄氧量也会急剧增加，但是当运动强度较大，超过了机体摄氧的极限后，就导致摄氧量不能满足需氧量，继而出现氧的亏欠。

（二）氧亏与运动后过量氧耗

1. 氧亏

在运动过程中，机体摄氧量满足不了运动需氧量，其中需氧量和摄氧量之差称为氧亏（oxygen deficit）。从运动开始的阶段，肌肉对氧的需求就立刻增加，但由于内脏器官的生理惰性作用以及肌细胞参与有氧代谢的呼吸酶的活性未充分调动，因此在运动刚开始阶段，摄氧量要小于需氧量，机体需要几分钟才能使需氧量和摄氧量达到平衡状态。另外，在运动强度大、持续时间短的运动中，需氧量超过了机体摄氧量的极限后，机体的摄氧量也将小于需氧量。上述的两种情况都会出现氧亏。

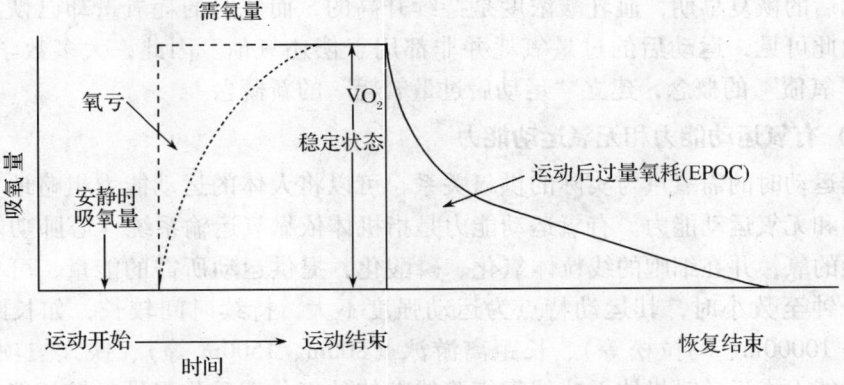

图 3 - 14　运动的需氧量、吸氧量、氧亏和运动后过量氧耗示意图

2. 运动后过量氧耗

运动结束后，虽然肌肉活动已经停止，但机体的摄氧量并不立即回复到运动前安静时水平。人们曾经认为，运动后恢复期内的高于安静状态的氧耗是用于偿还运动过程中的氧亏，因此曾把它称为氧债。但后来发现，运动后高于安静状态的氧耗与运动中的氧亏并不相等，而是大于氧亏。研究也证明运动后机体的代谢水平恢复到安静时的状态需要一定的时间，说明了运动后恢复期出现的过量氧耗，不仅要用于偿还运动中所欠下的氧亏，而且还要用于运动后机体较高代谢水平逐步恢复到运动前安静水平过程中多消耗的氧量。因此，氧债这一概念也逐渐被运动后过量氧耗（excess post - exercise oxygen consumption，EPOC）所替代。运动后过量氧耗是指运动后恢复期处于高水平代谢的机体，恢复到安静水平消耗时多于安静水平的耗氧量。影响运动后过量氧耗的原因主要是停止运动后，机体内致代谢水平升高的因素如体温升高，血液中的儿茶酚胺、甲状腺素和肾上腺皮质激素处于高水平，肌酸再合成、细胞内 Ca^{2+} 升高等并未立即消除。实验证明，体温升高 1℃ 时，体内的代谢率可增加 13%。另外，根据 Hagberg 计算，运动后恢复期耗氧量恢复曲线慢，有 60% ~ 70% 是由于肌肉温度升高造成的。因此，运动后体温较高是运动后耗氧量保持较高水平的重要原因之一。

3. 氧债

经典的氧债学说将运动后恢复期内的过量氧耗称为氧债（oxygen debt）。这是 20 世纪 20 年代由希尔（Hill）、梅耶霍夫（Meyerhof）和马格利亚（Margaria）等人创立和完善的。传统的氧债理论认为，在进行剧烈运动时由于机体摄入的氧不能满足运动的需要，此时机体要进行无氧代谢，产生大量的乳酸，从而形成氧债，并将氧债分为乳酸氧债和非乳酸氧债。在恢复期机体仍然要保持较高的耗氧水平，以氧化乳酸偿还氧债。多年来，氧债理论曾是运动生理学的重要理论支柱。但 20 世纪 80 年代中期以来，许多研究对经典的氧债提出了质疑。布鲁克斯（Brooks）等人的研究表明，运动后出现的过量氧耗，不完全用于偿还运动中的氧亏，还用于使处于活动状态的机体恢复至运动前安静时所需的额外的耗氧量。同时认为乳酸氧债与过量氧耗没有因果关系。研究表明，麦克阿特尔（McArdle）症患者的肌肉中缺乏磷酸化酶，丧失了生成乳酸的能力，但在运动后的恢复期仍可出现过量氧耗现象。人体在从事短时间、大强度的力竭性运动后的恢复早期，血乳酸浓度是持续升高的，而此时的耗氧量却已恢复到安静水平，由此可见，运动后的过量氧耗并非都用于偿还氧债。因此，大多数学者认为，应废除"氧债"的概念，建立"运动后过量氧耗"的新概念。

（三）有氧运动能力和无氧运动能力

依据运动时的需氧量与实际的供氧关系，可以将人体的运动能力粗略地分为有氧运动能力和无氧运动能力。有氧运动能力是指机体依靠氧运输系统（心肺功能）可以提供充足的氧，并在细胞的线粒体氧化、磷酸化，提供运动所需的能量，可支持运动持续几分钟至数小时，其运动特点为运动强度不大，持续时间较长，如长距离跑步（5000m、10000m、马拉松等）、长距离游泳（800m、1500m 等）、铁人三项等运动；无氧运动能力指运动时机体无法依靠细胞线粒体的氧化磷酸化提供足够的能量，需从其他途径完成 ATP 的再合成，用以供应运动所需的能量。这里的其他途径包括 ATP - CP 系统和糖酵解系统。ATP - CP 系统主要依靠肌肉中存储的 ATP、CP 提供能量，具有对持续时间极短（<10s）、运动强度极大的运动供能的特点，如田径运动中的短跑（60m、100m、200m 等）、投掷（标枪、铁饼、铅球等）、跳跃（跳高、跳远、三级跳远）等运动就属于主要依靠无氧能力的运动。糖酵解系统是指依靠肌细胞中糖原或葡萄糖的无氧酵解过程中底物水平磷酸化时使 ADP 再合成 ATP 用以支持运动进行的系统。该系统对持续时间小于 1min，但依靠 CP 的储备又远远不够的运动中起主要作用，如 400m 跑，100m 自由泳等。根据近些年的一些研究提示：运动时间在 2～5min 的运动项目，糖的无氧酵解系统供能占了总供能相当一部分比例，而无氧代谢的功能速度要明显快于有氧代谢，因此在这些项目的运动中，无氧代谢的比例越高则越能取得优异的运动成绩，如有研究指出优秀中长跑运动员在 1500m 跑中无氧供能占总供能的 48% 甚至更高，这其中主要是糖的无氧酵解的供能。因此在这些项目中注意训练糖的无氧酵解能力成为了训练的一大重点。对于一些球类项目而言（如篮球、排球、足球等），由于运动中冲刺性动作如篮球上篮、足球过人、排球起跳扣杀等运动时要求机体要有良好的无氧运动能力，而冲刺的间歇时则需要机体有良好的有氧代谢能力，所以这些球类运动同时需要机体的有氧运动能力和无氧运动能力。

二、有氧运动能力

有氧运动能力是人体的基本运动能力，不仅涉及到体育活动中以有氧运动为主的运动项目的成绩，也涉及到平时的劳动和生活能力，因此受到广泛关注。

（一）最大摄氧量

1. 概念

最大摄氧量（maximal oxygen uptake，VO_2max）是指人体在进行有大量肌肉群参加的长时间剧烈运动中，机体摄取并利用氧的能力达到本人的最高水平时，单位时间内所能摄取并利用的氧量，也可称之为最大吸氧量，通常以每分钟作为单位时间。它反应了机体吸入氧、运输氧和利用氧的能力，是评定人体有氧工作能力的重要指标之一。

最大摄氧量的表示方法有绝对值和相对值 2 种，前者是表示机体在单位时间（1min）内所能吸取并利用的最大氧量，通常以 L/min 为单位，我国青年学生的最大摄氧量约为 3.0 ~ 3.5L/min，而个体的身高及体重对机体的最大摄氧量影响较大，故运动生理学中常以相对值来表示，即用每千克体重每分钟摄取并利用的最大氧量来表示，通常以 ml/（kg·min）为单位。我国正常成年男子的相对 VO_2 max 约为 50 ~ 55 ml/（kg·min），女子约为 40 ~ 45ml/（kg·min）。

2. VO_2 max 的测定

（1）直接测定法　VO_2 max 可以通过心输出量和动 - 静脉氧差的分析以及呼吸气体的分析进行直接测定，前者称为心血管测定法，后者称为呼吸测定法。心血管测定法是在获取最大心输出量和动 - 静脉氧差的基础上测量 VO_2 max 的，因此具有一定的损伤性，而呼吸测定法则是在对呼出气体分析的基础上测量 VO_2 max 的（图 3 - 15），是一种非损伤性的直接测量方法，因此，目前多采用后者测量 VO_2 max。

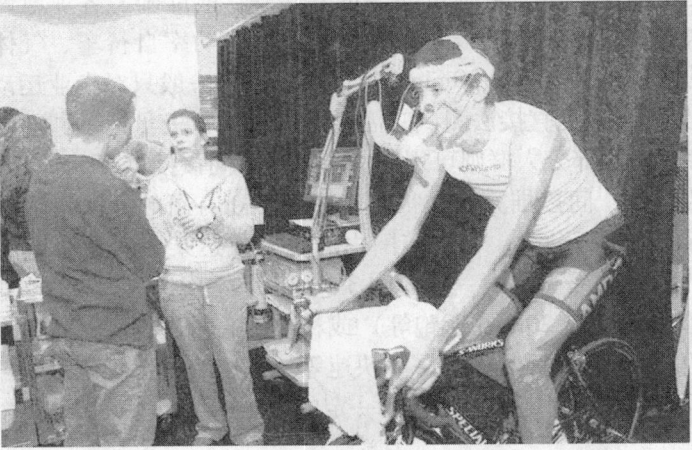

图 3 - 15　最大摄氧量的测试

呼吸测定法通常在实验室条件下，让受试者在一定的运动器械上进行逐级递增负荷运动，通过仪器记录各档运动强度运动时受试者的通气量，并分析其混合气中的 O_2 和 CO_2 含量来计算出各档运动强度运动时的摄氧量和 CO_2 排出量。其中气体分析可在运动心肺功能仪上自动完成，而常用的运动方式为跑台跑步、蹬踏功率自行车或一定高度的台阶实验。同一被试者由于运动器械、负荷方式不同，实验程序不同，所测得的 VO_2 max 也有一定的差别。有研究表明，以跑步机作为运动负荷工具所测得的 VO_2 max 最高，台阶次之，功率自行车最低。可能与自行车运动时机体参与运动的肌肉群占全身肌肉的比例较少有关。另外，非游泳运动员用游泳的测验要比跑台运动试验所测得的 VO_2 max 值低 20%；长跑运动员用跑台测试比在运动场上测试所得的值要低 10%。在比较、分析 VO_2 max 数据时，要充分考虑运动项目、测试方法等相关条件。

在测定 VO_2 max 时，一般是以 "VO_2 - 负荷强度" 关系曲线中 VO_2 达到平台或平降期作为 VO_2 达到最大值的判别依据（图 3 - 16）。但在实际测试中，只有不足 5% 的人能够达到这一标准。大部分人 VO_2 处于峰值状态，以峰值摄氧量（VO_2 peak）替代 VO_2 max。在这样的条件下，还应符合以下标准才能判定受试者是否已经达到其本人 VO_2 max：①呼吸商（RQ）达到或接近 1.15。②心率达到本人最高值的 90% 以上。③运动负荷试验终止后恢复期第二分钟[Bla] > 10mmol/L。

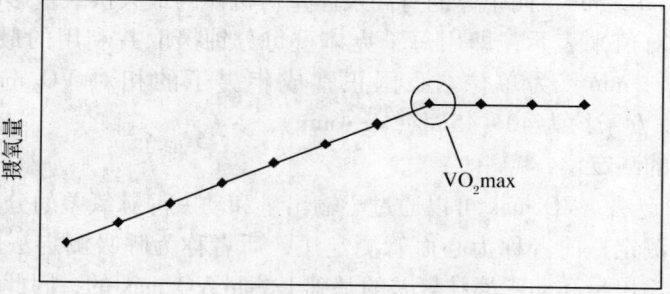

图 3 - 16　运动强度、摄氧量及 VO_2max 的判定示意图

　　用直接测定法测定的试验数据可靠，重复性好，能准确、客观地评定运动员的有氧能力，但此法必须要有相应的设备条件，如跑台、功率自行车、气体分析仪等，而且对每一对象的测试至少需 20~30min。所以现在我国一般只对专业运动员采用直接法测试 VO_2max。另外，因为直接法测试时需要受试者进行极量运动，对体弱者和老年人有一定的危险性，对这部分人群则可用亚极量运动法间接推算 VO_2max。

　　（2）间接推算法　间接推算方法很多，而且不断有新的方法报道，但总的原理是根据受试者进行亚极量运动时，一定范围内的心率或达某一定量心率的做功量等数值与 VO_2 呈一定的线性关系（图 3 - 17、图 3 - 18），然后对受试者做的功（如蹬台阶、蹬功率自行车、12min 跑、20m 往返跑等）或相应的心率进行测试从而推算出 VO_2max。用间接法推算 VO_2max 具有简易、经济、快速等特点，较适用于健身人群。但需要指出的是，间接推算法与直接测定法的值是有一定的差距的。

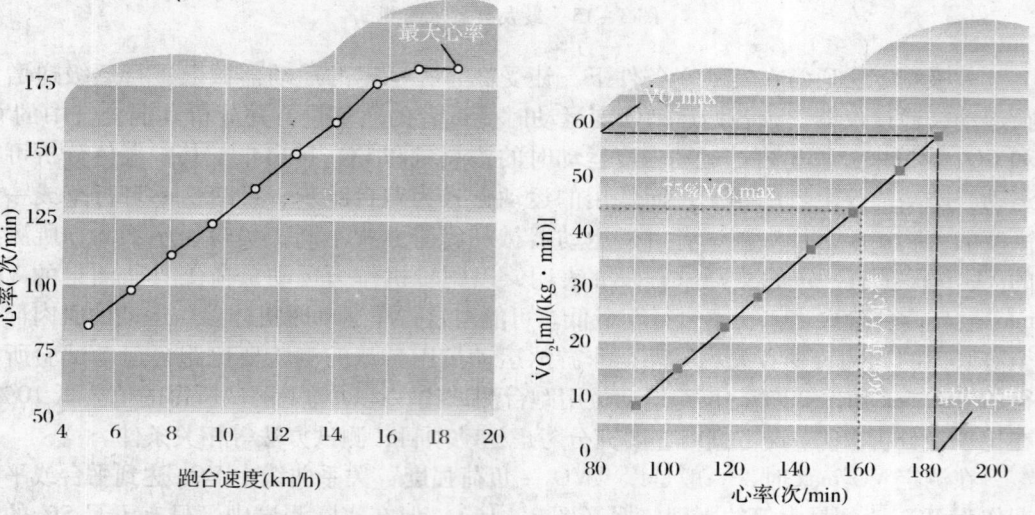

图 3 - 17　一定范围内的心率
与跑速间的线性关系

图 3 - 18　一定范围内的心率
与摄氧量间的线性关系

　　瑞典学者的 Astrand - Rhyming 列线图法是比较经典的一种间接推算 VO_2max 的方法（图 3 - 19）。即根据 18 ~ 30 岁健康青年大学生亚极量负荷时测得的摄氧量与心率的线

性关系绘制的推测 VO_2max 的简易、方便的列线图。

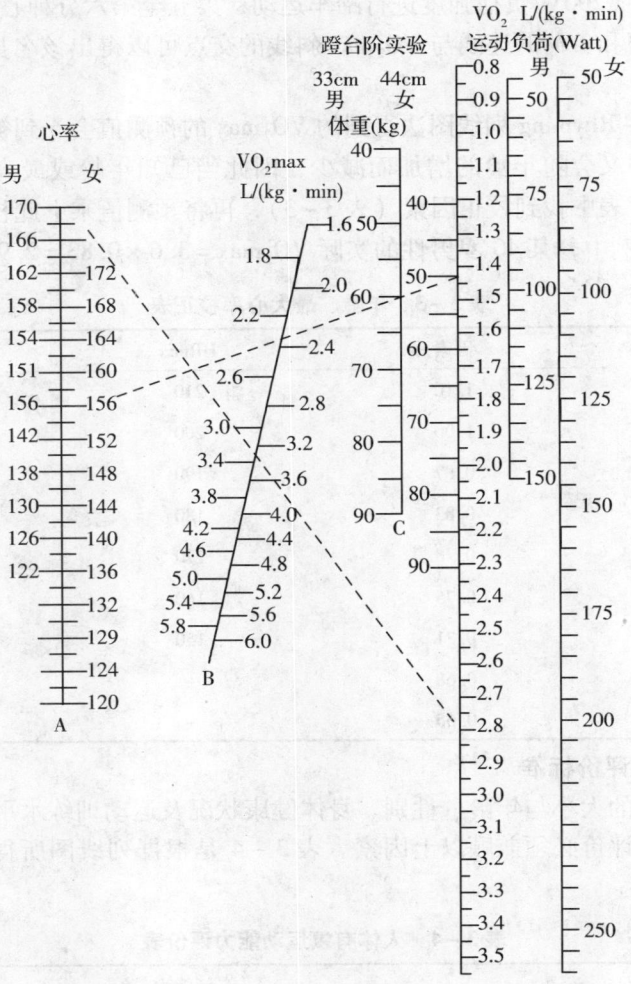

图 3-19　Astrand-Rhyming 列线图

　　该列线图推算最大摄氧量的具体方法有：①台阶试验　男子在 40cm 高的台阶上，女子在 33cm 高的台阶上，以 22.5 次/min（左腿上，右腿上，左腿下，右腿下四步为一次）的频率上下台阶 5min，测量运动结束后第一个 10s 的心率，然后乘以 6 换算为每分心率，作为恢复期第一分钟的心率。在列线图上将受试者的体重（kg）与心率相连，交于 VO_2max 斜线上的点即为该受试者的 VO_2max。例如：某女性，体重 61kg，台阶试验后恢复期 1min 的心率为 156 次/min，连接两点，交 VO_2max 斜线的值为 2.4 L/min，所以该女性的最大摄氧量为 2.4L/min。②自行车功率计运动测验　让受试者以某输出功率的负荷强度，以 50r/min 或 60r/min 的频率连续踏车 6min，记录第五至第六分钟的心率。受试者的负荷强度根据其身体健康水平或体能水平而确定，通常情况下要求受试者在完成运动负荷试验时的心率介于 130~170 次/min 之间。连接受试者心率与自行车功率计的输出功率，交 VO_2max 斜线上的点，即为该受试者的 VO_2max。例如：某 40 岁的男性，以 200W 负荷强度进行踏车运动，第五至第六分种心率为 166 次/min，则根据列线上心率和负荷的连线与 VO_2max 斜线的交点可以得出该名男子的 VO_2max 为 3.6L/min。

通过 Astradn – Rhyming 列线图法得到的 VO_2max 的预测值会受到被试者最高心率的影响，而最高心率又会随年龄的增加而减少，因此当已知年龄或最高心率时，要从年龄、最大心率校正表中找到校正因素（表 3 – 3），再将预测值乘上此校正因素，最后得出 VO_2max。如上例中，某 40 岁男性的实际 $VO_2max = 3.6 \times 0.83 = 2.99L/min$。

表 3 – 3　年龄、最大心率校正表

年龄（岁）	因素	HRmrx	校正因素
15	1.10	210	1.12
25	1.00	200	1.00
35	0.87	190	0.93
40	0.83	180	0.83
45	0.78	170	0.75
50	0.75	160	0.69
55	0.71	150	0.64
60	0.68	–	–
65	0.65	–	–

3. VO_2max 的评价标准

人体 VO_2max 的大小与年龄、性别、身体健康状况及运动训练水平等因素有关，进行人体 VO_2max 的评价必须兼顾以上因素。表 3 – 4 是根据列线图所得的 VO_2max 作出的有氧能力评价表。

表 3 – 4　人体有氧运动能力评价表

性别	年龄（岁）	有氧能力等级				
		低	较低	中等	高	很高
男性	20 ~ 29	≤2.79 *	2.80 ~ 3.09	3.10 ~ 3.89	3.70 ~ 3.99	≥4.00
		≤38 △	39 ~ 43	44 ~ 51	52 ~ 56	≥57
	30 ~ 39	≤2.49	2.50 ~ 2.79	2.80 ~ 3.39	3.40 ~ 3.69	≥3.70
		≤34	35 ~ 39	40 ~ 47	48 ~ 51	≥52
	40 ~ 49	≤2.19	2.20 ~ 2.49	2.50 ~ 3.09	3.10 ~ 3.39	≥3.40
		≤30	31 ~ 35	36 ~ 43	44 ~ 47	≥48
	50 ~ 59	≤1.89	1.90 ~ 2.19	2.20 ~ 2.79	2.80 ~ 3.09	≥3.10
		≤25	26 ~ 31	36 ~ 43	44 ~ 47	≥44
	60 ~ 69	≤1.59	1.60 ~ 1.89	1.90 ~ 2.49	2.50 ~ 2.79	≥2.80
		≤21	22 ~ 26	27 ~ 35	36 ~ 39	≥40
女性	20 ~ 29	≤1.69	1.70 ~ 1.99	2.00 ~ 2.49	2.50 ~ 2.79	≥2.80

续表

性别	年龄（岁）	有氧能力等级				
		低	较低	中等	高	很高
女性	20~29	≤28	29~34	35~43	44~48	≥49
	30~39	≤1.59	1.60~1.89	1.90~2.39	2.40~2.69	≥2.70
		≤27	28~33	34~41	42~47	≥48
	40~49	≤1.49	1.50~1.79	1.80~2.29	2.30~2.59	≥2.60
		≤25	28~31	32~40	41~45	≥46
	50~65	≤1.39	1.30~1.59	1.60~2.09	2.10~2.39	≥2.40
		≤21	20~28	29~36	37~47	≥42

* VO_2max 单位为 L/min；△单位为 ml/（kg·min）。

4. VO_2max 的生理学基础

最大摄氧量水平的高低受多种因素影响，生理学因素中起决定作用的主要是机体运输氧能力和肌细胞利用氧能力这两个方面的因素。前者主要由心肺功能决定，故也称之为中央机制，后者主要由外周细胞决定，故也称之为外周机制。

（1）中央机制（氧的摄取和运输能力）　机体吸入的氧需弥散进入血液，之后再由红细胞中的血红蛋白携带并运输供给肌肉组织。因此，肺功能和血液运输氧的能力与 VO_2max 密切相关。前面已经述及，机体在运动时肺通气将会大幅度上升甚至达 100L/min，因此肺通气功能的贮备远远高于机体对氧的需求，不构成制约 VO_2max 的生理因素。而心泵血功能贮备则要远远低于肺通气的贮备，因此心脏泵血贮备是影响 VO_2max 的重要因素。在心脏泵血贮备充分动用、达到最大能力时最大的心输出量为最高心率与最大搏出量的乘积。另外，肺换气时通气/血流比值维持在 0.84 是通气和血流最合适的匹配，此时气体交换效率最高。运动时肺通气量迅速增加，为使气体交换效率维持在较高水平，血流量也应相应地增加。因此心脏的泵血功能及每搏输出量的大小是 VO_2max 的一个重要因素。

许多研究证明，运动训练对最高心率的变化影响不大，但可增加每搏输出量。所以最大负荷运动时，每搏输出量的大小反映训练者与无训练者心输出量差别的主要因素。优秀耐力项目运动员在系统耐力训练后，会出现安静心率减慢、左心室容积增大和心肌收缩能力加强等一系列心脏功能和形态的适应性变化，使每搏输出量增加，心脏工作效率提高。优秀耐力项目运动员在做最大强度运动时可获得更大的心输出量；做亚极量强度运动时在相同心输出量条件下心率更低，这有利于节省能量消耗。

血液中运送氧的红细胞以及血红蛋白的量决定了机体携氧能力，机体内血红蛋白含量与氧的运载量及 VO_2max 的值密切相关。使用兴奋剂 EPO 和血液回输技术的目的就是为了增加血液中的红细胞数量，通过增加氧运输能力而提高有氧运动能力。但是过高的血红蛋白含量会使机体的血液黏滞度增加，反而增加心脏负担。

（2）外周机制（肌肉利用氧的能力）　外周机制是指运动时肌肉利用氧的能力。血液流经组织细胞时，肌组织从血液摄取和利用氧的能力是影响 VO_2max 的重要因素。肌组织利用氧的能力与线粒体的数量、密度、线粒体内膜的表面积和氧化酶的活性密切相关，而这些特点又与肌肉类型有关。慢肌纤维具有丰富的毛细血管分布，肌纤维中的线粒体数量多、体积大且氧化酶活性高，肌红蛋白含量也较高，这些特征都有利于慢肌纤维利用氧的能力。优秀的耐力运动员慢肌纤维百分比高并出现选择性肥大，这一现象提示肌肉利用氧的能力的提高是耐力项目运动员提高有氧运动能力的重要因素（图 3 - 19）。

肌组织利用氧的能力用氧利用率来衡量。每 100ml 动脉血流经组织时，组织所利用（或吸入）氧的百分率称为氧利用率，可用如下公式表示：

$$氧利用率 = \frac{动脉血氧含量 - 静脉血氧含量}{动脉血氧含量} \times 100\%$$

如每 100ml 动脉血的氧含量约为 20ml，而每 100ml 静脉血的氧含量约为 14~15ml，动 - 静脉血氧差为 5~6ml 或 50~60ml/L，此时氧的利用率 = [（20 - 14）÷20] × 100 = 30，表示动脉血中的氧有 30% 被组织所利用。安静时，机体氧的利用率约为 25%~30%；而运动时氧的利用率可增加到 70%，优秀的耐力项目运动员可增高至 77% 甚至更高。耐力训练可以提高肌肉对氧的利用率。

5. VO_2max 的影响因素

遗传、性别、年龄、训练等因素均可对 VO_2max 有一定的影响。研究结果显示正常成人男性的 VO_2max 要大于女性，成人要大于儿童。男子一般在 18~20 岁时 VO_2max 达到峰值，并能保持到 30 岁左右；女子在 14~16 岁时即达峰值，一般可保持到 25 岁左右（图 3 - 20）。另外，根据遗传学调查显示，VO_2max 受遗传因素的影响较大，现在大多数学者认为 VO_2max 的遗传度在 75%~80%，甚至更高。如 Klissouras 等人对 25 对双生子（15 对单卵双生子，10 对双卵双生子）进行研究，发现 VO_2max 的遗传度为 93.5%。但是后天的训练可使其在原来的水平上进行相应的提高。日本学者曾对 50 名 9~13 岁的日本少年连续做了 5 年纵向观察，发现体育训练对 14 岁的青春突增期（1 年内）的少年 VO_2max 增最为明显［从 63.4ml/（kg·min）增至 73.4 ml/（kg·min）］，不进行训练的对照组只从 45ml/（kg·min）增至 52.2ml/（kg·min）。我国学者近些年的研究中也有类似的发现。但有许多研究也指出，由于受训练者受开始训练时水平高低的影响，VO_2max 的增幅约为 10%~30%。而且训练获得的 VO_2max 的增加，在停训或卧床休息一段时间后会随之消退，显示出训练对 VO_2max 的提高是具有可逆性的（表 3 - 5）。

表 3 - 5　卧床休息 20 天前后和恢复训练 60 天后 VO_2max 以及相关指标

指标	单位	卧床休息前	卧床休息 20 天后	恢复训练 60 天后
VO_2max	ml/(kg·min)	31.8	31.8	51.1
HRmax	次/min	192.8	196.6	190.8
COmax	L/min	20.0	14.8	22.8
SVmax	ml	104.0	74.2	119.8
全心容积	ml	800.0	770.0	895.0

6. VO_2max 在运动实践中的应用

（1）作为评定有氧运动能力客观指标　VO_2max 可以作为反映有氧运动能力的一个很好的综合指标。许多学者对 VO_2max 与有氧工作能力之间的关系进行了研究，发现耐力性

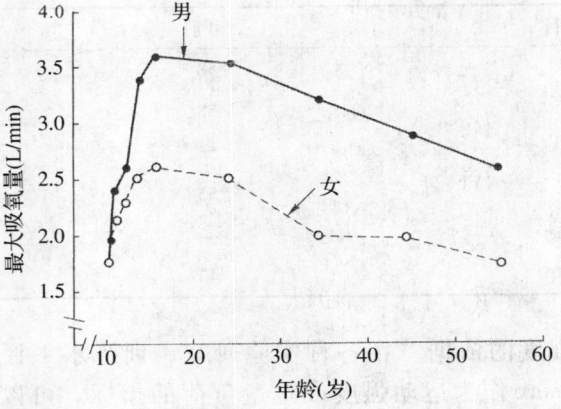

图 3 - 20 最大摄氧量与年龄、性别变化关系

项目的运动成绩与 VO_2max 之间具有高度的相关。如 800m 游泳成绩与 VO_2max 相关系数为 0.75；马拉松跑的成绩与 VO_2max 相关系数为 0.89；而赛艇、皮划艇等水上项目则运动成绩与 VO_2max 的绝对值有很高的相关性。优秀耐力运动的 VO_2max 通常较大，有报道男性 VO_2max 最高值达到 94ml/（kg·min）、女性的 VO_2max 最高值达到 85ml/（kg·min）的，表 3 -6 所示为不同项目耐力运动的 VO_2max 比较。研究结果表明，VO_2max 水平高低虽然不是耐力性项目取得优异成绩的唯一条件，但确实是有氧耐力运动的基础和先决条件之一。因此，VO_2max 可以做用为评价有氧工作能力的客观指标。

表 3 –6 不同运动项目的 VO_2max 比较

运动项目	男子	女子
越野滑雪	82	63
3000m 跑	79	–
速度滑冰	78	54
定向运动	77	59
800 ~ 1500m 跑	75	–
自行车运动	74	
冬季两项（射击、滑雪）	73	–
竞走	71	–
赛艇	70	
高山滑雪	68	51
400m 跑	67	56
游泳	66	57
跳台滑雪	62	
划船	62	–
体操	60	–

续表

运动项目	男子	女子
乒乓球	58	44
击剑	58	43
摔跤	56	–
举重	55	–
射箭运动	–	40
健康青年	43	49

（2）确定运动强度的依据　在各种实验研究、训练水平评定和运动处方制定中，常用100% VO_2 max 作为运动强度或定量负荷的指标。可以根据不同的训练计划制定有针对性的百分比 VO_2 max 的强度，使运动负荷更客观、更实用。如在指导运动健身时，可以采用50% ~70% VO_2 max 强度进行有氧锻炼。

（3）作为运动员选材依据　如前所述，VO_2 max 有较高的遗传度，而且其作为耐力性运动项目取得优异成绩的基础，可作为运动员选材的生理指标之一，特别是耐力性运动项目。

7. VO_2 max 平台期

研究发现，优秀运动员中有氧耐力性运动项目（如10000m 跑、马拉松等）的运动成绩最好的运动员往往不是 VO_2 max 最高的，同时也发现 VO_2 max 平台期时间和VO_2 max 平台期速度对这类运动项目的运动成绩有更好的指导作用。

（1）VO_2 max 平台期时间（maximal oxygen uptake peak duration，VO_2 max PD）VO_2 max 平台期时间是指人体在最大摄氧量峰值水平能维持的运动时间。从受试者达到最大摄氧量峰值时为起始时间，然后继续运动（运动强度不变），直到摄氧量水平降低15%时为终止时间，记录机体在 VO_2 max 的持续运动时间，以 s 为计时单位。

1999 年有学者提出最大摄氧量平台持续时间的概念，并认为此数据可以作为评价顶级水平耐力运动员最大有氧耐力的指标。在我国国家级运动员针对 VO_2 max PD 进行了一些研究工作，研究发现，VO_2 max PD 与耐力项目的运动成绩有密切关系，如 VO_2 max PD 与 3000m 跑的相关系数很高（$r=0.7$，$p<0.01$），但 VO_2 max PD 与 VO_2 max 之间的相关性并不高（$r=0.03$）。这表明制约 VO_2 max 平台和制约 VO_2 max 的生理机制是不同的。因此，可以认为，VO_2 max PD 评定优秀运动员最大有氧耐力更为有用（表3 – 7）。

（2）VO_2 max 平台期速度　有氧耐力运动项目的运动成绩除了与 VO_2 max PD 有很大的相关性外，也与 VO_2 max 平台期（VO_2 maxplateau）时机体能达到的速度有密切的关系。以跑步、游泳或是自行车等耐力性项目为例，若 2 名运动员具有相同的 VO_2 max 以及 VO_2 max PD，但是其中一名在 VO_2 max PD 速度是20km/h，而另一名运动员的 VO_2 max PD 速度是22km/h，后者最后的运动成绩很可能要好于前者。

表 3 –7 我国中长跑运动员 VO_2max 和 VO_2max 平台期时间值

项目	VO_2max PD (ml/min)	VO_2max [ml/(kg·min)]	s
男性优秀中长跑运动员 n = 33	4370 ± 34	73.2 ± 5.5	116 ± 6.1
男性一般中长跑运动员 n = 26	3825 ± 54.7	67.2 ± 5.5	99 ± 7.0
女性优秀中长跑运动员 n = 8	3347 ± 177	62.4 ± 7.0	133 ± 43
女性一般中长跑运动员 n = 5	2838 ± 42.8	64.8 ± 4.2	136 ± 17
优秀男性摔跤运动员 n = 13	4026 ± 664	53.0 ± 7.8	84 ± 7.6
优秀男性网球运动员 n = 12	4088 ± 261	58.2 ± 5.7	88 ± 7.8
女性优秀羽毛球运动员	3022 ± 234	48.4 ± 2.8	77 ± 4.8

（二）乳酸阈和通气阈

乳酸阈和通气阈的早期概念是无氧阈（anaerobic threshold，AT），是指机体进行逐级递增强度运动时，体内的能量代谢由以有氧代谢为主转向更多的依赖无氧代谢的临界点（也称拐点）。由于该代谢供能模式的转变是以缺氧导致乳酸生成并继发性地引起肺通气量快速增加为依据进行判别的，故称为无氧阈，并以此来反映骨骼肌的氧利用能力。AT 可根据测定方法分为乳酸无氧阈和通气无氧阈。

1. 乳酸阈

递增负荷运动中，机体会由氧化分解供能开始过渡到运用糖酵解供能作为必要的供能补充，而糖酵解的产物乳酸主要以释放进入血液并依靠血浆中的碱贮备进行代谢，此时在血乳酸上体现为血乳酸水平随运动负荷的递增而略微增加。但是当能量供应方式转变为大量依靠糖酵解供能时，血乳酸水平会出现急剧积累并增加，此时只要运动强度略有增加则血乳酸水平就会急剧升高，运动生理学上把这个急剧增加的点所对应的乳酸水平称为乳酸阈（lactate threshold，LT）。这一点所对应的运动强度即乳酸阈强度（图 3 – 21）。

乳酸阈的检测方法主要依据渐增强度运动负荷中血乳酸浓度的特征性变化进行判别的，是一种有损伤性的无氧阈检测方法。可将血乳酸浓度值作为纵坐标，以各档的运动强度作为横坐标，将每档负荷运动之末的血乳酸值在坐标上标出，然后找出转折点并判定为乳酸阈值（图 3 – 21）。为了克服上述测试方法存在的多次取血的问题，Sjodin 等人在大量研究的基础上提出以 4.0mmol/L 为乳酸阈，以血乳酸水平达 4mmol/L 时的运动强度为乳酸阈强度，并认为该血乳酸浓度可以反映定量亚极量连续运动时血乳酸的来源与消除的最大平衡。近年的研究资料表明，乳酸代谢存在较大的个体差异，如韩一三等人研究发现，8 ~ 11 岁游泳运动员的乳酸阈水平约为 3.1mmol/L。因此，有

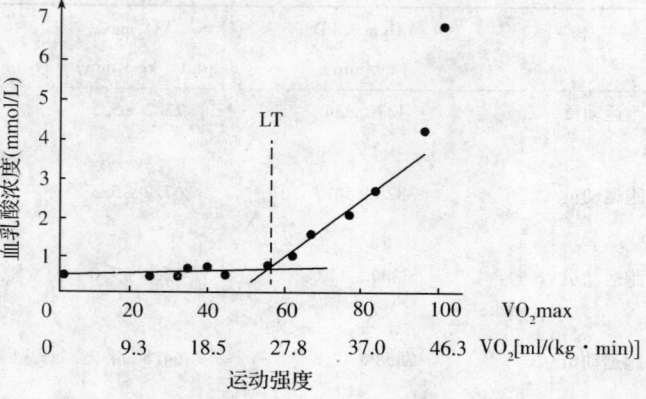

图 3 – 21   渐增负荷过程中血乳酸浓度变化及乳酸阈的判断

学者提出了个体乳酸阈的说法，将个体在渐增负荷中乳酸拐点定义为"个体乳酸阈"（individual lactic acid threshold，ILAT）。个体乳酸阈更能客观和准确地反映机体的有氧工作能力，但操作起来相对较困难。

2. 通气阈

因个体乳酸阈测定时，采集末梢血是有损伤性的，所以有学者提出用无损伤的监测呼吸中的气体及其成分的特征性改变的方法来反映运动中无氧阈的临界点。在渐增负荷运动中，当机体由无氧代谢供应的能量大幅度上升时，由糖酵解而产生的血乳酸值也相应地急剧增加，此时机体将动用碳酸氢盐缓冲系统来缓冲乳酸，致使 CO_2 产生量增加。与此同时，CO_2 刺激了呼吸中枢，使呼吸加深、加快，使肺通气急剧升高，因此会出现肺通气量、CO_2 呼出量等指标出现明显的增加，所以运动生理学把运动负荷增加到一定量时，肺通气量和 CO_2 呼出量出现急剧增加的拐点作为通气阈（ventilatory threshold，VT）。

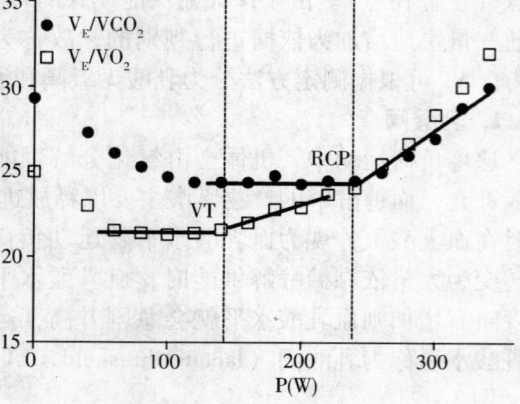

图 3 – 22   通气阈的测定

对于通气阈的判定标准较多，现一般采用易操作而又准确的判别标准。

（1）到达通气阈后 VE/VO_2 明显增加，而 VE/VCO_2 不变（图 3 – 22）。

（2）VCO_2 随 VO_2 增加呈非直线性变化点（容积斜率法，图 3 – 23）。

3. 无氧阈在运动实践中的应用

（1）评定有氧耐力水平的客观指标 VO_2max 和 AT 都是评定机体有氧工作能力的重要指标，两者反映了不同的生理机制。前者主要与心肺功能有关，后者主要与骨骼肌的代谢功能有关。现大多数运动生理学研究者认为，VO_2max 是在力竭性运动的测试中获得的，而耐力性运动项目都是次最大强度运动。因此，亚极量强度运动测验测得的无氧阈值在评定有氧耐力水平时比最大摄氧量要好。另外，通过系统训练对 VO_2max 提高可能性较小，因为它受遗传因素的影响较大。而 AT 受训练因素的影响较大，这主要是 AT 与肌纤维的代谢特性有关，如肌纤维类型、线粒体的数量、有氧呼吸酶等，而这些因素的可训练性比较大。Mader 等人报道了通过自行车运动员经过几年的专项系统训练，VO_2max 增加很少，但乳酸阈值增加了 12%。因此，在体育训练实践中，相对于 VO_2max 而言，个体乳酸阈的增加对于评定机体有氧耐力水平的改善更有意义。

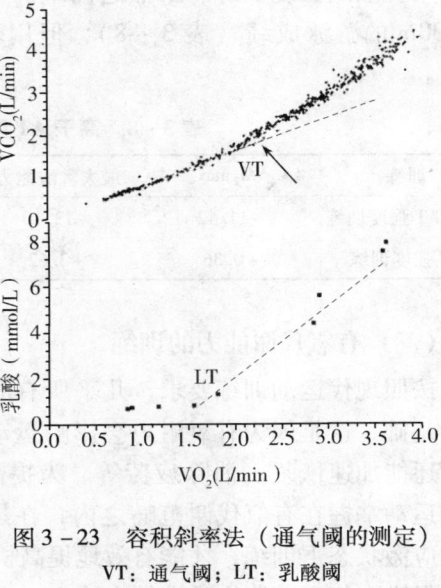

图 3 - 23　容积斜率法（通气阈的测定）
VT：通气阈；LT：乳酸阈

另外，无氧阈强度通常是用其出现拐点时相对应的 VO_2max 的百分比来表示的，高强度运动而无乳酸积累的这种身体素质对推迟乳酸积累而导致的疲劳是有益的。如无氧阈强度为 80% VO_2max 的人要比 60% VO_2max 的人有更高的有氧运动耐受力。图 3 - 24 表示有训练者在训练后乳酸阈升高的同时，乳酸阈强度也得到了显著的提升，机体的有氧运动能力得到了一定的改善。在同样的工作速度下，乳酸值的降低很可能是乳酸产生减少和乳酸清除增加两者综合作用的结果。

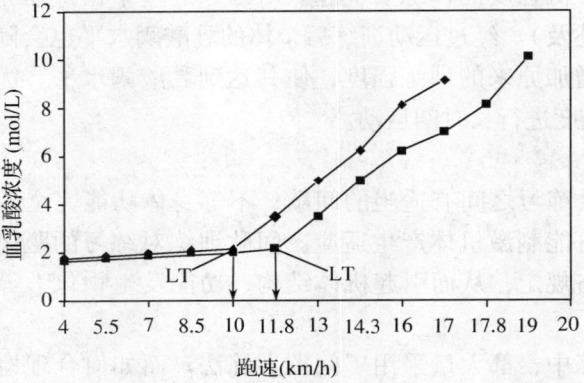

图 3 - 24　训练后乳酸阈水平和乳酸阈强度的增加

（2）制定有氧耐力训练的适宜强度　个体乳酸阈强度训练是发展有氧耐力的一大有效手段。用个体乳酸阈强度进行耐力训练，既能使呼吸和循环系统功能达到较高水平，最大限度地利用有氧代谢供能，同时又能保证一定的运动强度，不会因为强度过大、训练持续时间过短而得不到有效刺激，可以根据个体乳酸阈水平来制定相应的运动强度。Kristen 等人曾把 6 名游泳运动员分 2 组，一组用高于乳酸阈的强度训练；另一组用乳酸阈强度训练。虽然这两组的训练都提高了 VO_2max、最大乳酸能力和100m 及400m 的游泳成绩（表3-8），但用乳酸阈强度训练的组却能更大幅度提高游泳成绩。

表3-8　高于 AT 强度与 AT 强度的训练效果

训练	VO_2max	最大乳酸能力	最大非乳酸能力	100m 成绩	400m 成绩
高于 AT 强度训练	+11.42	+13.10	+11.42	+1.63	+4.63
AT 强度训练	+0.36	+2.62	+2.07	+2.07	+8.18

（三）有氧代谢能力的训练

按照现代运动训练要求，几乎所有的体育项目都把有氧耐力训练作为身体素质训练的基础，这是因为有氧耐力会影响运动员的精神状态和工作能力，而且有氧耐力的提高还能加速恢复、消除疲劳等。为提高有氧工作能力的训练应注意控制运动强度，即把运动掌握在有氧代谢范畴之内，在最大限度内动用机体有氧代谢系统，使其处于最大应激状态下训练，才能有效地提高机体有氧工作能力。

促进有氧运动能力的训练方法主要有持续训练法、间歇训练法和高原训练法等。

1. 持续训练法

持续训练法是指强度较低、持续时间较长且不间歇地进行训练的方法，主要用于提高心肺功能和发展有氧代谢能力。如应用缓慢而长距离的运动（慢跑、游泳、自行车等）来发展有氧运动能力。持续训练法包括匀速训练和变速训练。匀速训练是指训练过程中速度基本保持不变；变速训练是指训练过程中速度不断改变。

有研究证实在耐力训练上，"多"并不一定会好，在增进 VO_2max 上，短距离、大强度的间歇训练比长距离、低强度的训练要优越。所以，近些年在持续训练法中乳酸阈强度被广泛采用（前已述及）。经过运动训练后个体的乳酸阈水平也会随这运动成绩的增加而增加，这时就要增加原来的训练强度，使其达到乳酸阈水平。优秀的耐力运动员可以用85% VO_2max 强度进行长时间运动。

2. 间歇训练法

间歇训练法是指在2次练习之间有适当的间歇，不等身体功能完全恢复即开始下一次练习，因此可尽最大可能刺激机体产生适应。间歇训练对练习的距离、强度及每次练习的间歇时间实施严格规定，从而引起机体结构、功能及生物化学等方面较明显的变化。

目前，许多项目的训练中，都大量采用了间歇训练法。而如何合理地安排每次训练的距离、强度及间歇时间则是训练学中的热点问题。一般来说，心率在间歇训练中，运动时应达到85%~100% 最大心率值。运动期与运动期之间的时间称为休息期，可以轻度活动以加速乳酸的清除和功能的恢复。休息期与运动的比率通常为1:1，未经过相当训练者设计时，3:1 或2:1 的休息运动比是较理想的选择。也可依据心率在休息期接近终末时降到120 次/min 做为参考指标。

3. 高原训练

高原训练时人体要经受高原缺氧和运动缺氧2种负荷，对身体造成的缺氧刺激较平原大，可调动更多身体功能潜力，使机体产生复杂的生理效应和训练效应。研究表明，高原训练能使红细胞和血红蛋白数量及总血容量增加，并使呼吸和循环系统的工作能力增强，从而使有氧运动能力得到提高。

相对于运动时间而言，运动强度对于增进最大摄氧量的作用更加明显。混合使用几种方法训练，既可以从不同的方面刺激并增加机体的有氧耐力水平，又可以使运动员不会因单一的训练计划而感到厌烦。

另外，对于高水平运动员来说，更需要的是适应专项运动的有氧耐力。因为有氧练习可以导致肌肉线粒体体积和数目的增加，且线粒体中的三羧酸循环、糖酵解、脂肪代谢中所产生的酶浓度也会增加。对于高水平运动员来说，超长距离跑锻炼的仅仅是一般的有氧耐力，这种形式的有氧训练产生的训练效果并不能很好地体现在专项肌肉功能中去，这也是为什么高水平足球运动员不常采用长距离跑来锻炼有氧耐力的原因。

三、无氧运动能力

（一）无氧代谢运动能力的生理基础

无氧工作能力是指运动中人体通过无氧代谢途径提供能量进行运动的能力。它由两部分组成，即由 ATP - CP 分解供能（非乳酸能）和糖无氧酵解供能（乳酸能）。

1. 力量爆发型运动的生理基础

（1）骨骼肌中 ATP 和 CP 的贮备　人体在力量爆发型运动中主要是依靠 ATP - CP 系统供能，而 ATP - CP 系统的供能能力主要取决于 ATP 和 CP 含量以及通过 CP 再合成 ATP 的能力。因此，骨骼肌中 ATP 和 CP 的贮备量是影响和决定力量暴发型运动能力的重要基础。一般来说，人体每千克肌肉中含 ATP 和 CP 在 15 ~ 25 毫克分子之间，在极限强度运动中，肌肉中的 ATP 和 CP 在 8 ~ 9s 内就几乎耗竭。另外，骨骼肌中的肌酸激酶（CK）活性的增高，可以更快地催化 CP 水解，使 ADP 更迅速地再合成 ATP，提高了 CP 再合成 ATP 的速度，也有利于力量暴发型运动的能力。

5 个月的阻抗训练后，肌纤维中的 ATP 和 CP 的贮备均有明显的增加（表 3 - 9）。另外，也有研究发现，短跑运动员的 ATP 和 CP 供能能力（每千克体重计）高于马拉松运动员和一般无训练者。而在完成负荷相同的无氧运动时，运动员血乳酸积累的出现较一般人迟，表明运动员能通过 ATP 和 CP 供能完成更多的工作。因此 ATP 和 CP 的供能能力是可以作为短距离的运动项目中非常重要的参考指标。

表 3 - 9　5 个月抗阻训练对肌纤维中 ATP、CP 与肌糖原贮备的影响

项目	训练前	训练后	增进率（%）
ATP（mmol/g）	5.07	5.97	17.8
CP（mmol/g）	17.07	17.94	5.1
肌糖原（mmol/g）	86.28	113.90	32.0

（2）骨骼肌肌纤维类型的百分比分布　快肌纤维中的 ATP、CP 以及 CK 的活性均要高于慢肌纤维，故肌肉中的快肌纤维百分组成高者更有利于力量爆发型运动。

（3）运动的协调性　力量爆发型运动时，由大脑皮层运动区发出指令，募集相关的协同肌进行同步收缩和抑制拮抗肌的对抗性收缩，可以产生最大的力量，因此运动协调能力是力量爆发型运动能力的重要基础。

2. 糖无氧酵解系统运动能力的生理基础

（1）肌肉中糖酵解酶活性　依赖（超过总能量的50%以上）糖无氧酵解供能的运动主要有400m跑、100m游泳等。糖原含量及其酵解酶活性是糖无氧酵解能力的物质基础，因此此类运动的供能能力主要取决于肌组织中糖原的含量及糖酵解酶的活性。正常成人肌糖原的含量为10~15g/kg湿肌，在这类运动至力竭、肌纤维无法再实现收缩时，肌糖原贮备也不可能降至零。由此可以认为，肌糖原的储备一般足够维持肌肉进行一次最大强度的运动，是不影响糖酵解运动系统运动能力的因素，而肌肉内酵解酶的活性通过影响糖原的酵解速度进而影响最终的运动成绩，因此酵解酶的活性是影响糖酵解系统运动能力的主要因素。通过训练可增加糖酵解酶的活性，从而使机体糖酵解供能系统的能力得到提高。

（2）机体缓冲和清除乳酸的能力　糖酵解产生的乳酸进入血液后，对血液pH产生影响，并会因此影响运动强度的保持。如疲劳的"堵塞学说"和"内环境失调学说"中就提出乳酸的增多及其对内环境的影响是机体疲劳的一大重要因素。因此，血液缓冲系统以及心肺系统对酸性代谢产物的缓冲能力，是影响糖酵解类项目运动能力的因素。当体内酸度超过一定限度时，神经细胞的兴奋性降低，工作能力将会下降。反之，当机体缓冲和清除乳酸的能力加强时，机体的无氧工作能力将会提高。

另外，机体的耐乳酸能力也很重要，尤其是脑细胞。脑细胞对酸性物质很敏感，血液中过量的氢离子通过血-脑屏障扩散到大脑细胞，影响脑的正常工作，导致运动能力下降。有研究也指出，一些速度耐力项目的运动员经过训练后运动成绩提高了，但最大乳酸产生能力并没有相应的提高，而机体在较高乳酸水平的运动能力却得到提高，这提示机体的耐乳酸能力也是机体无氧酵解能力的一大重要因素。

（3）肌纤维类型的百分组成　同爆发型运动项目一样，快肌纤维百分组成占优势的人，这类运动能力就强。

（二）无氧运动能力测评与评价

无氧运动能力的评价也分两个部分，一部分是对力量爆发型运动能力的评价，另一部分则是对于糖无氧酵解系统运动能力的评价。对于力量爆发型运动项目而言，其特点是要求绝对的输出功率大，而持续时间短（<10s），因此对其能力的测评时运动的持续时间一般也小于10s，而在这期间，输出的功率越大则表示力量爆发型运动能力强。主要依靠糖酵解系统供能的运动项目的持续时间往往是30~90s，所以测定糖酵解代谢能力一般是通过30~90s的最大能力持续运动试验来完成。在运动期间，做功的量越大，运动前后血乳酸的增值越大，说明糖代谢供能能力越好。下面将介绍一些经典的测试无氧运动能力的方法。

1. 力量爆发型系统的测评

（1）Margaria功率测试　Margaria功率试验（图3-25）是目前用于评价ATP-CP系统输出功率的能力、评定这类运动训练效果和训练方法的一个重要指标。Margaria测验时，令受试者从距离台阶6m远处开始，以最快的速度用3步登上垂直高度为1.05m

的 9 层台阶，记录跑过第三层至第九层台阶的时间，按以下方法计算输出功率。

$$功率 = \frac{体重 \times 1.05 （m，台阶垂直距离）}{登台阶时间}$$

如体重为 65kg 的女子，以 0.52s 的时间跑完第三至第九层台阶，其功率为 131kg·m/s。

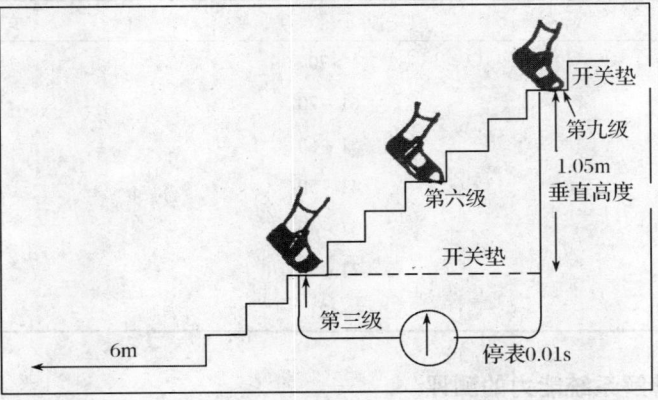

图 3 – 25 Margaria 无氧测验

表 3 – 10 是根据 Margaria 试验建立的评价标准。由于 Margaria 试验的结果与受试者体重大小有关，因此用该结果预测短时间无氧运动成绩时应予注意，如两个体重不同的人，他们完成试验的时间相同，那么，体重较高的人输出功率值将大于体重较轻的人，但这并不意味着前者一定比后者跑得快。另外，该测试在一定程度上也受主观努力程度和身高与腿长等因素的影响。

表 3 – 10　根据 Margaria 测验评价 ATP – CP 系统功输出能力分级表　　（单位：kg·m/s）

级别	性别	年龄（岁）				
		15 ~ 20	20 ~ 30	30 ~ 40	40 ~ 50	超过 50
差	男	<113	<106	<85	<65	<50
	女	<92	<85	<65	<50	<38
一般	男	113 ~ 149	106 ~ 139	85 ~ 111	65 ~ 84	50 ~ 65
	女	92 ~ 120	85 ~ 111	65 ~ 84	50 ~ 65	38 ~ 48
中等	男	150 ~ 187	140 ~ 175	112 ~ 140	85 ~ 105	66 ~ 82
	女	121 ~ 151	112 ~ 140	85 ~ 105	66 ~ 82	49 ~ 61
良好	男	188 ~ 224	176 ~ 210	141 ~ 168	106 ~ 125	83 · 98
	女	152 ~ 182	141 ~ 168	106 ~ 125	83 ~ 98	62 ~ 75
优秀	男	>224	>210	>168	>125	>98
	女	>182	>168	>125	>98	>75

（2）纵跳摸高试验　　纵跳摸高试验是一种运动现场测试方法，有较强的实用性。最常用的纵跳试验是 Sargent 的纵跳摸高试验。该试验要求受试者尽量跳高，测量起跳前和试验时的高度差，然后按照以下方法计算输出功率：

$$功率 = \sqrt{4.9 \times 体重（kg）} \times \sqrt{纵跳高度（m）}$$

如体重 67kg 的人，其纵跳摸高的高度为 0.51m，则其纵跳功率为 755.2W。

Sargent 纵跳摸高试验评价标准见表 3 – 11。

表 3 – 11　Sargent 纵跳摸高试验评分标准

得分	男子（cm）	女子（cm）
优秀	>70	>60
良好	61～70	51～60
较好	51～60	41～50
一般	41～50	31～40
较差	31～40	21～30
差	21～30	11～20
非常差	<21	<11

2. 糖无氧酵解系统能力的测评

（1）Wingate 无氧功率试验　Wingate 试验是由以色列 Wingate 研究所提出的以 30s 最快速度全力蹬踏功率自行车，用以测定机体最大无氧功和无氧能力的一种方法，可以从能量供应的角度了解到 ATP – CP 和无氧酵解供能的状况。这一试验可用下肢或上肢进行负荷。测定方法及过程如下：

①测定受试者体重，计算试验负荷（表 3 – 12），调整自行车座椅的合适高度。

②准备活动。受试者骑功率自行车 2～4min，在活动期间让受试者心率达到 150～160 次/min 水平，可以有 2～3 次短时间的全力蹬骑。

③准备活动后休息 3～5min。

④正式试验。发出口令后，受试者尽全力蹬骑功率自行车，同时阻力迅速加大，在 2～4s 内达到预定负荷，之后，持续 30s 做全力最快速度蹬骑。

⑤测试人员在达到负荷后开始计算骑车圈数直到结束。然后将每 5s 的蹬车数代入下面公式计算蹬骑功率。

$$功率（W）= 负荷阻力（kg）\times 圈数 \times 11.765$$

此公式仅适用于 Monark 功率自行车，其他型号的功率自行车则采用下列公式计算更为适宜：最大无氧功率（第一个 5s）= 5s 最大蹬车圈数 × 前车轮周长 × 阻力 × 6.11，平均无氧功率则可将 6 个 5s 车轮转的圈数相加除以 6。

最大无氧功率的能量主要来源于 ATP 及 CP 的分解，平均无氧功率的能量来源于 ATP、CP 及无氧糖酵解。另外，还可以根据最高无氧功率和最低无氧功率计算出无氧功率递减率。

$$无氧功率递减率 = \frac{最高无氧功率 - 最低无氧功率}{最高无氧功率} \times 100\%$$

如果某人的最大无氧功率是 695W，最小无氧功率是 450W，则无氧功率的递减率为 35.3%。

Wingate 无氧功率试验是反映无氧能力较理想的试验，其测试得出的平均输出功率与速度性项目的运动成绩之间存在较密切的相关关系，其无氧功率递减率与速度耐力性项目有密切的关系。但 Wingate 无氧功率试验尚存在一些不足，如 30s 的全力运动尚不足以最大限度激活糖原的无氧酵解供能；所耗能量的 9%~19% 来自于有氧代谢。所以也有学者提出要把传统的 Wingate 无氧功率试验改为持续时间以 40s 为佳。

表 3-12　Wingate 负荷系数

负荷方式	性别	负荷系数
下肢负荷	男	0.083~0.092
	女	0.075
上肢负荷	男	0.058~0.067
	女	0.050~0.058

受试者指定负荷量 = 体重（kg）× 负荷系数

（2）魁北克（Quebec）90s 蹬车测验　受试者在 Monark 自行车功率计上骑行热身 5~10min，受试者的阻力负荷设置为每千克体重 0.05kg。速度要求 10~16m/s。受试者以 80r/min 的速度蹬踏，在 2~3s 内将阻力加上，发出"开始"命令，要求受试者在 20s 内尽量达到 130r/min，并尽力快骑，骑行 90s。每 5s 记录 1 次功率数值。结束测试，放松蹬骑 2~3min。

从测试中获得受试者：最大功率（全力蹬踏过程中的最大做功峰值，以 W 或 W/kg 表示）和 90s 平均功率（90s 测试中所有做功的平均值，以 W 或 W/kg 表示）。

（3）恒定负荷试验　受试者在相应的运动器械上维持恒定功率负荷的运动，直至不能维持止。最常用的是"无氧跑速试验"，即要求受试者在 20% 坡度的跑步机上以约 13km/h 的速度跑步，以受试者能够维持运动时间的长短来判定无氧做功能力。研究表明，训练有素的短跑运动员无氧做功能力明显大于耐力性项目的运动员。但如何准确判断受试者力竭始终是难以解决且影响检测结果的一个重要问题。

（三）无氧能力的生理学检测

如前所述，乳酸是糖原无氧酵解的产物，血乳酸浓度增高可保持运动能力不下降，被认为是无氧运动能力高的表现。因此，可以通过测试运动时的最大血乳酸水平来反映无氧能力的大小。因为个体差异较大，所有用此评价进行纵向对比时，更为可靠。

另外，许多研究发现，最大氧亏积累（maximal accumulated oxygen deficit，MAOD）是衡量机体无氧供能能力的重要标志，短跑运动员的无氧工作能力和运动成绩与最大氧亏积累高度相关。在剧烈运动时，需氧量大大超过摄氧量，肌肉通过无氧代谢产生能量造成体内氧的亏欠，称为氧亏。MAOD 是指人体从事极限强度运动时（一般持续运动 2~3min），完成该项运动的理论需氧量与实际耗氧量之差。

研究发现，MAOD 的分布范围较大，其中优秀短跑运动员的 MAOD 值明显高于耐力性项目的运动员；而对有氧和无氧代谢均有较高要求的中跑运动员，MAOD 值介于以上两者之间；最大氧亏积累值与 2~3min 或 60s 全力运动成绩的相关系数介于 0.66~0.97 之间。受试者在接受无氧训练后 MAOD 值明显增加。与此同时，运动成绩、机体缓冲能力等同步发生相应变化，说明 MAOD 值对无氧训练具有较大的敏感性及较好的无氧运动能力预测效度。

（四）提高无氧代谢能力的训练

1. 改善 ATP – CP 系统供能能力的训练

在发展磷酸原系统供能能力的训练中，为对 APT – CP 供能系统施加更大的刺激，主要是采用大强度低乳酸训练，即以采用短时间、高强度的重复训练为主。这种训练法持续时间很短，只有少量的乳酸产生，因而恢复较快，能很好地刺激 ATP – CP 系统。

剧烈运动后被消耗掉的磷酸原在 20 ~ 30s 内合成一半，3 ~ 4min 可完全恢复。因此一般的训练原则是：①最大速度或最大练习时间不超过 10s。②每次练习的休息间歇不能短于 30s，因为短于 30s 时 ATP、CP 在运动间歇中的恢复数量不足以维持下一次练习时对于能量的需求，所以一般以 60s 和 90s 为宜。③成组训练后，组间的休息不能短于 3 ~ 4min，因为 ATP、CP 的完全恢复至少需要 3 ~ 4min。

2. 改善糖酵解供能系统的训练

（1）最大乳酸训练　前面已述及，机体生成乳酸的最大能力和对乳酸的耐受能力可以反映机体的糖酵解无氧能力，大量的研究证明，它直接与短距离运动项目（超过 10s 运动时间）的成绩相关。研究表明，血乳酸在 12 ~ 20mmol/L 是最大无氧代谢训练所敏感的范围。采用一些运动时间在 60 ~ 90s 的间歇训练法可以使血乳酸水平达到较高水平，如采用间歇 4min 的 1min 超极量负荷运动，重复 5 次间歇训练后血乳酸浓度可达到一个很高的水平，最高值可达 31.1mmol/L（图 3 – 26）。所以此方式可以使身体获得最大的乳酸刺激，是提高最大乳酸能力的有效训练方法。

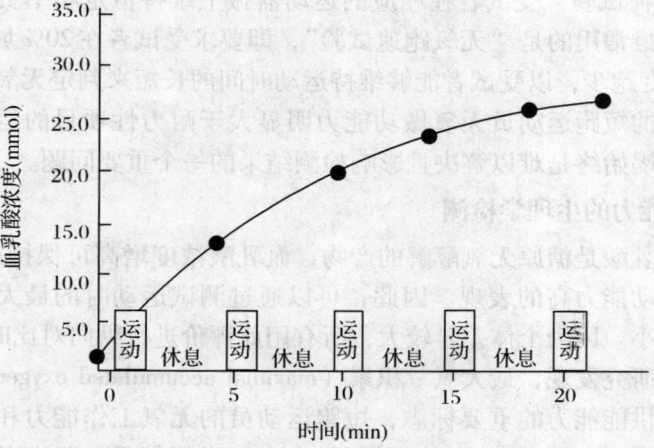

图 3 – 26　1min 跑并休息 4min 的血乳酸浓度的变化（5 次间歇）

为使运动中能产生高浓度的乳酸，练习强度和密度要大，间歇时间要短。练习时间一般应大于 30s，以 1 ~ 2min 为宜，间歇的时间以 3 ~ 5min 为宜。以这种练习强度和时间及间歇时间的组合，能最大限度地动用糖酵解系统供能的能力。

（2）耐乳酸训练　耐乳酸训练是指通过训练强度和间歇时间的控制，让机体的血乳酸水平维持在较高的水平，一般认为以血乳酸在 12mmol/L 左右为宜。通过耐乳酸训练，可以刺激机体对较高血乳酸水平的适应，提高机体缓冲乳酸能力和在高乳酸时肌肉中乳酸脱氢酶的活性。

训练中应注意控制训练中的强度不宜太大。因为血乳酸水平会急剧升高，将会因此导致之后的运动强度达不到预期的目标。训练中强度太小，血乳酸水平会处于较低水平，对机体的刺激量不够。以上的2种情况都会造成训练效果不佳。

综上所述，间歇训练既可以用于发展有氧能力，也可以用于发展无氧能力（包括ATP-CP系统和糖酵解系统），关键在于运动期和休息期以及运动期的工作强度等几个因素的安排，表3-13是用于不同训练目的的间歇训练的建议。

表3-13 对间歇训练的建议

间歇	训练目标	重复次数	时间	工作/休息	最大速度（%）	最大心率（%）
长	有氧能力 上限：乳酸阈	4~6	2~5min	1:1	70~80	85~90
中	糖酵解系统	8~12	60~90s	1:2	80~90	95
短	ATP-CP系统	15~20	30~60s	1:3	95	100
冲刺	速度	25	10~30s	1:3	100	100

本章小结

呼吸时由外呼吸、气体在血液中输运以及内呼吸3个环节组成，呼吸肌的节律性收缩是呼吸运动的原始动力，但肺内压和大气压之间的气压差则是推动气体进出肺的直接动力；气体交换的动力是各气体分压差，影响气体交换的因素主要有气体扩散速度、呼吸膜、通气/血流比值等。

O_2在血液中的运输主要是以HbO_2的形式进行的，而CO_2的运输则主要以HCO_3^-和$HbNHCOOH$的形式进行；氧解离曲线是表示PO_2与Hb结合O_2的关系曲线，在PCO_2升高、pH下降、温度升高、2，3-DPG升高时的氧解离曲线会右移，使HbO_2解离增加，有利于组织对O_2的摄取。

延髓是产生和调节呼吸运动最基本的中枢。血液中的化学物质O_2、CO_2、H^+浓度的变化可以通过中枢以及外周的化学感受器经神经到达相应呼吸中枢，进而对机体的呼吸运动进行反射性调节。运动时，根据具体的运动项目常采用深呼吸、与运动技术相配合以及合理憋气等呼吸形式，有利于运动成绩的提升。

需氧量是机体为维持某种生理活动所需要的氧量。在运动时实际吸入氧量不足以满足机体的需氧量时，两者的差值称为氧亏。运动结束后，机体的摄氧量并不能立即恢复运动前安静状态时的水平，运动后恢复期内高于安静状态的摄氧量称之为运动后过量氧耗。最大摄氧量是指机体在进行逐级递增负荷运动中，当机体摄取并利用氧的能力达到极限时，单位时间内机体摄取并利用氧的量称为最大摄氧量。最大摄氧量是评价机体有氧运动能力的良好指标，主要是由机体的心肺功能、肌细胞利用氧能力以及血液运输氧能力等决定，受遗传、性别、年龄、训练等因素影响。

无氧阈是机体在逐级递增负荷运动时，当运动强度到达某一点时，机体从以有氧代谢供能为主转向以无氧代谢供能为主的转折点（拐点），分为乳酸阈和通气阈，是衡量有氧工作能力的另一个良好指标。可以用"个体乳酸阈"评价有氧运动能力以及制定有氧运动强度。无氧运动能力是指机体在运动中主要通过无氧代谢途径供能进行运动的能力，包括 ATP – CP 系统和糖酵解系统供能。力量爆发型无氧运动能力的测试方法常用 Margaria 蹬台阶测试、纵跳摸高等。糖酵解系统运动能力的测试方法常用 Wingate 无氧测试、恒定负荷测试等。

复习题

1. 呼吸运动由哪几个环节组成，各个环节各有什么作用？
2. 试分析肺通气的动力和阻力。
3. 试述气体交换的过程以及影响气体交换的因素。
4. 试述 O_2 和 CO_2 在血液中的运输。
5. 简述氧解离曲线的特征和生理意义。
6. PCO_2、pH、PO_2 这三种化学因素对呼吸运动有哪些影响，其生理意义是什么？
7. 单次运动时肺通气将会有哪些变化以及长期训练后对肺通气和肺换气有哪些影响？
8. 运动时如何调整呼吸技术以适应各种项目的运动？
9. 试述最大摄氧量的概念、测试方法（直接测定法、间接推算法）及其指导意义？
10. 影响最大摄氧量的生理学基础有哪些？
11. 无氧阈的定义及其测试方法？
12. 判定通气阈有哪几种方法？
13. 促进人体有氧运动能力的训练方法有哪几种，其主要特点是什么？
14. 无氧运动能力的生理学基础有哪些？
15. 简述 Wingate 功率自行车测试的步骤以及评价方法。

思考与讨论

1. 如何设计一个测定全班 30 名同学乳酸阈强度的方案并做报告。
2. 请你设计一个利用间接测定法测定全班同学最大摄氧量的方案并做报告。

（陈　熙）

参考文献

[1] 王步标. 运动生理学. 北京：高等教育出版社，2006.

［2］朱大年．生理学．第七版．北京：人民卫生出版社，2008.

［3］邓树勋，陈佩杰，乔德才．运动生理学导论．北京：北京体育大学出版社，2007.

［4］吕新颖．运动生理学．南京：南京大学出版社，2009.

［5］John B. West. 呼吸生理学精要．张冰，译．北京：北京体育大学出版社，2009.

网 站 导 航

1. http//www. brianmac. demon. co. uk/VO$_2$max. htm

2. http：//www. healthsystem. virginia. edu/internet/anesthesiology－elective/airway/ventilation. cfm

3. http：//www. healthsystem. virginia. edu/internet/anesthesiology－elective/airway/ventilation. cfm

4. http：//www. anaes. med. usyd. edu. au/lectures/ventilation_ clt/ventilation. html

5. http：//www. unm. edu/ ~ lkravitz/Article% 20folder/optimizeendurance. html

6. http：//www. biosci. ohiou. edu/Faculty/schwirian/Athlete% 20&% 20Coaches% 20page/VO$_2$max% 20summary% 20results% 20Runners. htm

7. http：//www. coachr. org/lactate_ threshold_ application_ to_ training_ and_ performance. htm

8. http：//home. hia. no/ ~ stephens/ventphys. htm

第四章　免疫功能与运动能力

[2] 王大.运动与免疫.北京：人民体育出版社，2008.
[3] 邓树勋,乔德才.运动生理学.北京：北京体育学院出版社，2007.
[4] 王清玲.分子免疫学.天津：南开大学出版社，2009.
[5] John B.

1. http://www.innerman.demon.co.uk/VO2max.htm
2. http://www.healthsystem.virginia.edu/internet/anesthesiology-elective/sho...
tion.cfu

6. http://www.biosci.ohiou.edu/FacultyServ...Athletes%20S...%20C...
VO_max%20summary%20result%20%20Runners.htm
7. http://www.coachr.org/impulse_threshold_application_to_function_and_performance.htm

8. http://home.hia.no/~stephens/vendbyss.htm

掌握人体免疫系统组成、由 B 淋巴细胞介导的体液免疫反应和由 T 淋巴细胞介导的细胞免疫过程；运动负荷与免疫功能之间相互影响的关系和运动性免疫模式；运动免疫抑制的可能机制；免疫、特异性免疫、非特异性免疫、抗原、抗体、免疫器官、免疫细胞及免疫分子的概念和含义；了解采用营养、中医药和自我保护等措施调理运动性免疫抑制。

免疫（immunity）：免疫是指机体免疫系统识别自身与异己物质，并通过免疫应答排除抗原性异物，以维持机体生理平衡的功能。

非特异性免疫（non-specific immunity）：是机体与生俱有的抵抗体外病原体侵袭、清除体内抗原性异物的一系列防御能力，是在种系发育进化过程中形成的，经遗传获得的，称为先天性免疫。

特异性免疫（specific immunity）：特异性免疫是个体在生活过程中，因受病原微生物感染或人工接种疫苗使机体获得防御能力，又称获得性免疫。一般来讲，免疫指的是特异性免疫。

抗原（antigen，Ag）：抗原是指能够刺激机体产生（特异性）免疫应答，并能与免疫应答产物抗体和致敏淋巴细胞结合，发生免疫效应的物质。

抗体（antibody，Ab）：抗体是机体免疫细胞被抗原的 B 细胞增殖、分化为浆细胞所产生的一种蛋白，是一种能与相应抗原特异性结合的、具有免疫功能的球蛋白。

免疫球蛋白（immunoglobulin，Ig）：具有抗体活性或化学性质、与抗体相似的一类球蛋白，主要存在于血液、组织液和某些体液中。

补体（complement，C）：存在于正常人和动物血清与组织液中的一组经活化后具有酶活性的蛋白质。

细胞因子（cytokines，CK）：由多种细胞（淋巴细胞、巨噬细胞等）分泌的具有高活性，能在细胞间传递信息、具有免疫调节和效应功能的蛋白质或小分子多肽。

体液免疫（humoral immunity）：细胞免疫是 B 淋巴细胞受抗原刺激后，经一系列的分化、增殖成为浆细胞，浆细胞产生抗体，抗体进入体液发挥防御能力的一种特异性免疫。

细胞免疫（cellular immunity）：细胞免疫是指由 T 淋巴细胞在抗原刺激下活化、增殖、分化成效应 T 淋巴细胞，当相同抗原再次进入机体时，效应 T 淋巴细胞对抗原的直接杀伤作用及致敏 T 细胞所释放的细胞因子的协同杀伤作用，统称为细胞免疫。

运动性免疫抑制（exercise – induced immunosuppression）：运动性免疫抑制是指大负荷运动后，由于过度负荷导致机体免疫功能下降的现象，表现在免疫细胞数量减少，淋巴细胞转化能力降低，分泌型 IgA 明显减少（标志着抗感染能力降低），细胞因子的生成受到影响，对内毒素引起的免疫反应降低等。

+-

免疫功能是免疫系统在识别和清除非己抗原过程中所产生的各种生物学作用的总称，主要包括免疫防御、免疫自稳和免疫监视。现有的研究已经证实，长期进行适量的有氧运动有助于提高机体的免疫力，而长期从事大强度运动训练则会抑制机体的免疫力。这种免疫功能与运动之间的关系引起人们高度重视，并随着现代免疫学和分子生物学技术迅速发展，使免疫与运动成为运动医学领域研究的重要内容，可以为某些运动性疾病的发生找到机制，为解决这些问题打好基础。

第一节　免疫系统功能的生理学基础

人类生存在含有大量微生物——病毒、细菌、真菌、原生物和多细胞寄生虫的环境中，需要机体能抵御这些微生物的侵入，这些工作是由人体免疫系统发挥免疫功能来完成的。

一、免疫的基本概念

（一）免疫

免疫（immunity）一词来源于拉丁文 immunitas，为免疫学借用引申为免除瘟疫，即抵御传染病的能力。人类对免疫的认识是从研究机体对传染病的抵抗力开始的。人们早就发现，在某些传染病（如天花等）流行的过程中患病后幸免于死的人，往往会获得对该病的抵抗力，当该种传染病再度流行时可以安然无恙。在相当长时间里，人们朴素地认为，免疫就是机体抗感染的能力，并且对机体都是有利的。随着对免疫认识的不断深入，人们发现：①免疫不一定都是病原因子所引起，非病原微生物也能引起。②免疫功能不仅仅局限于抗感染，还有自身稳定和免疫监视的作用。③免疫反应的后果并不总是对机体有利，免疫过强或过弱都会引起免疫性疾病，如过敏反应、免疫缺陷综合征等。

免疫是指机体免疫系统识别自身与异己物质，并通过免疫应答排除抗原性异物，以维持机体生理平衡的功能。

（二）非特异性与特异性免疫

根据种系和个体免疫系统的进化、发育和免疫效应机制及其作用特征，通常把免疫分为非特异性免疫与特异性免疫。

1. 非特异性免疫

非特异性免疫（non – specific immunity）是机体与生俱有的抵抗体外病原体侵袭、清除体内抗原性异物的一系列防御能力，是在种系发育进化过程中形成的，经遗传获得的，称为先天性免疫。由屏障结构（皮肤与黏膜屏障、血 – 脑屏障、血 – 胎屏障）、吞噬细胞（中性粒细胞）及正常体液和组织免疫成分（补体）构成。

2. 特异性免疫

特异性免疫（specific immunity）是个体在生活过程中，因受病原微生物感染或人工接种疫苗而使机体获得防御能力，又称获得性免疫。一般来讲，免疫指的是特异性免疫。

特异性免疫是在非特异性免疫的基础上形成的。如进入机体的抗原，如果不经过吞噬细胞的加工处理，多数抗原将无法对免疫系统起到刺激作用，相应的特异性免疫也就不会发生。此外，特异性免疫的形成过程，又反过来增强了机体的非特异性免疫。如人体接种卡介苗以后，除了增强人体对结核杆菌的免疫能力以外，还增强了吞噬细胞对布氏杆菌和肿瘤细胞的吞噬、消化能力，增加了干扰素的含量等。

（三）抗原、抗体、免疫球蛋白

1. 抗原

抗原（antigen，Ag）是指能够刺激机体产生（特异性）免疫应答，并能与免疫应答产物抗体和致敏淋巴细胞结合，发生免疫效应的物质。抗原一般具有 2 种性质：一是免疫原性，即能与 B 细胞和 T 细胞抗原受体结合，刺激细胞活化、增殖、分化，产生抗体和致敏淋巴细胞的性能。二是抗原性，即能与相应的免疫应答产物抗体和致敏淋巴细胞发生特异性结合的性能。同时具有这两种性能的抗原物质称为免疫原，又称为完全抗原，即通常所指的抗原，如病原微生物、蛋白物质等。只具有抗原性而不具有免疫原性的抗原物质称为不完全抗原，或半抗原，如一些小分子化学物质、药物等。

2. 抗体

抗体（antibody，Ab）是机体免疫细胞被抗原的 B 细胞增殖、分化为浆细胞所产生的一种蛋白，是一种能与相应抗原特异性结合的、具有免疫功能的球蛋白。

3. 免疫球蛋白

具有抗体活性或化学性质、与抗体相似的一类球蛋白，主要存在于血液、组织液和某些体液中。根据存在部位，免疫球蛋白（immunoglobulin，Ig）可分为分泌型免疫球蛋白和膜型免疫球蛋白。根据免疫球蛋白 H 链 C 区的分子结构不同，可分为 IgG、IgA、IgM、IgD、IgE。

（四）补体、细胞因子

1. 补体

补体（complement，C）是存在于正常人和动物血清与组织液中的一组经活化后具有酶活性的蛋白质。早在 19 世纪末 Bordet 即证实，新鲜血液中含有一种不耐热的成分，可辅助和补充特异性抗体，介导免疫溶菌、溶血作用，这就是补体。目前已知补体是由 30 余种可溶性蛋白、膜结合性蛋白和补体受体组成的多分子系统，称为补体系统。根据补体系统各成分的生物学功能，可将其分为补体固有成分、补体调控成分和补体受体。补体系统具有溶菌、杀菌、细胞毒性、调理、免疫黏附、中和及溶解病毒以及炎症介质作用。

2. 细胞因子

细胞因子（cytokines，CK）由多种细胞（淋巴细胞、巨噬细胞等）分泌的具有高活性，能在细胞间传递信息、具有免疫调节和效应功能的蛋白质或小分子多肽。包括淋巴细胞产生的淋巴因子、单核细胞产生的单核因子、各种生长因子等。许多细胞因子是根据它们的功能命名的，如白细胞介素（IL）、干扰素（IFN）、集落刺激因子（CSF）、肿瘤坏死因子（TNF）、红细胞生成素（EPO）等。它们通过自分泌、旁分泌或内分泌方式发挥作用。细胞因子具有多效性、重叠性、协同性、拮抗性和双重性的作用特点。

二、免疫系统的组成

免疫系统执行机体的免疫功能，是机体发生免疫应答的物质基础，它由免疫器官、免疫细胞与免疫分子组成。

（一）免疫器官

免疫器官按功能不同分为中枢淋巴器官和外周淋巴器官，是免疫细胞分化、增殖与定居的场所。

1. 中枢免疫器官

人类和哺乳动物的中枢免疫器官由骨髓和胸腺组成。骨髓是主要的造血器官，是各类血细胞的发源地。骨髓中的多能干细胞，增殖分化为淋巴系和髓系干细胞，再进一步增殖分化为单能干细胞或前体细胞进入血流。胸腺是 T 细胞分化和成熟的场所，因而 T 细胞亦称胸腺依赖性 T 淋巴细胞。骨髓中的 T 淋巴系前体细胞（前体 T 细胞）经血循环进入胸腺后，也称胸腺细胞。它们在胸腺激素影响下，最终分化为成熟 T 细胞，随后释放入血液循环中。

2. 外周免疫器官

外周免疫器官是成熟 T 淋巴细胞、B 淋巴细胞等免疫细胞定居的场所，也是产生免疫应答的部位。有淋巴结、扁桃体及与黏膜有关的淋巴组织和皮下组织等。

（二）免疫细胞

免疫系统发挥其功能时，都是由各种免疫细胞协同完成的。参与免疫应答或与免疫应答有关的细胞，统称为免疫细胞。包括 T 淋巴细胞、B 淋巴细胞、单核吞噬细胞、粒细胞、NK 细胞、树突状细胞、肥大细胞等。

1. 淋巴细胞

淋巴细胞（lymphocyte）是白细胞的一种。由淋巴器官产生，是机体免疫应答功能的重要细胞成分。能接受抗原刺激而活化、增生分化、发生特异性免疫反应的淋巴细胞称为抗原特异性淋巴细胞或免疫活性细胞，即 T 淋巴细胞和 B 淋巴细胞。此外，还包括 K 细胞（killer，即杀伤细胞）、NK 细胞（natural killer，自然杀伤细胞）等。其中 T 淋巴细胞主要介导细胞免疫；B 淋巴细胞主要介导体液免疫；K 细胞能够杀伤被抗体（IgG）覆盖的靶细胞；NK 细胞能够直接杀伤某些肿瘤细胞或受病毒感染的细胞。

T 淋巴细胞，又称 T 细胞，是由胸腺内的淋巴干细胞分化而成，是淋巴细胞中数量最多，功能最复杂的一类细胞。按其功能可分为 3 个亚群：辅助性 T 细胞、抑制性 T 细胞和细胞毒性 T 细胞。辅助性 T 细胞（helper T cells，TH），具有协助体液免疫和细胞免疫的功能；抑制性 T 细胞（suppressor T cells，TS），具有抑制细胞免疫及体液免疫的功能；细胞毒 T 细胞（killer T cells，TC），具有杀伤靶细胞的功能；另外还有迟发性变态反应 T 细胞（TD），有参与 IV 型变态反应的作用；记忆 T 细胞（TM），有记忆特异性抗原刺激的作用。T 细胞在体内存活的时间可数月至数年。其中记忆细胞存活的时间则更长。

B 淋巴细胞，又称 B 细胞，由骨髓中的造血干细胞分化、发育而来。与 T 淋巴细胞相比，它的体积略大。这种淋巴细胞受抗原刺激后，会增殖、分化出大量浆细胞。浆细胞可合成和分泌抗体并在血液中循环。B 细胞在骨髓和集合淋巴结中的数量较 T 细胞多，在血液和淋巴结中的数量比 T 细胞少，在胸导管中则更少，仅少数参加再循环。B 细胞可分为 B_1 细胞和 B_2 细胞两大亚群。B_1 细胞为 T 细胞非依赖性细胞。B_2 细胞为 T 细胞依赖性细胞。B 细胞在体内存活的时间较短，仅数天至数周，但其记忆细胞在体内可长期存在。B 细胞具有产生抗体、呈递抗原、分泌细胞因子、参与免疫调节等功能。

2. 单核吞噬细胞

单核吞噬细胞（mononuclear phagocyte）包括分散在全身各器官组织中的巨噬细胞、单核细胞及幼稚单核细胞。共同起源于造血干细胞，在骨髓中分化发育，经幼单核细胞发育成为单核细胞，在血液内停留 12 ~ 102h 后，循血流进入结缔组织和其他器官，转变成巨噬细胞。这类细胞具有多种免疫功能，包括吞噬和杀伤作用，呈递抗原作用以及分泌作用。

3. 粒细胞

粒细胞（granulocyte）来源于骨髓中的髓系干细胞，成熟后被释放入血，根据胞浆颗粒对组织染料着色反应的不同，可分为中性粒细胞（neutrophil）、嗜酸性粒细胞（eosinophil）以及嗜碱性粒细胞（basophil），其中起免疫作用的主要是中性粒细胞。它占白细胞的总数 50% ~ 70%，是机体非特异性免疫系统的重要组成部分，协助对许多细菌和病毒性病原体的吞噬作用，并释放具有免疫调节作用的细胞因子。中性粒细胞被认为是体内最有效的吞噬细胞，而且在入侵病原体的早期控制中起着关键作用。

（三）免疫分子

免疫分子主要由 T 淋巴细胞、B 淋巴细胞和巨噬细胞受抗原刺激后所产生的，主要有抗体、补体和细胞因子等。免疫分子在抗原的刺激下，还能产生其他种类的免疫分子。随着免疫分子医学的研究和发展，人们将更多认识和了解免疫分子。

三、免疫反应

刺激 - 应答是生命活动的基本模式。人体对外环境的应答除了神经、内分泌反应外，还有免疫性应答的反应模式。这一发现对免疫学诞生、发展以及现代医学理论的形成和发展产生了重要影响。免疫应答或免疫反应是指机体受抗原性刺激后，体内免疫细胞发生一系列反应，以清除抗原性异物的生理过程。根据其效应机制可分为非特异性免疫反应和特异性免疫反应，而我们通常说的免疫反应是指后者。

（一）非特异性免疫反应抗感染的作用时相

非特异性免疫在发生抗感染作用的过程中，可以分为 3 个时相：即刻非特异性免疫反应、早期非特异性免疫反应、特异性免疫反应诱导阶段（表 4-1）。

表 4-1　非特异性免疫反应抗感染的作用时相

时相	时间	过程
即刻非特异性免疫应答阶段	感染 0~4h	体表屏障阻止病原体对上皮细胞的黏附，巨噬细胞和中性粒细胞吞噬清除，并通过激活补体旁路途径增强吞噬细胞的杀菌作用
早期非特异性免疫应答阶段	感染 4~96h	吞噬细胞活化，杀伤功能增强，产生大量细胞因子（IL-1、IL-6、IL-8、IL-12）；血管扩张，通透性增强，有助于血管内补体、抗体、急性期蛋白进入感染部位发挥作用，还能吸引血管和周围组织的吞噬细胞到达感染部位，增强抗感染能力，清除病原体
特异性免疫应答诱导阶段	感染 96h 以后	活化的吞噬细胞将加工处理过的病原微生物等抗原携带到局部淋巴结，通过与抗原特异性淋巴细胞之间的相互作用，诱导产生特异性免疫应答

（二）特异性免疫反应过程

为了便于理解，一般将特异性免疫反应过程分为以下 3 个阶段。①感应阶段：抗原呈递细胞捕获、加工呈递抗原和抗原特异性淋巴细胞识别抗原后的启动活化阶段，又称抗原识别阶段。②增殖与分化阶段：抗原特异性淋巴细胞的活化、增殖与分化，即淋巴细胞之间相互作用的阶段。③效应阶段：效应细胞和效应分子发挥作用的阶段。

执行特异性免疫反应的细胞是 T 淋巴细胞、B 淋巴细胞，我们将 T 淋巴细胞介导的免疫反应称为细胞免疫，由 B 淋巴细胞介导的免疫反应称为体液免疫。T 淋巴细胞、B 淋巴细胞表面有许多的抗原，在细胞免疫中具有重要作用。

1. 体液免疫

B 淋巴细胞存在于血液、淋巴结、脾、扁桃体及其他黏膜组织。体液免疫（humoral immunity）是 B 淋巴细胞受抗原刺激后，经一系列的分化、增殖成为浆细胞，浆细胞产生抗体，抗体进入体液发挥防御能力的一种特异性免疫。体液免疫反应过程见图 4-1。

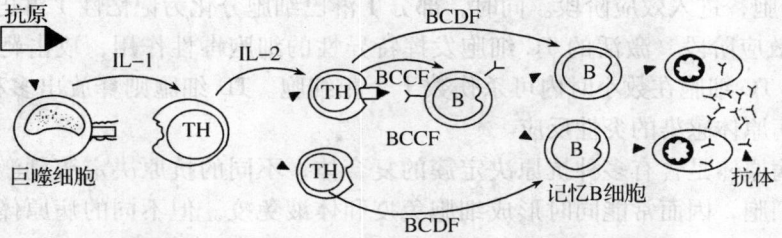

图 4-1　体液免疫反应过程示意图

（1）感应阶段　在感应阶段，进入体内的抗原被巨噬细胞捕获，进行吞噬加工处理后，呈递给 TH 细胞，TH 细胞受该抗原（处理过的）和白细胞介素 -1（IL-1）诱导而活化。这是一个抗原呈递过程。这个过程需要 MHC Ⅱ（major histocompatibility complex，主要组织相容性复合体）参与。

（2）增殖和分化阶段　TH 细胞被活化后，发生增殖并释放出白细胞介素 -2（IL-2）、B 淋巴细胞分化因子（BCDF）以及 B 淋巴细胞生长因子（BCGF）。BCDF 和 BCGF 能够使 B 淋巴细胞成熟、增殖和分化成浆细胞。

（3）效应阶段　在效应阶段进行着 2 个反应过程。第一，多数 B 淋巴细胞能够成为浆细胞，合成和分泌免疫球蛋白（抗体），然后由抗体直接或间接发挥免疫效应，杀灭进入人体的抗原物质。第二，小部分 B 淋巴细胞变为记忆性 B 淋巴细胞。以后若遇相同抗原刺激时可以很快产生相同抗体，并在相当长时间内维持较高的抗体浓度，对该病原体产生了抵抗力。

2. 细胞免疫

T 淋巴细胞执行的特异性细胞免疫是指 T 淋巴细胞在抗原刺激下活化、增殖、分化成效应 T 淋巴细胞，当相同抗原再次进入机体时，效应 T 淋巴细胞对抗原有直接杀伤作用及致敏 T 细胞所释放的细胞因子有协同杀伤作用，这种细胞免疫（cellular immunity）在胸腺依赖性抗原诱导的体液免疫应答中发挥重要作用。反应过程参见图 4-2。

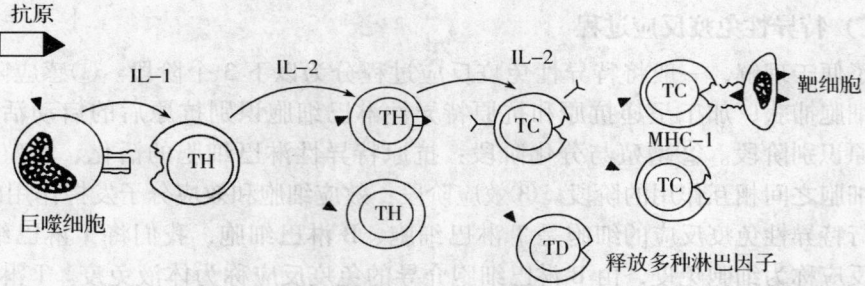

图 4-2　细胞免疫反应过程示意图

（1）感应阶段　T 淋巴细胞介导的细胞免疫反应的感应阶段，基本类似于 B 淋巴细胞介导的体液免疫反应过程的感应阶段。

（2）增殖和分化阶段　活化的 TH 细胞开始大量增殖，最终导致激活相应的 TD 细胞和 TC 细胞，进入效应阶段。同时，部分 T 淋巴细胞分化为记忆性 T 淋巴细胞。

（3）效应阶段　激活的 TC 细胞发挥特异性的细胞毒性作用，攻击靶细胞（病原体）。一个 TC 细胞在数小时内可杀伤数十个靶细胞。TD 细胞则释放出多种淋巴因子，参与对抗病原体感染的炎性反应。

一般病原体是含有多种抗原决定簇的复合体，不同的抗原决定簇刺激机体不同的免疫活性细胞，因而常能同时形成细胞免疫和体液免疫。但不同的病原体所产生的免疫反应，常以一种为主。如细菌外毒素需有特异的抗毒素与之中和，故以体液免疫为主；结核杆菌是胞内寄生菌，抗体不能进入与之作用，需依赖细胞免疫将其杀灭。而在病毒感染中，体液免疫可阻止病毒的血行播散，要彻底消灭病毒需依赖细胞免疫。

因此，在抗感染免疫中体液免疫与细胞免疫相辅相成，共同发挥免疫作用。

第二节　运动性免疫功能

参加运动的人群患病率较低，抵抗力增强，免疫力提高。但是，并非所有运动都有益于免疫功能，研究运动对免疫功能的影响非常必要。将在不同运动负荷作用下，人体免疫功能的动态变化过程和状态称为运动性免疫功能，主要表现为免疫功能的抑制、亢奋和相对稳定。

一、运动负荷与免疫功能

运动对机体是一种刺激形式，也可以看做是调节机体免疫功能的一种应激。运动影响免疫功能的程度依赖于运动负荷（强度、运动持续时间、密度）以及受试者的训练水平、健康状况、年龄、运动时的环境条件、运动时的心理状态等因素。

（一）中等运动负荷对免疫功能的影响

早在 20 世纪初就有报道适度的运动可降低感染的机会和严重程度。如中等强度的耐力运动改善了大鼠淋巴器官细胞功能的组成，使大鼠 NK 细胞活性显著升高。在人类的研究中也有相似结果。以自身活动能力的 65% ~70% 进行有氧运动的冠状动脉患者相对于不参加锻炼的对照组患者获得了明显而稳定的 T 淋巴细胞功能的增加。106 名坚持了 10 年网球运动的健康老年人，淋巴细胞转换率及血清免疫球蛋白水平也较不参加体育活动的同龄老年人有良好变化。这些说明，坚持适当的运动，可提高机体免疫功能，增强机体健康，延缓衰老。

流行病学调研结果显示，经常从事适中负荷的运动者比静坐工作者上呼吸道感染的发病率低。在适中负荷运动期间，免疫系统发生了有益的变化，降低了机体感染的危险，对全民健身提供了有意义的依据。

（二）大负荷运动对免疫功能的影响

与一般运动爱好者不同，一些优秀的高水平运动员却受到感染疾病的困扰，不仅影响健康，也影响了他们的运动能力，并有可能终止训练或比赛。不仅高水平运动员，美国一个运动科学学会对 2700 名高中生、大学教练进行了调查，87% 的人在剧烈训练期间和长距离竞赛后一两周呼吸道感染增加。研究表明是激烈的运动负荷引起运动员运动性免疫力低下，削弱了抵抗疾病的能力。

大量的人体试验和动物试验证实，长期大负荷运动后对免疫功能的负性影响主要表现在下列方面。

（1）淋巴细胞数量减少，增殖能力明显降低，表明细胞免疫功能受到损伤。

（2）主要免疫球蛋白 IgA、IgG 以及重要补体 C_3 和补体 C_4 含量显著降低。

（3）运动后血浆儿茶酚胺和可的松浓度（应激激素、免疫抑制激素）明显升高，并由此导致免疫细胞数量减少及活性降低等免疫功能负性变化。

（4）鼻腔中性粒细胞吞噬作用降低，血液中粒细胞氧化活性降低。

（5）NK 细胞的细胞毒性（反映机体抗病毒能力的重要指标）降低，丝裂原诱发的淋巴细胞增殖作用（衡量 T 淋巴细胞功能）降低。

（6）延迟性过敏反应（delayed - type hypersensitivity，DTH）降低。延迟性过敏反应是一个复杂的免疫过程，涉及到数种不同的细胞类型（包括 T 淋巴细胞）以及化学介导物质，表现为皮肤出现红疹等。

（7）持续时间较长、强度较大的运动训练会导致肌肉细胞受损，并继发性释放出亲炎性和抗炎性细胞因子。

（8）在离体发生的对丝裂原和内毒素的反应过程中，所生成的细胞因子减少。表明在大负荷运动之后，机体免疫系统产生细胞因子的能力降低。

（9）鼻腔和唾液的 IgA 浓度降低，鼻腔黏液清除作用降低。这表明上呼吸道清除外部病原体的能力受损。

（10）MHC - Ⅱ 的表达以及巨噬细胞的抗原呈递作用降低。表明大负荷运动会降低巨噬细胞对于 MHC - Ⅱ 的表达，从而负性地影响着向 T 淋巴细胞的抗原呈递过程。因此，也负性地影响着细胞免疫和体液免疫的反应过程。

因此，改善运动性免疫功能低下是提高优秀运动员体能的关键问题。

二、运动性免疫模式

在运动性免疫方面的研究中尽管有很多问题还没解决，但已有一些理论和假说渐渐形成，如"J"型曲线模式（J - shape model）、"开窗"（open window）理论模式、"神经 - 内分泌 - 免疫网络学说"、"免疫抑制因子调节"学说、自由基学说、营养物质耗竭学说、心理应激学说等。前两者是较为成熟的运动性免疫模式（exercise - induced immunity models），"J"型曲线模式反映了不同运动负荷对免疫功能的影响，"开窗"（open window）理论模式与运动训练引起的免疫抑制有关。另外，神经 - 内分泌 - 免疫网络学说认为机体是一个整体，免疫系统与神经系统、内分泌系统形成完整的调节通路，通过相互作用与反作用，对运动时身体功能做出有效的、准确的调节。

（一）"J"型曲线模式

1994，Nieman 提出了运动免疫的"J"形模型（图 4 - 3），反映了规律运动与上呼吸道感染发生率有一定的联系，即进行中等强度运动人群的上呼吸道感染发生率要低于不运动人群和高强度训练的运动员，三者相比，形成一条类似"J"字形的曲线。这是因为不运动者呈一种自然免疫状态，而大负荷、大运动量、较长持续时间且频度较高的运动训练，会抑制免疫功能。在这两极之间，有一适中的运动负荷、运动频度、运动量、持续时间的组合方式，既能有效地提高身体运动能力，又能有效地提高免疫功能。根据人体的免疫功能与运动量、运动负荷、持续时间等的密切关系，可以有效地指导大众体育锻炼，提高机体免疫功能。

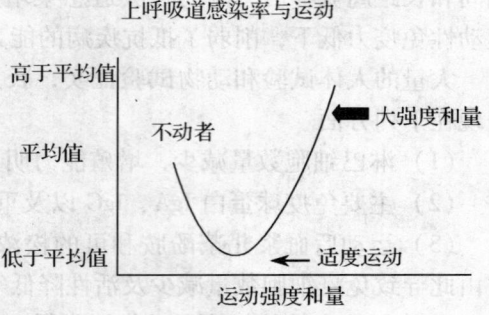

图 4 - 3 运动性免疫的"J"型曲线模式

（二）"开窗"理论模式

20 世纪 90 年代 Pedersen 提出了"开窗"理论（图 4 - 4），描述了急性大强度运动后运动员易感性增加的现象。即在一个大强度、持续时间长的急性运动中和运动后的一小段时间内，由于应激激素的急剧升高以及血流动力学发生的急剧变化，导致淋巴细胞等免疫细胞快速动员入血，使得淋巴细胞等的数量在运动期间急剧升高，淋巴细胞亚群比例发生明显改变，激活了免疫功能。而在激活后立刻伴随着较长时间（3 ~ 72h）淋巴细胞浓度下降，增殖分化能力及活

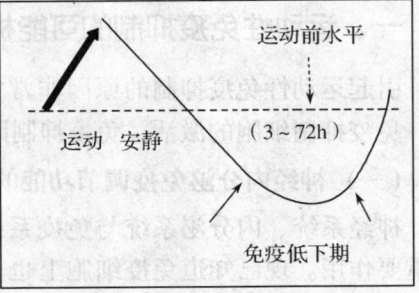

图 4 - 4　运动性免疫的"开窗"理论模式示意图

性降低，免疫球蛋白含量及功能低下，使免疫功能削弱。此时，各种细菌、病毒等病原体极易侵入人体并导致疾病发生，所以此时运动员易感率比平时明显上升，如有报道马拉松或超级马拉松比赛后的 2 周内，有 50% ~ 70% 的运动员发生上呼吸道感染症状。这一段免疫功能低下期，被称为"开窗"期，意为"免疫系统被打开了窗户，病原体可较自由地进入"。

（三）神经 - 内分泌 - 免疫网络学说

近年来，随着神经内分泌与免疫学研究的深入，发现免疫系统不仅是神经系统的效应器以及内分泌系统的靶器官，而且对神经系统和内分泌系统也产生反调控作用，于是构成了神经 - 内分泌 - 免疫调节环路：①下丘脑 - 垂体前叶 - 肾上腺皮质与单核细胞的 Mo - Mφ 环路。②下丘脑 - 垂体前叶 - 肾上腺皮质与胸腺环路。③下丘脑 - 垂体前叶 - 性腺轴系与胸腺环路。④下丘脑 - 垂体前叶与胸腺环路。

在机体对运动产生反应时，下丘脑是运动应激的主要发动者与组织者，下丘脑释放的促激素释放激素，通过门静脉等作用于垂体前叶，垂体前叶释放促激素，通过血液循环作用于不同的内分泌腺，调节相应激素的分泌活动。其中，下丘脑 - 垂体前叶 - 肾上腺皮质轴（HPA）是重要的神经内分泌轴，促肾上腺皮质激素释放激素（CRH）是最为活跃的激素。免疫分子如单核因子、淋巴因子、胸腺激素等对 HPA 轴有调节作用。如静脉注射白细胞介素 - 1，下丘脑 CRH 基因表达增强，正常大鼠垂体细胞中有白细胞介素 - 2 的表达，整体给予肿瘤坏死因子 - α 可明显提高血浆中促肾上腺皮质激素。因此，运动过程中免疫功能的改变可利用免疫信息分子反作用于神经、内分泌系统，三者相互协调共同维持运动时机体的稳态。

第三节　运动性免疫抑制

运动性免疫抑制（exercise - induced immunosuppression）是指大负荷运动后，由于过度负荷导致机体免疫功能下降的现象，表现在免疫细胞数量减少，淋巴细胞转化能

力降低，分泌型 IgA 明显减少（标志着抗感染能力降低），细胞因子的生成受到影响，对内毒素引起的免疫反应降低等。运动员为取得更好的成绩，加大训练强度及训练量，极易产生运动性免疫抑制，影响其正常训练和比赛。

一、运动性免疫抑制的可能机制

引起运动性免疫抑制的原因非常复杂，目前认为与神经内分泌免疫调节功能的紊乱、免疫抑制细胞的激活、免疫抑制因子的产生、免疫细胞损伤或凋亡等因素有关。

（一）神经内分泌免疫调节功能的紊乱

神经系统、内分泌系统与免疫系统以各自独特的方式，在维持机体内环境方面发挥重要作用。现已知道免疫细胞上也具有多种神经内分泌激素受体，当运动时神经内分泌系统发生改变，免疫系统也发生相应变化。另外，免疫细胞分泌的免疫分子也对神经-内分泌系统产生影响。它们之间相互作用构成了完整的神经-内分泌-免疫系统调节网络，实现运动时机体对免疫系统的调控。

1. 自主性神经系统的作用

中枢淋巴器官与外周淋巴器官接受交感神经、副交感神经的双重支配。自主性神经系统发挥免疫调控效应主要是通过神经末梢释放的神经递质等作用于靶细胞膜上的相应受体。影响作用主要包括：影响淋巴组织与器官血流的调控；淋巴细胞的分化、发育、成熟、移行与再循环；细胞因子和其他免疫因子的生成与分泌；免疫反应的强弱和维持的时间。

研究证实，交感神经兴奋一般引起抑制免疫效应，而副交感神经兴奋一般引起免疫增强效应。运动时交感神经兴奋而副交感神经受到抑制，会导致免疫功能降低。

2. 激素、神经递质等的作用

激素、神经递质、神经肽与细胞因子是对免疫功能具有最重要调控作用的调节物质。根据对免疫功能的调控作用，可将这些调节物质划分为两大类：免疫增强类调节物质与免疫抑制类调节物质。免疫增强类调节物质主要包括生长激素、促甲状腺素、甲状腺素、催乳素、乙酰胆碱、β-内啡肽、P 物质、褪黑激素等。免疫抑制类调节物质主要包括促肾上腺皮质激素释放激素、促肾上腺皮质激素、糖皮质激素、生长抑素、儿茶酚胺等。一般情况下，这两类调节物质在体内相互作用，维持机体正常的免疫反应与免疫适应。

运动时，这两类调节物质相互作用的力量会发生根本性变化。凡是与运动有关的应激激素等调节物质明显增加，而非应激激素等调节物质则处于相对抑制状态。应激激素等调节物质绝大部分为免疫抑制类调节物质，可对免疫系统产生强烈的抑制作用。尽管运动过程中生长激素等个别免疫增强性物质分泌量也有所增加，但其免疫增强效应远远小于免疫抑制效应，所以总效应表现出免疫抑制。

（二）免疫抑制细胞的激活

部分学者认为运动性免疫抑制与抑制性 T 细胞的过度激活有关。他们认为运动后抑制性 T 细胞的激活，可以控制运动后因自身抗原暴露或释放所造成的自身免疫损害。但是抑制性 T 细胞的过度激活，却影响了其他亚型 T 细胞、NK 细胞和巨噬细胞功能，结果导致训练后免疫抑制。陈佩杰等采用单克隆技术测定了运动员 4 周强化性训练前后 T 细胞亚型的变化，发现抑制性 T 细胞从训练前的 35% 增加到训练后的 43%，训练结束后 CD4$^+$/CD8$^+$ 比值小于 1。同时，过度训练也可使抑制性巨噬细胞增多，这种细胞分泌 PGE$_2$ 增多，从而使抑制性 T 细胞活性提高，加剧过度训练后的免疫抑制。

（三）免疫抑素、免疫抑制因子的作用

在应激情况下，血清也会出现多种免疫抑制因子（immune suppressive factor，ISF），又称免疫抑制蛋白（immune suppressive protein of stress，ISPS），分子量在 13 ~ 23kDa 之间，由 T 淋巴细胞产生，可抑制 T 淋巴细胞、B 淋巴细胞增殖，抑制 T 细胞产生 IL-2，抑制迟发过敏反应。

（四）免疫系统细胞损伤或凋亡

1. 氧自由基的作用

研究显示，急性运动中产生大量的自由基可渗透到免疫细胞核内，使嘧啶（内切核酸酶Ⅲ敏感部位）氧化，引起免疫细胞 DNA 损伤，进而引起免疫抑制。体内氧自由基上升幅度因运动负荷、运动量、持续时间不同而不同，并且这种升高现象在运动后仍然会持续相当长时间。另外，力竭运动可使大鼠胸腺细胞出现典型的凋亡特征，研究表明这种凋亡发生部分受糖皮质激素受体的介导。因此自由基或糖皮质激素受体介导的免疫细胞的直接损伤与运动性免疫抑制密切相关。

2. 低血糖的作用

血糖是运动时骨骼肌的主要能源。耐力性运动中糖作为主要的能源底物，消耗速度极快，并时常导致血糖浓度降低。血糖浓度降低后，会从以下 2 个方面对免疫功能形成抑制性效应。

（1）加强糖皮质激素的分泌 位于脑和肝脏中的葡萄糖感受器可以调节垂体-肾上腺皮质系统的功能，若血糖降低，会加强下丘-垂体-肾上腺轴（HPA 轴）的激活程度，促进糖皮质激素的分泌。糖皮质激素是强烈的免疫抑制剂，会引起机体的免疫抑制。

（2）淋巴细胞能源不足 运动时，血糖不仅是骨骼肌收缩的重要能源，而且也是免疫细胞的重要能源物质。所以运动引起血糖浓度下降，会直接影响淋巴细胞、巨嗜细胞等免疫细胞的能源供应，继而使免疫功能下降。

3. 谷氨酰胺浓度降低的作用

谷氨酰胺也是淋巴细胞、巨噬细胞的重要能源物质。肌肉释放谷氨酰胺影响免疫细胞利用谷氨酰胺的速率。当骨骼肌释放谷氨酰胺速率降低时，血浆中谷氨酰胺的浓度降低，免疫细胞利用谷氨酰胺的速率下降，进而影响到免疫细胞免疫功能。

研究表明，从事持续时间较长、强度较大的耐力性运动时，血浆谷氨酰胺会显著降低。尤其是过度训练，运动员血浆中谷氨酰胺下降更明显，而且时常伴有易感率上升、伤病难于恢复等免疫功能低下症状。由此可知，运动过程中肌肉释放谷氨酰胺减少、血浆谷氨酰胺浓度下降是导致运动性免疫抑制的重要因素之一。

二、运动性免疫抑制的生理意义

无论在运动过程中或是在运动恢复期中，所发生的运动性免疫抑制现象，对于机体健康有重要的生理学意义。

1. 充当运动应激过程中的保护性抑制

运动过程中，免疫抑制现象作为对运动应激活动的反作用，使机体不能将全部能量与功能能力动员出来从事运动，以免应激反应程度过高，影响机体安全。所以，在运动应激过程中，免疫功能充当着必不可少的保护性抑制角色。运动应激反应越激烈，持续时间越长，机体动员程度越大，免疫抑制程度相应越深、持续时间越长。免疫系统以此保持反应适度，保护机体安全。

2. 机体运动能力和状态的揭示信号

运动过程中，若运动负荷过大、持续时间过长时，运动系统动员程度过大、时间过长，必然会对身体造成严重危害。这时，机体利用免疫降低，进入免疫"开窗"期，容易患病，这些征象实质上是作为机体无法再继续工作的"信号"，提示机体应该适时"中止"运动。

运动后免疫抑制程度与运动量、运动强度直接有关，尤其与运动负荷关系更为密切。所以，机体承受的运动量越大，疲劳程度越深，所需恢复时间越长；相应的免疫抑制程度越深，抑制解除所需时间越长。在这一阶段，机体急需一个"恢复期"来保护内环境遭受急剧破坏后的身体安全，正如患病时需要卧床休息一样。此段时间免疫功能低下正是为了让运动员得到充分的恢复。

若机体在尚未恢复的情况下继续训练，则会造成"过度训练"或是"过度疲劳"。此时机体免疫功能可能会降至极低点，表现出身体抵抗力下降，易感率急剧上升。这时一定要强制性地要求机体减量或休息，以此保护机体安全。

3. 对神经内分泌系统反复调控，控制应激强度

在运动过程中合理训练和运动后合理调整，挖掘机体神经系统、内分泌系统的最大潜能，达到应激应答，发挥保护机体安全的作用。运动过程中，神经－内分泌系统功能占优势，免疫系统中只能通过白细胞介素等信息分子对下丘脑－垂体－肾上腺轴上位与下位激素进行反复调控，即尽量降低下丘脑－垂体－肾上腺轴对自己的抑制效应。运动后恢复期，免疫功能调控作用占优势，利用免疫低下现象强令机体减低代谢，尽快促进恢复。

机体通过神经－内分泌－免疫系统相互拮抗、平衡，调节着机体生理平衡，以保证机体安全、有效维持身体运动能力。

三、运动性免疫抑制的调理

目前，国内外非常重视运动免疫调理措施的研究，以期在训练过程中尽可能保护免疫功能，在训练后促进免疫功能的尽快恢复。常用调理措施主要有营养调理措施、中医药调理措施和自我保护调理措施等。

（一）营养调理

营养调理主要是针对影响免疫功能的重要营养因素来进行。

1. 糖的补充

补糖是目前国内外应用较为广泛的免疫调理手段。补充时间可在运动前、运动中、运动后。运动前补充不能距离训练开始时间过近，以免引起胰岛素效应，降低运动时的血糖。运动中补糖要少量、多次，浓度不宜过高。运动后补糖应在训练后立刻进行，以便维持血糖水平，促进免疫功能恢复和糖原的再合成。补糖的形式可以是高碳水化合物食物，如米饭、面条等主食，也可是运动糖饮料。

2. 谷氨酰胺的补充

谷氨酰胺的补充主要依靠应用药物制剂，多在运动后补充。

3. 抗氧化物的补充

一些抗氧化物（如维生素C、维生素E、胡萝卜素、乙酰半胱氨酸等）可提高机体的抗氧化能力。自由基不仅可以抑制免疫功能，而且是重要的致疲劳物质。因此，补充抗氧化物可谓"一箭双雕"，不仅有利于调理免疫功能，而且有助于促进疲劳的消除和身体功能的恢复。

4. 微量元素的补充

微量元素硒、铁、锌、铜等，具有保护细胞膜（包括免疫细胞），并促进身体功能恢复的作用。

（二）中医药调理

中医理论认为，"正气存内，邪不可干"，"邪之所凑，其气必虚"。免疫功能降低主要归因于正不压邪、阴阳失调所致。因此，对免疫功能进行调理的基本思路是扶正祛邪，调整阴阳。长期临床实践积累的大量方药中，补益类中药是补益人体气血不足，增强抗病能力，消除虚弱证候的一大类药，能调节机体内分泌和免疫功能、影响物质代谢、增强机体对内外环境的适应、恢复生理功能，达到扶正补虚、平衡阴阳气血的效果。

中医药是我国特有的宝贵资源，它不含违禁成分、无副作用，有其他手段无法比拟的优势，使之在运动免疫调节中的地位越来越得到肯定。

（三）自我保护调理

运动员自我保护调理措施包括：

（1）将训练之外的生活和精神压力降到最低限度。

（2）进食多样化的平衡膳食。

（3）避免过度训练和慢性疲劳。

（4）生活要有规律，保证睡眠充足。

（5）降体重的速度不宜过快。

（6）重大比赛之前，尽可能避免与病人接触，尽可能不到人多之处，减少感染机会。

（7）运动员到异地参加比赛，尤其是冬季比赛时，有条件时建议接种流感疫苗。

（8）如果患轻微感冒，待症状消失后再进行大强度训练比较安全。

（9）感冒较重，兼有发热、极端疲乏、肌肉疼痛以及淋巴结肿大等症状，应待彻底痊愈后再恢复大强度训练。

本章小结

本章主要介绍了人体的防御系统——免疫系统的构成及生理作用。免疫系统包括特异性免疫与非特异性免疫，它是由免疫器官、免疫细胞和免疫分子组成。

免疫器官包括骨髓、胸腺等中枢免疫器官和由淋巴结、脾脏、扁桃体组成的外周免疫器官。免疫细胞包括淋巴细胞、单核巨噬细胞及粒细胞，其中淋巴细胞在免疫反应中起着核心作用，它主要包括 T 淋巴细胞、B 淋巴细胞、K 细胞和 NK 细胞。免疫分子包括补体、抗体和细胞因子。机体免疫系统的生理作用主要通过由 B 淋巴细胞介导的体液免疫反应和由 T 淋巴细胞介导的细胞免疫反应起作用，免疫应答反应分为三步：感应阶段、增殖阶段和分化及效应阶段。

不同运动负荷对机体免疫功能产生不同的影响，适中运动负荷可提高人体免疫功能，降低对感染性疾病的易感率，长期大负荷训练对免疫功能起着抑制作用，其中大负荷运动训练抑制免疫功能的可能机制包括交感神经兴奋、应激激素升高、血糖和谷氨酰胺等因素。

复习题

1. 免疫的概念及免疫系统的组成。
2. 主要免疫细胞的主要作用。
3. 简述体液免疫和细胞免疫的过程。
4. 大负荷运动对机体免疫系统的影响。
5. 简述运动性免疫的"开窗"理论模式和"J"型曲线模式。
6. 阐述导致运动性免疫抑制现象的可能机制。

思考与讨论

体育锻炼与机体免疫系统的关系。

（刘海平　朱　荣）

参考文献

[1] Laurel Mackinnon. Advance in exercise immunology. 1st edition. Human Kinetics，1999.
[2] Bente Klarlund Pedersen，David C. Nieman. Exercise immunology：integration and regulation. Immunology Today，1998，19（5）：204~206.
[3] Gleeson M，Lancaster G L，Bishop N C. Nutritional strategies to minimise esercise – induced immuno-suppression in athietes. Can J Appl Physiol，2001，26 Suppl：S23~35.
[4] McKune A J，Smith L L，Semple SJ，et al. Influence of ultra – endurance exercise on immunoglobulin isotypes and subclasses. British journal of sports medicine，2005，39：665~670.
[5] 金伯泉. 细胞和分子免疫学. 北京：世界图书出版公司，1998.
[6] 何维. 医学免疫学. 北京：人民军医出版社，2005.
[7] 曲绵域. 实用运动医学. 北京：北京科学技术出版社，1996.

[8] 林学颜，张玲. 现代细胞与分子免疫学. 北京：科学出版社，1999.

[9] 郝选明. 高级运动生理学——理论与应用. 北京：高等教育出版社，2003.

[10] 杨锡让. 运动生理学进展. 北京：北京体育大学出版社，2000.

[11] 贺新怀，席孝贤. 中医药免疫学. 北京：人民军医出版社，2002.

网 站 导 航

1. http：//physrev. physiology. org/cgi/content/abstract/80/3/1055

2. http：//www. time－to－run. com/physiology/exercise－immune. htm

3. http：//ublib. buffalo. edu/libraries/projects/cases/ubcase. htm

4. http：//www. rice. edu/~jenky/sports/fatigue. html

5. http：//www. sportsoracle. com/uploads/2602. pdf

6. http：//www. warriorfx. com/2007/11/exercise－affects－on－the－immune－system

第五章　新陈代谢与体温

教学 目标

　　掌握人体的物质组成及主要营养物质在体内的代谢过程；热价、氧热价、呼吸商、基础代谢的概念及意义；体温的概念与正常值、机体的散热方式。了解物质代谢的基本生理过程及物质代谢的相互关系与调节；能量代谢的测定原理和方法。理解机体能量的来源和利用、影响能量代谢的因素、维持体温相对稳定的机制。

相关 概念

　　新陈代谢（metabolism）：生物体与外界环境之间的物质和能量交换以及生物体内物质和能量的转变过程叫做新陈代谢。

　　物质代谢（material matabolism）：物质在体内的消化、吸收、运转、分解等与生理有关的化学过程称为物质代谢。

　　能量代谢（energy metabolism）：生物机体内物质代谢过程中所伴随的能量释放、转移、贮存和利用称为能量代谢。

　　磷酸原供能系统（phosphagen energy supplying system）：通过 ATP、CP 的裂解瞬时供应能量的供能系统，称为磷酸原供能系统。

　　糖酵解供能系统（glycolytic energy supplying system）：通过葡萄糖或糖原的不完全氧化（经糖酵解途径生成乳酸）合成 ATP。主要满足短时间、大强度运动的能量供应，称为糖酵解供能系统。

　　有氧氧化供能系统（aerobic energy supplying system）：通过葡萄糖或脂肪的完全氧化（完全氧化为二氧化碳和水）合成 ATP，称为有氧氧化供能系统。

　　食物的热价（themal equivalent of food）：1g 某种食物氧化（或在体外燃烧）时所释放的热量称为该种食物的热价。

　　食物的氧热价（thermal equivalent of oxygen）：将某种物质氧化时，每消耗 1L 氧所产生的热量，称为该物质的氧热价。

　　呼吸商（respiratory quotient）：一定时间内机体呼出 CO_2 的量与吸入 O_2 量的比值（CO_2/O_2）称为呼吸商。

　　食物的特殊动力效应（specific dynamic effect）：由食物引起机体"额外"产生热量的作用称为食物的特殊动力效应。

基础代谢（basal metabolism）：是指基础状态下的能量代谢。

基础代谢率（basal metabolism rate, BMR）：是指单位时间内的基础代谢，即在基础状态下，单位时间内的能量代谢。

体温（body temperature）：机体的温度称为体温，通常生理学上的体温指机体深部的平均温度。

—·—

新陈代谢（metabolism）是指生物体与外界环境之间的物质和能量交换以及生物体内物质和能量的转变过程，是机体生命活动的基本特征。新陈代谢包括物质代谢和能量代谢。在身体不同状态时，人体新陈代谢中的物质能量变化也不同，各种生理功能是通过物质的新陈代谢实现的。机体在物质代谢过程中，将所摄入的营养物质的化学能转化为高能化合物的形式储存于 ATP 等物质中，ATP 等物质又可将其所含的能量释放出来，供生命活动所需。因此，物质代谢与能量代谢是密不可分的。

第一节 物质代谢

物质在体内的消化、吸收、运转、分解等与生理有关的化学过程称为物质代谢。物质代谢包括同化作用和异化作用两不同方向的代谢变化。同化作用又称合成代谢（anabolism），异化作用也称分解代谢（catabolism）。生物在生命活动中通过同化作用不断从外界环境中摄取营养物质，转化为机体的组织成分；同时机体本身的物质也不断分解成代谢产物，排出体外，释放的能量可供生理需要。物质代谢过程十分复杂，即使在一个细胞内进行的物质代谢，亦包含一系列相互联系的合成和分解的化学反应。

一、人体的物质组成

人体的物质组成可根据分子结构特点分为有机分子和无机分子。糖类、脂类、蛋白质、核酸和维生素是有机分子；水和无机盐是无机分子。也可根据代谢过程中的能理释放情况分为能源物质和非能源物质。能源物质包括糖类、脂类、蛋白质。这三类物质在分解代谢过程中，释放的能量是维系人体各种生命活动的主要来源。其余的称之为非能源物质，即核酸、水、无机盐、维生素。

人体不同的组织和器官中的物质组成均有所不同。水占体重的 60% ~ 80%，主要构成人体的体液，包括细胞外液和细胞内液。糖占人体干重 2%，主要以肝脏糖原和肌肉糖原及血糖存在。脂肪占体重的 12% ~ 22%，男子比女子的脂肪低，运动员比普通人脂肪含量低。蛋白质占人体组织干重的 80%，是人体主要结构和功能物质，人体一切基本生命活动都与蛋白质有关，运动可促进蛋白质合成增加，特别是肌肉的收缩蛋白。核酸有脱氧核糖核酸（DNA）及各种形式的核糖核酸（RNA）存在，占细胞干重的 5% ~ 15%。人体的无机盐约占体重的 5%，又可根据其在体内的量分为常（宏）量元素和微（痕）量元素，可作为结构物质，如骨骼，也可与蛋白质相结合，形成具有特殊功能的蛋白质。维生素在体内的含量很低，主要参与体内辅酶的构成（表 5 - 1）。

表 5 - 1 人体的物质组成

项目	种类	占体重%	与能量的关系	功能
有机分子	糖类	人体干重2%	供能底物	供能和结构组成
	脂肪类	体重的12%～22%	供能底物，尤其是长时间、低强度运动	供能和结构组成
	蛋白质	占人体组织干重的80%	供能底物	供能和结构组成
	核酸	占细胞干重的5%～15%	不供能，与某些调节物合成有关	结构和遗传物质
无机分子	维生素	-	与能量生成有关	维生素参与辅酶构成
	水	60%～80%	体液是能量代谢的场所，氧化磷酸化过程中水生成同时能量产生	构成人体的体液
	无机盐	-	参与能量生成的生化反应	某些无机盐可作为代谢调节物质

二、物质代谢的基本生理过程

物质代谢可分为3个基本生理过程，即消化与吸收、中间代谢和代谢产物的排泄。

1. 消化吸收

食物的营养成分，除水、无机盐、维生素和单糖等小分子物质可被机体直接吸收之外，多糖、蛋白质、脂类及核酸等都需经消化，分解成比较简单的水溶性物质，才能被吸收到体内。食物在消化道内经过酶的催化进行水解叫做消化；各种营养物质的消化产物、水、维生素和无机盐，经肠黏膜细胞进入小肠绒毛的毛细血管和淋巴管的过程叫做吸收。

2. 中间代谢

食物经消化吸收后，由血液及淋巴液运送到各组织中参加代谢，在许多相互配合的各种酶类催化下，进行分解和合成代谢，进行细胞内外物质交换和能量转变。

3. 排泄

物质经过中间代谢过程产生多种终产物，这些终产物再经肾、肠、肝及肺等器官随尿、粪便、胆汁及呼气等排出体外。

具体到某一特定的物质分子时，它可能并不完全经过这几个方面的过程，比如可能是外界的营养物质转变成自身的结构单位后，并不装配成自身的大分子，就被人体利用分解成小分子；亦或某一代谢过程的代谢终产物分子，可以被排出体外，也可能并不排出体外，而是被人体其他代谢过程利用，再合自身的分子结构单位。比如，有氧代谢的终产物之一的水分子，就可以被某些代谢再利用；对于糖无氧的代谢过程来说的终产物乳酸，又可以被有氧代谢过程利用等。

三、人体主要营养物质在体内的代谢

组成人体的物质，根据它们在代谢过程中的能量释放情况，及其在运动时代谢时能量的核心地位，可划分为能源物质和非能源物质。

(一) 机体能源物质的代谢

机体能源物质以糖类为主，以脂类、蛋白质类为辅，这三类物质在分解代谢过程中释放的能量，是维系人体各种生命活动的主要来源。

1. 糖代谢

糖是组成人体的重要成分之一，在人体组成中的含量约占人体干重2%。人体摄取自然界植物或动物性食物中的糖类，在消化酶的作用之下，转变为可以被吸收的葡萄糖分子（果糖可直接吸收，不需经转变），经小肠黏膜的上皮细胞葡萄糖运载蛋白转运进入血液，血液中的葡萄糖即为血糖。

血糖可以合成糖原，成为大分子的糖类，在肝脏中合成并贮存的称为肝糖原，在肌肉中合成并贮存的称为肌糖原。此外，肝脏还可以将体内的一些非糖类物质如乳酸、丙氨酸、甘油等物质合成葡萄糖，这一过程又称为糖异生作用。人体合成糖原和糖异生过程是糖的合成代谢。

肝脏、肌肉中的糖原以及血液中的葡萄糖又可进行分解代谢。糖在体内随着供氧情况的不同，分解供能的途径也不同。在氧供应充分时，葡萄糖可完全氧化分解成 CO_2 和 H_2O，释放大量能量，这种分解供能的途径称为糖的有氧氧化，1g 糖在体内完全燃烧释放 17kJ 的热量；在氧供应不足时，葡萄糖只分解到乳酸阶段，释放的能量很少，这种供能途径称为葡萄糖的无氧酵解。在一般生理情况下，绝大多数组织有足够的氧气供应，能够通过糖的有氧氧化获得能量。但在某些情况下，如进行剧烈运动时，骨骼肌的耗氧量猛增，此时呼吸与循环功能虽大幅度增强，仍不能满足需要，骨骼肌处于相对缺氧状态，它主要是依赖糖酵解来提供能量。糖酵解和糖的有氧氧化是运动时的主要代谢过程，肌肉收缩所需的能量比安静时几十倍、几百倍增加，因此，糖是运动过程中十分重要的供能物质。

2. 脂类代谢

脂肪（triglyceride，TP。亦称三酰甘油）是体内主要的贮能物质，通常贮存于皮下组织、内脏器官周围、肠系膜等处。人体摄入的脂肪主要来自于动物和植物油。脂肪的吸收和转运过程比较复杂，一般认为脂肪的吸收有两种方式：一种是小肠上皮细胞直接吞饮脂肪微粒；另一种是脂肪微粒的各种成分，分别进入肠上皮细胞，在细胞内，进入的脂肪分解产物又重新合成脂肪，形成乳糜微粒。乳糜微粒和分子较大的脂肪酸最后转移入淋巴管。甘油和分子较小的脂肪酸可溶于水，在吸收后扩散进入毛细血管。所以，脂肪的吸收有淋巴途径和血液途径两种，但以前者为主。

脂肪的分解代谢首先是脂肪分解成甘油和脂肪酸，甘油和脂肪酸再进一步分解成二碳单位，最终生成二氧化碳和水。脂肪供能的特点是氧化时释放的能量多，1g 脂肪在体内完全燃烧可释放 39.8 kJ 的热量。脂肪分解代谢释放的能量可用于多种生命活动过程，是长时间、低强度运动的重要供能物质。

3. 蛋白质代谢

蛋白质（protein）主要由氨基酸组成，体内的氨基酸来自外界摄入和体内自身蛋白质的分解。植物和动物性食物中均含有蛋白质，蛋白质分子在消化液作用下分解为氨基酸后，由小肠全部主动吸收。氨基酸吸收后，几乎全部通过毛细血管进入血液。

人体也可以利用糖或者脂肪代谢（三羧酸循环、糖酵解及磷酸戊糖途径）的一些中间体结合氨基合成某些氨基酸。

体内的氨基酸可以在体内各种不同的组织中合成蛋白质，人体内的蛋白质达10万种以上。正常生理状况下，主要用于合成细胞的组成成分，供生长发育、修复以及激素抗体酶和其他生物活性物质的合成。氨基酸的次要功能是可以作为机体的能源物质氧化供能，1g蛋白质在体内完全氧化大约释放18kJ的热量。氨基酸分解代谢中释放的能量可提供运动中的能量需要，但氨基酸分解所供应的能量占人体运动时总能量消耗的比例比糖和脂肪低。

（二）机体非能源物质的代谢

机体非能源物质包括水、无机盐和维生素。这三类物质虽然不能直接产生能量，但它们在能源物质的代谢及其调节过程中起着重要的作用。

1. 水代谢

水是人体主要的组成成分，是各种生理功能的基础。人体内的水主要从外界摄取，食物中的水分主要由小肠吸收，大肠可吸收通过小肠后余下的水分，而在胃中吸收很少。小肠吸收水分主要靠渗透作用，随之渗入上皮细胞，再进入血液。

人体的水含量高，正常人体每天水的摄入和排出处于平衡状态。水的来源主要是食物和饮料，排出形式主要是尿液。尿液的主要成分是水，同时还有其他代谢废物。正常成年人每日需经尿液排出的代谢废物约35g，至少需要500ml水作为溶剂。

人体内的水是体内生物化学反应的进行场所，水可以参与体温调节，起到润滑作用，并与体内的电解质平衡有关。运动时人的出汗量迅速增多，水的丢失增加。一次大强度、大运动量的训练可失水2~7L，水的丢失会降低运动能力。

2. 无机盐代谢

无机盐（inorganic salts）即无机化合物中的盐类，在生物细胞内一般只占鲜重的1.0%~1.5%。一般将占人体体重万分之一以上的元素称为常（宏）量元素，如碳、氢、氧、氮、磷、钙、钾、镁、钠、氯等；将占人体体重万分之一以下的元素称为微（痕）量元素，如铁、锌、铜、硒、锰、钒、锡、钼、氟、碘、锶、硅等。

人所摄入的食物中均含有较多的无机盐，一般单价碱性盐类，如钠、钾、铵盐吸收很快；而多价碱性盐类吸收很慢。凡能与钙结合而形成沉淀的盐，如硫酸盐、磷酸盐和草酸盐等，则不能吸收。三价的铁离子不易被吸收，维生素C可使高价铁还原为2价的亚铁而促进其吸收。钙的吸收需要维生素D的存在，钙盐在酸性环境下溶解较好，吸收较快。进入体内的钙、镁、磷主要以磷酸盐的形式存在于骨骼中，作为结构物质，其他少量的钙、镁以离子形式存在。细胞中无机盐的含量很少，约占细胞总重的1%。

盐在细胞中解离为离子，离子的浓度除了具有调节渗透压和维持酸碱平衡的作用外，还有许多重要的作用。主要的阴离子有 Cl^-、PO_4^{3-} 和 HCO_3^-，其中磷酸根离子在细胞代谢活动中最为重要：①在各类细胞的能量代谢中起着关键作用。②是核苷酸、磷脂、磷蛋白和磷酸化糖的组成成分。③调节酸碱平衡，对血液和组织液pH起缓冲作用。

3. 维生素代谢

维生素是维持人体生命活动必需的一类微量有机物质，在人体生长、代谢、发育过程中发挥着重要的作用。一般根据溶解性质分为水溶性维生素和脂溶性维生素。水溶性维生素有维生素 B_1、维生素 B_2、烟酸和烟酰胺、维生素 B_6、泛酸、生物素、叶酸、维生素 B_{12} 和维生素 C 等；脂溶性维生素有维生素 A、维生素 D、维生素 K、维生素 E 等。水溶性维生素一般以简单的扩散方式被吸收。脂溶性维生素的吸收也可能是简单的扩散方式。吸收维生素 K、维生素 D 和胡萝卜素（维生素 A 的前身）需有胆盐存在。

各种维生素的化学结构以及性质虽然不同，但它们却有着以下共同点：①维生素均以维生素原（维生素前体）的形式存在于食物中。②维生素不是构成机体组织和细胞的组成成分，它也不会产生能量，它的作用主要是参与机体代谢的调节。③大多数的维生素，机体不能合成或合成量不足，不能满足机体的需要，必须通过食物中获得。④人体对维生素的需要量很小，日需要量常以毫克（mg）或微克（μg）计算，但一旦缺乏就会引发相应的维生素缺乏症，对人体健康造成损害。维生素的缺乏会影响酶的催化，影响新陈代谢，会降低运动能力。在体内不缺乏维生素时，过量摄入维生素没有提高运动能力的作用。

四、物质代谢的相互关系与调节

生物体内的物质代谢是一个完整而又统一的过程，这些代谢过程是相互制约、相互促进的。生物体内三大物质糖、脂类及蛋白质的代谢密切联系，主要表现在三者之间的代谢中间产物可以相互转变（图 5 - 1）。

（一）物质代谢的相互关系

物质代谢通过各代谢途径的共同中间产物相互联系，但在相互转变的程度上差异很大，有些代谢反应是不可逆的。生物化学研究表明，三羧酸循环是三大营养物质最终代谢途径，是转化的枢纽。

1. 糖代谢与脂肪代谢的关系

糖可以转变为脂肪：葡萄糖代谢产生乙酰 CoA，羧化成丙二酰 CoA，进一步合成脂肪酸。糖分解也可产生甘油，与脂肪酸结合成脂肪，糖代谢产生的柠檬酸，ATP 可变构激活乙酰 CoA 羧化酶，故糖代谢不仅可为脂肪酸合成提供原料，更可促进这一过程的进行。

在动物和人体，脂肪大部分不能变为糖，脂肪分解产生甘油和脂肪酸。脂肪酸分解生成乙酰 CoA，但乙酰 CoA 不能逆行生成丙酮酸，从而不能循糖异生途径转变为糖。甘油可以在肝、肾等组织变为磷酸甘油，进而转化为糖，但甘油与大量由脂肪酸分解产生的乙酰 CoA 相比是微不足道的，故脂肪绝大部分不能转变为糖。

2. 糖代谢与蛋白质代谢的关系

糖不能转变成蛋白质，而蛋白质可转变成糖。糖代谢的中间产物如丙酮酸等可通过转氨基作用合成非必需氨基酸，但体内不能转化合成必需氨基酸。蛋白质分解的大部分氨基酸（除亮氨酸、赖氨酸外）可变为糖。

3. 脂肪代谢和蛋白质代谢的关系

脂肪绝大部分不能转变为蛋白质，因为脂肪酸转变成氨基酸仅限于谷氨酸，且需草酰乙酸存在（来源糖）。蛋白质可以变为脂肪，各种氨基酸经代谢都可生成乙酰 CoA，乙酰 CoA 在体内合成脂肪酸和胆固醇，脂肪酸可进一步合成脂肪。

4. 核酸和其他物质代谢的关系

核酸和其他物质代谢的关系密切。核酸通过控制蛋白质的合成影响细胞的组成成分和代谢类型，核酸代谢离不开酶及调节蛋白。

许多核苷酸在物质代谢中起重要作用，尿嘧啶三磷酸核苷酸（UTP）参与糖的合成，胞嘧啶核苷酸（CTP）参与磷脂的合成，CTP 为蛋白质合成所必需。许多辅酶为核苷酸衍生物。氨基酸及其代谢产生的一碳单位，糖代谢磷酸戊糖途径产生的磷酸核糖是合成核苷酸的原料。

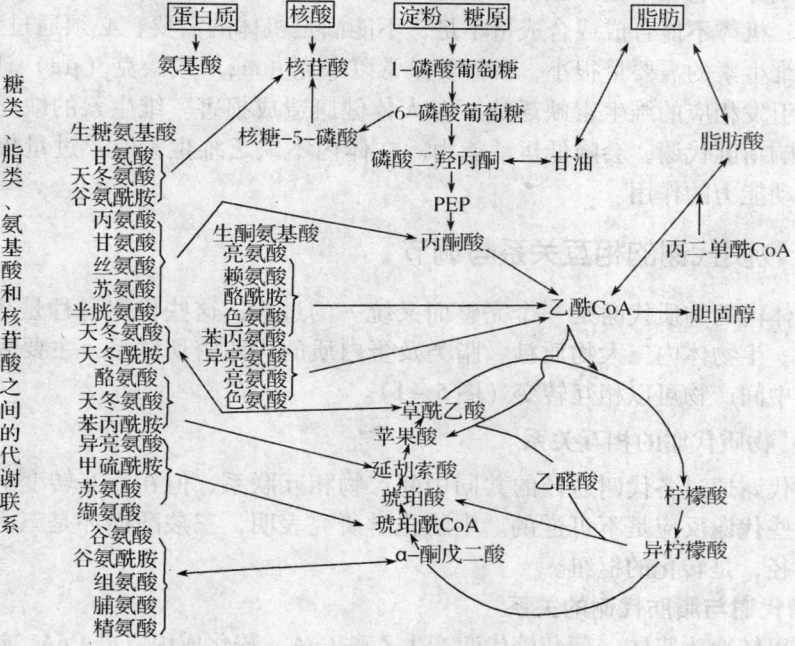

图 5 - 1　三大营养物质的物质代谢途径示意图

（二）物质代谢的调节

正常情况下，机体各种代谢途径是相互联系，相互协调进行的，以适应内外环境不断变化，保持机体内环境的稳态，从而有利于保持机体正常的生理环境。代谢调节普遍存在于生理界，进化程度越高的生物其代谢调节方式愈复杂。

代谢调节按其调节水平，大致分为细胞水平、激素水平、整体水平三级代谢调节。其中细胞水平代谢调节是基础，激素及整体水平的调节都是通过细胞水平的调节实现的。

1. 细胞水平的调节

细胞水平的调节是生物体最基本的调节方式，主要是通过改变限速酶的结构或含量以影响酶活性，对物质代谢进行调节。所谓限速酶是指整条代谢通路中催化反应速度最慢的酶。这些限速酶不但可以影响整条代谢途径的总速度，甚至还可改变代谢方向。

2. 激素（内分泌）水平的调节

细胞与细胞之间，以及各远离的器官之间，可通过激素来调节其代谢与功能。主要是通过与靶细胞受体特异结合，将激素信号转化为细胞内一系列化学反应，最终表现出激素的生物效应。激素是靶细胞外的信号分子，对代谢的调节是通过细胞信息传递，需受体介导的，受体的作用有专一性、可逆性、放大性。

3. 整体水平的调节

机体通过神经体液途径，对各组织的物质代谢进行调节，以适应不断变化的内外环境，力求在动态中维持相对的稳态，利于组织更新及提供生命活动的能源。以饥饿为例：短期饥饿时，肝糖原分解增强，肝中糖异生增加，维持血糖浓度恒定，为脑组织提供能源物质；脂肪动员增加，分解产生脂肪酸，为肌肉组织提供能源物质。长期饥饿时，肝糖原耗竭，糖异生作用减弱；脂肪大量动员，其中间代谢产物酮体成为脑、心、肾、肌肉组织的主要供能物质。

第二节　能量代谢

人体各种生命活动都与能量代谢的过程密切相关，通常把生物机体内物质代谢过程中所伴随的能量释放、转移、贮存和利用称为能量代谢（energy metabolism）。机体生理活动所需能量来源于食物中的糖（60% ~ 70%）、脂肪（30% ~ 40%）和蛋白质（少量）。正常生理情况下，体内的糖和脂肪供能，特殊情况下（长期饥饿或体力极度消耗时）蛋白质参与供能。其他营养物质如维生素、矿物质、水则主要在调节能源物质代谢的化学反应中发挥重要的介导作用。

一、机体能量的来源和利用

三磷酸腺苷（adenosine triphosphate，ATP）是体内的能量转化和利用的关键物质，是体内直接的供能物质和储能物质。生物体内的能量代谢即能量的释放、转移和利用等过程是以 ATP 为中心进行的。

（一）ATP 的分解——机体生理活动的直接能源

ATP 是一种存在于细胞内（胞浆和核浆内）、由自身合成并可迅速分解被直接利用的一种高能磷酸化合物。它由一个腺嘌呤、一个核糖和三个磷酸基团组成核苷酸，故称腺苷三磷酸。在 ATP 分子中的 2 个磷酸间以酐键相结合的键称为高能磷酸键，通常用"~"来表示（图 5 - 2）。

ATP 的分解释放能量（放能），实际上是被酶断开末端高能磷酸键，水解成 ADP（二磷酸腺苷）和 Pi（磷酸），并释放出能量被人体直接利用的过程，以实现各种生理功能。即：

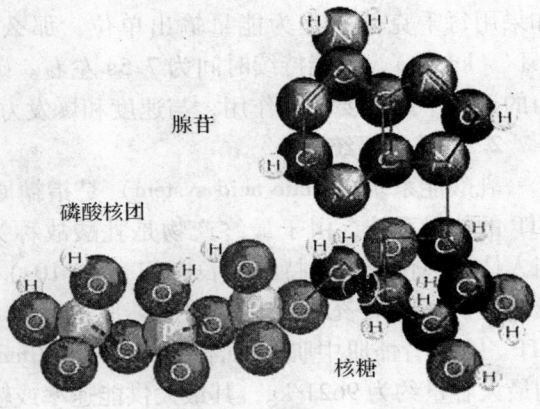

图 5 - 2　ATP 分子结构

$$ATP \xrightarrow{\text{ATP 酶}} ADP + Pi + 能量$$

在体内所有高能磷酸化合物中，以 ATP 末端的高能磷酸键最为重要，水解时可释放出自由能 29.3 ~ 50.2kJ/mol（7 ~ 12kcal/mol）。人体骨骼肌中 ATP 的含量较为恒定，含量约为 4 ~ 5mmol/kg 湿肌。肌肉收缩时所需要的 ATP 数量为 10mmol/（kg·s），因此肌肉中的 ATP 一旦被动用，则会立即通过 ATP 的再合成方式进行补充，使得肌肉中的 ATP 含量始终保持恒定。

（二）ATP 的再合成 – 能储过程

ATP 在细胞内的再合成实际上是 ADP 与 Pi 再连接，是一个磷酸化的吸能过程。被吸收的能量只能利用食物中的糖、脂肪、蛋白质，在细胞内的中间代谢过程中从无氧或有氧的分解方式中获得。无氧分解只有糖，它是在胞浆内以底物水平磷酸化进行的；而有氧分解主要是在线粒体内以氧化磷酸化进行的。线粒体是细胞有氧氧化生成能量的主要场所。在复杂的中间代谢的总过程中，约有能量的 40% 以化学能的形式转移到 ATP 分子结构中，另外约有 60% 以热能的形式维持代谢环境的正常体温，最终都要散发出体外。

根据 ATP 再合成的能源物质代谢，机体供能过程可分成 3 个系统，即磷酸原系统、乳酸能系统和有氧氧化系统。

1. 磷酸原系统

磷酸原系统（phosphagen system）通常是指 ATP 和磷酸肌酸（phosphocreatine，CP）组成的系统，由于两者的分子结构中均含有高能磷酸键，在代谢中通过转移磷酸基团的过程释放能量，所以将 ATP – CP 合称为磷酸原，因此由 ATP – CP 分解反应组成的功能系统称为磷酸原供能系统。

磷酸肌酸是 ATP 在细胞内的一种储存形式，当 ATP 生成较多时，可将含有高能磷酸键的 ~Pi 转移给肌酸（creatine，P）而形成 CP，是体内快速可动用的"能量库"。肌肉中 CP 储量约为 18 ~ 20 mmol/kg 湿肌，是 ATP 的 3 ~ 5 倍。CP 能以 ATP 分解的速度最直接地使之按 1∶1 的比率再合成。

肌细胞内 ATP – CP 储量约 23 ~ 25mmol/kg 湿肌，供能的总容量约为 420J/kg 湿肌，如果用每千克体重作为能量输出单位，那么，该系统的最大供能速率或输出功率为 56J/（kg·s），供能持续时间为 7.5s 左右。磷酸原系统在短时间、最大强度或最大用力的运动中起主要供能作用，与速度和爆发力密切相关。

2. 乳酸能系统

乳酸能系统（lactic acid system）是指糖原或葡萄糖在细胞胞浆内无氧分解再合成 ATP 的能量系统，由于最终产物是乳酸故称为乳酸能系统。在大强度的肌肉活动时，当人体肌肉快速运动持续较长时间（8 ~ 10s）后，磷酸原供能系统的供能能力已不能及时提供 ATP 补充，于是动用肌糖原进行无氧代谢供能，该能量由 ADP 接受，合成 ATP。人体骨骼肌中肌糖原含量约为 50 ~ 90mmol/kg 湿肌，据此计算的乳酸能系统供能的最大容量约为 962J/kg，其最大供能速率或输出功率为 29.3J/（kg·s），供能持续时间为 33s 左右。

乳酸能系统供能不需氧，但产生乳酸堆积，乳酸的堆积可导致疲劳。当运动强度增加、持续时间在 1min 左右时，糖原是无氧代谢的唯一能源。该系统是 1min 以内要求高功率输出运动时 ATP 再合成的主要途径。

3. 有氧氧化系统

有氧氧化系统（aerobic oxidation system）是指糖、脂肪和蛋白质在细胞内（主要是线粒体内）彻底氧化成 H_2O 和 CO_2 的过程中，再合成 ATP 的能量系统。有氧氧化是人体获得能量的主要方式。在长时间的运动过程中，尤其是运动开始阶段，糖被大量利用。随着运动的继续，脂肪成为合成 ATP 的主要能量来源，如马拉松跑的后期，约有80% 的 ATP 来自脂肪氧化。长时间的运动过程中氨基酸氧化可提供肌肉活动中5% ~ 15% 的能量。在糖原储备充足时，蛋白质供能仅占总热能量的5% 左右。大部分肌肉活动情况下氨基酸供能占 6% ~ 7%，在肌糖原耗竭时，氨基酸供能可升至10% ~ 15%，这取决于运动的类型、强度和持续时间。

二、能量代谢的测定与评价

一般用能量代谢率来评价不同个体或同一个体不同状态下的能量代谢状况。能源物质中蕴藏的化学能最终转化为热能和所做的外功，测定一定时间内机体所消耗的能源物质，或者测定机体所产生的热量与所做的外功，都可算出整个机体的能量代谢率。

（一）能量代谢测定的相关概念

1. 食物的热价

1g 某种食物氧化（或在体外燃烧）时所释放的热量称为该种食物的热价（亦称卡价 caloric value）。热价有生物热价和物理热价之分，它们分别是指食物在体内氧化和在体外燃烧时释放的热量。糖和脂肪在体内外氧化的产物完全相同，故物理热价和生物热价相同，糖为 17.2kJ（4.1kcal），脂肪为 39.7kJ（9.5kcal）。但蛋白质的生物热价18.0kJ（4.3kcal）比物理热价23.4kJ（5.6kcal）低，说明蛋白质在体内是不能被完全氧化分解，有一部分主要以尿素形式从尿中排泄的缘故。如将每克蛋白质产生的尿素继续燃烧，还可产生 1.5cal 热，加上生物热价之和，则恰好是物理热价。在三大类营养物质中，脂肪的热价最高，大约是糖或蛋白质的 2 倍。

2. 食物的氧热价

将某种物质氧化时，每消耗 1L 氧所产生的热量，称为该物质的氧热价（thermal equivalent of oxygen）。实验测知糖的氧热价为 20.9kJ（5.0kcal），脂肪的氧热价为19.6kJ（4.7kcal），蛋白质的氧热价为18.8kJ（4.5kcal）。

3. 呼吸商

一定时间内机体呼出的 CO_2 的量与吸入的 O_2 量的比值（CO_2/O_2）称为呼吸商（respiratory quotient，RQ）。葡萄糖氧化时产生的 CO_2 量与所消耗的 O_2 量是相等的，所以糖的呼吸商等于 1。脂肪和蛋白质的呼吸商则分别为 0.71 和 0.80。

$$RQ = \frac{二氧化碳产量（ml）}{氧耗量（ml）}$$

我们可以根据呼吸商的大小来推测能量的主要来源。如呼吸商越接近于 1.0，反映体内氧化的营养物质中糖类的比例越高；相反，若呼吸商越接近于 0.71，则表示机体主要以氧化脂肪供能。一般情况下摄取混合膳食的人，呼吸商约为 0.82，根据呼吸商，可以计算或查出氧热价（表 5 - 2）。

表 5 – 2　三种营养物质氧化时的能量代谢相关指标

营养物质	产热量（kJ/g）		耗氧量（L/g）	CO_2 产量（L/g）	氧热价（kJ/L）	呼吸商（RQ）
	物理热价	生物热价				
糖	17.00	17.00	0.83	0.83	21.00	1.00
蛋白质	23.50	18.00	0.95	0.76	18.80	0.80
脂肪	39.80	39.80	2.03	1.43	19.70	0.71

4. 非蛋白呼吸商

蛋白质在体内不能充分氧化，可以通过含氮量来估计蛋白质的代谢量。据测定蛋白质含氮量为 16%，所以 1g 尿氮相当于 6.25g 蛋白质，故将测得尿氮量乘 6.25 即为蛋白质的代谢量，然后从测得的氧耗量和 CO_2 产量的总数中减去相当于蛋白质分解的 O_2 耗量和 CO_2 产量，就可以计算出糖和脂肪分解的耗 O_2 量和产生 CO_2 量的比值，这样求出的呼吸商称为非蛋白呼吸商（nonprotein respiratory quatient，NPRQ）。NPRQ 是估计非蛋白代谢中糖和脂肪氧化的相对数量的依据。研究工作者早已按从 0.707 ~ 1.000 范围内的非蛋白质呼吸商，算出糖和脂肪两者氧化的各自百分比以及相对应的氧热价。

（二）能量代谢的测定

热力学第一定律指出：能量由一种形式转化为另一种形式的过程中，既不能增加，也不减少。这是所有形式的能量（动能、热能、电能、化学能）互相转化的一般规律，也就是能量守恒定律。机体的能量代谢也遵循这一规律，即在整个能量转化过程中，机体所利用的蕴藏于食物中的化学能与最终转化成的热能和所做的外功，按能量来折算是完全相等的。因此，测定在一定时间内机体所消耗的食物，或者测定机体所产生的热量与所做的外功，都可测算出整个机体的能量代谢率（单位时间内所消耗的能量）。

测定整个机体单位时间内发散的总热量，通常有两类方法：直接测热法和间接测热法。

1. 直接测热法

直接测热法（direct calormetry）是测定整个机体在单位时间内向外界环境发散的总热量。此总热量就是能量代谢率。如果在测定时间内做一定的外功，应将外功（机械功）折算为热量一并计入。直接测热法的设备复杂，操作繁琐，使用不便，因而极少应用。一般都采用间接测热法。

2. 间接测热法

在一般化学反应中，反应物的量与产物量之间呈一定的比例关系，这就是定比定律。如氧化 1mol 葡萄糖，需要 6mol O_2，同时产生 6mol CO_2 和 6mol H_2O，并释放一定量的能。下列反应式表明了这种关系：

$$C_6H_{12}O_6 + 6O_2 \rightarrow 6CO_2 + 6H_2O + \Delta H$$

同一种化学反应，不论经过什么样的中间步骤，也不论反应条件差异多大，这种定比关系仍然不变。如在人体内氧化 1mol 葡萄糖，同在体外氧化燃烧 1mol 葡萄糖一样，都要消耗 6mol CO_2 和 6mol H_2O，而且产生的热量也相等。一般化学反应的这种基本规律也见于人体内营养物质氧化供能的反应（蛋白质的情况下有些出入），所以它成了能量代谢间接测热法（indirect calorimetry）的重要依据。

间接测热法的基本原理就是利用这种定比关系，查出一定时间内整个人体中氧化分解的糖、脂肪、蛋白质各有多少，然后据此计算出该段时间内整个机体所释放出来的热量。

应用专栏

间接测热法的计算方法示例

首先测定受试者一定时间内的耗氧量和 CO_2 产量。假定测得一名受试者24h的耗氧量为400L，CO_2 产量为340L（已换算成标准状态的气体容积）。另经测定尿氮排出量为12g。计算24h产热量，其步骤如下：

（1）计算蛋白质产热量、耗氧量、CO_2 产量

蛋白质氧化量 $=12 \times 6.25 = 75$（g）（蛋白质含氮量为16%，则1g氮相当于6.25g蛋白质）。

产热量 $=18 \times 75 = 1350$（kJ）（由表5-2查得蛋白质的生物热价为18kJ）。

耗氧量 $=0.95 \times 75 = 71.25$（L）（由表5-2查得蛋白质的耗氧量为0.95 L/g）。

CO_2 产量 $=0.76 \times 75 = 57$（L）（由表5-2查得蛋白质的 CO_2 产量为0.95 L/g）。

（2）计算非蛋白呼吸商

非蛋白代谢耗氧量 $=400 - 71.25 = 328.75$（L）。

非蛋白代谢 CO_2 产量 $=340 - 57 = 283$（L）。

非蛋白呼吸商 $=283/328.75 = 0.86$。

（3）根据非蛋白呼吸商的氧热价计算非蛋白代谢的热量

非蛋白呼吸商为0.86时，氧热价为20.41 kJ/L。

非蛋白代谢产热量 $=328.75 \times 20.41 = 6709.8$（kJ）。

（4）计算24h产热量

24h产热量 $=$ 蛋白质代谢产热量 $+$ 非蛋白代谢产热量 $= 1350 + 6709.8 = 8059.8$（kJ）

计算的最后数值8059.8kJ就是该受试者24h内的能量代谢率。

3. 与体力活动相关的能量代谢与评价

由于体力活动涉及运动骨骼肌的做功，而后者又受呼吸、循环以及神经、内分泌等多系统、器官的调节，因此体力活动的能量代谢不能简单的用单位时间内机体的产热量计算。精确的方法是测定运动骨骼肌运动前后ATP、CP含量的变化，评价ATP-CP供能系统，用运动骨骼肌运动前后丙酮酸或乳酸含量的变化反映糖酵解供能系统，以及用运动骨骼肌运动前后线粒体ATP合成速率及量的变化反映有氧运动能力。显然这些方法的应用性受到限制。目前常用的是用不同时间最大运动时的血乳酸增值和最大摄氧量分别反映机体的无氧和有氧代谢能力。

由于ATP-CP供能系统主要参与 $6 \sim 8s$ 这一极短时间的极大强度运动时的供能，可以在特定运动阻力下（如自行车功量计100r/min，600W）要求受试者进行最大运动

（如15s），通过单位时间内完成总功与血乳酸增值的比值来反映 ATP – CP 系统能力（磷酸原能商法）。

经典的糖酵解供能系统评价是 Wingate 实验。受试者在特定运动阻力下 30 ~ 90s 内以最大能力持续运动，测定受试者做功的功量和血乳酸增值。最大功量和血乳酸增值越大说明无氧酵解能力越强。

最大摄氧量是公认的反映有氧运动能力的指标。受试者进行递增负荷运动测定其达到的摄氧量稳态。一般认为，最大摄氧量越大，有氧能力越强。

三、影响能量代谢的因素

1. 肌肉活动

肌肉活动是影响能量代谢最显著的因素，机体任何轻微的活动，甚至不伴有明显动作的骨骼肌的紧张，都可明显提高代谢率。剧烈运动或劳动，可使产热量超过安静状态下的 15 倍以上。部分劳动、运动的能量代谢率比较情况见图 5 – 3。

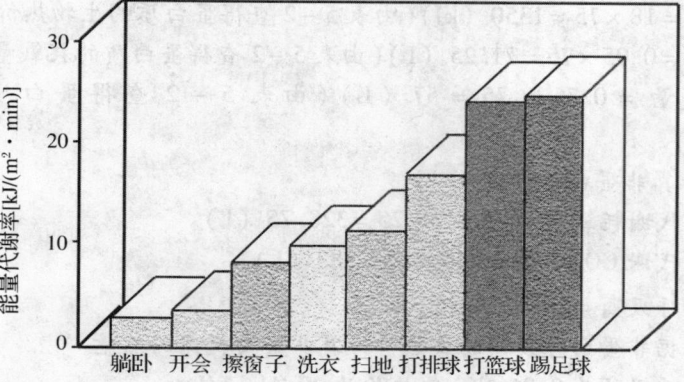

图 5 – 3　运动对能量代谢率的影响

2. 精神活动

当机体处于紧张状态下，如激动、烦恼、愤怒、恐惧及焦虑等，能量代谢可显著增高。这与精神紧张时无意识的引起骨骼肌张力增高，交感神经兴奋释放儿茶酚胺等刺激代谢活动、产热量增加有关。因此，测量基础代谢率时，受测者必须排除精神紧张的影响。

3. 食物的特殊动力效应

人们在进食后的一段时间内（从进食后 1h 开始，2 ~ 3h 达到最高，延续 7 ~ 8h），即使在安静状态，机体的产热量也要比进食前增加（图 5 – 4）。这种由食物引起机体"额外"产生热量的作用称为食物的特殊动力效应（specific dynamic effect）。不同食物产生的特殊动力效应不同：蛋白质类食物额外增加的热量可

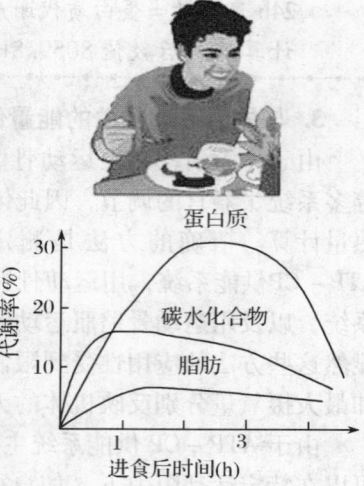

图 5 – 4　食物的特殊动力效应

达30%；糖和脂肪的特殊动力效应可增加热量约为4%~6%；混合食物的这种作用较小，仅为10%左右。关于食物特殊动力效应的机制尚未清楚，目前认为可能是肝脏在进行脱氨基反应中"额外"消耗能量所致。由于这种"额外"增加的能量不能被利用，因此在计算能量需要时应注意。此外，这种动力效应与进食后的耗氧量关系密切（图5-5）。

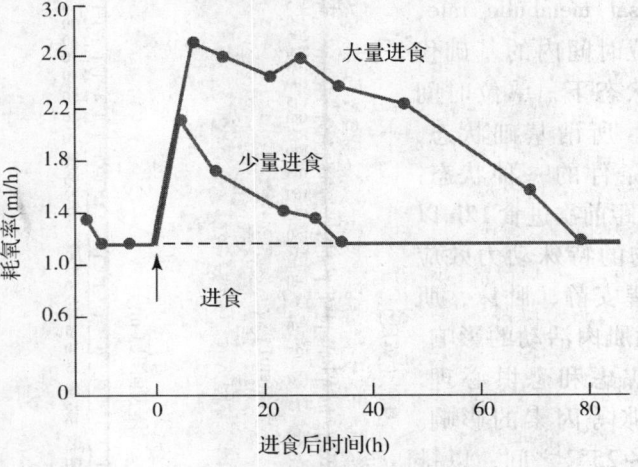

图5-5　进食时间与耗氧量的关系

4. 环境温度

环境温度对能量代谢的影响呈"U"型曲线变化，即环境温度降低或升高，均可使能量代谢增加。人体安静时的能量代谢在20~30℃的环境是最稳定。当环境温度低于20℃时代谢开始增加，在10℃以下明显增加，主要是由于寒冷刺激反射性地引起寒战和肌肉紧张所致，同时甲状腺激素、肾上腺素、去甲肾上腺素分泌增加，使物质代谢加速、血管收缩、耗能增加。当环境温度为>30℃时，能量代谢也会增加，这可能是由于酶的活性增强、体内化学反应速度加快、发汗功能旺盛和呼吸、循环功能增强，代谢活动也增强等因素所致。

5. 其他因素

除上述影响能量代谢的因素外，还有年龄、性别、睡眠、激素等因素也影响能量代谢。

年龄的增长与能量代谢率成反变关系。儿童在生长发育期间由于细胞的合成代谢快速，其能量代谢较旺盛。脑垂体分泌的生长素可促使能量代谢提高15%~20%，老年人细胞内新陈代谢衰退，能量代谢逐渐下降。

能量代谢率在同龄人男性比女性高，平均增加约10%~15%，这是因为男性激素可促使能量代谢提高的结果，而女性激素对能量代谢率无明显的影响。这种差异在青春期后显得更加突出。

睡眠可使能量代谢降低10%~15%，其原因是由于睡眠时骨骼肌紧张性下降以及交感神经系统的活动水平降低所致。

生长素、甲状腺激素、肾上腺素和去甲肾上腺素等水平的升高，可使能量代谢明显增加。

四、基础代谢

基础代谢（basal metabolism）是指基础状态下的能量代谢。基础代谢率（basal metabolic rate, BMR）是指单位时间内的基础代谢，即在基础状态下，单位时间内的能量代谢。所谓基础状态，是指满足以下条件的一种状态：①清晨空腹，即距前次进食12h以上，以排除食物的特殊动力效应的影响。②清醒安静，卧床，肌肉放松，以排除肌肉活动的影响。③排除紧张、焦虑和恐惧心理，以排除精神紧张等因素的影响。④室温保持 18～25℃ 之间，以排除环境温度的影响，受试者体温也要正常。⑤用肺量计或基础代谢仪测被测者 6min 耗 O_2 量，再乘以呼吸商为 0.82 时的氧热价 4.825kcal，就可求出产热量，即为基础代谢率。一般以每平方米体表面积、每小时产热量来计算，其单位是 $kJ/(m^2 \cdot h)$ 或 $kcal/(m^2 \cdot h)$ 来表示。人体表面积的大小可以从身高和体重两项数值来推算。我国人体的体表面积可根据 Steveson 计算式进行计算。公式为：

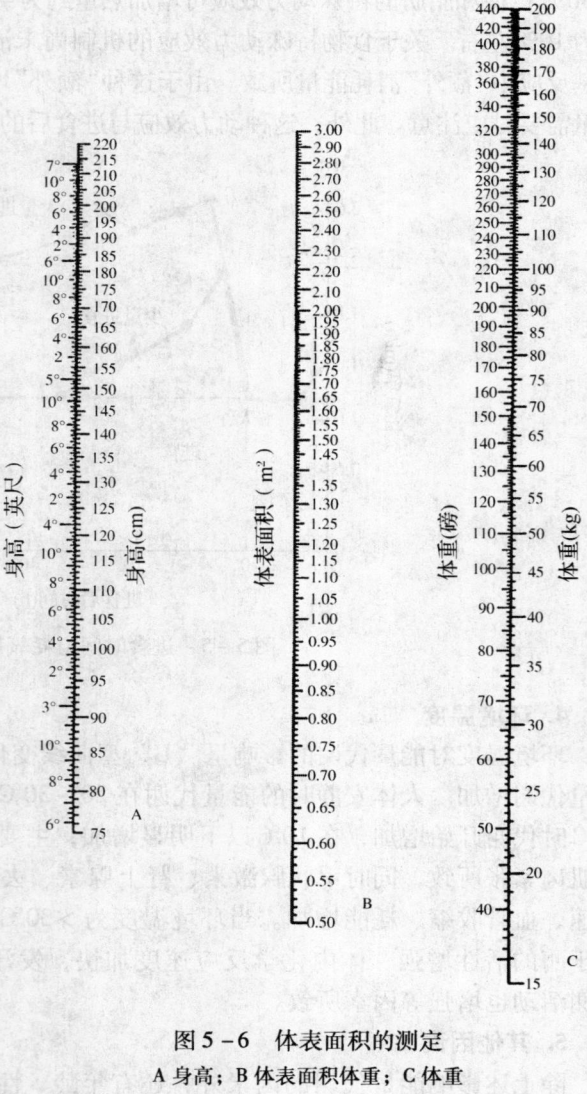

图 5 - 6　体表面积的测定
A 身高；B 体表面积体重；C 体重

$$体表面积（m^2）= 0.0061H + 0.0128W - 0.1529$$

其中，H 为身高（cm），W 为体重（kg）。

此外，在实际应用中，体表面积还可根据图 5 - 6 直接查出来。其做法是将受试者的身高和体重连成直线，此直线与体表面积交点的数值，即为该受试者的体表面积。

基础状态时人体各种生理活动和代谢都比较稳定，代谢率比一般安静时的代谢率低为（8%～10%），能量消耗仅限于维持心跳、呼吸以及其他基本生命活动的需要。实际测定的结果表明，基础代谢率随性别、年龄不同而有生理变动（表5 - 3）。其他情况相同时，男子的 BMR 比女子高。幼年比成年人高，年龄越大，BMR 越低，在同一个体的 BMR 是相当稳定的。

表 5 – 3　中国人正常 BMR 平均值　　　　［单位：kJ/（m² · h）］

年龄（岁）	11 ~ 15	16 ~ 17	18 ~ 19	20 ~ 30	31 ~ 40	41 ~ 50	51 以上
男	195.5	193.4	166.2	157.8	158.7	154.1	149.1
女	172.5	181.7	154.1	146.5	146.4	142.4	138.6

一般说来，基础代谢率的实测数值同上述正常平均值比较，相差在 10% ~ 15% 之内的，无论较高或较低，都不属于病态。当相差超过 ±20% 时，才有可能是病理变化。如甲状腺功能低下时基础代谢率比正常值低 20% ~ 40%；甲状腺功能亢进时，比正常值高出 25% ~ 80%。因此，基础代谢率的测定是临床诊断甲状腺疾病的重要辅助方法。当人体发热时，基础代谢率将升高。一般说来，体温每升高 1℃，基础代谢率可升高 13%。其他如糖尿病、红细胞增多症、白血病以及伴有呼吸困难的心脏病等，也伴有基础代谢率升高。当机体处于病理性饥饿时，基础代谢率将降低。其他如艾迪生病、肾病综合征以及垂体肥胖症也常伴有基础代谢率降低。

第三节　体温与体温调节

能源物质在体内代谢过程中，仅有能量的 40% 以化学能的形式转移到 ATP 分子结构中，其余的 60% 以热能的形式维持代谢环境的正常体温。机体的总产热量主要包括基础代谢、食物的特殊动力效应和组织器官活动所产生的热量。人体运动时，总的产热量最多可比安静时高出 10 ~ 15 倍。体温的稳定取决于产热过程和散热过程的动态平衡。

一、体温

机体的温度称为体温（body temperature），通常生理学上的体温指机体深部的平均温度。人和高等动物保持一定的体温，是保证机体新陈代谢和生命活动正常进行的必要条件。

（一）人体的正常体温及生理性波动

1. 体温及其正常值

人体体温可分为核心与外壳两个层次。前者的温度称为体核温度或称深部温度（core temperature），后者的温度称体表温度（shell temperature）。此处所说的体核与体表，不是指严格的解剖学结构，而是生理学对于整个机体温度所做的功能模式划分。

（1）体表温度　是指皮肤和皮下组织的温度，不稳定，易受环境温度和衣着影响。随着环境温度高而高，反之亦然。皮肤温度又与局部血流量密切有关，皮肤血管舒张，血流量增多时，皮肤温度升高。反之，如血管收缩，血流量减少，则皮肤温度下降。皮肤各部的温度也不尽相同，一般头部、面部较高，胸部、腹部次之，四肢末端最低。如环境温度为 23℃ 时测定各部位皮肤温度发现：足部为 27℃，手部为 30℃，额部为 33 ~ 34℃，四肢末梢最低，越近躯干，头部越高。

（2）深部体温　是指人体深部包括心、肺和腹腔等器官的温度，比体表温度高且比较稳定。正常情况下，机体通过产热和散热过程，保持相对恒定在 37℃ ±0.5℃。由于代谢水平不同，各内脏器官的温度也略有差异：肝温度为 38℃ 左右，在全身中最高；脑产热量较多，温度也接近 38℃；肾、胰腺及十二指肠等温度略低；直肠温度则更低些。循环血液是体内传递热量的重要途径，由于血液不断循环，遂使深部各个器官的温度经常趋于一致。

由于体核温度特别是血液温度不易测试，所以临床上通常用直肠、口腔和腋窝等处的温度来代表体温。直肠温度（rectal temperature）正常为 36.9～37.9℃，平均为 37℃，比较接近机体深部温度；口腔温度（oral temperature）一般比直肠温度低 0.3℃，腋窝温度（axillary temperature）一般又比口腔温度低 0.4℃，正常值为 36.0～37.4℃。需要指出的是，腋窝皮肤表面温度较低，故不能正确反映体温，只有让被测者将上臂紧贴其胸廓，使腋窝紧闭形成人工体腔，机体内部的热量才能逐渐传导过来，使腋窝的温度逐渐升高至接近于体核的温度水平。因此，测定腋窝温度时，时间至少需要 10min 左右，而且腋窝处在测温时还应保持干燥。

2. 体温的生理性波动

体温是相对稳定的，但不意味着其数值一成不变。在正常生理情况下，体温可随昼夜、性别、年龄、肌肉活动，精神紧张和环境温度等不同而异，这种变化的幅度一般不超过 11℃。

（1）昼夜变化　在一昼夜中，人体的体温清晨 2：00～6：00 体温最低，午后 1：00～6：00 最高，波动幅度一般不超过 1℃，体温的这种昼夜周期波动称为昼夜节律或日周期（circadian rhythm）。

（2）性别　男性体温比女性体温略低 0.3℃。女性体温随月经周期发生规律性变化，在一个月经周期中，体温最低和最高可相差 0.5℃，这种波动很可能与黄体分泌的孕激素（progestogen）水平周期性变化的产热作用有关。

（3）年龄　新生儿特别是早产儿，由于其体温调节机构发育还不完善，调节体温的能力差，他们的体温易受环境因素的影响。老年人因基础代谢率低，体温也偏低，因而也应注意保温。

（4）肌肉活动　肌肉活动时代谢增强，产热量增高，导致体温增高。肌肉剧烈活动时，体温可上升 1～2℃。

（5）其他　情绪激动、精神紧张、进食和环境温度变化等因素对体温也有一定影响。

（二）机体的产热和散热

人体在代谢过程中，物质分解不断产热，同时又将产生的热量，主要由体表不断地向外发散。人体温度能维持相对恒定是产热和散热 2 个生理过程保持动态平衡的结果，产热大于散热，体温升高；反之，散热大于产热则体温下降。

1. 产热过程

机体所有组织细胞进行代谢活动时均能产生热量，活动时比安静时高，活动越强产热量越高。

（1）主要产热器官　安静状态时肝脏和肌肉是产热的主要器官。肝脏是人体代谢最旺盛的内脏器官，安静时肝血液的温度比主动脉的高 0.4～0.8℃，肝脏产热量约占总产热量的 12%；在安静状态下虽然肌肉的产热量并不很大，但由于骨骼肌的总重量占全身体重的40%左右，因而具有巨大的产热潜力，肌肉产热量约占总产热量的20%。运动和体力劳动时，骨骼肌是最重要的产热器官，剧烈运动时可达总产热量的90%。

（2）产热形式　机体安静时在寒冷环境中主要依靠寒战（shivering thermogenisis）产热和非寒战产热（non - shivering thermogenesis）2种形式增加产热量。① 寒战（shivering）是指在寒冷环境中骨骼肌发生不随意的节律性收缩，特点是屈肌和伸肌同时收缩。寒战虽然基本上不做外功，但产热量很高，可提高代谢率4～5倍，以补充机体体热散失，在维持体温恒定方面有重要意义。② 非寒战产热又称代谢产热。虽然机体所有组织器官都有代谢产热的功能，但代谢产热以褐色脂肪组织（brown fat tissue）的产热量为最大，约占非寒战产热总量的70%。

（3）产热的调节　机体产热受神经调节和体液调节共同作用。甲状腺激素是调节产热活动最重要的体液因素，有直接促进细胞代谢，增加产热作用。寒冷刺激可通过中枢神经系统使甲状腺激素和儿茶酚胺类物质分泌增加、交感神经兴奋，有与肾上腺激素相同的效应。

2. 散热过程

机体散射的方式主要有3种途径：其中通过皮肤散热是最主要的途径，机体热量的85%～90%通过皮肤散热。另外，通过呼吸道，每天呼出0.3～0.4L水和加温热气，占总散热量的9%～14%。还有每天通过大小便散热，约占总散热量的1%。

皮肤作为机体最主要的散热途径，其方式有辐射、传导、对流和蒸发等。不同外界气温条件下，其散热方式不同。

（1）在体表温度高于外界气温的情况下，皮肤通过辐射、传导、对流的方式散热。① 辐射散热（thermal radiation）：人体以热射线（红外线）的形式将体热传给外界的散热方式。辐射散热的量和皮肤与环境温度差以及机体有效辐射面积有关，在一般温和气候条件下，约有60%的热量是通过这种方式发散的。辐射散热量的多少主要取决于皮肤与周围环境的温度差；其次取决于机体的有效散热面积。有效散热面积越大，散热量也就越多。由于四肢面积较大，因而在辐射散热中起重要作用。② 传导散热（thermal conduction）：是指机体的热量直接传给同它接触的较冷物体的一种散热方式。传导散热量与物体导热性能有关，衣服、被褥、棉毛织物等均属不良导体，传导散热缓慢，穿着或覆盖时局部温度增高，故有温暖的感觉。人体脂肪导热性能也差，肥胖女性皮下脂肪多、导热差，怕热即此道理。金属和水的导热性能大，临床据此常用冰袋、冰帽或冷湿毛巾给高热患者冷敷降温。③ 对流散热（themlal convection）：是指通过气体来交换热量的一种散热方式。人体周围总是围绕着一薄层同皮肤接触的空气，人体的热量传给这一层空气，由于空气不断流动便将体热散发到空间，对流是传导散热的一种特殊形式。对流散热的量多少，受风速影响较大，风速越大，对流散热量也越大。

一般外界温度低于人体表温度时，通过上述辐射、传导、对流3种直接散热方式散热，约占总散热量的85%。直接散热量取决于皮肤与环境之间的温度差，同时又与皮肤血管的舒缩有关。

（2）在外界气温高于体表温度的情况下，皮肤通过蒸发的方式散热。

蒸发（evaporation）散热是机体通过体表水分的蒸发来散失体热的一种形式，当外界气温等于或高于皮肤温度时，蒸发散热便成为体表散热的唯一方式。在正常体温条件下，每蒸发1g水可使机体散失2.4kJ（0.58kcal）热，因此，体表水分蒸发是一种有效的散热方式。

蒸发散热分为不感蒸发（insensible perspiration）和发汗（sweating）2种形式。①不感蒸发：人即使处在低温环境中，皮肤和呼吸道不断有水分渗出而被蒸发掉，这种水分蒸发叫不感蒸发，其中皮肤的水分蒸发又叫不显汗，即这种水分蒸发不为人们所觉察，与汗腺的活动无关。成人每天不感蒸发水分约1000ml，其中皮肤蒸发约600～800ml，呼吸道蒸发约200～400ml，特别是婴幼儿的不感蒸发的速度比成人大。在缺水时婴幼儿更容易造成严重脱水。②发汗：是通过汗腺主动分泌汗液的过程。汗液蒸发可有效地带走热量，因为发汗是可以感觉到的，所以又称可感蒸发（sendbie evaporation）。人在安静状态下，当环境温度达到30℃左右时，便开始发汗；如果空气湿度大、衣着又多时，气温达25℃便可发汗；机体活动时，由于产热量增加，虽然环境温度低于20℃亦可发汗。

二、体温调节

体温调节是温度感受器接受体内、体外环境温度的刺激，通过体温调节中枢的活动，相应地引起内分泌腺、骨骼肌、皮肤血管和汗腺等组织器官活动的改变，从而调整机体的产热和散热过程，使体温保持在相对恒定的水平。

人体的体温相对恒定有赖于有自主性体温调节（autonomic thermoregulation）和行为性体温调节（behavioral thermoregulation）2种调节功能的活动。

（一）自主性体温调节

自主性体温调节是在下丘脑体温调节中枢控制下，随机体内外环境温度性刺激信息的变动，通过增减皮肤血液量和发汗、寒战等生理反应，调节体热的产热和散热相对平衡而实现的。

1. 温度感受器

温度感受器（temperature receptor）可分为外周温度感受器和中枢温度感受器2类，前者为游离的神经末梢，后者是神经元。温度感受器又分为冷感受器和热感受器2种。

（1）外周温度感受器（peripheral temperature receptor）　人的皮肤、黏膜和腹腔内有热觉感受器和冷觉感受器，后者多于前者，感受热、冷刺激后，其传入冲动到达中枢后，除产生温度感觉外，还引起体温调节反应。外周温度感受器对温度的变化速率更为敏感。

（2）中枢温度感受器（central temperature receptor）　存在于中枢神经系统内的对温度变化敏感的神经元称为中枢温度感受器。脊髓、脑干网状结构以及下丘脑等处都含有这样的温度敏感神经元。其中有些神经元在局部组织温度升高时冲动的发放频率增加，称为热敏神经元（warm – sensitive neuron），有些神经元在局部组织温度降低时冲动的发放频率增加，称为冷敏神经元（cold – sensitive neuron）。

2. 体温调节中枢

（1）体温调节中枢的部位　虽然从脊髓到大脑皮层的整个中枢神经系统中都存在有调节体温的中枢结构，但据多种恒温动物脑的分段切除实验证明，只要保持下丘脑及其以下神经结构的完整，动物虽然在行为方面可能有所缺欠，但仍具有维持相对恒定的体温的能力。这说明调节体温的重要中枢位于下丘脑。实验表明，视前区－下丘脑前部（PO/AH）在体温调节中枢整合机构中占有非常重要的地位。

（2）体温调定点学说（set－point theory）　该学说认为，体温的调节类似于恒温器的调节，在视前区－下丘脑前部（PO/AH）设定了一个调定点，即事先将调定点定在一个规定的数值（如37℃）。如果体温偏离此数值（37℃）则由反馈系统将偏差信息送到控制系统，然后经过对受控系统的调整来维持体温恒定。关于调定点的机制尚不清楚，现多数学者认为PO/AH中的温度敏感神经元的活动起着调定点的作用。如果PO/AH局部温度恰是37℃，则热敏神经元和冷神经元的活动是平衡的。局部温度若上升到37℃以上时，则冷敏神经元放电频率减少，热敏神经元放电频率增多，结果是散热效应加强，使体温不致过高；反之，局部温度在37℃以下时，热敏神经元放电频率减少，冷敏神经元放电频率增多，结果导致产热过程加强，使体温回升（图5－7）。此学说认为，由细菌所致的发热，是由于在致热原的作用下PO/AH热敏神经元的温度反应阈值升高，而冷敏神经元的阈值则下降，调定点因而上移。因此，发热开始前先出现恶寒战栗等产热反应，直到体温升高到39℃以上时才出现散热反应。只要致热因素不消除，产热和散热过程就继续在此新的体温水平上保持平衡。这就是说，发热时体温调节功能并无障碍，而只是由于调定点上移，体温才升高到发热的水平的。当机体中暑时，体温升高则是由于体温调节功能失调引起的。

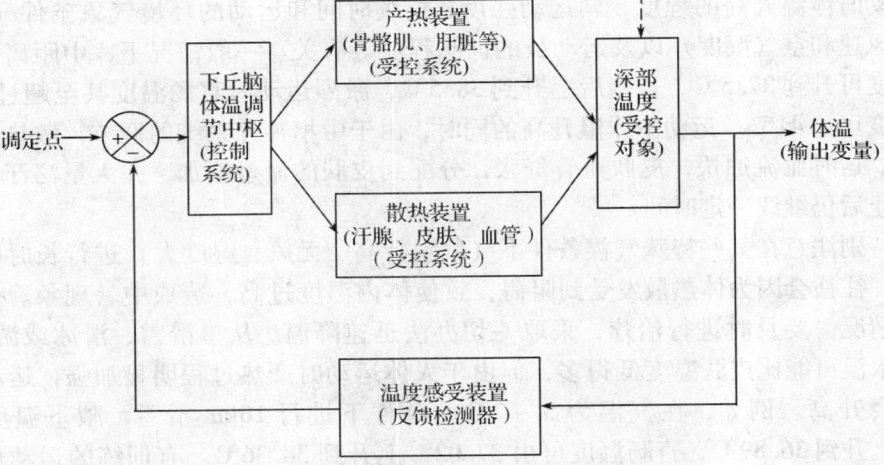

图5－7　体温调定点学说示意图

3. 体温调节机制

体温中枢的中枢整合机构接受多方输入的温度信息，其输入途径有：①皮肤的热或冷感受器经躯体神经的传入冲动，经脊髓、丘脑到达丘脑下部体温中枢，这种输入在引起产热性体温调节反应中起重要作用。②外界温度改变可通过血液引起深部温度改变，使体内感受器兴奋，并直接作用于下丘脑前部。③流经脑部血液的温度，直接刺激PO/AH区的中枢性温度敏感神经元。

上述这些传入信息，通过下丘脑前部和其他中枢部位的整合作用，由下述3条途径发出指令调节体温：①通过交感神经系统调节皮肤血管舒缩反应和汗腺分泌。②通过躯体神经改变骨骼肌的活动，如寒冷时寒战等。③通过甲状腺和肾上腺髓质的激素分泌活动改变来调节机体的代谢水平。有人认为皮肤温热感受器的兴奋，主要改变皮肤血管的舒缩活动和血流，而深部温度的改变，主要调节发汗和骨骼肌的活动。机体通过上述复杂的调节过程，使体温在外界环境改变时能保持体温相对恒定。

（二）行为性体温调节

行为性体温调节是以自主性体温调节为基础的，是对后者的补充。行为性体温调节是指机体通过一定的行为来保持体温的相对恒定。如动物避开过冷或过热的环境，向适宜温度环境靠近；或改变姿势，如蜷缩而保暖，伸展肢体而散热；人类在寒冷环境时拱肩缩背，踏步、跺脚以御寒。其他如人类的生火取暖，衣着增减、空调、暖气等人工御寒防暑措施的采取等均属行为性体温调节。长期系统的体育锻炼或运动训练，以及在不同气候条件下锻炼及活动，机体对环境温度的适应能力可以增强。

（三）运动与体温调节

人体运动时，总的产热量最多可比安静时高出 10～15 倍，骨骼肌成为主要的产热器官。进行最激烈的运动时，骨骼肌的产热量要占总产热量的90%以上。由于运动时肌肉的物质代谢急剧增强，产热量大增，虽然经过神经系统的调节加强了散热过程，但仍然落后于产热过程，因此体温升高。

运动时体温升高的程度，同运动强度、持续时间和运动的环境气象条件（水温、气温、风速和空气湿度）以及运动员的训练程度等有关。一般情况下，中距离赛跑后腋下温度可升到37.5℃，长跑后上升到38.5℃，激烈运动时直肠温度甚至超过40℃，肌肉温度可达41℃。运动中体温升高的同时，由于中枢神经系统的调节，散热过程也加强了。这时血流加快，皮肤血管舒张，分配到皮肤的血量增加，并大量泌汗，直至运动停止后仍继续一定时间。

要特别注意在某些特殊气候条件下（气温特高、无风、湿度大）进行长时间的激烈运动，往往会因为体热散发受到阻碍，致使体内温度过高，造成中暑现象。一旦发生这种情况，要及时进行治疗，采取一切办法迅速降温。从事滑雪、滑冰或游泳时，气温或水温可能比皮肤温度低得多，但由于人体运动时产热过程明显加强，运动后体温仍然会升高。例如，在气温为 5～7℃ 的条件下进行 10km 滑雪，腋下温度可由36.3℃上升到36.89℃，直肠温度可由37.02℃上升到38.36℃。有训练的运动员在运动前就可发生条件反射性的体温上升，如游泳运动员入水前口腔温度由36.9℃可上升到37.16℃。经常在低温或高温环境条件下运动，能改善人的体温调节能力。

本章小结

新陈代谢是机体生命活动的基本特征。新陈代谢包括物质代谢和随伴的能量代谢。组成人体的物质可根据代谢过程中的放能情况分为能源物质和非能源物质。能源物质包括糖类、脂类、蛋白质。这三类物质在分解代谢过程中，释放的能量是维系人体各种生命活动的主要来源。 其中 ATP 是体内的能量转化和利用的关键物质， 是体内唯一直接能源。 生物体内的能量代谢即能量的释放、 转移和利用等过程是以 ATP 为中心进行的。 ATP 的再合成途径根据能源物质代谢供能过程可分为 3 个系统， 即磷酸原系统、 乳酸能系统和有氧氧化系统。 非能源物质包括核酸、 水、 无机盐和维生素， 在能源物质的代谢及其调节过程中起着重要的作用。 食物的热价、 氧热价、 呼吸商、 食物的特殊动力效应和基础代谢率是能量代谢的重要基础概念。 能源物质在体内代谢过程中， 仅有能量的 40% 以化学能的形式转移到 ATP 分子结构中， 其余的 60% 左右以热能的形式维持代谢环境的正常体温。 人体的正常体温具有一定的生理性波动性， 温度感受器接受体内、 体外环境温度的刺激， 通过体温调节中枢的活动， 相应地引起内分泌腺、 骨骼肌、 皮肤血管和汗腺等组织器官活动的改变， 从而调整机体的产热和散热过程， 使体温保持在相对恒定的水平。

复习题

1. 人体由哪些物质组成？ 分述其主要功能。
2. 简述物质代谢的 3 个基本生理过程。
3. 试述机体能源物质的代谢和非能源物质的代谢过程。
4. 简述物质代谢的相互关系。
5. 试述机体能量的来源和利用，说明 ATP 在机体能量转换中的作用和意义。
6. 简述影响机体能量代谢的因素。
7. 简述间接测热法的基本原理和计算方法。
8. 简述影响体温生理性波动的因素。
9. 皮肤的散热方式有哪几种？
10. 体温是如何维持相对恒定的？

思考与讨论

1. 运动对人体物质组成和物质代谢的影响。
2. 如何评价与体力活动相关的能量代谢过程。
3. 不同环境中运动体温的调节过程。

（张　林）

参 考 文 献

[1] 许豪文. 运动生物化学概论. 第一版. 北京：高等教育出版社，2001.

［2］邓树勋，王健．高级运动生理学——理论与应用．第一版．北京：高等教育出版社，2003.

［3］张林．人体运动科学研究进展．北京：北京体育大学出版社，2007.

［4］Frank Cerny, Harold Burton. Exercise physiology for health care professionals. 1st ed. Human Kinetics, 2001.

［5］Scott Powers, Edward Howley. Exercise physiology：theory and application to fitness and performance. 6th ed. New York：McGraw - Hill Humanities, 2006.

［6］Jones A M, Koppo K, Burnley M, et al. Effects of prior exercise on metabolic and gas exchange responses to exercise. Sports Med, 2003, 33 (13)：949～997.

［7］Gastin P B. Energy system interaction and relative contribution during maximal exercise. Sports Med, 2001, 31 (10)：725～741.

［8］Saunders P U, Pyne D B, Telford R D, et al. Factors affecting running economy in trained distance runners. Sports Med, 2004, 34：465～485.

［9］Wulf Dröge. Free radicals in the physiological control of cell function. Physiol Rev, 2002, 82：47～95.

网 站 导 航

1. http：//www. blc. arizona. edu
2. http：//www. tjipe. edu. cn/tszy/wlkt/ydsl/phy5. files/frame. htm
3. http：//www. phoenix5. org/glossary/metabolism. html
4. http：//nic. sab. sk/logos/books/scientific/node45. html
5. http：//www. webmd. com/a - to - z - guides/Body - Temperature
6. http：//www. rwc. uc. edu/koehler/biophys/8d. html

第六章 肾脏的排泄功能

教学 目标

掌握肾小球滤过率及滤过分数；有效滤过压及其影响肾小球滤过的因素；抗利尿激素的生成、作用及分泌的调节；肾脏在保持酸碱平衡中的作用；运动性蛋白尿及其影响因素和在运动实践中的应用；运动性血尿的影响因素及其预防和治疗。了解肾单位的基本结构和球旁器；排泄的途径；肾脏血液循环的特点；重吸收的方式；尿的成分、理化性质、尿量及本章的其他内容。理解肾血流量的调节；滤过膜及其通透性；重吸收的部位及影响因素；肾糖阈；运动性蛋白尿和运动性血尿的产生机制。

相关 概念

排泄（excretion）：指机体将物质代谢的终产物、多余的水分以及进入体内的异物，经过血液循环，通过相应的排泄器官排出体外的过程。

肾血流量的自身调节（autoregulation of renal blood flow）：肾血流量在不依赖于神经和体液因素的作用下，当肾动脉血压在 $80 \sim 180 mmHg$ 之间变动时能维持相对稳定的现象，称为肾血流量的自身调节。

管 – 球反馈（tubuloglomerular feedback）：指小管液流量变化影响肾血流量和肾小球滤过率的现象。

肾小球的滤过作用（glomerular filtration）：血液流经肾小球毛细血管时，除血细胞和大分子的蛋白质外，血浆中的水分和小分子物质通过滤过膜进入肾小囊腔形成原尿的过程，称为肾小球的滤过作用。

肾小球滤过率（glomerular filtration rate）：指单位时间内（每分钟）两侧肾脏生成的超滤液量。

滤过分数（filtration fraction）：肾小球滤过率与每分钟肾血浆流量的比值为滤过分数。

有效滤过压（effective filtration pressure）：有效滤过压是肾小球滤过作用的动力，由三部分构成：肾小球毛细血管血压、血浆胶体渗透压和肾小囊内压。

肾小管和集合管的重吸收作用（reabsorption）：小管液流经肾小管和集合管时，水和溶质全部或部分地被管壁细胞重新吸收回血液的过程，称为肾小管和集合管的重吸收作用。

肾糖阈（renal glucose threshold）：尿中刚开始出现葡萄糖时的最低血糖浓度或者尿中还没有出现葡萄糖时的最高血糖浓度，称为肾糖阈。

渗透性利尿（osmotic diuresis）：由于小管液中溶质含量增多，渗透压增高，使水的重吸收减少而尿量增多的现象，称为渗透性利尿。

球－管平衡（glomerulo－tubular balance）：无论肾小球滤过率增多还是减少，近端小管的重吸收量始终占滤过量的 65%~70%，这种关系称为球－管平衡。

肾小管和集合管的分泌作用（secretion）：指其管腔上皮细胞将自身新陈代谢的产物分泌到小管液中的过程。

水利尿（water diuresis）：大量饮水后尿量增多的现象称为水利尿。

运动性蛋白尿（post－exercise proteinuria）：健康人在运动后出现的一过性蛋白尿称为运动性蛋白尿。

运动性血尿（exercise－induced hematuria）：健康人在运动后出现的一过性肉眼或显微镜下可见的血尿，称为运动性血尿。

+-+

尿液的生成与排泄是肾脏的重要功能之一。排泄（excretion）是指机体将物质代谢的终产物、多余的水分以及进入体内的异物，经过血液循环，通过相应的排泄器官排出体外的过程。食物消化后的残渣，没有参与机体细胞的代谢，也不是经血液循环向外排出，故不包括在此排泄概念之内。

机体的排泄途径：①呼吸器官通过呼气排出 CO_2、少量水分和挥发性药物。②消化器官可排泄胆色素和钙、镁、铁等无机盐类。③皮肤排出部分水、少量的尿素和盐等。④肾脏通过尿液的形式排出多种代谢终产物，如水、尿素、尿酸、肌酐、氨和盐类等。

肾脏是机体主要的排泄器官，排出代谢终产物的种类最多，数量大，并可随机体的不同状态改变尿量和尿中物质的含量，调节机体水、电解质和酸碱平衡，在维持内环境理化性质的相对稳定中起着重要作用。

体内产生的排泄物，如不能正常及时地排出体外就会在血液中积存，不仅会破坏内环境的稳定，还会造成机体中毒，严重的甚至危及生命。

尿的生成包括 3 个基本过程：①肾小球的滤过作用。②肾小管与集合管的重吸收作用。③肾小管与集合管的分泌作用。最后形成终尿排出体外。

肾脏也是重要的内分泌器官，分泌的生物活性物质主要有肾素、促红细胞生成素（EPO）、维生素 D_3 和前列腺素等，参与调节血压、调节水盐平衡、促进骨髓生成红细胞、促进肠道细胞对 Ca^{2+} 的吸收、舒张血管、增强肾血流量等生理过程。

第一节　肾脏的基本结构

肾脏分为皮质和髓质，是实质性器官。皮质位于肾脏表层，主要由肾小体和肾小管构成，富有血管；髓质位于肾脏深部，由 15~25 个肾椎体构成，血管较少。在肾单位和集合管生成的尿液，经过肾乳头进入肾小盏、肾大盏、肾盂、输尿管和膀胱，经尿道被排出体外。

一、肾单位的基本结构

肾单位（nephron）是肾的基本结构和功能单位，由肾小体（renal corpuscle）和肾小管（renal tubule）两部分构成。正常人的两肾约有 170 万～240 万个肾单位。

肾单位的组成简示如下：

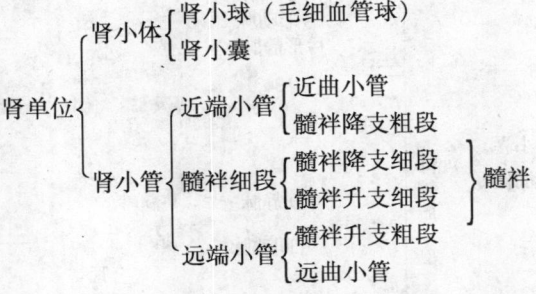

肾小体又包括肾小球（glomerulus）和包在它外面的肾小囊（bowman's capsule）。肾小球是入球小动脉分支所形成的一团毛细血管网，最终汇合成出球小动脉，延伸到肾小管周围，不仅供应肾小管的营养，而且还通过肾小管上皮细胞与小管液中的物质进行交换。肾小囊由两层上皮细胞构成：脏层和壁层。脏层紧贴肾小球毛细血管壁，与肾小球毛细血管共同构成滤过膜；壁层与肾小管管壁相延续。两层之间的腔隙为囊腔，与肾小管的管腔相连通。

肾小管包括近端小管（proximal tubule）、髓袢（medullary loop）和远端小管（distal tubule），主要分布在肾髓质。集合管不属于肾单位的组成部分，但是它在结构上与远曲小管相连，在尿液的浓缩和稀释过程中起着重要的作用，与肾单位一起参与了尿的生成过程。

肾单位按其结构和所在部位不同，可分为皮质肾单位（cortical nephron）和近髓肾单位（juxtamedullay nephron）两类。其结构与功能特点如下（表 6 - 1、图 6 - 1）。

表 6 - 1 皮质肾单位和近髓肾单位的结构和特点比较

项目	皮质肾单位	近髓肾单位
分布	肾皮质的外层和中层	肾皮质的近髓层
数量	多（占 85%～90%）	少（占 10%～15%）
肾小球体积	较小	较大
入球、出球小动脉孔径	入球小动脉 > 出球小动脉	差异甚小
出球小动脉分支	形成的毛细血管网几乎全部缠绕在皮质部肾小管周围	形成肾小管周围毛细血管网和 U 形直小血管
髓袢	短，只达外髓层	长，深入内髓层，甚至达乳头部
球旁器	有，肾素含量多	几乎无
血流量	多（>90%）	少（<10%）
功能特点	主要与尿生成和肾素分泌有关	主要与尿的浓缩、稀释有关

与肾单位功能相关的一个重要结构是球旁器（juxtaglomerular apparatus），又称近球小

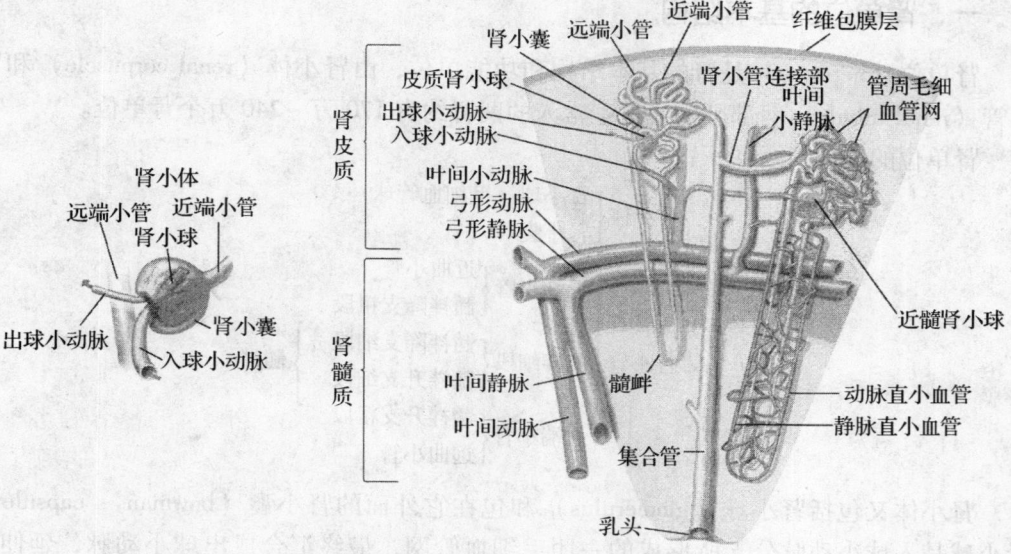

图 6 - 1 肾单位和肾血管示意图

体（图 6 - 2），由球旁细胞（或称近球细胞）、致密斑和球外系膜细胞组成，主要分布在皮质肾单位。球旁细胞是位于入球小动脉中膜内的、由血管平滑肌细胞衍变而来的肌上皮样细胞，其胞质内的分泌颗粒含肾素，又称为颗粒细胞；致密斑位于远曲小管的起始部，由一些呈高柱状的上皮细胞构成，它同入球小动脉和出球小动脉相接触，能感受小管液中 NaCl 含量的变化，并将信息传至球旁细胞，调节肾素的释放；球外系膜细胞是位于入球小动脉和出球小动脉之间的一群细胞，又称为间质细胞，具有吞噬功能。

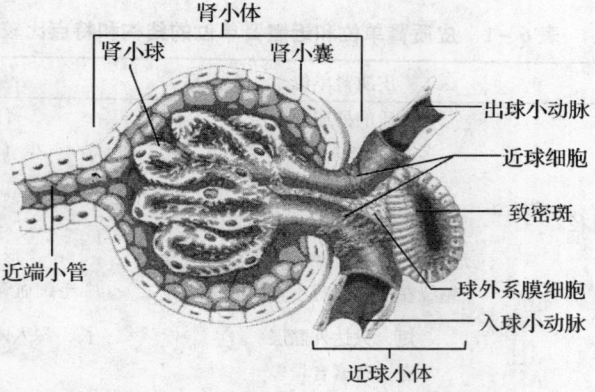

图 6 - 2 近球小体（球旁器）示意图

二、肾脏的血液循环

肾脏的血液循环与尿液的生成有极密切的关系，了解肾脏血液循环的特点，熟悉肾血流量的调节，对于理解尿液的生成与排泄十分必要。

（一）肾脏血液循环的特点

正常成人两肾重约300g，仅占体重的0.5%左右，但安静时两肾的血流量却相当于心输出量的1/5~1/4，约为1200ml/min。其中约94%的血量流经肾皮质，流经外髓质层和内髓质层的血量分别仅占5%~6%和1%。通常所说的肾血流量（renal blood flow）主要是指肾皮质的血流量，肾血流量是尿生成的前提。

肾脏的血液来自于腹主动脉的分支——肾动脉，最后汇集成静脉。依次经过肾动脉→弓形动脉→小叶间动脉→入球小动脉→肾小球毛细血管网→出球小动脉→肾小管和集合管周围的毛细血管网→小叶间静脉→弓形静脉→叶间静脉→肾静脉。

肾脏中的血液经过了两次小动脉：入球小动脉和出球小动脉。肾内有两套毛细血管网：肾小球毛细血管网和肾小管周围毛细血管网。在皮质肾单位，入球小动脉粗短，血流阻力小，血流量大；出球小动脉细长，血流阻力大，故肾小球毛细血管网的血压高，有利于肾小球的滤过作用。肾小管周围毛细血管网由出球小动脉的分支形成，由于肾小球的滤过作用，使肾小管周围毛细血管网中的血压降低，血浆胶体渗透压升高，有利于肾小管的重吸收作用。

（二）肾血流量的调节

肾血流量的调节包括自身调节、神经和体液调节。

1. 自身调节

肾血流量在不依赖于神经和体液因素的作用下，当肾动脉血压在80~180mmHg之间变动时能维持相对稳定的现象，称为肾血流量的自身调节（autoregulation of renal blood flow）。关于肾血流量自身调节的机制存在2种学说：肌源性学说和管-球反馈。

（1）肌源性学说认为灌流压在80~180mmHg范围内增高时，随着入球小动脉受到的牵张刺激逐渐增强，小动脉平滑肌的紧张性也不断增强，血管口径缩小，阻力增大，使肾血流量相应减少；反之则增多。当灌流压低于80mmHg，或者高于180mmHg时，由于入球小动脉的舒张或收缩达到了极限，则不能继续维持肾血流量的自身调节。

（2）管-球反馈（tubuloglomerular feedback，TGF）指小管液流量变化影响肾血流量和肾小球滤过率的现象。当肾血流量和肾小球滤过率增加时，流经远曲小管致密斑的小管液中NaCl的含量增加，致密斑将信息反馈至肾小球和球旁细胞，使入球小动脉和出球小动脉收缩，球旁细胞释放肾素增多，从而使肾血流量和肾小球滤过率恢复正常。反之，当肾血流量和肾小球滤过率减少时，通过管-球反馈也会使肾血流量和肾小球滤过率恢复正常。

2. 神经和体液调节

分布到肾的神经以交感神经为主。正常人安静状态下，交感神经的紧张性很低，对肾血流量无明显影响。剧烈运动时，交感神经活动增强，引起肾血管收缩，血流量减少；而且交感神经活动增强时，末梢释放去甲肾上腺素增多，还使肾上腺髓质释放肾上腺素和去甲肾上腺素增多，使得肾血管收缩，血流量减少，血液更多地流向运动的肌肉和脑。

体液因素中，除肾上腺素和去甲肾上腺素以外，血管紧张素 Ⅱ、血管升压素和内皮素等均使肾血管收缩，血流量减少；而 PGE_2、PGI_2、NO 和 ACh 等则使肾血管舒张，血流量增大。

第二节　尿的滤过与重吸收

原尿连续不断地在肾脏中生成，包括 3 个基本过程：肾小球的滤过、肾小管与集合管的重吸收和肾小管与集合管的分泌。

一、肾小球的滤过

肾小球的滤过是尿生成的第一步。血液流经肾小球毛细血管时，除血细胞和大分子的蛋白质外，血浆中的水分和小分子物质通过滤过膜进入肾小囊腔形成原尿的过程，称为肾小球的滤过（glomerular filtration）。用微穿刺技术取出大鼠肾小囊腔内的原尿进行分析，发现除蛋白质含量极低外，其他各种小分子物质、晶体渗透压和酸碱度等都与血浆的基本相同，证明肾小囊中形成的原尿就是血浆的滤液（ultrafiltrate）。

（一）肾小球滤过率与滤过分数

通常肾小球的滤过是以肾小球滤过率来表示的。肾小球滤过率（glomerular filtration rate，GFR）是指单位时间内（每分钟）两侧肾脏生成的滤液量。正常成人安静时肾小球的滤过率大约为 125ml/min，每日生成的滤液总量可达 180L。肾小球滤过率与每分钟肾血浆流量的比值为滤过分数（filtration fraction，FF），经测定正常人肾血浆流量为 660ml/min，滤过分数 $=125/660 \times 100\% =19\%$，表明肾血浆流量中约 19% 由肾小球滤过到肾小囊腔中形成滤液。肾小球滤过率与滤过分数是衡量肾功能的 2 个重要指标。

（二）肾小球滤过的影响因素

影响肾小球滤过的主要因素是滤过膜、有效滤过压和肾血浆流量。

1. 滤过膜

（1）滤过膜的组成　滤过膜由内、中、外 3 层结构组成，每层结构上都存在不同直径的微孔。内层是毛细血管内皮细胞，细胞间有许多 50 ~ 100nm 的圆形微孔（fenestra），能阻止血细胞通过，但对血浆中的物质几乎没有限制作用；中层是厚约 300nm 的基膜，交织成网的纤维结构，网孔直径 4 ~ 8nm，可允许水和部分溶质通过，是滤过膜的主要屏障；外层是肾小囊脏层上皮细胞（podocyte），伸出许多足突（foot processes）贴附于基膜外面，相互交错的足突之间形成的裂隙（filtration slits）膜上有直径为 4 ~ 14nm 的微孔，

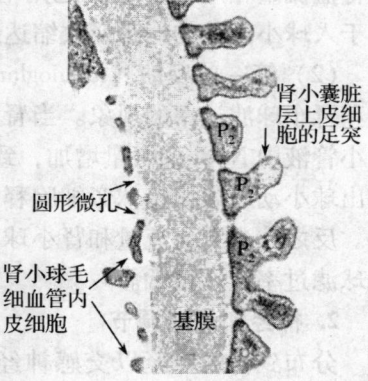

图 6 - 3　肾小球滤过膜示意图

可限制蛋白质的通过（图6-3）。滤过膜的3层结构上均覆盖着一层带负电荷的物质，主要是糖蛋白。滤过膜3层结构上的微孔构成了滤过膜的机械屏障，其上覆盖的带负电荷的物质形成了滤过膜的电屏障。

（2）滤过膜的面积和通透性　成人两肾肾小球毛细血管总滤过面积在 $1.5m^2$ 以上，血浆中的物质能否通过滤过膜取决于其被滤过物质的有效半径及所带电荷。有效半径小于2nm的带正电荷或呈电中性的物质可以自由通过，如水、Na^+、尿素、葡萄糖等。随着分子量增加，有效半径的增大，物质滤过的量逐渐减少。有效半径在4.2nm以上的物质，即使带正电荷，也极少被滤过。研究也发现，电学屏障的作用不如机械屏障明显，一些小分子带负电荷的物质，如 HCO_3^-、Cl^- 和 SO_4^{2-} 等也可以顺利地通过滤过膜。

生理情况下，机体的肾单位都经常处于活动状态，滤过膜的面积和通透性都比较稳定，有利于血浆的滤过。病理情况下，如急性肾小球肾炎时，肾小球毛细血管管腔变窄，有效滤过面积减少，肾小球滤过率降低，滤过膜上带负电荷的糖蛋白减少，使滤过膜的通透性增大，血浆蛋白甚至血细胞滤过的可能性增大，故可出现少尿、蛋白尿和血尿的现象。

2. 有效滤过压

有效滤过压（effective filtration pressure, EFP）是肾小球滤过作用的动力，由三部分构成：肾小球毛细血管血压、血浆胶体渗透压和肾小囊内压（图6-4）。

有效滤过压 = 肾小球毛细血管血压 - （血浆胶体渗透压 + 肾小囊内压）。

（1）肾小球毛细血管血压　正常情况下，当机体的动脉血压波动在80～180mmHg时，由于肾血流量的自身调节机制，肾血流量可以维持相对稳定，肾小球毛细血管血压变动不大，肾小球滤过率基本不变。休克、大出血等疾病情况下，动脉血压显著降低，当降至80mmHg以下时，超出了肾血流量自

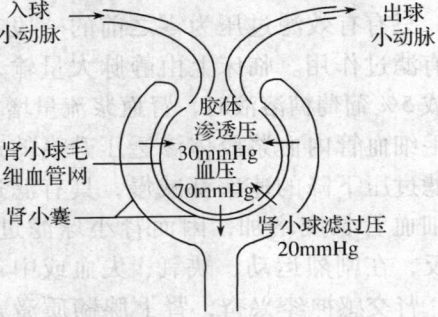

有效率过压=70-（30+20）=20(mmHg)

图6-4　肾小球有效滤过压示意图

身调节的范围，肾血流量开始减少，肾小球毛细血管血压相应降低，有效滤过压下降，导致肾小球滤过率减少。动脉血压降至40mmHg以下时，肾小球滤过率几乎为零，尿液生成停止。

（2）血浆胶体渗透压　正常功能条件下，血浆蛋白浓度较稳定，血浆胶体渗透压只在一狭小范围内波动，对肾小球滤过率影响不大。若因严重营养不良或静脉快速注入大量生理盐水时，使血浆蛋白的浓度明显降低，血浆胶体渗透压降低，有效滤过压升高，肾小球滤过率增加，尿量生成增多。

（3）肾小囊内压　生理情况下，肾小囊内压较稳定。在肾盂或输尿管结石、肿瘤压迫或其他原因引起输尿管阻塞等病理情况下，尿流受阻，逆行性地导致肾盂内压升高，肾小囊内压升高，使有效滤过压降低，肾小球滤过率减少。

肾小球毛细血管血压比全身其他部位的毛细血管血压都要高一些。用微穿刺技术测定大鼠皮质肾小球毛细血管血压，入球小动脉端和出球小动脉端的压力几乎都是 45mmHg，囊内压也较恒定，约 10mmHg，所以肾小球的有效滤过压主要取决于血浆胶体渗透压。血浆胶体渗透压不是固定不变的。入球小动脉端血浆胶体渗透压约为 25mmHg，有效滤过压 = 45 − (25 + 10) = 10（mmHg）。随着血液向出球小动脉端流动，血浆中的水分和晶体物质不断被滤出，血浆蛋白浓度逐渐增加，血浆胶体渗透压相应升高，有效滤过压逐渐降低（图 6−5）。当血浆胶体渗透压升高到 35mmHg 时，有效滤过压下降到零，滤过作用停止，即达到滤过平衡（filtration equilibrium）。

尽管肾小管毛细血管全长都有滤过功能，但只有从入球小动脉端到有效滤过压为零的一段毛细血管才具有滤过作用，后段的滤过面积贮备待用。产生滤过作用的毛细血管长度取决于有效滤过压下降的速率，有效滤过压下降的速率增大，则产生滤过作用的毛细血管长度缩短，生成超滤液减少，反之则增多。

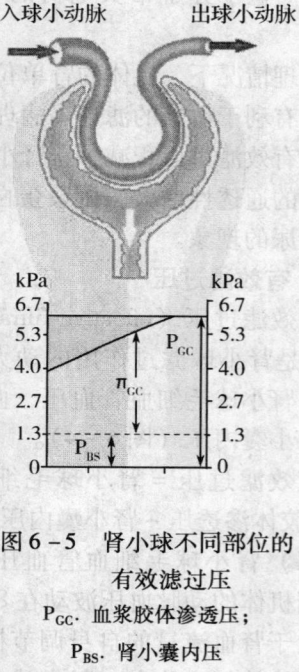

图 6−5　肾小球不同部位的有效滤过压

P_{GC}. 血浆胶体渗透压；
P_{BS}. 肾小囊内压

3. 肾血浆流量

前已述及，并非毛细血管全长都有滤过作用，只有有效滤过压为零之前的一段毛细血管才有滤过作用。临床上由静脉大量输入生理盐水或 5% 葡萄糖溶液时，肾血浆流量增加，肾小球毛细血管内血浆胶体渗透压升高的速率和有效滤过压下降的速率都减慢，具有滤过作用的毛细血管长度增加，因而肾小球滤过率增加。相反，在剧烈运动、缺氧、失血或中毒性休克时，肾交感神经兴奋，肾上腺髓质激素分泌增加，肾血管收缩，肾血流量减少，血浆胶体渗透压上升的速率和有效滤过压下降的速率都加快，具有滤过作用的毛细血管长度缩短，肾小球滤过率也就减少。

二、肾小管与集合管的重吸收

滤液进入肾小管后称为小管液（tubular fluid），小管液仍为原尿。小管液流经肾小管和集合管时，水和溶质全部或部分地被管壁细胞重新吸收回血液的过程，称为肾小管和集合管的重吸收（reabsorption）。对滤液和终尿的量及成分分析表明，肾小管和集合管对水和溶质的吸收是有选择性的，又称选择性重吸收，如对葡萄糖和氨基酸全部重吸收，对水重吸收 99% 以上，对 Na^+ 和 HCO_3^- 大部分重吸收，对尿素和磷酸根等为部分重吸收，肌酐则完全不被重吸收（表 6−2）。

表 6 - 2　血浆、原尿和终尿中物质含量及每天的滤过量和排出量

成分	血浆 （g/L）	原尿 （g/L）	终尿 （g/L）	终尿/血浆 （倍数）	滤过总量 （g/d）	排出量 （g/d）	重吸收率 （%）
Na^+	3.30	3.30	3.50	1.10	594.00	5.30	99.00
K^+	0.20	0.20	1.50	7.50	36.00	2.30	94.00
Cl^-	3.70	3.70	6.00	1.60	666.00	9.00	99.00
碳酸根	1.50	1.50	0.07	0.05	270.00	0.10	99.00
磷酸根	0.03	0.03	1.20	40.00	5.40	1.80	67.00
尿素	0.30	0.30	20.00	67.00	54.00	30.00	45.00
尿酸	0.02	0.02	0.50	25.00	3.60	0.75	79.00
肌酐	0.01	0.01	1.50	150.00	1.80	2.25	0
氨	0.001	0.001	0.40	400.00	0.18	0.60	0
葡萄糖	1.00	1.00	0	0	180.0	0	100.00 *
蛋白质	80.00	0	0	0	微量	0	100.00 *
水	—	—	—	—	180L	1.5L	99.00

* 几乎为 100%。

（一）重吸收的部位

肾小管各段和集合管都具有重吸收的功能，但因形态结构不同，重吸收物质的种类和量也不同。近端小管上皮细胞的管腔膜上有大量微绒毛形成的刷状缘，吸收面积多达 $50 \sim 60m^2$，载体数量也多；管腔膜对 HCO_3^-、H_2O、Na^+、K^+、Cl^- 等的通透性大；管周膜和基侧膜上钠泵的数量多；细胞内含大量的线粒体和酶类等，这些形态、结构特点决定了近端小管重吸收物质的种类最多，数量最大，是重吸收的主要部位。

正常情况下，小管液中几乎全部的葡萄糖和氨基酸等营养物质，80% ~ 90% 的 HCO_3^-、65% ~ 70% 的 H_2O、Na^+、K^+、Cl^- 等在近端小管重吸收。只有近端小管，特别是近曲小管对葡萄糖有重吸收的能力，而且对葡萄糖的重吸收有一定的限度。正常人血糖浓度为 $0.8 \sim 1.2g/L$，滤出的葡萄糖被近端小管全部主动重吸收，所以正常情况下尿中不含有葡萄糖。当血糖浓度超过 $1.6 \sim 1.8g/L$ 时，由于部分近端小管的上皮细胞对葡萄糖的吸收已达极限，不能被重吸收的葡萄糖随尿排出。尿中刚开始出现葡萄糖时的最低血糖浓度或者尿中还没有出现葡萄糖时的最高血糖浓度，称为肾糖阈（renal glucose threshold）。机体两侧肾脏的全部近端小管单位时间内重吸收葡萄糖的最大量，称为葡萄糖的吸收极限量，成年男性约为 375mg/min，成年女性约为 300mg/min。

肾小管其余各段和集合管重吸收物质的量虽较少，但却与机体内水、盐和酸碱平衡的调节密切相关。

（二）重吸收的方式和途径

（1）重吸收的方式　有主动重吸收和被动重吸收。

主动重吸收是指肾小管和集合管消耗能量，将小管液中的溶质逆电 - 化学梯度转运到管周组织液并入血的过程。肾小管的吸收大部分为主动重吸收。根据能量的来源不同，又可分为原发性主动重吸收和继发性主动重吸收。前者所需能量直接由 ATP 水

解提供，如钠泵转运 Na^+ 和 K^+；后者所需能量来自于 ATP 水解所形成的 Na^+ 跨膜电 – 化学势能，如葡萄糖和氨基酸的转运。肾小管的重吸收大部分为主动重吸收。

被动重吸收指小管液中的物质顺浓度差、电位差或渗透压差，转运到管周组织液并入血的过程，不需要消耗能量，如尿素、Cl^- 和水的重吸收。

（2）重吸收的途径　有跨细胞转运途径和细胞旁途径。

跨细胞转运途径包括 2 个过程，以 Na^+ 的重吸收为例，首先小管液中的 Na^+ 通过管腔膜进入到小管上皮细胞内，然后被钠泵泵入到组织间隙液并入血。

细胞旁途径主要发生于近端小管后段，为跨细胞转运途径的补充，如小管液中的 Na^+、Cl^- 和水可以直接通过小管上皮细胞间的紧密连接进入细胞间隙。

（三）影响肾小管和集合管重吸收的因素

（1）小管液中溶质的含量　小管液中某种溶质含量增多，形成的渗透压增高，会妨碍肾小管特别是近端小管对水的重吸收，使尿量增多。如糖尿病患者的血糖浓度增加，超过肾糖阈，部分葡萄糖不能被近端小管重吸收导致小管液渗透压升高，阻碍了水的重吸收，结果尿量增多并出现糖尿。这种由于小管液中溶质含量增多，渗透压增高，使水的重吸收减少而尿量增多的现象，称为渗透性利尿（osmotic diuresis）。

（2）肾小球滤过率　肾小球的滤过率与肾小管中溶质与水的重吸收有一定的平衡关系。无论肾小球滤过率增多还是减少，近端小管的重吸收量始终占滤过量的 65% ~ 70%，这种关系称为球 – 管平衡（glomerulo – tubular balance）。球 – 管平衡的生理意义在于使 Na^+ 和水的排出量不至于因肾小球滤过率的增减出现大幅度的变化。

三、肾小管与集合管的分泌

肾小管和集合管的分泌（secretion）是指其管腔上皮细胞将自身新陈代谢的产物分泌到小管液中的过程。肾小管和集合管主要能分泌 H^+、NH_3 和 K^+，对于保持体内的酸碱平衡和 Na^+、K^+ 平衡有着重要意义。肾小管和集合管的排泄（excretion）是指其管腔上皮细胞将血液中的某种物质直接排入小管液中的过程，如肌酐、尿酸及外来药物等的排泄。由于肾小管和集合管的分泌和排泄都是通过管壁上皮细胞进行的，而且所分泌和排泄的物质都排入管腔，故通常不严加区别，统称为肾小管和集合管的分泌。

肾小囊中产生的滤液，经过肾小管和集合管的重吸收、分泌和排泄，形成终尿，排出体外。

肾小管和集合管重吸收和分泌见图 6 – 6。

四、尿的成分、理化性质及尿量

（一）尿的成分

尿的成分中 95% ~97% 是水，其余是溶解于其中的固体物质。固体物质分为两大类：有机物和无机物。有机物主要是尿素、肌酐和尿酸等；无机物主要是 Na^+、Cl^-、K^+、铵盐、硫酸盐和磷酸盐等。正常尿液中糖、蛋白质的含量甚微，用一般检验方法很难测出来。

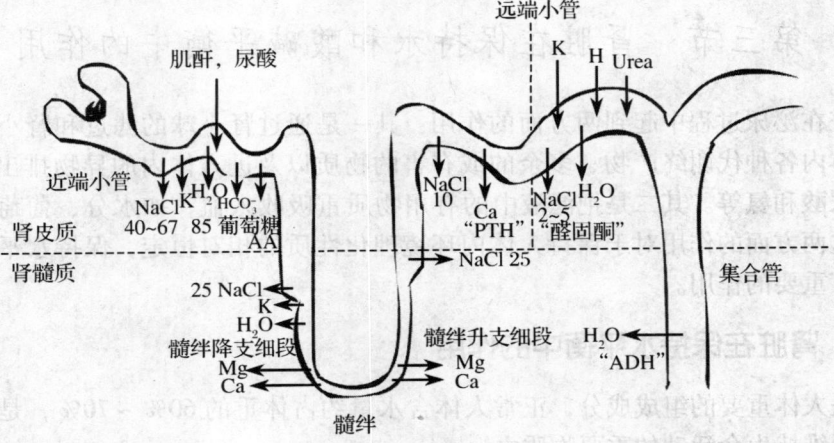

图 6 - 6　肾小管和集合管的重吸收和分泌示意图

（二）尿的理化性质

1. 颜色

正常情况下，新鲜尿液中含有淡黄色的尿胆素，是淡黄色透明液体。尿浓缩后颜色加深。放置一段时间，由于尿胆素原被氧化成尿胆素也会使颜色加深。

2. 气味

新鲜尿液有轻微的刺激性气味，来自其中的挥发性酸，放置一段时间后，由于其中的尿素被细菌分解生氨，导致刺激性气味增强。

3. 比重

尿比重（urine specific gravity，USG）随尿量而异，介于 1.015 ~ 1.025g/ml，最大变动范围为 1.002 ~ 1.035g/ml。大量饮水后，尿量增多，尿被稀释，比重降低；尿量少时，尿被浓缩，比重增高。尿的比重长期在 1.010g/ml 以下表明尿浓缩功能发生了障碍。

4. 酸碱度

由于体内的代谢产物多偏酸性，通常尿 pH 介于 5.0 ~ 7.0 之间，主要受饮食成分影响。荤素杂食者，pH 约为 6.0；肉类食物的代谢产物以酸性物质为主，故尿成酸性；素食者的酸性产物较少，碱基排出较多，尿偏碱性。剧烈运动后，尿乳酸等酸性物质排出增多，尿的酸性加强。

（三）尿量

正常成人尿量为 1.0 ~ 2.0L/d，平均约为 1.5L/d，尿量多少主要取决于每日的摄水量和排水量。摄水量多，尿量就多；长时间剧烈运动导致大量出汗时，尿量减少。尿量持续超过 2.5L/d 以上，为多尿；尿量在 0.1 ~ 0.5L/d，为少尿；少于 0.1L/d，为无尿。多尿、少尿和无尿均属不正常现象。正常成人每天可产生 35g 固体代谢产物，它们在尿中的溶解度为 7%，最少需要 0.5L 尿量才能将其溶解从尿排出。因此，少尿特别是无尿，可造成代谢产物在体内堆积。而长期多尿可使体内水分过量丧失导致脱水，这些都会影响体内的水平衡和酸碱度的恒定。

第三节 肾脏在保持水和酸碱平衡中的作用

肾脏在泌尿过程中起到两方面的作用：其一是通过肾小球的滤过和肾小管的分泌作用把体内各种代谢终产物、多余的或有害的物质以及进入体内的异物排出体外，如尿素、尿酸和氨等。其二是把滤液中的有用物质重吸收入血，如水分、葡萄糖和氨基酸等。这两方面的作用对于保持人体内环境理化性质的相对恒定，保持水平衡和酸碱平衡具有重要的作用。

一、肾脏在保持水平衡中的作用

水是人体重要的组成成分，正常人体含水量约占体重的 60%～70%，是保持内环境稳态，维持生命活动的重要物质之一。

人体内摄入的水大部分来源于食物和饮料，少部分由体内物质氧化产生。水的排出主要由肾脏泌尿排出，其次是通过皮肤、肺以及粪便排出。正常人体内的水分含量相当恒定，机体每天从外界摄入的水量和从体内排出的水量之间经常保持一种动态平衡状态。正常情况下，每日尿量的变动范围为 0.5～2.0L，表明肾脏在调节机体的水平衡中有很大的潜力。

一般情况下，成人每天进出的水量见表 6-3。

表 6-3　人体每日水分的摄入与排出量

摄入量（L）		排出量（L）	
饮用水	1.20	由肾排出	1.50
食物水	1.00	由皮肤排出	0.50
代谢水	0.30	由肺排出	0.35
		随粪排出	0.15
共计	2.50	共计	2.50

肾脏主要是在抗利尿激素（antidiuretic hormone，ADH）的作用下，通过调节尿量的多少来调节水平衡。

1. ADH 的分泌与释放

ADH 又称血管升压素（vasopressin，VP），由下丘脑前部视上核和室旁核的神经细胞分泌，经下丘脑垂体束运输至神经垂体贮存，需要时释放入血液。

2. ADH 的作用机制

ADH 主要通过增加远曲小管和集合管上皮细胞对水的通透性，发挥抗利尿的作用。ADH 先与集合管上皮细胞管周膜上的受体结合，激活膜内的腺苷酸环化酶，使细胞内 cAMP 的生成增加，继而 cAMP 激活细胞中的蛋白激酶，使蛋白磷酸化，进而使管腔膜上的水通道增加，使水的重吸收增加，尿液浓缩，尿量减少（图 6-7）。

3. ADH 分泌的调节

ADH 释放的有效刺激主要是血浆晶体渗透压和循环血量的变化。

（1）血浆晶体渗透压的变化　下丘脑视上核、室旁核及其周围区的一些神经元，对血浆晶体渗透压的变化特别敏感，称为渗透压感受器。大量出汗、严重呕吐或腹泻等情况下导致体内水分丢失太多时，血浆晶体渗透压升高，对渗透压感受器刺激增加，引起 ADH 的分泌与释放增加，促进了远曲小管和集合管对水的重吸收，使尿量减少；相反，大量快速饮水后体内水分增多，血浆晶体渗透压降低，减少了对渗透压感受器的刺激，使 ADH 释放减少，远曲小管和集合管对水的重吸收减少，尿量增多，有利于血浆晶体渗透压的恢复。这种大量饮水后尿量增多的现象称为水利尿（water diuresis）。

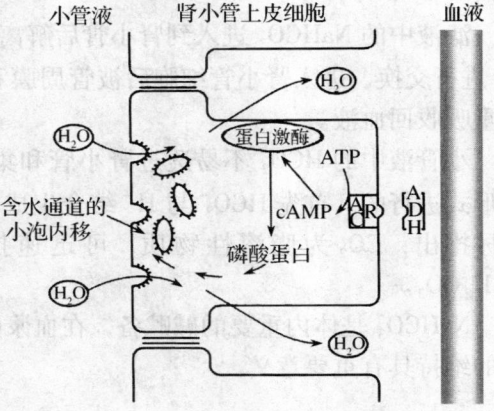

图 6 - 7　抗利尿激素（ADH）的作用机制示意图
AC. 腺苷酸环化酶；R. 受体

（2）循环血量的变化　左心房和胸腔内大静脉处存在着容量感受器。大量饮水或静脉输液等情况下，循环血量增多，左心房和大静脉扩张可刺激容量感受器，冲动沿迷走神经至下丘脑，反射性地抑制 ADH 的分泌与释放，结果使远曲小管和集合管对水重吸收减少，尿量增多，恢复正常血量。相反，在大量失血等情况下，循环血量减少，对容量感受器的刺激减弱，迷走神经传入冲动减少，使 ADH 释放增加，远曲小管和集合管对水的重吸收增多，结果使尿量减少，有利于循环血量的恢复。

此外，强烈的疼痛刺激和高度的精神紧张所引起的少尿和无尿现象，也是因 ADH 分泌和释放增多造成的。如果下丘脑或下丘脑 - 垂体束发生病变，易导致 ADH 的释放发生障碍，水的重吸收减少，出现多尿现象，每日可达 10L 以上，临床上称为尿崩症。

二、肾脏在保持酸碱平衡中的作用

机体的正常代谢活动必须在适宜酸碱度 pH 7.35 ~ 7.45 的体液中进行，体液的酸碱度依靠体内的缓冲和调节功能维持在正常范围。维持体液酸碱度相对稳定的过程，称为酸碱平衡。

正常情况下，肾小球通过滤过作用形成原尿，肾小管上皮细胞通过 $Na^+ - H^+$ 交换，实现排 H^+ 保 Na^+ 或排酸保碱的功能，保持了血浆中 $NaHCO_3 : H_2CO_3$ 约 20 : 1 的正常比值，调节了血液 pH 的相对恒定，因此肾脏在保持酸碱平衡中发挥了极其重要的作用。

$Na^+ - H^+$ 交换可产生三方面排酸保碱的作用：$NaHCO_3$ 的重吸收、尿的酸化和铵盐的形成。

（一）$NaHCO_3$ 的重吸收

近端小管、远曲小管和集合管上皮细胞都有分泌 H^+ 的作用，主要是在近端小管。细胞代谢产生或由小管液进入细胞的 CO_2 在碳酸酐酶（carbonic anhydrase, CA）的催化下，与 H_2O 反应生成 H_2CO_3，H_2CO_3 又解离为 H^+ 和 HCO_3^-。H^+ 与小管液中的 Na^+ 形成 $Na^+ - H^+$ 交换（sodium - hydrogen exchange）被分泌到小管液中，HCO_3^- 则留在细胞内（图 6 - 8）。

滤液中的 $NaHCO_3$ 进入到肾小管后解离为 Na^+ 和 HCO_3^-，Na^+ 与肾小管细胞分泌的 H^+ 进行交换，进入肾小管细胞后被管周膜和基侧膜上的钠泵泵入组织液，与 HCO_3^- 一起重吸收回血液。

小管液中的 HCO_3^- 不易透过肾小管和集合管的上皮细胞膜，它的重吸收是以 CO_2 的形式进行的。首先 HCO_3^- 与 H^+ 结合生成 H_2CO_3，H_2CO_3 又分解为 H_2O 和 CO_2，H_2O 随尿排出，CO_2 为脂溶性物质，可迅速扩散入肾小管上皮细胞，被用以合成新的 H_2CO_3。

$NaHCO_3$ 是体内重要的碱贮备，在血浆中的含量最多，它的重吸收对于体内酸碱平衡的维持具有重要意义。

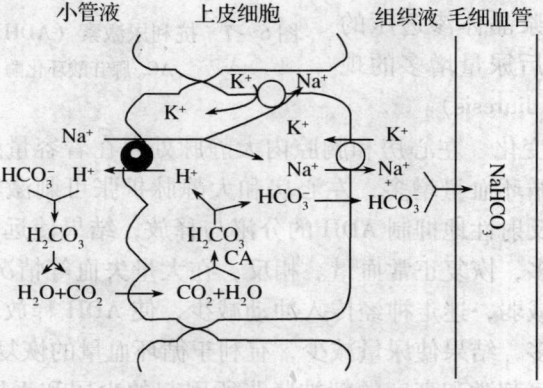

图 6 - 8　$NaHCO_3$ 的重吸收

CA. 碳酸酐酶；实心圆表示转运体；空心圆表示钠泵

（二）尿的酸化

碱性磷酸盐（主要是 Na_2HPO_4）和酸性磷酸盐（主要是 NaH_2PO_4）是血浆中比较重要的一对缓冲物质，正常比值为 $4:1$。近曲小管的小管液中，碱性磷酸盐和酸性磷酸盐的比例仍与血浆相同，主要为碱性磷酸盐。在远曲小管和集合管，当肾小管所分泌的 H^+ 增加时，一部分 H^+ 与 Na_2HPO_4 解离出的 Na^+ 进行交换，使部分 Na_2HPO_4 转变为 NaH_2PO_4，从而使尿酸化并随尿液排出体外。Na^+ 与 HCO_3^- 一起回收入血（图 6 - 9）。

当小管液的 pH 降至 4.8 时，肾小管细胞所分泌的 H^+ 就将与乙酰乙酸盐、乳酸盐等同钠结合的有机酸盐中的 Na^+ 进行交换。Na^+ 被重吸收入小管细胞后与 HCO_3^- 一起转运入血；H^+ 与有机酸盐的负离子结合生成游离的有机酸，如乳酸，使尿酸化并随尿排出，从而起到排酸保碱维持酸碱平衡的作用。

（三）铵盐的形成

NH_3 主要由远曲小管和集合管分泌，来源于谷氨酰胺的脱氨反应，其他氨基酸也可脱氨生成 NH_3。酸中毒时，近端小管也可分泌 NH_3。

NH_3 是脂溶性物质，能通过细胞膜向 pH 较低的小管液自由扩散。在机体代谢产生

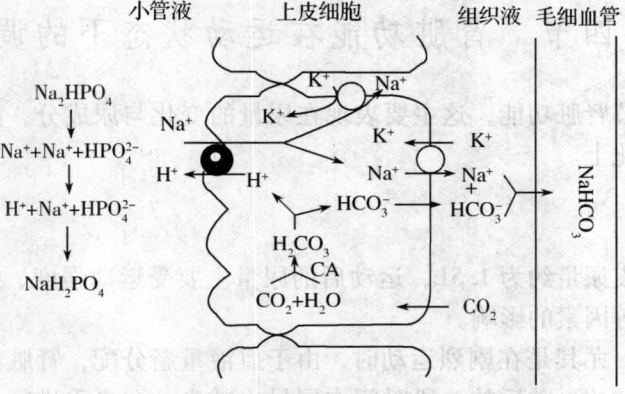

图 6 – 9　尿的酸化
CA. 碳酸酐酶；实心圆表示转运体；空心圆表示钠泵

大量酸性物质时，肾小管中 H^+ 的分泌与 NH_3 的生成均加强，两者在小管液中结合成为 NH_4^+，NH_4^+ 与强酸盐（如 $NaCl$）的负离子（Cl^-）结合形成酸性的铵盐（如 NH_4Cl），随尿排出。强酸盐的正离子（如 Na^+），则通过 Na^+– H^+ 交换或 Na^+– K^+ 交换进入肾小管上皮细胞，与细胞内的 HCO_3^- 一起转运入血浆形成 $NaHCO_3$（图 6 – 10）。

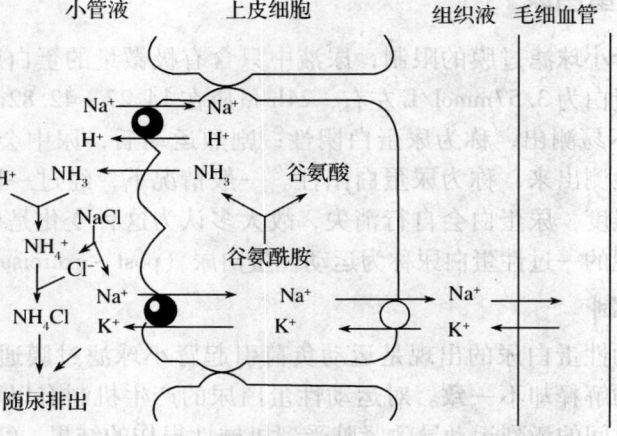

图 6 – 10　铵盐的形成
实心圆表示转运体；空心圆表示钠泵

排 H^+ 和排 NH_3 密切相关，之间有相互促进的作用，NH_4^+ 的生成不仅使小管液中 H^+ 和 NH_3 的浓度下降，有利于 H^+ 和 NH_3 的不断分泌，而且起着排酸的作用，保持了血浆中 $NaHCO_3$ 的浓度，维持了体内的酸碱平衡。

由上可知，在 Na^+– H^+ 交换过程中，机体不仅排出了 H^+，而且重吸收了 $NaHCO_3$，保持了血浆中 $NaHCO_3$ 大约 $22 \sim 27mmol/L$ 血液的正常含量，从而保持了体内的酸碱平衡。

第四节　肾脏功能在运动状态下的调节

运动能够调节肾脏功能，这主要表现在尿量的变化与尿成分，如运动性蛋白尿和运动性血尿的变化上。

一、尿量

正常人一昼夜尿量约为 1.5L，运动后的尿量主要受运动强度、运动持续时间、气温、泌汗和饮水等因素的影响。

机体运动时，尤其是在剧烈运动时，由于血液重新分配，肾脏的血流量减少，肾小球滤过率下降，故运动后的一段时间内尿量也减少。在夏季进行强度较大、时间较长的运动时，由于大量泌汗导致血浆渗透压升高，刺激下丘脑释放 ADH 增多，水的重吸收作用加强，故尿量减少；短时间运动后，尿量不会发生明显变化。

马拉松比赛时，通常每隔 5km 设置一个饮水站，保证运动中及时补水。激烈运动后尿量减少，影响尿检的取样，故通常让运动员饮用一定量的水或常规的等渗液，用以增加尿量。在观察运动对尿液某种成分的影响时，分析其总含量的变化比仅分析浓度的变化更能反映其规律。

二、运动性蛋白尿

健康人由于肾小球滤过膜的限制，尿液中只含有极微量的蛋白质。安静时随机抽取尿样检查的尿蛋白为 3.57mmol/L 左右，24h 量应在 14.27 ~ 42.82mmol/L，用常规检查尿蛋白的方法不易测出，称为尿蛋白阴性；剧烈运动后，尿中会出现大量蛋白质，用常规方法可以检测出来，称为尿蛋白阳性。一般情况下，经过一段时间的休息或减少负荷量或运动强度，尿蛋白会自行消失，故大多认为这种变化是生理性的。这种健康人在运动后出现的一过性蛋白尿称为运动性蛋白尿（post – exercise proteinuria）。

（一）产生机制

一般公认运动性蛋白尿的出现是运动负荷引起肾小球滤过膜通透性改变的结果，但对通透性改变的解释却不一致。对运动性蛋白尿的产生机制有以下几种认识：①马拉松、足球等长时间的激烈运动导致肾脏受到机械性损伤的结果。②运动时肾上腺素、去甲肾上腺素和肾素 – 血管紧张素释放增加，使得肾血管收缩，肾小球毛细血管压上升，增大了有效滤过压，促使了蛋白质的滤过。③运动时乳酸产生增多会导致血浆蛋白的体积缩小，而且还会引起肾小管上皮细胞肿胀，使得蛋白质被滤过到尿中去。④运动性蛋白尿的产生与肾血管收缩和肾缺血、缺氧以及乳酸增多引起肾小球滤过膜的通透性增加有关。目前，一般见解是由于运动时肾小球毛细血管扩张、被动充血，肾小管上皮细胞变性，导致肾脏血液循环发生障碍，致使肾脏缺血、缺氧，毛细血管通透性增加，尿中出现蛋白质。

运动性蛋白尿可能是多种因素综合作用的结果，还需要进一步的研究。

（二）主要影响因素

1. 个体差异

运动性蛋白尿的个体差异较大，相同负荷运动后，有人不会出现蛋白尿，而有人却出现蛋白尿，排量也不同。同一运动员在进行相同的负荷量和运动强度后，尿蛋白的排量较恒定。因此在用尿蛋白作为评定指标时，难以在不同个体之间比较其负荷量、训练水平和功能状态，较适宜于同一个体在训练或比赛前、后的比较。

2. 运动项目

研究报道，长距离跑、自行车、足球、游泳、赛艇等运动后，运动员出现蛋白尿的阳性率较高，排量也较大；举重、射箭、体操、排球等运动后，运动员出现蛋白尿的阳性率低，排量也少。有人认为，这可能与不同运动项目对机体产生的影响不同有关，但确切原因还不清楚。

3. 负荷量和运动强度

许多研究表明，运动员经激烈比赛或运动训练后，尿中蛋白质含量明显增加，运动强度愈大，负荷量愈大，尿蛋白的含量就愈高。

在大负荷量训练过程中，运动员开始承担大负荷量时，由于机体对负荷量的不适应，尿蛋白排量较多。坚持一段时间，当身体逐渐适应大负荷量训练后，尿蛋白的排量又减少。如果不减少，或反而增加时，就要观察运动员的身体状况，相应地减少负荷量和运动强度。

4. 功能状态

当运动员功能状态良好、适应能力强或训练水平提高时，完成定量负荷时，尿蛋白排量减少，尿蛋白恢复期缩短；反之，当运动员功能下降，适应性差，或训练水平下降时，则尿蛋白排量增加，恢复期延长。

5. 年龄与情绪

尿蛋白出现的比例随年龄的增加而降低，在青少年运动员中特别常见。运动性蛋白尿的产生与情绪也有一定的关系。比赛较平常训练时出现尿蛋白的阳性率更高，排量更多，其原因除可能与比赛时运动强度大有关外，可能也与情绪激动、精神高度紧张、神经系统和内分泌活动加强等有关。

6. 环境

外界温度和海拔高度等因素对运动性蛋白尿的出现有显著影响。如与正常水温相比，冬泳后尿蛋白的阳性率要高；与平原运动相比，高原运动后尿蛋白的阳性率高，排量大，这与寒冷或低氧对机体和肾脏的刺激有关。环境因素引起的尿蛋白阳性率高、排量大的现象，会随着适应性的逐渐提高而改善。

（三）在运动实践中的应用

尿蛋白作为一项操作简便、对受试者无损伤的检测指标被广泛地应用于运动医学实践中，对运动员的训练进行监控。在持续较长时间（如 2～3 周）采用大负荷量时，尿蛋白量宜控制在 35.68mmol/L 以下。尿蛋白的排泄量在一次剧烈运动后 15min 才达到最高值，15～20min 开始减少，因此，在比赛后测定尿蛋白时应注意尿液的收集时间，应让运动员休息 15min 再取尿。通过对运动员尿蛋白含量的检测，可评定负荷量及运动强度、观察运动员对负荷量的适应能力及评价运动员的功能状态或训练水平。

应用专栏

山东队某田径运动员,男,21 岁。安静时尿无异常,一次训练课后,测得尿蛋白呈阳性（＋＋＋）,之前在完成相同负荷运动后尿蛋白呈阳性（＋＋）。次日晨尿蛋白呈阳性（＋）,该队员自述感觉身体疲倦无力,但不伴随其他特异性症状。停训 1 天后再测晨尿,尿蛋白阴性。

点评:该运动员安静时的尿无异常,运动后出现蛋白尿,而且不伴有其他特异性症状,并于数小时后消失,说明该运动员对运动负荷不适应,引起了运动性蛋白尿。

临床上蛋白尿分生理性与病理性 2 种。运动性蛋白尿属生理性蛋白尿,是暂时性的良性蛋白尿,主要是由于体内外某些因素,如精神紧张或剧烈运动造成肾小球毛细血管渗透性增加所造成的。

在训练中应用尿蛋白指标时,一般在运动后 15 ~ 20min 取尿观察训练后的变化,评定一次训练负荷的大小。尽管运动性蛋白尿有较大的个体差异,但同一个体在完成相同负荷运动时,尿蛋白量相对较稳定。如果运动后尿蛋白没有增加,表明运动负荷较小,对运动员身体刺激不大。该田径运动员平时在完成相同负荷运动后的尿蛋白呈阳性（＋＋）,这次训练课后尿蛋白阳性明显增强（＋＋＋）,表明他的功能状态不好或训练水平下降,不适应这种运动负荷。

采集训练后 4h 或次日晨尿,用以评定机体的恢复状态。如果运动后尿蛋白增多,但 4h 或次日晨完全恢复到安静时正常范围之内,表示训练负荷比较大,对身体有较大刺激,但功能状态良好,能够及时恢复;而该田径运动员运动后尿蛋白增多（＋＋＋）,但次日晨仍处于较高水平（＋）,恢复时间延长,这是其功能水平下降、机体不适应运动负荷及疲劳还未消除,是过度疲劳或过度训练的表现。

运动性蛋白尿不需药物治疗,经休息、调整运动量或身体逐渐适应后,尿蛋白排量可明显减少,甚至消失。一般由轻度运动引起的尿蛋白可于 24h 内消失,激烈而长时间的运动（如马拉松等）所引起的蛋白尿可持续 1~3 周,甚至 3 周以上。该运动员停训 1 天后,尿蛋白消失。

从上述可知,在运动训练过程中,应时刻关注运动员的身体情况,避免使运动员处于长期尿蛋白增高的状态。轻度过度训练,应尽快酌减训练强度或训练量;情况严重者应暂时停止训练。再者,训练中应遵守循序渐进、系统性、个别对待等基本原则,避免突然增大运动量和运动强度。

三、运动性血尿

健康人在运动后出现的一过性肉眼或显微镜下可见的血尿,称为运动性血尿（exercise - induced hematuria）。肉眼可见的血尿呈褐色或浓红茶色,很容易辨识。显微镜下的血尿为正常尿色，但显微镜下可见红细胞，又称尿潜血。

从发生规律来看，运动性血尿多出现在激烈运动之后，属一时性变化，经过一定的休息或调整，症状可逐渐消失，持续时间一般不超过 3 天，最长不超过 7 天。一般情况下，出现运动性血尿时，运动员自我感觉良好，只是偶尔有腰部不适等症状。

（一）机制

一般认为，运动时肾脏受到挤压或打击，形态上出现了变化，使本来不能通过滤过膜的红细胞大量进入到肾小囊腔，形成运动性血尿，如拳击运动员运动后出现血尿的比率高。剧烈运动时能量消耗过多，导致肾周围脂肪组织减少，出现肾下垂，肾静脉压增高，也可使红细胞渗出形成运动性血尿。运动时交感神经作用加强，肾上腺素和去甲肾上腺素分泌增多均可能造成肾血管收缩，出现暂时性的肾脏缺血、缺氧，通透性增加，使红细胞渗出产生血尿。运动性血尿的产生还可能与运动后自由基含量的增加有关。

关于运动性血尿产生的确切机制还有待于进一步的研究。

（二）影响因素

运动性血尿的产生与运动项目、负荷量、运动强度、环境以及身体适应能力等因素有关。拳击、跑步、跳跃和球类运动后，血尿的发生率较高；负荷量或运动强度突然加大，如比赛开始阶段或冬训时，血尿也多；在严寒或高原条件下训练或身体适应能力下降时，也容易造成运动性血尿。

（三）运动性血尿的预防和治疗

要采取一定的措施预防运动性血尿的产生。首先是要遵循科学的运动训练原则，做好充分的准备活动，循序渐进地增加负荷量和训练强度。其次，在剧烈训练和比赛过程中给予及时、适当的补水。再者，避免过度训练。

对于运动后出现肉眼可见血尿的运动员，应暂时停止运动训练，进行必要的医学检查；对镜下血尿的运动员，可采取边训练边检查的办法，并且争取尽快做出较明确的诊断。除适当调节运动量外，还可服用一些止血药或中药。但是由于运动性血尿产生的确切原因还不完全清楚，药物治疗也都是试验性或对症性的，还需要进行深入的研究。

本章小结

肾单位是肾脏的基本功能单位，由肾小体和肾小管组成，可分为皮质肾单位和近髓肾单位，两者在结构和功能上是不同的。集合管不属于肾单位，但与肾单位一起参与了尿的生成过程。

尿液生成有 3 个基本过程：肾小球的滤过作用、肾小管和集合管的重吸收作用和肾小管与集合管的分泌作用。影响肾小球滤过的因素包括滤过膜的有效滤过面积和通透性、有效滤过压及肾血浆流量，其中有效滤过压又取决于肾小球的毛细血管血压、血浆胶体渗透压和肾小囊内压。

肾小管和集合管重吸收的主要部位是近端小管，重吸收的方式有主动重吸收和被动重吸收 2 种，重吸收的途径有跨细胞转运途径和细胞旁途径。影响肾小管和集合管重吸收的因素主要是小管液中溶质的含量以及肾小球滤过率。

肾脏通过调节尿量的方式来调节水平衡，主要是在 ADH 的作用下完成的。ADH 释放的有效刺激主要是血浆晶体渗透压和细胞外液量的变化。肾脏主要是通过 $NaHCO_3$ 的重吸收、尿的酸化以及铵盐的形成调节机体的酸碱平衡。

运动性蛋白尿的出现是运动负荷引起肾小球滤过膜通透性改变的结果，但对通透性改变的解释却不一致，主要受个体差异、运动项目、负荷量、运动强度、功能状态等因素的影响，可评定负荷量及运动强度、观察运动员对负荷量的适应能力及评价运动员的功能状态或训练水平。运动性血尿可能是多因素综合作用的结果，主要与运动项目、负荷量、运动强度、环境以及身体适应能力等因素有关，应采取一定的措施预防和治疗运动性血尿。

复 习 题

1. 什么是肾小球滤过率？试述影响肾小球滤过的主要因素。
2. 试述影响肾小管和集合管重吸收的因素。
3. 试述抗利尿激素的分泌释放、作用机制及调节释放的因素。
4. 试述肾脏在保持酸碱平衡中的作用。
5. 试述运动性蛋白尿及其主要影响因素。
6. 机体大量出汗、严重呕吐或腹泻等情况下，尿量将发生怎样的变化？为什么？
7. 循环血量减少时，抗利尿激素的分泌有何变化？生理意义是什么？

思考与讨论

正常成人一次快速饮用清水或生理盐水 1000ml，或快速静脉输入生理盐水 1000ml 后，血浆渗透压及尿量将分别发生什么变化？试解释其机制。

（张延玲　王冬梅）

参 考 文 献

[1] 曹志发，孟昭琴，姚为俊. 新编运动生理学. 北京：人民体育出版社，2003.

[2] 冯连世，李开刚. 运动员功能评定常用生理生化指标测试方法及应用. 北京：人民体育出版社，2002.

[3] 孔旭黎. 生理学. 郑州：郑州大学出版社，2006.

［4］李东亮，许继田，关宿东．临床生理学．郑州：郑州大学出版社，2004.
［5］陆耀飞．运动生理学．北京：北京体育大学出版社，2007.
［6］曲绵域，于长隆．实用运动医学．第 4 版．北京：北京大学医学出版社，2003.
［7］张建福，彭聿平，闫长栋．人体生理学．北京：高等教育出版社，2007.

网 站 导 航

1. http：//www. nottingham. ac. uk/nmp/sonet/rlos/bioproc/gfr/

2. http：//www. virtualcancercentre. com/healthinvestigations. asp？sid = 54

3. http：//clem. mscd. edu/ ~ raoa/bio2320/uriphys/index. htm

4. http：//www. wramc. army. mil/education/lecture/nephrology/NepLec/Hematuria/sld00

5. http：//physiologyonline. physiology. org/cgi/content/full/18/4/169

6. http：//www. nda. ox. ac. uk/wfsa/html/u09/u09_ 017. htm

7. http：//www. ncbi. nlm. nih. gov/pmc/articles/PMC1351806/

第七章 内分泌系统

教学 目标

掌握内分泌概念，激素作用机制；掌握生长激素和甲状腺激素的作用及其调节；熟悉激素作用的一般特性；掌握肾上腺皮质激素的种类、生理作用和分泌调节及其与运动的关系；掌握胰岛素、PTH、CT 及维生素 D 的生理作用及其在运动中的作用；熟悉下丘脑与腺垂体的功能联系，腺垂体激素（GH，PRL，TSH，ACTH，FSH，LH）和神经垂体激素（ADH，OXT）的生理作用；了解激素的分类，下丘脑分泌的 9 种激素；了解胰岛素作用机制及胰高血糖素作用及调节；了解褪黑素和前列腺激素等的生理作用。

相关 概念

激素（hormone）：是由内分泌腺或散在的内分泌细胞分泌的高效能生物活性物质，经血液或组织液传递而发挥其调节作用。

靶细胞（target cell）：激素调控的细胞被称为靶细胞。

靶腺（target gland）：某些激素专一地选择作用于某一内分泌腺体，称为激素的靶腺。

远距分泌（telecrine）：大多数激素经血液运输至远距离靶组织而发挥作用，这种方式称为远距分泌。

允许作用（permissive action）：有些激素本身并不能直接对某些器官、组织或细胞产生生理效应，然而在它存在的条件下，另一种激素的作用明显增强，即对另一种激素的调节起支持作用，这种现象称为允许作用。

应激反应（stress reaction）：当机体遇到创伤、感染、缺氧等有害刺激以及精神紧张时，可引起腺垂体促肾上腺皮质激素（ACTH）分泌增加，导致血中糖皮质激素浓度升高，并产生一系列代谢改变和其他全身反应，称为机体的应激。

应急反应（emergency reaction）：机体在运动、低血糖、低血压、寒冷以及各种精神紧张（恐惧和愤怒）状态时，交感－肾上腺髓质系统发生的适应反应。

受体活化（receptor activation）：激素和受体形成激素－受体复合物，引起受体本身构型的改变。

受体下调（receptor down regulation）：激素使其特异性受体数量减少的现象。

受体上调（receptor up regulation）：有些激素也可使其特异性受体数量增多或亲和力增高的现象。

+-+

机体对自稳态的维持，需要完成大量的、精确的调控过程。这个调控过程主要借助于神经系统和内分泌完成。神经系统主要是从大的方面进行宏观调控，而对于这些反应进行精确的"微调"，则需借助于内分泌系统。内分泌系统是由机体内分泌腺和分散存在于某些组织器官中的内分泌细胞共同构成的一个重要信息传递系统，它通过分泌作为化学信使的激素来实现其调节功能。

第一节　概　述

内分泌系统指全身各种内分泌腺以及分散存在于机体其他部位的内分泌细胞组成的一个体内信息传递系统（图7-1）。激素（hormone）是由内分泌腺或散在的内分泌细胞分泌的高效能生物活性物质，经血液或组织液传递而发挥其调节作用。激素调控的器官、组织和细胞分别被称为靶器官（target organ）、靶组织（target tissue）和靶细胞（target cell）。

一、激素作用的方式

大多数激素经血液运输至远距离靶组织而发挥作用，这种方式称为远距分泌。激素仅由组织液扩散而作用于邻近细胞，称为旁分泌。内分泌细胞所分泌的激素在局部扩散又返回作用于该内分泌细胞而发挥反馈作用，称为自分泌。下丘脑有许多具有内分泌功能的神经细胞，这类神经细胞既能产生和传导神经冲动，又能合成和释放激素，故称神经内分泌细胞，它们产生的激素称为神经激素（neurohormone）。神经激素可沿神经轴突借轴浆流动运送至末梢而释放，这种方式称为神经分泌。

二、激素的分类

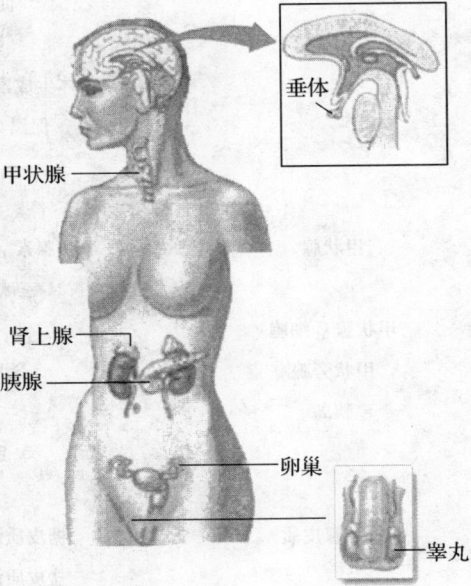

图7-1　体内内分泌系统示意图

（一）含氮激素

（1）肽类和蛋白质激素　主要有下丘脑调节肽、神经垂体激素、胰岛素等。

（2）胺类激素　包括肾上腺素、去甲肾上腺素、甲状腺素。

（二）类固醇（甾体）激素

类固醇激素是由肾上腺皮质和性腺分泌的激素，如皮质醇、醛固酮、雌激素、孕激素、雄激素等（表7－1）。

表7－1 人体主要激素及其来源

主要来源	激素	英文或缩写
下丘脑	促甲状腺激素释放激素	TRH
	促性腺激素释放激素	GnRH
	生长素释放抑制激素（生长抑素）	GHRIH
	生长素释放激素	GHRH
	促肾上腺皮质激素释放激素	CRH
	促黑（素细胞）激素释放因子	MRF
	促黑（素细胞）激素释放抑制因子	MIF
	催乳素释放因子	PRF
	催乳素释放抑制因子	PIF
	血管升压素（抗利尿激素）	VP（ADH）
	催产素	OXT
腺垂体	促肾上腺皮质激素	ACTH
	促甲状腺激素	TSH
	卵泡刺激素	FSH
	黄体生成素（间质细胞刺激素）	LH（ICSH）
	促黑（素细胞）激素	MSH
	生长激素	GH
	催乳素	PRL
甲状腺	甲状腺素（四碘甲状腺原氨酸）	T_4
	三碘甲状腺原氨酸	T_3
甲状腺C细胞	降钙素	CT
甲状旁腺	甲状旁腺激素	PTH
胰岛	胰岛素	insulin
	胰高血糖素	glucagon
	胰多肽	PP
肾上腺皮质	糖皮质激素（如皮质醇）	—
	盐皮质激素（如醛固酮）	—
肾上腺髓质	肾上腺素	E
	去甲肾上腺素	NE

三、激素作用的一般特性

1. 激素的信息传递作用

内分泌系统依靠激素在细胞与细胞之间进行信息传递，而且无论是哪种激素，其只能对靶组织的生理、生化过程起加强或减弱的作用。如生长激素促进细胞的增殖分化，甲状腺激素增强代谢过程等。

2. 激素作用的相对特异性

激素只选择性地作用于某些器官、组织和细胞，称为激素作用的特异性。某些激素专一地选择作用于某一内分泌腺体，称为激素的靶腺。激素作用的特异性与靶细胞上存在能与激素发生特异性结合的受体有关。有些激素作用的特异性很强，只作用于某一靶腺，而有些激素没有靶腺，其作用比较广泛，但这些激素也是与细胞的相应受体结合而起作用的。

3. 激素的高效能生物放大作用

激素在血液中的浓度都很低，但起作用显著。如 1mg 的甲状腺激素可使机体增加产热量约 4200kJ（焦耳）。一分子去甲肾上腺素能够引起肝脏产生和释放 108 个葡萄糖分子。激素与受体结合后，在细胞内发生一系列酶促反应，逐级放大效果，形成一个效能极高的生物放大系统。

4. 激素间的相互作用

（1）协同作用和拮抗作用（synergistic and antagonistic effects） 多种激素共同参与某一生理活动的调节时，引起的总效应明显强于各激素单独作用产生效应的总和，称为激素的协同作用。拮抗作用指 2 种激素效应相反，对维持其功能的相对稳定起着重要作用。如生长素、肾上腺素、糖皮质激素及胰高血糖素，虽然作用的环节不同，但均能提高血糖，在生糖效应上有协同作用；相反胰岛素则能降低血糖，与上述激素效应有拮抗作用。

（2）允许作用（permissive effects） 有些激素本身并不能直接对某些器官、组织或细胞产生生理效应，然而在它存在的条件下，另一种激素的作用明显增强，即对另一种激素的调节起支持作用，这种现象称为允许作用。如糖皮质激素本身对心肌和血管无作用，但必须有它的存在，儿茶酚胺才能很好地发挥其对心血管的调节作用。

四、激素的作用机制

激素对靶细胞的调节作用大致包括 3 个相关的基本环节，即激素受体的活化、激素－受体复合物的信号转导和转导信号引起的靶细胞生物效应。

（一）含氮激素作用机制——第二信使学说

含氮激素作用于靶细胞膜上，与膜上的特异受体结合，从而激活膜上的腺苷酸环化酶（adenylate cyclase，AC），促进胞浆内三磷酸腺苷（ATP）转变为环磷酸腺苷（cyclic AMP，cAMP），这种激素和受体形成激素－受体复合物，引起受体本身构型改变的作用，称为受体活化（receptor activation）。cAMP 激活无活性的蛋白激酶，通过催化细胞内蛋白质的磷酸化作用，诱发靶细胞的生理效应（图 7-2）。在这一过程中，信息由第一信使传递给第二信使，引起细胞内一系列的酶促反应，从而发生调节作用。

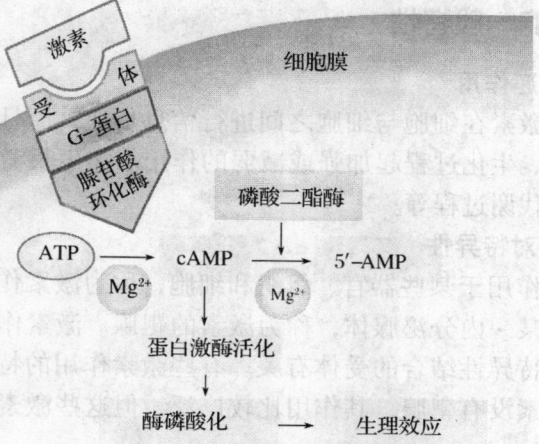

图 7 - 2　含氮类激素作用原理示意图

激素与受体的结合力称为亲和力（affinity）。一般来说，由于相互结合是激素作用的第一步，所以亲和力与激素的生物学作用往往一致，但激素的类似物可与受体结合而不表现激素的作用，相反却阻断激素与受体相结合。亲和力可以随生理条件的变化而发生改变，如动物性周期的不同阶段，卵巢颗粒细胞上的卵泡刺激素（follicle - stimulating hormone，FSH）受体的亲和力是不相同的。某一激素与受体结合时，其邻近受体的亲和力也可出现增高或降低的现象。

受体除表现亲和力改变外，其数量也可发生变化。如长期使用大剂量的胰岛素，将出现胰岛素受体数量减少，亲和力也降低；当把胰岛素的量降低后，受体的数量和亲和力可恢复正常。这种激素使其特异性受体数量减少的现象，称为受体下调（down regulation）。下调发生的机制可能与激素 - 受体复合物内移入胞有关。有些激素也可使其特异性受体数量增多或亲和力增高，称为受体上调（up regulation），如催乳素、卵泡刺激素、血管紧张素等都可出现上调现象。这种在受体水平发生的局部负反馈调节机制，对于维持激素 - 受体 - 反应之间动态平衡起重要作用。

（二）类固醇激素作用机制——基因调节学说

类固醇激素分子量小且是脂溶性的，可以扩散通过细胞膜进入细胞内与胞浆中的受体结合，形成激素 - 胞浆受体复合物。激素 - 胞浆受体复合物可进入细胞核内。复合物再与核内受体结合，转变为激素 - 核内受体复合物，启动 DNA 的转录过程，生成新的信使核糖核酸（mRNA）转移至胞浆内，翻译合成新的蛋白质（酶），从而引起相应的生理效应（图 7 - 3）。

五、激素分泌及其调节

激素在内分泌细胞内合成后，以胞吐方式出胞，称为激素的分泌或释放。正常情况下，内分泌细胞都保持着一定的分泌活动，称为基础分泌。人体在与自然环境和社会环境的长期适应过程中，使许多激素的基础分泌表现为日、月、年周期性活动，这种周期性活动对于维持人体一些基本功能活动和内环境稳态，起着十分重要的作用。当

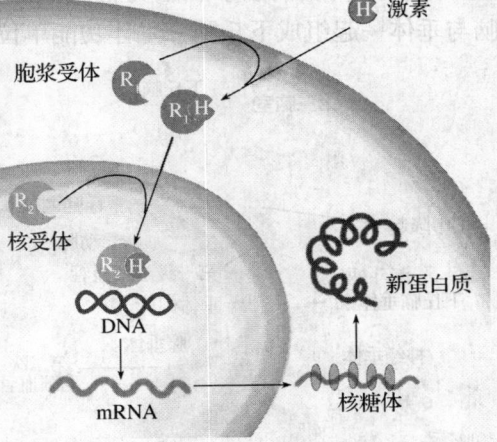

图7-3　类固醇类激素作用原理示意图

内外环境因素改变时，激素的分泌活动在基础分泌的基础上加强或减弱，使激素的分泌量增加或减少，从而使靶细胞、靶器官的活动与内外环境的变化相适应。激素分泌随内外环境因素的变化而改变，主要是通过神经调节完成的，而体内激素水平维持相对稳定则主要是通过反馈调节实现的（图7-4）。

　　反馈调节是激素分泌调节的一种普遍规律，其中主要为负反馈调节。一般来说，当血液中某种激素的含量超过一定的水平或受其控制的某种物质在血液中超过一定浓度时，通过负反馈调节可抑制这一内分泌腺的活动，使其激素的合成和分泌减少；反之当该激素或受激素控制的物质在血液中的浓度低于某一水平时，则负反馈作用降低，该激素的分泌就增加。

　　此外，人生活在社会环境之中，许多社会、心理因素均可作为刺激作用于人体，影响激素的分泌。如少数妇女可因紧张、焦虑，出现月经失调或闭经，可能是社会心理因素通过下丘脑干扰了性腺激素的释放所造成的。

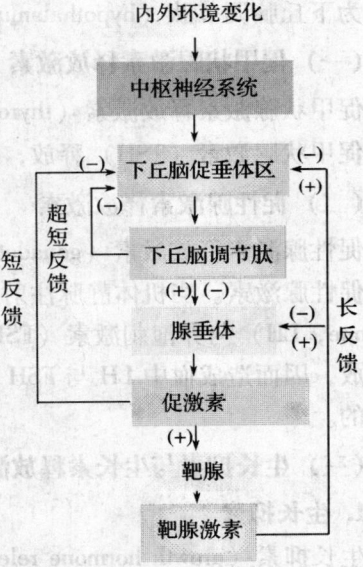

图7-4　体内激素水平的反馈调节

第二节　下丘脑和垂体

　　下丘脑与神经垂体和腺垂体的联系非常紧密，视上核、室旁核的神经元轴突延伸终止于神经垂体，形成下丘脑-垂体束。在下丘脑与腺垂体之间通过垂体门脉系统发生功能联系。下丘脑的一些神经元既能分泌激素（神经激素），具有内分泌细胞的作用，又保持典型神经细胞的功能。它们可将大脑或中枢神经系统其他部位传来的信息，转变为激素的信息，起着换能神经元的作用，从而以下丘脑为枢纽，把神经调节与体液调节紧密联系起来。所以下丘脑与垂体一起组成下丘脑－垂体功能单位（图7－5）。

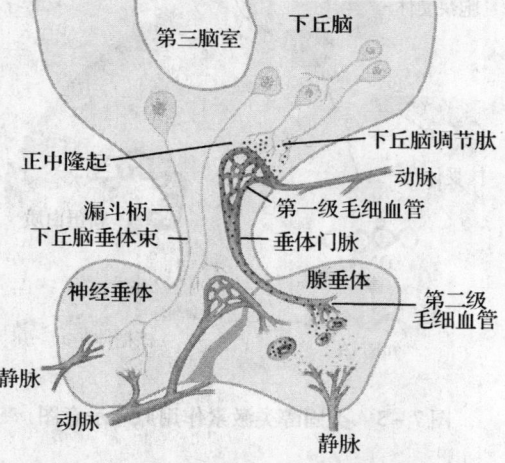

图7－5　下丘脑－垂体功能单位模式图

一、下丘脑调节肽

下丘脑促垂体区肽能神经元分泌的肽类激素，主要作用是调节腺垂体的活动，因此称为下丘脑调节肽（hypothalamus regulatory peptide，HRP）。

（一）促甲状腺激素释放激素

促甲状腺激素释放激素（thyrotropin – releasing hormone，TRH）主要作用于腺垂体促进促甲状腺激素（TSH）释放，血中 T_4 和 T_3 随 TSH 浓度上升而增加。

（二）促性腺激素释放激素

促性腺激素释放激素（gonadotropin – releasing hormone，GnRH）促进腺垂体合成与释放促性腺激素。当机体静脉注射 100mg GnRH，10min 后血中黄体生成素（luteotropic hormone，LH）与卵泡刺激素（FSH）浓度明显增加。下丘脑释放 GnRH 的特征是脉冲式释放，因而造成血中 LH 与 FSH 浓度也呈脉冲式波动。GnRH 对性腺的直接作用是抑制性的。

（三）生长抑素与生长素释放激素

1. 生长抑素

生长抑素（growth hormone releasing – inhibiting hormone，GHRIH）的主要作用是抑制腺垂体生长素（growth hormone，GH）的基础分泌，抑制腺垂体对多种刺激引起的 GH 分泌反应，包括运动、进餐、低血糖等。

2. 生长素释放激素

生长素释放激素（growth hormone releasing hormone，GHRH）呈脉冲式释放，从而导致腺垂体的 GH 分泌也呈现脉冲式。一般认为。GHRH 是 GH 分泌的经常性调节者，而 GHRIH 则是在应激刺激 GH 分泌过多时，才显著地发挥对 GH 分泌的抑制作用。

（四）促肾上腺皮质激素释放激素

促肾上腺皮质激素释放激素（corticotropin releasing hormone，CRH）的主要作用是促进腺垂体合成与释放促肾上腺皮质激素（adenocorticotropic hormone，ACTH）。腺垂体中存在有大分子的促阿片-黑色素细胞皮质素原，简称阿黑皮素原，在 CRH 作用下经酶分解出 ACTH、溶质激酶和少量的 β-内啡肽。

下丘脑的 CRH 呈脉冲式释放，并呈现昼夜周期性节律，其释放量在 6：00～8：00 时达高峰，在 0 时最低。

（五）催乳素释放抑制因子与催乳素释放因子

下丘脑对腺垂体催乳素（prolactin，PRL）的分泌有抑制和促进 2 种作用，但平时以抑制作用为主。

（六）黑色素细胞刺激素释放因子与黑色素细胞刺激素释放抑制因子

黑色素细胞刺激素释放因子（melanophore-stimulating hormone releasing factor，MRF）与黑色素细胞刺激素释放抑制因子（melanophore-stimulating hormone realeasing-inhibiting factor，MIF）可能是催产素裂解出来的 2 种小分子肽。MRF 促进 MSH 的释放，而 MIF 则抑制黑色素细胞刺激素（melanocyte-stimulating hormone，MSH）的释放。

二、调节下丘脑肽能神经元活动的递质

下丘脑肽能神经元与来自脑其他部位的神经纤维有广泛的突触联系，其神经递质比较复杂，可分为两大类：一类递质是肽类物质，如脑啡肽、β-内啡肽、神经降压素、P 物质、胆囊收缩素等；另一类递质是单胺类物质，主要有多巴胺（DA）、去甲肾上腺素（NE）与 5-羟色胺（5-HT）。

三、垂体

垂体按其胚胎发育和功能、形态的不同，分为腺垂体（adenohypophysis）和神经垂体（neurohypophysis）两部分，且以漏斗与下丘脑相连。由于在形态和功能上下丘脑与垂体的联系非常密切，故可将它们看做一个功能单位。

（一）腺垂体

腺垂体是体内最重要的内分泌腺。它由不同的腺细胞分泌 7 种激素：由生长素细胞分泌生长素（GH）；由促甲状腺激素细胞分泌促甲状腺激素（TSH）；由促肾上腺皮质激素细胞分泌促肾上腺皮质激素（ACTH）与黑色素细胞刺激素（MSH）；由促性腺激素细胞分泌卵泡刺激素（FSH）与黄体生成素（LH）；由催乳素细胞分泌催乳素（PRL）。在腺垂体分泌的激素中，TSH、ACTH、FSH 与 LH 均有各自的靶腺，外周靶腺的激素（甲状腺激素、糖皮质激素、性激素）既可对直接调节它的腺垂体起反馈作用（短反馈），也可绕过腺垂体对下丘脑起反馈作用（长反馈）。因此，下丘脑、腺垂体与外周靶腺之间联成 3 个功能轴：①下丘脑-垂体-甲状腺轴。②下丘脑-垂体-肾上腺皮质轴。③下丘脑-垂体-性腺轴。各轴本身各环节存在依次调节及反馈调节关系，从而使血液中的有关激素浓度相对稳定在一定水平上。腺垂体的这些激素是通过调节靶腺的活动而发挥作用的，而 GH、PRL 与 MSH 则不通过靶腺，分别直接调节

个体生长、乳腺发育与泌乳、黑色素细胞活动等。

1. 生长激素

不同种类动物的生长激素，其化学结构与免疫性质等有较大差别。人生长激素（human growth hormone，hGH）的化学结构与催乳素类似，故生长激素有弱催乳素作用，而催乳素有弱生长激素作用。

生长激素的作用：

（1）促进生长作用 机体生长受多种激素的影响，而 GH 是起关键作用的调节因素。人幼年时期缺乏 GH 将出现生长停滞，身材矮小，称为侏儒症；如 GH 过多则患巨人症（图 7-6）。人成年后GH 过多，由于长骨骨骺已经钙化，长骨不再生长，只能使软骨成分较多的手脚肢端短骨、面骨及其软组织生长异常，以至出现手足粗大，鼻大唇厚、下颌突出等症状，称为肢端肥大症。GH 的促生长作用是由于它能促进骨、软骨、肌肉以及其他组织细胞分裂增值，蛋白质合成增加，对软骨的生长无直接作用。

图 7-6 GH 分泌异常的巨人症患者

GH 的作用机制十分复杂。GH 与靶细胞膜上的受体结合后，可分别通过酪氨酸激酶耦联受体 JAK-STATs 和 PLC-DAG/PKC 信号跨膜转导途径，直接作用于靶细胞，促进生长发育。也可通过靶细胞生成生长介素（somatomedin，SM）间接促进生长发育。SM 是主要由肝产生的一种具有促生长作用的肽类物质，因其化学结构与胰岛素近似，所以又称为胰岛素样生长因子（insulin-like growth factor，IGF）。目前已分离出 2种生长介素，即 IGF-1 和 IGF-2。GH 的促生长作用主要是通过 IGF-1 介导的。IGF-2 主要在胚胎期产生，对胎儿的生长起重要作用。

生长介素主要的作用是促进软骨生长，它除了可促进硫酸盐进入软骨组织外，还促进氨基酸进入软骨细胞，增强 DNA、RNA 和蛋白质的合成，促进软骨组织增殖和骨化，使长骨加长。血中的生长介素绝大部分与生长介素结合蛋白结合，被运送到全身各处。

（2）促进代谢作用 GH 可通过生长介素促进氨基酸进入细胞，加速蛋白质合成。GH 可加速脂肪分解，增强脂肪酸氧化，抑制外周组织摄取和利用葡萄糖，减少葡萄糖的消耗，提高血糖水平。

生长激素分泌的调节：

（1）腺垂体 GH 分泌受下丘脑 GHRH 与 GHRIH 的双重调节 GHRH 促进 GH 分泌，而 GHRIH 则抑制其分泌。GH 呈脉冲式分泌，每隔 1~4h 出现一次波动，这是由下丘脑 GHRH 的脉冲式释放决定的。

（2）睡眠的影响 人在觉醒状态下 GH 分泌较少，进入慢波睡眠后，GH 分泌明显增加，约在 60min，血中 GH 浓度达到高峰。转入异相睡眠后，GH 分泌又减少。

（3）代谢因素的影响 血中糖、脂肪酸与氨基酸均能影响 GH 的分泌，其中以低血糖对 GH 分泌的刺激最强。

生长激素与运动的关系：

运动时血中生长激素的浓度升高，且随运动强度加大其升高幅度越大（图7-7）。实验表明受试者在功率自行车上以轻、中、重3种不同的强度运动20min。以小负荷（300kg·m/min）运动时，血中生长激素水平几乎没有变化；然而当工作负荷达到900kg·m/min时，血中生长激素水平增加到安静水平的35倍之多。

运动时生长激素的升高同运动员的训练水平有关。在完成相同强度负荷时，训练水平较低者血中的生长激素水平高于训练水平高者。力竭运动后，训练水平较高者血中生长激素的下降速度快于训练水平较低者。

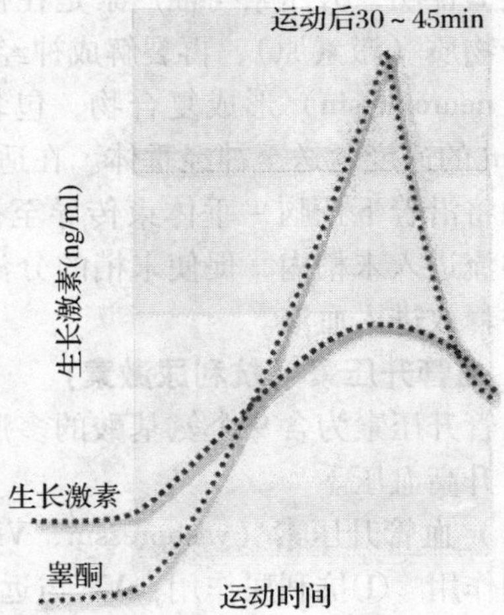

2. 催乳素

催乳素（PRL）是含199个氨基酸的多肽激素，相对分子质量为23000。成人血浆中PRL水平很低（<20ng/ml），在妊娠和哺乳期显著增高，高达（<200ng/ml）。主要经肝及肾脏清除。

图7-7 运动1h血中生长激素的增长情况

（1）对乳腺的作用 刺激妊娠期乳腺生长发育，促进乳汁合成分泌并维持泌乳的作用。女性乳腺的发育分为青春期、妊娠期和哺乳期。青春期乳腺的发育主要依靠雌激素（促进乳腺导管的发育）和孕激素（促进乳腺小叶的发育）的作用。妊娠期乳腺的发育是催乳素、雌激素、孕激素共同作用，但此时雌激素却拮抗催乳素的生乳作用。因此，只有分娩后雌激素水平下降，催乳素才具有生乳作用。

（2）对性腺的作用 PRL对卵巢的功能有一定影响，随着卵泡的发育成熟，卵泡内的PRL含量逐渐增加，在颗粒细胞上出现PRL受体，PRL与其受体结合，可刺激LH受体生成、促进排卵、黄体生成及孕激素与雌激素的分泌。PRL能促进前列腺和精囊腺的生长，加强LH促进睾酮的合成。高浓度的PRL通过负反馈抑制作用→下丘脑GnRH↓→腺垂体FSH、LH↓→抑制排卵。哺乳可促进PRL的分泌，所以延长哺乳期可作为计划生育的手段。闭经溢乳综合征就是因PRL和雌激素分泌减少所致。

（3）参与应激反应 在应激状态下，血中PRL浓度升高，而且往往与ACTH和GH浓度的增加一同出现，刺激停止数小时后才逐渐恢复到正常水平。

（4）PRL的分泌调节 腺垂体的分泌受下丘脑PRF与PIF的双重调节。前者促进PRL分泌，而后者抑制其分泌。哺乳期婴儿吮吸母亲乳头可通过神经内分泌反射，导致PRL释放增多，促使腺垂体PRL大量分泌，促使乳腺分泌乳汁，以利于哺乳。

3. 黑色素细胞刺激素

黑色素细胞刺激素（MSH）主要由垂体中叶阿黑皮素原细胞生成。它的主要作用是促进黑色素细胞中的酪氨酸酶的合成和激活，从而促进酪氨酸转变为黑色素，使皮肤与毛发等的颜色加深。研究还表明，MSH可能还参与调节神经内分泌功能，如GH、醛固酮、CRF、胰岛素和LH的分泌以及影响动物的行为等。

（二）神经垂体

神经垂体激素是指在下丘脑视上核、室旁核产生而储存于神经垂体的升压素（vasopressin，VP 或 antiduretic hormone，ADH）与催产素（oxytocin，OXT），在适宜的刺激作用下，这两种激素由神经垂体释放进入血液。

实验证明，升压素与催产素是在视上核和室旁核神经元的核蛋白体上先形成激素的前身物质（激素原），再裂解成神经垂体激素的，并与同时合成的神经垂体激素运载蛋白（neurophysin）形成复合物，包装于囊泡中，呈小颗粒状。在轴突内囊泡以每天 2～3mm 的速度运送至神经垂体。在适宜刺激的作用下，视上核或室旁核发生兴奋，神经冲动将沿着下丘脑 - 垂体束传导至神经垂体中的神经末梢，使其发生去极化，导致 Ca^{2+} 内流进入末梢内，促使末梢的分泌囊泡经出胞作用而将神经垂体激素与其运载蛋白一并释放进入血液。

1. 血管升压素（抗利尿激素）

血管升压素为含 9 个氨基酸的多肽，其作用是使全身微动脉和毛细血管前括约肌收缩，升高血压。

（1）血管升压素（vasopressin，VP）又称抗利尿激素（antidiuretic hormone，ADH）的生理作用　①抗利尿作用：VP 与远曲小管和集合管的 V_2 受体结合，激活腺苷酸环化酶，通过 cAMP 第二信使模式促进水通道由细胞内向细胞膜的转移，使细胞膜对水的通透性增加，促进水的重吸收。升压素对正常血压调节无重要作用，但在失血情况下起一定作用。②缩血管作用：VP 大剂量时，与血管平滑肌的 V_1 受体结合，通过 IP_3/DG 第二信使模式收缩血管，升高血压。此作用一般发生在体液大量丧失或失血导致 VP 水平急剧升高的情况下，因此不属于 VP 的生理性作用。

（2）抗利尿激素和盐皮质激素与运动的关系　VP 由神经垂体所分泌，盐皮质激素（醛固酮）由肾上腺皮质所释放。这两种激素均参与体内电解质平衡、水代谢以及维持体液容量的调控过程。运动期间，人体会丢失大量的 H_2O 和 Na^+，尤其是在热环境下从事长时间运动，这时机体便会动员激素调控机制维持血浆容量。其调控过程为：①运动引起神经垂体释放 VP，促进肾脏的近球细胞释放肾素。②VP 作用于集合管，加强对水的重吸收。③肾素作用于血管紧张素 Ⅰ 使之转变为血管紧张素 Ⅱ，血管紧张素 Ⅱ 刺激肾上腺皮质释放醛固酮。醛固酮促进远曲小管对钠、水的重吸收，保钠、保水。

运动时醛固酮、肾素、血管紧张素 Ⅱ 以及 VP 升高。但也有研究发现，从事同样强度的活动（跑台运动），训练水平高者与训练水平低者血中 VP 水平相似，表明这种激素也许并没有训练效应。

2. 催产素

催产素（oxytocin，OXT）也是一种含 9 个氨基酸的多肽，它有促进子宫收缩和排乳 2 种作用，但以排乳为主，在分娩及哺乳时才发挥生理效应。

（1）对乳腺的作用　哺乳期乳腺不断分泌乳汁，贮存于腺泡中，当腺泡周围具有收缩性的肌上皮细胞收缩时，腺泡压力增高，使乳汁从腺泡经输乳管由乳头射出。射乳是一典型的神经内分泌反射。乳头含有丰富的感觉神经末梢，吸吮乳头的感觉信息经传入神经传至下丘脑，使分泌催产素的神经元发生兴奋，神经冲动经下丘脑 - 垂体束传送到神经垂体，使贮存的催产素释放入血，并作用于乳腺中的肌上皮细胞使之产生收缩，引起乳汁排出。在射乳反射过程中，血中抗利尿激素浓度毫无变化。在射乳反射的基础上，很容易建立条件反射，使母亲见到婴儿或听到其哭声均可引起条件反射性射乳。催产素除引起乳汁排出外，还有维持哺乳期乳腺不致萎缩的作用。

在射乳反射中，催乳素与催产素的分泌一同增加，而 GnRH 的释放减少。催乳素分泌增多促进乳汁分泌，对下一次射乳有利。GnRH 释放减少引起腺垂体促性腺激素分泌减低，可导致哺乳期月经暂停。GnRH 释放减少可能由于吸吮乳头刺激引起下丘脑多巴胺神经元兴奋，释放多巴胺，多巴胺可抑制 GnRH 的释放；也可能与下丘脑的 β - 内啡肽有关，它既可促进催乳素分泌，又可抑制 GnRH 的释放。

（2）对子宫的作用 催产素促进子宫肌收缩，但此种作用与子宫的功能状态有关。催产素对非孕子宫的作用较弱，而对妊娠子宫的作用较强。雌激素能增加子宫对催产素的敏感性，而孕激素则相反。催产素可使细胞外 Ca^{2+} 进入子宫平滑肌细胞内，提高肌细胞内的 Ca^{2+} 浓度，可能通过钙调蛋白的作用，并在蛋白激酶的参与下，诱发肌细胞收缩。研究表明，催产素虽然能刺激子宫收缩，但它并不是发动分娩子宫收缩的决定因素。在分娩过程中，胎儿刺激子宫颈可引起催产素的释放，将促使子宫进一步收缩。

由于催产素与抗利尿激素的化学结构相似，它们的生理作用有一定程度的交叉。如催产素对犬的抗利尿作用相当于抗利尿激素的 1/200，而抗利尿激素对大鼠离体子宫的收缩作用为催产素的 1/500 左右。

第三节 甲状腺

甲状腺（thyroid）是人体内最大的内分泌腺，平均重量约为 20～25g（图 7 - 8）。甲状腺内含有许多大小不等的圆形或椭圆形腺泡（follicles）（图 7 - 9）。腺泡由单层的上皮细胞围成，腺泡腔内充满胶质（colloid）。胶质是腺泡上皮细胞（又称腺泡旁细胞，parafollicular cell）的分泌物，主要成分为甲状腺球蛋白（thyroglobulin，Tg）。腺泡上皮细胞是甲状腺激素的合成与释放的部位，而腺泡腔的胶质是激素的贮存库。

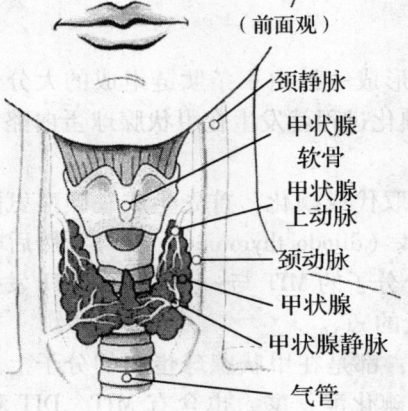

（前面观）

颈静脉
甲状腺
软骨
甲状腺
上动脉
颈动脉
甲状腺
甲状腺静脉
气管

图 7 - 8 甲状腺

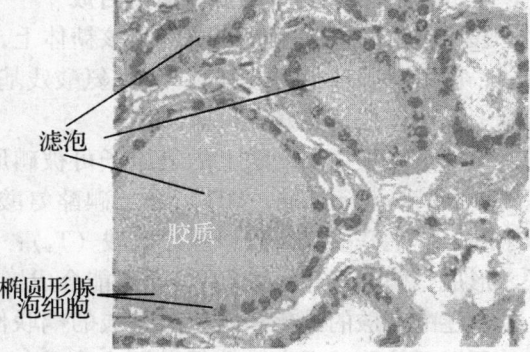

滤泡
胶质
椭圆形腺泡细胞

图 7 - 9 甲状腺腺泡

一、甲状腺激素的合成与代谢

甲状腺激素主要有甲状腺素，又称四碘甲腺原氨酸（thyroxine，3，5，3′，5′，－tetraiodothyroxine，T_4）和三碘甲腺原氨酸（3，5，3′－triiodothyronine，T_3）2 种，它们都是酪氨酸碘化物。另外，甲状腺也可合成极少量的逆－T_3（3，3，5－T_3 或 reverse T_3，rT_3），它不具有甲状腺激素的生物活性。

甲状腺激素合成的原料有碘和甲状腺球蛋白（Tg），在甲状腺球蛋白的酪氨酸残基上发生碘化，并合成甲状腺激素。人每天食物中大约摄取碘 $100 \sim 200\mu g$，约有 1/3 进入甲状腺，甲状腺含碘总量为 $800\mu g$，占全身碘量的 90%。因此，甲状腺与碘代谢的关系极为密切。

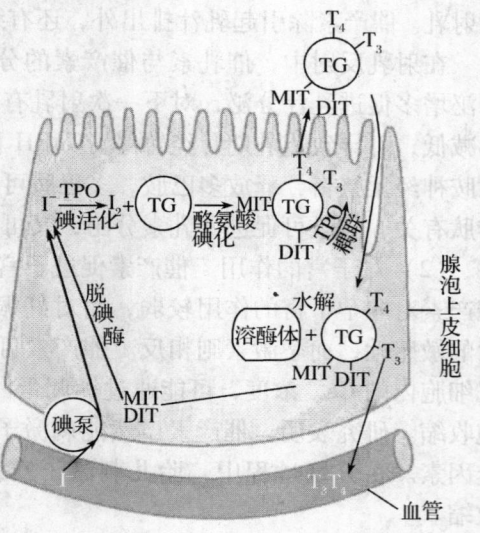

图 7－10　甲状腺激素合成、储存和分泌示意图

（一）甲状腺激素的合成过程

甲状腺激素的合成过程见图 7－10。

1. 甲状腺腺泡聚碘

由肠吸收的碘，以 I^- 的形式存在于血液中，逆着电化学梯度，以主动运输的方式运转进入甲状腺上皮细胞内。在甲状腺上皮细胞基底膜上，可能存在 I^- 转运蛋白，它依赖 $Na^+ - K^+ - ATP$ 酶活动提供的能量来完成 I^- 的主动转运。

2. 碘的活化

摄入腺泡上皮细胞的 I^-，在过氧化酶的作用下被活化，I^- 的活化，是碘得以取代酪氨酸残基上的氢原子的先决条件。如先天缺乏过氧化酶，I^- 不能活化，将使甲状腺激素的合成发生障碍。

3. 酪氨酸碘化与甲状腺激素的合成

在腺泡上皮细胞粗面内质网的核糖体上，可形成一种由 4 条肽链组成的大分子糖蛋白，即甲状腺球蛋白，其有 3% 酪氨酸残基。碘化过程就发生在甲状腺球蛋白酪氨酸残基上，10% 酪氨酸残基可被碘化。

甲状腺球蛋白酪氨酸上的氢原子可被碘原子取代或碘化，首先生成一碘酪氨酸残基（monoiodo thyronine，MIT）和二碘酪氨酸残基（diiodo thyronine，DIT），然后 2 个分子的 DIT 耦联生成四碘甲腺原氨酸（T_4）：一个分子的 MIT 与一个分子的 DIT 发生耦联，形成三碘甲腺原氨酸（T_3），还能合成极少量的 rT_3。

上述酪氨酸的碘化和碘化酪氨酸的耦联作用，都是在甲状腺球蛋白的分子上进行的，所以甲状腺球蛋白的分子上既含有酪氨酸、碘化酪氨酸，也含有 MIT、DIT 和 T_3 及 T_4。

(二) 甲状腺激素的贮存、释放、运输与代谢

1. 贮存

在甲状腺球蛋白上形成的甲状腺激素，在腺泡腔内以胶质的形式贮存。甲状腺激素的贮存有 2 个特点，一是贮存于细胞外（腺泡腔内）；二是贮存的量很大，可供机体利用 50～120 天。

2. 释放

腺泡细胞以吞饮的方式将腺泡腔内的 T_3、T_4、MIT、DIT、TG 吞入细胞内，并与溶酶体结合，在蛋白水解酶作用下，将 T_3、T_4、MIT、DIT 分离下来，甲状腺球蛋白分子较大，不易进入血液，MIT 和 DIT 的分子虽然较小，但很快受脱碘酶的作用而脱碘，脱下来的碘大部分储存在甲状腺内。T_3、T_4 释放入血。甲状腺分泌的激素主要是 T_4，约占总量的 90%，T_3 分泌量小但生物活性是 T_4 的 5 倍。

3. 运输

T_4 与 T_3 释放入血之后，以 2 种形式在血液中运输，一种是与血浆蛋白结合，另一种则呈游离状态，两者之间可相互转化，维持动态平衡。游离的甲状腺激素在血液中含量很少，却发挥着生理作用。结合型的甲状腺激素没有生物活性。与甲状腺素结合的血浆蛋白有 3 种，甲状腺素结合球蛋白（thyroxine – binding globulin，TBG）、甲状腺素结合前白蛋白（thyroxine – binding prealbumin，TBPA）和白蛋白。它们可与 T_4 与 T_3 发生不同程度的结合。T_3 主要以游离形式存在。

4. 代谢

血浆 T_4 半衰期为 7 天，T_3 为 1.5 天。20% 的 T_4 与 T_3 在肝内降解，与葡萄糖醛酸或硫酸结合后，经胆汁排入小肠，随粪排出。其余 80% 的 T_4 在外周组织脱碘酶的作用下，产生 T_3 与 rT_3。T_4 脱碘变成 T_3 是 T_3 的主要来源。

二、甲状腺激素的生理作用

1. 对物质代谢的影响

（1）产热效应　甲状腺激素能促进细胞内氧化速率，从而增加氧耗量和产热量。T_3 与 T_4 最显著的作用是能提高能量代谢水平，使机体耗氧量和产热量增加，基础代谢率（basal metablic rate，BMR）升高。1mg 甲状腺激素可使人体产热量增加 1000kcal。其产热作用主要与 $Na^+ – K^+ – ATP$ 酶活性升高有关；其次与促进脂肪酸氧化产生大量热能有关。

甲亢病人甲状腺分泌大量激素，氧耗量和产热量大量增加，基础代谢率显著升高，体温偏高，烦热多汗。甲状腺功能低下者则相反，基础代谢率降低，基础体温也常偏低。

（2）蛋白质代谢　生理剂量的甲状腺激素可促进蛋白质的合成代谢，但分泌过多可加速蛋白质分解，且使中枢神经系统兴奋性提高，不断传出神经冲动，所以甲亢病人表现肌肉消瘦、乏力、震颤。而甲状腺激素分泌不足时，蛋白质合成减少，肌肉无力，但黏蛋白合成增多，使皮下组织间隙积水、水肿，成为黏液性水肿（myxedema）。

（3）糖代谢　甲状腺激素促进小肠黏膜对糖原的吸收，增强糖原分解，抑制糖原合成，因此甲状腺激素有升高血糖的趋势。甲状腺功能亢进时，血糖升高，有时出现尿糖。

（4）脂肪代谢　甲状腺激素促进脂肪酸氧化，增加儿茶酚胺与胰高血糖素对脂肪

的分解作用。虽然甲状腺激素能促进胆固醇的合成，但更明显的作用是通过肝加速胆固醇的降解。因此，甲状腺功能亢进的患者，血胆固醇低于正常值；甲状腺功能低下的患者血胆固醇高于正常值。

2. 对生长发育的影响

甲状腺激素具有促进组织分化、生长与发育成熟的作用，是维持正常生长发育不可缺少的，特别是对骨和脑的发育尤为重要。甲状腺功能低下的儿童，表现为以智力迟钝和身材矮小为特征的呆小症（又称克汀病）。

3. 对神经系统的影响

甲状腺功能亢进时，中枢神经系统的兴奋性增高，表现为注意力不易集中，过敏疑虑，多愁善感、喜怒无常、烦躁不安、睡眠不好，肌肉纤颤等。相反，甲状腺功能低下时，中枢神经系统兴奋性降低，出现记忆力减退，说话和行动迟缓，淡漠无情，终日思睡状态。

4. 甲状腺激素与心律、心缩力、心输出量的关系

甲状腺激素可使心律加快，心缩力加强，心输出量增加。

三、甲状腺功能的调节

（一）下丘脑–腺垂体–甲状腺轴

下丘脑可分泌促甲状腺激素释放激素（thyroid stimulating hormone，TRH），通过垂体门脉系统随血流进入腺体，促进腺垂体分泌促甲状腺激素（thyroid stimulating hormone，TSH）。TSH 能促进甲状腺细胞生长、增生以及促进甲状腺激素的合成与释放。同时，血液中游离的 T_3、T_4 浓度的增高将与腺垂体的特异受体结合，使 TSH 的合成与释放减少，并使腺垂体对 TRH 的反应性降低（图 7–11）。

由于甲状腺激素生成过程中需要碘离子，所以碘离子的摄取数量不足时，甲状腺激素的分泌量减少，当血浆甲状腺激素的数量减少时，对腺垂体的抑制作用减弱，导致 TSH 分泌神经元对 TRH 敏感性升高，造成血浆 TSH 浓度增加，TSH 可引起甲状腺肿大，以促使更多的甲状腺激素分泌。由于有些地区缺碘，饮食中碘含量少，导致血浆中甲状腺激素的数量减少，而使 TSH 分泌增多，可以造成甲状腺肿大，即地方性甲状腺肿，俗称大脖子病（图 7–12）。

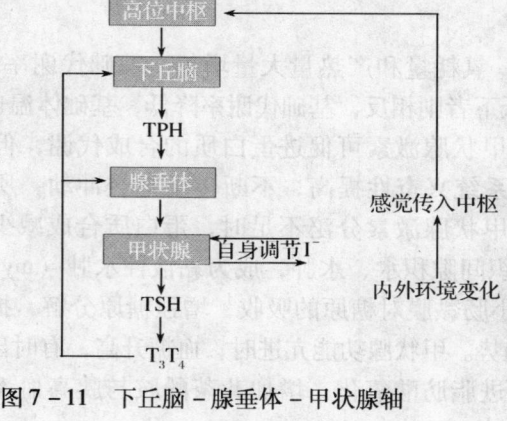

图 7–11　下丘脑–腺垂体–甲状腺轴

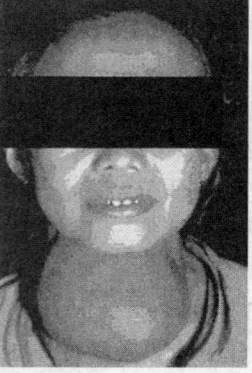

图 7–12　甲状腺肿

（二）甲状腺的自身调节

甲状腺的自身调节是指甲状腺在 TSH 浓度不变或完全缺乏的情况下对碘供应变化的一种调节。当食物中碘的供应过多时，碘的运转机制发生抑制，同时还能抑制 T_3、T_4 的释放。当碘量不足时，将出现碘运转机制加强，T_3、T_4 合成与释放增加。

（三）自主神经对甲状腺活动的影响

交感神经可增加甲状腺激素的合成，而胆碱能纤维则抑制其分泌。

第四节　调节钙磷代谢的激素

甲状旁腺分泌的甲状旁腺激素（paraphyroid hormone，PTH）与甲状腺 C 细胞分泌的降钙素（calcitonin，CT）以及 1，25 - 二羟维生素 D_3 共同调节钙磷代谢，控制血浆中钙和磷的水平。

一、甲状旁腺激素

甲状旁腺激素是由甲状旁腺主细胞（parathyroid chief cell）分泌的，正常人血浆中甲状旁腺激素浓度为 10～50ng/L，半衰期为 20～30min。甲状旁腺激素主要由肝水解灭活，代谢产物经肾排出体外。

（一）甲状旁腺激素的生物学作用

PTH 是调节血钙水平的最重要激素，它有升高血钙和降低血磷含量的作用。将动物的甲状旁腺摘除后，血钙浓度逐渐降低，而血磷含量则逐渐升高，直至动物死亡。在人类，由于外科切除甲状腺时不慎，误将甲状旁腺摘除，可引起严重的低血钙。钙离子对维持神经和肌肉组织的正常兴奋性有重要作用，血钙浓度降低时，神经和肌肉的兴奋性异常增高，可发生低血钙性手足抽搐，严重时可引起呼吸肌痉挛而造成窒息。

PTH 对靶器官的作用是通过 cAMP 系统而实现的。

1. 对骨的作用

骨是体内最大的钙贮存库，PTH 动员骨钙入血，使血钙浓度升高，其作用包括快速效应与延缓效应 2 个时相。

（1）快速效应　在 PTH 作用后数分钟即可发生，是将位于骨和骨细胞之间的骨液中的钙转运至血液中。骨细胞和成骨细胞在骨内形成一个膜系统，全部覆盖了骨表面和腔隙的表面，在骨质与细胞外液之间形成一层可通透性屏障。在骨膜和骨质之间含有少量骨液，骨液中含有 Ca^{2+}（只有细胞外液的 1/3）。PTH 能迅速提高骨细胞膜对 Ca^{2+} 的通透性，使骨液中的钙进入细胞内，进而使骨细胞膜上的钙泵活动增强，将 Ca^{2+} 转运到细胞外液中。

（2）延缓效应　在 PTH 作用后 12～14h 出现，通常在几天甚至几周后达高峰，这一效应是通过刺激破骨细胞活动增强而实现的。PTH 既加强已有的破骨细胞的溶骨活动，又促进破骨细胞的生成。破骨细胞向周围骨组织伸出绒毛样突起，释放蛋白水解酶与乳酸，使骨组织溶解，钙与磷大量入血，使血钙浓度长时间升高。PTH 的 2 个效应相互配合，不但能对血钙急切需要做出迅速应答，而且能使血钙长时间维持在一定水平。

2. 对肾的作用

PTH 促进远曲小管对钙的重吸收，使尿钙减少，血钙升高，同时还抑制近曲小管对磷的重吸收，增加尿磷酸盐的排出，使血磷降低。

此外，PTH 对肾的另一重要作用是激活 α – 羟化酶，使 25 – 羟维生素 D_3 [25 – (OH) – D_3] 转变为有活性的 1，25 – 二羟维生素 D_3 [1，25 – $(OH)_2$ – D_3]。

3. 1，25 – $(OH)_2$ – D_3 的生成与作用

体内的 VD_3（维生素 D_3）主要由皮肤中 7 – 脱氢胆固醇经日光中紫外线照射转化而来，也可由动物性食物中获取。VD_3 无生物活性，它首先需在肝羟化成 25 – OH – D_3，然后在肾又进一步羟化形成最终产物 1，25 – $(OH)_2$ – D_3。1，25 – $(OH)_2$ – D_3 的作用为：①促进小肠黏膜上皮细胞对钙的吸收，这是由于 1，25 – $(OH)_2$ – D_3 进入小肠黏膜细胞内，与胞浆受体结合后进入细胞核，促进转录过程，生成一种与钙有很高亲和力的钙结合蛋白（calcium – binding protein），参与钙的转运而促进钙的吸收。PTH 在增强钙的吸收的同时也促进磷的吸收。②对骨钙动员和骨盐沉积均有作用，一方面促进钙、磷的吸收，增加血钙、血磷含量，刺激成骨细胞的活动，从而促进骨盐沉积和骨的形成。另一方面，当血钙浓度降低时，又能提高破骨细胞的活性，动员骨钙入血，使血钙浓度升高。另外，1，25 – $(OH)_2$ – D_3 能增强 PTH 对骨的作用，在缺乏 1，25 – $(OH)_2$ – D_3 时，PTH 的作用明显减弱。

（二）甲状旁腺激素分泌的调节

PTH 的分泌主要受血浆钙浓度变化的调节。血浆钙浓度轻微下降时，就可使甲状旁腺分泌 PTH 迅速增加（图 7 – 13）。血钙浓度降低可直接刺激甲状旁腺细胞释放 PTH，PTH 动员骨钙入血。增强肾重吸收钙，结果使已降低了的血钙浓度迅速回升。相反，血钙浓度升高时，PTH 分泌减少。长时间的高血钙，可使甲状旁腺发生萎缩，而长时间的低血钙，则可使甲状旁腺增生。

PTH 的分泌还受其他一些因素的影响，如血磷升高可使血钙降低而刺激 PTH 的分泌。血 Mg^{2+} 浓度很低时，可使 PTH 分泌减少。另外，生长抑素也能抑制 PTH 的分泌。

二、降钙素

正常人血清中降钙素（calcitonin，CT）浓度为 10 ~ 20ng/L，血浆半衰期小于 1h，主要在肾降解并排出。

（一）降钙素的生物学作用

降钙素由甲状腺 C 细胞（parafollicular cell）分泌三十二肽激素，其主要作用是降低血钙和血磷，其主要靶器官是骨，对肾也有一定的作用。

1. 对骨的作用

降钙素抑制破骨细胞活动，减弱溶骨过程，这一反应发生很快，大剂量的降钙

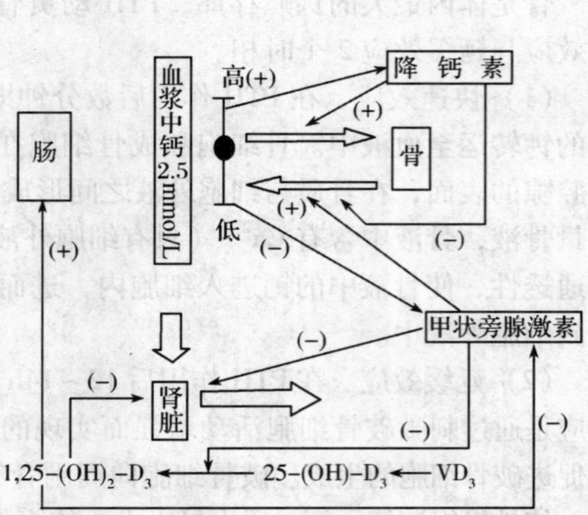

图 7 – 13　甲状旁腺激素分泌的调节

素在15min内便可使破骨细胞活动减弱70%。在给予降钙素1h左右，出现成骨细胞活动增强，持续几天之久。这样，降钙素减弱溶骨过程，增强成骨过程，使骨组织释放的钙、磷减少，钙、磷沉积增加，因而血钙与血磷含量下降。

成人降钙素对血钙的调节作用较小，因为降钙素引起的血钙浓度下降，可强烈地刺激PTH的释放，PTH的作用完全可以超过降钙素的效应。另外，成人的破骨细胞每天只能向细胞外液提供0.8g钙，因此，抑制破骨细胞的活动对血钙的影响是很小的。然而，儿童骨的更新速度很快，破骨细胞活动每天可向细胞外液提供5g以上的钙，相当于细胞外液总钙量的5～10倍，因此，降钙素对儿童血钙的调节作用十分明显。

2. 对肾的作用

降钙素能抑制肾小管对钙、磷、钠及氯的重吸收，使这些离子从尿中排出增多。

（二）降钙素分泌的调节

降钙素的分泌主要受血钙浓度的调节。当血钙浓度升高时，降钙素的分泌亦随之增加，降钙素与PTH对血钙的作用相反，共同调节血钙浓度的相对稳定。比较降钙素与PTH对血钙的调节作用，有2个主要的差别。

（1）降钙素分泌启动较快，在1h内即可达到高峰，而PTH分泌高峰则需几个小时。

（2）降钙素只对血钙水平产生短期调节作用，其作用很快被有力的PTH作用所克服，后者对血钙浓度发挥长期调节作用。由于降钙素的作用快速而短暂，所以，对高钙饮食引起的血钙升高回复到正常水平起着重要作用。进食可刺激降钙素的分泌，这可能与几种胃肠激素如胃泌素、促胰液素以及胰高血糖素的分泌有关，它们都有促进降钙素分泌的作用，其中以胃泌素的作用最强。

第五节 肾上腺

肾上腺包括肾上腺皮质（adrenal cortex）和肾上腺髓质（adrenal medulla），两者的形态、结构、胚胎发生、生理作用以及功能的调节都完全不同，是两个独立的内分泌腺（图7-14）。

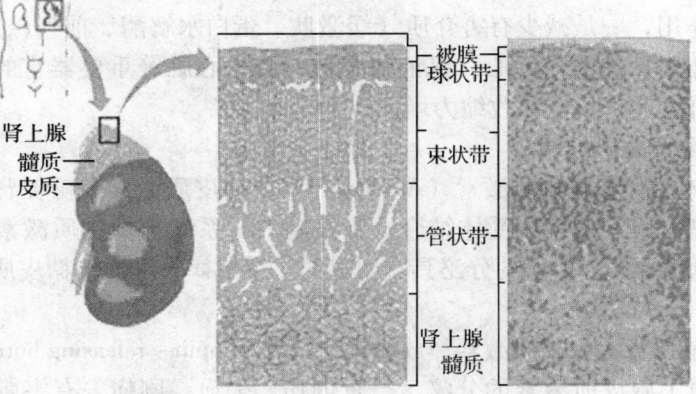

图7-14 肾上腺解剖示意图

一、肾上腺皮质

肾上腺皮质的细胞可分为 3 层，由外向内依次为球状带、束状带和网状带。球状带主要分泌盐皮质激素，在人体以醛固酮（aldosterone）为主。束状带主要分泌糖皮质激素，在人体以皮质醇（cortisol）为主；网状带主要分泌性激素，如脱氢异雄酮（dehydorepiandrosterone）和雌二醇（estradiol）。这三类激素都是以胆固醇为原料经腺细胞生物合成的类固醇激素。

（一）糖皮质激素

1. 糖皮质激素的生理作用

体内多数组织、器官存在糖皮质激素受体，因此糖皮质激素（glucocorticoid）的作用广泛而复杂，主要有以下几个方面。

（1）对物质代谢的作用　①糖代谢：糖皮质激素是调节糖代谢的重要激素之一。它主要通过加速肝糖原异生，减少组织糖的利用，增加糖原贮存，抑制葡萄糖消耗，使血糖升高。②蛋白质代谢：糖皮质激素能促使除肝脏以外的全身其他组织细胞内蛋白质水解，以提供氨基酸给肝脏作为糖异生的原料，同时减少氨基酸转运，如肌肉和其他组织，抑制 DNA、RNA 和蛋白质的合成，人体分泌过多的糖皮质激素引起生长停滞、肌肉消瘦。③脂肪代谢：糖皮质激素增加四肢脂肪组织的分解，而使腹、面、两肩及背部脂肪合成增加。

（2）对水、盐代谢的作用　糖皮质激素可增加水的排泄。

（3）对其他器官的影响　①对血细胞的影响：糖皮质激素可使红细胞、血小板和中性粒细胞数目增加，使淋巴细胞和嗜酸性粒细胞减少。②对血管系统的影响：糖皮质激素可使去甲肾上腺素降解减慢、减少，同时增加血管平滑肌对去甲肾上腺素的敏感性，这称为糖皮质激素的允许作用。③对胃肠道的影响：糖皮质激素促进胃酸分泌和胃蛋白酶的生成。

（4）在应激反应中的作用　当机体遇到创伤、感染、缺氧等有害刺激以及精神紧张时，可引起腺垂体促肾上腺皮质激素分泌增加，导致血中糖皮质激素浓度升高，并产生一系列代谢改变和其他全身反应，这称为机体的应激（stress）。糖皮质激素在应激反应中的主要作用，一是减少有害介质（缓激肽、蛋白水解酶、前列腺素等）的产生；二是使能量代谢以糖代谢为中心，保证葡萄糖对脑、心脏等重要器官的供应；三是对儿茶酚胺的允许作用，使心肌收缩力增强，升高血压。

2. 糖皮质激素分泌的调节

（1）腺垂体促肾上腺皮质激素（ACTH）　调节糖皮质激素分泌促肾上腺皮质激素与肾上腺皮质细胞膜上的特异受体结合，激发胞内一系列与糖皮质激素有关的酶促反应，生成糖皮质激素。ACTH 的分泌具有明显的昼夜节律，进而使糖皮质激素的分泌相应的发生波动。

（2）下丘脑促肾上腺皮质激素释放激素（corticotropin – releasing hormone，CRH）调节腺垂体促肾上腺皮质激素的分泌。严重创伤、失血、剧痛等有害刺激以及精神紧张时中枢神经系统释放神经递质，促进下丘脑释放 CRH，CRH 通过垂体门脉系统进入腺垂体，促进 ACTH 的释放。

（3）反馈调节 当血中糖皮质激素浓度增高时，糖皮质激素可作用于腺垂体细胞特异受体，减少 ACTH 的合成与释放，同时降低腺垂体对 CRH 的反应性。此外，ACTH 也可反馈，抑制 CRH 的释放。

3. 糖皮质激素与运动的关系

糖皮质激素（glycocorticoid，GC）与促肾上腺皮质激素也属于应激激素。糖皮质激素由肾上腺皮质所分泌，而促肾上腺皮质激素由腺垂体分泌，属于糖皮质激素的上位促激素。

GC 的分泌活动受控于 ACTH，所以它在运动中的变化，可能与腺垂体所分泌 ACTH 水平升高有关。据报道，令受试者以 80% VO_2max 跑步 20min 后，或者完成渐增负荷运动直至力竭，静脉血浆中 ACTH 水平分别超出安静水平 2~5 倍。

GC 分泌增加是机体对刺激发生应答性变化的一般适应。它的分泌活动与刺激的强度呈正相关。在完成小强度负荷时，血中 GC 水平不会发生明显的改变。而在完成力竭性运动期间，由于刺激几乎达到最大，GC 的水平也就会相应升高。GC 对于运动的重要贡献之一，在于它能促进肝脏的糖异生，增加人体运动时所需的能量供应底物。

肾上腺糖皮质激素分泌过多的患者体貌见图 7-15。

（二）盐皮质激素

1. 盐皮质激素的生理作用

盐皮质激素（minerolocorticoid）中以醛固酮（aldosterone）作用最强，醛固酮主要促进肾远曲小管和集合管对 Na^+ 的主动重吸收，同时使 K^+ 排除增加，称为保 Na^+ 排 K^+ 作用。

2. 盐皮质激素分泌调节

肾素血管紧张素对醛固酮的调节是重要因素。此外血 K^+ 浓度升高和血 Na^+ 浓度减少，也可促进醛固酮分泌。

3. 盐皮质激素与运动的关系

参见第六章及本章相关内容。

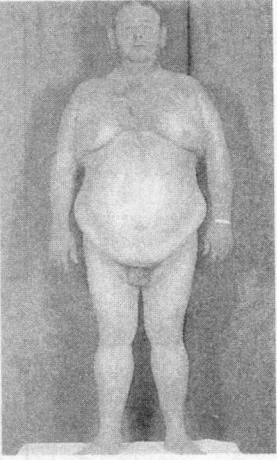

图 7-15 肾上腺糖皮质激素
分泌过多的患者体貌

二、肾上腺髓质

肾上腺髓质（adrenal medulla）起源于外胚层，能分泌和贮存肾上腺素和去甲肾上腺素，两者都是儿茶酚的单胺类化合物，故统称儿茶酚胺。髓质中肾上腺素与去甲肾上腺素的比例约为 4:1。肾上腺素和去甲肾上腺素的主要生理作用见表 7-2。

1. 肾上腺髓质激素的生理作用

肾上腺髓质分泌肾上腺素（epinephrine，E）和去甲肾上腺素（norepinephrine，NE）。

2. 肾上腺髓质激素分泌的调节

肾上腺髓质的分泌细胞（嗜铬细胞）直接受交感神经节前纤维支配，构成交感-肾上腺髓质系统。在安静时，肾上腺髓质分泌很少，当机体遇到紧急情况（如恐惧、失血、创伤），此系统即被调动起来，使髓质激素大量分泌。其意义在于使机体总动员，血液重新分配，心律加快，心输出量增加，血糖增加。为骨骼肌、心肌提供更多能源。

3. 肾上腺髓质激素与运动的关系

儿茶酚胺是肾上腺素与去甲肾上腺素的统称。由于肾上腺髓质受交感神经支配，故同交感神经系统的功能状态密切相关。在运动应激状态下，交感神经系统被激活，所以在运动期间儿茶酚胺必然升高，且升高的程度与运动强度密切相关，即运动强度越大，升高的幅度也相应越大。图 7 – 16 反映了血中肾上腺素浓度在久坐不运动人群（S 组）与接受运动训练人群（A 组）间的不同变化特点：即血中肾上腺素浓度随运动负荷的增加而增加；最大运动负荷状态下，运动训练人群的血中肾上腺素浓度值明显高于久坐不运动人群。

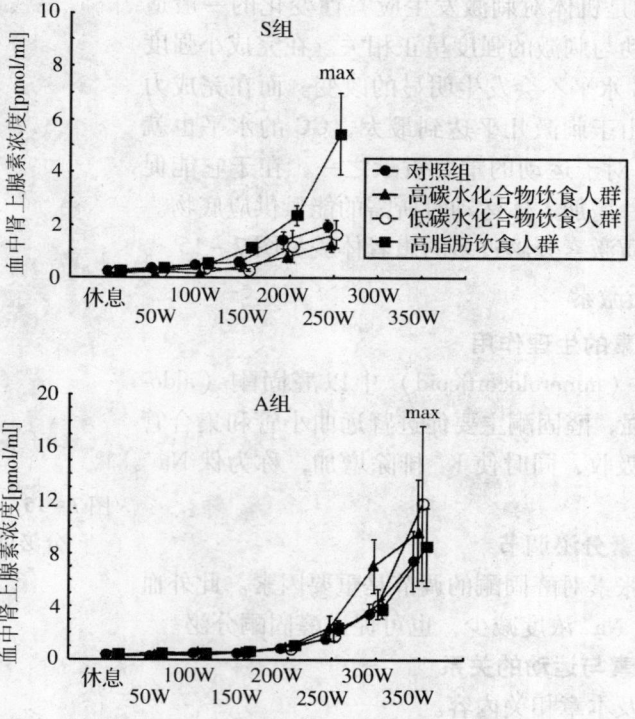

图 7 – 16　不运动（S 组）与运动人群
（A 组）在不同运动负荷下的
血中肾上腺素浓度变化

研究还表明，男女受试者在进行次最大运动期间儿茶酚胺的增加相似。男子完成简单的反复性最大运动（如尽全力数秒冲刺跑）会引起的血中肾上腺素水平升高程度可达安静水平的 18 倍，去甲肾上腺素也表现出类似变化，但小运动强度则不会引起血中儿茶酚胺水平发生明显变化，这表明引起儿茶酚胺增加有一个最小的强度阈值。

儿茶酚胺的分泌对运动训练有适应性，表现为随运动训练水平提高，对同一运动强度，儿茶酚胺分泌的增高幅度越来越小。

过度训练（over training）形成的慢性疲劳综合征可造成儿茶酚胺分泌下降，而进入恢复期后儿茶酚胺可得到恢复（图7-17）。

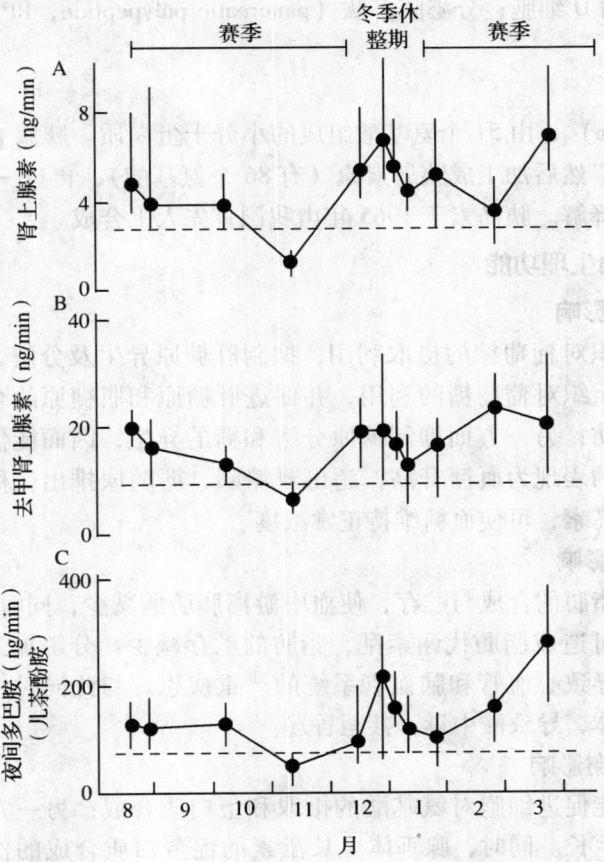

图7-17 足球运动员在不同赛季的儿茶酚胺与相关激素的变化

儿茶酚胺的量值随训练经历所发生的大幅度下跌现象（去甲肾上腺素跌幅达50%，肾上腺素跌幅达75%）以及儿茶酚胺对多次运动训练刺激发生适应性变化的快速性，受试者仅经过1周训练，肾上腺素水平幅度下降了40%，去甲肾上腺素水平幅度也下降了25%。在完成一次力竭运动后，训练水平高的运动员血浆儿茶酚胺水平高于他们尚未介入运动训练前的水平，即有训练者在力竭时儿茶酚胺水平反而更高。

运动时儿茶酚胺水平升高显然对运动能力有重大促进。肾上腺素与去甲肾上腺素对心血管系统和代谢系统的功能有加强作用。经过一段时间训练后，完成同等运动负荷时儿茶酚胺的反应降低（升幅变小），表明运动能力改善，机体对同样负荷刺激的"总和"刺激变小，从而不需要发生如同过去那样强烈的应答性变化。

第六节 胰 岛

胰腺的内分泌功能主要通过散在分布于胰腺腺泡之间的胰岛来完成。人胰腺中有100万~200万个胰岛。现已知人类胰岛内有5种能从组织学上区别的内分泌细胞，即分泌胰岛素（insulin）的 β 细胞；分泌胰高血糖素（glucagon）的 α 细胞；分泌生长抑素（somatotatin）的 D 细胞；分泌胰多肽（pancreatic polypeptide，PP）的 PP 细胞。

一、胰岛素

胰岛素（insulin）是由 51 个氨基酸组成的小分子蛋白质。胰腺 β 细胞首先合成大分子的前胰岛素原，然后加工成胰岛素原（有 86 个氨基酸），再进一步加工成胰岛素。入血后迅速被肝脏降解。胰岛素于 1965 年由我国首先人工合成。

（一）胰岛素的生理功能

1. 对糖代谢的影响

胰岛素促进组织对葡萄糖的摄取利用，抑制肝糖原异生及分解，降低血糖。胰岛素一方面促进全身组织对葡萄糖的利用，并促进肝糖原和肌糖原的合成，使葡萄糖合成糖原和转变为脂肪；另一方面抑制糖原分解和糖的异生，因而能使血糖降低。胰岛素分泌不足最明显的表现为血糖升高，超出肾糖阈，糖随尿排出，称为糖尿病。糖尿病患者使用适量胰岛素，可使血糖维持正常浓度。

2. 对脂肪代谢影响

胰岛素能促进脂肪的合成与贮存，使血中游离脂肪酸减少，同时抑制脂肪的分解、氧化。胰岛素缺乏可造成脂肪代谢紊乱，脂肪的贮存减少，分解加强，血脂升高，引起动脉硬化，进而导致心血管和脑血管系统的严重疾患。与此同时，由于脂肪酸分解增多，生成大量酮体，导致酸中毒，甚至昏迷。

3. 对蛋白质代谢影响

胰岛素一方面能促进细胞对氨基酸的摄取和蛋白质合成；另一方面抑制蛋白质的分解，因而有利于生长。同时，腺垂体生长激素的促蛋白质合成的作用，必须在有胰岛素存在的情况下才能表现出来。因此，对机体的生长来说，胰岛素也是不可缺少的激素之一。

（二）胰岛素分泌的调节

（1）血糖的作用　血糖是调节胰岛素分泌的重要因素，血糖升高，B 细胞分泌胰岛素增加，当血糖下降到正常水平，胰岛素的分泌也迅速回到基础水平。

（2）氨基酸和脂肪的作用　氨基酸可促进胰岛素的分泌。脂肪酸和酮体大量增加时也可促进胰岛素分泌。

（3）其他激素的作用　①胃肠道激素：抑胃肽、胆囊收缩素、促胰液素都能促进胰岛素分泌。②胰高血糖素：可通过对 B 细胞的直接作用和升高血糖的间接作用刺激胰岛素分泌。

（4）神经调节　迷走神经可通过 M 受体直接刺激胰岛素分泌，也可通过刺激胃肠道激素释放间接促进胰岛素分泌。交感神经兴奋时则通过 a 受体抑制胰岛素分泌。

二、胰高血糖素

胰高血糖素（glucagon）为 29 个氨基酸组成的多肽，也是由一个大的蛋白质前身物质分裂而来。相对分子质量为 3500，在血液中的浓度为 50～100ng/L，半衰期约

5min，主要在肝脏灭活。

（一）胰高血糖素的生理作用

胰高血糖素的作用与胰岛素相反，是一种促进分解代谢的激素。

（1）对糖代谢的作用 促进糖原分解和葡萄糖异生，使血糖升高。

（2）对蛋白质代谢的作用 促进氨基酸转运入肝细胞，为糖异生提供材料。

（3）对脂肪代谢的作用 促进脂肪的动用和分解，使脂肪酸释放入血并进行氧化。

（二）分泌调节

胰高血糖素的分泌与胰岛素相同，也主要受血糖浓度的影响。血糖降低时胰高血糖素分泌增加，反之则减少。此外，还受到胰岛素水平的影响。胰岛素对 A 细胞的直接作用是抑制其分泌，但它可通过降低血糖浓度而间接地促进胰高血糖素的分泌。迷走神经可通过 M 受体抑制其分泌。交感神经兴奋时则通过 β 受体促进其分泌。

三、胰岛素、胰高血糖素与运动的关系

胰岛素分泌增多会引起细胞消耗的葡萄糖增多，从而导致血糖水平降低。此外，可抑制肝脏释放葡萄糖，抑制脂肪组织释放脂肪酸。胰高血糖素则相反，可加速肝脏糖异生过程中的脂动员，促进脂肪组织释放脂肪酸。运动时，葡萄糖和脂肪酸均需作为代谢原料，所以胰高血糖素升高而胰岛素降低。

运动训练前后胰岛素与高血糖素的变化过程见图 7 – 18。该实验测试负荷为 60min 的自行车次最大运动，强度为 60% VO₂max。训练计划为 10 周，每日 40min 的跑步与自行车运动，每周训练 4 次。尽管 10 周运动训练前后 2 种激素在测试负荷过程期间的总的变化趋势未发生明显改变，但运动训练后 2 种激素的变化幅度却较运动训练前小得多。

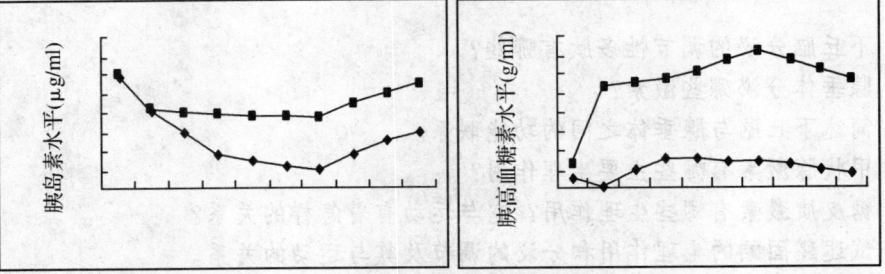

图 7 – 18 运动过程中胰岛素和胰高血糖素的变化

必须注意运动期间血糖水平与循环血中胰岛素、胰高血糖素水平之间的微妙关系。运动期间胰岛素水平降低，并非意味着肌细胞利用的葡萄糖有所减少，实际上反而有所增多。这可能与胰岛素的"敏感性"增加有关，即较少的胰岛素可以完成同样多的任务。这种"高敏感性"状态在 1h 数量运动后，至少会维持 48h。

本章小结

　　身体运动对机体产生强烈的刺激，会使内环境产生剧烈变化，并需要神经系统和内分泌系统对各种身体功能进行精密整合。内分泌调控是通过内分泌腺所分泌的生物活性物质——激素来实现的。

　　激素分为含氮类激素和类固醇激素两类，两者作用机制各不相同，前者通过第二信使物质；后者可以进入细胞内与胞内受体构成复合物并进入细胞核，激活某些基因，诱发生理学反应。它们具有信息传递作用、高效能生物放大作用以及作用的相对特异性，激素与激素之间也存在协同、拮抗和允许作用。大多数激素的分泌不仅受到上位激素的控制，还受到负反馈机制调控。

　　人体内主要的内分泌腺是脑垂体、甲状腺、甲状旁腺、胰岛、肾上腺及性腺。腺垂体分泌生长素、促甲状腺激素、促肾上腺皮质激素、催乳素、促卵泡激素、黄体生成素、促黑激素。神经垂体储存和释放抗利尿激素和催产素。下丘脑分泌 9 种调节性肽对腺垂体产生重要的调节作用。甲状腺激素全面影响着人体各项生理活动，肾上腺皮质分泌的盐、糖皮质激素分别调控机体的物质及水、盐代谢，并在机体的应激活动中起重要作用。肾上腺髓质分泌的肾上腺素和去甲肾上腺素，是生命垂危的强心剂和临床常用的升压药。胰岛分泌的胰岛素和胰高血糖素，两者相互协调与制约，维持机体血糖的平衡。人体主要依靠甲状旁腺素、降钙素和维生素 D 维持正常钙、磷代谢。内分泌系统的所有调节功能都是通过分泌作为化学信使的激素来实现的。

复 习 题

1. 下丘脑分泌的调节性多肽有哪些？
2. 腺垂体分泌哪些激素？
3. 简述下丘脑与腺垂体之间的功能联系。
4. 甲状腺激素有哪些主要生理作用？
5. 糖皮质激素有哪些生理作用？它与运动有着怎样的关系？
6. 试述醛固酮的生理作用和分泌的调节及其与运动的关系。
7. 皮质醇的生物学作用是什么？
8. 体内胰岛素是哪里产生的？有何生物学作用？运动对其有何影响？

思考与讨论

1. 长期服用糖皮质激素的患者，为什么不能突然停药？
2. 长期缺碘时，甲状腺的组织学结构会发生什么变化？说明其机制。
3. 切除动物双侧肾上腺皮质后，会发生什么后果？试说明其原因。

4. 运动时，儿茶酚胺类激素的释放会出现怎样的变化？

（樊守艳）

参 考 文 献

[1] 迟素敏. 内分泌生理学. 西安：第四军医大学出版社，2005.

[2] Frank Cerny, Harold Burton. Exercise physiology for health care professionals. 1st ed. Human Kinetics, 2001.

[3] John Bullock, Joseph Boyle, Michael Wang. NMS Physiology. 4th edition. Lippincott Williams Wilkins, 2001.

[4] Toy EC, Weisbrodt N, Dubinsky W P, et al. Physiology. New York：McGraw–Hill, 2006.

[5] Lehmann M, Gastmann U, Petersen G, et al. Training – overtraining: performance, and hormone levels, after a defined increase in training volume versus intensity in experienced middle – and long – distance runners. Br J Sports Med, 1992, 26 (4): 223~242.

网 站 导 航

1. http：//www. jpkc. physiology
2. http：//www. aace. com
3. http：//www. tjipe. edu. cn/tszy/wlkt/ydsl/phy5. files/frame. htm
4. http：//ajpendo. physiology. org
5. http：//nic. sab. sk/logos/books/scientific/node45. html
6. http：//www. rwc. uc. edu/koehler/biophys/8d. html

第八章　感觉器官

掌握感受器和感觉器官的概念，感受器的分类，感受器的一般生理特征：适宜刺激、换能作用、编码作用、适应现象；掌握和了解视觉、听觉、前庭器官、嗅觉、味觉的形成机制；运动中本体感觉的产生机制。

相关 概念

感受器（receptor）：分布在体表或组织内部的一些专门感受机体内外环境改变的结构或装置。

适宜刺激（adequate stimulus）：每种感受器都有它最敏感、最容易感受的刺激形式，这种形式的刺激称为该感受器的适宜刺激。

换能作用（energy metabolism）：感受器或特殊的感受细胞具有转换能量形式的作用，可把作用于它们的各种刺激形式，转变成为相应的传入神经末梢的电反应。

编码作用（encoding）：感受器把刺激所包含的环境变化的信息转移到新的电信号系统即动作电位的序列之中，称为编码作用。

适应现象（adaptation）：当以恒定强度的刺激连续作用于感受器时，虽然刺激持续作用，但传入神经的脉冲逐渐下降，主观感觉可减弱或消失，称为感受器的适应现象。

简化眼（reduced eye）：根据眼的实际光学特性而设计的与正常眼在折光效果上相同、但更为简单的等效光学系统或模型。

暗适应（dark adaptation）：从明亮的地方突然进入暗处，最初对任何东西都看不清楚，经过一定时间后，视觉敏感度逐渐升高，在暗处的视觉逐渐恢复的现象。

明适应（light adaptation）：从暗处突然进入亮处，最初只感到耀眼的光亮，看不清物体，需经一段时间后才恢复视觉的现象。

听阈（auditory threshold）：人耳能感受的振动频率在 16 ~ 20 000Hz 之间的声波，且对于其中每一种频率，都有一个刚好能引起听觉的最小振动强度，即听阈。

听域（audible area）：当振动强度增加达到某一限度时可引起鼓膜的疼痛感觉，这个限度称为最大可听阈，听阈和最大可听阈所包含的面积为听域。

耳蜗微音器电位（cochlear microphonic potential）：耳蜗受到声波刺激时可产生一种波形和频率与作用的声波完全相同的电变化称为微音器电位。

本体感觉（proprioception）：肌肉、肌腱、韧带和关节的本体感受器对压力和肌肉、关节形状的改变敏感，能感觉到位置和运动状态，这种感觉称为本体感觉。

脊髓反射（spinal cord reflex）：外界刺激引起反射性的肌肉运动，这些运动的中枢在脊髓称为脊髓反射，分为浅反射和深反射。

肌梭（spindle）：位于肌肉纤维间并与肌肉纤维平行排列的一束特化的由肌肉纤维、神经末梢及胞囊组成的结构。特化肌纤维称为梭内肌，而肌梭外的普通肌纤维称为梭外肌。梭内肌又可分为核袋纤维和核链纤维。牵拉是对肌梭的有效刺激，肌梭为牵张感受器。

腱器官（tendon organ）：分布于肌腱胶原纤维之中，与梭外肌呈串联排列的结构，是感受肌肉收缩时张力变化的感受器。

+-+

感觉是机体感官对各种不同刺激的觉察，它是将刺激信号转换成神经冲动传往大脑而产生的。感受器（receptor）是感觉活动的重要结构，感受器对特定的刺激信号具有敏感性，即适宜刺激（adequate stimulus）。感受器传出的神经冲动经过传入神经的传导，将信息传到大脑皮层，并在复杂的神经网络的传递过程中对信息进行整合，最后在大脑皮层的感觉中枢区域，被加工为人们所体验到的具有各种不同性质和强度的感觉。

感觉分为外部感觉和内部感觉。外部感觉是由身体外部刺激作用于感觉器官所引起的感觉，包括视觉、听觉、嗅觉、味觉和皮肤感觉（皮肤感觉又包括触觉、温觉、冷觉和痛觉）；内部感觉是由身体内部来的刺激所引起的感觉，包括运动觉、平衡觉和内脏感觉（包括饿、胀、渴、窒息、恶心、便意、性和疼痛等）。

感受器可分为内感受器和外感受器两大类。外感受器包括：光感受器、听感受器、味感受器、嗅感觉器和分布在体表、皮肤及黏膜的其他各类感受器；内感受器包括：心血管壁的机械和化学感受器，胃肠道、输尿管、膀胱、体腔壁内的和肠系膜根部的各类感受器，还有位于关节囊、肌腱、肌梭以及内耳前庭器官中的本体感受器。

按刺激特点感受器还可分为成如下几类。①机械感受器：包括位于皮肤内、肠系膜根部、口唇、外生殖器等部位的触感受器、压感受器和位于心血管壁内、肺泡及支气管壁内，各空腔内脏壁内的牵张（或牵拉）感受器。②温度感受器：包括温热感受器及冷感受器2种，遍布于皮肤及口腔、生殖器官等部位的黏膜内。③声感受器：听觉器官，其组成部分除接受声波振荡的内耳螺旋器外，还包括增强声压的中耳和集音的外耳。④光感受器：光感受器的首要组成部分是感光细胞，绝大部分动物的光感受器还具备多层结构的视网膜。⑤化学感受器：主要感受化学性刺激物，分布于鼻黏膜、口腔黏膜、尿道黏膜、眼结膜、内脏等处，感受诸如 Na^+、H^+、O_2、CO_2 以及挥发性物质。⑥平衡感受器：内耳平衡器官，属于前庭器官功能。⑦痛感受器：也叫伤害性刺激感受器，广泛地分布于皮肤、角膜、结膜、口腔黏膜等处的游离神经末梢，还有分布于胸膜、腹膜及骨膜等部位的神经末梢，多无特殊结构。⑧渗透压感受器：位于下丘脑的视上核及室旁核内，对体液中渗透压变化敏感。

第一节 概 述

一、感受器与感觉器官

感受器（sense receptor）指分布在体表或组织内部的一些专门感受机体内外环境改变的结构或装置。如痛觉感受器、温觉感受器、听觉感受器等。感受细胞连同它们的非神经性附属结构，构成了各种复杂的感觉器官（sense organs）。根据刺激物和它们所引起的感觉或效应的性质，还可将感受器进行下列分类（表8－1）。

表8－1 人体的主要感觉类型及感受器

感觉类型	感受器	感觉类型	感受器
视觉	视杆和视锥细胞	关节位置和运动觉	神经末梢
听觉	毛细胞	肌肉长度	神经末梢（肌梭）
嗅觉	嗅神经元	肌肉张力	神经末梢（腱器官）
味觉	味感受细胞	动脉血压	神经末梢
旋转加速度	毛细胞（3个半规管）	血浆葡萄糖	下丘脑某些细胞
直线加速度	毛细胞（椭圆囊和球囊）	血浆渗透压	下丘脑前部某些细胞
触－压觉	神经末梢	痛觉	游离神经末梢

二、感受器的生理特性

1. 感受器的适宜刺激

每种感受器都有它最敏感、最容易感受的刺激形式，这种形式的刺激称为该感受器的适宜刺激（adequate stimulus）。当以适宜刺激作用于该感受器，只需很小的刺激就能引起感受器兴奋。如光波是视网膜感光细胞的适宜刺激。

2. 感受器的换能作用

感受器具有转换能量形式的作用，可把作用于它们的各种刺激形式，转变成为相应的传入神经末梢的电反应（发生器电位）或特殊的感受细胞的电反应（感受器电位）。

发生器电位和感受器电位是一种过渡性慢电位，它们不具有"全或无"的特性，其幅度与外界刺激强度成比例，且不能做远距离的传播，而可能在局部实现时间总和与空间总和。

3. 感受器的编码作用

感受器把刺激所包含的环境变化的信息转移到新的电信号系统即动作电位的序列之中，称为编码作用。因此，感受器将外界刺激转变成神经动作电位的同时，也实现了编码（encoding）的作用，中枢就是根据这些电信号序列才获得的对外界的主观认识。

根据在多数感受器实验中得到的实验资料，刺激的强度是通过单一神经纤维上冲动频率高低和参加这一信息传输的神经纤维的数目多少来编码的。

4. 感受器的适应现象

当以恒定强度的刺激连续作用于感受器时，虽然刺激持续作用，但传入神经的脉冲逐渐下降，主观感觉可减弱或消失，这一现象称为感受器的适应现象（adaptation）。适应分为快适应和慢适应。

　　快适应指受到刺激时传入冲动衰减迅速，如嗅觉感受器"入芝兰之室，久闻不觉其香"就是这个道理。其功能在于很快适应环境，不断探求和接受新的刺激。慢适应指在刺激持续作用较长时间后，感受器电位和传入脉冲仍然持续在很高水平，如温度感受器等，有利于机体正常生理功能活动的进行。

第二节　视　觉

　　视觉器官主要有眼球及其附属结构，如眼睑、泪腺、眼肌等。人们对于各种物体的形状、轮廓和颜色等的认识是通过眼的感光作用实现的。人眼的适宜刺激是波长为 370～740nm 的电磁波（图8－1）。

　　人眼依其功能，可分为折光系统和感光系统。由角膜经房水、玻璃体、直至视网膜的前部，都是一些透明而无血管分布的组织，它们构成了眼内的折光系统，使来自眼外的光线发生折射，最后成像在视网膜上。视

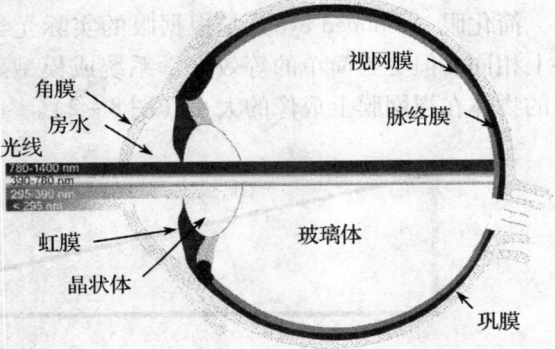

图 8－1　人眼可感受到的波长

网膜中含有对光刺激高度敏感的视锥细胞和视杆细胞，构成了眼内的感光系统。

一、眼的折光系统及其调节

（一）与眼折光成像有关的光学原理

　　当光线从空气进入由另一媒质构成的单球面折光体时，它进入该物质时的折射情况决定于该物质与空气界面的曲率半径 R 和该物质的折光指数 n_2；若空气的折光指数为 n_1，则关系式为

$$n_2 R / (n_2 - n_1) = F_2$$

F_2 称为后主焦距或第二焦距（空气侧的焦距为前主焦距或第一焦距），指由折射面到后主焦点的距离，可以表示这一折光体的折光能力。表示折光体的折光能力还可用另一种方法，即把主焦距以 m（米）作单位来表示，再取该数值的倒数，后者就称为该折光体的焦度（diopter）。如某一透镜的主焦距为10cm，相当于0.1m，则该透镜的折光能力为10焦度（10D）。通常规定凸透镜的焦度为正值，凹透镜的焦度为负值。

　　主焦距是一个折光体最重要的光学参数，由此可算出位于任何位置的物体所形成的折射像的位置。以薄透镜为例，如果物距 a 是已知的，像距 b 可由下式算出。

$$1/a + 1/b = 1/F_2$$

　　由上式可以看出，当物距 a 趋于无限大时，$1/a$ 趋近于零，于是 $1/b$ 接近于 $1/F_2$，亦即像距 b 差不多和 F_2 相等。这就是说，当物体距一个凸透镜无限远时，它成像的位

置将在后主焦点的位置。同样不难看出，凡物距小于无限大的物体，它的像距 b 恒大于 F_2，即它们将成像在比主焦点更远的地方。以上两点结论，对于理解眼的折光成像能力十分重要。

另外，根据光学原理，主焦点的位置是平行光线经过折射后聚焦成一点的位置，这一结论与上面提出的第一点结论相一致。每一个物体的表面，都可认为是由无数的发光点或反光点组成，而由每一个点发出的光线都是辐散形的。只有这些点和相应的折射面的距离趋于无限大时，由这些点到达折射面的光线才能接近于平行，于是它们经折射后在主焦点所在的面上聚成一点，而整个物体就在这个面上形成物像。对于人眼和一般光学系统来说，来自 6m 以外物体的各光点的光线，都可以认为是近于平行的，因而可以在主焦点所在的面上形成物像。

简化眼（reduced eye）是根据眼的实际光学特性而设计的一些与正常眼在折光效果上相同、但更为简单的等效光学系统或模型。利用简化眼可以方便地计算出不同远近的物体在视网膜上成像的大小（图 8 - 2）。

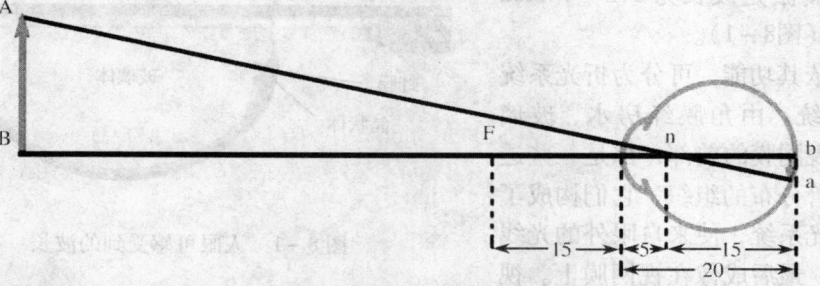

图 8 - 2　简化眼的视网膜成像

（二）眼折光系统的光学特性

正常人眼处于安静而不进行调节的状态时，它的折光系统的后主焦点位置正好是其视网膜所在的位置，这说明凡是位于眼前方 6m 以外直至无限远处的物体，都可以在视网膜上形成基本清晰的像。但人眼不是无条件的看清任何远处的物体，正如人眼可以看清月亮却看不清月球表面更小的物体或特征。造成这一限制的原因是，如果来自物体的光线过弱，那它们在到达视网膜时已弱到不足以兴奋感光细胞的程度，这样就不可能被感知。另外，如果物体过小或它们离眼的距离过大，则它们在视网膜上形成的像，将会小到视网膜分辨能力限度以下，因而也不能感知。

（三）眼的调节

位于 6m 以外的物体，由于他们发出或反射的光线在到达眼的折光系统时已近于平行，人眼无需调节，即可在视网膜上成清晰的像。随着物体的移近，物体发出的光线越来越辐散，将成像在视网膜之后，因而物像是模糊的，需人眼进行调节，使近处辐散的光线仍可在视网膜上成清晰的像。人眼具有以下 3 种调节方式。

1. 晶状体调节

晶状体呈双凸透镜形，安静时处于扁平状态，人眼的调节即折光能力的改变，主要是靠晶状体形状的改变（图8-3），这是一个神经反射过程。其过程为：远物的光线经其折射后成像在视网膜上，近物的光线折射后成像在视网膜后，视网膜上则成模糊的像，模糊物象信息传至视觉中枢，经神经反射使睫状肌收缩，睫状小带松弛，晶状体凸度加大，折光能力增强，物像前移落在视网膜上而形成清晰的像。

晶状体对视近物的调节有一定限度这决定于晶状体变凸的最大限度。近点是指眼睛的最大能力调节即它所能看清物体的最近距离。近点越小说明晶状体弹性越好，晶状体的弹性随人的年龄增加而逐渐减弱，年龄越大弹性越差，近点越远。如8岁儿童的近点平均为8.6cm，而60岁时可增大到83.3cm。

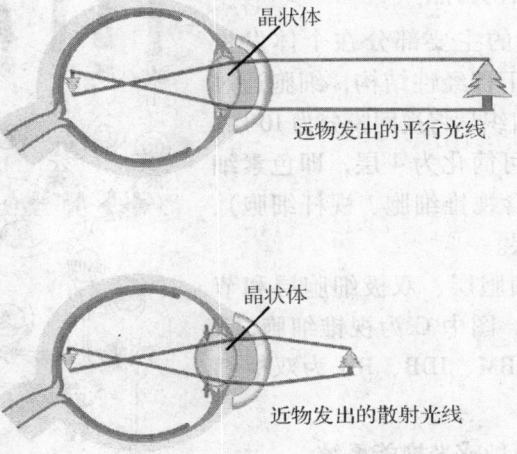

图8-3　晶状体形状的调节

2. 瞳孔调节

瞳孔调节是通过调节瞳孔的大小而调节进入眼内的光量。看近物时可反射性地引起瞳孔缩小称为瞳孔的近反射。它可减少由折光系统造成的球面相差和色相差，使视网膜上形成的物像更清晰。

此外，瞳孔还具有对光调节的功能。不同强弱的光照射瞳孔时，瞳孔的大小可随光线的强弱而改变称为瞳孔的对光反射。随着所视物体的明亮程度，调节进入眼内的光线，以便可在光线弱时增加进入眼内的光线量，看清物体。光线强时避免过量的强光损伤视网膜。瞳孔对光反射具有双侧性，当光照射一侧瞳孔时，两侧瞳孔将同时收缩，此称为互感性对光反射。

3. 两眼汇聚

看近物时可见两眼视轴向鼻侧聚合，称为两眼汇聚。可使看近物时两眼物像落在两眼视网膜相应位置上，从而产生清晰的视觉。

（四）眼的折光异常

（1）近视（myopia）　多由眼球前后径过长引起，使得看远处物体时，物体成像在视网膜前方，而在视网膜上成模糊的像。当看近物时，聚焦的位置在平行光线之后，因而眼无需进行调节或进行较小的调节就可在视网膜上成清晰的像。可佩戴凹透镜矫正。

（2）远视（hyperopia） 多由眼球前后径过短引起。安静状态下，远处物体成像在视网膜之后，近处物体呈像更加靠后。可佩戴凸透镜矫正。

（3）散光（astigmatism） 由于眼球在不同方向上的折光力不一致引起。可佩戴圆柱状透镜矫正。

（4）老视（presbyopia） 由于年龄的原因造成晶状体的弹性明显下降，看远物时正常，看近物时不清楚。

二、视网膜的结构和两种感光换能系统

（一）视网膜的结构特点

视网膜（retina）的主要部分在个体发生上，来自前脑泡，属于神经性结构，细胞通过突触相互联系。传统组织学将视网膜分为 10 层，但按主要的细胞层次可简化为 4 层，即色素细胞层、感光细胞层（含视锥细胞、视杆细胞）、双极细胞层和节细胞层。

图 8 – 4 为感光细胞层、双极细胞层和节细胞层间的结构关系，图中 C 为视锥细胞，R 为视杆细胞，FMB、IBM、IDB、RB 为双极细胞，MG、G 为节细胞。

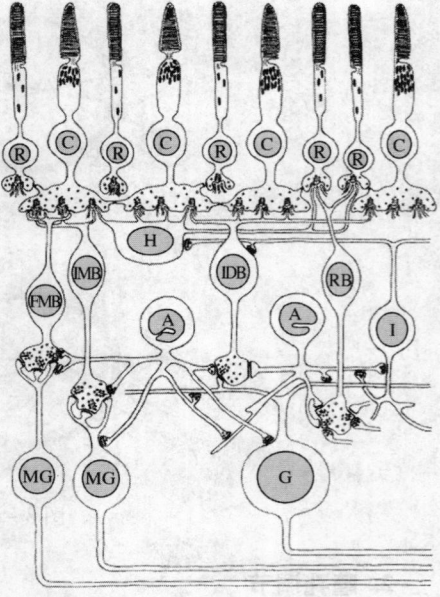

图 8 – 4　视网膜的细胞构成示意图

（二）视网膜的两种感光换能系统

1. 视锥系统

由视锥细胞和与其相连的双极细胞和神经节细胞等构成。视锥细胞分布于视网膜中心部，越靠近中心越多，中央凹处高度密集，没有视杆细胞。其对光的敏感性差，只有在类似白昼的条件下才能被刺激，但视物时可以辨别颜色，精确度高。

2. 视杆系统

由视杆细胞和与其相连的细胞构成。视杆细胞主要分布于视网膜周边，对光的敏感度较高，能在昏暗的环境中感受光刺激，但视物无色觉，只能区别明暗，精确度差。

三、视杆细胞的感光换能系统

1. 视杆细胞内的感光物质

视杆细胞内的感光物质是视紫红质（图 8 – 5）。视紫红质（rhodopsin）是一种结合蛋白，由一分子视蛋白（opsin）、一分子视黄醛（retinene，11 – 顺视黄醛）的生色基团组成。视黄醛由维生素 A 在酶的作用下氧化而成。视紫红质在光照时迅速分解为视蛋白和视黄醛，这是一个多阶段反应。视紫红质在合成和分解的过程中，有一部分视黄醛被消耗，必须靠血液中的维生素 A 来补充，如果维生素 A 缺乏会影响人在暗处的视力，从而引起夜盲症。

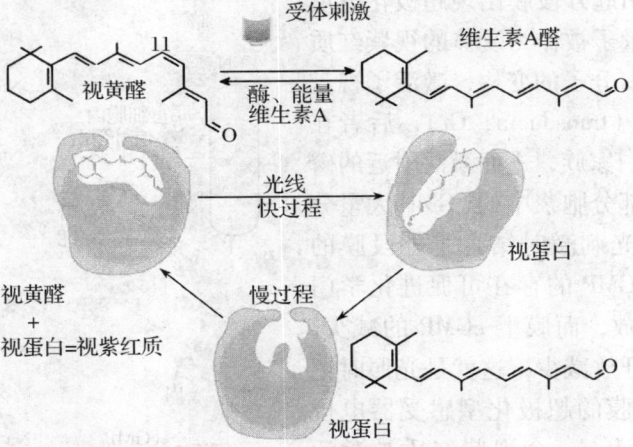

图 8 - 5 视紫红质的合成和分解

2. 视杆细胞外段的超微结构和感受器电位的产生

感光细胞的外段是进行光 - 电转换的关键部位。视杆细胞外段具有特殊的超微结构（图 8 - 6）。在外段部分，膜内的细胞浆甚少，绝大部分为一些整齐的重叠成层的圆盘状结构所占据，这种圆盘称为视盘（optic disc）。每一个视盘是一个扁平的囊状物，囊膜的结构和细胞膜类似，具有一般的脂质双分子层结构，但其中镶嵌着的蛋白质绝大部分是视紫红质，亦即视杆细胞所含的视紫红质实际上几乎全部集中在视盘膜中。视盘的数目在不同动物的视杆细胞中相差很大，人的每个视杆细胞外段中它们的数目近千。每一个视盘所含的视紫红质分子约有 100 万个。这样的结构显然有利于使进入视网膜的光量子有更大的机会在外段中碰到视紫红质分子。科学研究表明视网膜未经照射时，视杆细胞的静息电位只有 $-30 \sim -40\text{mV}$，比一般细胞小得多。这是由于外段膜在无光照时，就有相当数量的 Na^+ 通道处于开放状态并有持续的 Na^+ 内流所造成，而内段膜有 Na^+ 泵的连续活动将 Na^+ 移出膜外，这样就维持了膜内外的 Na^+ 平衡。当视网膜受到光照时，可看到外段膜两侧电位短暂地向超极化的方向变化，由此可见，外段膜同一般的细胞膜不同，它是在暗处或无光照时处于去极化状态，而在受到光刺激时，跨膜电位反而向超极化方向变化，因此视杆细胞的感受器电位（视锥细胞也一样），表现为一种超极化型的慢电位。

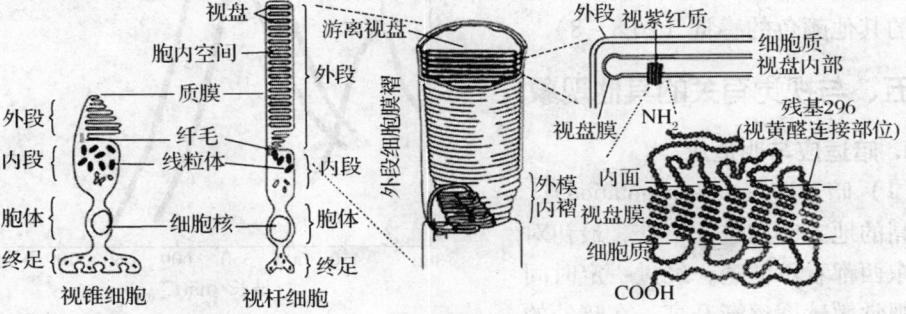

图 8 - 6 视杆细胞及其超微结构

光子的吸收引起外段膜出现超极化电反应，其机制是光量子被作为受体的视紫红质吸收后引起视蛋白分子的变构，激活了视盘膜中的传递蛋白（transducin，Gt），后者在结构上属于 G 蛋白家族，进而激活附近的磷酸二酯酶使外段部分胞浆中的 cGMP 大量分解，这也使未受光刺激时结合于外段膜的 cGMP 分解。膜 cGMP 的存在可促进化学门控式 Na^+ 通道开放，而膜上 cGMP 的减少，则导致 Na^+ 通道开放减少，这就是光照时记录到的视杆细胞膜的超极化型感受器电位（图8-7）。据估计，一个视紫红质被激活时，可使约 500 个传递蛋白被激活。虽然传递蛋白激活磷酸二酯酶是一对一的，但一个激活了的磷酸二酯酶在 1s 内大约可使 4 千多个 cGMP 分子降解。由于酶系统的这种生物放大作用，1 个光量子的作用能在外段膜上引起大量化学门控式 Na^+ 通道的关闭，引起视觉系统所感知的超极化型电变化。

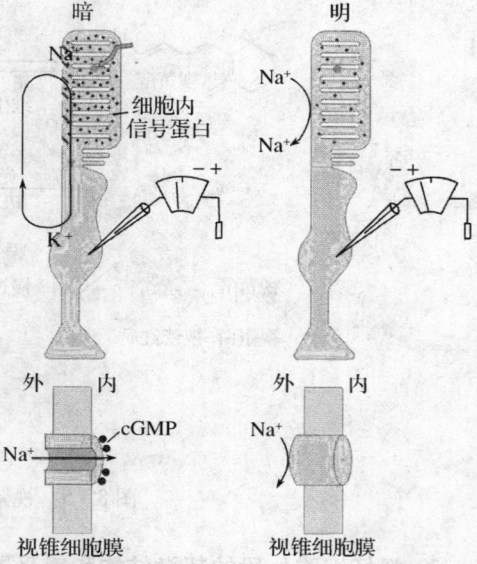

图 8-7　视杆细胞膜 cGMP、Na^+
通道及细胞膜电位发生示意图

视杆细胞外段和整个视杆细胞都没有产生动作电位的能力，由光刺激在外段膜上引起的感受器电位只能以电紧张性的扩布到达它的终足部分，影响终足（相当于轴突末梢）处的递质释放。

四、三原色学说

三原色学说认为视锥细胞内存在 3 种感光色素，它们对相当于蓝光、绿光和红光的波长敏感。当光谱上波长介于这三者之间的光线作用于视网膜时，这些光线可对敏感波长与之相近的 2 种视锥细胞或感光色素起不同程度的刺激作用，于是在中枢引起介于此二原色之间的其他颜色的感觉（图 8-8）。

五、与视觉有关的其他现象

1. 暗适应与明适应

（1）暗适应（dark adaptation）从明亮的地方突然进入暗处，最初对任何东西都看不清楚，经过一定时间后，视觉敏感度逐渐升高，在暗处的视觉逐渐恢复，这种现象称为暗适

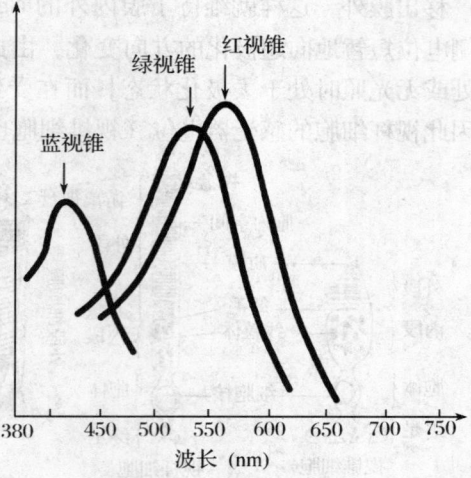

图 8-8　人视网膜中 3 种不同视锥细胞的光谱敏感性

应。这是由于在亮处时由于强光的照射，视杆细胞的视紫红质大量分解，含量下降，到暗处后不足以引起对暗光的感受；而视锥细胞只感受强光不感受弱光，所以进入暗环境开始阶段什么也看不清，等待一定时间后视紫红质合成增加，于是在暗处的视力逐渐恢复。

（2）明适应（light adaptation） 从暗处突然进入亮处，最初只感到耀眼的光亮，看不清物体，需经一段时间后才恢复视觉，称为明适应。这是因为在暗处视杆细胞内蓄积大量视紫红质，进入亮处迅速分解，产生耀眼的光感。待视紫红质大量分解后，视锥细胞承担起感光任务，明适应完成。

2. 视敏度

视敏度即视力（visual acuity）指眼对物体细微结构的辨别能力，即分辨物体上两点最小距离的能力。视网膜的不同部位视力不同，中央凹处视力最高。

3. 视野

视野（visual field）是指单眼固定不动正视前方一点时，该眼所能看到的范围。不同颜色的光测到的视野不同，白色视野最大，依次为黄蓝色、红色，而绿色视野最小（图8－9）。

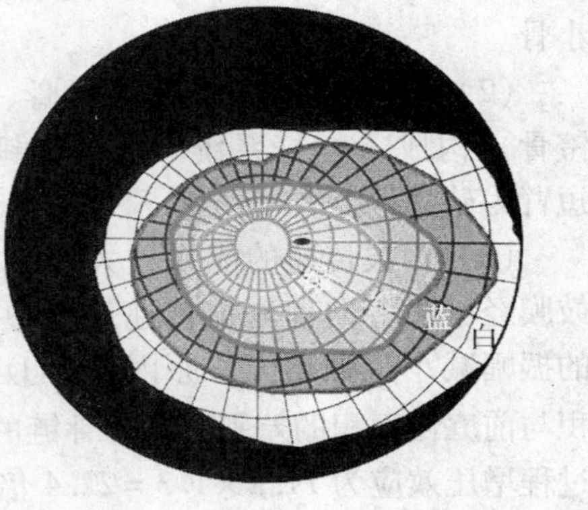

4. 双眼视觉和立体视觉

人视物时两眼视野差不多大部分重叠，称为双眼视觉（binocular vision）。两眼视物时，

图8－9 白色、黄蓝色、红色、绿色的光形成的视野

两侧视网膜上各形成一个完整的物像，不同视网膜部分的像又各循自己特有的神经通路传向中枢，但正常时人主观感觉上只产生一个物的感觉。两眼视物只产生一个视觉形象的前提条件是：由物体同一部分来的光线，应成像在两侧视网膜的相称点上。它使视觉系统有可能感知物体的厚度，从而形成立体感，或称为立体视觉（space vision）。

第三节 听 觉

一、听阈和听域

通常人耳能感受的振动频率在16～20 000Hz之间，而且对于其中每一种频率，都有一个刚好能引起听觉的最小振动强度，称为听阈。当振动强度增加达到某一限度时可引起鼓膜的疼痛感觉，这个限度称为最大可听阈。听阈和最大可听阈所包含的面积为听域。

二、外耳和中耳的传音作用

耳作为听觉器官其结构（图8－10）可分为外耳、中耳和内耳。

1. 耳廓和外耳道的集音作用和共鸣腔作用

外耳由耳廓和外耳道组成。耳廓的主要作用是聚集声波，且根据转动头的位置、两耳声音强弱的轻微变化，可以判断声源的位置。

外耳道是声波传导的通路，一端开口，一端终止于鼓膜。具有类似共鸣腔的作用，声音由外耳道传到鼓膜时，其强度可以增强约 10 倍。

2. 鼓膜和中耳听骨链的增压作用

（1）鼓膜　它的振动可与声波振动同步，有利于把声波振动如实地传递给听小骨。

（2）听小骨　听小骨（锤骨、砧骨、镫骨）构成一杠杆系统。长臂为锤骨柄，短臂为砧骨长突。

（3）声波传递的能量放大　声波在由鼓膜经听小骨向前庭窗传递过程中，振动的振幅减小压强增大，原因是：①鼓膜面

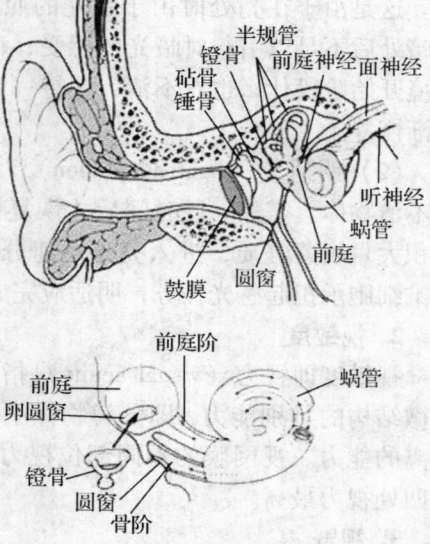

图 8 - 10　听觉器官示意图

积与前庭窗面积的差别。②听骨链的杠杆原理，长短臂之比为 1.3：1，整个中耳传递过程增压效应为 $17.2 \times 1.3 = 22.4$ 倍。

3. 咽鼓管的功能

咽鼓管是连接鼓室与鼻咽腔之间的通道，平时处于微闭合状态，当吞咽或哈欠时开放。咽鼓管开放时，可使鼓室内气体与咽腔内气体相通，使鼓室气体与大气压平衡。因此其主要功能是维持鼓膜两侧气压的平衡，从而使鼓膜处于正常状态，进而保持听骨链的正常增压作用。

三、耳蜗的感音换能作用

（一）耳蜗的结构特点

耳蜗是由一条骨质的管道围绕一个骨轴盘旋 2.50 ~ 2.75 周而成。在耳蜗管的横断面上可见 2 个分段膜，一为横行的基地膜，一为斜行的前庭膜，此两膜将管道分为 3 个腔，分别称为前庭阶、骨阶和蜗管。

前庭阶在耳蜗底部与卵圆窗膜相接，内充外淋巴，骨阶在耳蜗底部与圆窗膜相接，也充满外淋巴。蜗管充满内淋巴，浸浴着位于基底膜上的螺旋器。

（二）基底膜的振动和行波理论

（1）基底膜的振动　声波振动通过听骨链到达前庭窗时，引起前庭窗膜内陷，并立刻将压力变化传给前庭阶的外淋巴液，再依次传到前庭膜和蜗管的内淋巴液，使基底膜下移、震动。

（2）行波学说（traveling wave theory）　基底膜的振动以行波的形式进行，振动最先发生在靠近前庭窗处的基底膜，随后以行波的方式沿基底膜向耳蜗顶部传播。声波频率不同时行波传播的远近和最大振幅出现部位有所不同，声波频率越低行波传播越远，

最大振幅出现部位越靠近蜗顶部。耳蜗底部感受高频声波，顶部感受低频声波（图8－11）。

（3）**听毛细胞** 毛细胞顶端的听毛有些埋在盖膜的胶状物中，有些和盖膜的下面相接触，当行波引起基底膜振动时，基底膜的振动膜和盖膜的振动膜不一致，于是两膜之间有一个横向的交错移动，使听毛受到一个切向力的作用而弯曲。毛细胞听毛的弯曲是耳蜗中由机械能转变为电变化的第一步（图8－12）。

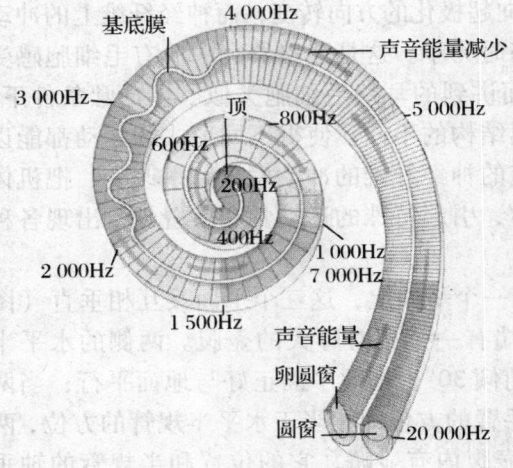

图8－11 蜗管的基底膜振动

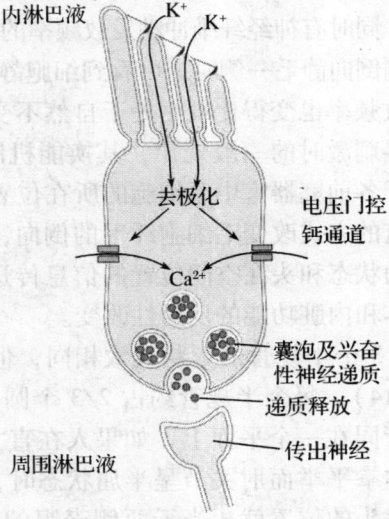

图8－12 听毛细胞示意图

（三）耳蜗的生物电现象

（1）**蜗静息电位** 蜗静息电位是产生其他电变化的基础。

（2）**耳蜗微音器电位** 耳蜗受到声波刺激时可产生一种波形和频率与作用的声波完全相同的电变化称为微音器电位。所谓微音器电位就是多个毛细胞在接受声音刺激时所发生的复合表现，在记录单一毛细胞跨膜电位的情况时，发现听毛只要有0.1°的角位移，就可引起毛细胞出现感受器电位，而且电位变化的方向与听毛受力的方向有关，即此电位既可是去极化的，也可是超极化的，这就说明了为什么微音器电位的波动同声波振动的频率和振幅一致。微音器电位不是蜗神经的动作电位，它不具"全或无"性质，没有不应期，可发生总和。

（3）**神经动作电位** 由微音器电位触发产生。通过神经冲动的节律、间隔时间以及发放冲动的纤维在基底膜上起源的部位来传递不同形式的声音信息。

第四节 平 衡 觉

人体对自身运动状态和头在空间位置的感觉依赖前庭器官，它包括椭圆囊、球囊和3个半规管。

一、前庭器官的感受装置和适宜刺激

前庭器官的感受细胞为毛细胞，顶部有 60～100 条纤细的毛，其中一条最长的为动毛，其余的毛较短为静毛（图 8 - 13）。

当动毛和静毛都处于自然状态时，细胞膜内外存在着约 - 80mV 的静息电位，同时在与此毛细胞相接触的神经纤维上有中等频率的持续放电。此时如果用外力使毛细胞顶部的纤毛由静毛所在一侧倒向动毛一侧，可看到细胞的静息电位去极化到约 - 60mV 的水平，同时有神经纤维冲动发放频率的增加。与此相反，当外力使纤毛弯曲的方向由动毛一侧倒向静毛一侧时，可看到细胞静息电位向超极化的方向转变，而神经纤维上的冲动发放频率也变得比纤毛处于自然不受力状态时为小。这是迷路器官中所有毛细胞感受外界刺激时的一般规律，其换能机制与前面讲到的耳蜗毛细胞类似。在正常条件下，由于各前庭器官中毛细胞的所在位置和附属结构的不同，使得不同形式的运动都能以特定的方式改变毛细胞纤毛的倒向，使相应的神经纤维的冲动发放频率改变，把机体运动状态和头在空间位置的信息传送到中枢，引起特殊的运动觉和位置觉，出现各种躯体和内脏功能的反射性改变。

3 个半规管的形状大致相同，但各处于一个平面上，这三个平面又互相垂直（图 8 - 14）。每个半规管约占 2/3 个圆周，一端有一个相对膨大的壶腹。两侧的水平半规管同在一个平面上，如果人在直立时头前倾 30°，则此平面正好与地面平行；当两臂握拳平举而肘关节呈半屈状态时，此时手臂的方位即相当于水平半规管的方位，两个拳头的位置就相当于两侧壶腹的位置。壶腹内有壶嵴，它的位置和半规管的轴垂直。在壶嵴中有一排毛细胞，面对管腔，而毛细胞顶部的纤毛又都埋植在一种胶质性的圆顶形终帽之中。毛细胞上动毛和静毛的相对位置是固定的，例如在水平半规管内，当充满管腔的内淋巴由管腔向壶腹的方向移动时，正好能使壶腹中毛细胞顶部的静毛向动毛一侧弯曲，于是引起该侧壶腹的传入神经向中枢发放大量的神经冲动。

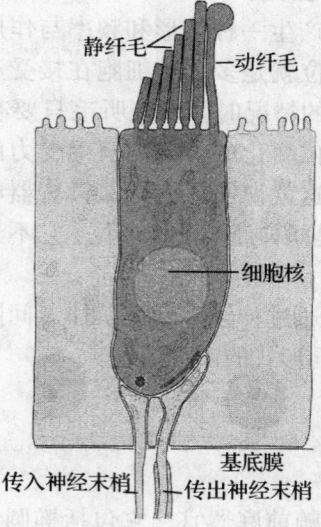

图 8 - 13　前庭器官毛细胞示意图

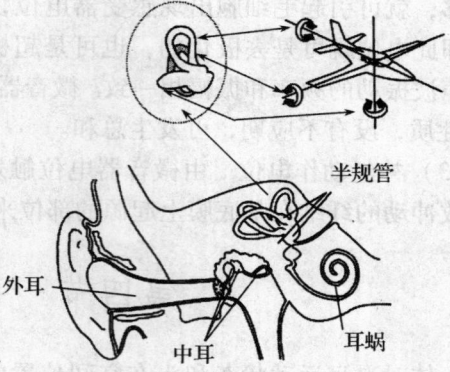

图 8 - 14　三个半规管的位置图

水平半规管的结构特点是它能感受人体以身体长轴为轴所作的旋转变速运动。旋转开始时可由于管腔中内淋巴的惯性作用，它的起动将晚于人体和管本身的运动，因此当人体向左旋转时，左侧水平半规管中的内淋巴将压向壶腹的方向，使该侧毛细胞兴奋而产生较多的神经冲动；与此同时，右侧水平半规管中的内淋巴压力作用方向正好是离开壶腹，于是由该侧壶腹传向中枢的冲动减少。人脑正是根据来自两侧水平半规管传入信号的不同，"判定"人体是否开始旋转和向何方旋转的。当旋转变为匀速旋转时，管腔中内淋巴与整个管同步运动，于是两侧壶腹中的毛细胞都处于不受力状态，中枢获得的信息与不进行旋转时无异。但当人体停止旋转时，内淋巴运动的停止又由于惯性作用晚于管本身，于是两侧壶腹中的毛细胞又有受力情况的改变，其受力方向和冲动发放情况正好与旋转开始时相反。内耳迷路中尚有其他两对半规管，可以接受和它们所处平面方向相一致的旋转变速运动的刺激。

在椭圆囊和球囊，毛细胞存在于囊斑结构中，其纤毛则埋植在一种称为耳石膜的结构内（图8-15，右图）。

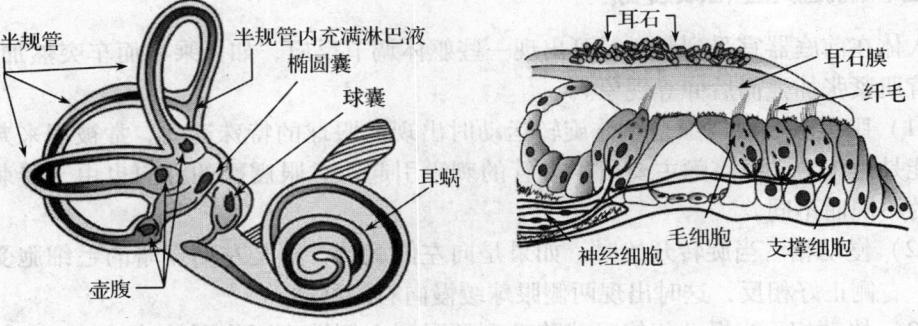

图8-15 椭圆囊和球囊与内耳的关系

耳石膜是一块胶质板，内含耳石，主要由蛋白质和碳酸钙所组成，比重大于内淋巴，因而也有较大的惯性。椭圆囊和球囊的不同，在于其中囊斑所在的平面和人体的相对关系不一样。人体在直立位时，椭圆囊中囊斑所处平面呈水平方向，圆囊中囊斑所处平面呈水平方向，囊斑表面分布的毛细胞顶部朝上，耳石膜在纤毛上方。球囊与此不同。其中囊斑所处平面在人体直立时位置和地面呈垂直，毛细胞和纤毛由囊斑表面向水平方向伸出，耳石膜悬在纤毛外侧，与囊斑相平行。仔细检查2个囊斑平面上分布着的各毛细胞顶部静毛和动毛的相对位置关系时，发现在每一个毛细胞几乎都不相同。毛细胞纤毛的这种配置，使得它们有可能分辨人体在囊斑平面上所做的各种方向的直线变速运动。如当人体在水平方向以任何角度做直线变速运动时，由于耳石膜的惯性，在椭圆囊的囊斑上总会有一些毛细胞由于它们的静毛和动毛的独特方位，正好能发生静毛向动毛侧的最大弯曲，于是由此引起的某些特定的传入神经纤维的冲动发放增加，引起机体产生进行着某种方向的直线变速的感觉。球囊的囊斑上的毛细胞，则由于类似的机制，可以感受头在空间位置和重力作用方向之间的差异，因而可以判断头以重力作用方向为参考点的相对位置变化（图8-16）。

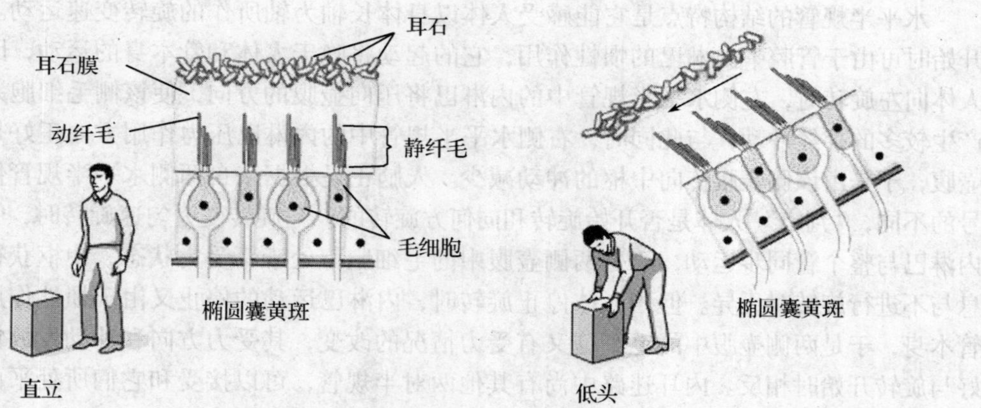

图 8-16　身体姿势刺激椭圆囊的机制

二、前庭反应和眼震颤

人体在前庭器官受到刺激时可出现一些躯体调节反应，如人乘车而车突然加速时，会有背肌紧张加强而后仰等现象。

（1）眼震颤　眼震颤是躯体旋转运动时出现的眼球的特殊运动。常被用来判断前庭功能是否正常。眼震颤主要由半规管的刺激引起，且眼震颤的方向也由于受刺激半规管的不同而不同。

（2）慢动相　当旋转开始时，如果是向左侧旋转，则是左侧壶嵴的毛细胞受刺激增强，右侧正好相反，这时出现两侧眼球缓慢向右侧移动。

（3）快动相　当慢动相使眼球移动到两眼裂右侧端而不能再移动时，又突然返回到眼裂正中。眼震颤就是先出现慢动相再出现快动相，反复不已。

第五节　本体感觉

肌肉、肌腱、韧带和关节的本体感受器对压力和肌肉、关节形状的改变非常敏感，人体能感觉到身体的位置和运动状态，这种感觉称为本体感觉。

一、脊髓在感觉功能中的作用

脊髓是外周各种感觉（头部特殊感觉除外）信号上传给高级中枢的通路。各种刺激在感受受体中转变为动作电位，沿传入纤维从背根传入脊髓，形成不同的感觉传导上行通道。浅感觉传导路的传入纤维由背根的外侧部进入脊髓，然后在后角换神经元，第二级神经元纤维在中央管前交叉到对侧，形成脊髓丘脑束，上达丘脑，更换为第三级神经元至大脑皮层。而深感受则由背根的内侧部进入脊髓，沿同侧后索上行，至延髓的薄束核和楔束核更换为第二级神经元，发出纤维交叉到对侧，经内侧丘系至丘脑。因此，当脊髓半离断时，浅感觉的障碍发生在离断的对侧，而深感觉的障碍则发生在离断的同侧。

二、脊髓反射

外界刺激可引起反射性的肌肉运动，这些运动的中枢在脊髓，故称为脊髓反射（图 8－17）。脊髓反射可分为浅反射和深反射。

1. 屈肌反射

屈肌反射属于浅反射。当皮肤受到伤害性刺激时，信息传入脊髓，通过突触连接，引起支配相关区域骨骼肌的 α－运动神经元兴奋，沿其轴突传出冲动，到达所支配的肌肉群，使相关肌群产生协调动作，如关节屈肌收缩，伸肌舒张。因此，受到刺激的肢体迅速避开刺激，可见这是一种保护性反射。还有其他一些浅刺激也可以引起相应的浅反射。但正常情况下，高位中枢对这些反射有调控作用，一般对这些非伤害性刺激引起的浅反射有抑制作用。因此，当脊髓失去高位中枢控制时如麻醉状态下或大脑皮层下行运动通路障碍时，这些反射才表现出来，这为临床诊断提供了线索。如人锥体束或大脑皮层运动区功能障碍时，以钝物划足跖外侧时，出现大趾背屈，其他四趾向外展开的反射，称为 Babinski 征阳性，其实质属于屈肌反射。

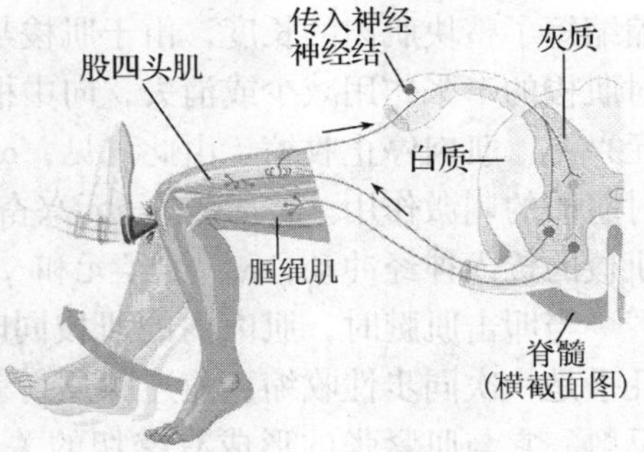

图 8－17　脊髓反射原理图

2. 牵张反射

前面在讨论"神经反射概念"时曾以膝反射为例对反射弧作过讨论。实际上膝反射就是一种牵张反射。牵张反射是指当骨骼肌受到外力牵拉时，能通过反射性活动，使受牵拉的肌肉收缩，这种反射称为牵张反射。

（1）肌梭（spindle）　肌梭是牵张反射的感受器，它位于肌肉纤维之间，与肌肉纤维平行排列（图 8－18）。肌梭的结构比较特殊。它由一束特化的肌肉纤维、神经末梢及胞囊组成。肌梭内的特化肌肉纤维称为梭内肌，而肌梭外普通肌纤维称为梭外肌。梭内肌根据其形态又可分为核袋纤维和核链纤维。梭内肌的中央部不含肌原纤维，不能收缩，但有很好的弹性。传入纤维分布在梭内肌的中央，它的直径较粗（12～20μm），传导速度也较快（90m/s）。当肌肉被牵拉时，不仅拉长了梭外肌，也拉长了梭内肌，特别是梭内肌的中央部分。牵拉是对肌梭的有效刺激。

这一刺激在肌梭内被转变为冲动，通过传入纤维将冲动传到中枢。因此肌梭实际上是一种牵张受体。肌梭内的梭内肌也受由脊髓 γ－运动神经元发出的传出神经支配。它的作用可引起梭内肌收缩。由于梭内肌的肌原纤维分布

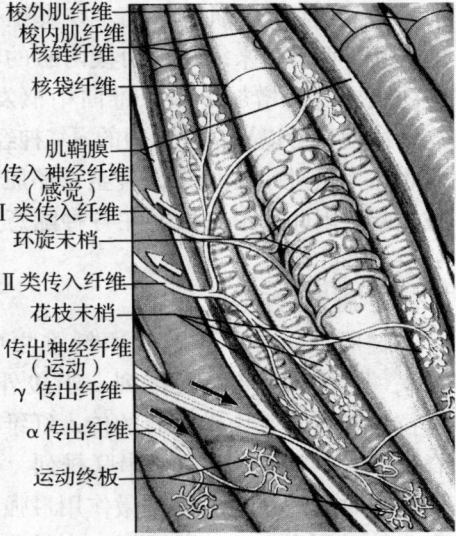

图 8－18　肌梭示意图

在两端，因此两端收缩则拉长了梭内肌的中央部，对感受器是一种刺激或提高肌梭对牵张刺激的感受性，从而增加其向中枢发放的冲动。由肌梭传入的冲动，在脊髓可使支配骨骼肌的 α-神经元兴奋。这就是梭内肌中传出和传入神经的作用。

支配梭外肌的神经纤维来自脊髓中 α-神经元，它使梭外肌收缩。如果梭外肌的收缩缩短了整块肌肉的长度，由于肌梭与梭外肌呈平行排列，因此梭内肌的长度也缩短，对肌梭的牵张作用减少或消失，向中枢发放的冲动减少，也就不再引起脊髓中 α-神经元兴奋，肌肉停止收缩。由此可见，α-神经元兴奋使梭外肌收缩，肌肉缩短，可降低对肌梭的刺激作用。而 γ-神经元兴奋，使梭内肌收缩，增加对肌梭的刺激。因此，对肌梭的传入神经冲动，α-神经元和 γ-神经元有完全相反的作用。

当叩击肌腱时，肌肉内的肌梭同时受到拉长，并发动牵张反射，此时肌肉的收缩几乎是一次同步性收缩，前述膝反射就属于这一类。缓慢持续牵拉肌腱时也发生牵张反射，它与肌紧张的形成有密切的关系，其表现为受牵拉的肌肉能发生紧张性收缩，阻止被拉长。肌紧张是维持躯体姿势的基本反射活动。

（2）牵张反射的意义　机体很多骨骼肌在平时并不是完全松弛的，而是保持在一定的持续收缩状态，即具有一定的肌紧张，特别是一些维持躯体姿势的肌肉。这种紧张性的维持实际上是一种神经反射。在动物实验中，如果将脊髓后根剪断，而不损伤前根，使传入神经冲动不能进入脊髓。结果表明，相应的肌肉立即丧失紧张性，说明这些肌紧张是一种靠传入神经冲动维持的神经反射。实验证明肌梭的传入神经冲动是引起这些肌紧张反射的传入部分。肌紧张在维持姿势上有重要的作用。平时人体关节部分的伸肌群由于重力作用总是处于持续被拉长的状态，此时对肌梭是一种刺激，因此不断有冲动由肌梭的传入纤维传至脊髓。在中枢引起脊髓 α-神经元兴奋，使肌肉保持在一定的收缩状态，对抗重力的牵张作用，维持人体的一定姿势。

牵张反射对完成随意运动也有重要的作用。如当人们想提起某一重物时，首先由皮层发出冲动传至脊髓引起 α-神经元及 γ-神经元兴奋。α-神经元引起相应骨骼肌的收缩，γ-神经元使梭内肌也收缩。在真正提起重物之前，由于肌肉并未缩短，而梭内肌的收缩可拉长梭内肌本身，增加传入纤维向中枢发放的冲动，这种冲动又可以兴奋脊髓内的 α-神经元，使骨骼肌收缩力量进一步加强，直至骨骼肌缩短，重物被提起。因此，牵张反射在各种随意运动中有十分重要的作用。

3. 腱器官反射

腱器官分布于肌腱胶原纤维之中（图 8-19），与梭外肌呈串联排列。当梭外肌收缩时，可拉长腱器官，由腱器官的传入纤维将冲动传向脊髓。由于它与骨骼肌呈串联排列，因此当肌肉做等长收缩时，对它的刺激作用最强，是感受肌肉收缩时张力变化的感受器。由腱器官传入的冲动不直接作用于脊髓前角运动神经元，而需通过

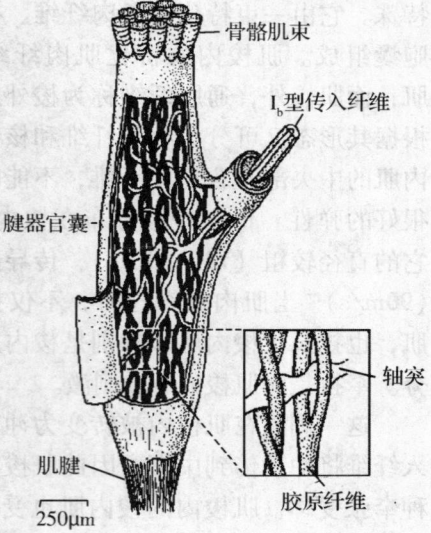

骨骼肌束
I_b 型传入纤维
腱器官囊
轴突
肌腱
胶原纤维
250μm

图 8-19　腱器官示意图

中间神经元，是一种多突触的反射活动。它对相应骨骼肌的作用不是兴奋而是抑制。有人认为这种抑制收缩的作用是一种保护作用，防止肌肉过分收缩而损伤肌肉。

三、脑干网状结构与非特异投射系统

一种特定的感觉（如躯体感觉）通过 3 个神经元到达皮层，产生某种特定的感觉，称为特异性投射系统。通过对脑干网状结构的研究，发现当上述特异性投射系统活动时，它们第二级神经元的纤维在通过脑干时，发出侧支与脑干网状结构中的神经元发生联系，然后在网状结构中多次交换神经元，失去特异性并上行到达丘脑后再向大脑皮层弥散性投射。不同的、特异的感觉传入脑干中都可发出侧支进入网状结构。因此，脑干网状结构是不同感觉的共同上行系统，它可投射到大脑皮层中各层细胞，主要的功能是维持和改变大脑皮层的兴奋状态，而不产生某种特殊的感觉。因此这一系统的结构和功能与特异性投射系统是不同的，称为非特异投射系统。实验证明，刺激猫中脑网状结构能唤醒动物，脑电图上出现去同步化快波。如果在中脑前端切断网状结构，动物出现类似睡眠的现象，脑电图上呈现同步化慢波。

因此，说明脑干网状结构中存在能使动物激醒的上行激动系统。这一系统的作用可使动物保持醒觉，维持大脑皮层的兴奋状态。这对机体的很多反射活动的实现是很重要的，例如在睡眠时骨骼肌的反射活动减弱，肌紧张减弱，有些肌肉几乎完全松弛，而在醒觉状态时则加强。因此脑干网状结构中的上行激动系统的活动是实现很多反射的基础。

四、丘脑的作用

丘脑是感觉通道中的重要的中间站和整合中枢。上行的感觉纤维在丘脑更换神经元，发出纤维点对点地投射至大脑皮层，形成特定的感觉，即所谓特异投射系统。也有一些纤维来自非特异投射系统弥散地投射到大脑皮层的广泛区域，不形成特定感觉。在特异投射系统中，丘脑中的后外侧腹核（VPL）和后内侧腹核（VPM）是 2 个主要核团。躯体各种感觉传导束，如脊髓丘脑束等，头、面部感觉传导束，如三叉丘脑束的上行纤维均终止于这些核团更换神经元。不同部位传来的纤维在后腹核有一定的空间定位。

五、皮层感觉区

丘脑中的后外侧腹核和后内侧腹核的第三级感觉神经元的纤维投射到大脑皮层的皮层感觉区，形成特定的感觉，最主要的皮层感觉区为 S Ⅰ 区和 S Ⅱ 区。S Ⅰ 区占据了中央大部分区域，而 S Ⅱ 区则位于外侧裂上缘。在 S Ⅰ 区，体表感觉有特定的投射区域，其特点为：①交叉投射，但头面部感觉呈双侧投射。②倒置分布，即下肢代表区在皮层顶部，上肢代表区在中间，头面部代表区在底部，头面部代表区内部的安排是正立的。③

图 8-20 大脑皮层运动和感受区示意图

代表区面积与感觉分辨精细程度有关。感觉分辨精细的部位代表区面积大，反之则小（图 8 - 20）。SⅡ区也有一定的代表区分布，但是正立而非倒置。此外，在中央前回的运动皮层也有与感觉有关的区域。

第六节　内脏感觉

内脏感觉（visceral sense）基于在内脏、体腔膜等处的感受（内感受 interception）并且被投射到该部位的感觉（血管和骨膜的感觉被列入深部感觉）。这些部位感觉神经很少，平时几乎处于无感觉状态，但有时出现压迫感、胸闷等模糊的感觉，进而产生一种痛觉（称内脏痛）。

一、内脏感觉的机制

一般认为，内脏感觉的感受器的适宜刺激是脏器本身的活动及其病理状态，特别是由于强刺激的总和而造成的特殊的中枢兴奋导致了痛觉的产生。内脏感觉的感受器称内感受器。投射部位的模糊被认为是感觉中枢皮层化的贫乏。包含在自主神经，特别是交感神经中的感觉纤维是内脏感觉的外周通道，至于气管、直肠和外阴部的痛觉纤维是经由副交感神经传入。除肺和脾之外，内脏痛存在于所有的体内部位（也包括牙、眼、耳等）。这些部位和皮肤痛不同，对张力和压力很敏感，通常对外伤无反应（如脑膜、肠）。

二、内脏感觉特点

由内脏感受器的传入冲动所产生的感觉称为内脏感觉。内脏感受器感受人体内环境的变化，按其适宜刺激性质的不同可分为化学的、机械的、温度的、痛觉的等类型。

内脏感觉神经纤维的数目比一般体表感觉神经纤维的数目少，它混在交感和副交感神经中，传入冲动沿这些神经从背根进入脊髓或沿脑神经进入脑干，引起相应的反射活动。内脏传入冲动还可以进一步经丘脑上行到大脑皮层及边缘叶，再通过下丘脑等处，调节内脏的活动。

内脏感受器的适宜刺激是体内的自然刺激（如肺的牵张、血压的升降、血液的酸度等）。由心血管、肺、消化管等组织器官来的内脏感受器传入冲动，能引起多种反射活动，对内脏功能的调节起重要作用。

内脏痛不仅局部定位极不明确，而且局部标识易混，因而有时被感受为皮肤痛。这被看做是因为内脏感觉纤维所产生的兴奋，在脊髓中扩散，波及到同节段皮肤传来的通道，再由投射而使该皮肤部位感到疼痛，甚至导致痛觉过敏症（发散投射说）。与各个脏器相对应的皮肤节段称为海德带（Head's zones）或痛觉过敏带（zone hyperolgesia）。如肝脏异常时，而第八和第九胸椎背根支配的那部分皮肤则感到疼痛。这样的海德带的疼痛称为感应痛（reflective pain）或关联痛（referred pain），有助于内脏疾病的诊断，同时对它的治疗有时会感应到内部。

内脏感受器的传入冲动一般不产生意识感觉，但传入冲动比较强烈时也可引起意识感觉。如胃发生强烈饥饿收缩时可伴有饥饿感觉，直肠、膀胱一定程度的充盈可引起便意、尿意。但是，内脏传入冲动引起的意识感觉是比较模糊的、弥散而不易精确定位的。

本章小结

　　感觉器官简称感官，是特殊感受器及其附属结构的总称。感受器则是机体感觉内外环境一定刺激的结构。可接受刺激并将其转化为神经冲动，传至大脑皮质，产生感觉。其分布广泛，结构和功能各异。

　　视觉感受器可感受光波刺激并将其转变为视觉，眼球壁分外膜、中膜、内膜 3 层。外膜可分为角膜和巩膜；中膜富含血管和色素细胞，可营养眼球壁和吸收眼内散光；内膜又称视网膜贴于中膜内面。视网膜外层为含大量色素颗粒的色素上皮层，可吸收强光，使视细胞免受强光刺激。还有储存维生素 A、聚脂滴、分泌蛋白多糖和吞噬视杆细胞外节顶端老化的膜盘的功能；内层为神经细胞层，由视细胞、双极细胞和节细胞组成。视细胞分为视杆细胞、视锥细胞 2 种。

　　耳是位觉和听觉外周感受器，由外耳、中耳、内耳组成。外耳由耳廓和外耳道组成；耳廓有利于集音和帮助判断声源，外耳道主要为声波传导通道；中耳的鼓膜和听骨链具有提高声压和降低内耳振动幅度的作用，前者可提高耳对声波的敏感性，后者有利于保护内耳，鼓膜和听骨链在声波的正常传导中起重要作用；内耳迷路包括耳蜗和前庭器官。耳蜗与听觉有关，前庭器官与平衡觉有关。

　　耳蜗具有感音换能作用，受刺激时可在耳蜗及其附近记录到电变化，其波形和频率与作用于耳蜗和声波波形的频率一致。基底膜靠近耳蜗底部较窄，朝向顶部方向逐渐加宽，位于基底膜上的螺旋器的高度和重量也随基底膜的增宽而增大。行波学说认为：不同频率的声音引起的行波都从基底膜底部开始，向顶部方向传播，声波频率愈低，最大行波振幅愈接近基底膜顶部。

　　内耳迷路中 3 个半规管、椭圆囊和球囊合称前庭器官，是人体对自身运动状态和头部在空间位置的感受器。椭圆囊和球囊位于前庭内，两囊内面分别称椭圆囊斑和球囊斑，合称位觉斑，为位觉感受器，可感受直线变速运动的刺激，并产生反射性肌张力改变以保持身体平衡。壶腹嵴是位觉感受器，感受头部旋转变速运动。旋转变速运动时刺激 3 个膜半规管内的壶腹嵴相互垂直，可分别将人体在三维空间中的运动变化转变成神经冲动，经前庭神经传入中枢，形成运动觉。眼震颤则是旋转运动时，膜半规管受到刺激，反射性引起眼球外肌的不随意运动。前庭器官功能过敏或受过强刺激时，会引起心率加快、血压下降、出汗、恶心、呕吐、眩晕、皮肤苍白等症状，称前庭自主神经性反应，晕车、晕船等即是由于前庭器官受刺激，导致自主神经系统功能失调所致。

复习题

1. 简述房水的循环途径。

2. 用箭头标出外界光线投射到视网膜的路径。

3. 说出鼓室的六壁及毗邻。

4. 用箭头表示声波传向内耳的 2 种主要途径。

5. 皮肤的结构和功能如何。

？ 思考与讨论

1. 不同的运动形式对前庭器官产生的刺激有什么不同。

2. 腱器官与肌梭在骨骼肌运动中的作用有哪些不同。

3. 视觉的明适应和暗适应是怎么形成的。

（董战玲　樊守艳）

参 考 文 献

[1] 邓树勋，王健，乔德才. 运动生理学. 第 2 版. 北京：高等教育出版社，2009.

[2] 卢昌亚，李洁. 运动生理学. 南宁：广西师范大学出版社，2008.

网 站 导 航

1. http：//embryology. med. unsw. edu. au/notes/ear6. htm

2. http：//thebrain. mcgill. ca/flash/a/a_11/a_11_cr/a_11_cr_cyc/a_11_cr_cyc. html

3. http：//www. visionweb. com/vwwebsite2/consumers/eye – brain. htm

4. http：//www. unmc. edu/physiology/Mann/mann4b. html

5. http：//bme. usc. edu/assets/002/43716. pdf

6. http：//jp. physoc. org/content/353/1/81. full. pdf

7. http：//jp. physoc. org/content/353/1/81. full. pdf

8. http：//www. bcm. edu/oto/research/cochlea/Hearing/

第九章　神经系统功能

教学 目标

　　掌握神经元、化学性突触传递的特征、牵张反射的类型和反射弧的特点、姿势反射的概念及类型、运动技能形成的过程；熟悉反射活动的协调、突触的传递过程、状态反射的概念及其规律；了解脊髓、小脑及延髓的功能。

相关 概念

　　姿势反射（postural reflex）：通过中枢神经系统来调节骨骼肌的肌紧张或产生相应的运动，以保持或改正身体在空间的姿势，这类反射活动总称为姿势反射。

　　牵张反射（stretch reflex）：最常见的一种骨骼肌反射。人体的骨骼肌，如受到外力牵拉使其伸长时，将反射性地引起被牵拉的肌肉产生收缩，这种反射称为牵张反射。

　　肌紧张（muscle tonus）：指缓慢持续牵拉肌腱时发生的牵张反射，其表现为受牵拉的肌肉发生紧张性收缩。肌紧张是维持人体姿势的最基本的反射活动，是一切躯体运动的基础。

　　腱反射（tendon reflex）：指快速牵拉肌腱时发生的牵张反射。

　　状态反射（attitudinal reflex）：头部空间位置改变以及头部与躯干的相对位置发生改变时，将反射性地引起躯干和四肢肌重新调整的一种反射称为状态反射。

　　翻正反射（righting reflex）：正常动物都有保持站立姿势的能力。当人和动物处于不正常体位时，通过一系列动作将体位恢复常态的反射活动，这类反射称为翻正反射。

　　锥体系（pyramidal system）：起源大脑皮质运动区，经内囊和延髓锥体而下行到对侧脊髓前角的传导束，也包括大脑皮质层发出到达脑干运动神经元的传导束（皮质脑干束）。

　　锥体外系（extrapyramidal system）：除锥体系以外，参与运动调节和控制的神经元和纤维束统称为锥体外系。

第一节　神经元及神经的信息传递

　　人体是一个非常复杂的有机体，而神经系统则是生物体最为精密和复杂的器官。各器官、系统的功能各异，彼此之间在神经系统直接或间接调控下相互联系，互相制约，共同完成统一的整体生理功能；同时神经系统还能对体内外各种环境变化做出适应性的调整，从而维持人体内各器官、系统的正常进行。神经系统分为两大部分：一是中枢神经系统，包括脑和脊髓。二是外周神经，分为躯体神经和自主神经。

神经系统主要有两类不同细胞组成，即神经元和神经胶质细胞。下面将以中枢神经系统的神经元（图9-1）为例介绍其生理特性、基本功能和信息传递的基本规律。

一、神经系统的基本结构

神经系统的基本组织是神经组织，神经组织由神经元（neuron）和神经胶质（neuroglia）组成。

（一）神经元

神经元又称神经细胞，是神经系统结构和功能的基本单位，具有感受刺激和传导神经冲动的功能。其基本构造由胞体和突起两部分组成。胞体为神经元的代谢中心，胞体内的微细结构与其他细胞大致相似，此外，还含有其特有的尼氏体和神经元纤维。功能上可把神经元的结构划分为4个重要部位。①具有特异受体部位：胞体或树突膜。②产生动作电位部位：轴突的始段。③传导神经冲动部位：轴突。④释放递质部位：神经末梢。

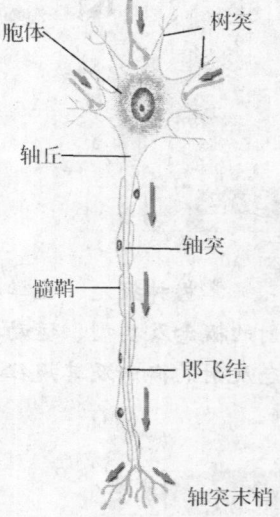

图9-1　神经元模式图

（二）神经纤维

神经元较长的突起常被起绝缘的髓鞘和神经膜包被，构成神经纤维（nerve fibers）。

由于神经元的轴突很长，因此又称为神经纤维。根据神经纤维的直径大小及来源，可将其分成Ⅰ、Ⅱ、Ⅲ、Ⅳ类。也可根据神经纤维上冲动的传导速度及电生理特性分成A、B、C三大类。神经纤维上有的有髓鞘，有的无髓鞘，因此又可以分成有髓纤维和无髓纤维两类。还可以按神经纤维传导冲动的方向将其分成传入神经纤维和传出神经纤维两类。表9-1总结了不同分类法神经纤维的特点和它们之间的关系。

表9-1　神经纤维的分类

纤维类别	来源	直径 （μm）	传导速度 （m/s）	电生理学 上的分类
Ⅰ	肌梭及腱器官的传入纤维	12～22	70～120	A_α
Ⅱ	皮肤的机械感受器传入纤维 （触、压、振动感受器传入纤维）	5～12	25～70	A_β
Ⅲ	皮肤痛温觉传入纤维，肌内的深部压觉传入纤维	2～5	10～25	A_δ
Ⅳ	无髓的痛觉纤维，温度、机械感受器传入纤维	0.1～1.3	1	C

神经纤维的基本功能是传导兴奋，其特征主要包括：

（1）完整性　兴奋在同一神经纤维上传导，首先要求神经纤维在结构及功能上完整。假如神经纤维发生损伤或被切断，或被局部麻醉，均可导致兴奋传导受阻。

（2）双向性　在人为的刺激下，刺激神经纤维上的任何一点，只要刺激的强度足够大，兴奋可两端同时传导。而人体内的传导一般是单向性传导。

（3）绝缘性 一条神经干包含有无数神经纤维，每一条传导兴奋时基本上互不干扰，表现兴奋时彼此隔绝的特性。

（4）相对不疲劳性 实验条件下连续地进行电刺激数小时，神经纤维始终保持器传导兴奋的能力。

（三）神经胶质细胞

中枢神经系统中还有一类细胞，即神经胶质细胞（neuroglial cell），简称胶质细胞（glial cell），胶质细胞比神经元多，其数量为神经元的 10～50 倍，而总体积与神经元的总体积相差无几（神经元约占 45%，神经胶质细胞约占 50%）。胶质细胞没有传导能力，但对神经元的正常活动与物质代谢都有重要作用。广泛存于中枢神经系统和外周神经系统中，具有下列功能：①支持作用。②修复和再生作用。③参与物质代谢和营养作用。④有绝缘和屏障作用。⑤维持脑组织细胞外液中合适的离子浓度。⑥有一些摄取和分泌神经递质的作用。

外周神经纤维的髓鞘是另一类非神经元性细胞，施万细胞（Schwann cell）就是其中的一种。

（四）神经细胞的营养作用

神经纤维对其所支配的组织能发挥两个方面的作用：一方面是借助于兴奋冲动传导抵达末梢时，促使突触前膜释放特殊的神经递质，而后作用于突触后膜，从而改变所支配组织的功能活动，这一作用称为功能作用；另一方面神经还能通过末梢经常释放某些物质，持续地调整被支配组织的代谢活动，影响其结构、生化和生理的变化，这一作用与神经冲动无关，称为营养作用。

对于神经营养性作用的研究，主要是在运动神经上进行的。实验证明切断运动神经后，肌肉内的糖原合成减慢、蛋白质分解加速，肌肉逐渐萎缩；如将神经缝合再生，则肌肉可恢复切断前的正常状态。又如：小儿麻痹症患者肌肉萎缩也与其营养作用有关。目前认为，营养性作用是由于末梢经常释放某些营养性物质，作用于所支配的组织而完成的。营养性物质是由神经元胞体合成，合成后借助于轴浆流动运输到神经末梢加以释放。轴浆经常处于流动状态，且为双向性流动：即部分轴浆由细胞体流向轴突末梢的同时轴浆还会由末梢反向地流向胞体（图 9－2）。

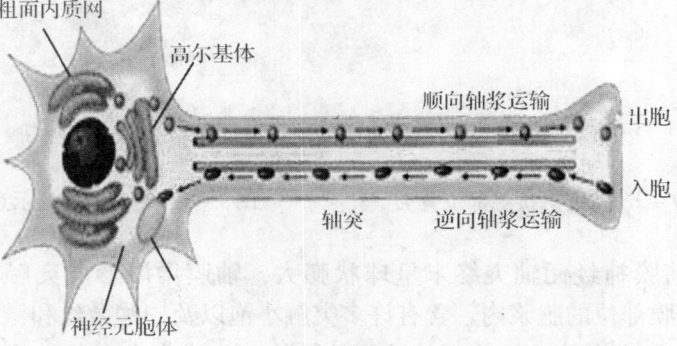

图 9－2 双向轴浆运输模式图

实验证实，轴浆流动与神经冲动传导无关，因为持续用局部麻醉药阻断神经冲动的传导，并不能使轴浆流动停止，其所支配的肌肉也不会因发生代谢改变而产生萎缩。

二、神经元间的信息传递

神经元与神经元间没有原生物质联系，一个神经元与另一个神经元胞体（或突起）或一个神经元的突起与另一个神经元突起间相互接触的部位为突触（synapse）。突触可分两类，即化学性突触（chemical synapse）和电突触（electrical synapsse）。通常所说的突触是指前者而言。

（一）化学性突触

光镜下，多数突触的形态是轴突终末呈球状或环状膨大，附在另一个神经元的胞体或树突表面，其膨大部分称为突触小体或突触结。

根据 2 个神经元之间所形成的突触部位，有不同的类型：轴－体突触、轴－树突触、轴－棘突触、轴－轴突触和树－树突触等（图 9－3）。通常一个神经元有许多突触，可接受多个神经元传来的信息，如脊髓前角运动神经元有 2000 个以上的突触。大脑皮质锥体细胞约 30 000 个突触。小脑浦肯野细胞可多达 200 000 个突触，突触在神经元的胞体和树突基部分布最密，树突尖部和轴突起始段最少。

电镜下，突触由三部分组成：突触前膜、突触间隙和突触后膜（图 9－4）。突触前膜和突触后膜相对应的细胞膜较其余部位略增厚，分别称为突触前膜和突触后膜，两膜之间的狭窄间隙称为突触间隙。

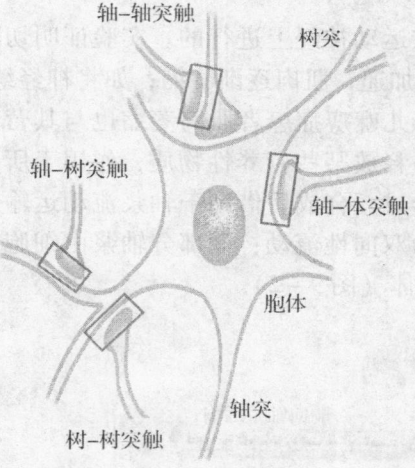

图 9－3　按突触接触部位分类

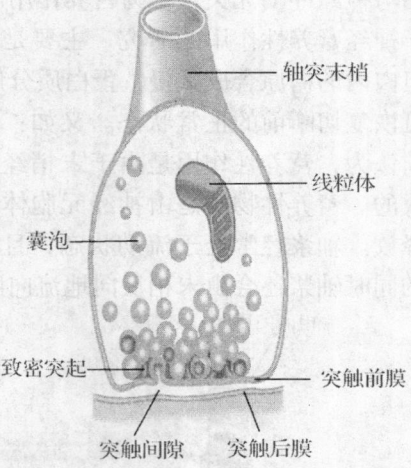

图 9－4　突触结构的示意图

（1）突触前膜神经元轴突终末呈球状膨大，轴膜增厚形成突触前膜，厚约 6～7nm。在突触前膜部位的胞浆内，含有许多突触小泡以及一些微丝和微管、线粒体和滑面内质网等。突触小泡是突触前部的特征性结构，小泡内含有化学物质，称为神经递质。各种突触内的突触小泡形状和大小不一致，因其所含神经递质不同。常见突触小泡类型如下。①球形小泡：直径约 20～60nm，小泡清亮，其中含有兴奋性神经递质，如乙酰胆碱。②颗粒小泡：小泡内含有电子密度高的致密颗粒，按其颗粒大小又可分为 2 种：小颗粒小泡直径约 30～60nm，通常含胺类神经递质如肾上腺素、去甲肾上腺素等；大颗粒小泡直径可达 80～200nm，所含的神经递质为 5 - 羟色胺或脑啡肽等肽类。③扁平小泡（flat vesicle）：小泡长径约 50nm，呈扁平圆形，其中含有抑制性神经递质，如 γ - 氨基丁酸等。

关于突触小泡的形成、储存和释放递质的问题，现已知与突触体素、突触素和小泡相关膜蛋白等 3 种蛋白与之有关。突触体素是突触小泡上 Ca^{2+} 的结合蛋白，当兴奋剂到达突触时，Ca^{2+} 内流突然增加而与这种蛋白质结合，可能对突触小泡的胞吐起重要作用。突触素是神经细胞的磷酸蛋白，有调节神经递质释放的作用，小泡相关膜蛋白是突触小泡膜的结构蛋白，可能对突触小泡代谢有重要作用。

（2）突触后膜厚为 20～50nm，比突触前膜厚，在后膜具有受体和化学门控的离子通道。根据突触前膜和后膜的胞质面致密物质厚度不同，可将突触分为Ⅰ型和Ⅱ型两型。①Ⅰ型突触后膜胞质面致密物质比前膜厚，因而膜的厚度不对称，故又称为不对称突触；突触小泡呈球形，突触间隙较宽（20～50nm）。一般认为Ⅰ型突触是兴奋性突触，主要分布在树突干上的轴 - 树突触。②Ⅱ型突触前、后膜的致密物质较少，厚度近似，故称为对称性突触（symmetrical synapse），突触小泡呈扁平形，突触间隙也较窄（10～20nm）。认为Ⅱ型突触是一种抑制性突触，多分布在胞体上的轴 - 体突触。

（3）突触间隙是位于突触前、后膜之间的细胞外间隙，宽约 20～30nm，其中含糖胺多糖（如唾液酸）和糖蛋白等，这些化学成分能和神经递质结合，促进递质由前膜移向后膜，使其不向外扩散或消除多余的递质。

化学突触的特征，是一侧神经元通过出胞作用释放小泡内的神经递质到突触间隙。具有这种受体的细胞称为神经递质的效应细胞或靶细胞，这就决定了化学突触传导为单向性。突触的前后膜是 2 个神经膜特化部分，维持 2 个神经元的结构和功能，实现机体的统一和平衡。故突触对内外环境变化很敏感，如缺氧、酸中毒、疲劳和麻醉等，可使兴奋性降低。茶碱、碱中毒等则可使兴奋性增高。

（二）电突触

电突触是神经元间传递信息的最简单形式，在 2 个神经元间的接触部位，存在缝隙连接，接触点的直径约为 0.1～10.0μm 以上。也有突触前、后膜及突触间隙。突触的结构特点，突触间隙仅 1.0～1.5nm，前、后膜内均有膜蛋白颗粒，显示呈六角形的结构单位，跨越膜的全层，顶端露于膜外表，其中心形成一微小通道，此小管通道与膜表面相垂直，直径约为 2.5nm，小于 1nm 的物质可通过，如氨基酸。缝隙连接两侧膜是对称的。相邻两突触膜，膜蛋白颗粒顶端相对应，直接接触。两侧中央小管，由此相通。轴突终末无突触小泡，传导不需要神经递质，是以电流传递信息，传递神经冲动一般均为双向性。神经细胞间电阻小，通透性好，局部电流极易通过。电突触功能有双向快速传递的特点，传递空间减少，传送更有效（图 9 - 5）。

（三）突触传递的过程

习惯上将突触传递理解为化学性突触传递（chemical synaptic transmission），也叫经典突触传递，指突触前神经元的信息，通过突触传递引起突触后神经元活动的过程。中枢内突触传递的过程基本上与神经肌肉接头的传递相似。神经冲动，即动作电位传到轴突末梢，使突触前膜去极化，膜外 Ca^{2+} 进入突触小体，使突触小泡向突触前膜移动，通过出胞作用，将递质释放到突触间隙中。递质迅速与突触后膜上的特异性受体结合，使突触后膜上某些离子通道开放，改变膜对离子的通透性。由于离子的流动，使突触后膜发生去极化或超极化的电位变化，产生兴奋性突触后电位（excitatory postsynaptic potential，EPSP）或抑制性突触后电位（inhibitory postsynaptic potential，IPSP），进而引起突触后神经元的兴奋或抑制。

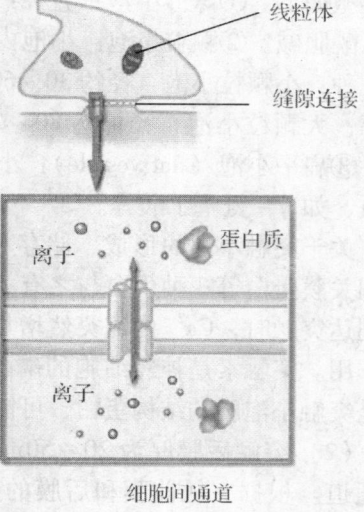

图 9 - 5　电突触传递示意图

1. 兴奋性突触后电位

其特征是突触后膜出现局部去极化。它的产生是由于突触前膜释放兴奋性递质，如乙酰胆碱。当递质与受体结合后，提高了突触后膜对 Na^+、K^+ 的通透性，特别是对 Na^+ 的通透性。由于 Na^+ 扩散入细胞内，出现局部膜的去极化（图 9 - 6），这就是兴奋性突触后电位。兴奋性突触后电位是局部兴奋，当突触前神经元活动增强或参与活动的兴奋性突触数目增多时，兴奋性突触后电位可以总和起来，使电位幅度加大，如达到阈电位水平时，则在轴突的起始部位产生动作电位，进而扩布到整个神经元。如果兴奋性突触后电位没有达到阈电位水平，虽然不能引起动作电位，但这种局部电位能使膜电位与阈电位的距离变近，因而使突触后神经元兴奋性升高，容易产生动作电位，这种现象称为易化。

2. 抑制性突触后电位

其特征是突触后膜产生超极化。它的产生也是由于突触前神经元末梢兴奋，但释放的是抑制性递质，如 γ - 氨基丁酸、甘氨酸等。当它与受体结合后，可提高突触后膜对 Cl^-、K^+ 的通透性，尤其是对 Cl^- 的通透性，由于 Cl^- 进入膜内，出现突触后膜的超极化（图 9 - 6），这就是抑制性突触后电位。抑制性突触后电位也可以总和，它使突触后神经元不易产生动作电位而出现抑制效应（表 9 - 2）。

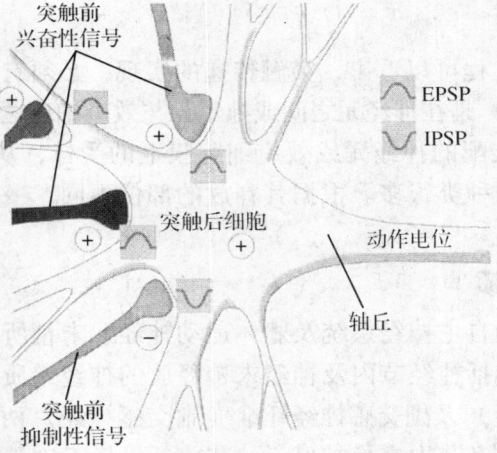

图 9 - 6　兴奋性突触后电位（EPSP）及抑制性突触后电位（IPSP）

表 9 - 2　**EPSP 与 IPSP 的比较**

项目		EPSP		IPSP	
突触前神经元		兴奋性神经元		抑制性神经元	
递质		兴奋性递质		抑制性递质	
突触后膜离子流	Na^+内流	+ + +		—	
	K^+外流	+	膜内正电↑	+	膜内负电↑
	Cl^-内流	+ +		+ +	
突触后膜电位		去极化		超极化	
结果		突触后神经元容易产生 AP（兴奋）		突触后神经元难于产生 AP（抑制）	

（四）非突触性化学传递

目前已明确，除经典的突触传递外，单胺类神经元有另一种化学传递方式。这类神经元的轴突末梢有许多分支，在分支上有大量的结节状曲张体。曲张体内含有大量的小泡（图 9-7），是递质贮存的部位。但是，曲张体并不与突触后神经元或效应细胞直接接触，而是处在它们的附近。当神经冲动抵达曲张体时，递质从曲张体释放出来，通过扩散作用到达效应器细胞的受体，产生传递效应。这种传递方式，在中枢神经系统内和交感神经节后纤维上都存在，称为非突触性化学传递。

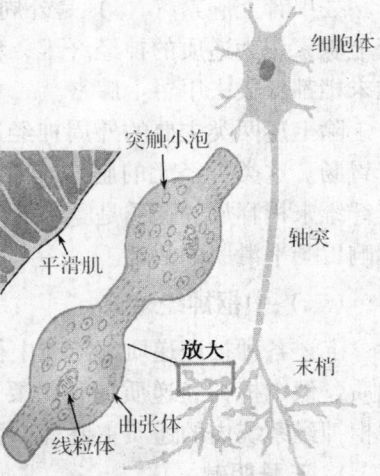

图 9 - 7　非突触性化学传递示意图

三、神经递质

从上述突触传递过程可以看出，突触传递的实现，必须有神经递质的参与。神经递质（neurotransmitter）是在神经元之间或神经元与效应细胞之间起传递信息作用的化学物质。它作用于所支配的神经元或效应细胞膜上的受体，从而发挥信息传递功能。现已发现，神经递质的种类很多。根据其释放的部位不同，一般可分为外周神经递质和中枢神经递质两大类。

（一）外周神经递质

外周神经递质是指自主神经系统及躯体运动神经元末梢所释放的神经递质。自主神经中的神经递质又包括神经节内及神经末梢释放的神经递质。自主传出神经包括交感神经纤维（交感神经）及副交感神经纤维（副交感神经）两大类。它们的节前纤维由脑或脊髓发出后在神经节中交换神经元。节前纤维，不论是交感神经纤维还是副交感神经纤维，它们所释放的神经递质都是乙酰胆碱（acetycholine，ACh）。前已述及，自主神经系统节后经纤维主要支配心肌、平滑肌及腺体，它们释放的神经递质各有不同。从一般规律看，交感神经纤维释放的是去甲肾上腺素（norepinephrine，NE），而副交感神经纤维则是 ACh。但也有例外，例如有些交感神经纤维末梢可以释放 ACh，而成为"胆碱能纤维"。支配汗腺及某些血管上的交感神经末梢属于这一类。支配骨骼肌的躯体运动神经释放的是 ACh。

1. 乙酰胆碱

乙酰胆碱是外周神经末梢释放的重要递质。凡末梢能释放乙酰胆碱作为递质的神经纤维，称为胆碱能纤维。在人体内，交感和副交感节前神经纤维、副交感节后神经纤维、躯体运动神经纤维以及支配汗腺的交感节后神经纤维和支配骨骼肌的交感舒血管神经纤维末梢，都释放乙酰胆碱。

2. 去甲肾上腺素

去甲肾上腺素（NE）是外周神经末梢释放的另一种重要神经递质。末梢释放去甲肾上腺素作为递质的神经纤维，称为肾上腺素能纤维。人体内大部分交感神经节后纤维末梢都释放去甲肾上腺素。

除上述两类主要的外周神经递质外，还发现有嘌呤类和肽类递质，它们主要存在于胃肠。这类神经元的胞体位于胃肠壁内神经丛中，接受副交感神经节前纤维支配，其纤维末梢释放的递质是嘌呤类或肽类化合物（如三磷酸腺苷、血管活性肠肽等），可影响胃肠平滑肌的活动。

（二）中枢神经递质

上述各种神经递质都能在中枢内找到，因此它们即是外周神经递质又是中枢神经递质，但中枢神经递质的种类要多于外周神经递质。中枢神经递质的种类要多得多。中枢神经系统内的递质主要有 4 类：乙酰胆碱、单胺类、氨基酸类和肽类。

1. 乙酰胆碱

乙酰胆碱是在中枢神经系统内分布很广、很重要的递质。在脊髓、脑干网状结构、丘脑、尾状核、边缘系统等处，都有乙酰胆碱递质的存在。其功能与感觉、运动、学习记忆等活动有关。

2. 单胺类

单胺类（monamine meurotransmitter）包括多巴胺、去甲肾上腺素、肾上腺素和5－羟色胺。多巴胺（dopamine）主要由中脑黑质的神经元合成，沿黑质－纹状体投射系统分布，组成黑质－纹状体多巴胺递质系统，其功能被破坏是出现震颤麻痹（锥体外系疾病）的主要原因。含去甲肾上腺素（NE。或称为 noradrenaline，NA）递质的神经元分布比较集中，主要位于低位脑干的网状结构内，其功能与觉醒、睡眠、情绪活动有关。5－羟色胺（serotonin，5－HT）的神经元主要位于低位脑干的中缝核内，它的功能与镇痛、睡眠和自主神经等活动有关。

3. 氨基酸类

主要有谷氨酸、甘氨酸与γ－氨基丁酸。谷氨酸（glutamic acid）在大脑皮质和脊髓背侧部分含量较高。它可使突触后膜产生兴奋性突触后电位，因此是兴奋性递质。谷氨酸可能是感觉传入粗纤维的神经递质，也是大脑皮质神经元的兴奋性递质。甘氨酸可使突触后膜产生抑制性突触后电位，因此是抑制性递质。脊髓前角内闰绍细胞的轴突末梢可能就是释放甘氨酸从而对前角运动神经元起抑制作用的。γ－氨基丁酸（γ－aminobutyric acid，GABA）也是抑制性递质，在大脑皮质与小脑皮质中含量较高。

4. 肽类

神经元能分泌肽类（peptide）物质，如升压素、催产素、调节腺垂体活动的多肽等。这些肽类物质分泌后，要通过血液循环作用于效应细胞，因此称为神经激素。现在知道这些肽类物质，在神经系统内也能作为递质而发挥生理作用。脑内有吗啡样活性的阿片样肽（内啡肽、脑啡肽和强啡肽），与痛觉调节有关；脑内还有胃肠肽，它们与摄食活动等生理过程有关。

（三）递质的合成、释放和失活

神经递质与受体结合后，会迅速与之分离并失去作用，这些神经递质的去路主要有3条：①由突触前膜重新摄取进入胞浆再利用。②由相应的酶降解。③在突触间隙中弥散，由血液循环运走。神经递质及时失活是十分重要的，它使受体能及时接受随后到来的新的神经递质，假如有神经递质不断到来，则可以使其不断兴奋。而如果突触前膜不再释放神经递质，突触后膜则停止兴奋。这样可以保持信息传递的灵活性和连续性。

1. 合成

前已述及，作为神经递质的必要条件之一，是能在细胞内合成。目前已知，肽类神经递质的前体在胞体内合成；而经典神经递质，则在神经纤维的末梢中合成。神经肽的合成实际上是蛋白质的合成。它是由 DNA 经转录过程形成相应的 mRNA，再经翻译形成相应的神经肽前体。前体形成后再经酶的剪切形成有活性的神经肽。经典神经递质是由一系列酶促反应而形成。

2. 贮存

神经递质合成后一般都贮存于囊泡之中。囊泡中的神经递质浓度大大高于胞浆。形成这种浓度梯度是靠囊泡膜上的主动转运机制实现的。囊泡的另一作用是保护神经递质，囊泡中的神经递质由于有囊泡膜的保护可以免遭胞浆中酶的破坏。此外，有些囊泡（如上述 NE 囊泡）还是递质合成的部位。因为发现囊泡中有高浓度的多巴胺

β－羟化酶，说明 NE 合成的最后一步是在囊泡中进行的。

3. 释放

在冲动的影响下，囊泡首先向突触前膜移动。Ca^{2+} 由膜外进入膜内可使囊泡与突触前膜贴紧并融合起来，然后破裂，以胞吐形式将神经递质释放到突触间隙之中。释放过程中 Ca^{2+} 由膜外进入膜内是神经递质的必需条件，这种释放又称为 Ca^{2+} 依赖释放。由于神经递质的释放是一种 Ca^{2+} 依赖释放，有时在研究中可据此证明某种物质的神经递质特性。如果能够证明这种物质是 Ca^{2+} 依赖释放，则可以说明它的释放是神经递质样的释放，而不是由于细胞膜的破损由胞内泄漏出来的。

4. 失活

大多数经典神经递质释放后，可被再重新吸收回来，从而降低了突触间隙中的递质浓度，使作用中止。ACh 的失活方式不同，它是由生物活性极强的乙酰胆碱酯酶（acetylcholiresterase，AChE）将其降解从而失活。神经肽失活方式主要靠酶的降解和弥散使突触间隙中的浓度降低。

5. 降解

神经递质在突触中有一定的存活周期，最后被降解。降解也是在酶的作用下完成的。每一种神经递质都有各自特异的酶。有关各神经递质的降解酶系统，将在以后讨论各个神经递质时提到。在药理学上往往可以利用药物对神经递质的合成、贮存、释放、失活以及降解等各个环节的作用达到增强或降低某种递质作用的目的。如某神经递质的合成抑制剂可以降低神经递质的合成从而降低其功能。降解酶抑制剂则可使降解减慢从而加强神经递质的作用。囊泡贮存抑制剂可抑制神经递质贮存于囊泡中，使其易受胞浆酶的降解，耗竭某种神经递质，使其功能降低。重吸收抑制剂，可以使某种神经递质的重吸收（再摄取）降低，增加突触间隙中神经递质的浓度，使其功能提高，这些药物有些已应用于临床。此外，它们也是研究神经递质功能的有效工具药。

递质释放发挥作用后便迅速失活。其失活机制比较复杂，包括被酶水解、吸收回血液、被神经末梢再摄取或被神经胶质细胞摄取等。如乙酰胆碱发挥生理作用后，迅速被胆碱酯酶水解成胆碱和乙酸而失活。去甲肾上腺素进入突触间隙并发挥生理作用后，一部分被血液循环带走，再在肝中被破坏失活。另一部分在效应细胞内由儿茶酚氧位甲基移位酶（catecholo methyltransferase）和单胺氧化酶（monoamine oxidase，MAO）的作用而被破坏失活，但大部分由突触前膜将去甲肾上腺素重摄取，回收到前膜处的轴浆内并重新加以利用。可卡因（Cocaine）能阻断突触前膜对去甲肾上腺素的摄取，从而延长去甲肾上腺素对突触后膜的作用。利血平（Reserpine）能阻断突触小泡对轴浆内去甲肾上腺素的摄取，因此使突触前膜重摄取回轴浆的去甲肾上腺素不能进入突触小泡贮存，留在轴浆内，被有关酶所破坏，从而导致递质的耗竭。多巴胺和 5－羟色胺的失活与去甲肾上腺素相似。递质的迅速失活和被清除，对保证神经元之间信息的正常传递有重要意义。

四、神经递质作用的受体

递质必须与相应的受体（receptor）结合才能发挥作用（图 9－8）。受体是指存在于细胞膜或细胞内，能与某些化学物质（如激素和神经递质等）发生特异性的结合，并诱发细胞生物效应的特殊蛋白质。位于突触后膜与效应细胞膜上的受体称为突触后受体（postsynaptic receptor），位于突触前轴突末梢上的受体称为突触前受体（presynaptic receptor）。某些药物能与受体结合并产生与递质类似的生理效应，称为受体激动剂（agonist）或递质拟似剂（analog）。如果一些药物，其化学结构与递质相似，也能与受体结合但不能产生递质的效应，而是占据受体或改变受体的空间构型，从而使递质不能发挥作用，这些药物称为受体阻断剂（blocker）或递质拮抗剂（antagonist）。

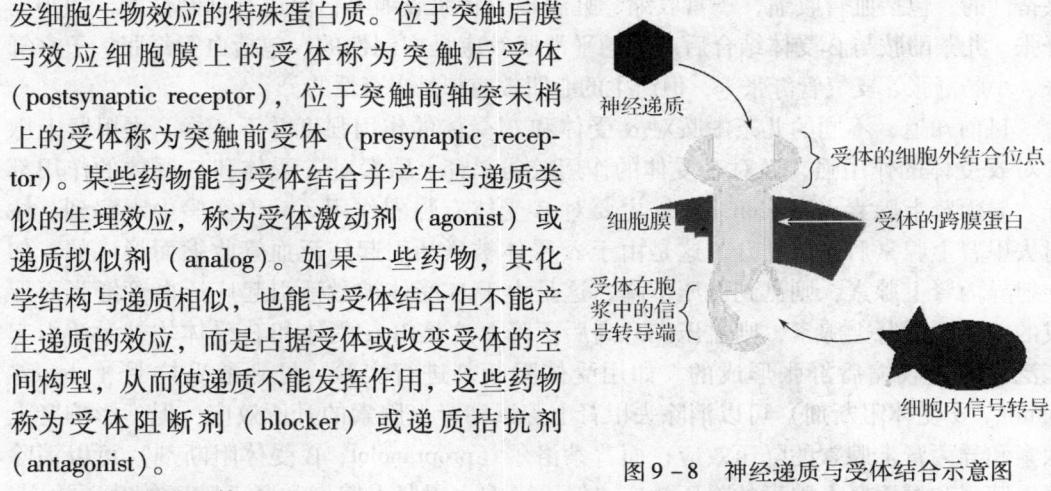

图 9-8　神经递质与受体结合示意图

1. 胆碱能受体

胆碱能受体主要可分成 2 种类型。一种广泛存在于副交感神经节后纤维支配的效应细胞膜上，当乙酰胆碱与这类受体结合后可产生一系列副交感神经兴奋的效应，包括心脏活动的抑制、支气管平滑肌的收缩、胃肠道平滑肌的收缩、膀胱逼尿肌的收缩、虹膜环形肌的收缩、消化腺分泌的增加等。这类受体也能与毒蕈碱相结合，产生相似的效应。因此这类受体称为毒蕈碱受体（muscarine receptor，M 型受体），而乙酰胆碱与之结合所产生的效应称为毒蕈碱样作用（M 样作用）。阿托品（Atropine）是 M 型受体阻断剂，它仅能和 M 型受体结合，从而阻断乙酰胆碱的 M 样作用。临床上可用阿托品解除胃肠道平滑肌的痉挛，但也可引起心跳加快、唾液和汗液分泌减少等反应。

另一种胆碱能受体存在于交感和副交感神经节神经元的突触后膜和神经肌肉接头的终板膜上，乙酰胆碱与这类受体结合后可产生兴奋性突触后电位和终板电位，导致节后神经元和骨骼肌的兴奋。这类受体也能与烟碱相结合，产生相似的效应。因此这类受体称为烟碱样受体（nicotine acetylcholine receptor，nAChR。N 型受体）。而乙酰胆碱与之结合所产生的效应称为烟碱样作用（N 样作用）。N 型受体还分成 2 个亚型，神经节神经元突触后膜上的受体为 N_1 受体，骨骼肌终板膜上的受体为 N_2 受体，筒箭毒（tubocurarine）能阻断 N_1 受体和 N_2 受体的功能，六烃季铵（hexamethoniam）主要阻断 N_1 受体的功能，十烃季铵（decamethonium）主要阻断 N_2 受体的功能，从而阻断乙酰胆碱的 N 样作用。

支配汗腺的交感神经和骨骼肌的交感舒血管纤维，其递质也是乙酰胆碱。由于阿托品可以阻断其作用，所以属于 M 样作用，受体属于 M 型受体。中枢神经系统内的胆碱能受体也有 N 型和 M 型 2 种，但主要是 M 型受体，乙酰胆碱作用于神经元的 M 型受体，主要表现兴奋效应。

2. 肾上腺素能受体

多数的交感神经节后纤维的递质是去甲肾上腺素，其对效应器的作用既有兴奋性的，也有抑制性的。效应不同的机制是由于效应细胞上的受体不同，能与儿茶酚胺（去甲肾上腺素、肾上腺素等）结合的受体有 2 类，一类称为 α 肾上腺素能受体（α 受体），另一类称为 β 肾上腺素能受体（β 受体）。儿茶酚胺与 α 受体结合后产生的平滑肌效应主要是兴奋性的，包括血管收缩、子宫收缩、虹膜辐散状肌收缩等；但也有抑制性的，如小肠舒张。儿茶酚胺与 β 受体结合后产生的平滑肌效应是抑制性的，包括血管舒张、子宫舒张、小肠舒张、支气管舒张等，但产生的心肌效应却是兴奋性的。

目前知道，不同的儿茶酚胺对 α 受体和 β 受体的作用强度并不一样。去甲肾上腺素对 α 受体的作用强，而对 β 受体的作用较弱。肾上腺素对 α 受体和 β 受体的作用都强。异丙肾上腺素（isoprenaline）主要对 β 受体有强烈作用。动物实验中观察到，注射去甲肾上腺素后血压上升，这是由于 α 受体被激活引起广泛血管收缩而形成的，如注射异丙肾上腺素，则见到血压下降，这是由于 β 受体被激活引起广泛血管舒张而形成的；如注射肾上腺素，则血压先升高后下降，这是由 α 受体和 β 受体均被激活引起广泛血管先收缩后舒张形成的。如用受体阻断剂进行实验，见到酚妥拉明（phentolamine，α 受体阻断剂）可以消除去甲肾上腺素和肾上腺素的升压效应，但不影响肾上腺素和异丙肾上腺素的降压效应；而普萘洛尔（propranolol，β 受体阻断剂）可以消除肾上腺素和异丙肾上腺素的降压效应，但不影响去甲肾上腺素和肾上腺素的升压效应。由此证明，确实存在 2 种肾上腺素能受体，即 α 受体和 β 受体。

β 受体阻断剂的研究发展很快，并已广泛应用于临床。如心绞痛患者，应用普洛萘尔可以阻断心肌的 β 受体，从而降低心肌的代谢和活动，得到治疗效果。但是，普洛萘尔阻断 β 受体的作用很广泛，应用普洛萘尔后可引起支气管痉挛，故不宜用于伴有呼吸系统疾病的患者。现已发现，有些 β 受体阻断剂主要阻断心肌的 β 受体，而对支气管平滑肌的 β 受体阻断作用很少，如阿替洛尔（Atenolol）、心得宁（Practololum）。有些 β 受体阻断剂对心肌的 β 受体阻断作用极小，而对支气管平滑肌等的 β 受体阻断作用却很强。由此认为，β 受体还可分为 2 个亚型，即 $β_1$ 受体和 $β_2$ 受体。使心肌兴奋的 β 受体属 $β_1$ 型，使支气管平滑肌等舒张的 β 受体属 $β_2$ 型。中枢神经系统内的肾上腺素能受体也有 α 型和 β 型 2 类。

3. 其他递质的受体

中枢神经系统内的递质种类较多，相应的受体也较多，除有胆碱能和肾上腺素能受体以外，还有多巴胺受体、5 - 羟色胺受体、兴奋性氨基酸受体（excitatory amino acids recptor）、γ - 氨基丁酸受体（GABA receptor）、甘氨酸受体（glycine receptor）、阿片受体（opioid receptor）等。

4. 突触前受体

以上讨论的受体主要位于突触后膜与效应细胞膜上，属于突触后受体。位于突触前轴突末梢上的突触前受体也有重要的功能。其作用在于调节突触前膜的递质释放量。如肾上腺素能神经末梢突触前膜上有 α 受体，当末梢释放的去甲肾上腺素在突触间隙超过一定量时，即与突触前膜 α 受体结合，反馈性地抑制末梢合成和释放去甲肾上腺素。用 α 受体阻断剂后，这种反馈抑制作用被阻断，这时刺激肾上腺素能纤维，其末梢合成和释放的去甲肾上腺素将明显增加。由于突触前受体是感受神经末梢自身释放的递质的，因此又称为自身受体。

五、反射

如前所述，人体中枢神经系统中的神经元数量及其突触联系极为庞大复杂，递质、受体系统也多种多样。然而，错综复杂的神经活动是有规律可循的，实现神经系统功能的基本方式是反射。

（一）反射的概念和分类

反射是指在中枢神经系统参与下，机体对内外环境变化所作出的规律性应答。而这种反应的实现必须有中枢神经系统的参与。一些没有中枢神经系统参与的反应不属于反射。如小刀割破皮肤，血液由血管内流出，流出的血液会自动凝固成血块。这些反应不通过中枢神经系统，不能称之为反射。酸刺激小肠黏膜，使其产生一种促胰液素（secretin），通过血流作用于胰腺，使其分泌增加，这一反应不通过中枢神经系统，也不是反射。人和高等动物的反射可分为非条件反射和条件反射。

（二）反射弧

反射的结构基础是反射弧。反射弧包括感受器、传入神经、神经中枢、传出神经和效应器5个部分组成。效应器是指产生效应的器官。反射的中枢部分通常是指中枢神经系统内调节某一特定生理功能的神经元群。反射中枢的范围可以相差很大。一般地说，简单反射的中枢，其范围较窄，如膝跳反射的中枢在腰段脊髓，角膜反射的中枢在脑桥。但要调节一个复杂的生命活动，参与的中枢范围很广，如调节呼吸运动的中枢分布在延髓、脑桥、下丘脑，以至大脑皮层等部位内。传入神经由传入神经元的突起所构成，这些神经元的胞体位于背根神经节或脑神经节内，它们的周围突与感受器相连，感受器接受刺激转变为神经冲动，冲动沿周围突传向胞体，再沿其中枢突传向中枢。传出神经是指中枢传出神经元（如脊髓前角运动神经元）的轴突构成的神经纤维。反射的基本过程是：一定的刺激被一定的感受器所感受，感受器即发生兴奋；兴奋以神经冲动的形式经传入神经传向中枢；通过中枢的分析和综合活动，中枢产生兴奋过程；中枢的兴奋又经一定的传出神经到达效应器；最终效应器发生某种活动改变（图9-9）。在自然条件下，反射活动需要反射弧结构和功能的完整，如果反射弧中任何一个环节中断，反射将不能进行，如脊髓灰质炎（小儿麻痹）损伤了脊髓的运动神经元，其反射消失。因此，反射弧的完整是实现反射活动的必要条件。脊髓上运动神经元损伤，如内囊出血等，可以降低高级神经部位对这类反射的抑制作用，而使反射活动加强。如果临床检查中这一反射加强，结合其他检查，则有助于神经损伤的定位诊断。

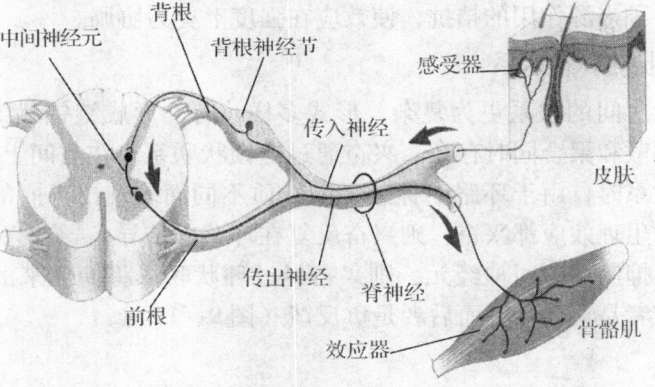

图9-9　反射弧的组成和反射过程示意图

六、中枢神经之间的联系方式

神经元的联系方式很多，主要有辐散式、聚合式、环式、链锁式等。

（一）辐散

一个神经元的轴突可以通过分支与许多神经元建立突触联系，称为辐散（图9－10左图）。传入神经元与其他神经元的联系方式主要是辐散。这种联系方式可使一个神经元的兴奋引起许多神经元同时兴奋或抑制，在感觉传导途径上多见。

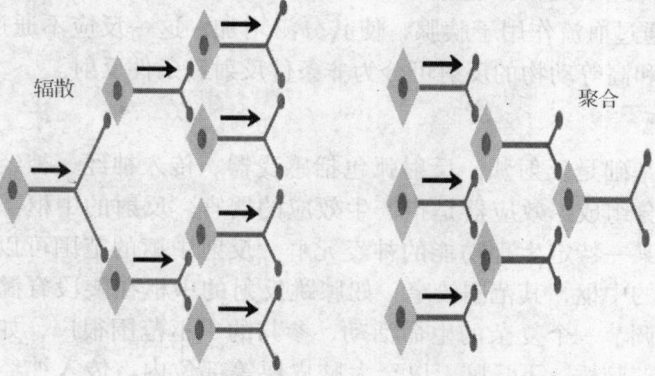

图9－10 辐散和聚合式中枢联系

（二）聚合

一个神经元的胞体与树突表面可接受许多来自不同神经元的突触联系，称为聚合（图9－10右图）。这种联系方式可使许多神经元的兴奋作用聚合在一个神经元上，引起后者的兴奋；也可使自许多不同神经元的兴奋和抑制作用在同一种神经元上而发生拮抗。在中枢神经系统内，传出神经元接受其他神经元的突触联系，主要是聚合方式。如脊髓前角运动神经元，它接受许多不同来源的突触联系，其中有兴奋性的，也有抑制性的。因此，脊髓前角运动神经元最终表现为兴奋还是抑制，以及兴奋或抑制的程度有多大，则取决于不同来源的兴奋和抑制作用相互拮抗的结果。这一规律称为最后公路原则。传出神经元是各种来源的突触联系的最后公路，由它传出冲动产生反射活动效应，通过各种来源作用的拮抗，使效应在强度上更为协调。

（三）链锁状与环状联系

中间神经元之间的联系更为复杂，形式多样，有的形成链锁状，有的呈环状。在这些联系中，辐散和聚合同时存在。兴奋通过链锁状联系，在空间上扩大其作用范围。兴奋通过环状联系时，由于环路中神经元的性质不同而表现出不同的效应。如果环路中各种神经元的生理效应都兴奋，则兴奋反复在环路中传导，导致兴奋活动时间延长。如果环路中存在抑制性中间神经元，则兴奋经过环状联系将使原来的神经元活动减弱或及时终止。前者是正反馈，而后者是负反馈（图9－11）。

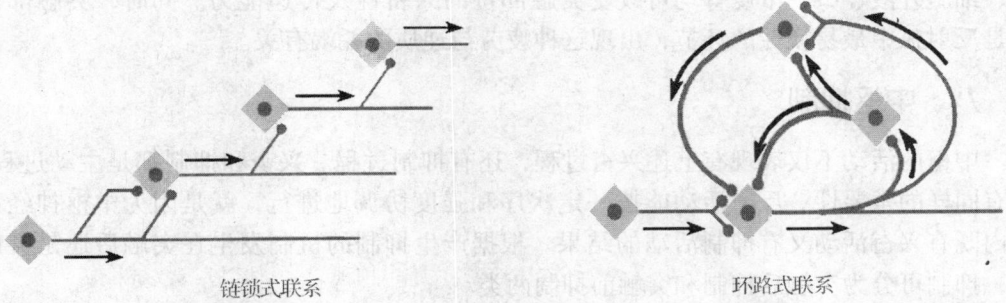

链锁式联系　　　　　　　　　　　　环路式联系

图 9 - 11　链锁式联系和环路式联系

七、中枢兴奋传递的特征

在进行反射活动时，兴奋通过中枢传递，要比神经纤维上的传导复杂得多，它具有以下特征。

1. 单向传递

由于突触小泡仅存在于突触前膜内，递质只能由前膜释放，然后作用于突触后膜上，所以兴奋只能从突触前神经元向突触后神经元传递，而不能逆向传递，即单向传递（lawof forward direction）。但是近年来的研究指出，突触后的靶细胞也能释放一些物质分子（如一氧化氮、多肽等）逆向传递到突触前末梢，改变突触前神经元的递质释放过程。因此，从突触前后的信息沟通角度来看，是双向的。

2. 中枢延搁

兴奋通过中枢部分比较缓慢称为中枢延搁（central delay）。这主要是因为兴奋通过突触需要比较长的时间，它包括突触前膜释放递质以及递质在突触间隙的弥散并作用于突触后膜上产生突触后电位等需要的时间。兴奋通过一个突触所需要的时间约为 0.3~0.5ms。在反射活动的途径中，通过的突触数越多，则中枢延搁的时间就愈长，所以中枢延搁就是突触延搁。

3. 总和

在中枢内，兴奋和抑制都可以产生总和现象。总和可分为空间总和与时间总和 2 种。聚合式联系是产生空间总和的结构基础。总和在中枢神经系统的活动中具有重要作用。

4. 兴奋节律的改变

在反射活动中，传入神经与传出神经的冲动频率不相同，即经过神经中枢的活动，其兴奋的节律会发生改变，这是由于传出神经元的兴奋节律不但取决于传入冲动的节律，还与其本身及中间神经元的功能状态和联系方式等有关。

5. 后放

当作用于感受器的刺激停止后，传出冲动仍可延续一段时间，这种现象称为后放（post - discharge）。在反射途径中，中间神经元的环状联系是后放的结构基础，传入冲动经过环状联系的反复兴奋反馈，可使传出冲动的发放延长。

6. 对内环境变化的敏感性和易疲劳性

在反射弧中，突触部位最易受到内环境变化的影响。缺氧、二氧化碳过多、麻醉药、细胞外液、Ca^{2+}浓度等均可改变突触部位的兴奋性及传递能力。同时，突触部位也是反射弧中最易疲劳的环节，出现这种疲劳与递质的耗竭有关。

八、中枢抑制

中枢的活动不仅表现有上述兴奋过程，还有抑制过程。兴奋和抑制都是主动过程，具有同样的重要性。反射活动能按一定次序和强度协调地进行，就是因为中枢神经系统内既有兴奋活动又有抑制活动的结果。根据产生抑制的机制发生在突触后还是突触前，抑制可分为突触后抑制和突触前抑制两类。

（一）突触后抑制

在哺乳类动物中，所有的突触后抑制都是由抑制性中间神经元的活动引起的，此抑制性中间神经元释放抑制性神经递质，使与其发生突触联系的突触后神经元产生IPSP，从而使突触后神经元发生抑制。根据抑制性中间神经元的功能与联系方式的不同，突触后抑制可分为传入侧支性抑制和返回性抑制。

1. 传入侧支性抑制

传入神经纤维兴奋一个中枢神经元的同时，经侧支兴奋一个抑制性中间神经元，进而使另一个神经元抑制，这种现象称为传入侧支性抑制（collateral inhibition），又称交互抑制。如引起屈反射的传入纤维进入脊髓后，一方面兴奋支配屈肌的运动神经元，另一方面通过侧支兴奋抑制性中间神经元，使支配伸肌的神经元抑制，从而引起屈肌收缩而伸肌舒张，以完成屈反射（图9－12）。传入侧支抑制不仅在脊髓中有，脑内也存在。

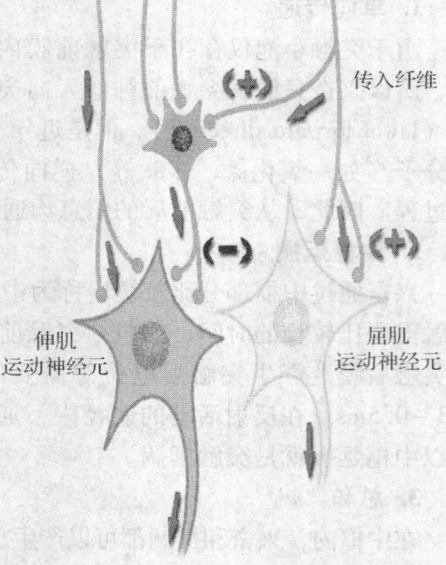

图9－12　传入侧支性的突触后抑制

2. 回返性抑制

这是一种典型的反馈抑制。兴奋从中枢发出后，通过反馈环路，再抑制原先发动兴奋的神经元及邻近的神经细胞，这种现象称为返回抑制（recurrent inhibition）。如脊髓前角运动神经元支配骨骼肌时，在轴突尚未离开脊髓灰质之前，发出侧支兴奋闰绍细胞（Ren Shaws cell）。闰绍细胞是抑制性中间神经元，其轴突返回，与原先发放冲动的运动神经元构成抑制性突触（图9－13）。因此，当脊髓前角运动神经元兴奋时，其传出冲动一方面使骨骼肌收缩，同时又通过闰绍细胞，返回传到运动神经元，抑制其活动。这是一种负反馈，它的意义在于防止神经元过度和过久的兴奋，促使同一中枢内许多神经元之间相互制约和协调一致。闰绍细胞释放的抑制性递质是甘氨酸（glycine）。用甘氨酸受体拮抗剂（glycine receptor antagonist）、士的宁（strychnine，STRY）或破伤风毒素（tetanus toxin）破坏闰绍细胞的功能，将出现强烈的肌痉挛。返回性抑制也见于海马和丘脑内，这些脑区神经元的同步化活动就是由于这种抑制形式形成的。

（二）突触前抑制

通过改变突触前膜的活动而使突触后神经元产生抑制的现象，称为突触前抑制。其结构基础是轴–轴突触（图 9–14）表示了突触前抑制的发生过程。轴突 A 与轴突 B 构成轴–轴突触，轴突 A 的末梢又与运动神经元 C 的胞体形成轴–体突触。当刺激轴突 A 时，可使神经元 C 产生 10mV 的兴奋性突触后电位。假如在刺激轴突 A 之前预先刺激轴突 B，则通过 A、B 轴突之间的轴–轴突触可使神经元 C 发生的兴奋性突触后电位减小，仅有 5mV，说明轴突 B 的活动能降低轴突 A 的兴奋作用。其发生机制是由于轴突 B 末梢释放递质 γ – 氨基丁酸，使轴突 A 末梢去极化，也就是使跨膜静息电位减小。在这种情况下，轴突 A 产生的动作电位变小，它与神经元 C 之间的轴–体突触处释放的兴奋性递质量减少，从而使运动神经元 C 的兴奋性突触后电位减小。

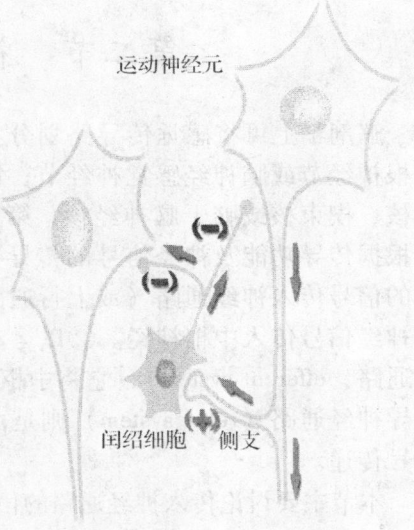

图 9 – 13　回返性突触后抑制示意图

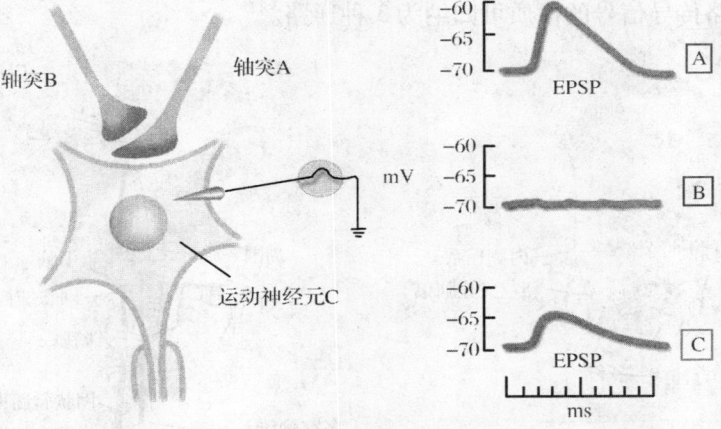

图 9 – 14　突触前抑制机制示意图

突触前抑制在中枢神经系统内存在比较广泛，尤其多见于感觉传入途径中。它的生理意义是控制从外周传入中枢的感觉信息，使感觉更加清晰和集中，故对感觉传入的调节具有重要作用。前面我们已介绍了突触后抑制，两者区别见表 9 – 3。

表 9 – 3　两种中枢抑制的比较

比较内容	突触后抑制	突触前抑制
结构基础	抑制性中间神经元	轴–轴突触位于突触前膜
神经递质	抑制性递质	兴奋性递质
突触后电位	IPSP	EPSP 减小
意义	参与运动的调节	参与感觉调制

第二节　神经系统的感觉功能

解剖学上可将感觉传导路划分为 3 级神经元。第一级神经元：胞体位于脊神经后根神经节或脑神经感觉神经节；第二级神经元：胞体位于脊髓后角细胞及延髓薄束核、楔束核或脑干脑神经核；第三级神经元：胞体位于丘脑感觉接替核。生理学则根据传导功能及神经信号的传导方向，将神经系统归纳为：①以感觉神经元为起点的信号传入神经通路（或上行通路，afferent system），它将躯体感受到的信号转换成神经信号传入中枢神经。②以运动神经元传送到机体外周的传出神经通路（或下行通路，efferent system），它将中枢神经的整合后信号传出到机体外周的效应器。③传导神经通路（relay system）则是由中间神经元组成，负责感受器与效应器之间的信号传递。

本节主要讨论传入神经通路的信号传递，即神经系统的躯体感觉及痛觉功能。

一、脊髓的感觉传导功能

脊髓的感觉传导功能也称上行传导通路，起自感受器，其神经冲动沿周围神经传入中枢后，经几次神经元中间传递，传至大脑皮层或其他高位中枢的神经通路（图 9 - 15）。根据通路传导信号的性质可归纳为 3 种通路。

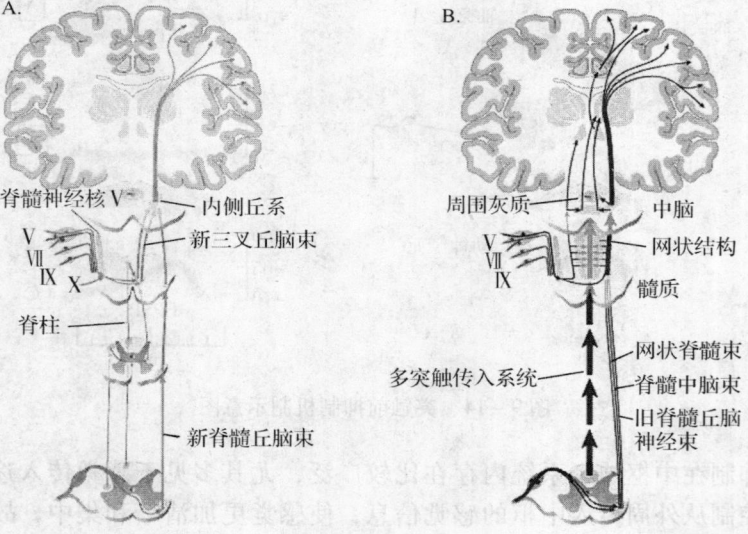

图 9 - 15　脊髓的浅感觉传导路和深感觉传导路

A. 浅感觉传导路；B. 深感觉传导路

（一）一般躯体感觉神经通路

包括来自皮肤的浅部感觉和深部感觉两类。浅部（皮肤）感觉有痛觉、温（度）觉和触（压）觉。深部感觉又称本体感觉，是来自肌肉、肌腱和关节的位置觉、运动觉和振动觉。躯干、四肢传导这些感觉的神经通路至少有 3 条：后索（背索）通路、脊髓丘脑束和脊颈束通路。它们都经脊神经后根进入脊髓，更换神经元后至丘脑，再上至大脑皮层。

后索通路传导位置觉、运动觉、振动觉以及精细（辨别）性触压觉，如辨别两点距离和物体纹理粗细等；脊髓丘脑束通路传导痛觉、温觉和粗触觉；脊颈束通路的功能介于上述两者之间，传导精细触觉和痛觉、温觉。

来自全身各种感受器的神经冲动，大部分经脊神经后根（dorsal root）进入脊髓，然后分别经脊髓各自前行传导路传至丘脑，再经换元抵达大脑皮层。由脊髓前传到大脑皮层的感觉传导路可分为两大类：一类是浅感觉传导路，一类是深感觉传导路（图 9 – 15）。

1. 浅感觉传导路

浅部感觉有痛觉、温度觉和触压觉，其信号传递也是由 3 级神经元组成。

（1）躯干、四肢的浅感觉由传入神经传至脊髓背角，在背角灰质区换神经元，再发出纤维在中央管下交叉到对侧，分别经脊髓丘脑侧束（传递痛、温度觉）和脊髓丘脑腹束（传递轻触觉）前行达丘脑。再由丘脑更换第三级神经元，投射到大脑皮质的躯体感觉区。

（2）头面部的浅感觉经三叉神经传入脑桥后，其中传导轻触觉的纤维止于三叉神经核；传导痛觉、温度觉的纤维止于三叉神经脊束核，两者换元后，交叉到对侧前行，组成三叉丘系，经脑干各部行至丘脑更换第三级神经元投射到大脑皮质的躯体感觉区。

2. 深感觉传导路

深感觉传导路又称本体感觉传导通路，是传导肌肉、肌腱、关节等的本体感觉和深部压觉冲动的通路。上述部位感受器所发出的冲动经脊神经传入脊髓背角，沿同侧背索前行抵达延髓的薄束核和楔束核。在此更换神经元并发出纤维交叉到对侧，经内侧丘系达丘脑，在丘脑换第三级神经元投射到大脑皮质的躯体感觉区。

脊髓在传导感觉冲动的途径中，都有一次交叉：浅感觉传导路是先交叉再上行，深感觉传导路是先上行再交叉。

脊髓半断离损伤时，浅感觉的障碍发生在断离的对侧，而深感觉的障碍发生在断离的同侧。脊髓空洞症患者中央管部分有空腔形成，破坏了在中央管前进行交叉的浅感觉传导路径，造成浅感觉障碍。但由于痛觉、温觉传入纤维进入脊髓后，在进入水平的 1~2 个节段内更换神经元交叉到对侧，而轻触觉传入纤维进入脊髓后分成上行与下行纤维，分别在多个节段内更换神经元交叉至对侧，因此较局限地破坏中央管前交叉的浅感觉传导路径，仅使相应节段双侧的痛觉、温觉发生障碍，而轻触觉基本不受影响（辨别觉完全不受影响），造成脊髓空洞症患者出现痛觉、温觉和触觉障碍的分离现象。

（二）特殊感觉神经通路

传导嗅觉、味觉、视觉、听觉和前庭感觉的通路属于特殊感觉神经通路（图 9 – 16）表现的是人体外周传入通路（见第九章感觉器官与前庭器官）。

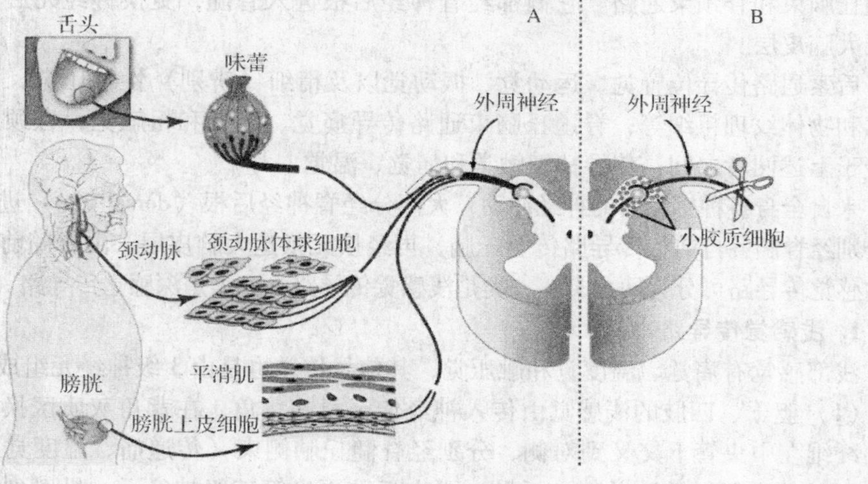

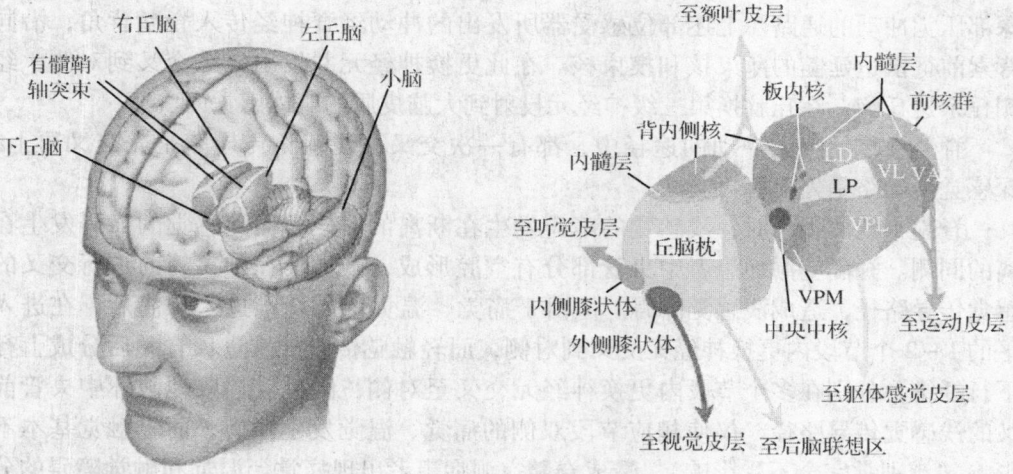

图 9 – 16　特殊感觉神经通路

A. 正常传导；B. 神经疼痛信号的传导

二、丘脑

（一）丘脑核团的分类

丘脑的核团可分三类（图 9 – 17）。

图 9 – 17　丘脑核团示意图

1. 第一类核团（感觉接替核）

接受感觉的投射纤维，经过换元进一步投射到大脑皮层感觉区的神经细胞群。后腹核的外侧与内侧部分分别称为后外侧腹核和内侧腹核。不同部位传来的纤维在后腹核内换元有一定的空间分布：下肢感觉在后腹核的最外侧，头面部感觉在后腹核内侧，而上肢感觉在中间部位，这种空间分布与大脑皮层感觉区的空间定位相对应。后外侧腹核为脊髓丘脑束与内侧丘系的换元站，接受躯干、肢体、头面部来的纤维，它发出纤维投射到大脑皮层体表感觉区。后内侧腹核为三叉丘系的换元站，与头面部感觉的传导有关。内侧膝状体为听觉传导通路的换元站，它发出纤维投射到大脑皮层听区（颞叶）。外侧膝状体为视觉传导通路的换元站，它发出纤维投射到大脑皮层视区（枕叶）。上述细胞群是所有特定的感觉冲动（除嗅觉外）传向大脑皮层的换元接替部位，因此称为感觉接替核。

2. 第二类核团（联络核）

接受第一类核团和其他皮层下中枢来的纤维（但不直接接受感觉的投射纤维），换元后投射到大脑皮层某一特定区域。这类核团包括外侧腹核、丘脑前核、丘脑枕等。丘脑枕接受内侧与外侧膝状体的纤维，并发出纤维投射到大脑皮层的顶叶、枕叶和颞叶的中间联络区，参与各种感觉的联系功能。

以上这些核团投射到大脑皮层的联络区，在功能上与各种感觉在丘脑和大脑皮层水平的联系协调有关，总称为联络核。

3. 第三类核团

第三类核团主要是髓板内核群，是靠近中线的所谓内髓板以内的各种结构，包括中央中核、束旁核、中央外侧核等。这类细胞群没有直接投射到大脑皮层的纤维，但可以间接地通过多突触接替，弥散投射到整个大脑皮层，起到维持大脑皮层兴奋状态的重要作用。

（二）丘脑的感觉投射系统

丘脑在大脑皮层不发达的动物中是感觉的最高级中枢；在大脑皮层发达的动物中是最重要的感觉传导接替站。来自全身各种感觉的传导通路（除嗅觉外），均在丘脑内更换神经元，然后投射到大脑皮质。丘脑只对感觉进行粗略分析与综合，丘脑与下丘脑、纹状体之间由纤维互相联系，三者成为许多复杂的非条件反射的皮层下中枢（图9-18、图9-19）。

根据丘脑各核团向大脑皮质投射纤维特征的不同，丘脑的感觉投射系统可分为特异性投射系统和非特异性投射系统。

1. 特异性投射系统

从机体各种感受器发出的神经冲动，进入中枢神经系统后，由固定的感觉传导路，集中到达丘脑的一定神经核（嗅觉除外），由此发出纤维投射到大脑皮质的各感觉区，产生特定感觉。这种传导系统叫做特异性投射系统（specific projection system）。

皮层感觉区（specific projection system）由特异性丘脑投射核（第一类核和第二类核）及其投射纤维组成，其特点是投射到大脑皮层的特定区域，具有点对点的投射关系，投射纤维主要终止在大脑皮层第四层。投射纤维末梢的突触小体数量多且密集，容易使皮层神经元由局部兴奋总和而形成扩布性兴奋。所以，其功能是引起特定的感觉并激发大脑皮层发出传出冲动。

机体的感觉传导路，通常是由3级神经元接替完成的。第一级神经元位于脊神经节或有关的脑神经感觉神经节内；第二级神经元位于脊髓背角或脑干的有关神经核内；第三级神经元在丘脑的后腹核内。但特殊感觉（视觉、听觉、嗅觉）的传导路较为复杂。因此，丘脑是特异性传导系统的一个重要接替站，它对各种传入冲动（嗅觉除外）

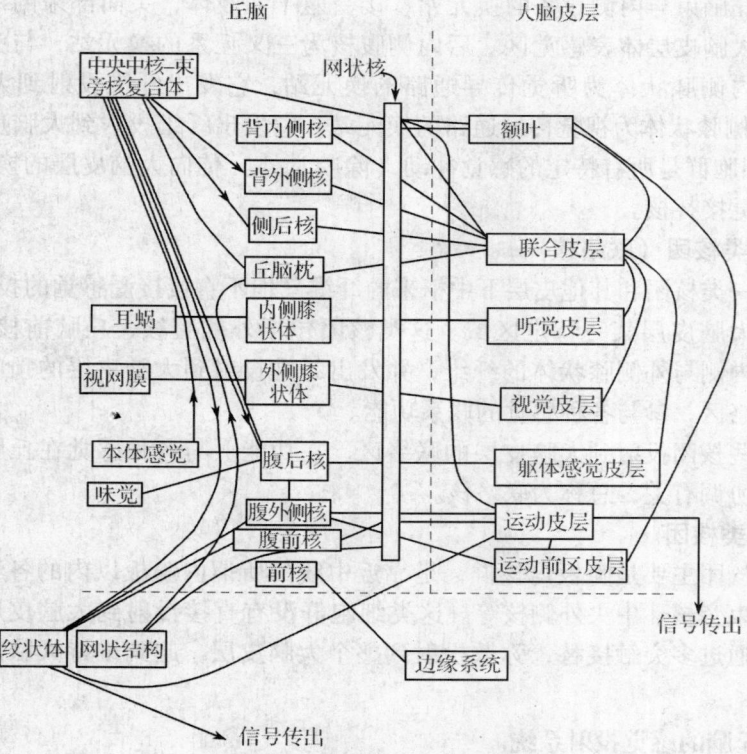

图 9 – 18　丘脑的感觉投射示意图

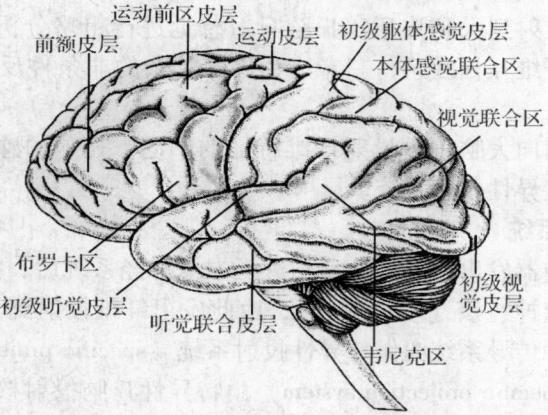

图 9 – 19　丘脑的信号投射到大脑的相应皮层区域

进行汇集，并作初步的分析和综合，产生粗略的感觉，但对刺激的性质和强度，不能进行精确的分析。

2. 非特异性投射系统

由非特异性丘脑投射核（第三类核）及其纤维组成。感觉传导信号自投射核向大脑皮质投射时，第二级神经元的纤维通过脑干，发出侧支与脑干网状结构的神经元发生突触联系，然后在网状结构内通过短轴突多次交换神经元投射到大脑皮质的广泛区域。这一投射系统是不同感觉的共同上行途径。由于各种感觉冲动进入脑干网状结构后，经过许多错综复杂、交织在一起的神经元的彼此相互作用，就失去了各种感觉的特异性，因而投射到大脑皮质就不再产生特定的感觉，因此把这个传导系统叫做非特异性投射系统（unspecific projection system）。

3. 非特异性投射系统的作用

（1）激动大脑皮质的兴奋活动，使机体处于醒觉状态，所以非特异性投射系统又叫脑干网状结构上行激动系统（ascending activating system）。当这一系统的传入冲动增多时，皮质的兴奋活动增强，使动物保持醒觉状态，甚至引起激动状态；当这一系统的传入冲动减少时，皮质兴奋活动减弱，使动物处于相对安静状态，甚至皮质的广大区域转入抑制状态而引起睡眠。

（2）调节皮质各感觉区的兴奋性，使各种特异性感觉的敏感度提高或降低。如果这一系统受到损伤，使皮质的兴奋活动减弱，动物将陷入昏睡。由于这一系统是一个多突触接替的上行系统，因此易受药物的影响。巴比妥类催眠药及一些全身麻醉药作用于脑干网状结构，阻断了脑干网状结构的神经信号传导，降低了皮质的兴奋性，从而引起安静和睡眠。若这一系统的神经结构受到损伤，则大脑皮质的兴奋活动减弱，机体将陷入昏睡状态。

三、大脑皮层的感觉分析功能

大脑皮层是感觉的最高级中枢，它接受身体各部分传来的冲动，进行精细的分析与综合后产生感觉，并发生相应的反应。人类大脑皮层的神经细胞约有 140 亿个，面积约 2200 cm^2，主要含有锥形细胞、梭形细胞和星形细胞（颗粒细胞）及神经纤维。

1. 躯体感觉区

躯体感觉区（又称体表感觉区）定位于大脑皮质顶叶。全身的浅感觉和深感觉的神经冲动信号，经丘脑都投射到此区。低等哺乳类动物如兔、鼠等的躯体感觉区与躯体运动区基本重合在一起，统称感觉运动区（sensorimotor area）。而猫、狗和家畜的躯体感觉区与躯体运动区也有重叠之处，但躯体感觉区主要在十字沟的后侧和外侧，叫做第一感觉区。动物等级愈高，躯体感觉区与躯体运动区愈明显分离，如灵长类动物（如猴）躯体感觉区在顶叶中央后回，而躯体运动区则在额叶中央前回。躯体感觉在大脑皮质的投射有以下规律。

（1）具有左右交叉的特点，但头面部的感觉投影是双侧性的。

（2）前后倒置，即后肢投影在大脑皮质顶部，且转向大脑半球内侧面，而头部投影在底部。

（3）投影区的大小决定于感觉的灵敏度、功能重要程度和动物特有的生活方式。功能重要、灵敏度高的器官其投影区大。

研究证明大脑皮质还有第二感觉区，位置在上述区域的下面，范围较小。从系统发生来看，可能比较原始，仅对感觉进行粗略的分析。

2. 感觉运动区

位于中央前回，即躯体运动区，也是肌肉本体感觉投影区，它与外周神经联系是对侧的。

3. 视觉区

枕叶皮层是视觉投射区，接受视网膜传入的冲动，通过特定的纤维，投射到一定部位。左侧枕叶皮层接受左眼颞侧视网膜和右眼的鼻侧视网膜的传入纤维投射；右侧枕叶皮层接受右眼的颞侧视网膜和左眼的鼻侧视网膜的传入纤维投射。

4. 听觉区

颞叶皮层的一定区域是听觉投射区，听觉的投射为双侧性，即一侧皮层代表区与双侧耳蜗感受功能有关，但与对侧的联系较强。不同音频感觉的投射有一定的分野。

5. 嗅觉和味觉区

嗅觉区在大脑皮层的投射区随着进化而缩小。高等动物只有边缘皮层的前底部区域与嗅觉功能有关，刺激这些相应的结构可以引致特殊的主观嗅觉。味觉区在中央后回面部感觉投射区的下侧。

6. 内脏感觉区

内脏感觉在大脑皮层也有代表区。刺激来自内脏的传入神经可以在大脑皮层一定区域内引出电位变化。该区的投射范围较为弥散，传入纤维可重叠在一定的体感区。第二感觉区和运动辅助区（supplementary motor area）都与内脏感觉有关。此外，边缘系统的皮层部位也是内脏感觉的投射区域。

四、痛觉

疼痛与其他感觉一样，是由适宜刺激（伤害性刺激）作用于外周感受器（伤害性感受器）换能后转变成神经冲动（伤害性信息）循相应的感觉传入通路（伤害性传入通路）进入中枢神经系统，经脊髓、脑干、间脑中继后直到大脑边缘系统和大脑皮质，通过各级中枢整合后产生疼痛感觉和疼痛反应。痛觉常伴有不愉快的情绪活动和防卫反应，这对于保护机体是重要的。疼痛又常是许多疾病的一种症状，对疾病的诊断具有重要意义。

脊髓损伤患者由于无法感觉身体受压部位皮肤的机械刺激而容易产生褥疮（皮肤溃疡）。先天性无痛者可因严重损伤而不觉疼痛，以至死亡。

（一）痛的类型及其性质

痛可分为快痛（fast pain）和慢痛（slow pain）2 种类型。

1. 快痛

快痛又叫锐痛、刺痛、急性痛和电击样痛，是一种鲜明、尖锐和定位清楚的痛，针刺皮肤、刃物切割皮肤、急性烧（烫）伤及电击时可感到这种快痛。快痛在给予痛刺激后约 0.1s 内便可感受到，这可以很快告知人们发生的伤害性刺激，并产生保护性反应，如屈肌反射。

2. 慢痛

慢痛也叫烧灼痛、钝痛、跳痛、恶心痛及慢性痛，是一种模糊、弥散和不愉快的痛。这类痛在痛刺激后约 1s 甚至数秒，有时数分钟后才感觉到。慢痛使人产生长时间难以忍受的痛苦，并发生情绪反应和心血管、呼吸等内脏反应，也可以引起肌紧张性反射，使受同一脊髓节段所支配的骨骼肌紧张性增加，如骨折时引起周围的肌肉痉挛（这种局部制动也有一定的保护性）。慢痛通常伴有组织破坏，在皮肤及几乎任何深层组织或器官均可发生。

（二）痛感受器及其刺激

皮肤及其他组织的痛感受器是游离神经末梢，广泛分布于皮肤、肌肉、骨、关节、硬脑膜、心血管及大多数内脏器官。快痛一般是由机械、温度刺激引起；慢痛可由上述三类刺激引起。化学致痛物质有 ATP、缓激肽、5 – HT、组胺、K^+、酸、乙酰胆碱、蛋白溶解酶以及辣椒素（capsaicin，辣椒的成分）等。此外，前列腺素及 P 物质可增强痛觉神经末梢的敏感性。抑制前列腺素合成的药物具有止痛作用（如服用阿司匹林）。

组织缺血也可引起疼痛，其原因是由于缺血时无氧代谢产生大量的乳酸及其他的致痛物质，刺激痛觉神经末梢所致。肌肉痉挛可引起疼痛，一方面直接刺激痛感受器，另一方面压迫局部血管造成组织缺血引起致痛物质的产生和释放，间接地引起疼痛。

致痛物质从损伤的邻近组织释放，使神经末梢去极化，导致神经纤维上产生动作电位。痛感受器将机械、化学、温度刺激转换为神经冲动后沿 A_δ（Ⅲ类）和 C（Ⅳ类）的神经纤维传向中枢神经系统，其中 A_δ 纤维的传导速度较快，C 纤维的传导速度较慢。

快痛由 A_δ 纤维传导；而慢痛则由 C 纤维传导。

痛感受器几乎没有适应现象。有时，痛感受器对痛刺激的敏感性会随刺激时间的延长而提高。受损局部的表浅部位或其周边区对痛的刺激敏感性提高的现象叫痛觉过敏（hyperalgesia）。

（三）痛觉的传入纤维及中枢传导通路

1. 外周传导通路

上面提到快痛与慢痛的传递存在着不同传导速度的神经纤维。传导快痛的有髓鞘的 A_δ 类纤维，其兴奋阈较低（兴奋性高）；慢痛的传导外周神经纤维主要是无髓鞘的 C 类纤维，其兴奋阈较高（兴奋性低）。

2. 中枢传导通路

外周 A_δ 类纤维和 C 纤维进入脊髓后，与脊髓后角深层的细胞发生突触联系，这些后角细胞的轴突越过脊髓中线交叉到对侧，经脊髓丘脑侧束上行抵达丘脑的体感觉核，转而向皮层体表感觉区投射。脊髓丘脑侧束又有新脊丘束和旧脊丘束之分。

由新脊丘束传递的疼痛信号直达丘脑特异性感觉核，进而投射到大脑皮层感觉区的特定部位。因此经这一传导通路传递的疼痛具有明确的定位和可精确分辨的特点。

由旧脊丘束、脊网束等传递的信息沿脊髓网状纤维、脊髓中脑纤维和脊髓丘脑内侧部纤维，经多突触联结与内侧丘脑、下丘脑、边缘系统相联系，参与形成脑的情绪反应。

（1）痛觉在中枢传导中的会聚现象及多突触传递　经由上述的传入冲动可能缺乏精确的定位信息，也可能在会聚处发生综合而相互影响。痛觉非特异性传导通路大部分是由多突触传递系统构成，在每个脊髓节段都有新的传入纤维加入。在这种多突触传导系统内，传入冲动的局部定位性可不清晰，不同来源的冲动可以相互影响。

（2）脊髓、脑干和丘脑　脊髓是痛觉信号处理的初级中枢。来源于伤害性刺激的神经冲动由细纤维传入脊髓后角，一部分作用于脊髓前角运动细胞，引起机体的防御性反射，另一部分继续向上传递。多种触觉传入冲动汇聚于脑干网状结构，并相互影响。

丘脑接受来自脊髓和脑干的纤维投射，是重要整合中枢，疼痛信号在此中继然后投射到大脑皮层。丘脑的腹后外侧核和腹后内侧核分别接受来源于脊髓丘脑束和三叉丘脑束的投射纤维，传导躯干、四肢和头面部的痛觉纤维。丘脑髓板内核是丘脑接受信息的主要结构，包括中央核、中央外侧核及束旁核，接受来源于脑干丘外系的投射纤维。

丘脑中央外侧核和束旁核是痛觉的接受中枢，中央中核是痛觉的调节中枢。

（3）边缘系统、基底神经节和大脑皮质　在边缘系统的扣带回、海马、下丘脑有痛敏细胞。边缘系统与疼痛时机体伴发的情绪变化有关。刺激视前区、隔区可以提高动物的痛觉阈值。刺激尾状核也有镇痛作用。在人体，刺激尾状核可以缓解癌症患者的疼痛。大脑皮质接受来自丘脑腹后核的投射纤维，感受身体的痛温觉。中央后回的1区、2区、3区与痛觉分辨有关。直接刺激大脑皮层并不唤起痛觉，刺激丘脑外系的纤维和核团可以引起疼痛，因此，大脑皮层与痛觉的分辨相关而与痛觉的感受关系不大。

（4）痛觉传导通路的中枢下行性控制　痛觉中枢对痛觉传导具有下行控制作用。刺激猫的第一皮层感觉区可以在脊髓引出背根电位，传入纤维末梢去极化而发生突触前抑制。刺激猫的锥体束，可抑制脊髓后角中间神经元的自发放电和诱发放电。痛觉中枢对痛觉传导通路的下行性控制，对冲动的传入起筛选、过滤和调节作用。人们在激怒、兴奋和极度欢乐情况下，伤害性刺激可以不引起痛觉；在恐惧、忧郁、疲劳情况下，对疼痛刺激的敏感性可以增强。这些表现与痛觉中枢对痛觉传导下行性控制系统的状态有关。

（四）皮肤痛觉

伤害性刺激作用于皮肤时，可出现上述两种性质不同的痛觉。皮肤的快痛尖锐而定位清楚，在刺激的早期发生，撤除刺激后很快消失；皮肤慢痛是一种定位不明确疼痛，刺激后 $0.5 \sim 1.0s$ 被感觉到，痛感强烈而难以忍受，撤除刺激后还持续几秒，并伴有情绪反应及心血管、呼吸等方面的变化。

（五）内脏痛与牵涉痛

几乎所有起源于胸腔、腹腔和盆腔的内脏痛都是由交感神经的 C 类纤维传递的。部分盆腔脏器，如尿道、子宫颈、直肠等的痛觉由盆神经（副交感神经）传入。食管、气管的痛觉是经迷走神经传入中枢的，咽喉的痛觉冲动则由舌咽神经传递。

内脏痛与皮肤痛相比有下列特征：缓慢、持续、定位不清楚和对刺激的分辨能力差。如腹痛时常不易明确分清疼痛发生的部位。能使皮肤致痛的刺激（切割、烧灼等），作用于内脏一般不产生疼痛；机械性牵拉、缺血、痉挛和炎症等刺激作用于内脏，则能产生疼痛。如内脏器官发生管道梗阻而出现异常运动、循环障碍、炎症时，往往使内脏的感觉上升致意识并引起剧烈的疼痛。

1. 内脏痛的传入神经

内脏痛的传入神经是交感神经的 C 类传入纤维，经脊神经后根进入脊髓，然后和躯体神经伴行上传冲动信号（图9-20）。食管、气管的痛觉经迷走神经干的传入纤维进入中枢。部分盆腔器官（如直肠、膀胱三角区、前列腺、子宫颈等）的痛觉传入神经纤维是沿盆神经进入骶髓。位于胸痛觉线和骨盆痛觉线之间的器官，其痛觉传入纤维通过交感神经；在胸痛觉线以上和骨盆痛觉线以上的器官，其痛觉传入纤维属副交感神经。

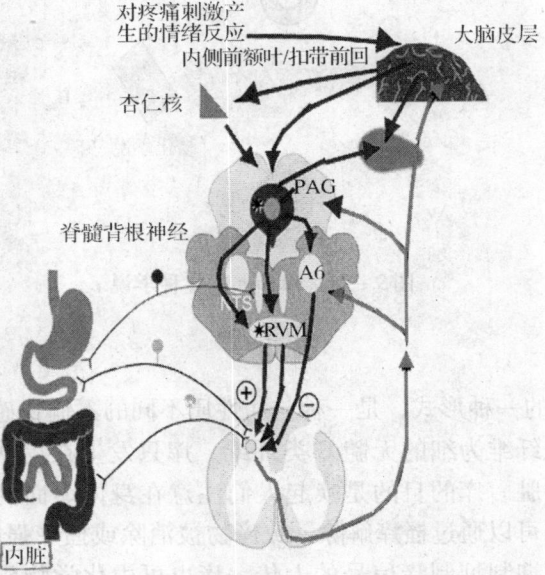

图 9 - 20　内脏痛的传入通路

PAG. 中脑导水管周围灰质；RVM. 延髓吻段腹内侧部；NTS. 孤束核

上述内脏痛是指内脏本身受到刺激时所产生的疼痛。还有一种内脏痛是由于体腔壁浆受到刺激时产生的疼痛，称为体腔壁痛（parietal pain）。如胸膜或腹膜受到炎症、压力、摩擦或牵拉等刺激时，也会产生疼痛。这种疼痛与躯体痛相类似，也是由躯体神经（膈神经、肋间神经和腰上部脊神经）传入的。

2. 牵涉痛

内脏疾病往往引起身体远隔的体表部位发生疼痛或痛觉过敏，这种现象称为牵涉痛。心肌缺血时，可发生心前区、左肩和左上臂的疼痛；胆囊病变时，右肩区会出现疼痛；阑尾炎时，常感觉上腹部或脐区有疼痛。发生牵涉痛的部位与真正发生痛觉的患病内脏部位有一定的解剖关系。发生牵涉痛的原因有以下 2 种可能。

（1）易化学说　内脏与相应体表部位都受同一脊髓节段的脊神经后根所支配，即患病内脏的传入神经与被牵涉的皮肤部位传入神经由同一脊神经后根进入脊髓。进入脊髓后若这两个部位的中枢很接近时，由患病内脏传来的冲动会提高对应的脊髓中枢区域兴奋性的同时，还影响邻近的皮肤传入脊髓中枢区域的兴奋性上升，以致上传冲动增强，造成痛觉过敏。

（2）会聚学说　若患病内脏和皮肤区域进入脊髓的神经末梢投射到同一脊髓神经元，由同一上行纤维传入脑，则意识到的是刺激来自皮肤，此时的痛觉传入冲动虽然发源于患病内脏，但仍认为系来自皮肤，这可能是牵涉痛的原因（图 9 - 21）。

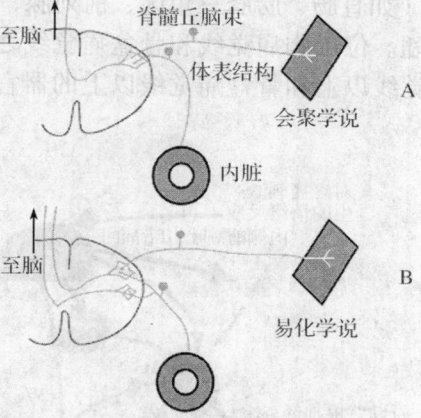

图 9 - 21　牵涉痛的 2 种学说

五、痒

痒（itch）是痛的一种形式，是一种与痛性质不同的不愉快感觉。痒的感觉器也是游离神经末梢，传入纤维为细的无髓 C 类纤维。痒只发生在皮肤、眼及某些黏膜，不发生于深部组织及内脏。痒的目的是唤起人们注意在身体表面的轻微刺激，引起瘙痒的反射或其他动作，可以通过搔痒解除。致痒物被消除或搔痒强度达到痛的感觉的话，痛信号在脊髓通过侧抑制抑制痒信号的上传。痒也可由化学物质引起，如血浆胆盐浓度升高、肥大细胞释放组胺、激肽等。

第三节　神经系统的运动整合作用

一、运动神经元活动的功能整合

脊髓是实现躯体运动的最低级中枢，又是有关躯体运动信息传入的起始站和传出的最后通路。

二、自主性神经系统的运动整合

人体内脏的活动同样也受中枢神经系统的调节和控制。大脑皮质尤其是边缘系统是调节内脏活动的高级中枢，丘脑下部是调节内脏活动的较高级中枢，脑干的网状结构是调节内脏活动的基本中枢，脊髓是调节内脏活动的初级中枢。上述各部共同形成调节内脏活动的中枢，并通过自主性神经系统来完成。

（一）自主性神经系统的结构和功能特点

调节和控制内脏活动的外周神经系统，并不支配动物所特有的骨骼肌的运动，称为自主性神经系统。从解剖和功能两方面来看，将自主性神经系统分为交感神经系统和副交感神经系统两大部分。

自主性神经系统与调节躯体性功能的躯体性神经系统相比较，在形态结构、分布范围和功能等方面均有许多特点。

（1）自主性神经支配的效应器主要是内脏平滑肌、心脏、血管和腺体。

（2）多数内脏器官接受交感神经和副交感神经双重支配，而皮肤、肌肉的血管、汗腺、竖毛肌和肾上腺髓质只由交感神经支配，这说明交感神经的分布范围较副交感神经广泛。

（3）交感神经的低级中枢位于整个脊髓胸 1 至腰节段 3 的侧角，副交感神经的低级中枢位于脑干内脏核和脊髓骶段。

（4）自主性神经由低级中枢到达效应器之前，要在神经节处交换神经元。由低级中枢发出的神经纤维称为节前纤维，由神经节细胞发出的神经纤维为节后纤维。

（5）交感神经节位于脊髓两旁和前面，即椎旁神经节和椎前神经节；副交感神经节多数位于效应器官的壁内或其附近。因此，交感神经节前纤维较短，节后纤维较长，一条节前纤维往往和多个节后神经元形成突触联系，分布较为广泛；副交感神经节前纤维较长，节后纤维稍短，一条节前纤维仅与少数节后神经元形成突触联系，分布比较局限。

（二）自主性神经系统的功能特点

（1）灵活性低　即兴奋与抑制转换速度较慢。

（2）兴奋传导速度较慢　如人的躯体性运动神经传导速度为 70～120m/s，而自主性神经为 1～3m/s。

（3）神经递质较复杂　自主性神经节前纤维末梢和副交感神经节后纤维末梢同躯体运动神经纤维末梢一样，都是释放乙酰胆碱。大多数交感神经的节后纤维末梢释放物质是去甲肾上腺素。

三、自主性神经系统的功能

自主性神经系统的主要功能，已在前面章节中已分别叙述，现将其主要功能进行总结（表9-4）。从表9-4中可看出，大部分器官接受交感和副交感神经的双重支配，而且同一器官的作用往往是拮抗的。例如对心脏，迷走神经作用使心率变慢，而交感神经作用使心率加快、加强。对于小肠平滑肌，迷走神经具有增进运动的作用，而交感神经具有抑制的作用。只有这种对立统一，才能使内脏器官的活动更迅速、更精确和协调一致。对某些效应器的作用不是对抗的。如支配唾液腺的交感神经和副交感神经都具有促进分泌的作用，但两者作用也有差异，前者的分泌黏稠，后者的分泌稀薄。

自主性神经对外周效应器官的支配，一般处于一定的兴奋状态，称为紧张性。通过长期的耐力训练，使迷走神经的紧张性增强，交感神经的紧张性减弱，出现安静时心率徐缓。然而在运动时，交感神经紧张性增强，迷走神经紧张性减弱，出现心率加快、加强。

当环境发生急剧变化时，如进行剧烈的体育运动时，交感神经系统的活动明显增强，同时肾上腺髓质分泌的肾上腺素增加，动员人体各器官系统的潜力，心率加快、心收缩力增强，从而使心输出量增加。而肌肉中的血管扩张、胃肠的血管收缩，保证大脑、心和骨骼肌得到大量的血液供应；支气管扩张以利通气；促进肝糖原分解，维持血糖恒定或升高；促进肌糖原分解，保证运动中所需要的 ATP 再合成。总之，这一系列变化的效果，是动员能量贮备，提高机体的应急能力，应付内外环境的急剧变化，以保证人体功能与环境相适应。副交感神经系统的活动则相反，在安静状态下活动增强，但作用比较局限，主要是促进消化合成代谢，贮存能量和促进排泄等。

表 9-4　自主性神经的主要功能

项目	交感神经		副交感神经	
	功能	神经	功能	神经
瞳孔	扩大（+）		缩小（+）	
睫状肌		颈	收缩（+）	头
泪腺	分泌（+）	部	分泌（+）	部
唾液腺	分泌（+）黏液性	交	分泌（+）浆液性	副
唾液腺血管	收缩（+）	感	舒张血管神经	交
面部血管	收缩＋面色苍白	神	舒张（-）	感
面部汗腺	（+）	经		神
竖毛肌	收缩			经
支气管平滑肌	舒张（-）	胸	收缩（+）	
心肌	促进（+）	部	抑制（-）	
食管平滑肌	舒张（-）	交	收缩（+）	迷
胃、小肠平滑肌	舒张（-）	感	收缩（+）促进运动	走
胆囊	抑制运动	神		神
胃腺、小肠腺、胰腺	抑制（-）	经	促进（+）	经
括约肌	收缩（+）	内		
肾上腺髓质	促进（+）	脏		
		大		
		神		
		经		
大肠	舒张（-）	内	收缩（+）	
回盲括约肌	收缩（+）	脏	舒张（-）	
膀胱		小	收缩（+）	
膀胱内括约肌	收缩（+）	神	舒张（-）	盆
肛门内括约肌	收缩（+）	经	舒张（-）	神
子宫	收缩（怀孕+）	腹		经
	收缩（末怀孕-）	下		
外阴部血管	收缩（+）	神	舒张（舒血管神经+）	
		经		
血管	收缩（+）	脊		
躯干、四肢汗腺	分泌（+）	神	无	
竖毛肌	收缩（+）	经		

第四节　肌肉运动的神经调节

一、脊髓对躯体运动的调节

躯体反射是骨骼肌的反射活动，躯体运动基本的反射中枢是在脊髓。脊髓前角灰质中有大量的运动神经元（α-运动神经元和γ-运动神经元），其轴突经脊神经到达所支配的肌纤维。

1. 运动神经元池

脊髓通过 31 对脊神经与躯干、四肢的皮肤和骨骼肌发生联系，因此脊髓是协调这部分的初级中枢。

2. 牵张反射

牵张反射是最常见的一种骨骼肌反射。人体的骨骼肌，如受到外力牵拉使其伸长时，将反射性地引起被牵拉的肌肉产生收缩，这种反射称为牵张反射（stretch reflex）。牵张反射有 2 种类型：肌紧张（muscle tonus）和腱反射（tendon reflex）。

肌紧张是指缓慢持续牵拉肌腱时发生的牵张反射，其表现为受牵拉的肌肉发生紧张性收缩。肌紧张是维持人体姿势的最基本的反射活动，是一切躯体运动的基础。如人体站立姿势的维持，就是依靠这类牵张反射而实现的。肌紧张的收缩力并不大，只是抵抗肌肉被牵拉，因此，没有明显的外在表现，而且在同一肌肉内不同运动的单位进行轮替收缩而不是同步收缩，所以肌紧张能持久的维持而不易疲劳。

深反射又称为腱反射，是指快速牵拉肌腱时发生的牵张反射。如临床上叩击股四头肌肌腱使之受到牵扯，反射性地引起股四头肌发生一次收缩，称为膝反射。叩击跟腱引起腓肠肌发生一次收缩，称为跟腱反射。腱反射中的肌肉收缩几乎是一次快速同步性收缩。肌紧张的感受器是受牵拉肌肉中的肌梭，效应器是受牵拉肌肉中的慢肌纤维。深反射感受器是受牵拉肌肉中的腱器官，效应器则是受牵拉肌肉中的快肌纤维。这两类牵张反射的中枢都在脊髓。

牵张反射主要是使受牵拉的肌肉发生收缩，然而同一关节的协同肌也能发生兴奋，同一关节的拮抗肌则受到抑制（交互抑制），但并不影响其他关节的肌肉。伸肌和屈肌都有牵张反射，而脊髓的牵张反射主要表现在伸肌，健康人体的牵张反射是受高位中枢调节，而且可以建立条件反射。

二、脑干对肌紧张和姿势反射的调节

脑干对肌紧张的调节主要是在网状结构区域中。①易化区：加强肌紧张和肌运动，范围较大，包括延髓网状结构背外侧部、脑桥被盖、中脑中央灰质和被盖，直至丘脑下部。②抑制区：抑制肌紧张和肌运动的区域，范围较小，包括延髓腹内侧部。如在动物中脑上下丘之间切断脑干，动物出现伸肌过度紧张现象，表现为四肢伸直、头尾昂起、脊柱挺硬，呈背弓反状，这就去大脑僵直实验（图 9-22）。

其原因是在上下丘间切断中脑后使脑干网状结构中抑制区活动减弱，而易化区的活动加强，牵张反射过度加强，造成伸肌紧张亢进。

通过中枢神经系统来调节骨骼肌的肌紧张或产生相应的运动，以保持或改正身体在空间的姿势，这类反射活动总称为姿势反射（postural reflex）。对侧伸肌反射和牵张反射等就是最简单的姿势反射。此外，还有比较复杂的姿势反射，如状态反射、翻正反射、直线加减速度运动反射和旋转加减速度运动反射等。

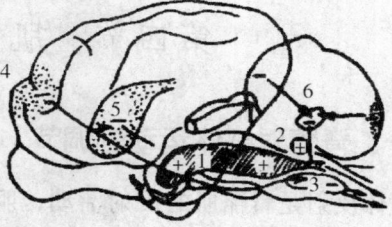

图 9－22　脑干下行网状系统示意图

+. 易化区；－. 抑制区

1. 网状结构异化区；2. 延髓前庭核；3. 网状结构抑制区

4. 大脑皮层；5. 尾状核；6. 小脑

（一）状态反射

头部空间位置改变以及头部与躯干的相对位置发生改变时，将反射性地引起躯干和四肢肌重新调整的一种反射称为状态反射（attitudinal reflex）。状态反射包括迷路紧张反射和颈紧张反射两部分。

迷路紧张反射是指头部空间位置发生变化时，内耳迷路耳石结构（椭圆囊和球囊）的传入冲动对躯体伸肌紧张性的调节反射。在去大脑动物实验中见到，当动物仰卧位时，伸肌紧张性最高，而当动物俯卧位时，则伸肌紧张性最低，这是由于不同头部位置会引起耳石位置变化的刺激而造成，这一反射的主要中枢是在前庭核。

颈紧张反射是指颈部扭曲时，颈椎关节韧带和颈部肌肉受到刺激之后，对四肢肌肉紧张性地调节反射。实验证明，头向一侧扭转时，下颏所指一侧的伸肌紧张加强；头后仰时，则前肢的伸肌紧张性加强，而后肢的伸肌紧张性降低；头前俯时，后肢伸肌紧张性加强，而前肢伸肌紧张性降低。在做体操的后手翻、空翻及跳马等动作时，若头部位置不正，就会使两臂用力不均衡，身体偏向一侧，常常导致动作失误或无法完成。短跑运动员起跑时，为防止身体过早直立，往往采用低头姿势，这些都是运用了状态反射的规律。但是，在运动中也有个别动作需要使身体姿势违反状态反射的规律，如有训练的自行车运动员在快速骑车时，做出头后仰而身体前倾的姿势。

（二）翻正反射

正常动物都有保持站立姿势的能力。当人和动物处于不正常体位时，通过一系列动作将体位恢复常态的反射活动，这类反射称为翻正反射（righting reflex）。如将中脑动物（猫）四足朝天从高处摔下，可观察到动物在下坠的过程中，首先是头部的扭转，继而是前脚和躯干也随之扭转，最后连后肢也扭转过来，当下坠到地面时四足先着地。这一翻正反射实际上是由一系列反射组成的，最先是由于头部位置不正常，视觉与耳石感受刺激，从而引起头部翻正。头部翻正以后，头与躯干的相对位置关系不正常，使颈部关节韧带或肌肉受到刺激，从而使躯干翻正。如果事先毁坏中脑动物的双侧迷路，并蒙住其双眼，再以四足朝天的姿势从高处摔下，就不能翻正而背部首先着地。如果把丘脑动物的两侧迷路破坏，并将它侧卧于桌上，该动物也能翻正，说明侧卧的姿势能使身体两侧皮肤和肌肉受到刺激不同所引起的翻正反射。在人类，由视觉引起的翻正反射最重要。

人们在体育运动中，很多动作是在翻正反射的基础上形成的运动技能。例如体操运动员的空翻转体、跳水运动中转体及篮球转体过人等动作，都要先转头，再转上半身，然后下半身，使动作优美、协调且迅速。

（三）旋转运动反射

旋转运动反射是人体在进行主动或被动旋转运动时，为恢复正常体位而产生的反射活动。例如，在弯道上跑时，身体向右旋转，将反射性地引起躯干左侧肌张力增加，这有利于人体保持空间姿势。

（四）直线运动反射

直线运动反射是指人体主动或被动进行直线加减速运动时，发生肌张力重新调配恢复常态的现象。其反射有2种形式：升降反射和着地反射。

（1）升降反射　人在乘电梯上升或下降的过程中，会引起四肢肌张力发生相应的变化，这种反射即称为升降反射。当电梯开动上行的瞬间，膝关节将不由自主地屈曲；当电梯停住的瞬间，膝关节将伸直。在电梯下降开始的瞬间，膝关节伸直；在电梯停住的瞬间，膝关节屈曲。

（2）着地反射　动物从高处跳下时，头后仰、四肢伸直做着地准备，一旦着地，则头前倾，四肢屈曲，这样着地可保持重心，还可以减少震动，这种反射称为着地反射。人从高处落下时，也有类似的反射活动。如人从体操器械上跌落时，往往手臂伸直做着地准备姿势，但这种着地准备姿势常易引起尺骨鹰嘴骨折，所以，人们应该有意识地克服这类先天的非条件反射，学会自我保护的动作，学会做滚翻动作，减少损伤。

三、小脑和基底神经节在运动中的调控作用

（一）小脑对运动的调控作用

小脑是调节运动的重要中枢。小脑根据进化先后的功能差异，可分为前庭小脑、脊髓小脑和大脑小脑三部分。

1. 原始小脑的功能

原始小脑就是小脑绒球小结叶，其主要功能是维持身体平衡和协调眼球运动。如原始小脑遭到破坏，会出现躯干摇摆不停，步态不稳，容易跌跤，眼球震颤。

2. 旧小脑的功能

旧小脑包括前叶及后叶的一部分，主要功能是调节四肢的肌紧张，既有抑制作用，又有易化作用。这些作用都是通过脑干网状结构的抑制区及易化区来实现。

3. 新小脑的功能

新小脑主要指小脑半球，它与大脑皮质有着较密切的联系。新小脑的主要功能是协调随意运动。动物实验和临床观察表明，小脑半球损伤，可出现肌紧张减退和运动不协调的症状。表现为运动的协调与准确性障碍（如不能准确地用手指指鼻，指物不稳），动作不能快速转换（如不能快速翻手或伸展手指等）。

（二）基底神经节在运动中的调控作用

基底神经节包括尾状核、壳核、苍白球、丘脑底核、黑质、红核。其功能具有控制肌肉运动的功能，与丘脑、下丘脑联合成为本能反射的调节中枢，它与肌紧张的控制、随意活动的稳定和运动程序编制有关。基底神经节病变主要表现在2个方面：①

运动过多肌紧张不全综合征，如舞蹈病与手足徐动。②运动过少肌紧张过强综合征，如震颤麻痹。

四、大脑皮质对躯体运动的调节

大脑皮质是脑的最重要的部分，是高级神经活动的物质基础。人体的一切随意运动都是以骨骼肌的活动为基础的。骨骼肌的收缩和舒张、各不同肌群之间的相互配合是在中枢神经系统各部位互相调节下进行的。其中大脑皮质运动区起重要作用，并通过锥体系和锥体外系对躯体运动进行调节。

（一）大脑皮质的主要运动区

大脑皮质具有管理躯体运动的某些区域，称为大脑皮质运动区。它主要包括位于中央前回和中央旁小叶前部分，称为第一运动区。一般地说，运动前区控制四肢近端肌肉。运动区对躯体控制有如下特点。

（1）左右交叉　一侧运动区支配对侧的躯体运动，而头面部的肌肉多受双侧支配。

（2）倒置分布　在空间方位关系上，上下颠倒，呈现头足倒置式的安排。

（3）不引起肌肉群的协同收缩　刺激运动区只引起简单肌肉运动，不产生协调性收缩。

（4）按功能定位　身体的不同部位在皮质所占的代表区大小不同，这主要取决于所支配器官运动精细和复杂的程度，如手和头面部占有面积比躯体大。

（二）锥体系与锥体外系

1. 锥体系及其功能

锥体系是指起源大脑皮质运动区，经内囊和延髓锥体而下行到对侧脊髓前角的传导束，也包括大脑皮质层发出到达脑干运动神经元的传导束（皮质脑干束）。锥体束的组成很复杂，它的纤维不仅来自大脑皮质第一运动区和运动前区，也包括来自感觉区、额叶和颞叶等广泛皮质区域。每侧的锥体束约含100万条纤维。锥体束下行到达延髓，部分纤维交叉到对侧，形成锥体交叉。不交叉的纤维一直下行到脊髓后才交叉到对侧。α-运动神经元发起肌肉运动；γ-运动神经元调整肌梭敏感性以配合运动，两者协调控制肌肉收缩。

锥体束主要支配对侧肢体的随意运动，特别是远端关节肌肉的精细运动。假如给猴子只切断一侧锥体束而不损伤锥体外系，则对侧随意运动发生障碍，精细运动完全丧失，同时出现对侧肌肉张力减退。

2. 锥体外系及其功能

除锥体系以外，参与运动调节和控制的神经元和纤维束统称为锥体外系（extrapyramidal system），其结构十分复杂。①锥体外系的皮质起源比较广泛，几乎包括全部大脑皮层，但主要来源是额叶和顶叶感觉区、运动区和运动辅助。②锥体外系细胞不能直接抵达下运动神经元，下行传导于纹状体、小脑、脑干网状结构等，经过神经元的接替，经网状脊髓束、顶盖脊髓束、红核脊髓束和前庭脊髓束下达脊髓，控制脊髓运动神经元。③下行不经延髓锥体，对脊髓反射控制是双侧性。④常具有对大脑皮层呈反馈作用的环路联系。

锥体外系对脊髓反射的控制常具双侧性。其主要功能是调节肌紧张、维持姿势和协调肌群的收缩活动。

锥体系与锥体外系是人体运动调节机构中两个密切协作的系统。在锥体外系保持肌紧张适宜与稳定的条件下，使锥体系进行精确的随意运动。

第五节　脑的高级神经活动

一、学习与记忆

学习和记忆是两个相联系的神经过程，是脑的高级功能。学习指依赖于经验来改变自身行为以适应环境的神经活动过程。记忆则是学习到的信息贮存和读出的神经活动，是神经系统对信息的再现过程。

（一）学习形式

1. 简单学习

简单学习是在刺激和反应之间形成某种明确的联系，又称为非联合型学习（nonassociative learning）。习惯化（habituation）和敏感化（sensitization）属于此类学习。习惯化是指当一个不产生伤害性效应的刺激重复作用时，机体对该刺激的反射反应逐渐减弱的过程。人们对有规律而重复出现的强噪声逐渐习惯而不再对它产生反应的过程就是习惯化。敏感化是指反射反应加强的过程。一个弱伤害性刺激仅引起弱的反应，但在强伤害性刺激作用后弱刺激的反应就明显加强。在这里，强刺激与弱刺激之间并不需要建立什么联系。

2. 联合型学习

经典条件反射和操作式条件反射均属于联合型学习。即两个事件在时间上有特定的顺序关系，可从中逐渐获得有利于机体的经验的过程。

（二）条件反射

1. 经典条件反射

条件反射的建立要求在时间上把某一无关刺激与非条件刺激多次结合，一般条件刺激要先于非条件刺激而出现。现以食物条件反射加以说明。

给狗喂食会引起狗的唾液分泌，这是非条件反射，食物是非条件刺激。铃声不会使狗分泌唾液，因为铃声与唾液分泌无关，故称为无关刺激。但若喂狗前先发出铃声，紧接着喂食，经多次练习后，每当铃声出现，即使不给狗喂食，狗也会分泌唾液，这就是条件反射。在这种情况下，铃声不再是无关刺激，具有了引起唾液分泌的作用，这时的铃声就被称为条件刺激或信号刺激。由条件刺激引起的反射称为条件反射。除铃声外，食物的形状、颜色、气味、进食的环境、喂食的人等，由于经常与食物伴随出现，都可成为食物的信号而成为条件刺激而引起唾液分泌。

巴甫洛夫认为，条件反射是大脑皮层活动的具体表现，引起条件反射的刺激是信号刺激，由信号刺激引起的皮层神经活动也就是信号活动。巴甫洛夫又根据信号的种类分为两大类：一类是具体信号，如灯光、铃声、食物的形状及气味等，它们都是以本身的理化性质来发挥刺激作用的,这些信号为第一信号;另一类是抽象信号,即语言和文字,它们是以所代表的含义而不是其物理性质(语音或语调的高低、强弱、快慢,文字的形象、色彩等)来发挥刺激作用的。例如,"灯光"这个词语,并不是单指某个具体的灯发出的光,而是概括世界上一切灯发出的光,是这一具体事物的抽象概括,因此是具体信号的信号,故称为第二信号。能对第一信号发生反应的大脑皮层功能系统,被称为第一信号系统(first signal system),是人类和动物所共有的;对第二信号发生反应的大脑皮层功能系统,被称为第二信号系统(second signal system),是人类所特有的,也是人类区别于动物的主要标志。动物经过训练可以对语言、文字的物理性质发生反应,而不能对其内容作出反应,而人类由于社会性劳动与交往产生了语言。语言是现实的概括和抽象化,人类可借助于语词来表达思维,并进行抽象思维。

2. 非条件反射与条件反射的区别

非条件反射与条件反射的根本区别:非条件反射是先天的本能行为,而条件反射是后天获得的行为,是以非条件反射为基础而建立起来的比较复杂的行为。在数量上,非条件反射是有限的,而形成条件反射的可能却是无限的。在质量上,非条件反射是固定的、刻板的,也是比较简单的;而条件反射则有极大的易变性,可以新建、消退、分化和改造。因此,非条件反射只是有限的适应性,而条件反射则可使动物和人具有完善的适应性。

3. 操作条件反射

操作条件反射由美国心理学家斯金纳命名,是一种由刺激引起的行为改变。操作条件反射(operated conditioned reflex)与经典条件反射(classical conditioned reflex)不同,操作条件反射与自愿行为有关,而巴甫洛夫的条件反射与非自愿行为有关。操作条件反射又称为工具条件反射或工具学习。观察猫试图逃出迷箱的行为试验时,第一次猫花了很长时间才逃出迷宫。有了第一次经验以后,猫减少了无效行为而成功行为逐渐增加,其逃出迷箱所用时间也越来越短。猫的成功行为产生了满意的结果,经验被记忆会更频繁出现。而不成功的行为,产生失败的结果,出现频率下降。一些结果增强了行为,而一些结果减弱了行为。

4. 条件反射的生理意义

首先是提高了机体适应环境的能力。可以想象,如果只依靠食物掉入口中才引起吃食动作(守株待兔式的生存方式)或身上遭受伤害时才引起防御动作,机体将无法适应复杂多变的环境。此外,由于条件反射是灵活的,可随环境的改变而改变,即当条件刺激失去信号意义后,条件反射便会消退,同时又可根据新的环境条件,不断建立新的条件反射。因此,使动物和人类能对环境的变化进行精确的适应。

5. 条件反射的消退和分化

条件反射建立以后,如果只使用条件刺激而得不到非条件刺激的强化,这时条件反射的效应会逐渐减弱,以至最后完全消退,称为条件反射的消退。如果以后只在100次/min摆动的节拍器音响刺激时,才予以强化,而在120次/min或80次/min摆动的节拍器音响时不予强化,最后可导致只有出现100次/min摆动的节拍器音响才有唾液分泌,而80次/min或120次/min的节拍器音响却无唾液分泌,这种现象称为条件反射的分化。在运动技能动作的形成和完善过程中,错误动作成分的克服也可认为是大脑皮层的分化。体育运动中对时间的分化尤为重要，特别是在球类运动中更为重要。如在篮球运动中，当球在空中移动，运动者一定要在恰当时机起跳才能抢到，过早的起跳是无效的。可以认为，运动者在欲跳而不跳的瞬间，皮质运动区要作出精确的时间分化。训练水平高、球技高的人，这种分化能力也强。当然，这种能力还包含着许多复杂的心理机制。

（三）记忆的过程

外界通过感觉器官进入大脑的信息量很大，能被长期贮存的信息都是对个体具有重要意义的信息。因此，在信息贮存过程中必然包含着选择和遗忘两个因素。信息的贮存要经过多个步骤，但简略地可把记忆划分为两个阶段，即短时性记忆和长时性记忆。短时性记忆包括感觉性记忆、第一级记忆；长时性记忆包括第二级记忆和第三级记忆（图 9－23）。

在短时性记忆中，信息的贮存是不牢固的，例如，对于一个电话号码，当人们刚刚看过但没有通过反复运用而转入长时性记忆的话，很快便会遗忘。但如果通过较长时间的反复运用，则所形成的痕迹将随每一次的使用而加强起来，最后可形成一种非常牢固的记忆，这种记忆不易受干扰而发生障碍。

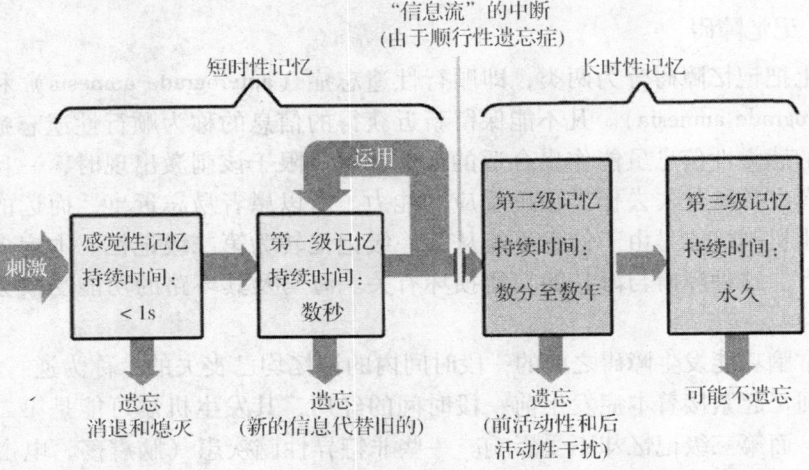

图 9－23　从感觉性记忆至第三级记忆的信息流程图解

1. 感觉性记忆

感觉性记忆指通过感觉系统获得信息后，首先在脑的感觉区内贮存的阶段。这段时间很短，一般不超过 1s，如果没有经过注意和处理就会很快地消失。如一辆汽车从眼前开过，尽管人们也看见了它的车号，但没有注意，却记不清它的号码。

如果在这阶段经过加工处理，把那引起不持续的、先后进来的信息整合成新的连续的印象，就可以从短暂的感觉性记忆转入第一级记忆。这种转移一般可通过两种途径来实现，一种是通过把感觉性资料变成口头表达性符号（如语言符号）而转移到第一级记忆；另一种是非口头表达性的途径，这在目前还了解得不多，但它必然是幼儿学习所必须采取的途径。

2. 第一级记忆

第一级记忆指对信息（几个字母、字、词语、数字或其他少量信息）作几秒到几分钟的记忆，其最大的特点是瞬时有效性，即所记忆的信息大多数有即时应用的意义。典型的例子是在查看电话号码簿后，可以在短时内记住电话号码，当有新的信息输入（如拨完号码或是马上查看另一些电话号码），旧的信息就被新的信息代替，查到了第二个电话号码却忘记了第一个号码。信息在第一级记忆中停留的时间仍然很短暂，通过反复运用学习，信息便在第一级记忆中循环，从而延长了信息在第一级记忆中停留的时间，这样就使信息容易转入第二级记忆之中。

3. 第二级记忆

此类记忆可以持续较长时间，是一个大而持久的贮存系统。发生在第二级记忆内的遗忘，似乎是由于先前的或后来的信息的干扰所造成的，这种干扰分别称为前活动性干扰和后活动性干扰。练习可使第一级记忆过渡到第二级记忆变得容易记忆，可持续几分钟到几天，强时可持续几年。

4. 第三级记忆

第三级记忆是一种深刻在脑中的记忆。此种记忆可持续终生。记忆的痕迹很深，贮存的信息能随时提取被应用。如对自己的名字、每天在操作的手艺等属于第三级记忆。

（四）记忆障碍

临床上把记忆障碍分为两类，即顺行性遗忘症（anterograde amnesia）和逆行性遗忘症（retrograde amnesia）。凡不能保留新近获得的信息的称为顺行性遗忘症。患者对于一个新的感觉性信息虽能作出合适的反应，但只限于该刺激出现时，一旦该刺激物消失，患者在数秒就失去作出正确反应的能力。所以患者易忘近事，而远的记忆仍存在。其发生机制可能是由于信息不能从第一级记忆转为第二级记忆。本症多见于慢性酒精中毒者。这种障碍与海马的功能损坏有关。海马及其环路的功能受损会发生近期记忆障碍。

凡正常脑功能发生障碍之前的一段时间内的记忆均已丧失的，称为逆行性遗忘症。患者不能回忆起紧接着本症发生前一段时间的经历，其发生机制可能是第二级记忆发生了紊乱，而第三级记忆却不受影响。一些非特异性脑疾患（脑震荡、电击等）和麻醉均可引起本症。例如，车祸造成脑震荡的患者在恢复后，不能记起发生车祸前一段时期内的事情，但自己的名字等仍能记得就属于逆行性遗忘症。

（五）学习与记忆的机制

1. 神经生理方面

感觉性记忆和第一级记忆主要是神经元生理活动的功能表现。神经元活动具有一定的后作用，在刺激作用过去以后，活动仍存留一定时间，这是记忆的最简单的形式，感觉性记忆的机制可能属于这一类，在神经系统中，神经元之间形成许多环路联系，环路的连续活动也是记忆的一种形式，第一级记忆的机制可能属于这一类。海马环路的活动就与第一级记忆的保持以及第一级记忆转入第二级记忆有关。

2. 神经生化方面

较长时间的记忆与脑内的物质代谢有关，尤其是与脑内蛋白质的合成有关。在金鱼建立条件反射的过程中，如用嘌呤霉素（puromycin）注入动物脑内以抑制脑内蛋白质的合成，则运动不能完成条件反射的建立，学习记忆能力发生明显障碍。人类的第二级记忆可能与这一类机制关系较大。在逆行性遗忘症中，可能就是由于脑内蛋白质合成代谢受到了破坏，以致前一段时间的记忆丧失。

中枢递质与学习记忆活动也有关。运动学习训练后注射拟胆碱药毒扁豆碱可加强记忆活动，而注射抗胆碱药东莨菪碱可使学习记忆减退。用利血平使脑内儿茶酚胺耗竭，则破坏学习记忆过程。动物在训练后，在脑室内注入 γ - 氨基丁酸可加速学习。动物训练后将加压素注入海马齿状回可增强记忆，而注入催产素则使记忆减退。一定量的脑啡肽可使动物学习过程遭受破坏，而纳洛酮可增强记忆。临床研究发现，老年人血液中垂体后叶激素含量减少，用加压素喷鼻可使记忆效率提高；用加压素治疗遗忘症亦收到满意效果。

3. 神经解剖方面

持久性记忆可能与新的突触联系的建立有关。生活在复杂环境中的大鼠，其大脑皮层的厚度大，而生活在简单环境中的大鼠，其大脑皮层的厚度小，说明学习记忆活动多的大鼠，其大脑皮层发达，突触的联系多。人类的第三级记忆的机制可能属于这一类。

二、大脑皮层的语言中枢和一侧优势

人类的左侧大脑皮层在语言功能上占优势，这主要是在后天实践中逐步形成的，与人类右手进行劳动有密切关系。左侧大脑半球在语言功能上占优势的这种现象被称之为左侧优势半球。一侧优势则是指人类脑的高级功能向一侧半球集中的现象。左侧半球在语言功能上占优势，右侧半球在非语言功能上占优势。

儿童时期如在大脑优势半球尚未建立时，左侧大脑半球受损伤，有可能在右侧大脑半球皮质区再建立其优势，而使语言功能得到恢复。成年后左侧优势已形成，若左侧大脑半球损害就很难在右侧大脑皮层再建立起语言活动中枢。

惯用左手的人，左右双侧的皮层有关区域都可能成为语言活动中枢。两侧大脑半球的不同优势现象，可通过裂脑（split brain）实验研究加以证实。顽固性癫痫发作患者，为控制其癫痫在两半球间传布发作，常将连合纤维（胼胝体）切断。术后患者对出现在左侧视野中的物体（视觉投射到右侧半球）不能用词汇表达，而对出现在右侧视野中的物体（视觉投射到左侧半球）则可以用词汇表达，这就说明语言中枢在左侧半球。但右侧半球也有其特殊的重要功能。右侧大脑皮层在非语言性的认识功能上占优势。在空间的辨认、深度知觉、触觉认识、音乐欣赏过程中右脑都有一定的优势。右侧大脑皮层顶叶损伤者，其非语言能力发生障碍，即精神性运动不能症（apraxia）。例如患者出现穿衣困难（肌肉功能正常），将衬衣前后穿倒或只将一只胳膊伸入袖内。右侧大脑皮层顶叶、枕叶、颞叶结合处损伤者，分不清左右侧，穿衣困难。右侧大脑半球后部的病变，常发生视觉认识障碍，无法辨认别人面部，甚至不能认识镜子里的自己，并伴有颜色、物体、地方识别障碍。

运动性语言中枢（说话中枢）：位于 44 区及 45 区，紧靠中央前回下部，额下回后 1/3 处，又称 Broca 回。能分析、综合与语言有关肌肉性刺激。此处受损，患者与发音有关的肌肉虽未瘫痪，却丧失了说话的能力，临床上称运动性失语症。

听性语言中枢：位于 22 区，位于颞上回后部，能调整自己的语言和理解别人的语言，此处受损，患者能讲话，但混乱而割裂；能听到别人讲话，但不能理解讲话的意思，对别人的问话常所答非所问，临床上称为感觉性失语症。

视运动性语言中枢（书写中枢）：位于额中回的后部，此处受损，虽然其他的运动功能仍然保存，但写字、绘画等精细运动发生障碍，临床上称为失写症。

视性语言中枢（阅读中枢）：位于 9 区和 37 区，顶下叶的角回，靠近视中枢。此中枢受损时，患者视觉无障碍，但原来识字的人变为不能阅读，失去对文字符号的理解，称为失读症。

第六节　脑电活动与觉醒、睡眠

觉醒与睡眠是大脑的重要生理功能。而脑电活动在觉醒与睡眠中起着重要作用。高等脊椎动物大脑皮层的神经组织经常出现持续而自发性的电位变化。

一、脑电活动

大脑电活动有两种不同的形式，即自发脑电活动和诱发电位。大脑皮层神经元能自发地出现生物电活动，经常呈持续的节律性电位变化，称为皮层自发脑电活动。在头皮上安置引导电极，通过脑电图仪可记录到皮层自发脑电活动的图形，称为脑电图（ electroencephalogram，EEG）。临床上使用脑电图机在头皮表面用双极或单极导联记录法记录脑电活动。将颅骨打开，直接在皮层表面安放电极引导，所记录出的脑电波称为皮层电图。

（一）正常脑电图波形

正常脑电图由不同频率和振幅的波混合组成。依频率不同分为 4 种，这 4 种脑电波在频率、波幅、起源及所代表的功能活动方面也不同。

α 波：频率为 8 ~ 13 次/s，平均约为 10 次。觉醒且静息闭眼时，在头皮的任何部位都可记录到，尤以枕叶及顶叶最为明显。如无外来刺激，频率相当恒定，波幅常变动在 50 ~ 100μV 之间。在节律中，波幅由小变大，然后由大变小，类似梭形。大脑两半球的波是对称的，但占优势的半球波幅稍高。当感受刺激，特别是光刺激，或有意识的视觉活动及有目的的智力活动时，波受到抑制（称为 α 波阻断），由低电压的 β 波取代。α 波又称同步化慢波，是大脑皮层处于清醒、安静状态时电活动的主要表现。

β 波：频率约 14 ~ 30 次/s，以额叶及中央区最明显。一般波幅不超过 30μV，在额叶与顶叶比较明显。β 节律与精神紧张程度和情绪激动有关。当受试者睁眼视物或思考问题时出现，是大脑皮层处于紧张状态时电活动的主要表现，是去同步化快波。

θ 波：频率约 4 ~ 7 次/s，波幅为 100 ~ 150μV，在顶叶及颞叶较明显，是儿童觉醒时脑电图的主要成分，成年人觉醒时脑电图无 θ 波，但出现在睡眠的一定时相中。当清醒时，意愿受挫折和抑郁时可出现 θ 波，精神愉快时 θ 波消失。

δ 波：频率约 1 ~ 3 次/s，波幅为 20 ~ 200μV，出现在颞叶与枕叶，是婴儿脑电图中的主要节律。觉醒的正常成年人无 δ 波，人熟睡或极度困倦及麻醉状态时可出现此波。α 波和 δ 波都属于同步化慢波（图 9 - 24）。

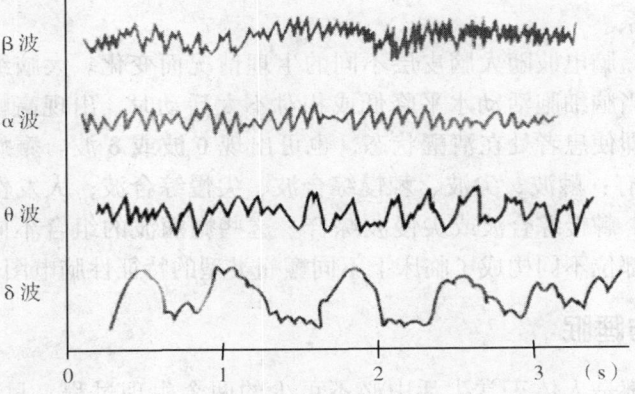

图 9 – 24　正常脑电图波形

各种波的形状一般为正弦波，但在某些情况下可出现特殊形状，如与视觉探究有关的三角形 λ 波。可因肢体运动受到抑制，出现梳形节律（μ 节律，Mu 波）和睡眠时的顶部尖波等。

脑电图有明显的、稳定的个体特征。有人认为其稳定程度可与指纹相比拟，孪生兄弟的脑电图非常相似，说明脑电图与遗传有关。

（二）影响脑电图的生理因素

（1）年龄　不同年龄的人脑电波有显著的不同。新生儿脑电波幅低，节律不明显。以后慢波增多，以 δ 节律为主。随着年龄的增长节律也加快，儿童时期的脑电波以 θ 节律为主，成年人的脑电图以 α 波节律为主，60 岁后节律有变慢的趋势。

（2）兴奋状态　成年人觉醒而兴奋时的脑电变化主要为 20～25 次/s 的低幅快波（β 波），而当觉醒松弛时，则以节律为主。

（3）睡眠　从觉醒到入睡时，节律减少，波幅减低，入睡后则出现 14～16 次/s 的睡眠梭形波及 θ 或 δ 节律的慢波（慢波睡眠），与类似觉醒而兴奋时的低电压快波（快波睡眠）相交替。由睡眠转入清醒状态时，脑电波也随之变化。

（4）血液中二氧化碳的含量　正常人过度通气（快而深的呼吸运动）一定时间后，血液中二氧化碳含量降低，脑细胞的兴奋水平发生变化，脑电图上出现弥散性的高幅慢波，在儿童及青年中表现更为明显。

（5）血糖浓度　血糖浓度降低时，占优势的脑电波频率降低，出现慢波。

（6）外界刺激　外界刺激如声、光等可引起波抑制，刺激停止后波很快恢复，如用闪光仪给予间断性节律性闪光刺激，当闪光频率在一定范围内时，可引起与闪光相同频率的脑电波，叫做节律同化。

（三）临床应用

医学临床上对癫痫患者的诊断及脑内占位性病灶（如肿瘤或血肿等）的定位有重要意义。因为癫痫患者脑电图有特殊的异常波形，而占位性病灶部位处则常有局限性慢波。脑电图在脑外科手术中监视脑的功能状态及麻醉时判断麻醉深度也有一定的意义。此外，在睡眠和梦以及脑的其他意识状态方面，脑电图也有研究意义。由于脑电图不是一个精细的指标，因而在目前的分析水平条件下，其与思想意识和行为间尚看不出有密切的关系。

一般情况下，脑电波随大脑皮层不同的生理情况而变化。大脑细胞兴奋性增强时出现低幅快波；当脑细胞活动水平降低或相对不太活动时，出现高幅度慢波。皮层有占位性病变时，即使患者处在清醒状态，也可出现 θ 波或 δ 波。癫痫患者特征性异常波（即癫痫波）有：棘波、尖波、棘慢综合波、尖慢综合波；大发作间歇期可记录到弥散性多棘慢波、棘慢综合波或尖慢波综合。这些癫痫波的组合不同，分布不同，频率不同及出现的部位不同构成了临床上不同癫痫类型的特征性脑电图。

二、觉醒与睡眠

觉醒和睡眠都是人体正常生活中必不可少的两个生理过程。只有在觉醒状态下，人体才能进行劳动和其他活动。而通过睡眠，可以使人体的精力和体力得到恢复，睡眠后保持良好的觉醒状态。成年人一般每天需要睡眠 7 ~ 9h，儿童需要的睡眠时间较长，每天需 12 ~ 14h，新生儿需 18 ~ 20h，老年人睡眠时间较短。

（一）觉醒的维持

觉醒状态的维持是脑干网状结构上行激动系统作用的结果。单纯破坏中脑网状结构的头端，而保留各种感觉上传的特异传导途径时，动物即进入持久的昏睡状态；各种感觉刺激都不能唤醒动物，脑电波不能由同步化慢波转化成去同步化快波，虽然这时感觉传入冲动完全可以沿特异传导途径抵达大脑皮层。脑干网状结构上行激动系统属于乙酰胆碱递质系统，因为静脉注射阿托品可阻断脑干网状结构对脑电的唤醒作用。动物在注入阿托品后，脑电呈现同步化慢波而不再出现快波，但动物在行为上并不表现睡眠。

动物实验中单纯破坏中脑黑质多巴胺递质系统后，动物在行为上不能表现觉醒，对新的刺激不能表现控制行为，但脑电仍可有快波出现。由此证明，行为觉醒的维持可能是黑质多巴胺递质系统的功能；而破坏蓝斑上部（去甲肾上腺素递质系统）后，动物电波快波明显减少，但如有感觉刺激传入冲动时，则动物仍能唤醒，脑电呈现快波。由此又证明了蓝斑上部去甲肾上腺素递质系统与脑电觉醒的维持也有关系，其作用是持续的紧张性作用。

上行激动系统（乙酰胆碱递质系统）的作用是时相性作用，它调制去甲肾上腺素递质系统的脑电觉醒作用。

（二）睡眠时机体功能的变化

睡眠时机体许多生理功能发生了不同于觉醒状态时的变化，其表现为：①嗅、视、听、触等感觉功能暂时减退，意识逐渐消失。②骨骼肌反射运动和肌紧张减弱。③伴有一系列自主神经功能的改变。如血压下降、心率减慢、瞳孔缩小、尿量减少、体温下降、代谢率减低、呼吸变慢、胃液分泌可增多而唾液分泌减少、发汗功能增强等。

（三）睡眠的时相

通过对整个睡眠过程的仔细观察，发现睡眠具有两种不同的时相状态。其一是脑电波呈现同步化慢波的时相，其二是脑电波呈现去同步化的时相。前者是一般熟知的状态，其表现已在前文述及，常称为慢波睡眠（slow wave sleep, SWS）。后者的表现与慢波睡眠不同，称为异相睡眠（paradoxical sleep，PS）或快波睡眠、快速眼球运动（rapid eyemovements，REM）睡眠。异相睡眠期间，各种感觉功能进一步减退，以致唤醒阈提高；骨骼肌反射运动和肌紧张进一步减弱，肌肉几乎完全松弛；脑电波呈现去同步化快波。这些表现是异相睡眠期间的基本表现。此外，在异相睡眠期间还会有间断性的阵发性表现，如眼球出现快速运动、部分躯体抽动，在人类还观察到血压升高和心率加快，呼吸加速而不规则。

慢波睡眠与异相睡眠是两个相互转化的时相。成年人睡眠一开始首先进入慢波睡眠，慢波睡眠持续约 80~120min 后，转入异相睡眠；异相睡眠持续约 20~30min 后，又转入慢波睡眠；以后又转入异相睡眠。整个睡眠期间，这种反复转化约 4~5 次，越接近睡眠后期，异相睡眠持续时间逐步延长。在成年人，慢波睡眠和异相睡眠均可直接转为觉醒状态；但觉醒状态只能进入慢波睡眠，而不能直接进入异相睡眠。在异相睡眠期间，如将其唤醒，被试者往往会报告他正在做梦。

人体实验中还观察到，垂体前叶生长激素的分泌与睡眠的不同时相有关。在觉醒状态下，生长激素分泌较小；进入慢波睡眠后，生长激素分泌明显升高；转入异相睡眠后，生长激素分泌又减少。慢波睡眠对促进生长、促进体力恢复是有利的。

异相睡眠是睡眠过程中再现的生理现象，具有一定的生理意义。曾观察到，如几天内被试者在睡眠过程中一出现异相睡眠就将其唤醒，使异相睡眠及时阻断，则被试者会出现易激动等心理活动的扰乱。然后，又让被试者能自然睡眠而不予唤醒，开始几天异相睡眠增加，以补偿前阶段异相睡眠的不足。在这种情况下异相睡眠可直接出现在觉醒之后，而不需经过慢波睡眠阶段。由此认为异相睡眠是正常生活中所必需的生理活动过程。动物脑灌流实验观察到，异相睡眠期间脑内蛋白质合成加快。异相睡眠对于幼儿神经系统的成熟有密切关系，并认为异想睡眠期间有助于建立新的突触联系而促进学习记忆活动。异相睡眠对促进精力的恢复是有利的。但是，异相睡眠会出现间断性的阵发性表现，这可能与某些疾病在夜间发作有关，如心绞痛、哮喘、阻塞性肺气肿缺氧发作等。有人报道，患者在夜间心绞痛发作前常先做梦，梦中情绪激动，伴有呼吸加快、血压升高、心率加快，以致心绞痛发作而觉醒。

（四）睡眠发生的机制

睡眠是由中枢内发生了一个主动过程而造成的，中枢内存在着产生睡眠的中枢，有人认为，在脑干尾端存在能引起睡眠和脑电波同步化的中枢。这一中枢向上传导可作用于大脑皮层（有人称之为上行抑制系统），并与上行激动系统的作用相对抗，从而调节着睡眠与觉醒的相互转化。

由于中枢神经递质研究的进展，已把睡眠的发生机制与不同的中枢递质系统功能联系了起来。慢波睡眠可能与脑干内 5-羟色胺递质系统有关，异相睡眠可能与脑干内 5-羟色胺和去甲肾上腺素递质系统有关。

第七节 运动动作技能的形成

一、运动技能的概念和分类

人体在运动中掌握和有效地完成专门动作的能力称为运动技能。运动技能可分为开链运动技能和闭链运动技能。开链运动技能在完成动作时由多种分析器参与工作，并综合总的反馈信息，因此可随外界的环境改变而改变自己的动作。球类、击剑、摔跤等对抗性项目属开链运动。闭链运动技能在完成动作时反馈信息主要来自本体感受器，基本上不因外界环境的变化而改变自己的动作。田径、游泳、自行车等项目属闭链运动。

二、运动技能的生理本质

人随意运动的生理功能是以大脑皮质活动为基础的肌肉活动。大脑皮质动觉细胞可与皮质所有其他中枢建立暂时性神经联系，学习和掌握运动技能的生理本质就是建立运动条件反射的过程。人形成运动技能有多个中枢参与运动条件反射的形成，反射活动是一连串的，具有严格的时序特征，前一个动作即后一个动作的条件刺激，而且在动作形成的过程中，肌肉的传入冲动起了重要作用，因此人形成运动技能就是形成复杂的、连锁的、本体感受性的条件反射。

大脑皮质运动中枢内支配部分肌肉活动的神经元在功能进行排列组合，兴奋和抑制在运动中枢内有顺序地、有规律地和有严格时间间隔地交替发生，形成了一个系统，成为一定的形式和格局，使条件反射系统化，称为运动定力定型。

三、运动技能形成的过程及影响因素

（一）运动技能的形成过程

1. 泛化阶段

泛化发生在学习技术的初期，外界刺激引起大脑皮质强烈兴奋而发生兴奋和抑制的扩散，分化抑制未建立，条件反射建立不稳定，动作表现往往是僵硬和不协调，出现多余的动作。教师应该抓住动作的主要环节和学生存在的主要问题进行教学。

2. 分化阶段

分化发生在不断的学习过程中，外界刺激引起大脑皮质兴奋和抑制过程逐渐集中，分化抑制发展，条件反射建立渐稳定，动力定型逐渐建立。该阶段不协调和多余的动作逐渐消除，错误动作也逐步得到一定程度的纠正。教师应特别注意错误动作的纠正，让学生体会动作的细节。

3. 巩固阶段

巩固发生在反复练习之后，运动条件反射系统已建立巩固，大脑皮质兴奋和抑制过程在时间和空间上更加集中、精确，动力定型牢固建立。该阶段动作准确、优美，而且某些环节的动作还可以出现自动化。教师应对学生提出进一步要求，并指导学生进行技术理论学习。

4. 动作自动化

动作自动化是指动作技能巩固后，在无意识的条件下完成技术动作。随着动力定型的反复巩固，神经细胞在完成条件反射时可在兴奋性较低的情况下，节省能量来完成。由于神经细胞兴奋性相对较低，故可不向第二信号系统的语言区扩散，因而在完成该动作时无需有意识地控制。此时大脑皮质有关区域兴奋性可较低，但动作完成仍是在大脑皮质的控制之下，必要时又可转换为有意识的活动。该阶段动作平稳、准确、省力、轻松自如，仍应不断检查动作质量，以防动作变形。

（二）运动技能形成的影响因素

（1）大脑皮层的兴奋状态 在学习动作时调整大脑皮层的兴奋状态，使大脑皮层处于适宜的兴奋状态。

（2）感觉技能在运动技能形成中的作用 在学习动作时充分利用各感觉信息，建立正确的运动感觉，促进运动技能的形成。

（3）反馈在运动技能形成中的作用 合理利用反馈信息，包括学会利用反馈信息教学、不同阶段使用不同反馈信息、合理应用正负反馈信息、利用想象和回忆动作练习的反馈信息。

（4）消除防御性反射 在初学时，应适当降低动作难度或高度，消除学生的害怕心理。

（5）运动技能之间的影响 如果原有的运动技能可以促进新的运动技能的形成则为良好影响，如果同时学习几种运动技能时相互妨碍，新形成的运动技能破坏原有的运动技能，则为不良影响。因此，应注意学习动作的顺序安排。

本章小结

神经系统是人体结构功能最复杂的系统，神经功能大致可分为3类：感觉功能、运动功能和高级功能。感觉功能包括神经系统对体内外刺激的感受功能。运动功能包括神经系统对躯体运动（骨骼肌收缩）的调节和对内脏器官平滑肌、心肌运动以及分泌腺、外分泌腺分泌活动的调节。高级功能是指神经系统的高级整合作用。神经系统把机体的各种活动联合起来，协调起来，组成一定的活动模式以适应内外环境的变化，保证机体的生存，这种活动是神经系统的整合作用。

复 习 题

1. 翻正反射在人体运动中起什么作用？
2. 突触在传递兴奋时有哪些特点？
3. 试述运动技能形成的过程。

（胡爱华 董战玲 樊守艳）

参 考 文 献

[1] 邓树勋，王健，乔德才. 运动生理学. 第2版. 北京：高等教育出版社，2009.

[2] 杨锡让. 实用运动生理学. 北京：北京体育大学出版社，2003.

[3] 王庭槐. 生理学. 第2版. 北京：高等教育出版社，2008.

网 站 导 航

1. http：//219. 244. 16. 122：8000/jpkc_ shengli/jxwj. htm

2. http：//jpkc. gipe. edu. cn/physiology/content. htm

第十章　身体素质的评价

教学 目标

　　掌握力量、速度、耐力、柔韧和灵敏等身体素质的基本概念，理解掌握各项身体素质的生理基础，学会增强各项素质的训练方法，并能应用于身体素质的发展和提高。

相关 概念

　　力量素质（strength）：是指肌肉工作时对抗阻力的能力，可表现为绝对力量、相对力量、爆发力和肌肉耐力等形式。

　　绝对力量（absolute strength）：是指肌肉做最大收缩时所能产生的张力，以肌肉收缩时所能克服的最大阻力来表示。

　　相对力量（relative strength）：又称比肌力，是指肌肉单位生理横断面积肌纤维做最大收缩时所能产生的肌张力。

　　爆发力（explosive strength）：指肌肉在最短时间内收缩所能产生的最大张力，常用单位时间的做功量来表示。

　　肌肉耐力（muscle endurance）：是指肌肉在一定负荷条件下保持或持续重复收缩的能力，反应肌肉持续工作的能力，体现肌肉对抗疲劳的水平。

　　速度素质（speed）：是指人体快速运动的能力。包括人体对外界信号刺激快速反应的能力、快速完成动作的能力及快速位移的能力，即反应速度、动作速度和位移速度。

　　反应速度（reaction speed）：是指人体对各种信号刺激（声、光、触等）快速应答的能力。

　　反应时（reaction time）：是指从感受器接受刺激产生兴奋并沿反射弧传递开始，到引起效应器发生反应所需要的时间。

　　位移速度（displacement speed）：是指周期性运动中人体在单位时间内通过的距离。

　　动作速度（movement speed）：是指完成单个动作时间的长短。

　　耐力素质（endurance）：是指人体长时间肌肉活动的能力，包括有氧耐力和无氧耐力。

　　有氧耐力（aerobic endurance）：是指人体长时间进行有氧工作（依靠糖、脂肪等有氧氧化供能）的能力。

无氧耐力（anaerobic endurance）：是指机体在氧供不足的情况下较长时间进行肌肉活动的能力。

柔韧素质（flexibility）：是指用力做动作时扩大动作幅度的能力。

灵敏素质（agility）：是指人体迅速改变体位、转换动作和随机应变的能力。

人的体能发展水平是由其身体形态、身体功能及身体素质的发展状况所决定的。身体形态是指机体外部的形状。身体功能是指机体各器官、系统的功能。身体素质是指人体在运动中所表现出来的各种基本运动能力，通常包括力量、耐力、速度、柔韧和灵敏等素质。

身体素质是人体为适应运动的需要所储存的身体能力要素。身体素质是人体肌肉活动基本能力的表现，这种能力不仅与人体解剖、生理特点有关，而且与肌肉工作时的能力供应、内脏器官的功能、神经调节能力、训练程度及营养状况密切相关。

身体素质是人体功能的综合反映，良好身体素质是进行技、战术训练和提高运动成绩的基础，是运动员承受大负荷训练和高强度比赛的基础，是运动员在训练和比赛中保持稳定、良好的心理状态的基础。良好的身体素质还有助于预防伤病的发生，因此，无论是在体育锻炼、体育教学，还是在运动训练中，都应该重视身体素质的培养和提高。

第一节　力量素质

肌肉力量（muscle strength）是指肌肉工作时对抗阻力的能力，可表现为绝对力量、相对力量、爆发力和肌肉耐力等形式。绝对力量（absolute strength）是指肌肉做最大收缩时所能产生的张力，以肌肉收缩时所能克服的最大阻力来表示。相对力量（relative strength）又称比肌力，是指肌肉单位生理横断面积肌纤维做最大收缩时所能产生的肌张力，即相对力量（kg）＝绝对力量（kg）/肌肉生理横断面积（cm^2）。爆发力（explosive strength）指肌肉在最短时间内收缩所能产生的最大张力，常用单位时间的做功量来表示。肌肉耐力（muscle endurance）是指肌肉在一定负荷条件下保持或持续重复收缩的能力，反应肌肉持续工作的能力，体现肌肉对抗疲劳的水平，常用肌肉克服某一固定负荷的最长时间（静力性工作）或最多次数（动力性工作）来表示。

肌肉力量是实现身体运动和提高运动成绩的基础，也是影响和制约其他身体素质的重要因素。肌肉力量的大小不仅与肌肉本身的解剖和生理特点有关，还与肌肉活动时的能量代谢、神经调节等功能活动有关，并受年龄、性别、训练等多种因素的影响。

一、决定肌肉力量的生物学因素

（一）肌纤维的横断面积

肌纤维的横断面积（cross sectional area，CSA）是指横切一块肌肉所有肌纤维所获得的断面的总和，通常以平方厘米表示。研究发现，肌肉力量与肌纤维的横断面积呈线性相关，即通常情况下肌纤维的横断面积越大，肌肉力量也越大。

力量训练可以提高肌肉力量，原因之一就是可以增大肌纤维的横断面积。力量训练通过影响激素等体液因素和神经的调节作用，使得骨骼肌收缩蛋白的代谢活动发生变化，蛋白质合成增多，引起肌肉体积增加。同时力量训练还能使肌肉周围结缔组织增多，对肌纤维的附着起着框架的作用。

（二）肌纤维类型和运动单位

肌纤维类型和运动单位大小、类型直接影响肌肉力量。快肌纤维较粗，无氧酵解酶活性高，供能速率快，单位时间内可完成更多的机械功。慢肌纤维中毛细血管丰富，线粒体含量较多，有氧氧化酶活性较高，因此收缩持续时间长，肌肉耐力较好。

运动单位是指一个运动神经元的轴突及其分支所支配的全部骨骼肌纤维，根据支配的肌纤维类型不同，可分为快肌运动单位和慢肌运动单位。一个运动神经元所支配的肌纤维数量称为神经支配比，神经元支配的骨骼肌纤维数量多则神经支配比大。通常来说，同样类型的运动单位，神经支配比大则运动单位的收缩力强。

（三）肌肉收缩时动员的肌纤维数量

各类运动神经元的兴奋性各不相同，通常慢肌运动单位神经元的兴奋性较高，而快肌运动单位神经元的兴奋性较低。但需要克服的阻力较小时，慢肌兴奋完成收缩，此时动员的肌纤维数量较少，随着阻力的增加，中枢神经传出冲动增强，兴奋性较低的运动单位开始被动员，参加工作的肌纤维数量随之增多。在其他条件相同的情况下，动员的肌纤维数量的多少是影响肌力的主要因素。但即使运动中枢处于最大兴奋状态，也不能使所有的肌纤维同时参与工作。

（四）肌纤维收缩时的初长度

肌肉力量的大小与肌肉收缩前的初长度密切相关。在一定范围内，肌肉收缩的初长度越长，肌肉收缩时产生的张力和缩短的程度就越大。研究表明，肌纤维处于一定长度时，粗肌丝肌球蛋白横桥与细肌丝的肌动蛋白结合的数目最多，从而使肌纤维收缩力增加，这种长度称为最适初长度。另外，肌肉本身是一种弹性组织，在受到快速牵拉时具有弹性回缩的作用；同时肌肉拉长时，肌梭受到刺激而兴奋，通过牵张反射机制提高肌纤维收缩力。在运动实践中，做标枪投掷动作时前躯干上肢做超越器械的主动拉长、网球发球时拉长体前肌群的背弓、立定跳远时下蹲后立即起跳等都是利用了该因素而获得更大的收缩力。

（五）关节运动角度

同一块肌肉在关节的不同运动角度时产生的力量也不同，这是因为在不同关节角度时肌肉长度变化对骨骼所产生的力矩不同。

（六）肌肉的生化成分及毛细血管分布

肌肉中的磷酸原、肌糖原等能源物质的储备，肌酸激酶、磷酸果糖激酶、丙酮酸激酶等关键酶的活性以及肌红蛋白的数量都是影响肌肉力量的重要因素。肌肉毛细血管数量的增加有助于运动时产生的酸性物质、CO_2 等代谢产物的运输以及 O_2 和营养物质的供应，这些都与肌肉力量有关。

（七）神经系统的功能状态

神经系统的功能状态主要通过提高中枢兴奋程度，协调各肌群活动，增加肌肉同步兴奋收缩的运动单位数量来提高肌肉最大力量。中枢神经系统兴奋性高，则参与兴奋的神经元多，所发出的动作电位频率高，更多的兴奋性较低的运动单位参与兴奋收缩，从而提高肌力。同时，也会促进肾上腺素、乙酰胆碱等生理活性物质的释放，这也是影响肌力的重要因素。运动时完成一个简单的动作也需要多块肌肉共同实现，不同的肌群是由不同的神经支配而进行工作的，不同神经之间的协调关系得到改善，就可以提高主动肌与对抗肌、固定肌、中和肌之间的协调能力，减少因肌群间工作不协调导致的能量消耗，有助于主动肌发挥更大的收缩力量。

神经系统功能状态对举重的影响

对于举重这类项目来说，由于体重所限，运动员要以最小的肌肉重量获得最大的肌肉力量，对中枢同步兴奋性和反射协调能力要求很高，采用最大负荷甚至超过最大负荷的训练有助于增加中枢神经系统发放冲动的频率和有关肌肉中枢同步兴奋性程度。

（八）年龄和性别

肌肉力量从出生后随年龄的增加而发生自然增长，约在 20 ~ 30 岁时达最大，以后逐渐下降。力量训练可以延缓肌力下降的趋势，如果肌肉只承担较小的负荷，50 岁以后，每 10 年肌力下降约 12% ~ 14%。

10 岁以前，男孩和女孩的肌力区别不大。进入青春期后，力量的性别差异加大。一般女性上肢绝对力量约为男性的 50%，下肢的绝对力量约为男性的 80%。正常成年男性肌肉重量约占体重的 40% ~ 45%，而女性则约为 35%，如果考虑到这一因素，有训练的男性、女性之间的相对力量差异明显减小。

（九）激素

肌肉力量的年龄、性别和个体差异在很大程度上是激素作用的影响。睾酮可以通过促进蛋白质的合成，使肌肉肥大，从而提高肌肉力量。由于睾酮在人体内的分泌数量差异很大，男性为 300 ~ 1000ng/dl，女性为 15 ~ 60ng/dl，因此在一定程度上造成不同年龄、性别人群肌力大小的不同。血中甲状腺素的量对肌纤维类型有一定影响。生长激素主要是增加肌肉中胶原蛋白（结缔组织）的数量。

二、肌肉力量的可训练因素

在影响肌肉力量的生物学因素中，有些因素受先天遗传影响，可训练的幅度较小，这些因素在训练过程中被置于较次要的位置。而有些因素可以通过后天训练得到明显改善，这些因素称为肌肉力量的可训练因素。

（一）肌纤维收缩力

训练可以使肌原纤维收缩蛋白含量显著增多，肌原纤维增粗，在形态学上表现为肌肉壮大，同时肌细胞内的肌糖原等能量物质大量贮备，有关代谢酶的活性增加，这些因素都会使肌肉的收缩能力提高。

（二）神经肌肉控制

训练能有效地提高中枢神经系统的功能水平，从而提高肌肉力量。研究表明，一般人肌肉完成最大随意收缩时，最多有 60% ~70% 的肌纤维同时参与收缩，主要原因是运动中枢兴奋性难以达到足够高的水平，所发出的神经冲动不能使更多的运动单位参与兴奋收缩过程。经过系统的力量训练，将提高中枢神经对外周运动单位活动的募集能力、改善运动单位活动的同步化程度及不同肌群活动的协调性等，使得参与收缩的肌纤维数量可达 80% ~90%，甚至更高，肌力明显增加。

（三）肌纤维类型

目前，对于快肌亚型（II_a 和 II_b）在训练影响下可相互转化的观点，已经被大多数学者所接受。但对于训练能否使快肌和慢肌互变的问题，一直存在不同的观点。早期研究认为快肌和慢肌的比例是由遗传因素决定的，不受力量、耐力训练的影响。然而，近年来的研究表明肌纤维之间可能出现相互转化。在埋入式电极实验中，对去神经的快肌纤维施加模拟慢肌神经的低频冲动刺激，6 周后，快肌纤维在组织化学、收缩特征和分子结构上都彻底转变成慢肌。但这种改造是可逆的，当去除低频刺激的影响后，快肌纤维又恢复其原来的特征。用同样的方法对慢肌施加高频冲动刺激，发现慢肌的收缩速度和氧化能力没有发生改变。结果表明，快肌可以被低频冲动刺激改造成慢肌，而慢肌不受高频冲动刺激的影响。有关肌纤维互变的问题有待于更多的实验研究。

但无论怎样，运动训练能使肌纤维产生适应性变化是不争的事实。耐力训练可使慢肌纤维选择性肥大，有氧代谢酶活性、毛细血管网数量、肌红蛋白含量及慢肌纤维面积百分比等增加；而力量和速度训练可使快肌纤维选择性肥大，有关无氧代谢酶活性及快肌纤维面积百分比等增加。

三、功能性肌肉肥大

功能性肌肉肥大是指由于运动训练所引起的肌肉体积增大。肌肉的功能性肥大主要表现为肌纤维的增粗。肌纤维的增粗可表现为以下两种情况。

（一）肌浆型功能性肥大

肌浆型功能性肥大是指肌纤维非收缩蛋白成分的增加所致的肌肉体积增加，表现为线粒体、肌糖原、磷酸肌酸和肌红蛋白等成分的增加。这类肌肉肥大对肌肉最大肌力作用不明显，由于单位横断面积所含肌纤维数量有所减少，因此相对肌力有所下降，但可以有效地提高肌肉的有氧工作能力和肌肉耐力。长期的中、小强度训练会导致此类功能性肥大，主要发生在慢肌和 II_a 型快肌纤维中。

（二）肌原纤维型功能性肥大

肌原纤维型功能性肥大表现为肌纤维中收缩蛋白含量的增多所导致的肌肉体积增加。这种肥大会使肌肉的绝对力量和相对力量显著提高，同时使肌腱的结构更加致密。长期大负荷力量训练会导致此类功能性肥大，产生部位主要在 II_b 型快肌纤维中。

运动形式和运动强度对肌肉功能性肥大的类型有及其重要的影响，理论上可根据项目需要，选择合适的训练方式，从而引起不同类型的肌纤维的不同性质的选择性肥大。但实际上，肌肉的功能性肥大是两种肥大的综合表现，无论哪种运动导致的肌肉肥大都包含有非收缩成分和收缩成分的增加，只是侧重点不同。

四、力量训练

（一）力量训练原则

为了有效地达到增加肌肉力量的目的，应努力改善相关的肌力影响因素，在练习过程中应遵循以下基本原则。

1. 超负荷原则

超负荷原则是肌肉力量训练的一个基本原则，是指肌肉所克服的阻力要接近或达到甚至略超过肌肉所能承受的最大负荷。只有当负荷足够大时，才能提高中枢兴奋性，募集更多的运动单位参与收缩，使肌肉表现出更大的肌张力。当肌肉已经适应原有负荷时，就应该考虑增加负荷量，通常低于肌肉最大负荷80％的力量练习对提高最大肌力的作用不明显。

2. 渐增阻力原则

渐增阻力原则是指力量训练过程中，随着训练水平的提高，肌肉所克服的阻力应随着肌力的增加而增加，这样才能保证最大肌力的持续增长。同时，在力量练习中，负荷的递增不宜过快或过大，这样容易导致过度训练的发生，出现肌肉损伤，反而不利于提高肌力。在设计发展力量的练习计划时必须从实际出发，有步骤、分阶段地由小到大、由少到多进行，循序渐进。

3. 专门性原则

专门性原则是指所从事的肌肉力量练习应与相应的运动项目相适应。力量训练中不同的代谢性质、收缩类型、练习模式，所产生的训练效果也是不同的。同样是跑步，100m 和马拉松参与工作的肌群基本一致，但运动形式差异很大。进行负重抗阻练习时，应包括直接用来完成某一技术动作的全部肌群，并尽可能地模拟其实际的肌肉活动类型、能量代谢类型、肌肉收缩速度、动作结构及动作节奏等，使得力量练习与专项技术的要求相一致。力量练习时专门性有利于神经系统的协调，以及肌肉内部生理、生化特征的变化。

4. 负荷顺序原则

负荷顺序原则是指力量练习过程中应考虑前后练习动作的科学性和合理性。力量练习是由多种力量练习模式组成的，而练习的顺序直接影响训练的效果，总的来说应遵循先练大肌群、后练小肌群、前后相邻的练习避免使用同一肌群的原则。一般情况下，小肌群在力量训练中较大肌群容易疲劳，会在一定程度上影响其他肌群乃至身体整体工作能力。前后相邻动作若使用同一肌群，容易导致疲劳的累积，既不能保证练习质量，又容易出现肌肉损伤。交替练习时，工作肌神经兴奋会抑制前一运动致疲肌群的运动中枢，使疲劳的肌群得到放松。身体主要肌群的练习顺序可以是：①大腿和髋部。②胸和上臂。③背部和大腿后部。④小腿和踝部。⑤肩带和上臂后面。⑥腹部。⑦上臂前面。

5. 有效运动负荷原则

有效运动负荷原则是指为了肌肉力量获得稳定提高，应保证有足够大的运动强度和运动时间，以引起肌纤维明显的结构和生理、生化变化。超负荷原则主要是从肌肉所克服阻力的总量来讲，而有效运动负荷原则强调每一次（组、轮）肌肉力量练习，都要维持足够大的运动强度和足够长的运动时间，只有这样才会对身体功能产生效果。通常每次力量练习中应有不少于 3 组接近或达到肌肉疲劳的练习，才能使肌肉力量逐渐提高。

6. 合理练习间隔原则

合理练习间隔原则是指在 2 次训练课之间寻求适宜的间隔时间，使下次力量训练在上次训练的超量恢复期内进行，从而使运动训练效果得以累积，肌肉力量保持增长。训练量大，间隔时间应较长。一般来说，小强度力量训练次日就会出现超量恢复；中等强度的力量练习每周 3～4 次；而大强度的力量训练每周进行 1～2 次即可。完成定量负荷时，训练水平较高者出现超量恢复的时间较早，超量恢复的幅度较小，间隔可以较短；进行力竭训练时，训练水平较高者完成的绝对负荷量大，超量恢复出现较晚，幅度较大，训练间隔应稍延长。

有研究显示，通过 20 周训练后，肌肉力量得到明显增长，此后停止训练，30 周后力量增长水平完全消退。力量增长后若每 6 周进行 1 次力量训练，可使力量消退速度大大延缓；若每 2 周进行 1 次力量训练，则基本能保持原有力量水平。

（二）力量训练要素

1. 运动强度

在力量性的练习中，运动强度取决于阻力的负荷重量，是决定运动量的最主要因素。在表示力量训练的负荷强度时，常采用最大重复次数（repetition maximum，RM）这一指标。RM 是指肌肉收缩所能克服某一负荷的最大次数，RM 越小，表示运动者对该负荷的重复次数越少，负荷强度越大。RM 为 1 时，表示此负荷重量只能被完成 1 次，是该受试者的最大负荷重量。由于每个人的 RM 重量不同，因此以 RM 来确定力量练习的强度比采用绝对重量更合理。不同类型力量素质，在练习时所采用的 RM 重量也不相同（表 10 - 1）。

表 10 - 1　不同形式力量练习的参考运动强度

运动强度（RM）	练习效果	适用项目
5	提高最大肌力和动作速度	举重、投掷
6～10	提高爆发力，耐力增长不明显	100m 跑、跳远、跳高
10～15	提高肌肉耐力，主要是无氧耐力	400m 跑、800m 跑
30	提高肌肉耐力，主要是有氧耐力 对绝对力量的提高作用不明显	长跑

2. 练习次数和频度

在力量训练中，练习次数和训练频度的安排受训练目的、运动形式和训练水平等因素的影响。尤其对于初次参加力量练习者来说，隔天进行力量练习的效果要好于每天连续进行练习。以发展肌肉最大力量为目的的训练（如举重等），运动强度一般接近或达到肌肉的最大负荷能力（80% ~100% 1RM），重复次数 2 ~6 次，练习组数应在 3 ~6 组，练习频度在每周 2 ~3 次；以发展肌肉爆发力为主要目的的运动（如 100m 跑），运动强度应适当降低（60% ~80% 1RM），重复 6 ~15 次，进行 3 ~6 组，每周练习 3 次；以发展肌肉耐力为主要目的的运动（如长跑），运动强度更低（40% ~60% 1RM），重复次数 20 ~40 次，练习 3 ~6 组，每周 3 次。

3. 运动量

运动量是运动强度和运动时间的乘积。在一个练习周期中，运动量 = 平均运动强度 × 运动时间 × 训练频度。运动量反映的是在一段时间内机体所承受的总的负荷量。

（三）力量训练手段

1. 等长练习

等长练习是指肌肉收缩而长度不变的对抗阻力的力量训练方法，又称静力性训练法。练习时，肌肉在原来静止长度上或缩短一定程度上负重做紧张用力。等长练习的优点是肌肉能够承受的负荷重量较大，是发展最大力量的常用方法。其缺点是练习时肌肉缺乏收缩和放松的协调，练习过程也较枯燥。同时，等长练习有明显的关节角度效应，即等长练习的效果局限于受训练的关节角度。因此，进行等长练习时，应考虑运动项目的专项技术特点，确定合理的关节练习角度，这样才能确保练习效果。

2. 等张练习

等张练习是指肌肉收缩和放松交替进行的力量练习方法，又称动力性练习或向心练习，如前臂负重弯举、卧推、负重蹲起等都属于此类练习。等张练习的优点是肌肉运动形式更接近于项目的运动特点，由于练习时肌肉没有静力紧张，而能够做到收缩和放松交替进行，因此在增长力量的同时还可以提高神经肌肉的协调性。其缺点是力量练习过程中，关节角度不同，肌肉张力变化较大。

3. 离心收缩练习

离心收缩练习是指肌肉收缩产生张力的同时被拉长的力量训练方法。研究显示肌肉在进行离心收缩时产生的最大离心张力比最大向心张力大 30%，因此离心练习能够对肌肉产生更大的刺激，从而更有利于发展肌肉横断面积和肌肉力量。其缺点是训练后引起的肌肉疼痛程度较其他方法明显，可能是肌肉结构和结缔组织发生微损伤的程度较重所致。

4. 等速练习

等速练习又称等动练习，是一种利用专门的等速力量训练器进行的肌肉力量训练方法。进行等速练习时，等速力量训练器产生的阻力是和用力的大小相适应的，用力越大，阻力越大，肢体的运动速度在整个运动范围内都是恒定的，在此范围内的各个角度上，只要练习者尽全力运动，产生的肌张力也是最大的。等速练习是一种满负荷的力量训练方法，可以使肌肉进行全范围的训练，有利于在较短时间内达到提高肌力的目的。

5. 超等长练习

超等长练习是指肌肉在离心收缩之后紧接着进行向心收缩的力量训练方法。肌肉在离心收缩后马上进行向心收缩，可借助肌肉牵张反射机制和肌肉弹性回缩产生更大的力量，如运动训练中的多级跳等练习都属于此类方法，对发展爆发力效果显著。

6. 全幅练习

全幅练习是指力量练习从肌肉充分拉长位置开始，并在尽量缩短的位置上结束，是在关节整个运动幅度内进行的力量练习，是发展肌肉力量和伸展性同步进行的一种方法。如斜板仰卧起坐，对于腹部肌肉的力量和伸展性都有很好的练习效果。

应用专栏

核心力量训练

核心力量训练是指针对身体核心肌群及其深层小肌肉进行的力量、稳定、平衡等能力的训练。所谓核心肌群，指的是位于脊柱和骨盆周围的背肌、腹肌、盆带肌和盆底肌，包括：竖脊肌、腹直肌、腹内斜肌、腹外斜肌、腹横肌、腰方肌、髂腰肌等。核心力量存在于所有运动项目中，所有体育动作都是以中心肌群为核心的运动链，强有力的核心肌群对运动中身体姿势的维持、运动技能和专项技术动作的发挥起着稳定和支持作用。任何竞技项目的技术动作都不是依靠某单一肌群就能完成的，它必须要动员许多肌群协调做功。核心肌群在此过程中担负着稳定重心、发力、减力、传导力量等作用，对上、下肢体的协同工作及整合用力起着承上启下的枢纽作用。如游泳运动员要想减少在水中的阻力，其中重要的一条是减小身体在水中占用的空间，保持身体的水平直线性。如果核心力量薄弱，可致使运动员在运动过程中下肢下沉或身体过度摆动，由此，加大了形状阻力，将会影响运动成绩。

核心力量训练是速度、灵敏等素质训练的基础。核心力量训练计划一个重要的原则就是在运动中使许多的肌群协调做功，其目的就是要动员躯干深层的小肌群参与运动。核心力量训练不同于传统的力量训练，它使下背部与腹部的肌肉群在训练时同时做功，就如同使上、下半身同时做功一样，努力使整个机体协调起来，确保运动员在做动作时让核心肌群起到稳定躯体、传输能量的作用。

第二节　速度素质

速度素质（speed）是指人体快速运动的能力。包括人体对外界信号刺激快速反应的能力、快速完成动作的能力及快速位移的能力，即反应速度、动作速度和位移速度。

一、速度素质的生理基础

（一）反应速度

反应速度（reaction speed）是指人体对各种信号刺激（声、光、触等）快速应答的能力，如100m游泳，运动员从听到发令到起跳入水的时间。反应速度的快慢主要取决于兴奋通过反射弧所需要的时间的长短、中枢神经系统的功能状态和运动条件反射的巩固程度等。

1. 反应时与反应速度

从感受器接受刺激产生兴奋并沿反射弧传递开始，到引起效应器发生反应所需要的时间称为反应时（reaction time）。在构成反射弧的五个环节中，传入神经和传出神经的传导速度基本是固定的，因此，反应时的长短主要取决于三个方面，即感受器的敏感程度、中枢延搁和效应器的兴奋性。其中，中枢延搁最为重要，反射活动越复杂，突触结构就越多，相应地所需要的反应时也就越长。

2. 中枢神经系统的功能状态与反应速度

中枢神经系统的功能状态与反应速度关系密切。良好的兴奋状态及其灵活性，能够加速机体对刺激的反应，使效应器由相对安静状态或抑制状态迅速转入活动状态。运动员处于良好的赛前状态时，反应时缩短，反应速度提高；相反，如果运动员大脑皮层的兴奋性降低或灵活性低，则反应时明显延长，对信号刺激的应答速度降低。

3. 运动条件反射的巩固程度与反应速度

条件反射是以非条件反射为基础，通过后天学习、训练而建立起来的大脑皮质中枢之间的暂时性联系。反复的练习可以使条件反射系统化，条件反射系统化就说明条件反射的巩固程度已达到动力定型的阶段。动力定型的结果，是使肌肉的收缩和舒张有顺序地、有规律地、有严格时间间隔地进行，并符合动作所要求的规格。动力定型越巩固，就越能放松自如地完成技术动作。大脑皮层所建立起来的动力定型越多，皮质功能的可塑性就越好，动力定型的建立和改建就越容易，大脑皮质功能的灵活性也就越高，皮质储存的信息也就越多，分化功能也就越完善，提取信息和反馈的速度就越快。研究发现，通过训练，反应速度可以提高 11%～25%。

（二）动作速度

动作速度（movement speed）是指完成单个动作时间的长短，如排球运动员扣球时的挥臂速度等。动作速度主要是由肌纤维类型的百分比构成、肌肉力量、肌肉组织功能状态和运动条件反射的巩固程度等因素决定的。

1. 肌纤维类型与动作速度

肌肉中快肌纤维占优势是速度素质重要的物质基础之一。快肌纤维百分比越高且快肌纤维越粗，肌肉收缩速度就越快。

2. 肌肉力量与动作速度

肌肉力量越大，越能克服肌肉内部及外部阻力完成更多的工作。所有影响肌肉力量的因素也会影响动作速度。

3. 肌肉组织功能状态与动作速度

肌肉组织兴奋性高时，刺激强度低且作用时间短就能引起肌组织兴奋。

4. 运动条件反射的巩固程度与动作速度

在完成动作过程中，运动技能越熟练，动作速度就越快。此外，动作速度还与神经系统对主动肌和对抗肌、固定肌、中和肌的调节能力有关，并与肌肉的无氧代谢能力密切相关。

（三）位移速度

位移速度（displacement speed）是指周期性运动（如跑步、游泳等）中人体在单位时间内通过的距离。对于跑步来说，其位移速度主要取决于步长和步频两个变量（图 10 - 1）。步长主要取决于肌力的大小、下肢的长度以及髋关节的柔韧性；而步频主要取决于大脑皮层运动中枢的灵活性和各中枢间的协调性，还有快肌纤维的百分比及其肥大程度。神经系统的灵活性好，兴奋与抑制转换速度快，是肢体动作迅速交替的前提；而各肌群间协调关系的改善，可以减少因对抗肌群紧张而产生的阻力，有利于更好地发挥速度。由此可见，肌肉放松能力的改善也是提高位移速度的重要因素之一。

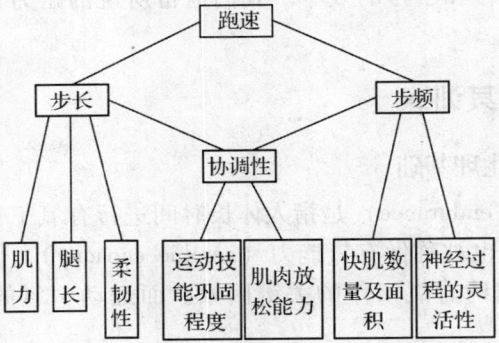

图 10 - 1　影响步长、步频的主要生物学因素

由于速度性练习时间短，主要依靠磷酸原系统供能。因此，肌肉中 ATP - CP 含量是提高速度素质重要的物质基础，这一点可以通过专项速度训练进行改善。

二、速度素质的训练

1. 提高动作速率的训练

为了改善和提高神经过程的灵活性，可采用变换各种信号让练习者迅速做出反应的练习，如变向跑等。此外还可以做各种高频率动作的练习，如牵引跑、顺风跑等，借助外力提高动作频率的练习，使练习者在不缩短步长的情况下增加步频，提高神经中枢兴奋与抑制快速转换的能力。

2. 发展磷酸原系统的供能能力

一般常用的方法是重复训练法，如短跑运动员常采用 10s 以内的短距离反复疾跑来发展磷酸原系统供能能力。

3. 提高肌肉的放松能力

进行速度训练时，强调放松能力的培养，避免由于紧张而造成不必要的肌肉参与工作，增加肌肉阻力及能量消耗。有研究表明，在力量练习后进行放松练习的实验组与无放松练习的对照组相比，实验组肌肉的放松能力明显提高，同时肌肉力量和速度及 100m 跑成绩均较对照组明显提高。

4. 发展肌肉力量及关节的柔韧性

对短跑运动员来说，腿部力量对增加步长是十分重要的，除负重训练外，可进行一些超等长练习（如连续单腿跳、蛙跳等）来发展腿部力量。另外，可采用缓慢牵拉和快速牵拉相结合的练习改善关节柔韧性，这样也有利于速度素质的提高。

第三节 耐力素质

耐力（endurance）是指人体长时间进行肌肉活动的能力，也是反映人体健康水平或体质强弱的一个重要标志。耐力素质的提高及耐力训练过程本身对于提高大脑皮层细胞活动能力及均衡性、灵活性，提高心血管系统功能，促进新陈代谢等都有重要的作用，同时提高耐力素质对人的生活质量、生存能力具有重要的现实意义。耐力训练还可以提高人长时间工作和学习的效率。我们通常所说的耐力素质是指有氧耐力和无氧耐力。

一、有氧耐力及其训练

（一）有氧耐力的生理基础

有氧耐力（aerobic endurance）是指人体长时间进行有氧工作（依靠糖、脂肪等有氧氧化供能）的能力，也被称做有氧能力（aerobic capacity）。供氧充足是实现有氧工作的先决条件，也是制约有氧工作的关键因素。而运动中氧的供应受多种因素制约（图 10 - 2）。

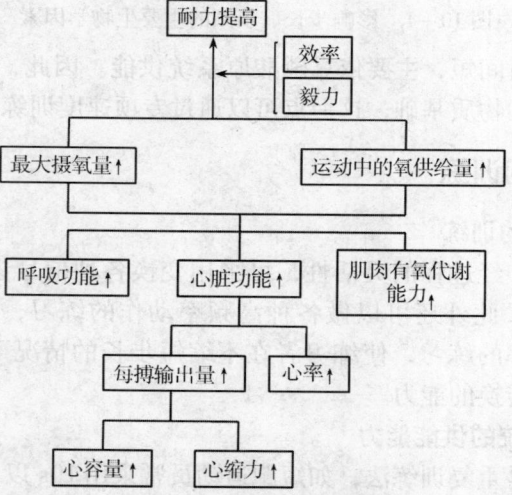

图 10 - 2 影响有氧耐力提高的生物学因素

1. 心肺功能

心肺功能是有氧耐力素质的重要生理基础，良好的心肺功能是运动中供氧充足的保证。优秀的耐力专项运动员在系统训练的影响下，使心脏的形态与功能出现一系列适应性的变化。主要表现为左心室内腔扩张，心容积增大，安静时心率减慢，每搏输出量增加，表明心脏的泵血功能和工作效率得到提高，以适应长时间持续运动的需要。空气中的氧通过呼吸器官的活动进入肺，并通过物理弥散作用与肺循环毛细血管血液之间进行交换。耐力项目运动员肺的容积和肺活量均大于同性别、同年龄的非耐力专项运动员，肺的通气功能和弥散能力也较好，为运动中氧的供给提供了先决条件。

最大摄氧量（VO_2max）是反映心肺功能的一项综合生理指标，也是衡量人体有氧耐力水平的重要指标之一。耐力项目运动员的 VO_2max 明显高于非耐力专项运动员，且最大摄氧量利用率（$\%VO_2max$）也较高。凡是能影响 VO_2max 的因素均能影响运动员的有氧耐力水平，如肺的通气和换气功能、血红蛋白含量、肌肉组织利用氧的能力、年龄、性别、训练等。

2. 肌纤维类型及其代谢特点

肌组织利用氧的能力主要与肌纤维类型及其代谢特点有关。耐力项目运动员慢肌纤维百分比高，同时还伴有肌红蛋白增多，线粒体的体积增大、数量增多和氧化酶活性提高，毛细血管数量增加等方面的适应性变化，其肌组织利用氧的能力高。目前认为，心输出量是决定 VO_2max 的中枢机制，而肌纤维类型的百分组成及其本身的特点是决定 VO_2max 的外周机制。

3. 中枢神经系统功能

在耐力运动中，人体对各中枢间的协调性要求较高，以保证长时间的正常兴奋和抑制的节律转换。长期进行耐力训练，不仅能够提高大脑皮质神经过程的稳定性，而且能够改善各中枢间的协调关系。其表现为运动中枢的兴奋与抑制过程更加集中，肌肉的收缩与舒张更加协调；各肌群（主动肌、对抗肌等）之间的配合更趋完善；氧运输系统的功能能够更好地与肌肉活动相适应。由于神经调节能力的改善，可以提高肌肉活动的机械效率，节省能耗，从而保持长时间的肌肉活动。

4. 能量供应特点

耐力性项目运动特点是持续时间长，强度相对较小，其能量绝大部分由有氧代谢供给。因此，机体的有氧代谢能力与有氧耐力素质密切相关。系统的耐力训练，可以提高肌肉有氧氧化过程的效率和各种氧化酶的活性，以及机体动用脂肪供能的能力（表10-2）。脂肪供能比例的增加，可以节省糖原的利用，从而延长运动持续时间，提高有氧运动能力。

表10-2 不同持续时间中糖和脂肪的供能比例

运动时间（min）	0~30	30~60	60~90	90~120
需氧量（L/min）	2.48	2.51	2.52	2.61
糖供能比例（%）	71	66	63	56
脂肪供能比例（%）	29	34	37	44

（二）发展有氧耐力的训练

有氧耐力主要涉及氧运输系统（呼吸、循环）与氧利用系统（肌组织）的有氧代谢这两个功能系统之一，或同时提高和发展都可以改善有氧耐力。

1. 训练方法

（1）持续训练法　指强度较低、持续时间较长且无间歇的练习方法。目前在田径中长跑和游泳训练中，常采用长距离的持续性匀速练习，主要用于锻炼心肺功能和发展有氧耐力。长时间的持续训练，可以提高大脑皮质神经过程的均衡性和功能稳定性，提高呼吸和循环系统的功能及 VO_2max，并可引起慢肌纤维出现选择性肥大，肌红蛋白也有所增加。尤其是儿童少年及训练水平低者应以低强度的匀速持续训练为主。

（2）有氧代谢的间歇训练法　指在两次练习之间有适当的间歇，并在间歇期进行强度较低的练习，而不是完全休息。其主要特点：①完成工作的总量大。间歇训练比持续训练能完成更大的工作量，并且用力较少，而呼吸、循环系统和物质代谢等功能得到较大的提高。②对心、肺功能的影响大。在间歇期内，运动器官（肌肉）能得到休息，而心血管系统和呼吸系统的活动仍处于较高水平。因此，经常进行间歇训练，能使心血管系统得到明显的锻炼，特别是心脏工作能力以及最大摄氧能力都得到显著提高。

（3）高原训练　高原训练时，人们要经受高原缺氧和运动缺氧两种负荷，对身体造成的缺氧刺激比平原上更为深刻，可以大大调动身体的功能潜力，使机体产生复杂的生理效应和训练效应。研究表明，高原训练能使红细胞和血红蛋白数量及总血容量增加，并使呼吸和循环系统的工作能力增强，从而使有氧耐力得到提高。

2. 训练要素

（1）运动强度　一般认为，为发展有氧耐力，应采用超过本人 VO_2max 50% 强度的运动，才能使有氧能力显著提高。近年的研究认为，个体乳酸阈（ILAT）强度是发展有氧耐力训练的最佳强度。对于持续训练法，强度可控制在心率 145～170 次/min，此时约为 VO_2max 80% 强度。有氧耐力的适宜心率可通过公式：安静心率 +（最大心率 - 安静心率）×60% - 70% 来计算。对于有氧代谢的间歇训练，强度控制在心率 170～180 次/min。

（2）运动持续时间　运动持续时间取决于运动强度。匀速持续跑，时间应在 1h 以上。间歇训练中，每组练习持续工作的时间不超过 2min，少则仅有数秒，间歇时间的控制可以心率恢复到 120 次/min 为标准，总的持续时间应较长，不宜短于 0.5h。

二、无氧耐力及其训练

（一）无氧耐力的生理基础

无氧耐力（anaerobic endurance）是指机体在氧供不足的情况下较长时间进行肌肉活动的能力，无氧耐力也称无氧能力（anaerobic capacity）。在长时间缺氧情况下，体内主要依靠糖无氧酵解提供能量。因此，无氧耐力的水平，主要取决于肌肉内糖无氧酵解供能的能力、缓冲乳酸的能力以及脑细胞对血液 pH 变化的耐受力。

1. 肌肉内无氧酵解供能的能力与无氧耐力

肌肉无氧酵解的能力，主要取决于肌糖原的含量及其无氧酵解酶的活性。优秀赛跑运动员腿肌中参与无氧酵解的酶中，乳酸脱氢酶活性随项目不同而异，长跑运动员最低，中跑次之，短跑最高，这与不同项目的代谢特点是一致的。

2. 缓冲乳酸的能力与无氧耐力

正常人血浆的 pH 为 7.35～7.45，肌肉无氧酵解过程中产生的乳酸进入血液后，将对血液 pH 造成影响。机体缓冲乳酸能力的强弱，主要取决于血液中碳酸氢钠的含量及碳酸酐酶的活性，表现为 $NaHCO_3/H_2CO_3$ 的比值。经常进行无氧耐力训练，可以提高碳酸酐酶的活性。

3. 脑细胞对酸的耐受力与无氧耐力

因氧供不足而导致代谢产物的堆积，将会影响脑细胞的工作能力，促进疲劳的发展。因此，脑细胞对这些不利因素的耐受能力，也是影响无氧耐力的重要因素。经常进行无氧耐力训练的运动员，脑细胞对血液中代谢产物堆积的耐受力得到提高。

（二）提高无氧耐力的训练

1. 最高乳酸的间歇训练法

最高乳酸的间歇训练法是发展无氧耐力最常用的训练方法。在训练中，要考虑练习强度、练习时间和间歇时间的组合与匹配，要以运动中能产生高浓度的乳酸为依据。练习强度为 VO_2max 80%～90% 强度；练习时间一般应长于 30s，以 1～2min 为宜；间歇时间一般为 4min，也可采用递减方式缩短间歇时间，这样做可使体内乳酸堆积达到较高值。以这种练习强度和时间及间歇时间的组合，能最大限度地动用糖酵解系统供能的能力，从而有效地提高无氧耐力。

2. 缺氧训练

缺氧训练是指在憋气或减少吸气的条件下进行练习的方法，其目的是造成体内缺氧，以提高无氧耐力。缺氧训练不仅可以在高原自然环境中进行，而且在平原特定环境条件下模拟高原训练，同样可以获得一定的训练效果，如利用低压舱等。

第四节 柔韧和灵敏素质

一、柔韧素质

柔韧素质（flexibility）是指用力做动作时扩大动作幅度的能力。关节运动幅度的增大，对于提高动作质量十分重要。柔韧性愈好，动作就愈舒展、优美和协调，同时有助于减少运动损伤的发生。

（一）柔韧素质的生理基础

1. 关节的构造及其周围组织的伸展性

关节活动幅度的大小，与关节的解剖结构特点、关节周围组织的体积以及跨关节的韧带、肌腱、肌肉和皮肤的伸展性等生理状况有关。关节面结构是影响柔韧性的重要因素，主要由遗传决定，但训练可以使关节软骨增厚。关节周围体积过大，如皮下脂肪含量或结缔组织过多都将影响临近关节的活动幅度，使柔韧性降低。肌肉及韧带组织的伸展性，取决于年龄和性别等因素，并与肌肉温度有关，通过准备活动可使肌肉温度升高，有利于柔韧性的提高。

2. 神经系统对骨骼肌的调节能力

神经系统对骨骼肌的调节能力，尤其是主动肌和对抗肌之间协调关系的改善，以及肌肉收缩与舒张协调能力的提高，可以减少由于对抗肌紧张而产生的阻力，有利于增大运动幅度。此外，肌肉放松能力的提高，也是扩大动作幅度、提高柔韧性的重要因素。

（二）发展柔韧素质的训练

1. 拉长肌肉和结缔组织的训练

拉长肌肉和结缔组织的练习，一般可分为动力拉伸法和静力拉伸法。动力拉伸法是指有节奏地、通过多次重复同一动作的练习使软组织逐渐地被拉长的练习方法。静力拉伸练习时，先通过动力拉伸缓慢的动作将肌肉等软组织拉长，当拉伸到一定程度（有轻微疼痛感觉）时暂时静止不动，一般不会超越关节伸展的限度，不易引起组织损伤，并能有意识地放松对抗肌群，使之缓慢拉长。

动力拉伸和静力拉伸可主动完成，亦可被动完成。主动拉伸练习是运动员依靠自己的力量将软组织拉长；而被动拉伸练习是靠外力帮助进行软组织的拉长。做被动拉伸时，动作幅度一般都会超过主动拉伸，在进行时应注意控制动作幅度，以免出现损伤。

快速爆发式牵拉练习会引起牵张反射，使同一块肌肉收缩，影响柔韧性练习效果，且容易诱发损伤。进行柔韧性练习时，应动力拉伸与静力拉伸相结合，主动拉伸与被动拉伸相结合，这样能获得较好的练习效果。

2. 提高肌肉的放松能力

主动放松肌肉的能力愈好，关节活动时所受肌肉牵拉的阻力就愈小，相应地关节活动幅度增加。

3. 柔韧练习与力量训练相结合

柔韧性的提高，要有一定的肌肉力量作基础。在练习中即要发展柔韧性，又要发展力量，可采用力量训练中所述的全幅练习法。

4. 柔韧练习与训练课的准备活动相结合

训练课前，尤其是在气温较低的季节中，通过准备活动，可以使体温升高，从而降低肌肉的黏滞性，提高其伸展性，使肌肉在收缩或被动拉长时受到的阻力减小，此时进行柔韧练习能收到较好的效果，并可避免肌肉拉伤。

5. 柔韧练习要注意年龄特征

儿童少年时期关节内外韧带较松弛、关节面软骨厚、关节面角度大，年龄愈小，柔韧性愈好，成年以后，柔韧性降低较明显。因此，从少儿时期开始进行系统训练，是发展柔韧素质的重要手段。儿童少年的柔韧性练习，应该以缓慢地主动活动为主，避免造成关节、韧带损伤或骨骼变形。成年以后，如坚持相应的柔韧练习，已经获得的柔韧性可以保持很久。

二、灵敏素质

灵敏素质（agility）是指人体迅速改变体位、转换动作和随机应变的能力。如篮球中的急停、快速变向等动作，都需要运动员具有良好的灵敏素质。灵敏素质可分为一般灵敏素质和专项灵敏素质。专项灵敏素质具有明显的项目特点，如体操运动员的灵敏主要表现为对身体姿势的控制和转换动作的能力，而球类运动员的灵敏则主要表现为对外界环境变化能及时而准确地转换动作以做出反应的能力。

衡量灵敏素质的标志是运动员在各种复杂变化的条件下能够迅速、准确、协调地做出应答动作。这就要求运动员必须具有良好的判断能力及反应速度，要求运动员随机完成的应答动作在空间、时间及用力特征上相互吻合、组配协调。

（一）灵敏素质的生理基础

1. 神经过程的灵活性及其分析能力

大脑皮质神经过程的灵活性及其分析能力是灵敏素质重要的生理基础。神经过程的灵活性好，兴奋与抑制转换得快，才能使机体在内外环境发生变化时迅速地做出判断和反应，并调整或修正动作。尤其在对抗性项目中，如球类、柔道等，随着来球方向、对手情况等因素的变化，动作的性质及强度都将随之发生变化，机体必须迅速做出合理的判断，进行应对。

2. 感觉器官的功能状态

灵敏素质的发展与各种感觉器官功能的改善有密切关系。在完成动作过程中，需要运动员具有良好的感觉功能，表现为动作准确，变换迅速，并且在时间和空间上表现出准确的定时、定向能力，这就要求视觉、听觉、位置觉、平衡觉、本体觉等感受器维持在极高的敏感水平。

3. 运动技能的掌握情况及其他身体素质水平

灵敏素质是多种运动技能和身体素质在运动中的综合表现。掌握的运动技能数量愈多、愈熟练，大脑皮质有关中枢之间的沟通就愈迅速和准确，灵敏素质才能愈充分地体现出来。灵敏素质的生理学基础是在中枢神经系统指挥下，将身体各种能力，包括力量、速度、耐力及柔韧性综合地表现出来，这样才能真正适应复杂的环境变化，做出准确的反应。

此外，灵敏素质还受年龄、性别、疲劳等因素的影响。神经系统是人体发育最早和最快的系统，一般认为少年时期灵敏素质发展最快，如 7～12 岁儿童具有良好的反应能力，6～12 岁孩子节奏感较好，7～11 岁儿童岁具有良好的空间定向能力等等。就性别来看，男孩较女孩灵活，尤其在青春期后，女孩内分泌系统发生变化，体重增加，影响灵敏素质的训练和表现。身体疲劳时，爆发力、动作速度、反应速度及协调性等都下降，灵敏素质也会显著降低。

（二）发展灵敏素质的训练

通过让运动员随各种信号改变动作的训练，如十字变向跑、立卧撑、快速急停、迅速转体等练习，可以提高大脑皮质神经过程的灵活性，并通过各种声、光等信号刺激手段提高感觉器官的功能。也可以根据项目特点设计练习方式，如可以利用体操器械做各种调整身体方位的练习。同时，加强其他身体素质的训练，熟练掌握多方面的运动技能，都可以促进灵敏素质的发展。

本章小结

肌肉力量是绝大多数运动形式的基础，可表现为绝对力量、相对力量、爆发力和肌肉耐力等形式。决定肌肉力量的因素包括：肌纤维的横断面积、肌纤维类型和运动单位、肌肉收缩时动员的肌纤维数量、肌纤维收缩时的初长度、关节运动角度、肌肉的生化成分及毛细血管和神经系统的功能状态、年龄和性别以及激素等。提高肌纤维的收缩力量和运动中枢间的协调性、同步性，是增加最大肌力的可行途径。长期的肌肉运动可导致肌肉功能性肥大。在力量训练中应遵循超负荷渐增阻力、专门性、负荷顺序、有效运动负荷、合理练习间隔等原则。力量练习主要以生理负荷强度作为标准来衡量运动强度。常用的发展力量素质的方法有：等长练习、等张练习、离心收缩练习、等速练习、超等长练习和全幅练习等。

速度素质是指人体快速运动的能力，包括反应速度、动作速度和位移速度。反应速度的快慢主要取决于反应时的长短、中枢功能状态和运动条件反射的巩固。动作速度主要由肌纤维类型、肌肉力量、肌组织兴奋性和运动条件反射的巩固等因素决定。位移速度可以通过提高动作效率、发展磷酸原系统供能能力、提高肌肉放松能力、发展肌肉力量及关节柔韧性等方法来提高。

耐力是人体长时间进行肌肉活动的能力，按运动时能量供应特点分为有氧耐力和无氧耐力。有氧耐力受心肺功能、肌纤维类型及其代谢特点、中枢神经系统功能和能量供应特点等因素影响。无氧耐力的高低取决于肌肉内糖酵解供能能力、肌肉缓冲乳酸的能力及脑细胞对血液低 pH 变化的耐受力。

柔韧素质是指用力做动作时扩大动作幅度的能力。关节运动幅度的增大，对于提高动作质量十分重要。影响柔韧素质的因素包括关节的构造及周围组织的伸展性、神经系统对骨骼肌的调节能力等。

灵敏素质是指人体迅速改变体位、转换动作和随机应变的能力。大脑皮层神经过程的灵活性及分析能力、感觉器官的功能状态、掌握运动技能及其他身体素质的水平等因素都可影响灵敏素质。

复习题

1. 决定力量大小的生理因素有哪些？
2. 肌肉的肌浆型功能性肥大和肌原纤维型功能性肥大的异同有哪些？
3. 阐明力量训练的方法并从生理学角度进行分析。
4. 试述影响速度素质的生理因素。
5. 试述有氧耐力的生理基础及发展有氧耐力的训练方法。
6. 试述无氧耐力的生理基础及发展无氧耐力的训练方法。
7. 阐述灵敏及柔韧素质的生理基础。

思考与讨论

1. 试比较和分析不同力量训练手段的异同。
2. 如何对体育高考生进行身体素质训练指导（100m 跑、800m 跑、铅球、立定跳远）？

（赵文辉）

参 考 文 献

[1] 邓树勋，王健，乔德才．运动生理学．第 2 版．北京：高等教育出版社，2009.
[2] 王瑞元．运动生理学．北京：人民体育出版社，2002.
[3] 田野．运动生理学高级教程．北京：高等教育出版社，2003.
[4] 朱大年．生理学．北京：人民卫生出版社，2008.
[5] 田麦久．运动训练学．北京：人民体育出版社，2000.
[6] 杨锡让，傅浩坚．运动生理学进展．北京：北京体育大学出版社，2000.

网 站 导 航

1. http：//www. mamashealth. com/exercise/musstren. asp
2. http：//sportsmedicine. about. com/od/runningworkouts/a/speeddrills. htm
3. http：//www. sport – fitness – advisor. com/aerobic – endurance – training. html
4. http：//www. training4cyclists. com/how – to – train – for – anaerobic – endurance/
5. http：//www. spineuniverse. com/wellness/exercise/flexibility – training – tips
6. http：//www. exrx. net/ExInfo/Sprint. html

第十一章 疲劳与恢复

教学 目标

　　了解疲劳及运动性疲劳的分类，掌握运动性疲劳的概念、可能机制、发生部位及判断方法，理解运动性疲劳的特点；掌握恢复过程的阶段性特点及促进机体功能恢复的方法，理解运动后不同物质的代谢恢复规律；学会应用这些知识指导运动训练和体育锻炼。

相关 概念

　　运动性疲劳（exercise – induced fatigue）：机体不能将它的功能保持在某一特定水平上和（或）能维持某一预定的运动强度的状态。

　　运动性力竭（exercise – induced exhaustion）：是运动性疲劳的一种特殊形式，是疲劳发展的最后阶段，发生运动性力竭时，机体完全不能维持运动的状态。

　　超量恢复（supercompensation）：运动消耗的能源物质在运动后一段时间不仅恢复到原来水平，甚至超过原来水平，这种现象称为"超量恢复"或"超量代偿"，保持一段时间后又回到原来水平。

　　积极性休息（active rest）：用改变活动这种方式来消除疲劳的方法称为积极性休息。

　　运动性疲劳是人们在身体锻炼与竞技运动过程中的一种现象。适度的运动性疲劳，施以合理的恢复手段可以促进人体功能水平的不断提高；而过度疲劳不仅对改善健康水平和提高运动成绩不利，还可能会造成各种运动损伤，以致损害人们的身体健康。因此，对运动性疲劳进行研究，了解运动性疲劳的产生机制，掌握合理有效的防治措施，从而消除疲劳，对提高运动成绩、增进健康有着十分重要的理论价值和实践意义。

第一节　疲劳的概念

　　自从莫索（Mosso）在 19 世纪末开始研究疲劳至今，关于疲劳的研究已有上百年历史，不同的历史时期不同的研究者从不同侧面对疲劳，特别是运动性疲劳，进行了大量的研究。运动性疲劳是人体在运动过程中出现了机体工作能力暂时性降低，但经过适当的休息和调整后，可以恢复原有功能水平的一种生理现象。在训练过程中，运动员运动水平的提高就是疲劳－恢复－再疲劳－再恢复的过程。

一、疲劳及其分类

（一）广义的疲劳及其分类

1. 疲劳的概念

人体是一个有机的整体，不同细胞、器官、系统之间互相协调、互相制约，在复杂多变的环境中维持正常的生命活动。在相对自然的条件下，人们参加工作、劳动、学习、娱乐等活动，都要消耗能量。因此，从某种意义上讲，生命是生物能量存在的一种形式，是能量聚集、转换和消耗的一种过程。工作效率持续一定的时间后都会下降，这就是机体疲劳的表现。广义的疲劳是一种主观不适感觉，机体失去完成原来所从事的正常活动或工作的能力。

2. 疲劳的分类

按照导致疲劳的原因不同可将疲劳分为生理性疲劳和病理性疲劳。

（1）生理性疲劳　生理性疲劳主要包括体力疲劳、脑力疲劳、心理疲劳、病理疲劳和混合性疲劳等。①体力疲劳：主要是由于在从事体力劳动及体育运动时，活动量过大或持续时间过长，骨骼肌能源物质大量消耗，代谢产物（乳酸、二氧化碳、氨等）大量堆积，使骨骼肌工作能力降低。②脑力疲劳：主要是由于长时间用脑，引起脑的血液和氧气供应不足而使大脑出现代谢障碍，主要表现为头晕脑涨、记忆力下降、注意力不能集中等。③心理疲劳：与因连续工作而致肌体能量消耗的体力疲劳不同，它是指人长期从事一些单调、机械的工作活动，伴随着肌体生化方面的变化，中枢局部神经细胞由于持续紧张而出现抑制，致使人对工作、对生活的热情和兴趣明显降低，产生情绪低落、厌倦、对立等心理反应。心理疲劳常常带有主观体验的性质，并不完全是客观生理指标变化的反映。④混合性疲劳：是上述几种疲劳因素同时存在而引起的疲劳，形成原因较复杂。

这些机体功能暂时下降的生理现象是身体的一种保护性机制，经过适当的休息和调整可以自行消除。

（2）病理性疲劳　病理性疲劳是由各种疾病引起的一种综合性疲劳，它不同于生理性疲劳，仅靠一般的休息往往不能奏效，必须经过药物或其他治疗，当疾病治愈后疲劳才会完全消除。一般认为，生理性疲劳是这些疾病的先兆之一。多种疾病，如流感、病毒性肝炎、肺结核、糖尿病、心肌梗死、贫血和癌症等都可使患者出现疲劳的感觉。

（二）运动性疲劳及其分类

1. 运动性疲劳

与一般健身活动相比，竞技运动对身体的刺激更为深刻，随着现代竞技运动水平的提高，运动负荷越来越大，运动性疲劳的相关研究越来越受到人们的重视。运动持续一段时间后，人体运动能力下降，就会产生疲劳。第五届国际运动生物化学会议对运动性疲劳（exercise – induced fatigue）的定义为：机体不能将它的功能保持在某一特定水平上和（或）不能维持某一预定的运动强度的这种状态。这一定义将疲劳时体内组织器官的功能水平和运动能力结合起来对疲劳的发生和疲劳的程度进行了评价，显示出运动性疲劳具有较大的个体差异性。

运动性力竭（exercise – induced exhaustion）是运动性疲劳的一种特殊形式，是疲劳发展的最后阶段。运动性疲劳是机体运动一定时间后，不能继续维持原强度的工作。而力竭是机体完全不能运动。

2. 运动性疲劳的分类

运动性疲劳根据其产生部位不同、产生机制不同、运动方式不同等可以分为多种类型，其主要分类方法包括：

（1）按身体整体和局部划分　整体疲劳是指由于全身运动而使全身各器官功能下降而导致的疲劳。如足球比赛、马拉松、铁人三项赛等均可造成全身各器官功能下降。

局部疲劳是指以身体某一局部进行运动而使该局部器官功能下降而导致的疲劳。如局部肌肉训练、专项技术动作训练等。

（2）按身体各器官划分　骨骼肌疲劳是指运动引起的骨骼肌功能下降。如力量训练后，骨骼肌僵硬、酸痛等，在体育活动中骨骼肌疲劳最为常见。

心血管疲劳是指运动引起的心血管系统及其调节功能下降。心血管系统对疲劳较为敏感，不同负荷的运动都可能引起心血管系统疲劳，如运动后心电图 ST 段下降、T 波倒置、心率恢复速度减慢、心输出量减少、舒张压升高等。

呼吸系统疲劳是指运动引起的呼吸功能下降。呼吸系统疲劳多出现在长时间运动、憋气用力或屏息后，并伴随心血管系统疲劳，如剧烈运动时呼吸表浅短促、胸闷、肺功能下降等。

（3）按运动方式分　快速疲劳是指由于短时间、大强度剧烈运动引起的身体功能下降。快速疲劳产生快，消除也相对较快，如短跑、投掷、跳跃等。

慢速疲劳是指长时间、小强度持续运动引起的身体功能下降。慢速疲劳发生较缓慢，但恢复时间也相对较长，如长跑、长距离游泳等。

 应用专栏

***

人体运动性疲劳模型

运动方式：建立人体运动性疲劳模型的负荷方式主要有跑台、功率自行车或台阶运动等，一般采用递增性和持续性运动方式。

运动强度：根据受试者的身体功能状况和实验设计要求，确定运动强度。实验要求运动强度大，则持续时间短；反之，则运动持续时间长。

评定方法：受试者不能维持规定的运动强度时为疲劳。

二、运动性疲劳的产生机制

关于疲劳产生机制的研究，一直都是运动生理学、运动生物化学、运动心理学等运动医学学科关注的重点，但迄今关于疲劳产生的确切机制还不十分清楚。特别是对于运动性疲劳来说，强度不同、时间不同、运动形式不同，产生疲劳的机制也是不同的，形成了许多关于运动性疲劳产生机制的学说。

（一）能量耗竭学说

该理论认为疲劳的产生主要是运动过程中体内能源物质大量消耗且得不到及时补充所致。实验显示，在短时间、大强度运动中，疲劳的产生伴随三磷酸腺苷（adenosine triphosphate，ATP）和磷酸肌酸（creatine phosphate，CP）含量的下降。在中等强度、长时间运动过程中，血糖浓度降低伴随机体出现疲劳症状，当补充糖类物质后，运动能力有所恢复。人体在做单腿功率自行车运动时，运动腿肌肉至疲劳时糖原含量极度下降，而非运动对照腿的糖原含量几乎不变。

（二）代谢产物堆积学说

该理论认为运动性疲劳主要是运动过程中某些代谢产物在体内大量堆积而又不能及时清除所致，代谢产物的堆积将影响体内的正常代谢，造成运动能力下降。

乳酸是糖在无氧条件下进行分解代谢的产物。乳酸解离后生成 H^+，使肌肉 pH 下降，抑制糖酵解关键酶的活性，降低 Ca^{2+} 与肌钙蛋白结合的敏感性，阻碍神经 – 肌肉接头处兴奋的传递。此外，运动时血氨浓度升高与中枢神经系统疲劳的发生有关，还可以促发糖酵解过程，使乳酸含量增加，两者共同作用，使身体功能下降。

（三）离子代谢紊乱学说

该理论认为运动时离子代谢紊乱可导致运动性疲劳。实验显示，细胞内 Ca^{2+} 代谢紊乱，使胞浆 Ca^{2+} 浓度增加、线粒体 Ca^{2+} 聚集，抑制线粒体氧化、磷酸化过程，造成 ATP 再合成障碍。肌细胞连续去极化，使细胞内 K^+ 流失增多，血钾水平升高，引起骨骼肌、心肌组织兴奋性增加，诱发 T 波升高、PR 间期延长、ST 段改变等心电图异常现象。运动过程中胞内 Mg^{2+} 浓度下降，可导致许多关键酶活性降低，引起 Ca^{2+} 代谢紊乱，降低运动能力。

（四）内环境稳定状态失调学说

该理论认为机体内环境的相对稳定是组织器官保持最佳功能状态的基础和前提，当血液 pH 下降，高渗性脱水导致血浆渗透压及电解质浓度变化等都会影响这种机体的相对平衡状态，引起疲劳的产生。

（五）自由基损伤学说

自由基是指外层电子轨道带有未配对电子的原子、离子或分子，包括氧自由基、羟自由基、过氧化氢、单线态氧等，在细胞内、线粒体、内质网、细胞核、质膜和细胞液中都可以产生自由基。适量的自由基在机体中发挥正常的生物学功能，当体内自由基生成与清除失衡的时候，即产生负面影响。

自由基具有较强的活性，可与体内糖类、脂类、蛋白质及核酸等发生反应，造成细胞结构的破坏从而影响细胞功能。实验显示，大强度运动过程中耗氧量增加、能量代谢加强、抗氧化酶活性下降等都可引起自由基增多，这些过多的自由基使膜受体、离子通道、膜蛋白酶及膜的流动性发生改变，对膜的通透功能产生影响，从而阻碍体内呼吸链产生 ATP 的过程，影响肌纤维兴奋收缩耦联及能量供应，这些变化都将影响骨骼肌、心脏、肝脏、红细胞以及其他脏器的正常功能，使整体运动能力下降，导致疲劳发生。

（六）中枢神经递质失衡学说

正常情况下，脑内的中枢抑制性神经递质和兴奋性神经递质保持平衡，以共同维持机体的协调运动。研究表明，长时间运动时脑内的中枢抑制性神经递质，如 5 - 羟色胺、γ - 氨基丁酸（gamma - aminobutyric acid，GABA）等生成增加，通过减少中枢神经向外周发放神经冲动来降低运动能力。而一些中枢兴奋性神经递质，如多巴胺（dopamine，DA）、乙酰胆碱等代谢异常，也会影响神经元之间以及神经元与效应器之间的信息传递，引起中枢神经系统疲劳的发生。

（七）保护性抑制学说

按照巴甫洛夫学派的观点，无论是体力疲劳还是脑力疲劳，都是大脑皮质产生了保护性抑制。贝柯夫的研究发现，狗拉载承重小车行走 30 ~ 60min 而产生疲劳时，一些条件反射显著减少，刚刚建立的条件反射完全消失。雅科甫列夫的实验采用小鼠进行 10h 游泳运动至疲劳后大脑中的 ATP、CP 水平明显降低，糖原接近耗竭，大脑皮质中的抑制性神经递质 γ - 氨基丁酸水平明显升高，这是中枢神经系统出现保护性抑制的重要因素之一。

（八）突变理论

爱德华兹从肌肉疲劳时能量消耗、力量下降和兴奋性或活动性丧失三维空间的关系，提出了肌肉疲劳的突变理论，并认为这是运动性疲劳的生物化学基础。他认为疲劳是运动能力的衰退，形如一条链的全或无断裂现象（图 11 - 1）。

突变理论将疲劳看成是多种因素的综合体现（图 11 - 2）。

运动时，在能量物质和兴奋性不断丧失的过程中，存在一个急剧下降的突变峰，使兴奋性突然崩溃，这可避免能量储备进一步下降而产生破坏性的变化，从而以疲劳的形式表现出来，肌肉的兴奋性、能量供应水平、输出功率呈一个逐渐下降的过程。

（九）神经 - 内分泌 - 免疫网络理论

该理论是我国学者冯炜权提出的用于解释运

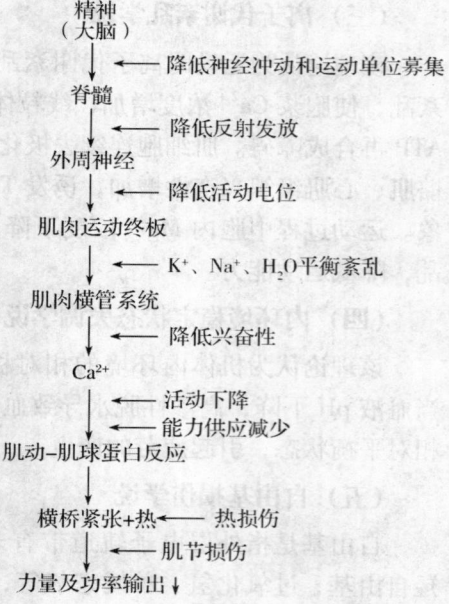

图 11 - 1　肌肉疲劳控制链

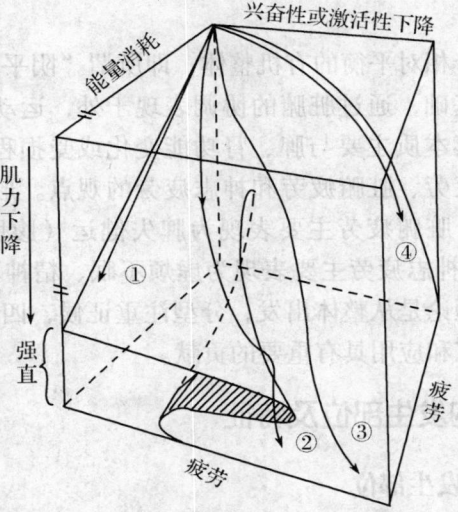

图 11 - 2　突变理论示意图

①单纯能量消耗，不存在兴奋性下降，继续则会引起强直；②带突变性的综合疲劳，具有力量突然下降
的特点；③综合性能量消耗和兴奋性下降，但没有突变；④单纯兴奋性下降，无能量消耗

动性疲劳机制的观点（图 11 - 3）。运动过程中，兴奋抑制的失调缘于 ATP 的减少、血糖
下降、γ - 氨基丁酸增加等现象。发生运动应激时，首先下丘脑 - 垂体 - 肾上腺轴活动加
强，血中皮质醇浓度上升，分解代谢加强，同时性腺分泌睾酮减少，合成代谢减弱，如
果运动负荷过大，皮质醇分泌持续增加，对下丘脑 - 垂体 - 性腺轴产生广泛的抑制作用，
对免疫系统也有抑制作用。免疫系统功能的下降实质上是机体无法再继续工作的信号，
通过细胞因子的反馈作用于神经 - 内分泌系统，提示机体应终止运动。

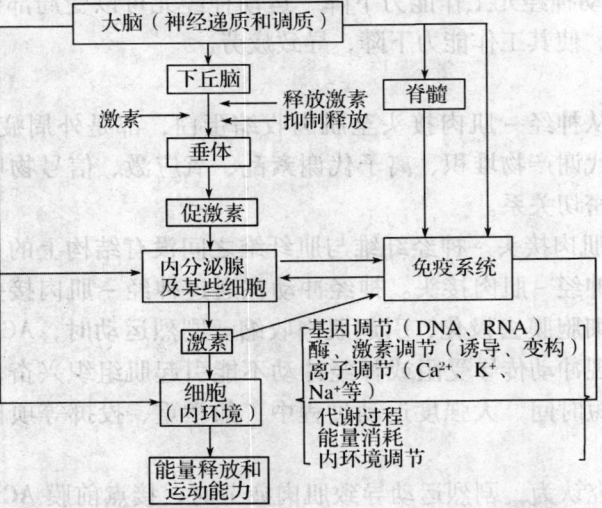

图 11 - 3　神经 - 内分泌 - 免疫代谢调节疲劳网络

（十）中医理论

中医认为人体是一个相对平衡的有机整体，即所谓"阴平阳秘，精神乃治"。体力的产生是以气血阴阳为基础，通过脏腑的协调表现于外，运动性疲劳的证候与内伤虚劳病的发生密切相关，其本质主要与脾、肾功能变化或受损程度密切相关。中医理论从整体出发提出了形体疲劳、脏腑疲劳和神志疲劳的观点。形体疲劳主要表现为肌肉酸痛、筋骨关节疼痛等；脏腑疲劳主要表现为脾失健运（腹胀、食积阻滞等）、肾气（肾阴、肾阳）不足等；神志疲劳主要表现为虚烦不眠、精神不振、困倦厌训等证候。由于运动性疲劳的中医理论是从整体出发，分型注重证候，四诊合参，进行辨证论治，对运动性疲劳机制的研究和应用具有重要的贡献。

三、运动性疲劳的发生部位及特征

（一）运动性疲劳的发生部位

运动时，机体的各个部位从大脑皮层到肌肉收缩的基本单位，都承受着运动负荷的刺激。这些环节互相协调、互相适应，从神经、内分泌、免疫网络的调控，到内脏各系统功能的保障，直到运动系统功能的有效活动，共同维持人体的运动。同时，这些环节也有自身的生理极限，因此每一个环节都可能成为疲劳发生的部位。

1. 中枢疲劳

中枢神经系统是机体产生兴奋、发放冲动及调节肌肉收缩的功能系统，出现中枢疲劳，会使整体功能下降。

（1）脑细胞工作强度下降　由于长时间工作引起中枢抑制性神经递质增多，同时脑内 ATP、CP、血糖浓度降低，氨的含量增加，引起脑细胞兴奋性减弱，发放神经冲动频率减慢，工作能力下降从而引起肌肉收缩力量下降，身体疲劳。

（2）脊髓运动神经元工作能力下降　运动神经元可以受局部代谢产物和传入神经冲动减少的影响，使其工作能力下降，导致疲劳。

2. 外周疲劳

通常认为，从神经－肌肉接头至肌肉收缩蛋白，都是外周疲劳可能发生的部位。这些部位发生的代谢产物堆积、离子代谢紊乱、氧应激、信号物质浓度的变化等，都与疲劳的发生有密切关系。

（1）神经－肌肉接头　神经纤维与肌纤维之间没有结构上的直接联结，只有功能上的联系，称为神经－肌肉接头。神经冲动在通过神经－肌肉接头时，接头前膜释放乙酰胆碱，使肌细胞膜去极化，引起肌肉收缩。剧烈运动时，ACh 释放量减少，使神经－肌肉接头出现冲动传导受阻或神经冲动不能引起肌组织兴奋，造成肌肉收缩功能下降。因此，在短时间、大强度运动过程中，如举重、投掷等项目运动员的骨骼肌疲劳可能与此有关。

此外，有研究认为，剧烈运动导致肌肉疲劳时，接点前膜 ACh 释放量比正常兴奋时增多，在酸性条件下，胆碱酯酶活性下降，导致 ACh 不能迅速水解而在间隙后膜上堆积，从而导致肌细胞处于长时间不能复极化的连续兴奋状态，肌肉由于缺乏收缩、舒张的正常交替，导致工作能力下降。

（2）肌细胞膜 肌细胞膜结构、功能的完整对细胞正常代谢和功能十分重要。运动过程中，肌细胞受理化因素影响造成膜损伤是疲劳产生的重要部位。

运动时，由于机械牵拉、肌细胞失钾、氧自由基生成增多、胰岛素浓度下降等因素的影响，使肌细胞膜损伤或胞膜通透性暂时增大，降低了动作电位峰的高度和传导速度，同时肌细胞内一些酶蛋白（肌酸激酶、乳酸脱氢酶等）、肌红蛋白等大分子物质通过胞膜进入血液，表现为血液中肌肉酶活性升高。

（3）肌质网 肌质网终池具有储存 Ca^{2+} 及调节肌浆 Ca^{2+} 浓度的重要作用，与肌肉的收缩－舒张过程有密切联系。运动时，ATP 量减少、酸中毒、自由基生成等多种因素都可以影响肌质网的功能，进而影响 Ca^{2+} 代谢和调节作用，使肌肉收缩力量下降，产生疲劳。

（4）线粒体 线粒体是细胞的重要的呼吸器官，同时也是重要的 Ca^{2+} 储存库。研究发现，线粒体转运 Ca^{2+} 的顺序优先于氧化、磷酸化，当胞浆 Ca^{2+} 浓度增加时，线粒体主动摄取 Ca^{2+}，造成氧化、磷酸化过程的抑制，减少了 ATP 的生成，出现 Ca^{2+} 代谢的恶性循环，导致肌细胞功能降低。

（5）兴奋－收缩脱耦联 神经冲动可以引起肌细胞膜兴奋，却不能引起肌肉收缩，说明运动能力的下降可能是兴奋－收缩脱耦联所致。胞内 Ca^{2+} 代谢异常会造成兴奋－收缩脱耦联。

肌质网 Ca^{2+} 释放减少，肌细胞兴奋时，Ca^{2+} 浓度升高幅度减少，肌钙蛋白与 Ca^{2+} 可结合量减少，虽然肌肉收缩时肌张力相对不变，但输出功率明显下降。

肌质网再摄取 Ca^{2+} 能力下降，肌肉兴奋结束后，肌动蛋白与肌球蛋白横桥的分离速度变慢，骨骼肌长时间处于一种持续性缩短状态，不能充分放松，也是导致运动性疲劳的重要原因。

（6）收缩蛋白 收缩蛋白是肌肉收缩的基础，收缩蛋白结构与功能异常必然导致肌肉收缩功能下降。运动能使肌钙蛋白结合 Ca^{2+} 的能力下降，影响其构象改变，使兴奋－收缩脱耦联。某些原因可能影响肌钙蛋白与肌凝蛋白的相互作用，使去除抑制作用受阻，妨碍横桥与肌纤蛋白的结合，阻碍肌肉的收缩过程。运动后肌肉收缩蛋白结构出现异常，如肌丝排列异常、肌原纤维细胞质凝固等，也与运动性疲劳的发生有密切关系。

（二）运动性疲劳的特点

运动性疲劳的发生是一个极其复杂的过程，运动项目不同，主要参与能量供应的代谢系统不同，其运动性疲劳的特点也不相同（表 11 - 1）。

表 11 - 1　不同代谢类型运动性疲劳的代谢变化

疲劳时的代谢变化	磷酸原型	磷酸原－糖酵解型	糖酵解型	糖酵解－有氧氧化型	有氧氧化型
ATP 下降%	30～40	20～30	30	-	30
CP 下降%	90 以上	90	75～90	65	50
乳酸堆积	少	中	最多	较多	少
肌肉 pH 下降	少	较少	6.6	6.6	少
肌糖原消耗	-	-	少	较多	75%～90% 以上
肌内离子变化	-	Ca^{2+} 浓度↓	Ca^{2+} 浓度↓	K^+ 浓度↓，Na^+ 浓度↑	离子浓度紊乱

不同运动项目的疲劳存在一定的规律性，短时间最大强度运动性疲劳是由于肌细胞内代谢变化导致 ATP 转换速率下降所致。长时间中等强度运动性疲劳通常与能源储备不足及储备动用过程受抑制有关。

非周期性练习和混合性练习，其技术动作不断变化，加深了运动性疲劳。而习惯性的、自动化程度高的、节奏性强的动作不易产生疲劳，而要求精力高度集中以及运动中动作多变的练习，可能会提高运动的趣味性，但却较易产生疲劳。

静力性练习时，中枢神经系统的相应部位持续兴奋，肌肉中血供减少以及憋气引起的心血管系统功能下降是产生疲劳的主要原因。

根据这些特点，个人在进行体育锻炼或为患者设计运动处方时，应平衡周期性练习与非周期性练习、静力性练习与动力性练习的比例，综合考虑运动强度、运动时间及运动项目的选择，避免过早地出现运动性疲劳而影响锻炼效果。

四、运动性疲劳的判断

目前，常采用主观感觉和客观检查相配合的方法进行运动性疲劳的判断。但由于运动时，人体功能的适应与疲劳导致的损伤之间的界限是变化的，因此这些判断方法的应用是相对的。

（一）疲劳自觉症状

可以根据体力劳动或脑力劳动的不同特点，参考表 11 - 2 中的各项指标进行自我评定，症状总数越多，疲劳程度越深。

表 11 - 2　疲劳自觉症状测定表

A. 症状 symptom	B. 精神症状 mental symptom	C. 神经感觉的症状 nerve feeling
①头沉	①脑子不清醒，头晕眼花	①眼睛疲劳，眼冒金星，眼无神
②头痛	②思想不集中，厌于思考问题	②眼发涩，眼发干
③全身懒倦	③不爱动，不爱说话	③动作不灵活，动作出错误
④身体某处无力	④针扎似的痛	④脚跟发软，脚步不稳
⑤肩发酸	⑤困倦	⑤味觉改变，嗅觉厌腻
⑥呼吸困难，气短	⑥精神涣散	⑥眩晕
⑦腿无力	⑦对事情不积极	⑦眼皮和其他肌肉跳动
⑧没有唾液，口干	⑧记忆力减退	⑧听觉迟钝，耳鸣
⑨打哈欠	⑨做事没有信心，做事多出错误	⑨手脚发颤
⑩出冷汗	⑩对事情放心不下，事事操心	⑩不能安静下来

（二）主观用力感觉

瑞典生理学家冈奈尔·伯格（Guenzel Borg）认为，在运动时来自肌肉、呼吸、疼痛、心血管等各方面的刺激，都会传到大脑，而引起大脑感觉系统的应激。据此，伯格在 1973 年制定了判断疲劳的主观用力感觉分级表（rating of perceived exertion, RPE），对疲劳进行半定量的分析（表 11 -3）。

表 11 - 3　主观用力感觉分级表（RPE）

自我感觉	等级	自我感觉	等级
根本不费力	6	稍累	14
	7		15
极其轻松	8	累	16
很轻松	9		17
	10	很累	18
	11	极累	19
轻松	12	精疲力竭	20
	13		

（三）骨骼肌系统

1. 肌力

运动引起的肌肉疲劳最明显的特征表现为肌肉力量的下降，通常以肌肉的绝对力量为依据，观察运动前、运动后肌肉力量的变化。以上肢工作为主的运动可用握力测试，以腰背肌工作为主的运动可选择背肌力测试。如果运动后，肌肉力量下降明显即为肌肉疲劳。如果一次力量练习后数日不能恢复者，疲劳程度较深。

2. 肌电图

肌电图（electromyography，EMG）是肌肉兴奋时所产生的电变化，可以反映肌肉的兴奋、收缩情况。运动过程中，工作肌动作电位的振幅、频率等指标都会发生变化，可以据此来观察骨骼肌是否疲劳。

（四）心血管系统

1. 心率

（1）基础心率　基础心率是指室温条件下，受试者清晨清醒、起床前静卧时的心率，也可用脉搏表示。基础心率反映机体最基本的功能状况，功能正常时基础心率相对稳定。如果大负荷训练后次日基础心率较平时增加 10 次/min，排除其他原因，则认为机体有疲劳现象；如果连续数天持续高于平时，表明有疲劳累积。

（2）运动中的心率　随着训练水平的提高，完成同样负荷时，心率有逐渐降低的趋势。如果从事同样强度的定量负荷时，运动中的心率增加，表示身体功能状态不良。

（3）运动后心率恢复时间　运动后经过一段时间的休息，心率可恢复到运动前状态。身体疲劳程度较深时，心血管系统功能下降，运动后心率恢复时间延长。

2. 血压

身体功能良好，清晨安静血压较为稳定。如果晨压比平时升高 20% 且连续 2 天以上不恢复，通常是身体功能下降或疲劳的表现。

3. 心电图

同骨骼肌一样，在运动中心肌也会出现疲劳，而使心电图（electrocardiogram，ECG）出现异常变化。在排除其他原因的前提下，出现早搏、房室传导阻滞、ST 段下移、T 波倒置等，都提示有重度运动性疲劳的发生，应给予足够的重视。

（五）神经与感觉系统

1. 反应时

刺激施加于人体后，到出现明显反应开始所需要的时间即为反应时。疲劳时，反应时延长，可采用反应时测试仪进行定量测试。

2. 皮肤空间阈

皮肤空间阈是指能引起皮肤产生两点间感觉的两刺激间的最小距离。疲劳时精细触觉功能下降，辨别皮肤两点最小距离的能力降低，据此可以判断疲劳的程度。在受试者双眼不可见的体表同一部位，在运动前、运动后各测量 1 次，与安静值比较，比值大于 1.5 而小于 2.0 为轻度疲劳，大于 2.0 为重度疲劳。

3. 闪光融合频率

闪光融合频率是指受试者分辨不出仪器产生的闪光，只感觉看到的光呈一片融合的连续光时的频率。疲劳时视觉功能下降，可根据受试者达到闪光融合时的闪光频率来判断疲劳的程度（表 11 - 4）。

表 11 - 4   闪光融合实验的评定标准

疲劳程度	正常值与测试值之差	恢复速度
轻度	1.0～3.9Hz	休息后当日可恢复
中度	4.0～7.9Hz	休息一夜后可恢复
高度	8.0Hz 以上	休息一夜后不能完全恢复

（六）实验室指标

1. 物质能量代谢

（1）血乳酸（plasma lacticacid，LA）   血乳酸是糖无氧酵解的产物。对于以糖酵解系统供能为主的运动来说，运动时最大血乳酸值下降，说明身体功能状态不佳；而对于以磷酸原系统或以有氧氧化系统供能为主的运动来说，完成相同负荷练习后，血乳酸浓度升高或清除时间延长是运动性疲劳的表现之一。

（2）血尿素氮（blood ureahitogen，Bun）   尿素是体内蛋白质和氨基酸分解代谢的终产物，通常以血尿素氮的含量来反映。运动时，肌肉能量代谢平衡破坏，蛋白质和氨基酸供能比例增加，使得尿素生成增多。身体对负荷适应性越差，生成的尿素越多。如果运动后，血尿素达到或超过 8mmol/L，可认为运动负荷过大，机体有潜在疲劳。

（3）血氨（blood ammonia，BA）   氨是蛋白质、氨基酸和其他含氨基化合物的代谢产物。血氨水平反映蛋白质、氨基酸等含氨基物质代谢释放氨进入血液和氨从血液中消除的动态平衡。高水平的血氨可以通过对骨骼肌细胞的能量代谢和中枢神经系统的不利影响而造成运动能力降低。

（4）血清肌酸激酶（serum creatine kinase，CK）   肌酸激酶主要存在于骨骼肌、心肌和脑中，其中骨骼肌中最丰富。各种理化原因造成的细胞膜通透性升高或细胞膜完整性破坏，都会促使 CK 释放到血液中。如果运动后血清 CK 大于 200～300IU/L，说明运动强度过大，身体功能不良。

（5）尿蛋白（urinary protein，Pro）   正常成人尿中蛋白质含量极少，大运动负荷训练期间，晨尿中尿蛋白含量增多，是出现中度或重度运动性疲劳的反应。

（6）尿胆素原（urobilinogen，Uro） 尿胆素原是体内血红蛋白的分解产物，与运动负荷关系密切。当运动负荷增大、身体疲劳感明显、身体功能状态不佳时，尿胆原增加。安静状态下，晨起尿胆原高于正常3~4倍，且持续2~3天不恢复，应考虑调整运动负荷。

2. 氧转运

（1）血红蛋白（hemoglobin，Hb） 大负荷训练后，Hb下降10%~15%是运动性疲劳的表现之一。

（2）红细胞比容（hematocrit，HCT） 又称红细胞压积是指一定容积全血中红细胞所占的百分比。如果运动后，HCT下降5%~9%，说明身体出现疲劳。

3. 内分泌系统

（1）血睾酮（testosterone，T） 睾酮具有强大的促合成作用，可以促进蛋白质、糖原的合成，促进红细胞、血红蛋白的合成，加速体内抗体的形成等。如果血睾酮清晨安静值下降15%~20%，说明机体疲劳；下降25%~30%说明过度训练。

（2）皮质醇（cortisol，C） 具有促进能源物质分解、抑制蛋白合成和睾酮分泌的作用。运动时皮质醇分泌增加可以加快能源物质分解速率以适应运动的需要。如果清晨安静时皮质醇下降20%，说明皮质醇分泌的调节功能下降，是身体疲劳的表现。如果在恢复期皮质醇仍处于较高水平（清晨安静值升高20%），会导致机体分解代谢过于旺盛，抑制机体免疫功能，不利于机体恢复。

（3）血睾酮/皮质醇比值（T/C） 如果血清T/C比值下降，说明机体分解代谢大于合成代谢，机体仍处于消耗占主导地位的过程，反映机体对运动负荷不适应，身体功能降低。

在应用T/C比值来判断运动性疲劳的时候，应注意血睾酮和皮质醇的变化情况。如果血睾酮和皮质醇同时下降，当下降速率相当时，表现为T/C比值变化不大，但这时可能意味着下丘脑－垂体－性腺轴和下丘脑－垂体－肾上腺轴的功能都受到了抑制。当皮质醇水平下降速率大于血睾酮时，T/C比值虽然升高，但并不能说明运动员身体功能水平良好。

第二节 恢复过程

运动疲劳衡量运动训练是否给予机体足够的刺激，是体育锻炼过程中正常的生理现象。而运动后的恢复过程则决定了机体功能水平提高的程度和能否继续训练，可以说，训练效果的获得是在恢复期中实现的。

有机体对运动应激的反应与适应，与运动负荷的强度、时间及机体功能代谢水平关系密切。在恢复期间，运动中的代谢产物被消除，运动中消耗的能源物质得以恢复，决定运动能力的各项素质得以提高，机体在这个动态变化发展过程中，重新建立新的稳态。

一、恢复过程的一般规律

恢复过程可分为三个阶段（图11-4）。

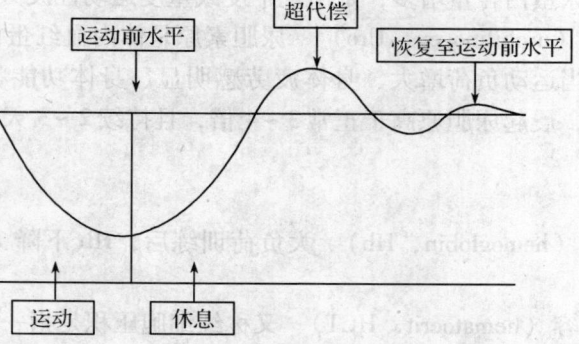

图 11 - 4　消耗与恢复过程

第一阶段：运动时能源物质主要处于消耗过程，体内能源物质逐渐减少，各器官系统功能逐渐下降。

第二阶段：运动停止后消耗过程减少，恢复过程占优势，能源物质和各器官系统的功能逐渐恢复到原来水平。

第三阶段：运动消耗的能源物质在运动后一段时间不仅恢复到原来水平，甚至超过原来水平，这种现象称为超量恢复（super compensation），能源物质保持一段时间后又回到原来水平。

超量恢复原理最早由前苏联学者提出，在对运动后肌肉中磷酸原、糖原、蛋白质等恢复速度的研究中，提出了磷酸原的超量恢复比肌糖原早的异时性原理。

超量恢复规律是客观存在的。当 2 名受试者分别站在功率自行车一侧，其中一人用右腿蹬车左腿休息，另一人用左腿蹬车右腿休息。至力竭时，测得运动腿股外侧肌的肌糖原含量接近于 0。运动后连续三天食用高糖膳食，不参加任何运动，结果运动腿股外侧肌肌糖原含量是安静腿的 2 倍。

超量恢复的程度和时间取决于消耗的程度。在一定范围内，肌肉运动负荷越大，消耗过程越剧烈，超量恢复越明显。如果活动负荷过大，超过了生理范围，恢复过程就会延缓（表 11 - 5）。超量恢复时间不可能持续太长，为了使超量恢复进一步巩固和提高，就必须重复训练。重复性训练应在前一次负荷恢复的超量期进行，以达到最佳效果使运动能力得以不断提高。运动实践证明，运动员在超量恢复期参加训练或比赛，能提高训练效果和创造优异的比赛成绩。

表 11 - 5　动物进行不同活动量运动时肌糖原的消耗和恢复

组别	活动量		肌糖原（mg%）		
	肌肉收缩（次/min）	持续活动时间（min）	活动停止后即刻	活动后 4h	活动后 24h
1	30	30	- 140	- 31	+ 16
2	60	15	- 381	- 194	+ 18
3	104	9	- 519	-	+ 45
4	208	4.5	- 785	- 517	- 49

二、运动后物质代谢的恢复

由于代谢途径不同，各种物质的恢复和消除所需要的时间是不同的，通常用半时反应来描述其恢复或消除的快慢。运动中消耗的能源物质，在运动后的恢复期中，数量增加至运动前数量的一半所需要的时间称为能源物质恢复的半时反应。而运动中代谢产物在运动后的恢复期中数量减少一半所需要的时间称为代谢产物清除的半时反应。

1. 磷酸原的恢复

磷酸原的恢复速度很快，在短时间、极限强度的运动后，被消耗的磷酸原其恢复的半时反应为 20～30s，2～3min 可完全恢复。磷酸原的恢复主要是由有氧氧化系统供能，运动中磷酸原消耗的越多，其恢复过程需要的氧也越多。

2. 肌糖原的恢复

肌糖原是糖酵解系统和有氧氧化系统的供能物质，其储量的多少也是长时间运动时延缓疲劳的因素之一。影响运动后肌糖原的恢复主要有膳食及运动强度、运动持续时间两方面因素。

在短时间大强度间歇训练后，在恢复期开始 5h 内，肌糖原恢复速度最快。即使在禁食条件下，肌糖原仍有部分恢复，这与糖异生加强有关。肌糖原的完全恢复需要 24h 左右，高糖膳食对短时间大强度运动后肌糖原的恢复速度影响不大（图 11–5）。

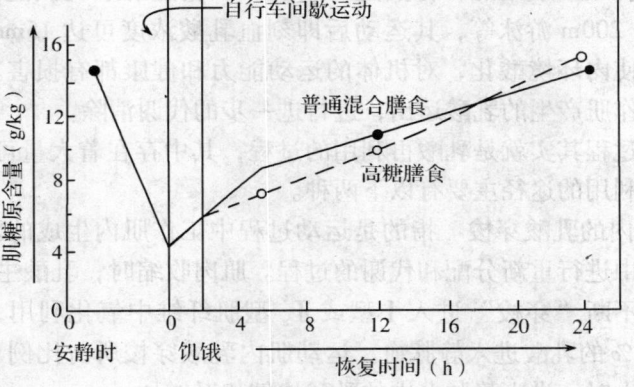

图 11–5 短时间大强度间歇训练后膳食对肌糖原恢复的影响

采用 1h 耐力性运动、再进行 1h 最大力量性运动的长时间大强度运动方案，使肌糖原耗竭。如果采用高脂、高蛋白膳食，运动后 5 天肌糖原仍不能恢复到运动前水平；而采用高糖膳食，明显加快肌糖原的恢复速度，前 10h 恢复最快，46h 即可完全恢复（图 11–6）。

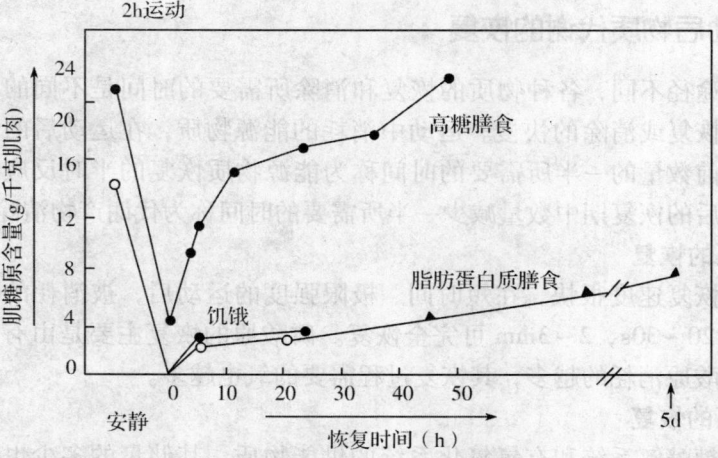

图 11－6　长时间大强度持续性运动后膳食对肌糖原恢复的影响

3. 氧合肌红蛋白的恢复

氧合肌红蛋白（oxymyoglobin）存在于肌肉中，每千克肌肉约含 11ml 氧。在肌肉工作中氧合肌红蛋白能迅速解离释放氧，并再次被利用，运动后几秒可完全恢复。

4. 乳酸的消除与再利用

运动会导致乳酸生成增加，特别是那些主要以糖酵解系统供能的项目，如 400m、800m 跑，100m、200m 游泳等，其运动后即刻血乳酸浓度可达 15mmol/L，甚至更高。高浓度的乳酸会使内环境酸化，对机体的运动能力和健康都有损害。因此，机体会通过血液循环将工作肌产生的乳酸运出，进行进一步的代谢消除。

乳酸消除的过程其实就是乳酸再利用的过程，其中存在着大量可以被利用的能量。目前关于乳酸再利用的途径主要有以下两种。

（1）工作肌内的乳酸穿梭　指的是运动过程中工作肌内生成的乳酸，在工作肌不同类型的基纤维中进行重新分配和代谢的过程。肌肉收缩时，乳酸主要在 II_b 型肌纤维中生成。生成后不断"穿梭"进入 I 型或 II_a 型肌纤维中氧化利用，为肌纤维收缩供能。另外，约 50% 的乳酸进入静脉血。运动肌内乳酸穿梭所占比例与运动强度密切相关，运动强度增大时，进入静脉血中的乳酸比例相对增加。

（2）工作肌－血管间的乳酸穿梭　指的是运动过程中工作肌产生的乳酸透过肌细胞膜进入血液循环，运输到体内其他组织进一步代谢的过程。运动时骨骼肌释放的乳酸主要被心肌、非工作肌进一步氧化利用。肝脏、肾脏可摄取血乳酸作为糖异生的原料。

在训练期间，应根据训练目的、体内消耗的主要能源物质，选择最适宜的休息间歇，并在此期间，增加被消耗能源物质的补充或辅以其他相关措施，以加速恢复过程。力竭性运动后物质的恢复时间可参考表 11－6。

表 11-6　力竭运动后物质的恢复时间

恢复过程	可取的恢复时间	
	最短	最长
肌肉中磷酸原恢复	2min	3min
氧合血红蛋白恢复	1min	2min
肌糖原恢复		
长时间运动会	10h	46h
间歇运动后	5h	24h
肌肉和血液中乳酸消除		
活动性休息	30min	1h
静坐性休息	1h	2h

应用专栏

训练课中休息间歇的掌握

　　在训练课中，运动员身体的恢复不可能达到完全恢复或超量恢复，如何选择最适宜的休息间歇以保证完成训练任务，又取得良好的训练效果，是训练课中值得注意的问题。

　　研究发现能源物质恢复至一半时，就可以维持预定的运动强度，因此目前常采用能源物质恢复的半时反应或代谢产物消除的半时反应作为适宜的休息间歇。①10s 全力运动的半时反应为 20~30s，因此最适宜的休息间歇不应短于 30s。②1min 的全力运动后，半时反应约为 3~4min，因此休息时间要长达 4~5min。③最大乳酸生成的 4×100m 跑练习后，血乳酸消除的最佳半时反应为 15min 左右，活动性休息有助于乳酸的消除。

三、促进恢复的措施

（一）运动后休息

1. 积极性休息

（1）变换活动部位和调整运动强度　前苏联学者谢切诺夫在 1903 年进行测力描记实验中发现，受试者右手握测力器工作至疲劳后，做静止性休息 10min；再握力至疲劳，计算握测力器的次数和时间；休息 10min 后，改用左手握测力器工作 2.5min，然后再换右手握测力器工作至疲劳，同样计算右手达到疲劳时握测力器的次数和时间。结果发现，以左手继续工作来代替静止休息，能使右手恢复更迅速、更完全。这种用转换活动的方式来消除疲劳的方法称为积极性休息。

巴甫洛夫对此解释为，由于支配刚开始工作的左手活动的大脑相应中枢的兴奋，会由于负诱导的原因使已疲劳的、支配右手活动的中枢产生更多的抑制，这可以促使由于工作所消耗掉的物质恢复得更快和更充分，从而提高了右手的工作能力。运动引起的血液循环的加快，氧气及营养物质输入增多，也是提高原来疲劳手工作能力的因素。

有研究显示，对于乳酸的消除来说，静止性休息时，血乳酸消除的半时反应约为25min，恢复到运动前水平约需要 1～2h；而采用积极性休息时，血乳酸消除的半时反应约为11min，恢复到运动前水平需要0.5～1.0h。

（2）整理活动　是指正式练习后所做的一些加速机体功能恢复的较轻松的身体练习，包括慢跑、呼吸体操、肌肉韧带拉伸练习等。通过整理活动，可以减少肌肉的延迟性酸痛，有助于疲劳的消除；改善血液循环，加速下肢血液回流，促进代谢产物的消除；预防激烈活动骤然停止可能引起的机体功能失调，如重力性休克等。

2. 睡眠

积极性休息绝对不能代替静止性休息，因为它也是一种活动，即使不断转换，最后也会产生疲劳的积累，所以正常睡眠仍是不可欠缺的。人体在睡眠时，大脑的抑制过程加深，促进合成代谢，可以消除疲劳，使体力和精力得到充分恢复。睡眠时间因人而异，在保证睡眠质量的前提下，7～9h 即可，处于生长发育期的青少年则要适当延长睡眠时间至 10h。

（二）合理的营养

体育锻炼过程中，能源物质大量消耗，为机体运动提供能量，所以运动后应及时补充营养，以利于疲劳的消除，提高锻炼效果。因此，运动后应普遍增加营养物质的摄取。同时还应当根据不同的运动形式和运动时间有针对性地补充不同的营养物质，以加速疲劳的消除和身体的恢复。

1. 能源物质的合理调配

把运动后需要补充的热量按照蛋白质∶脂肪∶糖的方式进行比例划分，大多数项目运动员的膳食中，三者的比例应为1.2∶8.0∶4.5；耐力性运动项目因其负荷特点，要求膳食中糖的含量较高，其比例为1.2∶1.0∶7.5；而运动负荷较小的项目，其比例为1.0∶0.6∶3.5。三大营养素摄取总量应以满足机体代谢需要为依据。

2. 营养物质的补充方法

（1）糖的补充　全身糖储备总量约为300～400g，一些长距离运动项目（如马拉松等）可使糖储备耗竭。

运动后6h 以内，肌肉中糖原合成酶活性最高，可有效地促进糖原的合成。因此，运动后开始补糖的时间越早越好。在运动后即刻、2h 内以及每隔1～2h 连续补糖，可使肌糖原合成量最高。运动后补糖量按体重为 0.75～1.0g/kg，24h 内补糖总量达到9～16g。淀粉类食物含70%～80%糖，释放慢，不会引起胰岛素分泌导致血糖突然降低，同时淀粉还含有维生素、无机盐和纤维素，可作为训练或赛后恢复期糖的补充。

（2）蛋白质的补充　蛋白质是实现肌肉收缩、运输氧气、调节代谢的主要物质，能够维持细胞组织的生长、更新和修补，因此运动员的蛋白质需要量高于一般人。但并不是蛋白质补充越多越有利于肌肉的增长。过量的蛋白质或氨基酸在代谢过程中会加重肝、肾的负担，不利于身体健康。

运动员的蛋白质供给量应占一日总热量的 12% ~ 15%，其中优质蛋白应占蛋白总量的 1/3。成年运动员按体重为 1.0 ~ 2.0g/kg，少年运动员为 2.0 ~ 3.0g/kg，儿童运动员为 3.0 ~ 3.4g/kg。对于从事力量性训练的运动员和运动员控制体重时，应适当加强蛋白质营养，供给量可提高至 18%。

（3）脂肪的补充　运动员没有必要专门补充脂肪，膳食中适宜的脂肪量为总热量的 25% ~ 30% 即可。对于游泳及冬季项目的运动员来说，机体散热量较大，可适当提高膳食中脂肪的比例，但也不宜超过总热量的 35%。

（4）维生素的补充　维生素参与机体的各种代谢，运动时物质代谢旺盛，维生素的需要量增加，缺乏或不足时可使人体抵抗力下降、酶活性降低、氧化还原过程变慢、造成运动能力下降、疲劳加重。运动员维生素的部分推荐量建议可参见表 11 - 7。

表 11 - 7　运动员维生素的推荐量建议

运动情况	维生素 A	维生素 B_1（mg/d）	维生素 B_2（mg/d）	维生素 C（mg/d）
一般训练期	1500μgRE（视黄醇当量），视力紧张运动项目可增至 1800μgRE	3 ~ 5	2 ~ 2.5	140
比赛期	–	5 ~ 10	2 ~ 3	200

（5）矿物质的补充　人体内矿物质具有重要的生理功能，它们参与构成机体组织、维持细胞渗透压及体内酸碱平衡，维持神经肌肉兴奋性和细胞膜通透性，作为酶的激活剂或组成成分调节酶活性等。运动时，代谢旺盛，矿物质的消耗以及随汗液丢失增多，大运动量训练导致机体对矿物质吸收能力降低，都会影响身体功能。部分矿物质运动员的推荐量建议可参见表 11 - 8。

表 11 - 8　部分矿物质运动员的推荐量建议

矿物质	推荐量
钙	1000 ~ 1200mg/d，大运动量项目或高温下训练、比赛可考虑上限
铁	男运动员常温下训练比赛为 20mg/d，高温下为 25mg/d；女运动员常温下训练比赛为 25mg/d，高温下为 30mg/d
锌	常温下训练比赛为 20mg/d，高温下为 25/d
硒	50 ~ 150μg/d

（6）水的补充　运动时，特别在炎热环境中运动时，体内产热增加，机体通过发汗的方式进行散热，大量发汗会导致体液和电解质的丢失，引起不同程度的脱水，影响运动能力，危害身体健康。为维持人体正常生理功能、促进运动后恢复，必须适当补液。

运动后通过补液纠正机体的脱水状态，称为复水或水的复合。剧烈运动后及时进行复水可加速身体功能的恢复，补液量可根据体重的丢失情况确定。运动后补液也要遵循少量多次的原则，切忌暴饮。补充的液体应为含有糖和电解质的运动饮料，糖含量可为 5% ~10%，钠盐含量为 30 ~40mmol/L，以获得快速复水。若只饮用白水，会造成血浆渗透压的降低，增加排汗量，延缓机体的复水过程。

（三）物理手段

1. 按摩

通过按摩刺激神经末梢、皮肤结缔组织和毛细血管，使紧张的肌肉放松，改善局部组织和全身的血液循环，加速乳酸等代谢产物的排泄，消除疲劳，促进身体恢复。以消除运动性疲劳为主要目的的按摩通常在运动后进行，按摩时间根据疲劳程度而定，一般在 30 ~60min。

2. 水疗

水疗包括温水浴、桑拿浴等多种形式，主要作用机制是通过提高体温，促进血液循环，消除代谢产物，以起到尽快消除疲劳、恢复体力的作用。

温水浴的时间一般不超过 20min，水温以 40℃ 为宜，如果时间过长、水温过高，会进一步消耗体力，加重疲劳感。桑拿浴每次停留 5min 左右，最好与温水浴交替进行，反复 4 ~5 次。水疗一般不要在运动后即刻进行，以免加重脱水。

3. 电疗

运动后采用电疗手段对加速身体功能恢复具有一定的积极作用。研究发现运动后电疗对于减轻和消除运动导致的延迟性肌肉酸痛效果明显，而且低频电治疗效果较高频电效果更好。但电疗对主观体力感觉无明显影响。

4. 针灸

针灸通过针具刺激身体穴位，调节经络、气血，增强人体自身的防御能力，促进机体功能恢复。

5. 吸氧

运动员训练和比赛后，血液中有大量酸性代谢产物，吸氧可以促进乳酸氧化，对消除疲劳有一定效果。

（四）中医药手段

运动性质不同，发生运动性疲劳的证候亦不同，应根据中医对运动性疲劳的分型，即形体疲劳、神志疲劳、脏腑疲劳以及常见的运动性疲劳的证候，对症选药和组方，才能达到消除疲劳、加快恢复和提高运动能力的目的。目前对运动性疲劳后的恢复，多从健脾益气、补肾壮阳或补益气血方面着手。另外，中药在对抗自由基方面也有很好的作用，常用的抗氧化剂中药包括：人参、当归、肉苁蓉、生地、酸枣仁、五味子等。

（五）心理学手段

训练和比赛之后，采用心理调整措施能够降低精神的紧张程度，改善心理状态，加快神经能量的恢复，从而对加速身体其他器官、系统的恢复产生影响。心理调整训练、音乐疗法、各种健康的文娱活动都能使人的紧张情绪得以放松，消除疲劳。

本章小结

运动性疲劳就是指机体不能将它的功能保持在某一特定水平上和（或）不能维持某一预定的运动强度上，但经过适当休息又可以恢复。关于运动性疲劳产生机制的学说包括：能量耗竭学说、代谢产物堆积学说、离子代谢紊乱、内环境稳定状态失调、自由基学说、中枢神经递质失衡、保护性抑制学说、突变理论、神经-内分泌-免疫网络理论等以及中医对疲劳的认识。

运动时，机体的各个部位从大脑皮层到肌肉收缩的基本单位，都承受着运动负荷的刺激，每一个环节都可能成为疲劳发生的部位。中枢疲劳表现为脑细胞工作强度和脊髓运动神经元工作能力的下降。而从神经-肌肉接头至肌肉收缩蛋白，都是外周疲劳可能发生的部位。运动性疲劳的发生是一个极其复杂的过程，运动项目不同，主要参与能量供应的代谢系统不同，其运动性疲劳的特点也不相同。

在恢复期间，运动中的代谢产物被消除，运动中消耗的能源物质得以恢复，决定运动能力的各项素质得以提高，机体在这个动态变化发展过程中，重新建立新的稳态。运动消耗的能源物质在运动后一段时间不仅恢复到原来水平，甚至超过原来水平的现象称为超量恢复。超量恢复理论是进行运动训练和体育锻炼的理论基础之一。由于代谢途径不同，各种物质恢复和消除所需要的时间也是不同的。就能源物质的恢复时间来说，磷酸原最快，其次是肌糖原，蛋白质的恢复最慢。短时间、大强度间歇训练后，在恢复期开始 5h 内，肌糖原恢复速度最快，完全恢复需要 24h 且不受膳食影响；长时间极限强度运动后，高糖膳食明显加快肌糖原的恢复过程，完全恢复大约需要 46h。而无氧代谢产生的乳酸可以进入 I 型或 II 型肌纤维中氧化利用，或通过血液循环运送到心肌和其他组织器官氧化利用，同时也可作为糖异生的原料。

运动性疲劳是体内多种因素综合变化的结果，必须采用多种科学手段才能加速机体功能的恢复。积极性休息、充足的睡眠、合理的膳食营养、适当的物理学手段、心理调整及中医药可促进恢复过程。

复 习 题

1. 何为运动性疲劳？如何分类？
2. 简述运动性疲劳产生的机制有哪些？
3. 判断运动性疲劳的方法有哪些？
4. 恢复过程阶段性特点及超量恢复的实践意义？
5. 运动物质代谢恢复的规律有哪些？
6. 试述消除疲劳的恢复手段。

? 思考与讨论

1. 学习本章内容后，你对运动性疲劳的认识有何不同？

2. 根据运动性疲劳发生的特点和物质代谢恢复的规律，尝试为不同项目运动员设计合理的训练方案。

（胡　戈）

参 考 文 献

［1］田野. 运动生理学高级教程. 北京：高等教育出版社，2003.

［2］曲绵域，于长隆. 实用运动医学. 第4版. 北京：北京大学医学出版社，2003.

［3］张爱芳. 实用运动生物化学. 北京：北京体育大学出版社，2005.

［4］张蕴琨，丁树哲. 运动生物化学. 北京：高等教育出版社，2007.

［5］陈吉棣. 运动营养学. 北京：北京医科大学出版社，2002.

［6］冯连世，李开刚. 运动员功能评定常用生理生化指标测试方法及应用. 北京：人民体育出版社，2002.

［7］冯炜权. 对运动疲劳机制的再认识. 北京体育大学学报，2003，26（4）：433～437.

［8］冯炜权. 运动疲劳及过度训练的生化诊断–运动生物化学动态之三. 北京体育大学学报，2000，23（4）：498～502.

［9］冯炜权. 运动后恢复规律的研究进展. 沈阳体育学院学报，2004，23（1）：4～7.

［10］冯炜权. 运动后恢复规律的研究进展. 沈阳体育学院学报，2004，23（2）113～116.

✉ 网 站 导 航

1. http：//www. nlm. nih. gov/medlineplus/ency/article/003088. htm

2. http：//www. cancer. gov/cancertopics/pdq/supportivecare/fatigue/Patient/page1

3. http：//www. webmd. com/a – to – z – guides/weakness – and – fatigue – topic – overview

4. http：//www. trenton. k12. nj. us/Columbus/coyne/super_ compensation. htm

5. http：//www. bodybuilding. com/fun/ian4. htm

6. http：//www. fiterati. ca/news/how – active – rest – makes – you – fitter/

第十二章　特殊环境与人体生理

教学　目标

了解并初步掌握各种特殊环境下机体生理功能的变化及适应特殊环境的应答机制。理解高温、低温、气压变化、湿度变化、失重与超重对机体循环、呼吸、消化和吸收、能量代谢、内分泌的影响，初步了解特殊环境下感觉－神经系统功能的影响及对运动能力的影响；了解特殊环境下机体的应答规律，掌握应答过程的阶段性特点及可能的机制。学会运用特殊环境生理学原理分析和指导身体素质训练和康复工作。

相关　概念

热适应与热习服（acclimation and acclimatization to heat）：热适应是指机体在热环境中抵抗热刺激、热疲劳甚至死亡的防御能力，可通过在热环境中循序渐进的训练而获得提高。机体在热环境中通过适应性训练而产生适应的过程称为热习服。

低温高原低氧血症（hypoxia）：高海拔环境下，环境低气压造成的机体内部分或整体缺氧的病理状态。

高山病（high altitude sickness）：高海拔环境下非适应期出现的循环、呼吸和神经系统的有症状的病态变化，分为急性和慢性。常见的严重症状有缺氧、脑水肿、肺水肿等。

减压症（decompression sickness）：传统上称为潜水员病，由于机体周围环境减压速度过快造成体液内已溶解气体分子在体内呈气泡析出的状态。

特殊环境通常是指自然环境的高原、低温、高温、潜水、湿地、航空航天等异常生存环境，特殊环境生理学是以传统生理学理论为基础的一门研究上述环境下生理功能的应用学科。

与常态环境下机体功能研究相对应，特殊环境生理学着重于了解各种特殊环境因素的特点，对生理功能的影响机制及损伤的防护原则；研究和掌握在异常的生存环境中人体生命活动的变化规律、功能调节和适应规律。特殊环境生理学在经典生理学人体功能理论的基础上，观察和学习血液循环与呼吸、消化与吸收、新陈代谢、排泄、体温调节、免疫、内分泌等方面在环境影响因素作用下的功能变化，并进行归纳总结。

特殊环境生理学的理论知识不仅适用于从事特殊环境工作人群的医学指导和科学研究，对临床医学的基础教育和临床指导都具有重要的意义。

第一节 概 述

特殊环境生理学从两个方面阐述人与自然的关系，即外环境刺激和内环境刺激。内、外环境刺激都可使机体产生适应。外环境是指自然环境和人工环境等方面，而外环境刺激可分为物理性、化学性和社会性刺激，机体则通过自我调节机制保持内环境的稳定状态。人体对于外部环境的适应有一定的局限性，这种局限性范围内的适应又被称为自然适应，自然适应以生理适应和行为适应为主。机体还可通过技术手段创造适合生存的环境，以扩大生存适应范围。

变温动物通过调整机体与外环境产生一致以适应外界，这种适应称为从合性适应；恒温动物则通过自身调节维持内环境的稳定，这种适应称为调节性适应。

一、地球环境

地球目前是人体赖以生存的唯一的自然环境。在千变万化的自然环境中，机体为了适应一种环境变化而对另一种环境因素的适应性增强或者减弱的现象被称为交叉适应。通常所说的顺应是指机体对自然气象环境和地理环境等复合环境的适应，最简单的例子就是机体对季节的顺应性调节；习惯则是指机体受到环境刺激因素的反复刺激而表现出的反应，是感觉的弱化现象。

自然环境中的环境因素问题及地球温暖化问题成为近代影响人类生存环境的重要课题，越来越成为公众关心的问题。图 12 - 1 反映了大气中二氧化碳含量的变化与气温的关系，二氧化碳含量影响全球气温变化的问题受到人类的普遍关注。

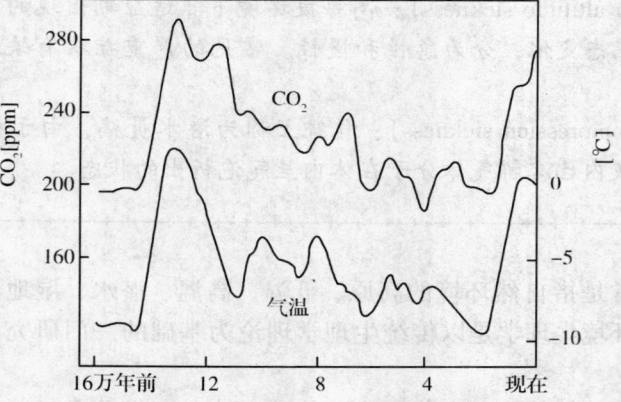

图 12 - 1　大气二氧化碳含量与气温的关系

人类及各种生命体依托于地球环境而共存，从这个意义来讲，生命体的生理功能受到环境诸因素的影响无法忽视。传统生理学的研究按照循环、呼吸、能量代谢、体温等各个系统的功能对机体功能进行论述，而对于机体在不同生存环境中的变化言及较少。这种研究方法对于深入地分析和理解机体生命现象非常必要，另一方面，机体与生存环境密不可分，因此有必要将环境因素与机体生理特点结合起来加以考量。

地球环境可影响机体的体温调节、神经免疫、脑血管内皮细胞的免疫信号转导。如内因性低体温诱导因子导致机体低体温。

地球环境变化与机体能量代谢异常，能量代谢调节与睡眠、觉醒的调节、时钟细胞的节律共振等问题关系密切，但限于科研手段，大量的疑问将随着今后科技发展而揭示出更多的奥秘。目前，研究较多的诸如，缺氧环境、二氧化碳浓度的变化、酸雨导致的环境用水的酸性化都会对呼吸、循环、内环境的酸碱平衡、渗透压调节产生影响。

关于地球环境中的高原环境、水下环境的相关内容在后面的各节中有所论述。

二、城市环境

城市环境对机体生存有自然因素与人工因素的双重影响。混凝土建筑、道路建设在增加了对机体的热辐射、电磁波辐射的同时，机体受到的日照时间有可能缩短；城市排污则增加了空气中粉尘污染及酸环境的增加，进而对机体的呼吸系统及其感受器、感官系统、神经的感觉系统产生影响。环境因素对不同性别的人群，影响力度有所不同，流行病学统计在排除了人种、遗传等因素之后发现不同国家的生活环境对男女寿命的影响显著（图 12 – 2）。

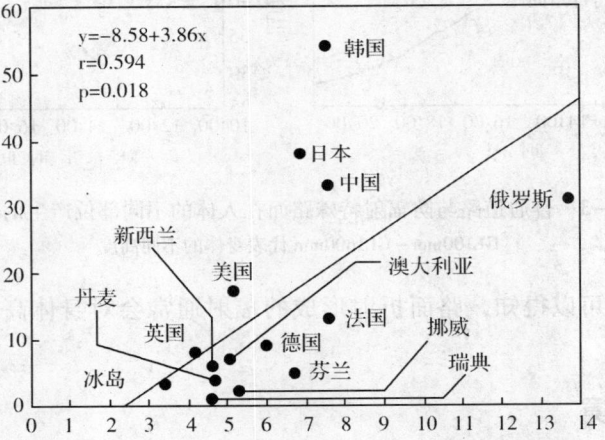

图 12 – 2　不同生活环境的男女寿命差

城市绿化可从心理上降低机体的情绪反应，生理功能上还能显著影响内分泌功能，如降低唾液中醛固酮的含量等。

城市人口居住密集，在精神健康方面上会对机体产生负面影响，可导致更多抑郁症的产生，对青春期及中高龄人群均可产生生理功能上的负面影响。在对感觉器官的影响方面可表现出对光反射迟钝、距离感偏差、空间感觉的变化等。

城市发达的交通生活使运动系统功能和体能水平下降。长期身体坐姿造成下肢无力，肌群协调性降低，步行姿势改变，脊椎疾病发病率上升等。都市信息电子化带来颈椎综合征、偏头疼、手部腕管综合征发病率的上升及视功能退化等问题。

城市生活环境中各类辐射的作用不可忽略。高层建筑及大型发光板（如 LED 平板）的光辐射对皮肤及感官系统产生都具有一定的负面影响。长期通讯设施、媒体转播设备的电磁波辐射对生殖功能会产生影响，严重的会导致人口男女比例失调，神经系统功能异常及各类免疫疾病的发生。

屋内人造环境形成的高热环境、低通风环境对机体的热伤害也不可忽视。

城市噪声对听觉系统，特别是中耳和内耳的长时间不良刺激，会导致听毛细胞功能衰退，前庭器官老化加速，造成听力障碍和前庭器官功能失调。

住宅、服饰、空调设备、车辆等与日常生活关系密切。与生活直接相关的产品如何能从生理学角度给予改善，如何将生理科学知识融入产品的设计和制造成为现代化生活中的一个大课题。城市建设中大量道路的建设对机体功能影响方面的研究不多。但有限的研究证明，不同路面材质对日辐射的反射所产生的热效应会截然不同，图 12 - 3 显示的是夏季不同的时间段，普通道路与防日辐射特殊路面所产生的辐射热的情况。这些结果提示我们，在进行户外活动时不但要注意日光的直接辐射，还要防止地面建筑物、路面的折射造成的间接辐射。

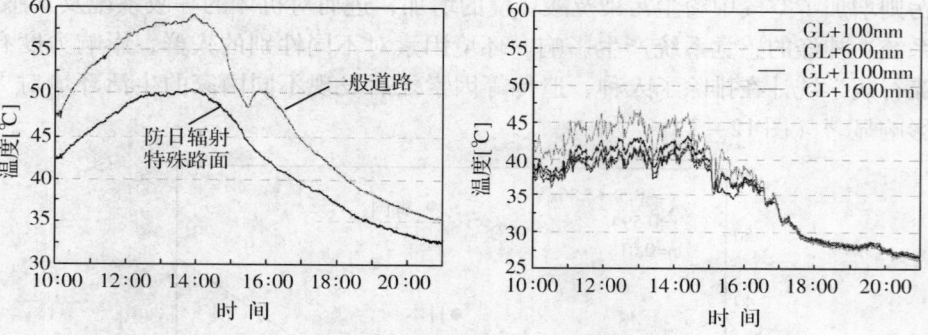

图 12 - 3　普通道路与防辐射特殊路面在人体的不同部位产生的热辐射
GL100mm ~ GL1600mm 代表身体的不同高度

从图 12 - 3 中可以得知，路面折射形成的辐射通常会对身体高部位产生的辐射作用大。

三、紧张环境

这里的紧张主要指精神性紧张（mental stress）。紧张是一种外源性刺激，可对机体造成精神性和器质性反应，造成机体内稳态环境的改变。这里的紧张主要侧重于与器质性相关的功能变化。紧张环境对人体生理功能的影响要从正反两个方面加以看待。

紧张环境可以是突发事件的现场，也可以是环境的新旧交替，而室内长时间办公也可造成机体处于慢性紧张状态。

（一）心血管反应

通常情况下，紧张通过感受器刺激交感神经兴奋性上升，引起心脏的正性调节增强（心跳加快，房室间传导速度加快，心肌收缩力增强）。外周血管的变化特点是外周阻力先增长后下降，特别是骨骼肌中血管系统外周阻力下降，外周循环血量上升。

（二）能量代谢反应

紧张可导致儿茶酚胺介导的能量代谢水平的上升，具体表现为肾上腺素和醛固酮分泌的增加，机体能量代谢上升。因此，肾上腺素及醛固酮有时又被称为紧张性激素。慢性紧张性刺激因素通过促进肾上腺分泌醛固酮的增加而使体内产糖过多，能量产生过剩，体内的糖在细胞线粒体和细胞质内经丙酮酸和乙酰辅酶 A 途径转成脂肪蓄积。慢性紧张刺激的另一个特点是使肾上腺素分泌过多，使得机体和脂肪细胞对肾上腺素的敏感性下降，脂肪细胞分解代谢能力下降，而产生体内堆积，这两方面的原因导致体重的增加。长期紧张性刺激可致中心性肥胖加剧、器官对胰岛素作用的敏感性下降，糖尿病患病率上升。

（三）食欲

紧张与食欲间的关系具有两面性。20 世纪 90 年代的研究发现脑视床下部外侧区神经细胞中存在着与食欲关系密切的一类神经肽（食欲素，orexin）。富含食欲素的神经细胞轴突广泛地投射到大脑、视床下部、脑桥等中枢神经的各个区域，并与摄食、睡眠调节关系密切。由于视床下部外侧区的穹窿周围区富含食欲素神经胞体，这一区域同时也是受紧张刺激后产生反抗欲望和逃跑信息的信号发生中枢，由此认为紧张刺激对食欲的影响与机体的防御功能有关。

食欲素基因敲除动物的实验证明食欲素参与了机体在紧张状态下的防御行为。长时间行走刺激可影响视床下部、海马功能；可引起视床下部、海马回食欲激素分泌增加，促进摄食行为的同时，还可促进循环调节反应、紧张反应、睡眠－觉醒调节机制。相反，通过改变摄食行为、调整睡眠觉醒方式可直接影响食欲素的分泌。

大于乳酸阈值强度的行走运动刺激可引起视床下部外侧区食欲素阳性细胞的激活，食欲素前体 mRNA 表达增强，血糖值、血中儿茶酚胺含量上升，海马回及皮质中去甲肾上腺素、5－羟色胺代谢增加。视床下部室旁核中 hnCRH 及 prepro－AVP mRNA 表达的增强，这一调节对缩短睡眠的导眠期，维持肌张力都有一定意义。

（四）对消化和吸收的影响

紧张性刺激对消化和吸收的影响可以从神经调节和体液调节两方面加以理解。消化与吸收的神经调节受到自主神经（又称外来神经系统）和内在神经丛的两方面影响。自主神经调节包括了交感和副交感神经两方面的调节，而通常则以副交感神经调节为主；内在神经丛包括黏膜下神经丛和肌间神经丛，是实现局部运动性和分泌性调节的主要因素。紧张引起交感神经兴奋的同时，抑制了副交感神经的功能，对消化与吸收产生抑制性影响。

紧张造成抑制，放松有助于健康。其生理学机制上的解释是：紧张可通过自主神经系统，直接影响消化道及免疫系统的运动及分泌功能。具体表现在：

1. 对消化道平滑肌一般特性的影响

消化道平滑肌具有肌肉组织的共同特性，如兴奋性、传导性、自律性和收缩性，但这些特性表现均有其自己的特点（表 12－1）。

表 12 – 1　消化道平滑肌的生理特性

生理特性	表现
兴奋性	与骨骼肌比较兴奋性低，收缩速度慢，表现为潜伏期、收缩期、舒张期均延长
自律性	收缩频率慢，自律性远不如心肌规则
紧张性	消化道平滑肌经常保持微弱的、持续的收缩状态，有利于消化道各部分保持一定的形状和位置，也有利于消化道管腔内保持一定的基础压力，是消化道平滑肌的各种收缩活动的基础
伸展性	消化道平滑肌具有很大的伸展性。它使消化道有可能容纳几倍于自己原初体积的食物
敏感性	对化学、温度和机械牵张刺激敏感，对电刺激不敏感

2. 紧张消化道平滑肌电生理特性的影响

消化道平滑肌电活动的形式可分为 3 种，即静息电位（resting potential）、慢波电位（slow wave potential）或基本电节律（basic electrical rhythm）和动作电位（action potential）3 种（表 12 – 2）。

表 12 – 2　消化道平滑肌的电活动

类型	特点	产生机制
静息电位	RP 较低，约 $-50 \sim -60\text{mV}$	主要由 K^+ 的平衡电位形成，但 Na^+、Cl^-、Ca^{2+} 以及生电性钠泵活动也参与了静息膜电位的产生
慢波电位	在静息电位基础上产生的一种缓慢的、自发的去极化和复极化电位波动，也叫基本电节律（basic electric rhythm，BER）	与细胞膜上 Na^+ 泵活动周期性下降有关。慢波是平滑肌收缩节律的控制波
动作电位	锋电位上升慢，持续时间长；锋电位大小不等，幅度也低	发生在慢波的基础上，当慢波去极化达到阈电位时就可触发动作电位并引起肌肉收缩。AP 的去极相主要是由 Ca^{2+} 内流引起的

紧张对电活动的影响可反映在平滑肌细胞膜电位的兴奋性及收缩舒张的力学变化。正常情况下消化道平滑肌的膜电位及收缩的特点是：动作电位是在慢波去极化的基础上发生的；平滑肌收缩则是继动作电位之后产生的；慢波电位本身不引起平滑肌收缩，是平滑肌的起步电位，控制着平滑肌收缩的节律；锋电位数目越多，收缩力越强。紧张可通过外来神经系统，增强交感神经的兴奋性；通过内在神经丛释放神经递质，影响到消化道局部功能的异常，最终导致消化道分泌功能和蠕动的抑制。消化不良、疼痛、烧灼感、胀感、呕吐可出现在溃疡及非溃疡人群。胃酸分泌过多，食道痛觉敏感性上升，有灼心感。

（五）紧张性刺激的阶段性适应

机体对紧张性刺激的反应称为一般适应综合征（general adaptation syndrome，GAS）。一般适应综合征可分为三个阶段，即：恐惧反应、抵抗及适应、衰竭。

第一阶段的反应以肾上腺素分泌增加为代表的机体自我防护功能增强。机体通过分泌功能的调节，对紧张性刺激产生应答以达到维持内环境的稳定。在肌紧张增强，交感神经对心血管的调节功能增强，肺通气、肺换气功能增加，感觉器官功能增强的同时，会造成消化道平滑肌紧张性增加。这些反应也称为挑战或逃跑反应。当刺激因素消失后机体可恢复到正常水平。

紧张性刺激因素继续作用于机体时，机体可进入第二阶段，即抵抗及适应阶段。这一阶段机体为维持自我保护机制，持续增加分泌功能的动员，表现为肾上腺皮质束状带分泌糖皮质激素（corticosteroids）的增加，血糖水平上升以维持躯体及内脏的高能量代谢水平。机体防御机制的过度动员可使机体由生理性反应转变为病理性变化。为防止这一转变，这一阶段的重点在于放松和休息以抗衡紧张性刺激。若机体无法对紧张产生缓解，则会出现疲劳（fatigue），精力无法集中（concentration lapses），易怒、倦怠，机体进入紧张性抑制过程（negative stress 或 distress）。

紧张性刺激进一步持续则可使机体进入衰竭阶段。在第三阶段的衰竭过程中，机体能量代谢和免疫功能超过极限，精神、身体及情感超负荷，即所谓的肾上腺衰竭。生理指标则表现为血糖水平下降，耐逆性（stress tolerance）下降，精神及身体功能进行性衰竭、发病及崩溃。

下丘脑－垂体－肾上腺轴（HPA）在持续紧张性刺激下可出现功能失调，出现生物节律紊乱。即使消除了刺激源，下丘脑－垂体－肾上腺轴仍会维持其正反馈调节，持续性的高水平释放皮质醇导致衰竭。皮质醇还可干扰 5 – 羟色胺活性，导致疲劳和抑郁的增加。

机体对紧张性刺激的应答可增加脂肪和胆固醇在循环系统中的释放，堵塞循环系统，导致心脏和脑部等器官的局部血液供应异常。

持续紧张性刺激可通过增加白细胞介素 –6（interleukin – 6，IL –6）对免疫系统产生抑制。免疫力下降导致抗寒能力减弱、流感及癌症的患病几率上升。紧张性刺激通常不会导致机体的直接死亡，但可使机体防御功能衰竭而间接地导致死亡。

第二节 物理环境

一、光环境

（一）昼夜变化及适应

人在与外界完全隔绝的环境中生活，即使没有计时设备，人也可以维持正常的 24h 觉醒和睡眠周期。通常体温和血压会在下午 4 点左右升高，而脑卒中则多发生在凌晨，正常生理状态及疾病发生受生物钟的节律控制已成为一种共识，即机体内部存在昼夜节律生物钟，这种 24h 周期性的生命变化规律被称为昼夜节律（circadian cycle）。

无钟表且在黑暗的环境中长期生活，主观感觉到时间的漫长。但由于机体内生物钟的调节，机体功能调节的昼夜节律可调控在 25h 内，表明机体即使没有钟表作为时间参照，也可与外界的昼夜变化进行几乎同步的运转。这就是生物钟的持续运转功能（free run）。机体生物钟与地球运行周期密切相关，地球运转形成的自然环境周期可以加速或延缓生物钟的运转，这种外环境调校体内生物钟的方式被称作牵引（entrainment）。

生物钟通过分子调节信号进入细胞核内的传导机制，通过胞浆内信号转导，调节时间关联基因的表达，实现体内时间信息的整合。

（二）季节变化

自然界中可以观察到两栖动物蛙类的脂肪随着季节的变化而变动。而正常人体可在一年中生理指标随季节产生波动，传统生理学上通常以静态机体的生命功能规律为基础。这种随季节的变化规律，与能量代谢相关联的交感神经兴奋性及内分泌的调节及机体的恒温机制有关系密切。因此会产生冬低夏高的认识。但运动的生理功能与季节的关系则与静态有所不同。运动还会形成基础代谢冬高夏低、体液量夏高冬低、交感神经活动冬高夏低、肺活量冬高夏低等规律。

对有氧运动能力的研究表明，机体在夏季运动能力会低下，通常的规律是耐力运动能力在夏秋季练习效果高于春夏季，运动中最大耗氧量在夏季下降明显，而运动能力有所上升。在每年5月及10月进行的爬坡有氧运动时，身体功能的比较研究表明，5月有氧运动者在30min的运动初期心率明显高于10月的有氧运动组。

肺活量及安静时的最大摄氧量在春夏季会明显减少，而夏秋季则有增加的现象。最大运动量时测得的最大摄氧量在冬季较大而在夏季则下降。

职业运动选手在一年的训练计划中可根据身体功能（如最大摄氧量、总血红蛋白量）及生化指标随季节产生变动的规律，调整训练计划。

（三）昼夜节律的产生

人体的生理基本功能即使在没有光线、温度的昼夜变化环境中也保持着一定的周期性。这种即使除去外部因素后机体具备维持生物节律的现象被称为自由运转节律（free running）。在没有环境因素影响的状态下也具备自由运转的节律现象叫做内因性节律，而无自由运转节律的现象则称为外因性节律。

机体的睡眠、内分泌的生物节律可在25h内进行调整。机体能够顺应一天24h的节律变化是因为日照的规律性变化。若夜间强光刺激后可引起生物节律紊乱、自主神经紊乱、内分泌功能下降。机体内生物节律是睡眠、血压、体温昼夜变化，激素分泌构成了生理功能的昼夜节律变化。脑中心部的神经细胞是生物节律的高级调节中枢。昼夜交替工作时，因深夜受强光照射，体内生物节律受到干扰，增加了患失眠、乳腺癌的危险性。

机体中以睡眠和觉醒为代表的，包括体核体温、自律神经系统、内分泌系统等多种生理功能和机体行为表现的生命活动都遵循着昼夜节律性变化。

能够引导生物周期的环境因素称为引导因子（zeitgeber、entrainer）。昼夜光线和温度变化是最常见的引导因子。人类在社会活动中的声音、社会行为规范等也可能成为引导因子。外引导因子中作用最强的就是光线。几乎所有机体的生物周期都受昼夜光线变化的影响，若出现其他引导因子与光线竞争性地作用于生物周期时，则机体受光线变化的影响最强。

机体一旦失去了引导作用产生的生物周期时，则出现脱引导现象（desynchronization）。隔离实验证明，将受试者在隔离环境中，部分人体可表现出比24h稍长的生物周期，但也有部分人体会出现内分泌功能和体温波动与睡眠－觉醒规律不符的情况，这种现象通常被称为内部脱引导现象（internal desynchronization）。

对机体生物周期可产生引导作用的外部周期具有一定的范围，此范围被称为节律的引导作用范围（range of entrainment）。节律的引导作用范围受到机体节律的固有周期（free running 周期）、引导因子的强度、机体对引导因子的感受性的影响，但基本上是围绕 24h 调整的。

机体昼夜生物周期与细胞核中基因的调控密切相关。

（四）时差

跨越时区 5h 以上的地区间极高速移动后，机体的内部节律与目的地间的环境周期间出现偏差，机体功能上可出现不适应现象，即时差效应。

时差影响机体可出现睡眠障碍、困倦、疲劳感、食欲不振等症状。时差存在个体差异。机体通常在 25h 范围内实现生物周期，这一周期受作息时间、日照 24h 外部因素的调整。出现时差后，生物周期的 24h 调整受干扰，生物周期中生理功能的高峰期被分散，而引起功能的下降。

一段时间适应后，引导作用会使机体生物周期适应当地的节律，时差感消失。时差感的消失存在个体差异，且随着年龄的增长适应能力下降。通常情况下年轻人的自主神经系统及睡眠的适应期为 1 周；高龄者的自主神经系统适应期为 1 周，睡眠适应期为 10 天。向西移动时会延长、向东移动则会缩短 1 天的时间。向东移动产生的时差感通常高于向西移动后的时差感。生活规律性强的个体，时差感较强，但经过引导作用后还可维持较好的睡眠质量和体能；而日常生活不规律者，由于日常生活处于节律不稳定状态，适应时差后的睡眠质量和体能状态会较低。

二、温度

人体高低温耐受力极限受诸多因素影响。有科学记载的穿着耐高温服装、干燥时的耐高温记录为 260℃，人类有记录的耐低温的极限是一位加拿大儿童，在户外低温环境 6h 后体温降为 14.2℃ 而仍然存活。

（一）环境温度与体温

人体体温是核心体温和体表体温的总称，体温调节机制是通过体表及深层温度感受器感受温度变化，通过反馈调节产生不同的温度调节效果。生理学研究也发现除温度感受器调节外，体温还受到进食种类、摄食规律、时间因素和光以及相关遗传因素的影响。

环境温度上升或者下降对机体皮肤的温度感受器产生温度刺激，通过传入途径，经能量转换将物理信号转换为生物电信号及化学信号（神经递质、激素等）到达温度调节中枢，通过中枢系统的信号整合功能而实现对机体体温的调节。最新研究也发现机体内细胞膜非选择性阳离子通道，属于辣椒素受体（又称侵害性热受体，VR_1，TR-PV_1），此类非选择性阳离子通道，在体温调节中发挥着重要作用。而感受冷感觉的传入神经纤维将冷信号传递至后根神经节（dorsal root ganglion，DRG）。当后根神经节受到冷刺激时，后根神经节中的冷受体细胞内钙离子浓度（$[Ca^{2+}]_i$）显著上升。

（二）产热

机体的产热是通过能量代谢的方式进行的，而能量代谢的变化与内分泌密不可分。青春期机体进入性激素分泌活动活跃期，功能上出现明显的性差异。女性由于卵巢雌激素和孕激素的分泌呈 28 天周期性变化，存在着以排卵为分界线的卵泡期和黄体期。这些激素的内分泌变化不仅在安静状态时，而且在热环境或运动刺激时也对产热产生重要影响。以卵泡早期的体核温度为参照基准，雌激素分泌为主的排卵前（卵泡后期）体核温度比基准值低 $0.2 \sim 0.3℃$；排卵后的黄体期因孕激素分泌增加，体核温度呈 $0.3 \sim 0.5℃$ 的上升，由此看来女性的产热、散热特点与男性有着显著的不同。

在高温环境的热刺激作用下，性周期对发汗量、皮肤血流量的变化及体核温度的影响变小。正常环境下在以发汗和皮下血管扩张为主的散热方式中，女性以皮下毛细血管扩张散热为主，男性则以发汗散热为主，这种现象在大腿部位最为明显。由于这种不同的散热调节机制，高温环境下女性的运动能力显著低于男性，而女性黄体期的运动能力则显著地低于卵泡期。

具备正常性周期的女性，持续运动锻炼有助于内分泌的改善。热环境适应性运动（相当于常温环境下 $50\% \ VO_2 max$ 的运动强度）时，锻炼者的发汗潜伏期及皮下毛细血管扩张时的体核温度阈值明显低于非锻炼者，而与性周期的相关性降低。运动适应练习后雌性激素，特别是排卵后的孕激素分泌量下降，可有效地控制体核温度的变化。

（三）热环境的适应

安静状态下，身体基础代谢与环境温度间呈 U 字型关系，即低温及高温环境下人体基础代谢率高，适宜环境温度下基础代谢率低（图 12 - 4）。

图 12 - 4 中温度单位℉（华氏）与℃（摄氏）的换算关系为：$1℃ = 5/9 \ (1℉ - 32)$。

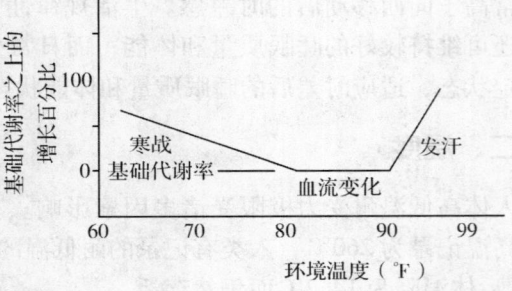

图 12 - 4　安静状态下人体基础代谢率的变化特点

与安静状态下运动相比，热环境中的机体运动通常会有发汗潜伏期缩短、发汗量上升、相同的发汗速度时汗的无机盐成分含量下降、血容量上升等适应性反应。这些热适应反应可在热环境中 1 周内快速形成。热环境下运动导致机体产热量增加，机体承受的热负荷增大，促进了上述热适应的进程（图 12 - 5）。

与安静状态下热环境适应相比较，运动状态时中枢神经系统的温度上升程度增大，发汗现象出现较早。运动强度的增加可加快中枢温度上升程度。环境温度越高，相同运动强度下的中枢温度上升程度越大。最大摄氧量（$VO_2 max$）水平高的个体通常中枢温度上升程度较小。

心脏功能储备包括心输出储备和心率储备。正常环境温度下，运动时心输出量及心率上升显著。热环境下，运动时心输出储备量增加明显，但心率储备变化不显著。

热适应后，热环境下的运动前后血乳酸的变化幅度小于常温环境，乳酸阈运动强度时的摄氧量（VO_2）与最大摄氧量的比值（$VO_2/VO_2 max$）上升，运动能力提高。与正常环境温度下的竭尽全力（all - out）运动相比，热环境下的竭尽全力运动时的心率及能量代谢较低，运动时间加长。这些变化可促使身体脂肪成分逐渐减少而体液量增多。

综上所述，热适应使得机体在热环境下的耐力性运动能力得以提升；热适应后的机体回到常温环境下的运动能力可有所提高。

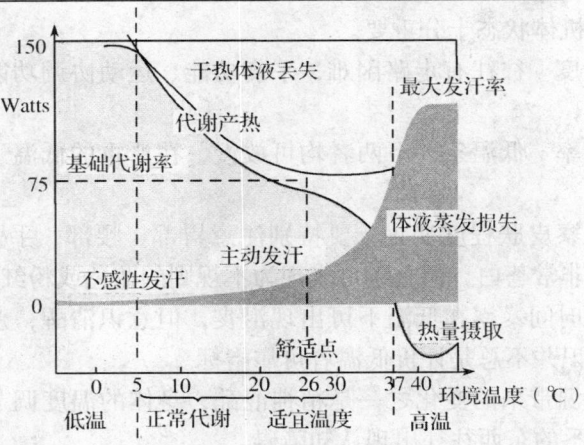

图 12 – 5　运动状态下人体基础代谢率的变化特点

（四）冷环境及适应

机体暴露于寒冷环境中身体功能受到影响，其基本特征是产热没有减少但增加了散热过程。寒冷使四肢循环血量减少以保持体核温度的恒定，而骨骼肌工作能力则有所下降。机体可通过几条途径增加产热以抵消寒冷的环境因素带来的负面作用：①通过增加内脏的新陈代谢而增加产热量。②通过肌肉运动的随意运动的方式，提高肌张力（肌紧张）、寒战的非随意运动（屈肌及伸肌同时进行有规律的收缩和舒张），增加产热。寒冷状态下，产热持续增加，机体的能量代谢动用能量储备的脂肪成分以补充原料的不足。

体核产生的热量经循环系统传递全身，寒冷环境下体表毛细血管网的血流量经直捷通路和动 – 静脉短路的调节而减少。

极地是一种特殊的冷环境，这种高寒、气压异常、电磁辐射异常、极昼、极夜等恶劣自然环境对机体提出了严峻挑战，从而又产生了一门科学：极地生理学（polar physiology）。

1. 冷应激

冷应激是指人体对内外环境的冷刺激做出一些相应反应的全过程，是在长期进化中发展起来的自我保护的本能反应。适度的应激量可激发体内产生适应力、抵抗力、免疫力，这是应激积极的一面。

低体温（hypothermia）是指机体内温度的下降，这里是指机体长时间暴露在低温外环境下，散热大于产热的现象。低体温的个体差异很大，与个体新陈代谢水平的差异有关。年龄、性别、种族等因素会影响低体温的程度。

生理学中产热包括代谢和肌肉产热两个方面。因此在评价机体在低温下适应程度时予以考量。

低温环境下机体的适应性可从几个方面给予监测。

（1）肌肉　僵硬度（寒冷性肌紧张），特别是颈部和上肢的紧张度。

（2）寒战　是低温环境下骨骼肌发生的不随意节律性收缩，其特点为屈肌和伸肌同时收缩。高龄者在阴凉或寒冷的环境中由于感受性降低并不一定产生寒战。

（3）脸部　脸部水肿或肿胀是一个重要标志，尤其是与皮肤变冷和思维混乱的症状组合，对于了解机体状态十分重要。

（4）动作协调度　往往有走路困难，平衡功能、运动协调功能异常否可作为鉴别适应度的指标。

（5）呼吸和心率　低温条件下两者均可放慢，在严重的低温下还可能不易观察到呼吸和心率。

（6）皮肤　观察皮肤程度变化，要特别注意胃部、腰部、手臂、腿、手、脚的皮肤颜色通常表现为非常苍白，但它也可表现为不规则的蓝色或粉红色斑点。

（7）意识　长时间暴露在低温下可出现沮丧，但意识清醒，意识和头脑清晰是两个不同的概念，意识并不总是评价低温者可靠指标。

（8）困惑　低温带来的变化之一是精神混乱，身体的温度调节能力差的人其逻辑思维、记忆和对熟悉的东西往往出现认知障碍。

（9）态度　不关心周围发生的变化，变得易怒、敌对或表现出攻击性。

冷刺激可使神经系统功能活跃，神经内分泌系统水平提高，免疫系统、能量转化系统以及体内抗氧化的功能上升。

冷刺激下外周血管短暂关闭，更多地保证了重要脏器的供血，心、脑、肝、脾部血流增加，使更多的氧被及时地输送到大脑，有利于消除神经系统的疲劳状态。为了维持身体体温的平衡，急速而大量地向全身供血，不仅使心脏的搏动加速，而且使心脏的搏动有力，心脏每搏血量增大；由于全身循环血量增加，平时贮存于脾脏的血液也投入到循环系统中。当身体恢复正常后，血液又重新贮备，使脾脏内的血液也进行了更新，保持血液的新鲜，防止血液的沉淀，这对人体无疑是有益的。经过广泛的调查研究表明冬泳是所有体育运动中提高人体免疫力最有效的的运动项目，冬泳者的免疫球蛋白比常人要高，这种免疫球蛋白可与巨噬细胞结合，增强巨噬细胞的吞噬作用，冬泳爱好者上岸后的白细胞数量会提高30%。

冷刺激可促进机体内自由基的生成，可以帮助多核白细胞吞噬和杀灭病毒，提高人体的免疫功能。

2. 冷习服

中医有"薄衣御寒"养生之说，即"薄衣之法，当从秋习之"。对寒冷的适应，称为"低温习服"，也叫"冷习服"，它指经过一定时间的适应性锻炼，使人对低温产生适应性。通常可通过计算寒冷血管反应指数（vasoresponse to cold index，VRCI）而掌握冷习服能力。

冷习服对机体产生的积极作用可表现在以下5个方面。

（1）物质代谢可得到加强，机体对胰岛素的敏感性增高，糖原储备增多，肠道对葡萄糖的吸收加快。

（2）脂肪的分解、吸收、利用等均可得到加强。

（3）蛋白质代谢得到加强，神经系统和内分泌系统的调节功能也随之得到改善，从而增强了机体的自控能力。

（4）血管弹性增强，血液流量增多，从而改善了冠状动脉的血液供应，加强了心肌功能，同时使外周血管反复收缩的程度逐渐减弱、舒张反应加快，因而冻疮发病率可明显降低。

（5）耗氧量增加、基础代谢率提高，高水平的产热功能可持续几个月之久。

通常暴露在低温环境的初期（10 天）冷应激时，氨基酸代谢波动明显，20 天时的代谢明显升高，而 30 天则可恢复正常。在 $11.8 \sim 13.5℃$ 的环境中每天暴露 8h（穿单衣劳动），每周 6 天，1 个月后，耐寒能力可有明显提高，表现为颤抖减少或不颤抖，深部体温恒定。为期 1 个月的冷习服后，血清支链氨基酸明显变化，除甘氨酸外缬氨酸、精氨酸、丝氨酸、胱氨酸明显减少。除蛋氨酸（Met）外其他支链氨基酸均有明显增高。血清亮氨酸、异亮氨酸、丙氨酸、苏氨酸水平均可明显升高。这说明冷习服后氨基酸代谢可明显得到增强。

3. 越冬综合征

对数百名南极越冬的短期和长期志愿者健康状况进行的研究后提出了越冬综合征这一概念，这种综合征包括抑郁、易怒、敌对情绪、失眠、认知损伤、注意力难以集中及轻微记忆丧失等状态。

研究发现，无论是工作在极地还是高原，日程过半后，伴随着情绪低落，生理功能也出现衰退，这种现象有时被称为四分之三现象，即如果实施一项为期 6 个月的工作计划，则会在 3 个月过后精神达到最低点并伴随有生理功能的变化，此时处在极地或高原环境中会出现最大程度的不适感。

四分之三现象意味着生理变化存在着周期性规则，掌握和研究这一规律对了解压力适应的机制及应对措施具有重要意义。

三、重力环境

（一）失重环境下的生理

失重（weightlessness）是物体有质量而不表现重量的一种特殊力学现象。航空领域中飞机做抛物线飞行时可在空中产生几秒至几十秒的失重状态，而航天器在轨道上运行时可长时间失重。

此外，在进入宇宙的过程中，机体承受的是强振动和超重环境。超重通常以地球重力平均加速度的倍数来表示。载人航天器上升时的最大超重达 8g，返回时达 10g。

航天器在太空轨道上做惯性运动时，地球或其他天体对它的引力（重力）正好被它的离心力所抵消，在它的质心处重力为零，即零重力，称为失重环境。航天器上质心以外的生活环境，则是微重力环境，即重力非常低微。

失重和微重力环境是航天器上最有科研价值的独特环境。在失重和微重力环境中的理化特点是：气体和液体中的对流现象消失，浮力消失，不同密度引起的组分分离和沉浮现象消失，流体的静压力消失，液体仅由表面张力约束，润湿和毛细现象加剧等。它提供了一种极端的物理条件，利用这些地面上难得的环境条件，可获得许多地面上难以了解和掌握的生命现象。

人类长期生活在有重力的地面环境上，地球引力吸引血液向下流动。而在模拟或实际失重环境中（以 0g 为例）会导致身体及头部循环血液及体液出现显著的重新分布，而引起复杂的心血管调节功能的变化。心血管调节功能异常通常会在由失重状态回到正常状态的初期更为明显。其完整的调节机制目前尚不清楚。但可以通过直接测量中心静脉压、超声心动图及非创伤的测量系统和周围血流，了解循环系统的变化规律。

失重环境中，血液重新分配，下肢血量减小，头部血量增多，体循环的收缩压可比正常环境下上升 2000～2666 帕（15～20mmHg），平均动脉压上升 1333～1600 帕（10～12mmHg）。失重使体内静脉压梯度消失，静脉压上升，舒张压下降，中心静脉压和心房压力增加。机体容量感受器受到刺激后反射性地引起排尿量增加和水分及血容量减少（约10%），尿中排出的钠、钾离子增加。

无重力环境器官循环受到很大影响，导致体循环出现血管紧张性下降，心脏缩小，易出现贫血，返回地面时出现脑贫血导致的起、站立失调，工作能力下降。

失重环境下人体骨骼受力减少，易引起肌肉萎缩，骨骼变松脆，骨骼内钙、磷盐丢失，红细胞减少（8%～17%），白细胞增加，T淋巴细胞减少，免疫能力减退。

失重环境会导致前庭器官 – 自主神经功能紊乱，引起运动障碍和空间定向障碍（姿势功能紊乱），出现恶心、呕吐、面色苍白、晕眩。这种症状通常在失重的第一周内发生，随后症状减轻。

（二）适应性训练

为了防止长时间无重力环境对功能的影响，维持在地面上的体力，宇航员必须进行适应性训练。

（三）失重的预防

防止失重对机体的不良影响，需采取：适应训练、作息制度调整、饮食营养调整、运动适应性训练和药物治疗等方法。具体方法有：保持充足休息和睡眠时间；食用含钾、钠、钙离子丰富的食品；返回前饮用盐水，以补充水分，增加循环血量，提高定位耐力等。

从失重状态回到地面环境后，失重造成的生理反应可在数周内消失，功能恢复正常。

四、气压环境

现代社会由于社会的进化，生活水平的提高，人们有越来越多的机会在工作中和休闲活动中接触到不同类型的自然环境，有些特殊的自然环境增加了对人体正常功能的威胁。从高海拔的缺氧到深海潜水的各类活动中，人们都可接触和体验到不同气压环境造成的生理反应。这种与气压有关的医学内容又称为气压医学（baromedicine）。

（一）高原应激

机体在高海拔环境下，通过一系列的自身调节机制，增加细胞内氧分压，提高氧的利用率。这种调节机制在到达高原后即刻开始并可持续数周，但因个体差异，调节程度可不同。在到达高海拔地区 10 天后，机体的适应能力可提到至80%，6 周后适应能力可达95%。呼吸频率在到达 1 周后可达峰值，在随后的时间里呼吸频率逐渐下降恢复到正常。从高海拔回到正常海拔后，在高海拔获得的适应能力将逐渐丧失。

对高海拔环境早期适应表现为：呼吸频率、心率加快，体液调节异常；后期则表现为：红细胞增多，红细胞内的 2，3 – 二磷酸甘油酸（2，3 – DPG）增多，毛细血管数目增多。

在进入高海拔的第一周，由于血液中氧分压的下降，机体通过外周及中枢化学调节机制，反射性地引起呼吸频率加快、呼吸加深、肺通气量加大。通气量增多会导致机体内 CO_2 浓度的下降，内环境趋于碱性（pH 增大），严重时可导致呼吸性碱中毒。高海拔的缺氧环境引起交感神经兴奋及心肌局部缺氧会反射性地引起心肌正性调节的增加，心率加快。

缺氧环境可通过自身调节，引起脑血流量的上升以提高脑的供氧水平；肺毛细血管出现反射性收缩，增加了血流在肺内的阻力，肺内血压上升以增加肺换气，但过高的肺内血压同时会导致毛细血管内体液的外渗，引发肺水肿。

缺氧可致骨髓的红细胞生成能力增强，体循环在 3 ~ 4 天内产生更多的新生红细胞，氧的运输能力加强。正常人在进入高海拔后其红细胞可增加 30% ~ 50%。红细胞内 2，3 - 二磷酸甘油酸上升增加了氧分子与血红蛋白的氧合能力。毛细血管网功能增强，则加强了氧的扩散能力，缩短了细胞摄取氧分子的距离。

高海拔环境下的运动及适应可显著地提高机体的耐力运动水平。由于高海拔下骨骼肌中氧分压的下降，初期会致运动能力下降，与正常海拔时的运动能力相比可降低约 5% ~ 10%。高海拔降低了机体运动能力的同时，也为代谢能力和运动能力的提高提供了上升空间。实验证明高海拔低居住的训练模式有助于机体的训练和恢复，一次性到达海拔 2000 英尺（609m）进行训练获得的机体调节效果要小于一次性到达 4000 ~ 5000 英尺（1219.3 ~ 1524.0m）的效果。高海拔适应通常会每隔 1000m 高度建立一个中继站。最适应提高训练水平的高度目前认为是海拔 2000 ~ 2500m。随着高度的上升，机体的适应时间延长。2000 ~ 2500m（6500 ~ 8200 英尺）的高度，需 2 周的适应时间，才能更好地利用相关的代谢和心血管适应。2 周的适应时间还可使机体有时间重新建立适应环境的正常肺通气量，避免缺氧引起的通气量增加造成的酸碱平衡异常。

（二）高原环境的适应性调节

高原的低气压、低氧分压环境直接影响到机体的呼吸效率。具体表现在肺泡氧分压下降，肺内氧扩散系数减小，肺换气效率降低。继发性的引起内环境氧分压、电解质离子浓度、酸碱度的变化。

高原环境形成的化学刺激及调节可从 PO_2、PCO_2 和 H^+ 对化学感受器的三个方面的影响加以理解，这种化学性感受的影响即是外周性的也是中枢性的。

1. H^+ 的影响

动脉血中的 H^+ 增加后，呼吸加深、加快，肺通气增加；H^+ 降低，呼吸受到抑制。H^+ 对呼吸的调节是通过外周化学感受器和中枢化学感受器实现的。中枢化学感受器对 H^+ 的敏感性为外周的 25 倍，但 H^+ 通过血 - 脑屏障的速度慢，限制了它对中枢化学感受器的作用。脑脊液中的 H^+ 才是中枢化学感受器的最有效刺激。

2. O_2 的影响

肺换气 PO_2 低时，呼吸加深、加快，肺通气增加，但对低 O_2 反应存在个体差异。动脉 PO_2 10.64kPa（80mmHg）以下时，肺通气出现可观察到的增加。外周化学感受器对低 O_2 的刺激适应很慢，持续缺氧造成的低 PO_2 对外周化学感受器的连续刺激，成为驱动呼吸的主要刺激因素。

低 PO_2 对呼吸的刺激作用完全通过外周化学感受器的传入中枢而进行调节的。其调节机制是颈动脉体、主动脉体受 PO_2 下降的化学刺激后，通过传入神经（窦神经、迷走神经）将神经冲动上传至延髓的孤束核（NTS），传入延髓的心血管和呼吸调节中枢，其主要效应是引起呼吸的加深、加快。

低 PO_2 对中枢的直接作用是抑制作用。但低 PO_2 可通过外周化学感受器刺激兴奋呼吸中枢，抵消了中枢的抑制作用，整体结果是呼吸运动加强。严重低 PO_2 时外周化学感受器反射不足以抵消中枢的抑制作用而最终导致呼吸障碍。

在低 PO_2 时吸入纯氧可以解除低 PO_2 对外周化学感受器的刺激，从而引起呼吸暂停，在高原环境下进行吸氧治疗时应予以注意。

3. CO_2 的影响

内环境中维持一定水平的 PCO_2 对维持呼吸运动和呼吸中枢的兴奋性很有必要。CO_2 是调节呼吸的最重要的生理性体液因子。

肺通气上升可增加 CO_2 清除，维持肺泡气和动脉血 PO_2、PCO_2 于正常水平；肺泡气、动脉血 PCO_2 上升造成 CO_2 堆积时可抑制中枢系统兴奋性，而发生呼吸困难、头痛、头晕、甚至昏迷。机体对 PCO_2 的反应也存在个体差异。

CO_2 刺激呼吸是通过两条途径实现的：①刺激中枢化学感受器，兴奋呼吸中枢。②刺激外周化学感受器，换能后神经冲动经窦神经和迷走神经传入延髓呼吸核团，反射性地引起呼吸加深、加快，增加肺通气。两条途径中以前者为主。

当动脉血 PCO_2 升高 0.266kPa（2mmHg）就可刺激中枢化学感受器而出现通气加强；外周化学感受器的刺激则需升高 1.33kPa（10mmHg）。中枢对 CO_2 的敏感性高于 O_2。

在高原环境下运动时，动脉血 PCO_2 可突然增加，由于中枢化学感受器的反应较慢，外周化学感受器在引起呼吸反应中就发挥了重要作用。而当中枢化学感受器受到抑制，对 CO_2 反应降低时，外周化学感受器也会起到重要作用。

（三）高原习服

机体可通过直接和长期的训练适应高海拔环境。机体的适应性调节可分为：①短期调节，是指机体内压力感受器及体液的调节过程，是以外周感受器为主的一种反射性调节。②长期调节机制，是指通过神经、体液的调节环节，是以心血管及肾脏的特性变化为主的调节。

高海拔环境下的短期缺氧（氧分压低）刺激了颈动脉体化学感受器，导致呼吸频率加快（甚至过度换气），过度换气可导致呼吸性碱中毒，此时需要通过抑制呼吸中枢的方法降低呼吸频率。高海拔会使心率上升，部分身体功能抑制，消化系统的消化与吸收效率下降。

完全习服需几天至几周。机体通过肾脏的肾小管的分泌功能，经尿排出碳酸氢钠，调整由于过度换气造成的呼吸性碱中毒状态，可通过使用醋氮酰胺（acetazolamide，碳酸酐酶抑制剂）而得到加强，过程大约需要 4 天时间。高原习服后的机体可因为降低了血糖，减少了乳酸的生成，血乳酸可处于较低水平，血浆容量下降而红细胞比容增加（红细胞增多症）、红细胞中的2,3-二磷酸甘油酸含量上升，骨骼肌中毛细血管密度增加、肌红蛋白增加、线粒体数量增加，有氧代谢相关的酶浓度及活性上升，肺毛细血管收缩性增加，右心室肥厚。

（四）高原环境与运动能力

高原环境下的生命活动受到外环境缺氧和内环境缺氧两方面的影响。

外环境缺氧（低大气压、低氧分压）可直接导致肺通气和肺换气效率的下降，从而反射性地引起呼吸运动亢进（hyperventilation，过换气），表现为呼吸频率、潮气量上升。过度呼吸一方面可以暂时缓解机体内的低氧状态的同时也会造成机体内的低二氧化碳状态（hypocapnia），继发性地引起机体碱中毒、血氧饱和度降低。

机体内环境缺氧（hypoxia）是指组织器官、细胞水平的内环境氧分压（PO_2）下降。它可通过神经、体液调节机制，对代谢方式、循环和呼吸功能产生调节作用。这里所说的机体内环境主要是指细胞外液，而血液中氧分压特别是动脉氧分压低于90%时的缺氧状态通常被称为血氧过少（hypoxaemia）。

（五）高原反应的预防

开始进入高海拔地区时应选择顺序渐进的原则，初期睡眠应选择在海拔3000m以下的地区并滞留2~3天，且每升高1000m应在该高度滞留一晚使机体有充分的时间进行外周和中枢调节的适应。每次睡眠时的上升高度不应超过1000m，并且尽量采取工作训练在高处、睡眠在低海拔的行动模式。

身体能量代谢会随海拔高度的上升而增加，而体内足够的铁储备水平也是适应高原环境重要的因素。高海拔相对湿度低，会由于不感蒸发导致体内水分子的丢失，而加速呼吸则会更快地失水。应注意补充摄食中的能量，及时补充水分和充分睡眠。

（六）高压氧医学

机体在高压氧舱中采用增加氧压，可增加氧分子向机体组织中的扩散，它是减压病治疗的基本方法，经过长期研究已成为一个高度专业化的治疗方法。这一方面的医学称为高压氧医学（hyperbaric medicine）。

血中的氧饱和度取决于氧含量与氧容量之比。在高氧压条件下，血液中氧合作用加强，物理溶解上升，从而使血液中氧分压有效上升，进而提升细胞外液、脑脊液中的氧含量，提高组织局部的有氧代谢水平。

高压氧治疗对一氧化碳中毒、减压病、氧中毒及辐射病的治疗有效，还对呼吸系统肺囊泡性纤维化、肺泡蛋白沉积症、肺通气肺换气功能失调造成的组织缺氧都具有很好的治疗效果。

图12-6为复合型特殊环境模拟舱，图中D，E，F可模拟31.3ATA（相当于1000英尺高度）的气体，提供诸如空气、氦氧或氦气压力、氮氧。D室为连接舱它可与C舱、F舱及湿环境模拟舱E相连。D舱可模拟高度为109ATA（3600英尺高度）的环境。E舱为湿室，可模拟0~50℃的水下环境。

该设施可模拟水下、高原及湿地环境，对研究潜水造成的呼吸循环系统的损伤及治疗提供了有效的工具。其核心设施是多腔低压氧舱及高压

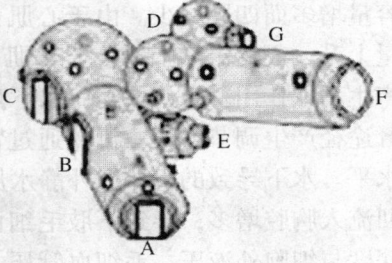

图12-6　复合型特殊环境模拟舱示意图

氧舱。这种复合型压力舱既能实现 7. 8ATA（atmospheres absolute，绝对大气压，等于 5737. 3657mmHg）的高压环境，也能实现完成大气稀薄，甚至真空环境。

五、水环境

（一）湿环境

陆地上生活的生物以各种方式受湿度的影响。大气湿度是机体经皮肤和肺对水分进行调节的因素。湿度变化对机体的散热影响显著，低湿度（干燥）环境增加了皮肤的不感蒸发，引起脱水；高湿度环境阻碍了机体的水分蒸发和散热而引起热休克。湿环境还可引起其他功能障碍。

当环境因素或机体水分摄取过多，且体内电解质超出临界值范围时会出现水中毒。在体液异常消耗的情况下，摄水过多或由于长时间运动负荷机体大量补充水分，但同时忽视补充电解质，可导致健康机体发生水中毒甚至致死。其细胞及分子水平的发生机制是：①大量补充水分引起细胞内外钠离子等电解质离子平衡失调。②细胞外液大量回流到细胞内，引起细胞水肿。③脑神经水肿导致颅内压上升，从而导致症状的产生。水中毒症状可表现为：头痛、人格异常、行为异常、混乱、易怒和嗜睡等。有时还会表现为劳累时感觉呼吸困难、肌肉无力、抽搐或抽筋、恶心、呕吐、口渴、反应和感觉迟钝等现象。持续的水中毒可影响到循环系统，出现心动过缓、脉压差增大。脑细胞由于水肿可导致脑内血流中断，压迫脑干则会造成中枢神经系统功能障碍，出现癫痫发作而导致脑损伤、昏迷甚至死亡。

耐力运动特别是耗时较长的竞技运动，如马拉松选手，若在训练或比赛期间饮水过多容易发生水中毒。这是因为机体消耗大量的液体后，饮水导致钠水平下降，当下降到低于 135mmol/L 时就会出现症状。这种现象被称为马拉松运动员的稀释性低钠血症。

过度劳累与热应激时机体通过发汗以促进散热，此时大量饮水，在补充体液的同时降低了体液中电解质的浓度而导致水中毒。因此，在极高温和（或）长期湿度较高的环境中需注意饮水方式，以协调好机体内电解质的平衡。

（二）水下环境

深水环境对机体功能作用显著，深度/压力变化会对体内气体分子产生直接影响，可出现减压症、氮醉、氧中毒、动脉气泡栓塞、二氧化碳潴留等病症。深度/压力变化还可对骨骼和关节产生影响。

在 34℃ 或 35℃ 的水温中浸泡 3~6h 后，机体血容量会出现向心性分布，即胸腔血容量增多而四肢减少。由于心肌长度和收缩力的增加，心室舒张末期容量增加、每搏量上升，心输出量上升。心房肌因回心血量上升受牵拉而引起心房利尿肽分泌上升，产生利尿作用。由此得知，水下环境血容量的调节受胸腔牵拉感受器的影响，经心 - 肾途径产生调节作用。机体通过肾脏，加强利尿，排水作用而调整心输出量回到正常水平。水下导致的机体体外静水压上升还会影响到静脉系统，特别是内脏静脉的血液回流入胸腔增多；导致下肢毛细血管网血液向心性回流，血浆胶体渗透压下降。水下深度与细胞外液压、毛细血管压、中心静脉压之间呈线性的正相关关系。虽然血浆渗透压不变，但血浆胶体渗透压会由于回心血量增多，导致血液稀释而下降。实验观察到，处于深水的机体细胞外液中的氨基酸及钾离子浓度有所上升，证明细胞内液向细胞外渗透，细胞外液量上升。水下浸泡 6～12h，心输出量会维持在较高水平。

水下会导致利尿作用的加强，包括钠利尿、钾利尿、自由水清除率的上升。水下运动负荷的增加可使上述利尿作用加强。

水下浸泡对肾小管的重吸收和分泌的影响远远大于对肾小球滤过的影响作用，这是因为脑垂体的血管紧张素分泌受到抑制，自由水清除率上升。血管紧张素分泌调节的机械性信号来自于心脏及动脉的压力感受器。肾素－血管紧张素－醛固酮系统作用下降。随着深度的增加，肾小管的排钠、排钾、钙分泌水平会有所上升。

呼吸受深水环境下的静水压、混合气体浓度及气体成分的影响。水下运动造成高通气量使呼吸肌过度运动而产生疲劳。胸壁外静水压的上升会使弹性阻力上升而发生负压呼吸，出现残气量增加而潮气量下降的现象。随着水下深度的增加，静水压上升还使呼吸肌的初长度减少，肺回缩力增加，肺对深水环境的适应能力下降。组织由于肺换气的不足而出现轻度的缺氧。

深水下可致机体组织氧分压上升而在肺部及神经组织产生毒性作用，心输出量的增加促进了氧的运输和组织换气水平，加速了组织氧分压的上升。

水下运动（含跳水运动）自主的憋气，可引起肺通气量下降，导致二氧化碳在体内的瞬间潴留而造成二氧化碳中毒，继发性地引起中枢神经系统中毒并加重氮醉程度。下水前增加耐力性运动训练有助于提高呼吸肌运动水平，对防止二氧化碳蓄积有一定作用。

水下除增加氧分压还可增加氮和其他惰性气体的分压，体内气体分子受静水压增加的影响而被压缩，在浮上水面过程中由于静水压减少的减压作用（decompression）而导致体液中气体分子的析出，发生气泡栓塞。氮分子在组织内的蓄积可造成氮麻醉效应（narcotic effect）。

机体内环境的高气压还可通过细胞膜直接作用于胞质和胞核影响细胞信号转导和基因表达。

肺内氮分压上升增加了组织内的含氮量，此时需经肺以肺换气、肺通气途径加速排氮，措施不当则会引起减压病。

（三）水温

通常意义的水温都会低于体温（低于 34～35℃），由于水对于温度具有高传导性、高吸热性，机体进入水环境后极容易造成低体温。浸泡在温水中只会引起机体新陈代谢水平轻微上升，但低温水及长时间水中浸泡则会引起代谢水平的显著上升。

1. 冷水环境

冷水环境可使血液快速地回流到胸部组织，细胞内液流向细胞间隙，细胞内液减少。冷水可刺激交感神经兴奋，虽然机体总血浆量的增加不明显，但增加了每搏量及心输出量（正性调节作用），而水下憋气、潜水则会使心输出量明显下降。冷水环境使皮下毛细血管网收缩，但对阻力型血管的作用很小，外周阻力的变化不大，血压变化不明显。冷水中心室舒张末期容积的增大及后负荷的增加也是血压不明显上升的原因。

20～32℃的水温下的亚极限负荷运动和极限负荷运动，对机体所产生的作用略有不同：①亚极限负荷容易引起心率上升。②极限负荷运动可导致无氧代谢的增加，乳酸堆积上升。

2. 热水环境

由于皮肤感受器的作用可迅速导致体核温度的上升和发汗。发汗导致血浆容量的下降，增加了全血中细胞的比例，血比容、血浆蛋白值上升。热效应还可增加心率、心输出量及皮肤血流量，降低运动能力；外周血管阻力下降、血压下降。交感神经兴奋则使心率、心输出量增加，体表温度、体核温度上升。

机体对热水的适应过程中，发汗和血管扩张作用会持续上升，导致血浆容量及血流量的下降。

第三节　生物钟节律与生理

一、生活方式与生物节律

生物节律（circadian）源于拉丁语的日周期，是 1959 年由美国的 Halberg 提出的概念。如前所述，生物节律习惯上是指内因性节律。生活在地球环境中的机体很难排除所有的环境周期因素，但在宇宙环境中的研究已证实人体具有不依赖于地球环境的自体生物节律。

生物节律的导引作用（entrainment）是一种自律性的内因性节律的波动。内因性节律存在个体差异，可表现在个体的自由运转节律大于 24h 或小于 24h。但日常生活中由于人体的正常生活受到地球自转形成的 24h 昼夜变化及社会行为的约束，因此机体的内因性节律的个体差异被隐藏在 24h 节律之中。

导引作用是指环境的周期变化，其他生物节律特定的具体阶段与机体的特定具体阶段在时间上产生明确的关联。机体受光线、环境温度等环境周期的引导作用被称为外引导，机体内部各环节间的生物节律引导作用被称为内引导体。

生物周期具有普遍性和遗传性，即通常机体都具备 24h 的生物周期，但生物周期可不由机体经生活经验和学习而后天获得，而由遗传基因的信息传递而存在。具备特异性的清晨早起习惯的人，可发现其家族史中通常具备相同的早起行为。

二、24 小时社会

现代化社会生活节奏紧凑，社会发展形成了 24 小时社会的生活模式。夜生活、夜间工作、早中晚三班交替工作的工作生活模式逐渐形成。一般认为夜间工作者的健康损害要高于日间工作者，但从流行病统计学的结果来看三班交替工作对健康的损害程度高于夜间工作者。

三班交替制的男性工作者与日间工作者相比患前列腺癌、缺血性心脏病而死亡的危险性有升高的趋势。

不规律性生活模式者患缺血性心脏病而致死的死亡率为正常生活模式的 2.8 倍，若再加上其他危险因子则致死率会更高。统计结果还证明：同时患有高血压者致死率增加到 6.5 倍、习惯性吸烟者 3.1 倍、习惯性饮酒者 3.6 倍，身体指数（BMI）在 25 以上的肥胖型人群则可增加至 6.1 倍。

规律性生活较不规律性生活模式对健康有利，健康恶化的一个重要原因就是生活节律性的破坏。昼间或夜间进行固定节律的工作，可顺利地使体内生物钟得到调整且容易被机体适应。机体无法适应长期昼夜交替性工作，不适应造成的紧张因素可产生大量有害的过氧化物并蓄积在体内。

三、饮食与生物节律

人体每日三餐，鼠类动物夜间摄食。这些摄食行为模式不单受饥饱感觉的支配，还在很大程度上受到生物节律周期的控制。直接支配摄食行为的中枢为视床下腹内侧核（ventromedial hypothalamus，VMH）及下丘脑外侧区（lateral hypothalamus，LH），前者为饱中枢，后者为摄食中枢。VMH 及 LH 是控制摄食节律的重要结构基础。由于在摄食中枢的附近就是视交叉上核（suprachiasmatic nucleus，SCN），是体内产生生物时钟信号的重要结构。含生物时钟神经中枢（SCN 及其他结构）对摄食中枢产生的作用是影响摄食中枢提前做好摄食准备。

饮食生物节律与内分泌之间关系密切，图 12 - 7 显示了生物节律下饮食与内分泌激素间的关系。

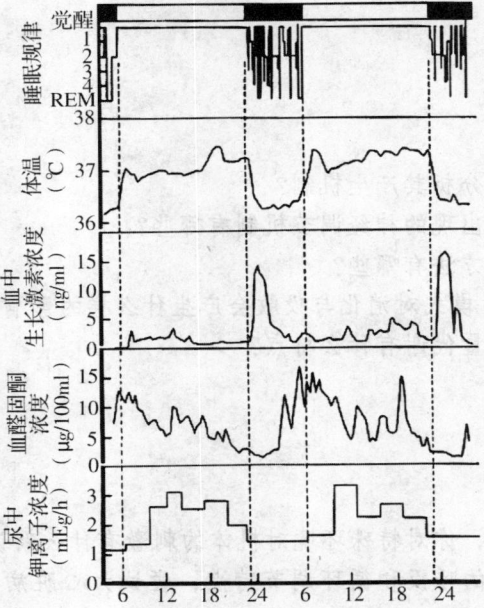

图 12 - 7 饮食与内分泌激素的关系

摄食准备行为受生物时钟中枢影响，调整躯体行为模式及消化吸收功能。具体表现在：①在消化与吸收方面，小肠的消化与吸收的节律性变化，影响到糖及氨基酸的吸收速度，消化酶的活性，消化吸收能力与摄食模式表现出一致性。②肝糖原含量与生物周期呈一定关联的波动，糖原合成及分解酶的活性存在波动，酪氨酸、羟化酶等氨基酸合成及分解酶活性的生物活性存在波动。③内分泌的波动性。肾上腺皮质激素释放的日周期性变化、醛固酮的早晚变化波动、胰岛素及胰高血糖素的早晚波动。这些波动与摄食行为间存在着重要的关联性。

本章小结

特殊环境生理学是反映机体在高海拔、高寒或高温、水下、异常湿度、失重等非正常生存环境下的功能特征，这些功能特征性变化可随环境恢复正常而得以恢复。特殊环境造成功能特异性变化的产生机制复杂，可从生理学基础理论入手加以分析，包括新陈代谢、物质的跨膜转运理论，细胞信使转导理论，内环境稳态失调，神经调节体液调节理论，生物节律等方面。

特殊环境生理所涉及的环境刺激因素可包括：精神性的和物理性的，而以物理性因素为主。物理因素刺激包括温度、湿度、重力、气压辐射等。环境刺激的短期应答是通过机体的神经反射及体液调节完成的，长期应答则通过神经调节、调节体液及自身调节而产生习服。

环境刺激造成的习服可在环境恢复正常后而消失。

生物节律具有环境因素影响及自身固有节律的两面性，光刺激是产生生物节律重要的刺激因素，内环境的刺激也会对生物节律的周期性产生影响。

复习题

1. 何为冷习服？试分析其产生机制？
2. 失重状态下可能出现的神经调节机制有哪些？
3. 判断是否习服的方法有哪些？
4. 24 小时社会生活模式对消化与吸收会产生什么样的影响？
5. 高热环境下的能量代谢有什么特点？

思考与讨论

1. 学习本章内容后，你对特殊环境对机体的刺激有什么新认识？
2. 根据气压生理学的呼吸和循环调节特点，尝试为心脏病患者设计合理的运动康复方案。
3. 高原应激对人体生理功能及运动能力有哪些影响？
4. 影响高原训练效果的因素有哪些？
5. 在冷水环境中，体温调节功能会发生哪些变化？
6. 什么叫生物节律？生物节律与机体的功能调节有什么样的关系？

（王 杨）

参考文献

[1] 田野. 运动生理学高级教程. 北京：高等教育出版社，2003.

［2］曲绵域，于长隆．实用运动医学．北京：北京大学医学出版社，2003.

［3］杨锡让．实用运动生理学．北京：北京体育大学出版社，2006.

［4］Tabrah FL, Tanner R, Vega R, Batkin S. Baromedicine today——rational uses of hyperbaric oxygen therapy. Hawaii Med J, 1994, 53（4）：112～115, 119.

［5］Mathieu D. Handbook on hyperbaric medicine. Springer, 2006.

［6］Jack E. McCallum. Military medicine：from ancient times to the 21st century. ABC – Clio Inc, 2008.

网 站 导 航

1. http：//anthro. palomar. edu/adapt/adapt_ 2. htm

2. http：//brassmein. com/articles/acclimation. htm

3. http：//www. elbrus. org/eng1/high_ altitude1. htm

4. http：//www. ntnu. no/diving

5. http：//www. riken. go. jp

6. David Moreau，ed. Fluids and electrolytes made incredibly easy! 4th edition. Lippincott Williams & Wilkins.

第十三章 年龄与性别的生理学特点

教学 目标

本章将学习和掌握人体生长、发育和成熟的量变和质变过程；生长发育的连续性和阶段性及波浪式规律。着重从以下几个方面介绍年龄和性别特点：①一生的年龄划分。②幼儿及学龄前儿童的生理学特点。③学龄儿童及青少年的运动生理学特点，以及影响儿童少年生长发育的营养、疾病、气候和季节、社会、遗传、体育锻炼等因素的作用特点。④春春发育期的定义、生理特点及第二性征。⑤成年人在身体形态，骨骼系统，肌肉系统，呼吸系统及心血管系统方面的运动生理学特点。⑥成年人的运动生理学特点及体育锻炼对老年人的影响。

相关 概念

生长（growth）：细胞繁殖、增大和细胞间质增加，表现为组织、器官、身体各部以至全身大小、长短和重量的增加以及身体化学组成成分的变化。

发育（development）：它是指功能的分化和不断完善，心理、智力的发展和运动技能的获得。

成熟（maturity）：意味着生长发育的基本结束，机体在形态、功能等方面达到成人水平，表现为身高、体重达到一定水平，各系统功能基本完善，骨骼牙齿的钙化基本完成，性器官具有繁殖子代的能力。

衰老（aging）：衰老是指人体随着年龄的增长，形态结构和生理功能出现的一系列退行性变化。

第一性征：由于性染色体的不同，决定性腺不同，即有男、女的性别，称为第一性征，它也是主要特征。

第二性征：在性激素的作用下，出现男女性征上的继发性特征，称为第二性征或副性征。第二性征标志着已进入青春发育期，性腺逐渐成熟，功能逐渐完善，男女之间的性别差格外明显。

更年期：性腺功能（女性的卵巢、男性的睾丸）功能逐渐消退至完全消失的一个过渡时期。在更年期的过程中女性月经停止来潮。一般发生于 45～55 岁之间。更年期期间可出现一系列性激素减少所致的症状，包括自主神经功能失调的症状，也称为更年期综合征。

人的一生，从受精卵的形成到最终死亡，生长发育过程可分为连续的 4 个阶段。①胎儿期：此期各项功能分化的同时生长迅速。②从出生到承认的生长发育期：此期生长、发育都十分迅速，最后达到成熟结束。③成人期：各器官系统功能保持平衡，生长停止，生长仅局限于对磨损、损伤和废弃组织修复和更新的代偿性生长，以及疾病后的康复。④老年期：此期各器官系统逐渐老化，功能衰退。

另外，生物体都有性别之分，男子和女子在不同的年龄阶段所表现出来的生理功能及运动能力都有各自的特点。而由于女子机体的结构、功能及其心理诸方面具有明显区别于男子的特点，使得女子在完成某些运动时，必须付出超凡的能力，尤其是经过青春发育期后，女子在力量、速度、供能等方面均落后于男子，但柔韧、协调好于男子。女子的体质潜能及其运动能力，已经通过许多过去只有男子才能参加的运动项目，如马拉松跑等，得以充分证明。

总之，在参加健身运动或运动训练时，一定要综合年龄和性别因素，注意到其各方面功能能力的特点。

第一节　概　　述

一、生长、发育、成熟和衰老

（1）生长（growth）　生长是细胞繁殖、增大和细胞间质增加，表现为组织、器官、身体各部以至全身大小、长短和重量的增加以及身体化学组成成分的变化。关于对生长的认识，是随着生物科学的发展而变化的，早期的认识主要局限于机体整体或局部的变化；进入细胞生物学时期，则包含了细胞大小、数量的改变。在分子生物学有着巨大发展的今天，生长还包含了身体组成成分的变化，即化学的生长。

（2）发育（development）　发育是功能的分化和不断完善，心理、智力的发展和运动技能的获得。发育通常涉及人体达到成熟过程中所出现的一系列变化，如在胚胎期器官和组织的分化，出生后循环、呼吸功能的发展，消化功能逐渐建立等。

生长和发育有着不同的概念和内涵，然而在人体生长发育过程中两者是相互依存，有些场合 2 个词可以相互替代，如将身高生长说成是身高发育；而另一些场合，则不能替代，如性发育不能说成是性生长，通常用发育替代生长的情况较为多见。

（3）成熟（maturity）　成熟意味着生长发育的基本结束，机体在形态、功能等方面达到成人水平，表现为身高、体重达到一定水平，各系统功能基本完善，骨骼牙齿的钙化基本完成，性器官具有繁殖子代的能力。

（4）生活年龄和发育年龄　生物体出生后根据生活时间长短所确定的年龄称生活年龄或时间年龄。人体出生后达到成熟所需要的时间，在个体间存在差异，生活年龄相同的个体所达到的发育程度也存在着差异，按照机体的发育程度所制定的年龄称为生物学年龄或发育年龄。

许多人体指标可用于发育年龄，如身高、牙齿、骨骼、第二性征等，用它们所确定的发育年龄分别叫身高年龄、牙齿年龄（齿龄）、骨骼年龄（骨龄）、性征年龄等。发育年龄中使用最多的是骨骼年龄。发育年龄的标准是以相同生活年龄群体所能达到的发育水平确定的，而个体的发育年龄是以个体发育程度与发育年龄标准比较而获得的。如一名生活年龄为12岁的儿童的骨发育水平相当于骨龄标准的10岁，则该儿童的骨龄为10岁；若另一名12岁儿童的骨发育水平达到了骨龄标准的13岁，则该儿童的骨龄为13岁。

衰老（aging）：衰老是指人体随着年龄的增长形态、结构和生理功能出现的一系列退行性变化，是机体保持内环境稳定的调节能力降低的生命现象。简单地说，老年人的生理调控机制变差，反应时变慢，抵抗疾病的能力变弱工作能力下降，工作后恢复时间延长，身体结构的弹性变差。人类的衰老变化是循序渐进的，它受到先天遗传因素和后天环境因素等多方面的影响。因此每个老年人的个体差异很大，机体不同器官的衰老速度也不同。一个人的年龄或衰老程度主要受实际年龄、生理年龄、心理年龄等多方面的影响。实际年龄是一种不以人类意志为转移的客观现象，年复一年的增加；生理年龄、心理年龄会受到人体组织结构、生理功能、心理状态等因素的影响。

二、生长、发育和成熟的一般规律

1. 生长发育的量变和质变过程

人体生长发育是从婴儿、幼儿、少年、青年、壮年直到老年的完整过程。儿童的身体比成年人小，但绝不是成年人的缩影。生长发育是从微小的量变到根本的质变的复杂过程，是在体积增大的过程中，完成结构和功能的分化和成熟。例如，在脑的生长过程中，大脑的思维记忆和分析综合功能不断发展，而且在脑的重量不再增长后，其功能仍在进一步地完善。这种从量变到质变的过程是逐渐发生的，其间没有明显的界限，但发育过程又存在着阶段性。

2. 生长发育的连续性和阶段性

生长发育过程是连续的，而不是跳跃的，不过这个过程又不是直线变化和不分层次的。虽然在生长发育过程中，我们看不出朝夕的变化，但却自然地表现出阶段性的质的特点，并有一定的变化程序。如在运动器官和神经系统的生长发育过程中，身高、体重不断增长，动作技能逐渐完善。首先发育的是头部的运动（如转头、抬头），然后过渡到上肢运动（如抓物），再发展成躯干的运动（如翻转、直坐），最后发展到下肢运动（如站和走）。这种从头部向下的发展过程称为"头尾发展规律"。就身体某一部位的功能发育来看，也有一定规律可循。如上肢的发展是：新生儿时期上臂只是无意识地运动，手很少起作用；四五个月时，手才能拿东西而且常常是全手抓握；10个月左右才会用指尖拿东西；1岁左右发展成能用两个手指捏起小的物体。这种由正中部位向末端发展的过程称为"正侧发展规律"。

3. 生长发育的波浪式规律

生长发育不是匀速直线上升，而是有时快、有时慢的波浪式发展。以身高、体重为例，从胎儿到成熟有两个突增阶段：第一次突增是胎儿时期，为第一个生长发育高峰；出生后生长的速度逐渐变慢，一直到10~12岁，又出现一个突增期为第二个生长发育高峰。

在第一次突增阶段，身长在孕中期（4~6个月）增长最快，在3个月内约增加27.5cm。体重在孕末期（7~9个月）增长最快，3个月约增加2300g。出生后生长发育速度逐渐变慢，出生后第一年身长增加20~25cm，体重增加6~7kg；出生后第二年内身长增加10cm，体重增长2.5~3.5kg，增长速度还是较快的；以后增长的速度迅速下降并逐渐保持相对平稳的速度；到青春发育期，又出现第二次突增，这时身高年增长约为7~8cm，体重一般年增长约为5~6kg；以后的增加速度又逐渐缓慢，直到发育成熟，骨化完成后，身高的增长达到停止阶段。

需要说明，在这两个生长发育的高峰期，各有不同的特点。在第一次突增期，胎儿从一个特大的头、较长的躯干及短小的四肢，发育到儿童时期的身体各部分较匀称的比例。而在第二次突增期，则是下肢迅速发育，再向躯干发育，而头的发育不明显，最后发育成头较小、躯干较短，腿较长的体型。在整个发育过程中，头大约增长1倍，躯干大约增长2倍，上肢大约增长3倍，下肢大约增长4倍。

4. 身体各系统发育的不平衡性和统一性

人体各部位和各器官系统发育的迟早和速度不同。早在1930年Scammon就分析了身体四种不同器官、系统的发育趋势。身高、体重及内脏器官（如呼吸、消化、血管、心脏、肾脾、肌肉、血量等）的发育属于总的体格发育。这些内脏器官的发育与身高、体重一样呈波浪式的，在青春期开始时这些器官也出现突增现象。

神经系统的发育最早。新生儿的脑重已达到成年时期的25%，而此时的体重只为成年时的5%。出生后第一年脑的发育仍然很快，能达到整个发育过程的50%，第二年再增加20%，到6岁时，脑的重量已达到成年时的90%。出生后的5~6年中，随着脑的重量的发育，神经系统的功能也迅速发展，如语言发展和肌肉活动的调节等。6~20岁之间脑的重量虽然只增加10%，但脑细胞的结构和功能的变化很复杂，尤其在18~25岁之间，其变化更加激烈，从而达到神经系统功能上的完善。

在出生后的10年中，淋巴系统的发育特别迅速。12岁左右淋巴系统已达到成年时的200%，从而使机体对疾病抵抗力增强，10~20岁期间，随着机体各系统的成熟和抵抗力的增强，淋巴系统逐渐退缩。

在各系统的发育过程中，生殖系统的发育最晚，10岁以前几乎没有什么发展。青春期开始后才迅速发育，逐渐成熟。除此之外，在身体生长发育过程中，伴随着一定的心理变化，而且具有个人的不同特点。

三、人一生的年龄划分

（1）婴幼儿（infant） 0~3岁。

（2）学龄前儿童（preschool children） 4~6岁。

（3）儿童青少年（adolescent） 7~25岁，具体可再分为：①学龄儿童期，7~12岁。②少年期，13~17岁。③青年期，18~25岁。

（4）成年人（adults） 26~59岁。

（5）老年人（elderly） ≥60岁。

第二节　婴幼儿及学龄前儿童的运动生理学特点

一、婴幼儿及学龄前儿童的生理学特点

婴幼儿运动能力的发展呈现一定的有序性：首先是从头至脚的方向（即从上至下）依次发展；其次是从躯干运动向四肢运动的方向发展；第三是全身运动能力的发展。

在这种能力发展的初期阶段，尽管上下肢、手与眼、躯干等各部位可以相互配合完成一些全身性的运动，但这些动作很不协调，很不精细。这是由于婴幼儿的神经、肌肉系统发育水平还很低，远没有完善。而进入幼儿后期年龄阶段的孩子，身体运动已不满足于简单形式的游戏了，伴随着肌肉、骨骼与神经系统的发育，运动能力明显增强，人类日常生活所必需的基本活动能力此时已初步形成。

（一）神经系统

大脑发育特点：神经系统是发育最早、最快的器官。新生儿脑重约350g，以后迅速增长，7~8岁已接近成人水平。不同年龄段脑重见表13-1。脑发育在胎儿期出生后1~2年最为重要，随脑重量增加，脑细胞数量也增多，一年后可达120亿~140亿个，大脑随年龄的增长，不断地发育，神经细胞的数量有所增加，体积也有所增大，突起增多、变大并向皮质各层深入。儿童初期皮质下神经核绝对重量约为成人的94%~98%，皮质的运动区神经核仅为成人重量的75%~85%，至7~8岁时神经细胞的分化已基本完成，大脑额叶迅速生长，使儿童动作的精确性和协调性得到发展，以后神经细胞突起的分支越来越多，联络纤维大大增加，形成许多新的神经通路，脑的功能不断完善趋于复杂化。

表13-1　不同年龄段脑重

年龄（岁）	脑重（g）	年龄（岁）	脑重（g）
新生儿	350	9	1350
6	1200	12	1400
1~8	1300	20	1427

（1）小脑发育特点：新生儿小脑发育很差，1岁时增大最快，3岁时小脑发育基本上达到成人水平，能维持身体的平衡和动作的准确性。

（2）脊髓发育特点是脊髓的发育比脑缓慢，不过初生时神经联系已经比较完全。

（3）自主性神经系统的发育在出生1年后基本完成。随着神经系统结构的发育，功能也逐渐完善起来，并表现出在不同发育阶段有其功能上的特点。如初生后的小儿脊髓反射的神经通路已发育完全；婴儿期即可形成简单的暂时联系，3~6岁大脑皮层各区域之间增加了暂时联系的可能性，分化功能大大提高，6岁时条件反射的形成已比较稳定和巩固，形成动作技能的能力更加提高。

（4）神经活动过程特点是，儿童神经活动过程不稳定，兴奋过程占优势，兴奋和抑制过程在皮质容易扩散，神经活动的强度和集中都较弱，因此，活泼好动，注意力不易集中，做动作时不协调、不准确，易出现多余动作，建立条件反射快，消退快，

重新恢复也快。年龄越小，皮质抑制过程越弱而不完善，分化能力也就差。8 岁以前精确分化能力很差，错误动作多。8 岁以后皮质细胞的分化能力与成人无大区别。

（二）循环系统特点

（1）血量特点　儿童血量占体重的百分比略高于成人。新生儿血量约占体重的 15%，1 周岁时约为 11%。

（2）红细胞和血红蛋白特点　新生儿的红细胞为每立方毫米 550 万个，血红蛋白含量为每 100ml 血 15～23g，以后逐渐减少，4～5 岁以后逐渐升高，到 15～16 岁时红细胞数为每立方毫米 440 万个，血红蛋白含量为每 100ml 血 13.9g，接近常人水平。

（3）白细胞特点　新生儿白细胞总数特别多，平均可达每立方毫米 2 万个，2 周后白细胞总数接近常人，比成年人稍高。但淋巴细胞的百分比在 1 岁以后逐渐减少，到青春期接近成年人水平。10 岁以前中性粒细胞比例较低，淋巴细胞占百分比相对较高。婴幼儿建造身体的营养物质应多一些，更需要增加营养物质，尤其是蛋白质、维生素、铁和其他矿物盐类，应注意补充，以免影响发育。

（4）心脏重量和容积特点　婴幼儿的心脏重量和容积均小于成人，但相对值即按体重的比值却大于成人，幼儿心脏重量占体重 0.89%。成人占 0.48%～0.52%。心脏的重量随年龄逐渐增大，到青春期时心脏已达到成人水平。心脏容积增长也有类似的规律。

（5）心率特点　婴幼儿心脏发育不够完全，神经调节也不够完善，而新陈代谢又比较旺盛，因而心率较快。随着年龄的增长心率逐渐减慢，20 岁左右趋于稳定。

（6）血管特点　血管在 7 岁以前发育比心脏早，血管壁弹力好，血管口径相对较成人大，外周阻力较小。所以，儿童的血压低，随着年龄的增长而递增。

（7）心脏结构和心输出量特点　儿童的心脏发育尚差，心肌纤维交织较松，弹性纤维少，心缩力弱，心脏泵血力小，每搏和每分输出量比成人小，但相对值每千克体重心输出量大，年龄越小相对值越大，保证了生长发育过程中物质代谢需要的同时还可以胜任较紧张的肌肉活动。

（三）形态指标

1. 身高、体重的变化

通过对 1998 年南京市 9 所幼儿园中随机抽取的幼儿体质分析比较，3～6 岁男女组的幼儿随着年龄的增长，身高、体重均呈快速地增长，其中男、女组体重的增长幅度超过了身高的增长幅度，分别达 35.2% 和 35.1%（男、女组身高增幅分别为 17.2% 和 17.4%）。

反映身体充实度的身高、体重的派生指标克托莱指数（quetelet index）与身体质量指数（BMI）的变化特点是，克托莱指数随年龄的增长而增长，说明体重生长发育的增幅高于身高，且男组大于女组。男、女城乡克托莱指数比较，最大值为城男组，反映出城市男童身体增长的速度最快，而克托莱指数最小值为乡女组。BMI 则是随着年龄的增长而保持不变或有向变小的趋势发展，总体变化幅度较小（男 15.6～15.8，女 15.1～15.5），3～6 岁幼儿 BMI 的平均值为 15.5。

2. 皮褶厚度的变化

男、女年龄段体表不同部位皮褶厚度的特点是：上臂皮褶厚度＞腹部皮褶厚度＞

肩胛皮褶厚度。

通过对 1998 年南京市 9 所幼儿园中随机抽取的幼儿体质分析比较,不同年龄段男、女组皮褶厚度之和的 F 检验有极显著的差异,且女童组大于男童组。可以认为幼儿随年龄的增长而相应地体脂有所增加,但进行相邻年龄段皮褶厚度之和 T 检验发现在年龄段间除 3~4 岁有差异外,其他年龄段间无显著区别,提示幼儿的体脂变化是呈逐渐缓慢的变化。

男女城乡 4 个组、3 个部位皮褶厚度之和数值间都具显著差异,其中城女组在各年龄段的皮褶厚度均为最高值,平均值达 25.8mm,高于全国城女组的最高水平(平均值 25.3mm),乡女组、城男组的平均值也高于全国,相对乡男组在各年龄段的皮褶厚度均为最低值,平均为 21.0mm,与全国平均水平一致。

3. 坐高、胸围的变化

幼儿体质的分析比较,男女的坐高、胸围变化规律是随年龄的增长而显著增长,且男组大于女组。坐高城乡各年龄段的比较,城男组最大,乡女组最小,城女和乡男组介于之间,两组无显著差异。胸围城乡各年龄段的比较结果(依大小排列)为:城男组 > 乡男组 > 城女组 > 乡女组。

坐高、身高指数(坐高/身高×100)随年龄增长而逐渐减小,说明男女身高生长的速度超过坐高的生长速度,也即下肢的增长超过躯体的增长。有趣的是男女组之间坐高、身高指数 4 个年龄段比较均无显著差异,说明男女身高与坐高增长的幅度和速度具有一致性。

而胸围、身高指数(胸围/身高×100)随着年龄增长逐渐减小,说明男、女身高生长的速度也超过了胸围的生长速度。

形态指标及其派生指数的变化一方面提示了 3~6 岁幼儿在生长发育过程中,体重增长的幅度是最大的,身高增长的速度是最快的,另一方面也证实了城市男童的胸围、坐高、身高、体重等形态指标是 4 个组别中最大的。

(四) 功能(安静脉搏)指标

通过幼儿体质的分析比较,男、女组各年龄段安静脉搏有显著差异,可以认为幼儿随年龄的增长而相应地安静脉搏有所减少;但相邻年龄段安静脉搏的 T 检验表明,年龄段间多数无显著差异。提示幼儿的安静脉搏是逐渐趋于减慢的。

(五) 素质指标

1. 柔韧性的变化

通过幼儿体质的分析比较,比较明显的差异是男组的腰部柔韧性普遍低于女组,年龄段间多数无显著差异。提示幼儿腰部柔韧性随年龄增加而保持不变或有所减少。3~5 岁各年龄段城、乡男组和城、乡女组的坐位体前屈值均无区别,但到 6 岁时,城、乡男组间和城、乡女组间的坐位体前屈有显著差异,城市幼儿腰柔韧性高于农村。这是否和城市幼儿在幼儿园内接受轻、柔活动训练的机会(体操、舞蹈等)较农村幼儿多的缘故,还有待进一步证实。

2. 肢体力量的变化

上肢力量用掷网球距离远近,下肢力量用立定跳远距离远近进行评价。

通过幼儿体质的分析比较，无论是掷网球还是立定跳远，男、女幼儿的变化规律是随着年龄的增加，掷和跳的距离也越来越远。城乡幼儿进行掷、跳的比较，距离远近依次为乡男组＞城男组＞乡女组＞城女组。这种上、下肢力量农村男、女幼儿大于城市男、女幼儿的现象，可能与农村幼儿日常体力活动的空间和机会多于城市幼儿相关，因而农村幼儿在体现力量项目上的适应能力和优势明显高于城市幼儿。

3. 灵敏、速度的变化

用10m折返跑和在4.5m长的空地上双脚连续跳跃10次的时间长短来反映幼儿的灵敏、速度素质。

从幼儿体质的分析比较可得出，两项指标的变化规律是随着年龄的增加，折返跑和连续跳的时间也越来越短。城、乡幼儿进行比较，两项指标成绩好和差（时间的短和长）依次为乡男组＞城男组＞乡女组＞城女组。这种灵敏、速度素质农村男、女幼儿大于城市男、女幼儿的现象，也与农村幼儿日常体力活动的空间和机会大于城市幼儿密切有关。

4. 平衡能力的变化

平衡能力反映了神经系统的协调活动。可用快速直行走完平衡木来衡量幼儿的平衡能力。

男、女组随年龄的增长，完成平衡木行走的速度越来越快，提高幅度男、女组分别是63.5%和62.2%，是所有幼儿体质监测指标中增幅最大的一个指标。城乡幼儿平衡能力比较，平衡能力强弱依次是乡男组＞乡女组＞城男组＞城女组，农村幼儿的平衡能力普遍好于城市幼儿。

上述现象说明了幼儿成长过程中，神经系统的生长发育是最快、最先完善的系统。因此，在无需对力量、速度有高要求，而对神经系统协调平衡能力有相对较高要求的活动中，幼儿是能够适应并且能顺利完成的。多安排带有协调平衡的游戏活动，将会使幼儿更有兴趣、更能有效地参与和胜任。

二、婴幼儿及学龄前儿童科学健身注意事项

（一）婴儿期的科学锻炼

出生后到1周岁的婴儿期，从出生时的躺卧到蹒跚的独立行走是人生旅途的第一个重要时期。此时期的婴儿比任何时期的生长发育都快，需要的营养都多，但消化系统功能差，抵抗疾病的能力弱。因此，要在加强营养和护理的基础上，使婴儿养成良好的饮食、卫生习惯。同时，辅以各种身体练习手段（婴儿操、按摩等）促进其身体的正常生长发育，及时使婴儿从事注视、伸手、抓握、抬头、俯卧、翻身、坐立、爬行、扶站和行走等身体活动，从而使其逐渐掌握这些基本动作技能，以增强体质，健康成长。

（二）幼儿期的科学锻炼

幼儿期不仅是幼儿身体迅速发育的旺盛期，而且也是幼儿心理发展、个性初步形成的重要时期。从蹒跚学步到逐渐过渡到跑、跳、投，从大肌肉群的活动到小肌肉群的发展，从咿呀学语到能比较流利地和周围的人交流，从被动的接受照顾、保护到逐步脱离父母的怀抱，从幼稚的粗浅认识到形象和抽象思维的萌芽，都是在幼儿期逐渐

形成和发展的。

（三）学龄前期的科学锻炼

4~6 岁的孩子，在医学上称为学龄前期，孩子与外界的接触机会日益增多，因此，孩子处于很活跃的阶段，但生长较缓慢，速度平稳，而在心理上已度过 2 岁时较突出的违拗性时期。

学龄前期的儿童，由于运动范围和形式的增多，身体发育有明显的特征。体重每年增加不足 2kg，身高的增长也比较稳定，每年大约 5.0~7.5cm。这个时期的儿童活动量在增加，体力消耗也有所增加，但体重和身高的增加都比 1 岁以前慢了许多。

除了体重和身高的变化外，此时的儿童脊椎出现了明显弯曲。婴儿时期，孩子的脊椎是笔直的，从幼儿期开始弯曲。3 岁以后，孩子的脊椎明显弯曲。孩子的脊椎弯曲由四部分组成：颈椎向前弯曲，胸椎向后突起，腰椎部分微微向前突起弯曲，尾骨向后弯曲。

在学龄前期，应注意将发展各种身体素质的锻炼作为重要内容之一。在平衡能力、柔韧性、爆发力、耐久力与协调性等方面有计划地进行适当的锻炼，可以收到良好的效果。

（1）平衡能力　可以通过固定长凳、低矮平衡木、浪桥、转椅等器材，结合综合性游戏，发展小儿身体的各种平衡能力。

（2）柔韧性　可以通过压肩、纵叉、横叉、体前屈、体侧屈等拉韧带的身体练习来锻炼，也可以借助一些器材，结合游戏与比赛的形式进行。

（3）爆发力　可以通过兔跳、立定跳远、投沙袋、投小皮球等游戏来锻炼。

（4）协调性　一般可通过采用一些需要全身各运动器官配合完成的较复杂的运动来锻炼，如各种球类游戏、跳绳、跳高等。

（5）耐久力　应采取一些需要肌肉持续保持一定紧张度的运动，如尽可能长时间的握杠悬垂、攀爬云梯等活动，但不宜进行长距离跑这类需要很强自制力、意志力且对心脏负担较重的练习。

第三节　学龄儿童及青少年的运动生理学特点

一、学龄儿童及青少年的生理学特点

（一）运动系统

1. 骨骼

（1）学龄儿童及青少年（下文统称为儿童少年）骨成分特点　软骨成分较多，水分和有机物质（骨胶原）多，无机盐（磷酸钙、碳酸钙）少。骨密质较差，骨富于弹性而坚固不足。骨的力学特性是：硬度小、韧性大、不易完全骨折、易于发生弯曲和变形。

（2）骨骼随年龄增长的变化特点　骨成分随年龄增大，无机盐增多，水分减少，坚固性增强，韧性减低，直到 20~25 岁骨化完成后，骨不再生长，身高也不再增长，但骨的内部构造仍在变化。下肢骨在 16~17 岁以后骨化迅速。身高的增加主要在于下

肢骨的生长，所以，青春期要着重观察下半身的长势。脊柱的椎体到 20~22 岁才完成骨化，所以，青年期要着重观察上半身的长势。教练员常用骨龄作为选材的指标，通常以腕骨的骨龄来预测身高，作为运动员选材根据之一（注：骨龄是骨骼发育的年龄，以化骨核出现和干骺愈合合时间作为骨龄评价标准）。

2. 关节

儿童少年关节面软骨相对较厚，关节囊、韧带的伸展性大，关节周围的肌肉细长。关节活动范围大于成人，牢固性相对较差，在外力作用下较易脱位。因此在体育教学于训练中应加以注意。

3. 肌肉

（1）肌肉成分特点　儿童少年肌肉中水分多，蛋白质、脂肪、无机盐类少，肌肉细嫩，收缩功能较弱，耐力差，易疲劳。肌肉随着年龄增长的变化特点是，有机物增多，水分减少，15~18 岁时显著减少，肌肉重量不断增加，肌力也相应增强。

（2）身体各部肌肉发育顺序特点　躯干肌先于四肢肌，屈肌先于伸肌，上肢肌先于下肢肌，大块肌肉先于小肌肉的发育。8~9 岁以后，肌肉发育速度加快，力量逐渐增加。15 岁以后，小肌肉群也迅速发育。15~18 岁是躯干力量增长最快的时期。全身整个肌肉力量男子在 25 岁左右，女子在 20 岁左右达到峰值。肌力可保持到 30~35 岁才开始减退。

（3）肌力发展的规律性　当身高增长加速时即生长加速期，肌肉主要向纵向发展长度增加较快，但仍落后于骨骼增长，所以，肌肉收缩力量和耐力都较差。生长加速期结束后，身高的增长缓慢，肌肉横向发展较快，这时肌纤维明显增粗，肌力显著增加。女孩在 15~17 岁，男孩在 18~19 岁肌力增长最为明显同时体重增加也明显。

（二）循环系统

青春发育期后，心脏发育速度增快，血管发育处于落后状态，同时由于性腺、甲状腺等分泌旺盛，引起血压升高，称为青春期高血压，多见于身体发育良好，身高增长迅速的青少年。收缩压较高，一般不超过 150mmHg，具有起伏现象，舒张压则在正常范围。据统计，青春期高血压始发年龄为 11~12 岁，随年龄增长而增多。高峰年龄为 15~16 岁，以后逐渐减少。

运动时心血管功能反应特点：年龄不同心血管功能发育不一样，对运动的反应也不同。儿童少年时期交感神经调节占优势心肌发育不十分完善，运动时主要靠加快心率来增加心输出量以适应需要。所以，运动时心率加快，而血压变化并不明显（表13-2、表 13-3）。

表 13-2　不同年龄组每小时 5.6km（100m/min）速度步行时心率比较

年龄（岁）	心率（次/min）
8	170
10	164
14	160
18	150
成人	134~146

表 13 – 3 不同年龄段最大摄氧量心率比较

年龄（岁）	心率（次/min）
13	205
14 ~ 15	200
16 ~ 18	189

心血管功能对运动的反应，随年龄的增长，脉搏次数增加得少，而血压变化较明显，16 岁时已接近成人。

（三）呼吸系统

（1）结构和功能特点 儿童少年胸廓狭小，呼吸肌力较成人弱，呼吸表浅，所以，肺活量小，呼吸频率快。随着年龄增大呼吸深度增大，频率逐渐减少而肺活量增大。业余体校学生呼吸次数比同龄一般学生为少，而胸围、呼吸差、肺活量均较大。

（2）最大摄氧量增长特点 在 10 ~ 11 岁和 13 ~ 14 岁时摄氧量增大最明显，16 ~ 17 岁增加较缓慢，最大摄氧量与负氧债能力都较低。女孩比男孩低，所以儿童及青少年无氧代谢能力均较成人为低，不宜进行强度大的剧烈运动和长距离赛跑。

（3）通气功能特点 儿童少年肺通气量较小，每千克体重相对值较大，在运动时主要靠加快呼吸频率来增加肺通气量，而呼吸深度增加得很少，这是因为呼吸肌弱，调节功能不完善的关系。

（四）神经系统

（1）神经活动过程特点 13 ~ 14 岁时皮质抑制调节机制达到一定强度，分析综合能力明显提高，能较快地建立各种条件反射，但由于分化能力尚不完善，又受到小肌肉群发育较晚的影响，所以，掌握复杂精细的动作困难。14 ~ 16 岁时，反应潜伏期缩短，分化能力提高，少女分化抑制发展较早，能够掌握复杂的高难动作，在体操、花样滑冰和技巧项目中尤为突出。

（2）第二信号系统发育特点 儿童的第二信号系统发育不完善，第一信号系统的活动占优势，直观形象思维能力相对较强，善于模仿，而抽象思维的能力相对较差，对示范等直观形象教学容易接受。9 ~ 16 岁时第二信号系统功能进一步发展，联想、推理的思维活动逐渐提高；16 ~ 18 岁时第二信号系统功能已发展到相当的水平，两个信号系统的相互关系已相当完善。

这一阶段的特点是大脑皮质神经细胞工作能力低，易疲劳，但神经过程灵活性高。神经细胞的物质代谢旺盛，合成作用迅速，所以，疲劳消除较快。儿童在进行运动时各种中枢和各器官的功能都易动员。

（五）内分泌系统

内分泌系统调节的新陈代谢，影响组织细胞的生长和功能分化，这与青少年的生长发育有直接关系。其中，脑垂体、肾上腺、甲状腺、胸腺和性腺的发育特别重要。

脑垂体在出生时已发育很好，4 岁前和青春期生长最迅速，功能也更活跃。腺垂体分泌的生长激素，有控制人体生长的作用，是从出生到青春期促进生长的最重要激素。

肾上腺皮质所分泌的雄激素与性发育有关。甲状腺在出生时已形成，至 14～15 岁甲状腺体发育最快，功能也达高峰，它对骨的生长发育、骨化过程、牙齿生长，面部外形、身体比例等方面都能产生广泛的影响。松果体和胸腺促使身高增长，青春期以后逐渐钙化，活动开始减退。

二、影响儿童少年生长发育的因素

儿童少年的生长发育，是机体与外界、遗传性与适应性的对立统一过程，遗传因素决定机体发育的可能性，环境条件影响着发育的进程。现将影响生长发育的几个主要因素叙述如下。

（一）营养

营养是生长发育的物质基础，新陈代谢的正常进行离不开摄取各种营养物质。生长发育阶段要保证同化作用超过异化作用，必须有充分的营养物质的供应。少年运动员处于生长发育阶段，体育锻炼、运动训练又要消耗能量，因此尤应注意补充营养物质。很多研究表明，营养对儿童生长发育在形态、功能和智力方面都会发生暂时的和永久性的影响。

（二）疾病

急、慢性疾病对儿童少年生长发育的影响是不言而喻的，影响的大小取决于病理变化的部位、病程的长短与严重程度。某些器官的器质性改变，必然影响它本身乃至全身的功能，破坏新陈代谢的正常规律，从而影响生长发育。严重的慢性病、流行病和地方病，对儿童少年生长发育的影响更大。近视眼、沙眼、龋齿、结核、蛔虫等疾病，在儿童少年中的患病率相当高。风湿病、肝炎、肾炎、慢性扁桃体炎也是影响其健康成长的常见病。

（三）气候和季节

1975 年，中国医学科学院儿科研究所对我国北、中、南几省的调查中，虽未发现显著的差别，但从北京、武汉、广州 3 个城市看来，17 岁男生的身高：北京为 168.7cm，武汉为 167.6cm，广州为 164.7cm；17 岁女生的身高：北京为 157.7cm，武汉为 157.3cm，广州为 155.3cm。1979 年，全国青少年体质研究组对全国 16 个省市 20 余万人的调查发现，以淮河—秦岭为界，各种形态指标也是北方大于南方。从这些材料来看，似乎有北方人身高高于南方的趋势。日本学者调查发现，出生在日本而在美国加利福尼亚成长的日本儿童（女），月经的初潮年龄早于出生在加州而在日本成长的日本儿童约 1 年半。同样，在加州成长的日本儿童，无论身高还是体重都较在日本成长的更高、更重。但他们的下肢与躯干的比例以及体重与身高的比例关系基本一致。

季节对发育有明显的影响。一般来说，春季身高增长最快，秋季体重增长最快。有人发现在身高增长较快的月份，新的骨化中心出现要多于身高增长较慢的月份。在 1～3 月，基础代谢率和血清蛋白结合碘达到高峰，而在 7～9 月达到最低值，因而认为，寒冷刺激与甲状腺功能增强有关。

（四）社会

社会因素对儿童、少年生长发育的影响是综合性的。经济发展程度则是重要的决定因素，与之有关的营养、居住、医疗、体育等条件也很重要。在同样经济条件下，子女的多少，对生长发育的影响很大。多子女的家庭，无论经济收入多少，儿童少年生长发育都会受到明显的影响。

生长发育的城乡差别也是社会因素对生长发育影响的表现。国内外的调查均证明城区青少年的发育水平高于近郊区。近郊区儿童少年的发育水平又高于远郊区。这是城乡差别在其生长发育方面的反映。随着农业的发展，农民生活水平的提高，这种差别定会日益缩小。

环境污染也是影响儿童少年生长发育的重要的社会因素。上海市于 1975 年在城区工业区、商业交通区及对照区进行了定点、定期的大气监测，同时观察了不同地区学生的发育和健康情况。结果发现：慢性喉炎、慢性结膜炎、沙眼和鼻炎的阳性率，在工业区、商业交通区比对照区为高；慢性扁桃体炎，商业交通区比对照区高；肺活量对照区比工业区、商业交通区大，0.75s 肺活量对照区大于工业区；身高、体重无显著差别，胸围指标（男生）对照区大于工业区和商业交通区。

（五）遗传

遗传对儿童少年生长发育的影响是肯定的。遗传不仅能预示子女的身高或体重，甚至在一定程度上决定着子女的体型。子女从父母那里得到的遗传素质各有不同，在生长发育上有很大的可塑性，后天的因素也很重要。美国学者研究发现，即使单卵双生的两个机体，无论在形态、功能、素质、心理方面也有所不同。

（六）体育锻炼

儿童少年的生长发育是受先天遗传和后天环境双重作用的复杂生物现象。在诸多环境因素中，营养是生长发育的物质基础，体力活动是生长发育的必备条件。"生命在于运动"，体育运动和体力劳动是促进身体发育和增强体质的最有利因素。尽管遗传特征可以使机体自然增长，但毕竟是有限的，在保证营养供给充足的前提下，体育锻炼作为自觉的、有目的的自身改造手段，可以充分发挥机体的生长潜能，有效利用各种营养物质，促进代谢过程加强，全面提高人体形态、功能的发育水平，并且可提高细胞免疫活性及体内非特异性免疫水平。

体育运动可通过调节机体的新陈代谢、神经内分泌系统的作用机制，对青少年形态发育产生不同程度的影响。但是，这需要一个长期积累的过程，企图通过参加短期的体育锻炼而使体格发育水平明显提高是不切实际的。

三、青春发育期

（一）青春发育期的定义及生理特点

青春发育期（puberty）是由儿童少年时期过渡到成人的一个迅速发育的阶段。以生长突增为青春发育期开始的标志，以性成熟为结束的标志。青春发育期（即青春期）可分为 3 个阶段（表 13-4）。

表 13 - 4　人体青春发育期的 3 个阶段及发育特点*

项目	前期	中期	后期
女孩	10～12 岁	13～16 岁	17～23 岁
男孩	12～14 岁	14～17 岁	18～24 岁
特点	以身体形态发育突增现象为主。是人体成熟前的一个迅速生长阶段，也称为生长加速期	以第二性征发育为主，又称为性成熟期。此阶段形态的发育速度减慢	身体发育到完全成熟阶段

* 乡村比城市晚 1 年。

（二）第二性征

人体出生时由于性染色不同，决定了性腺不同，即男女的性别，称为第一性征，是性的本质区别。在性激素的作用下，出现男女性征上的继发性特征，称为第二性征或副性征。第二性征标志着已进入青春发育期，性腺逐渐成熟，功能逐渐完善，男女之间的性别差格外明显。

男女第二性征有如下的征象——男性的特征是：喉结增大突出，音调变低、变粗，皮下脂肪减少，肌肉显得强健有力，毛多，长胡须，生殖器官增大、颜色加深，睾丸发育成熟，产生精子，开始遗精；女性的特征是：音调变得细而高，乳房逐渐隆起，乳头突出，骨盆变宽，脂肪有选择性地沉积（在胸部、乳腺和臀部），皮下脂肪丰富，生殖器官发育增大，外生殖器官颜色加深，明显的特征是出现月经。

（三）青春发育期的身体发育及生理特点

女性青春期的生长加速期比男性约提前 2 年出现，女孩从 10～12 岁开始，男孩从 12～14 岁开始。就我国儿童、青少年生长发育的调查结果来看，存在明显的性别差异。10 岁之前，女孩的发育速度比男孩快；10 岁以后，男孩的发育速度加快，并后来居上，身高显著超过女孩。

青春发育期女孩的肌肉发育慢于男孩，肌肉体积、重量均低于男孩，这主要是由于雄性激素的同化作用引起的。因而，女性肌肉约占体重的 21%～35%，仅占男子肌肉重量的 80%～89%。女性的肌肉力量弱于男性。有资料报道，女性上半身伸肌的肌肉力量仅为男性的 2/3，腰部肌肉力量亦为男性的 2/3，下肢爆发力为男性的 3/4。训练程度相同的男女赛跑运动员相比较，女运动员肌肉中琥珀酸脱氢酶及肉毒碱脂酰转移酶的活性较低。因而，脂肪的氧化能力弱于男子。

女子的青春期指卵巢功能由未成熟向成熟过渡的年龄阶段。以月经（menstrual cycle）来潮为标志。该阶段的显著特点是卵巢及生殖器官明显发育。青春期前，下丘脑 GnRH 神经元未发育成熟，FSH、LH 分泌水平也低，卵巢因此未发育成熟。青春期，GnRH 神经元发育成熟，GnRH 分泌增加，FSH、LH 分泌也增加，继而卵巢发育成熟，功能活跃，出现月经（初潮），形成了女性性周期，维持了生殖功能。

四、学龄儿童及青少年身体素质发展特点

身体素质是机体各器官、系统功能的综合表现。儿童少年随着生长发育而身体素质得到发展，同时，又由于从事体育活动而得到提高。在体育教学和训练中，应根据

儿童少年身体素质发展的特点，采取科学的训练方法，促进身体素质的发展和运动技术水平的提高。

（一）身体素质的发展阶段

1. 自然增长

儿童少年各项素质随着年龄的增长而增长，直到 25 岁左右，这种现象称为身体素质的自然增长，其增长的趋势是青春发育期增长的速度快、幅度大，男生在 15 岁左右，女生在 12 岁左右。在不同年龄阶段，各项身体素质的增长速度不同，即使在同一年龄阶段，不同的身体素质的发展变化也不一样（表 13 - 5）。

表 13 - 5　儿童少年各项身体素质递增均值比较

指　标	逐年增长平均值
60m 跑（速度素质）	0.13 ~ 0.22s
400m 跑（速度耐力素质）	0.68 ~ 1.63s
1min 快速仰卧起坐（腰腹肌力，速度耐力）	0.23 ~ 0.60 次/min
立定跳远（下肢爆发力）	2.27 ~ 5.88cm
屈臂悬垂（抗体重静力性力量）	0.66 ~ 2.20s

表中数据表明各项素质中增长均值的幅度从大到小，依次为力量 - 耐力 - 速度。男女顺序一样，但女生逐渐递增速度约为男生的 50%，性别差异很明显。

2. 阶段性

身体素质的自然增长包括增长阶段和稳定阶段。增长阶段是身体素质随年龄增长而递增的年龄阶段，包括快速增长阶段和缓慢增长阶段。稳定阶段是身体素质增长的速度明显减慢或停滞，甚至有所下降的年龄阶段。身体素质增长阶段和稳定阶段的年龄见表 13 - 6。

表 13 - 6　儿童少年身体素质增长阶段和稳定阶段的年龄

身体素质	增长阶段年龄（岁） 男	女	稳定阶段年龄（岁） 男	女
60m 跑	7 ~ 15	7 ~ 12	15 岁以后	12 岁以后
400m 跑	7 ~ 15	7 ~ 12	15 岁以后	12 岁以后
1min 快速仰卧起坐	7 ~ 16	7 ~ 15	16 岁以后	15 岁以后
立定跳远	7 ~ 18	7 ~ 18	18 岁以后	18 岁以后
屈臂悬垂	7 ~ 19	19 ~ 25	19 岁以后	25 岁以后

根据 1979 ~ 1980 年中国青少年、儿童身体素质发展阶段调查（表 13 - 7）。

身体素质由增长阶段过渡到稳定阶段有先后之别，按先后顺序排列如下，速度素质最先，耐力素质次之，力量素质最晚，男女顺序一致。

表 13 – 7　儿童少年身体素质发展的阶段划分

身体素质	男（岁）	女（岁）
快速增长阶段	7 ~ 15	7 ~ 12
停滞下降阶段	16 ~ 20	12 ~ 16
缓慢增长阶段	—	17 ~ 20
稳定阶段	21	21

3. 敏感期（增快期）

不同的年龄阶段各项素质增长的速度不同，把身体素质增长速度快的年龄阶段叫增长期即敏感期，相对地把其他年龄阶段称为非敏感期。年增长率等于或大于标准值的年龄阶段为敏感期，小于标准值的为非敏感期。据此，5 项素质的敏感期年龄见表13 – 8。各项素质发展都有敏感期。

表 13 – 8　身体素质敏感期

素质指标	男（岁）	女（岁）
60m 跑	7 ~ 10, 14 ~ 15	7 ~ 10
400m 跑	7 ~ 11, 13 ~ 14	7 ~ 11
1min 快速仰卧起坐	7 ~ 10, 12 ~ 13	7 ~ 9
立定跳远	7 ~ 10, 13 ~ 14	7 ~ 11
屈臂悬垂	7 ~ 10, 13 ~ 14	7 ~ 8

4. 达到峰值的年龄

各项身体素质达到最高成绩即代表最高水平的年龄界限，而后保持稳定的水平或下降。根据《湖北省青少年和儿童身体素质发展情况的调查分析》各项身体素质达到最高成绩的年龄大多在 19 岁、20 岁和 21 岁，男女之间差异不显著。女子速度耐力则在 12 岁。中国青少年体质研究组调查的资料显示，各项身体素质发展的速度早晚、快慢以及达到最高成绩的百分比都不一致。但有一定规律，即速度、速度耐力、腰腹肌力先发展，下肢爆发力其次，臂肌的静力性力量发展较缓慢。

各项素质发展高峰的年龄，男子在 19 ~ 22 岁，23 岁后缓慢下降呈单峰型；女子在 11 ~ 14 岁出现第一个波峰，14 ~ 17 岁趋于停滞或下降，18 岁后回升，19 ~ 25 岁出现第二次波峰呈双峰型，乡村女子与城市相似，但 14 ~ 17 岁的下降值没有城市明显。

（二）主要身体素质的发展特点

1. 绝对力量（最大力量）

7 ~ 9 岁为力量发展的第一个可训练阶段。因为在 7 岁后随着整个身体的生长和各器官系统功能的发展，肌肉长度开始改变，肌肉内协调得到改善，相对力量有提高。7 ~ 9 岁的训练虽然不会导致肌纤维变粗，但可使梭状肌加长，使肌肉内协调和肌间内协调得到改善。

女孩从 10 岁开始，绝对力量的自然发展分为四个阶段，第一阶段：10 ~ 13 岁，力量增长的速度很快，在这三年中总的绝对力量可提高46%。第二阶段：13 ~ 15 岁，力量增长的速度明显下降，在两年中总的绝对力量只增加8%，虽然此时增长速度下降，但总的来说，9~14岁是力量增长最快的时期。第三阶段：15~16岁，一年中力量增长速度为14%。第四阶段：16~21岁，绝对力量增长很慢，只增长6%，接近20岁时达最大力量。

男孩在10岁以前与女孩绝对力量差异不大，增长速度也较慢，从11岁起男孩与女孩出现差异，增长速度也开始加快。在11~13岁期间力量增长最快，18~25岁左右，力量增长缓慢，到25岁左右达到最大力量。男孩、女孩的发展总趋势，18岁前都是持续的增长，但并不平稳，男孩在13岁以后，力量指标逐年比女孩高。

2. 相对力量

相对力量对男孩、女孩来说，发展都较平缓，虽然绝对力量指标快速地增长，但相对力量指标增长的速率不显著，甚至在个别年龄段，如从12~14岁，每年只增长2%~3%。造成这种现象的原因有2个：①体重增长较快。②在身高增长的最快时期肌肉横断面增长得少，身高增长减慢时则肌肉的厚度增加。要增加相对力量可进行全面训练，通过改变肌肉重量与全身重量的比例，改善相对负荷与肌肉力量的相互关系，不使肌内出现过度肥大，从而提高相对力量。

3. 速度力量

男孩、女孩在7~13岁速度力量增长都很快，13岁后，男女间差别明显暴露出来，男孩仍以较快的速度增长，而女孩增长的幅度就稍小些，到16~17岁时增长速度开始减慢。在儿童时期，速度力量的发展与最大力量的发展相比，速度力量发展快且早。

4. 力量耐力

男孩在7~17岁，力量耐力的发展直线上升的。女孩15岁前持续上升，但15岁后则开始产生停滞，甚至下降。

5. 反应速度

6~12岁反应速度大幅度提高，12岁时反应速度达到第一次高点。而性发育阶段，反应速度稍减慢。20岁左右则出现第二次最高点。

6. 步频

儿童从7岁起步频自然增长，13岁后下降。在阻力较小时，动作频率主要决定于协调性，因此在协调性最佳发展时期步频有良好的增长是必然的。6~13岁是协调性发展的敏感期，因而7~13岁步频也随之自然增长。受训练和未受训练的儿童步频从13岁起均处于下降趋势。未经训练儿童的步频下降原因是由于中枢神经系统对协调能力的控制产生自然减退，而受训练的儿童则是由于力量得到增加，导致步长增加的缘故。

7. 最高跑速

儿童少年最高跑速的发展比例，男孩、女孩在7~13岁期间几乎是平行的，只是在13~16岁开始产生差异，女孩落后于男孩。跑的最高速度的发展，总的说来，7~13岁是提高最快的时期。而其中10~13岁尤为突出，增长值最大。如果将男、女性别分开，男孩在8~13岁、女孩在9~12岁增长最快。男孩、女孩增长的总趋势是男孩持续增长，且13~16岁后增长速度高于女孩；女孩在13~16岁后则增长速度不太稳定，差于男孩。

8. 耐力素质

男孩10岁时耐力指标出现首次大幅度的提高。13岁时，再次出现较大幅度的提高，16 岁时，耐力有最本质的提高。15 岁时，男孩已进入性成熟期两年（从 14 岁算起），此时耐力增长明显减慢，是青少年时期增长最慢的时期。女孩 9 岁时，耐力指标出现首次大幅度的提高，12 岁时，耐力指标再次提高，14 岁后，即进入性成熟期 2 年，耐力水平逐年降低，15～16 岁，耐力水平下降最大，16 岁后下降速度减慢。

9. 协调能力

儿童少年时期协调能力的发展及协调能力与运动素质的发展两者关系是，从 6～9 岁是发展一般协调能力最有利的时期，9～14 岁是发展专门协调能力的最有利时期。随着发育的成熟，从 11～12 岁起开始素质训练，力量、速度、耐力则可较快地发展。协调能力的自然发展，到 13～14 岁（个别青少年到 15 岁）达到高峰。而运动素质为 18 岁。如果适时地予以训练，在 20 岁左右可以达到协调能力与素质能力大致平衡的新的水平。也就是说，此时运动员将可达到表现自己最佳成绩阶段。协调能力在学习技术动作的过程中可从灵活性、空间定向能力、节奏感等方面表现出来。这些方面的能力在不同的年龄阶段发展也存在敏感期。

五、体育锻炼对儿童少年的影响与作用

（一）主要体格发育指标

国内外学者发现经常参加体育锻炼的儿童少年身高、体重、胸围的增长幅度，一般高于不经常锻炼的青少年。对数百名从事体操、游泳等业余运动 2～5 年与不从事运动的同龄少年进行对比研究，发现从事运动少年的各年龄组的身高、体重、胸围年增长值均明显高于不从事运动的对照组 1 倍以上。杨泽林等于 1985～1990 年观察实验组与对照组各 50 名学生，男、女各半。实验组每天一节体育课和一次课外体育活动，对照组每周两次体育课和一次课外体育活动。结果是无论男、女，到 1990 年，两组各项指标的增长值皆为实验组明显高于对照组。

在青春发育期，后天的因素对机体的影响比任何时期都大。双生子的调查表明，积极参加体育活动和不经常参加体育活动的孩子相比，生长发育水平和体质状况有明显的差异，爱好运动的比少参加体育活动的身高高 4cm，体重重 3kg。

体育锻炼也是体重调节的重要因素。体育运动借助相应的肌肉群收缩完成，肌肉收缩的能量来源主要是消耗葡萄糖和脂肪酸，体育运动可使脂肪和糖类消耗增加，有助于减少皮下脂肪的过多蓄积，使青春期少年体格得以协调、匀称地发育。

运动还可使身体成分产生明显改变。Wells 观察 34 名坚持每天锻炼的女孩，5 个月后瘦体重显著增加，体脂肪相应减少，但体重却变化不大。

近年来，国外学者在下丘脑分离出几种控制激素释放的物质，并证明儿童少年在体育锻炼和睡眠时，血液中生长素含量增加，从而促进生长发育。

（二）骨骼、肌肉系统发育

儿童少年经常从事体育锻炼，能促进骨的生长，使管状骨变长，横径增粗，骨重量增加。运动有利于平衡全身及骨骼的钙、磷代谢，加速矿物质在骨内沉积，使骨皮质变厚，骨密度增大。长期运动可使新陈代谢旺盛，有利于骨细胞的增殖，加速钙化过程，骨质坚实。X 线片显示儿童少年运动员股骨的皮质比一般青少年厚 0.5～

3.0mm；骨松质的骨小梁排列比一般人整齐，骨能承受更大的压力。体育锻炼可明显改善骨的血液供应，使其得到充分的营养物质，造骨过程进展加快；跑跳等运动对骨的压力也是一种机械刺激，对骨发育有促进作用。

运动时血液循环加速，可使肌肉获得更多的营养，肌纤维变粗，体积增大，弹性增强，肌肉整体更发达，活动能力和耐力相应增强。测定显示一般人肌肉重量占体重的40%左右，而经系统训练的运动员肌肉重量可达体重的50%。

在体育锻炼方面，应避免有碍骨骼正常发育的运动方式。如少女在锻炼时不应从高处向硬的地面下跳，因为这类活动易造成尚未融合的骨盆骨畸形融合，甚至引起成年时因骨发育不良而致的产道狭窄。

（三）心血管系统

心肌收缩力增强，大量观察认为：①有锻炼者，由于心肌本身兴奋性增高使得心肌收缩有力。迷走神经和交感神经的调节都有助于心搏力量的增强。②体育运动使心脏冠状动脉血管扩张，营养心肌的血流量可增加3~4倍。③体育锻炼可使心脏肌球蛋白的ATP酶作用的活性增强，肌球蛋白与肌红蛋白之间相互作用速度增快，使心肌收缩力增强。

（1）心血输出量增加　正常人安静时每搏输出量一般为50~80ml，每分输出量约5000ml，但需要时可成倍增加。例如，剧烈运动时，每搏输出量一般男子为140~160ml，而运动员为190~200ml，一般女子为100~120ml，运动员为150~160ml；每分最大输出量男为25~30L，女子为18~20L，有训练的男运动员可达35~40L。据Astrand报告，30名12~16岁瑞典优秀运动员，经过几年每周28h的强化训练后最大摄氧量平均达到3.8L/min（对照组仅2.6L/min），心脏容积也显著增大，且与最大摄氧量之间呈高度相关。

（2）心脏容积增大　有训练的长跑运动员心脏容积可达1000ml，一般人仅是750~800ml。Ekllom发现11岁男孩训练2年后，心脏容积增加45%，大大超过同龄青春期男孩水平。

（3）心脏质量增加　一般人的心脏质量是300~400g，有锻炼者心脏可达450~500g。这种由于运动带来的心脏质量增加反映了良好的生理适应性。

（4）心脏面积增大　据观察36%的运动员的心脏面积超过原面积10%以上。57.6%的运动员的心横径比原来增加10%以上，且心脏增大百分比与运动年限成正比。刘宝林曾观察25名黑龙江省体工队少年游泳运动员，并以同年龄、身高基本相同的普通中学生为对照组，50名被检者心脏正位X线平片，少年游泳运动员的心脏正面实测面积均值约比对照组均值大11cm^2。

（5）心率减慢　由于心肌收缩有力，每搏输出量大，运动员的心率在安静时比一般人慢。一般成人平均为75次/min，而运动员为50~60次/min，甚至40次/min。上海医科大学少儿卫生教研室对11~15岁的业余体校学生和普通学生对比观察，平均心率：业余体校男生76次/min，女生为79次/min；普通学生男生为81次/min，女生为92次/min。

（6）血管弹性增强　体育锻炼时肌肉内的血管扩张，平时闭合的毛细血管开放，同时在神经调节作用下，内脏血管紧张度增高，管径缩小，使腹腔内脏中储存的大量血液参加到周身血循环中来，从而增加了循环血量。经常运动可降低血脂，减少脂类代谢产物在血管壁的沉积，增强血管弹性。冠状动脉血流量改善，同样可使冠状动脉本身血脂代谢产物在管壁沉积减少，从而有助于预防高血压、冠心病。在运动员中，很少有动脉硬化和冠心病患者。

（7）安静状态时血压降低　一般运动员安静状态下血压偏低。这同良好的血管弹性有密切关系，高级神经活动调节也起一定作用。人体锻炼时血压升高，主要表现为收缩压增加。剧烈运动后收缩压可增高至 24～26.7kPa（180～200mmHg）。

（8）促进静脉血流　运动时，为适应周身血液循环需要，随着心排出量增加，静脉回流心脏的血液必然增加。下列途径有助于静脉血流加快：①肌肉的收缩作用。②胸腔的吸引作用。③腹肌横隔的按摩作用。

（9）循环时间缩短　健康人安静状态下血液循环 1 周约需 20s，而剧烈的体育运动可使循环时间缩短至 9～10s。

运动可增加心脏储备力量（心脏能在需要时增加其工作量的能力）。长期锻炼可使心肌更发达，心肌纤维内代谢原料更丰富，调节心血管活动的机制更灵活，从而提高心脏储备力。

（四）呼吸系统

人体运动时可使呼吸加深、加快。这种呼吸深度和速度的变化主要来自于：①锻炼时肌肉活动产生 CO_2 刺激呼吸中枢，使呼吸加深、加快。②由于运动产热量激增，体温升高对呼吸的刺激作用。③肌肉运动使静脉回流增快，腔静脉及右心房感受器的传入冲动刺激呼吸中枢。但大量观察证实，上述原因未必是引起呼吸加深、加快的主要因素。实验证明，呼吸加强在没有正式运动以前就已发生，这说明是条件反射性作用，肌肉本体感受器发出冲动很可能是呼吸加深、加快的重要原因。可以考虑运动时引起的呼吸变化是条件反射与非条件反射两者的复合反射，大脑皮层起调节作用。

呼吸系统功能潜力很大。人体肺泡约 7 亿 5 千万个，面积 130m²，平时仅有 1/20 张开，运动时肺泡张开的数量增多。在平时人的呼吸频率为 12～16 次/min，而运动时可达 40～50 次/min；一般人安静时每分钟通气量为 6～8L，剧烈运动时可高达 120L；运动时隔肌上下活动幅度加大，膈肌每下降 1cm，胸腔容积就增加 200～300ml。说明体育锻炼可明显提高人的呼吸功能，使呼吸肌发达，肺活量增大，胸围加大，长期锻炼的运动员呼吸深而慢。据沈阳体育学院体育卫生科研小组研究，辽宁省 7～17 岁的业余体校学生肺活量显著高于同年龄一般中小学生，男生平均高 936ml，女生平均高 844ml。

儿童肺脏分化过程 7 岁时基本完成，此后主要是肺脏的增长。大量研究证明，肺泡数量的增加和肺泡直径的增大以及肺脏弹性组织增加均能引起肺活量的增长。7 岁以前，肺活量增长是缓慢的，而 8～9 岁开始则进入肺活量剧烈增长时期，性成熟期肺活量增长最大。

运动不仅能明显提高肺通气量，且能不断地提高人体供氧能力。赫尔曼（Cecil Helman）指出："慢速长跑是保持健康的最好手段，关键是氧气，健身跑时的供氧比静坐时多 8～12 倍。"瑞典学者安德森（Anderson）等研究表明，在青春期接受游泳训练的女孩较一般女孩肺总容量可大 12%，肺活量大 13.4%，最大吸氧量大 10.2%。

对比观察证实，每周参加4~5次游泳训练，坚持2~5年的少年比每周只参加2次体育课的对照组少年肺活量年增长均值高200~300ml。

（五）肌肉力量

肌肉力量（简称肌力）是指人体肌肉紧张或收缩时所表现出来的能力。力量素质是人体运动和体力劳动最重要的素质之一。由于肌肉收缩有等长和等张两种形式，因此肌力亦可分为静力性力量和动力性力量。青少年进行跳高、跳远、滑冰、跳绳等均可锻炼腿部动力性肌力；引体向上、俯卧撑、双臂屈伸、各种投掷等可锻炼臂部动力性肌力。双杠上直角支撑、举重物持续时间、扳手腕等均属静力性肌力练习。

体育锻炼有助于肌力增强，有报道，15~16岁的运动员右手平均握力为411.6N，而同年龄普通青少年右手平均握力仅333.2N。Comobbeb对比观察，坚持2年以上业余体校训练的2~4年级女学生右手握力平均每年增长54.9N，而同年级对照组女生此值仅为10.8N；坚持5年以上业余体校训练的8~10年级男生，右手握力年增均值为55.9N，同年级对照组男生此值仅17.6N。

据胡虞志对1369名中小学生右手肌耐力进行观测，发现不同年龄肌耐力的年增长百分数是不一样的。女生14岁、15岁增长速度最快，男生则14岁和17岁肌耐力增长最快。到青春发育后期（女16岁、男18岁），男、女少年的肌耐力增长速度都减慢下来。这与俄罗斯学者Ksukhareva报告的儿童少年全身耐力增长最高速度男生在15~17岁、女生在15~16岁较为接近，即肌肉耐力同全身耐力发展是统一协调的。鉴此，儿童少年在青春发育中期积极从事与增强肌耐力有关的运动项目，如屈臂悬垂、负重练习、篮球、慢跑等，会有助于成年时具备较高水平的肌肉耐力。

（六）神经、内分泌及免疫功能

经常参加体育运动使大脑和神经系统得到锻炼，提高神经工作过程的强度、均衡性、灵活性和神经细胞工作的耐久力；能使神经细胞获得更充足的能量物质和氧气的供应，从而使大脑及整个神经系统在紧张的工作过程中获得充分的营养保证。当脑细胞工作时，它所需的血液量比肌肉细胞多15~20倍，大脑耗氧量占全身耗氧量的20%~25%。运动能使大脑的兴奋与抑制过程合理交替，避免神经系统过度紧张。并且按大脑皮层功能轮换的原则，可以消除脑力疲劳，这对学习负担很重的儿童青少年无疑是极其有利的。

运动可提高人的反应能力。通过视觉运动反应时测定，普通人反应潜伏期需0.3~0.5s，而运动员只需0.12~0.15s左右，我国优秀乒乓球运动员平均只需0.1s，比一般人快3~5倍。运动员的听觉、视觉也比较敏感。有人观察，运动性休息能把因疲劳而降低的视觉和听觉感受力提高30%，因而使人在运动后感觉精神饱满，思想敏锐，工作效率提高。

随着神经系统功能的改善，儿童身体各器官系统的控制和调节能力也可得到不断的提高和完善。运动还能提高大脑皮层的紧张度，并有助于形成良好的情绪，增进心理健康。适量运动还可使原来兴奋的那些神经细胞抑制得更完全，休息得更充分，对用脑过度的失眠者也有改善作用。

运动可使一些激素分泌增加，如生长激素、皮质激素等。运动时血清雄激素含量提高，可协同生长激素加速青春期的生长。血清雄激素含量上升可能是由于儿茶酚胺、前列腺素的刺激及睾丸血液循环改变，还可能是由于体育锻炼时肝脏血液循环减慢，使肝脏清除率降低所致。

体育运动可使非特异性免疫功能增强。如少年运动员的淋巴细胞转化率等比一般学生高，白细胞数暂时增多，中性粒细胞吞噬能力增加，肝功能良好。附加体育课对体重过大儿童带来影响的研究将对象设为 3 组：第一组是体格发育匀称的男孩，第二组是仅按学校体育教学大纲授课的体重过大男孩，第三组是体重过大从事附加运动量的学生。后者每周附加 2～3 次体育课，全学年附加 180～210 学时，包括一般体育课 30%，特殊训练 70%。学年结束，检查各组儿童过氧化酶活性，发现第一组学生经过 10min 工作时，酶活性都增加 10%，在 22min 达稳定水平，30min 后重新提高，休息 10min 即恢复原来水平；第二组学生工作开始时（4～8min）酶活性下降，10min 时增高，但 12～18min 时下降了 29%～39%，休息 10min 该指数尚有 21% 未能恢复；第三组学生酶活性变化类似于第一组，即在负荷的所有时间具有良好的反应。

六、儿童少年的科学健身与注意事项

儿童少年的各项指标都在快速地发生变化，新陈代谢方面的特点是同化作用大于异化作用。身体各系统都在快速地发生变化，这种变化是不平衡的，又是统一协调的。神经系统率先发育，出现生长发育的高峰。7 岁时脑重增加到 1400g，接近成人的脑重（1450g）；神经细胞体积增大，分化基本完成；大脑额叶迅速生长，使得其运动协调性和准确性得到发展和完善。神经系统的率先发育为其在身体各系统中的支配地位打下了基础。

儿童少年的椎骨完全骨化的年龄较晚，髋骨是由髂骨、坐骨、耻骨三块骨以软骨连续起来，要到 15～16 岁左右才愈合，股骨还存在骺软骨，承受压力的功能比成人差，维持足弓的肌肉和韧带也较弱。

儿童少年的呼吸器官组织娇嫩，呼吸道黏膜容易损伤。肺组织中弹力纤维较少，肺间质多，血管丰富。肺的含血量较多，而含气量较少。呼吸肌发育较弱，胸廓较小，肺活量较小，体育活动中主要靠加速呼吸频率来增大肺通气量。

青少年时期正是世界观形成时期，要加强意志品质的培养和组织纪律的思想教育。青春期神经系统受内分泌腺活动的影响，会使稳定性暂时下降，青少年表现出动作不协调，少女更为明显，应注意区别对待。

根据上述特点，儿童少年在体育教学或运动训练中，应注意下列问题。

（一）注意练习场地的选择

由于儿童少年骨骼骨化未完成，易变形，脊柱的生理弯曲较成人小，缓冲作用比成人弱，故不宜在坚硬的水泥地、沥青地上反复进行跑、跳等练习。长期在这些场地上练习跑、跳，对足骨、胫骨的骨化点会产生过大而又频繁的刺激，易引起过早骨化或骺软骨的损伤，影响骨的生长发育。同时由于反作用力大、震动也大的特点，要避免从高处往下跳的练习。因此，进行跑、跳练习时，应选择草地和一般的泥沙地进行。长跑时，也应尽量不在柏油或水泥马路上进行。

（二）注意养成正确的身体姿势

儿童少年骨承受压力和肌肉拉力功能比成人差，身体长期处于不良姿势，他们的骨易弯屈变形，其中常见的是脊柱的变形。据调查，小学生中脊柱变形者占受检人数的 20.9%，而脊柱侧凸的又占脊柱变形者的 80.8%。因此，体育教师必须教育儿童少年，养成坐、立、走等正确的身体姿势。构成儿童少年脊柱的椎骨尚未完全骨化，椎骨之间的软骨垫（椎间盘）也未成型，脊柱的四个生理弯屈虽然已初步形成，但其弯曲度不及成人。椎骨完全骨化的时期最晚，要到 20 岁以后，才能逐渐固定下来，因此，如果儿童少年在日常生活中长期不注意保持正确的身体姿势，很容易发生脊柱后凸（驼背）或侧凸（脊柱偏歪）等畸形。

（三）注意身体的全面训练

有些运动项目的动作是非对称的，肢体的负荷不均匀，例如乒乓球、羽毛球、网球的握拍手，投掷运动中的投掷臂，跳跃运动中的踏跳腿等，在练习过程中锻炼机会较多，而负荷也较重。有些运动项目，在运动中身体常处于某些比较固定的姿势，如助板划桨、速度滑冰、自行车运动等。对儿童少年来说，进行这些项目的训练时，特别要加强对弱侧肢体的锻炼。另一方面，对一些基本技术的训练，不要过于集中，应采用分散的办法，用多种形式，交替进行。不然的话，由于肌力发展不平衡，或长期保持某种姿势，也容易发生脊柱的变形或肢体发育的不均衡，造成缺陷。

不应过早地进行专项训练。如果进行早期专项训练则要通过合理的选材，在严格的监督下进行。不应过早或过急地要求儿童少年出现好成绩，也不应过多地参加正式比赛。

（四）根据年龄特点安排运动负荷

体育运动要根据儿童少年的年龄和性别特点，进行合理的组织和安排，以促进身体和智力的健康发育。进行运动训练持续的时间不宜过长，运动量要适当，不应超过身体的负担能力。

进行发展力量的练习时，如果负重过大，或采用静止性力量练习过多，也容易导致脊柱变形，腿型异常，髋骨移位和足弓的下降（扁平足）。一般在 10 岁以前，不宜搞负重练习，可采用抗体重的一些练习，如徒手跑、跳等。12～13 岁可增加一些抗阻力（如拉橡皮筋）或哑铃等的力量练习。15 岁以后，进行较大重量的力量练习，并应以动力性练习为主。进行必要的静力性练习时，也要控制时间，做到动静结合。在进行力量练习时，应注意以下两点：第一，负荷不宜过重，并尽可能减少憋气动作，以避免胸内压过高，而使心肌过早增厚，而影响心腔的发育；第二，儿童屈肌的力量较伸肌的力量强，因而要加强伸肌的发展，以保持伸肌、屈肌间的平衡，以防止驼背的发生。

儿童少年血液和循环系统功能指标，其绝对值比成人差，但以相对值来说，并不比成人差，有些还比成人强。在正常情况下，青少年的血液循环功能与他们的身体发育水平是相适应的。因此，在体育锻炼和运动训练中，他们还是能承受一定的大运动负荷训练，并且对逐步加大运动负荷有较大的功能潜力。但是，他们的心肌纤维较细，心肌收缩力量较弱，心容量较小，神经系统对心血管活动调节还不够完善。因此，在体育锻炼和运动训练中，运动负荷安排方面，应注意适宜与合理，一般对较强大、持续时间不长的运动，如 60m，100m，200m 跑，各种活动性游戏，徒手操，哑铃等力量性练习以及短距离游泳、跳水活动等，都可以根据年龄、性别和个人身体发育情况，安排适宜的负荷。而对一些长时间紧张的运动、重量过大的力量练习、对身体消耗过大的耐力性练习等，则不宜过多采用。在安排青少年的运动负荷时，练习的强度可以大一点，但间歇次数应多一些，密度不宜太大，练习中间多休息几次。

13～14 岁以后，心血管功能逐渐接近成人水平，可以承受更大的运动负荷，但也要注意循序渐进和区别对待。同年龄的青少年，个子高大的，心脏的负担量相对较大，性成熟发育迟缓，心脏的发育也较迟缓，在运动负荷方面应注意。青少年在运动时，较大程度上依赖心跳频率的增加来加大心输出量。

因此，儿童少年进行训练时，时间不宜过长，强度不宜过大，运动持续的时间及运动的强度要逐渐增加。同时，应指导儿童少年掌握正确的呼吸方法，呼吸时要强调加深呼吸的幅度，而不是增加呼吸的频率，并注意与运动的频率（如跑步的频率）配合，以促进呼吸器官的发育。许多力量练习如举重，常需要"憋气。"憋气"时，肺停止于扩张状态，腹肌紧张，胸腔和腹腔内压力加大，血液回心困难，回心血量减少，心脏输出血量也减少，对心脏本身的血液供应也会减少。"憋气"后，反射性地深呼气，这时胸内压、腹内压突然降低，大量血液涌入心脏，使心脏充盈过度，对心脏也不利。带有"憋气"的运动练习不宜多做，即使"憋气"，时间也不宜过长。此外，倒立、背桥等类动作练习也应予以适当控制。倒立、背桥等动作，头朝下，头部血液回流困难，而心脏处在正常位置时的阻力加大，增加了心脏的负担。同时，在这种情况下，要维持正常的血液循环，神经系统必须对头部、下肢等处的血管口径进行适当的调节。

（五）结合肌力发展规律安排训练

由于儿童少年肌肉的生长发育不均衡，在运动训练中，应注意全面身体训练和发育小肌肉的力量和耐力的训练。在 8 岁以前，儿童的肌肉生长和肌肉力量的增长速度较慢，因此，应以大量的徒手操以及不负重的跑跳练习为主。12～15 岁，肌肉生长和肌肉力量增长速度加快，处于这一年龄段的青少年，可采用一些阻力和较轻的负重练习来发展肌肉的力量。15～18 岁，肌肉和力量增长的速度最快，在练习中，可以增加阻力或负重。这与根据骨骼的生长特点，安排练习的负重情况是一致的。在身高增长加速时，肌肉主要向纵向发展，长度增加较快，肌肉收缩力量和耐力都较差，宜采用伸长肢体练习、弹跳和支撑自身重量的力量练习，重负荷力量练习宜少采用。生长加速期结束后，身高的增长缓慢，肌肉横向发展较快，这时肌纤维明显增粗，肌力显著增加，可以适当增加力量性练习。

发展儿童少年肌肉力量练习，应以动力性力量练习为主，辅以适宜的静力性练习。控制好静力性练习时间。动力性力量练习是在克服阻力（包括负重或克服体重的阻力）的情况下，肌肉的收缩与放松交替进行。静力练习是在抗阻力（包括负重和体重的阻力）的情况下，肌肉作持续性的紧张收缩，2 种方法都可发展肌肉的力量。对青少年来说，由于肌肉的纤维较细，肌纤维的张力小，加上支配肌肉的神经中枢的兴奋强度和维持高度兴奋的时间比成人差，对持久而紧张的肌肉收缩更易疲劳。因此，对他们最好采用动力性的力量练习。据研究，青少年在持续紧张用力时，肌肉的血流量比成人多，只要安排适当，做一些静力性练习对发展肌肉力量，也是有益的。进行静力性力量练习时，负荷不要太重，持续的时间应有所规定。最好采用动静结合的方法，如发展肩部和上臂伸肌力量时，采用握哑铃臂伸直上举维持 5s，然后再屈肘上举，反复数次。无论是动力性练习或静力性练习，组数不宜过多，练习中应多安排几次休息，练习完后，注意做好放松活动。

（六）正确对待"青春期高血压"

处在性成熟期（14～20 岁左右）的个别青少年会出现"青春期高血压"，但大多没有头晕、头痛等不良感觉。随着年龄的增长，内分泌腺功能稳定，神经系统对心血管活动的调节完善，血管进一步生长发育，这种现象便会自然消失。对有青春期高血压的青少年首先要对他们进行解释，消除他们思想上的紧张。其次，主观上无不良感觉的，可以照常参加体育活动，但运动的强度、密度要适当降低，并控制参加比赛的次数和密度；对有头晕、头痛等不良感觉的，运动负荷应适当减小，并注意医务监督。总之，让其适当地进行体育运动，可能还有助于血压恢复正常。

（七）注意预防"骺软骨病"的发生

"骺软骨"的损伤是青少年在体育运动中的特有的一种损伤，主要发生在腰椎、膝关节和肘关节。例如体操运动，要做许多下腰练习，如果教练员在练习中单纯用力去挤压腰部或上提腰部，过多地用静力性的练习去发展腰部的柔韧性，而不注意积极发展腰背肌肉的力量，则可引起椎骨骺软骨损伤。又如篮球、排球等运动，常处于半蹲肢体发力和活动，半蹲位时，膝关节的韧带松弛，全靠股四头肌和髌骨来稳定膝关节，儿童少年股四头肌力量较弱，稳定膝关节的能力差，加上髌骨比股骨较早完成骨化，在这种情况下，如膝关节反复摇晃旋扭或多在半蹲位突然发力，使髌骨与股骨下端经常发生摩擦撞击，而致股骨下端骺软骨病变，尤其在过硬的场地上经常用力踏跳等，更为不宜。

体育教师或教练员安排半蹲位练习，不要过于集中，每次时间不宜过长。对一些陈旧的、不合理的练习方法，如蛙跳、鸭步、并腿负重蹲起等，对儿童少年来说，应尽量减少。平时应采取积极的手段，来发展儿童少年股四头肌力量，这对预防膝关节损伤有良好作用。此外，体操运动常有许多上肢支撑和前臂旋前旋后的用力动作，使肘关节的负担过大。过于集中从事这些练习，经常发生肱骨骺软骨的损伤。在运动中，如发现儿童少年有腰、膝、肘部疼痛，应引起重视，并及早进行诊断，作出适当的处理。

（八）适当注意营养

儿童少年的骨正处在生长发育的旺盛时期，因此对钙、磷的需要增多。膳食中应注意钙、磷的足够供应，特别是钙的供应。从事体操、乒乓球等专项训练的青少年，长期在室内活动，应当安排一些户外活动。因皮肤下面有一种胆固醇物质，在日光中的紫外光照射下能形成维生素 D，而维生素 D 有助于钙的吸收。

总之，儿童少年参加运动锻炼，应保证充足的休息和睡眠，并要有足够的营养和能量。

（九）采取积极手段，促进血液循环系统生长发育，提高其功能水平

注意观察儿童少年锻炼后的身体反应，并询问锻炼后的自我感受，以锻炼后精神状态良好、没有疲劳积累、没有不良感觉（头晕、恶心、食欲下降、睡眠不好等）为宜。

正确的体育锻炼和运动训练能促进儿童少年血液循环系统的生长发育，提高功能水平。但是，个别的体育教师或教练员往往偏重于技术水平与运动成绩的提高，而忽略了对青少年采取积极的手段来发展他们血液循环系统功能。如适当地进行一些越野跑，15~30min 的匀速跑、间歇跑、篮球活动等，对促进他们血液循环系统的发育将有良好的作用。

（十）体育课内容要生动活泼多样化

要注意安排短暂休息，使学生情绪饱满，精力旺盛，不易疲劳。在教学方法方面多采用直观形象教学，如示范动作、图表、模型等。多采用简单易懂和形象生动的语言或口诀等形式的讲解。年龄越小，直观教学法作用越重要。随着年龄的增长，抽象思维的能力不断提高，应加强第二信号系统的活动，培养独立思考能力，加强对体育锻炼和运动技术的理性认识。

第四节 成年人的运动生理学特点

一、成年人的生理学特点

成年期是人的生理功能由旺盛到平衡、由成熟到逐渐衰退的过程。30 岁以后，人的大多数器官的结构和功能开始以每年 1% 的速度衰退，男女在 35~40 岁左右，机体衰老的特征也呈明显加快的趋势，正如《黄帝内经》中指出："女子……三七，肾气平均，故真牙生而长极。四七，筋骨坚，发长极，身体盛壮。五七，阳明脉衰，面始焦，发始堕"；"丈夫……三八，肾气平均，筋骨劲壮，故真牙生而长极。四八，筋骨隆盛，肌肉满壮。五八，肾气虚，发堕齿槁"。

（一）身体形态

成年人的身高随着年龄增大而降低，但男性身高下降的速度快于女性；女性的体重和围度均随着年龄增大而加大。

以 2000 年全国的国民（男、女）体质监测断面数据为依据，根据体重达到最大值的年龄，男子组（44.3 岁）先于女子组（54.4 岁）10 岁以上，综合其他的形态指标达到最大值的年龄，可以推测：成年男性体丰度指标［除身高以外的所有监测指标，如克托莱指数、BMI、胸围、维尔威克指数（Vervaeck index）、腰围、臀围、腰围/臀围×100、上臂皮褶厚、肩胛皮褶厚、腹部皮褶厚、三处皮褶厚之和、体脂百分率］平均在 45~49 岁，女性平均在 55~59 岁，均达到了最大值，即体丰度在此年龄发生了较大的转折变化，而女性体丰度有较大变化的年龄发生在女性更年期的绝经后期。一般认为我国女性人群的 80% 在 44~54 岁绝经，通常绝经期后 3~5 年由于卵巢的萎缩和肾上腺皮质的影响，雌激素水平有一定程度的下降，绝经期后 6~10 年，雌激素水平降到最低。卵巢功能的低下，不仅使雌激素的作用减弱，而且由于卵巢性腺功能的消退还会影响其他内分泌腺体功能的下降，如腺垂体生长素分泌的减少，使促进机体合成代谢的作用下降，进而也影响胰岛素的合成代谢。所以，女性在 55～59 岁之前，体丰度指标都是随年龄增长而大幅增加，在 55～59 岁由于内分泌功能的显著下降，体丰度的增加才出现减少并开始发生转折、下降。

男性体丰度指标出现最大值年龄较女性早，可能是和内分泌功能的下降有关，男性到了 40 岁，就会在不同程度上开始发生性腺（睾丸）重量减轻，睾酮分泌逐渐下降。垂体促性腺激素也有一定的变化，肾上腺皮质分泌的雄激素也减少。但男性更年期较漫长，也没有像女性那样有明显的症状表现。男性体丰度达到最大值年龄的提前，使得因肥胖病而引发其他疾病增多的年龄提前。因此，男性（特别是城市男性）应注意加强中年期的保健和锻炼，防止发生"中年早衰或早逝"。

女性体脂含量约占体重的 28%～30%，主要分布在胸、腹、臀、大腿等部位的皮下。皮下脂肪约为男子的 2 倍。有研究证实，体脂与运动员的有氧和无氧运动成绩呈负相关。在完成跑、跳、爬山等需抗重力做功以使身体腾空或移动的运动中，较厚的体脂成为运动的限制因素。而且，运动中机体的散热能力也会受到较厚的皮下脂肪的影响。但较厚的皮下脂肪具有很好的保温、保护作用，并可增加机体的浮力，有利于女性参加冰雪类及游泳运动。

（二）骨骼系统

随着年龄的递增，男、女身高逐渐降低。成年男、女这种身高降低的现象和骨细胞的耗损率有直接的联系，也和关节盂中软骨、椎间软骨的胶原纤维的丧失有密切关系，最终导致骨质疏松，椎间盘萎缩，脊椎骨扁平，下肢弯曲，从而使身高下降。

女性骨骼重量占体重的 15%，较男子轻 10% 左右，抗弯能力较差，但韧性较佳。脊柱椎骨间软骨较厚，弹性和韧性优于男子，因而，柔韧性优于男子，有利于完成劈叉等动作。

女性脊椎骨较长，四肢骨较细而短，形成上身长，下身短的特点。而且，女性的股骨、肱骨两侧上髁的直径、臂长、胸围、肩宽等指标均低于男子，而髋部则大于男子。形成上体长而窄，下肢短而粗，肩窄盆宽的特殊体型。这种体型使身体重心低，且稳定性高，有利于完成平衡动作，但奔跑速度及负重能力均受到一定限制。

（三）肌肉系统

由于在青春发育期，女孩的肌肉发育慢于男孩，肌肉体积、重量均低于男孩（这主要是由于雄性激素的同化作用引起的）。因而，女性肌肉约占体重的 21%～35%，仅占男子肌肉重量的 80%～89%，女性的肌肉力量弱于男性。有资料报道，女性上半身伸肌的肌肉力量仅为男性的 2/3，腰部肌肉力量亦为男性的 2/3，下肢爆发力为男性的 3/4。训练程度相同的男、女赛跑运动员相比，女运动员肌肉中琥珀酸脱氢酶及肉毒碱脂酰转移酶的活性较低。因而，脂肪的氧化能力亦较男子为弱。

（四）呼吸系统

女子的胸廓较小，呼吸肌力量较弱，安静时呼吸频率较男子快 4～6 次/min，且呼吸深度浅；女子的肺活量约为男子的 70%，VO_2max 比男子少 0.5～1.0L。因此，女子的呼吸功能亦较男子为低，从而制约了女子运动中机体氧的供应。

肺活量反映肺功能，成年人正常肺活量的衰退是每十年下降 9%，虽然也观察到男、女组肺活量呈单调性下降，但其下降速度不尽一致，这可能是肺活量的绝对值与个体的胸廓、体重、身高以及体型类别有密切联系。为反映个体的肺活量的真实状况，用男、女肺活量的相对值（即肺活量/体重）比较，结果说明肺功能是按一定的线性比例规律而衰减的。

（五）心血管系统

女性心脏的重量较男子约轻 10%～15%，体积约小于男子 18%，容量小 150～200ml。安静状态女性心率较快，约快于男子 10 次/min，每搏量少于男子 10～15ml，收缩压平均低于男子 14kPa（10.5mmHg），舒张压约低 0.68kPa（5.1mmHg）。所以，女子的心血管功能弱于男子。运动中必须依靠加快心率来保证足够的心输出量，运动后的恢复过程中，女子心率恢复速度较慢。

女子血量约占体重的 7%，男子则达 8%。女子的红细胞数量为（3.8～4.2）×10^{12}/L，血红蛋白为 11.5～14g%，均低于男子。每千克体重的血红蛋白女子约为8.3g，男子则可达 11.6，全血中血红蛋白的总量女子仅为男子的 56%。血红蛋白值男子至 30～35 岁达到最高水平，以后逐渐下降，女子在 13 岁时达到第一次高峰，以后逐渐下降，20～30 岁维持于较低水平，30～40 岁时又逐渐升高达到第二次高峰，但仍低于男子。因此，女子机体运输氧的能力较男子差，并导致女子的有氧能力较男子低，约为男子的 70%。

男、女安静心率最小值的年龄在 49～50 岁左右，心率的这种随年龄递增而逐渐减少并在 50 岁后有所反弹的现象，一方面说明男、女激素水平的下降，引起心率的减少。另一方面，心率的有所反弹可能反映在成年期由于血管外周阻力的增加，导致为加强心脏供血、交感神经的兴奋而引起的心率代偿增加。

成年人收缩压、舒张压均随着年龄递增而增加，收缩压上升的速度高于舒张压上升的速度，女性上升速度高于男性，这可能与女性雌激素的减少对降低血脂、抑制胆固醇在血管壁沉积的作用减弱而导致血压上升加快有关。血压随年龄递增而单调增加的变化说明，年龄的增加会导致血管弹性纤维的丧失，出现动脉硬化的现象，还会因血液中的三酰甘油、胆固醇、低密度脂蛋白等的增多而导致动脉粥样硬化，出现外周阻力增加、血循量减少的现象。这些或轻或重的因素均影响心脏的功能，使得心脏收缩能力代偿性增强，因而收缩压、舒张压升高。此外，年龄递增引起的体丰度增加，也是引起血压升高的重要因素。

（六）性成熟期及更年期特点

性成熟期（sexual maturity）是指女性卵巢功能成熟的年龄段。女性约从 18 岁开始，持续近 30 年。该阶段性腺及性器官发育完全成熟，卵巢有周期性排卵，并分泌女性激素，子宫内膜会出现周期性脱落，产生月经周期。该期为女性生殖功能最旺盛的时期，又称为生育期。

更年期（menopause）又称围绝经期，指女性从性成熟期进入老年期的过渡时期。此阶段是卵巢功能退化，生殖能力停止的老化过程。更年期结束，即意味着老年期的开始。

更年期女性卵巢功能由旺盛向衰退过渡，并直至萎缩的年龄阶段约为44~54岁。该时期的显著特点是，月经由不规律到完全停止（闭经）。

从生育期到绝经期，卵巢生理功能逐渐衰退直至完全停止，卵巢产生雌激素的功能丧失，因而可以导致女性全身发生一系列的变化。女子约从30岁开始骨中矿物质逐渐丢失，绝经后女性骨骼的矿物质（特别是钙）减少更加明显，极易产生骨质疏松。骨质疏松导致骨密度及抗张强度下降，增加了骨折的危险性。许多研究已经证实，运动能充分有效地降低骨钙的减少程度。更年期女性应多进行一些有氧运动，并与低强度力量训练相结合，一方面具有预防和治疗骨质疏松的作用，另一方面亦具有维持体内雌激素水平，延缓衰老的作用。

二、成年人的运动能力特点

（一）力量

由于雄性激素水平的差异，女子的肌肉力量弱于男子，肌肉力量平均约为男子的2/3，因此，女子在需要绝对力量及绝对速度的项目中，其运动能力明显弱于男子。例如，女子投掷运动的能力约为男子的50%~70%；跳跃运动的能力约为男子的75%~85%；短跑运动的能力约为男子的50%~85%；在爆发力、举重项目上的性别差异更为显著。

女子肌纤维尽管在分布及组织化学特性方面均与男子基本相同，但其肌纤维的横截面积小于男子，因而肌肉的收缩力量较小。女子对静力性运动的适应能力则优于男子。

素质指标中，男总体组握力、背力有极大值，出现的年龄在31~32岁，女总体组只有握力有极大值，出现的年龄在35~36岁（背力预测极大值年龄在44~45岁）。之后，男女上述的握力、背力开始下降。资料表明，男子力量在25岁达到峰值，并保持到30~35岁，但女子握力、背力为何推迟下降，也许与女性34~45岁前由于生育期体内雌激素、孕激素以及绒毛膜促性腺激素（HCG）、绒毛膜生长激素（HCS）的分泌增加，促进蛋白质的合成并维持着一定的力量，在此之后身体的这种能力有较大的减退时，才会影响握力、背力的迅速下降有关。

值得提示的是，握力是手臂力量的反映，仅代表身体的局部力量。人体绝大部分体现力量的素质指标（尤其是下肢力量），均随着年龄的递增而衰退，不会在成年阶段出现峰值。

（二）速度和耐力

女子特殊的体型特征，使其奔跑速度及负重能力均受到一定限制。并且由于女子的生长发育比男子约提前2年，呼吸、循环功能水平低，血液的带氧能力差，限制了氧的利用能力，导致女子最大摄氧量水平较低，运氧能力及耐酸能力较差，限制了运动中氧的利用，使得耐力水平较低。

（三）柔韧和平衡

由于女子的肌肉、韧带弹性好，关节活动范围大，因而动作幅度大而稳定，具有较好的柔韧性。并且，男性坐位体前屈随年龄下降的速度显著超过女性，这可能和男性腰围、臀围增大的年龄提前、体重增加显著而导致腰腹活动受限、下肢承受力加大等因素有关。

另外，由于女子特有的肩窄盆宽体型，决定了女子具有身体重心较低的特点，因此平衡能力强于男子。

三、成年人科学锻炼的方法

成年人正处在其人生压力最大的年龄阶段，身体和心理都经受着各方面的巨大考验，易处于亚健康状态，一旦遭遇突如其来的疾病进攻，就显得难以应付和招架。

（一）科学健身的原则

1. 循序渐进原则

人体脏器的功能活动有一定的惰性，特别是中年人的脏器会随着年龄的增长出现不同程度的衰退。因此，在体育锻炼时应循序渐进。在每次体育锻炼时，应先做准备活动，使身体发热，让身体逐渐进入工作状态，然后再进行主要练习内容。在健身过程中，动作的速率也要先慢些，幅度先小些，然后逐渐加快、加大。在健身结束后，还要做一些整理活动，进行放松。

就运动过程而言，运动量也要由小到大逐渐增加，根据个人的运动处方健身，而不可盲目地追求数量和强度。学习技术动作也要由简单到复杂，一步步地掌握，逐步提高机体对外界环境的适应能力，使机体处于一个"不适应 - 适应 - 不适应 - 再适应"的过程中，促使身体功能及其物质基础发生量与质的变化。

2. 系统性原则

体育健身必须经常地、系统地、有节奏地进行，如果要达到健身的目的，每周至少要进行 2 ~ 3 次的锻炼，如果每月健身次数低于 2 次，其效果则不佳，两次健身之间间隔时间不可过长。

要系统安排锻炼和休息时间，两者不可偏废，要做到动态平衡，根据身体反应、外界环境和条件的变化不断进行调整，这样可以避免因两者安排不当造成意外。中年人在锻炼过程中，还要注意合理饮食，多吃营养丰富、易消化的食物，以补充锻炼时的体力消耗，减少由于食量增加而给消化系统带来的负荷。锻炼时体内水分会消耗过多，运动后要适当补充水分。

3. 全面性原则

在做体育运动前要进行身体检查，以了解目前的身体健康状况，尤其是心血管和呼吸系统的功能状况，并对疾患和器官的情况加以注意。成年人如在平时不经常锻炼，不了解科学健身的知识和方法，急于求成地去进行健身，不但无益于健康，反而很容易造成运动损伤，甚至会导致运动性猝死。因此，健身锻炼必须选择合适的时间，进行与自身适应度匹配的方式。

人的身体是一个不可分割的整体，健身锻炼应使身体各部位、各器官系统的功能都得到均衡、协调的发展，避免某一肢体或器官负荷过重。锻炼时最好有多个部位参加活动，或每次运动采用多种形式，以使身体各部位均得到活动的机会。运动时呼吸要自然，注意发展腹式呼吸，尽量避免屏气或过分用力。尤其对有动脉硬化的成年人来说，应避免造成血压骤然升高的动作，如头朝下、骤然前倾、低头弯腰动作过猛等。因此，在运动健身过程中，要注意身体的各部位以及身体素质、运动技术的全面发展和有关身体锻炼理论知识的学习。

4. 个别对待原则

由于个体差异的存在，运动健身必须根据参加者的具体情况来确定健身的内容、方法、运动强度与运动量。特别是对于处在不同工作、不同身体条件、不同心理反应的成年人，更不可一概而论，要根据个人的生理、心理特点制定一份适合自身的运动处方。同时，每个健身者还要认真地总结自己的感觉和机体的各种反应，不断地修正健身计划，使之更符合自身的情况。

（二）适合成年人的运动健身项目

目前，可供健身的运动项目越来越多。在选择上，成年人可根据具体情况挑选简单易行和自己喜爱运动项目。

（1）有氧运动 快走、跑步、游泳、骑自行车、跳舞、爬楼梯、跳绳、羽毛球、网球、乒乓球、高尔夫球、民族传统项目等，这些活动对心肺功能和心血管系统以及神经系统都有很强的锻炼效果。

（2）混合运动 篮球、足球、排球、小场地球类比赛、中等强度以上周期性运动项目等，这些活动可有效地提高身体各器官、系统、功能的水平。

（3）力量训练 俯卧撑、蹲起、仰卧起坐、健身房器械练习、家庭小器械力量练习，这些活动对身体骨骼肌肉都有很好的作用，建议在健身教练的指导下进行。

（4）伸展运动 各种健身体操、瑜伽、民族传统项目等等，这些活动可提高关节的灵活性、韧带的柔韧性，一般比较适合女性。

此外，建议成年人可以在睡前进行散步、做操等运动量较小的项目，每次不超过20min，以不感觉疲劳为宜。睡前运动既可使协助呼吸的胸膈肌、肋骨等活动自如，从而增强呼吸功能，也可促进各系统的新陈代谢，同时还可提高机体恢复的效率。

（三）成年人运动健身的注意事项

（1）树立运动健身乃日常生活一部分的新理念，就像吃饭、睡觉一样重要，克服"没时间，等有时间再练"的思想。

（2）切勿急躁，运动需要循序渐进、逐渐适应，慢慢养成习惯，并非一日之功，需要伴随终身。

（3）因人、因时、因地、因项目而制宜，运动量、强度要适当，一定要有运动健身处方，最好有私人健身教练。

（4）非健康、正常身体状态下勿运动，疾病、过劳、过饱、过饿、过急都不适宜运动。

（5）充分做好健身之前的准备活动和之后的放松活动。

（6）尽可能实施运动健身的科学监测，为拥有自己充满个性的运动方案提供保证，体现现代生活和运动文明。

第五节　老年人的运动生理学特点

一、衰老的概念及老年人的划分标准

衰老是指人体随着年龄的增长，形态结构和生理功能出现的一系列退行性变化。衰老是保持内环境稳定的这类调节能力降低，使得生存概率下降的现象。老年人的生理调控机制变差，反应时变慢，抵抗疾病的能力变弱，工作能力下降，工作后恢复时间延长，身体结构的弹性变差。人类的衰老变化是循序渐进的，它受到先天遗传因素和后天环境因素等多方面的影响。每个老年人的个体差异很大，机体不同的器官其衰老的速度也不同。一个人的年龄或衰老程度主要受实际年龄、生理年龄、心理年龄等多方面的影响。实际年龄是一种不以人类意志为转移的客观现象。生理年龄、心理年龄会受到人体组织结构、生理功能、心理状态等因素的影响。因此，不能划定一个年龄作为所有器官衰老的起点。一般来说，现规定 60 岁以上为老年人。最近，世界卫生组织对老年人的划分提出新的标准（表 13－9）。

表 13－9　世界卫生组织提出的老年人划分标准

年龄（岁）	称呼
60 ~ 74	年轻的老年人
75 以上	老年人
90 以上	长寿老人

二、衰老的机制

60 岁以上的老年人，各器官的功能能力明显降低。各国学者对衰老的机制提出各种假说，主要的新学说有以下几种。

（1）"自由基学说"　认为随着年龄的变化，其代谢过程产生一些自由基，与体内某些成分（如蛋白质、脂肪）发生反应，生成脂质等过氧化物，对机体产生损害作用，导致衰老。

（2）"交联学说"　认为机体中的核酸、蛋白质等大分子可以通过共价键联结成难以分解的聚合物，不能在体内发挥正常的功能，且对细胞产生严重损伤，引起组织理化性质改变、酶活性降低、蛋白质合成障碍、废物积累等，最终导致细胞衰老。

（3）"遗传程序学说"　认为衰老过程是由人体生物钟所预设的，都是通过遗传因素按各自的程序预先已作好安排，按时由特定的遗传信息激活一些组织产生特异性的退行性变化，最终导致衰老死亡。

（4）"免疫学说"　认为衰老是自身免疫现象对机体自身组织破坏的结果。随着年龄的增长，正常免疫功能降低，免疫系统失控，不再起保护作用，对疾病的抵抗力下降。如随着衰老，自身免疫疾病发生率增加，且女子的发病率是男子的 2 倍，因而女子的衰老比男子快。

（5）"内分泌功能减退学说"　认为老年人体内激素分泌减少对体内各种物质代谢

及某些疾病的发生产生一定的影响，是引起衰老的一个重要因素。如妇女绝经期分泌雌激素减少，会引起骨质疏松症。

（6）"突变学说" 认为细胞受有害因素影响（如辐射、化学损害、脱氧核糖核酸自发水解），使控制基因发生突变，细胞不能正常工作，导致各器官系统失调而致衰老。

最近又提出"遗传基因理论"，认为人的生老病死归根结底都与基因和染色体相关，人类衰老主要是由于人体的"保养"及"修补"系统有缺陷，而这些系统最终由基因所控制，因此，通过改造或"关闭"某些基因，便可控制人类的衰老过程。

三、老年人的生理特点及体育锻炼对老年人的影响

（一）神经系统

随着年龄的增加，神经系统生理功能也发生许多变化，包括感受器的退化、中枢信息处理的改变、平衡的丧失和精神运动性工作能力的减退。表现在视力、听力下降，记忆力减退，对刺激反应迟钝，容易疲劳，难恢复。

中枢机制发生改变的主要原因是大量神经细胞萎缩和丧失。脊髓运动神经元数目减少37%，神经传导速度减慢10%。因而使神经肌肉活动能力受影响，表现为单纯反应时和复杂反应时变慢，运动时延长。65岁的老年人反应时比20岁年轻人延长了50%。老年人由于脑干和小脑中细胞的丧失，中枢肾上腺素能系统发生退行性变化，神经系统内的去甲肾上腺素水平渐渐降低，小脑皮质β-肾上腺素能受体密度降低，加上外周本体感受器功能下降，限制了精确地控制身体运动的能力。由于平衡功能和运动协调性减退，容易跌倒。由于脑动脉硬化和椎动脉血流受阻，老年人中有15%~24%的人会出现体位性低血压。

研究表明，老年人经常进行体育锻炼，其反应时较非活动组显著消短。连续20年体育运动的老年男子的动作反应时与20岁无运动的青年男子相似或更快。因此，有规律地进行体育活动，在某种程度上能延缓神经肌肉功能的生物学衰老。

（二）运动系统

1. 肌肉

在衰老过程中，肌肉发生显著的退行性变化。其特征是肌纤维的体积和数量减少，尤其是下肢肌的快肌衰退更明显。伴随着肌肉体积的减小，肌肉力量也减小，因而老人的动作灵活性、协调性及动作速度下降。老年人最大力量的下降为18%~20%，肌肉力量下降的速度与肌肉活动情况有关。经常进行抗阻训练，能促进蛋白质的合成，保持肌肉体积及力量，降低其衰老的速度。如以80%最大肌力进行抗阻练习，屈膝力量和伸膝力量都增加，随着力量的显著增长，Ⅰ型和Ⅱ型肌纤维也明显肥大。老年人运动训练引起的力量变化和年轻人是相似的。老人进行步行或慢跑训练，会使Ⅰ类和Ⅱ$_a$类肌纤维横断面增大，毛细血管和肌纤维比值、毛细血管的数目和密度增加，线粒体、琥珀酸脱氢酶活性等增加了24%~55%。老年人在生理、结构及运动能力上具有很大的可塑性。经常进行高强度训练能取得迅速的效果。在60岁的人群中训练引起力量增长率为1.9%~72.0%。

2. 关节

随着年龄增长，关节的稳定性和活动性逐渐变差。衰老常伴有胶原纤维降解，关节软骨厚度减小及钙化、弹性丧失，滑膜面纤维化、关节面退化。骨关节的变性会使关节僵硬，活动范围受限制。老人的骨关节炎是衰老的结果还是反复损伤（引起病理性）的结果尚不清楚。体育锻炼可增加肌肉力量，防止肌肉萎缩的退行性变化，保持关节韧带的韧性和关节的灵活性，使老年人的动作保持一定的幅度和协调性。

3. 骨骼

骨质疏松（OP）是老年人面临的一个严重问题。尤其是绝经后的妇女更普遍，极易发生骨折。绝经后的妇女至少有1/4人发生骨质疏松，70岁以后其中40%发生骨折。骨质疏松症是一个渐进的失调过程，女子约从30岁开始骨中矿物质逐渐丢失，而男子约从50岁才开始。60岁以上的老年人由于骨矿物质的丢失及多孔疏松，会导致骨质量减少30%~50%。随着年龄增长，骨质疏松引起骨密度和抗张强度下降，使骨折发病率也随之升高。脊柱、髋骨、腕部是骨折的易发部位，而髋部骨折在老年人尤为多见。有报道，在美国有12%~20%的股骨骨折病人1年内死亡。

运动能有效地防止和治疗骨质疏松症。坚持经常负重运动不仅能阻止骨质的丢失，而且还能增加骨矿含量（bone mineral content，BMC），增加骨矿密度（bone mineral density，BMD），预防骨质疏松症的发生。此外，还可以达到矫正变形、改善关节功能、增加柔韧性、增强肌力和耐力、保证肌肉和运动器官的协调性、防止摔跤，从而减少骨质疏松、骨折的危险因素。但是，单纯运动还不能完全代替雌激素治疗绝经期妇女骨质疏松症。Kohrt 报道，激素替代疗法（hormone – replacemen therapy，HRT）加运动对于增加总体 BMD 比单纯 HRT 更有效，尤其是在增加腰椎部、髋部大转子的BMD，且能减少脂肪积累。研究也表明，在运动的基础上，适量增加 Ca^{2+} 的投入，再加上激素的调节，三者联合应用，可通过各自的途径发挥互补作用。健骨运动配合钙剂补充可抑制骨吸收，对绝经期女性骨量的维持起主要作用。研究认为，绝经前期的妇女每天需补钙 1000mg，绝经后妇女每天需补钙 1500mg。

运动时骨密度的增加受重力负荷、骨骼局部应力负荷及重复运动等因素的影响。负重运动能增加负重骨的骨量，使骨骼变得粗壮，没有负荷应激时则骨质变弱。即使是80岁老人，坚持每日步行1英里能有效地减少骨质丢失，预防骨质疏松症的发生。而在失重状态下工作的宇航员，骨矿含量明显低于正常人群。非负重运动（如游泳、自行车运动）与负重项目（如跑步、举重）相比，对负重骨的影响则较少。骨骼局部应力负荷与骨量关系最为密切。骨骼承担的压力负荷越大，能够增强成骨细胞活性，使骨生成增强。专业网球运动员运动侧前臂的桡骨骨矿含量较对侧高30%以上。另外，机械压力负荷重复作用于某一骨骼的运动，也能增加该骨的骨密度。如长跑者跑步时下肢所承受的重复压力负荷很大，所以下肢骨和肌肉均较一般人粗壮有力。长期坚持游泳能延缓绝经后妇女骨量丢失，减慢骨质疏松症的发展。游泳运动坚持时间越长，骨质增加效果越好。

（三）呼吸系统

衰老伴随着呼吸系统的结构和功能变化有：肺泡壁变薄、肺泡增大、肺毛细血管数目减少，使肺泡扩散的有效面积减小。肺弹性组织的下降和呼吸肌无力导致肺残气量增加和肺活量的下降，因而在剧烈运动时，只能通过增加呼吸频率来提高肺通气量，而不是依靠呼吸深度的增加。

静态和动态的肺功能指标随着年龄的增长而衰退。肺活量、最大通气量、时间肺活量等功能指标呈现进行性下降。实验表明，老年男、女的 1s 用力呼气量分别以每年大约 32ml 和 25ml 的速度下降。老年男性第一秒肺活量从正常的 82% 下降到 75% 左右，女子则从 86% 下降至略少于 80%。虽然随衰老的产生使呼吸系统功能下降，但 65 岁的健康老人仍具有相当程度的肺通气贮备。

最大摄氧量（VO_2max）约在 20 多岁开始以每年 0.4～0.5ml/kg 速率递减，到 65 岁时下降近 30%～40%。这是因为最大心率、每搏输出量和动静脉氧差都下降。因此衰老使氧运输和氧摄取的能力都下降。坚持体育活动，体成分又保持不变的话，VO_2max 递减率为 0.25ml/kg。过于肥胖或活动少的人将会加快这个递减率。无训练者的 VO_2max 递减率是有训练者的 2 倍。而年轻人经运动训练后最大摄氧量一般增加 10%～30%。

有氧训练可使老年人的肺功能能力提高，使最大通气量增加，其增长速度与心输出量平衡。坚持体育锻炼能抑制肺功能下降。

（四）循环系统

随着年龄的增加，受氧运输系统的中枢机制和外周机制功能下降的影响，心血管系统各方面也都受到影响。

1. 心率

随着年龄增长，静息时心率的变化很小，而最大心率却下降。25 岁的青年最大心率（220－年龄）为 195 次/min，而 65 岁老人则下降到 155～160 次/min。老年人最大心率下降的原因可能是由于肾上腺髓质交感神经活动减弱，传至窦房结的冲动减少所致。

2. 心输出量

一般来说，老年人的心脏容积仍保持不变，但静息时的每搏输出量减少，在力竭性工作时，老年人的每搏输出量比青年人小 10%～20%。这反映了伴随衰老的产生左室舒缩功能减弱、心肌收缩力下降。由于最大心率的降低和每搏输出量的减少，心输出量也随年龄的增长而降低。65 岁老人的最大心输出量为 17～20L/min，约比 25 岁青年人低 30%～40%。

大血管和心脏弹性随年老而减低。血管硬化增加了血流的外周阻力，增大了心脏的后负荷，使心肌的耗氧量增加。冠状动脉粥样硬化会引起心脏缺氧。外周阻力较高也使安静时和最大运动时的收缩压升高，但舒张压变化甚小。由于老年人心血管系统的生理功能明显减退，所以在剧烈运动时，老年人的心率和血压会急剧增加，成为心血管意外的重要诱因之一。

3. 动静脉氧差

最大动静脉氧差随年龄而趋向减少，65 岁老人的动静脉氧差仍可达 140～150ml/L。其减少的原因可能与体能水平下降、动脉氧饱和度下降、肌红蛋白的含量减少、外周血流分配不足、组织中氧化酶系统的活性减弱等因素有关。随着年老，组织毛细血管数量下降及肌纤维萎缩，使毛细血管数量与肌纤维比值减小、酶活性下降，所以氧利用率下降。

目前研究认为，缺乏体育活动与衰老本身都能导致老年人心血管功能下降，适宜的有氧运动能改善心血管功能。耐力训练可使老人的心脏舒缩功能及有氧能力提高。进行耐力训练后，老年男女的最大摄氧量分别增加了 19% 和 22%，增加程度与年轻人相似。这种增加存在着明显性别差异，男性是由于搏出量增加 15% 及动静脉氧差增加 7% 所致；而女性有氧能力的增加是通过训练肌肉引起外周适应机制引起的。Hepple 报道，健康老人分别参加 9 个月高强度下肢抗阻训练和有氧训练及 18 周无氧阈（anaerobic threshold，AT）训练，都能提高最大摄氧量水平，组织活检可见每个肌细胞的毛细血管数量增加，AT 训练后毛细血管密度也增加，毛细血供变化与最大摄氧量显著相关。但也有些研究认为，60 岁以上老年人进行耐力训练不能增加最大摄氧量水平，提示老年人丧失了对耐力训练的适应能力。

总而言之，运动对老年人来说受益最大的器官是心肺功能系统。老年人经常练太极拳、长期散步锻炼能使静息心率减慢、动脉血压降低，每搏输出量、心输出量增加，心电图 ST 段异常发生率降低。

4. 血压

随着年龄的增长，高血压患病率逐渐增加。60 岁以上的老年人中 40% ~45% 有高血压，其中一半是单纯收缩期高血压。老年人高血压中，除一部分是从老年前期的舒张期高血压演变而来，大部分是由于大动脉血管内膜中层变厚，胶原、弹性蛋白、脂质和钙含量增加导致血管的弹性减退，顺应性下降而产生。这些改变，使收缩期射血时由于动脉扩张性降低，收缩压可以增高。舒张期又不能保持血管腔内压力，故舒张期可以减低，脉压增大。老年人中，小动脉壁可发生透明样变，逐渐引起血管阻力增大，而心排血量正常或降低。

大量研究表明适宜的运动有助于高血压的治疗。运动疗法可以使血压稳定或下降，通过适宜的运动，可以使患者的静息血压降低 10 ~25mmHg，运动时血压和心率增加幅度减小。同时运动可增加药物降压的疗效，使用药剂量减小。运动引起血压降低可能主要与以下作用有关：运动能提高 HDL、降低 LDL，减轻动脉粥样硬化；作用于大脑皮层和皮层下血管运动中枢，使血压下降；调节自主神经功能，降低交感神经兴奋性，提高迷走神经兴奋性，缓解小动脉痉挛；改善情绪，减少血压波动幅度等。

（五）血液流变学

随着年龄的增长，机体组织发生了不同程度的老化和衰退，导致老年人血液出现浓、黏、聚、凝的状态，临床上称之为高黏滞血症（hyperviscosity – syndrome，HVS）。HVS 可使微循环的血管形态、血液流变发生异常，直接影响到组织器官的生理功能。

血液的黏稠度主要取决于红细胞的比容、血浆黏度与红细胞的变形能力。随年龄增长老年人的纤维蛋白原增加，而纤溶能力下降，使血浆黏度增加；机体造血功能下降会使血液中年轻的红细胞数量减少，衰老红细胞数量增加；过氧化脂质在体内不断积聚以及血管的硬化等因素都引起血液黏度升高。红细胞变形能力是影响血黏度和血流阻力的重要因素。随着衰老过程，红细胞膜弹性下降、血沉增加，导致变形能力下降。血液黏度的升高和红细胞的变形能力下降，使血液的流变性降低，循环阻力增加，心脏负担加重。因此，心输出量、有氧能力及清除代谢产物等功能都将减弱，成为诱发心血管疾病的主要因素。

研究表明，长期运动锻炼使纤溶能力增强，对于增强血液的流动性，降低血黏度有重要作用。长期进行冬泳、门球、太极拳、长跑、散步和舞蹈等锻炼均可引起老年人血液流变学指标的良性影响，其中包括了红细胞变形能力的增强，这对改善老人高黏滞血症及预防心血管疾病有一定的意义。

（六）免疫功能

随着年龄的增长，免疫能力显著降低，免疫系统许多部分都受到影响。表现在免疫细胞数量的减少和活性的下降、T 细胞增殖反应、白细胞介素 -2（IL -2）水平、受体表达、信号传送及细胞毒作用等下降。其中 T 细胞功能受影响更明显，功能性 T 细胞数量下降及 T 细胞亚群比值发生了改变。60 岁以上的老年人外周血中 T 淋巴细胞的数量可降至青年时期的 70% 左右。这是由于胸腺随着年龄的增长发生退化所引起的。

IL -2 对辅助性 T 细胞（$CD4^+$）、细胞毒性 T 细胞（$CD8^+$）及抑制细胞的增殖、分化有重要作用。衰老过程使 IL -2 受体的数量、亲和力、表达等下降。IL -2 的减少使 T 细胞信号传送减少，钙调节障碍。由于免疫功能衰退，导致机体抗病毒感染防御系统下降。

运动可引起机体免疫系统功能变化，其变化的趋势因运动强度、方式、个体健康和训练水平而有所差异。有学者研究表明，一次剧烈运动可抑制免疫功能，辅助性 T 细胞与抑制性 T 细胞比值（$CD4^+/CD8^+$）下降，NK 细胞的百分比及活性升高，使淋巴细胞转化降低和 NK 细胞减少。耐力运动后无论安静或运动时，免疫功能均发生适应性变化。

人的 B 淋巴细胞不随年龄增长而出现明显变化，但其功能有改变，如抗菌、抗病毒等特异性抗体效价老年人较青年人低，而且抗体效价下降较快。

长期规律性地健身锻炼可引起老年人 NK 细胞良性变化。坚持冬泳、慢跑、太极拳、网球锻炼会对老年人 NK 细胞活性及数量产生良好影响。坚持海水冬泳的老人 $CD4^+$ 升高幅度要大于 $CD8^+$，故 $CD4^+/CD8^+$ 细胞比值增高，提示免疫功能增强。

（七）抗氧化能力

近年来，人的衰老学说中提出了自由基学说。自由基在人机体衰老过程中对细胞的结构起了很大的破坏和加速作用。通常认为，过氧化脂质（LPO）含量表示自由基损伤的程度，而超氧化物歧化酶（SOD）活性反映身体内自由基清除系统的功能状况。人体各组织中的 LPO 随年龄增长而升高，而细胞内的 SOD 随年龄增长而逐渐下降。

研究证明，长期健身运动均能不同程度地提高老年人抗氧化系统的功能状况。健身跑可阻止血清 LPO 的升高及减慢中老年人体内 SOD 的下降，使机体自由基清除系统中的酶活性维持在较高的功能状态。

（八）体成分和体重

随年龄增长，身体成分和身高有显著的变化（表 13 -10）。40 岁左右身高开始下降，60 岁时身高下降了 6cm。60 ~ 80 岁间加快，每 10 年降低 2cm。有人认为，多年从事负重工作的人身高下降速度较快。身高随年龄而降低是因为脊柱后凸（驼背）、椎间盘压缩、椎骨退化造成的。脊柱后凸程度增大，严重的会影响呼吸。人的体重通常在 25 ~ 50 岁之间处于上升阶段，其后开始逐步下降。体重增加伴有体脂增加和去脂体重下降。男女老年人的体脂平均值一般分别约为 26%（男青年为 15%）和 38%（女青年为 25%）。研究也表明，受过训练的男运动员体脂数值较小，在 60~89 岁的体脂只有 14%。

表 13-10　男子的功能能力和身体成分的变化

指标	年龄（岁）	
	20	60
最大摄氧量 [ml/（kg·min）]	39	29
最大心率（次/min）	194	162
安静时心率（次/min）	63	62
最大每搏输出量（ml）	115	100
最大动静脉氧差（ml/min）	150	140
最大心输出量（L/min）	22	16
安静时收缩压（mmHg）	121	131
安静时舒张压（mmHg）	80	81
肺总容量（L）	6.7	6.5
潮气量（L）	5.1	4.4
肺余气量（L）	1.5	2.0
脂肪百分比（%）	20.1	22.3

老年人的瘦体重较年轻人少，初期老年男性的瘦体重为 47~53kg（青年男子为 56~59kg），女性为 31~41kg（青年女子为 38~42kg）。身体活动能力随着年龄增长而逐渐下降，因而使瘦体重减少，体脂增加，这种体成分的改变将增加老年人发病率及生理功能减退。

有规律地进行运动可使老人消耗更多的食物和热量。研究表明，有氧运动对减少体脂重有效（减 0.4~3.2kg），而对去脂体重的影响甚微；抗阻运动这类以发展肌力为主的无氧运动对减少体脂重（减 0.9~2.7kg）和增加瘦体重（增加 1.1~2.1kg）均有很好的疗效。传统理论认为，这类有氧运动是通过增加老年人能量的日消耗量和降低脂肪重量。有氧运动对脂肪的影响是通过调整能量摄入量大小而不是能量消耗的改变。Cambell 报道，老年人抗阻运动后，去脂体重增加主要是由于体液的改变造成的。去脂体重中的矿物质、蛋白质和肝糖原绝对数量非常少，这些体液的改变部分原因可能是由于抗阻运动中骨骼肌质量增加所引起的。

综上所述，老年人进行有氧运动和抗阻运动对减少脂肪重量均有较好的效果，对增加去脂体重有很好的疗效。如老年妇女坚持迪斯科健身舞这类有氧运动会使体脂百分比明显降低，体重接近理想数值。

（九）血脂代谢

血液中脂质水平增高称为高脂血症，是造成动脉粥样硬化的危险因素。动脉粥样硬化是与衰老相伴随的一种不可避免的现象。衰老导致胆固醇的百分数增多和磷脂的百分数减少。胆固醇（TC）、三酰甘油（TG）及载脂蛋白与 CHD 密切相关。高密度胆固醇（HDL-C）具有促进外周组织胆固醇消除的作用，它的上升有助于减少动脉粥样硬化造成的风险，而低密度胆固醇（LDL－C）和血清总胆固醇水平的增高都可增加动脉粥样硬化风险。

LDL－C 和总胆固醇的作用是将全身脂肪转向细胞，包括血管内皮细胞。当LDL－C被氧化时，容易形成动脉血块及脂肪斑块而致动脉粥样硬化。因此，防止 LDL－C 的氧化可以有效地防止动脉粥样硬化的形成过程。维生素 C、维生素 E 及 β 胡萝卜素能够阻止LDL－C 的氧化。

国内外对运动能否降低 TC、TG 浓度的观察结果尚不一致。Morris 报道，运动对 LDL－C 的降低作用不大，但能显著增高 HDL－C 的水平，可加快血中三酰甘油的消除。经常进行耐力训练可使 HDL－C 接近正常人水平。而抗阻练习对血中 TC、TG 以及脂蛋白的水平影响不大。用 60%～80% HR$_{max}$ 中等强度的有氧训练能明显而有效地改善脂蛋白和载脂蛋白的代谢。长期坚持健身跑、太极拳、太极剑、步行、迪斯科健身舞锻炼这类有氧运动可有效提高 HDL－C 水平，降低血清 TG、LDL－C、总胆固醇及载脂蛋白水平。

摄入低胆固醇的食物（如大豆蛋白）能改善血胆固醇状况，而适量饮酒能增加 HDL－C 水平。葡萄酒中某些成分可以抑制 LDL－C 的氧化，从而抑制脂斑的形成，降低正常人的心脏病风险。

衰老对细胞功能和系统调节两方面都有影响。30 岁以后大多数生理功能以每年 0.75%～1.00% 的速率下降。身体能力下降的特征有：最大摄氧量、最大心输出量、肌肉力量、神经功能、抗氧化能力、免疫能力、血液流变性等降低，骨质疏松及体脂增多等。运动训练可减慢退行性变化，提高身体能力、工作能力和生活质量。

四、老年人健身锻炼项目及应遵守的原则

（一）老年人适宜的锻炼项目

老年人适合耐力性项目，而不宜进行速度性项目。在耐力锻炼项目中最常采用的有：散步、健身走、慢跑、游泳、自行车、登山、跳健身舞等。还可通过打网球、门球、高尔夫球等这类有氧运动增强体质。传统体育项目中，可选择气功、太极拳、太极剑等。自然锻炼法（如日光浴、空气浴和冷水浴等）和医疗体育锻炼都可增进老年人的身心健康。应禁止竞争性或使血压起伏较大的运动，如倒立、拔河、头部低于心脏或屏息的运动等。

近二十年来，研究认为老年人应进行力量性锻炼，以解决老年人肌力的减退，才能取得锻炼的效果。

（二）老年人体育锻炼应遵守的原则

进行体育锻炼要想达到健身祛病、防病抗衰、延年益寿的目的，就必须讲究科学的锻炼方法。老年人进行健身锻炼时，必须遵守以下原则。

1. 循序渐进原则

开始运动时运动量要小，适应后再逐步增加和达到适宜的运动量。

老年人运动时，运动量不宜过大，可用运动即刻脉率变化和恢复时间来控制运动量。一般以靶心率不超过最大心率的 70% 为宜。年龄在 50 岁以上者的适宜运动量可用 170－年龄这个公式来掌握。另外，运动后 5～10min 内脉率恢复到安静时水平较为合适。

2. 经常性原则

锻炼要系统地进行、持之以恒。在掌握运动量的基础上，应每天坚持锻炼。每周锻炼不应少于3次，每次锻炼30min左右即可。只有这样的锻炼才可使身体结构和功能发生有利的变化，增强体质。

3. 个别对待原则

老年人在锻炼前应做一次全面的身体检查，通过检查可了解自己的健康状况，各脏器的功能水平，做到心中有数。要根据老年人的年龄、性别、体力特点、健康状况、运动基础及运动习惯来选择最适宜的运动项目，并制定合理的锻炼计划。运动耐量试验（exercise tolerance testing，ETT）可提供客观依据，以根据个体情况确定适宜的运动强度和时间。

活动时要注意适当安排短暂休息，运动前后要认真做好准备活动和整理活动。老年人锻炼时气氛应轻松愉快和活跃。应尽量避免做憋气的动作和参加精神过于紧张的比赛活动。

4. 自我监督原则

老年人参加体育锻炼要加强医务监督。要学会观察、记录自己的脉率、血压及健康状况，以便进行自我监督。防止过度疲劳，避免发生运动损伤，提高锻炼效果和健康水平。

第六节 女性的运动生理学特点

一、女性的生理学特点

女子的生理功能及运动能力与男子相比具有明显特点，女子在参加健身运动或运动训练时，一定要充分注意到其各方面功能能力的特点。女性是一个特殊的群体，其体质潜能及其运动能力，已经通过许多过去只有男子才能参加的运动项目，如马拉松跑等，得以充分证明。

女性的性腺为卵巢，卵巢的功能是产生卵子和分泌雌性激素。女性约在13~15岁进入青春期，卵巢开始成熟进入生育期。生育期持续30~35年后，卵巢开始萎缩，功能渐渐衰退进入更年期；卵巢完全萎缩就进入绝经期。

卵巢除分泌两种主要类固醇激素雌激素和孕激素外，雌激素主要为雌二醇（estradiol，E_2）；孕激素主要为孕酮（progesterone，P）。还分泌少量雄激素。

（一）雌激素的生理作用

（1）对生殖器官的作用 ①促进优势卵泡的形成，通过对下丘脑的正反馈作用，间接促进排卵。②促进卵巢、输卵管、子宫、阴道等附属性器官发育成熟，尤其使子宫内膜产生增生期的变化。③刺激阴道上皮细胞分化，增强阴道抵抗细菌的能力。④促进输卵管的蠕动，以利于受精卵向子宫内运行。⑤加强子宫平滑肌对催产素的敏感性。

（2）对乳腺和副性征的影响 雌激素具有刺激并维持乳房发育、促使骨盆宽大、臀部肥厚、音调高、脂肪丰满和毛发分布等女性特征的作用。它还有维持性欲等功能。

（3）对代谢的作用 雌激素对代谢的作用较广泛。如：①促进成骨细胞的活动，抑制破骨细胞的活动，加速骨的生长。②促进蛋白质的合成。③促进肾小管对水和钠的重吸收。④降低血浆胆固醇与 β 脂蛋白含量等。

（二）孕激素的生理作用

（1）对子宫的作用　使子宫内膜细胞体积进一步增大，糖原含量增加，分泌腺分泌含糖原的黏液进入分泌期，以利于受精卵的着床。孕酮还可降低子宫肌的兴奋性和对催产素的敏感性，使子宫安静，故有安胎作用。

（2）对乳腺的作用　孕激素能促使乳腺腺泡进一步发育成熟，为怀孕后分泌乳汁做好准备。

（3）产热作用　女性体温随月经周期而变动。在清晨、空腹、静卧时测量体温（基础体温）发现排卵后升高 1℃ 左右，在整个黄体期一直维持此水平。由于在排卵前体温较低，排卵后升高，故可将这一基础体温改变作为判定排卵日期的标志之一。排卵后体温升高的原因可能与孕激素的代谢产物有关。

二、月经周期及其运动能力的变化

月经周期是女性特有的生理现象，表现为卵泡的生长发育、排卵与黄体形成，周而复始。同时，在激素的影响下，子宫内膜发生周期性剥落，产生流血现象，称为月经（menstruation）。故女性生殖周期称为月经周期（menstrual cycle）。

（一）月经周期的时相划分

卵巢及子宫的周期性变化，受制于下丘脑－垂体－卵巢轴的调控。卵巢的周期性变化是月经周期形成的基础，可以分为卵泡期（follicular phase）、排卵期（ovulation phase）、黄体期（luteal phase）、经前期（premenstrual phase）、月经期（menstrual phase）。

1. 卵泡期

卵泡由原始状态经初级、次级卵泡发育为成熟卵泡的过程。从初级卵泡阶段开始，卵泡接受垂体促性腺激素的调控，促使其发育成熟。同时，子宫内膜亦产生相应变化，主要表现为内膜增厚、腺体增多变长，称为增生期。

2. 排卵期

成熟卵泡在垂体 LH 作用下发生破裂并排出卵细胞的过程。人类每个月经周期初有 15～20 个原始卵泡同时开始发育，但通常只有一个卵泡发育成熟并排卵（ovulation）。

3. 黄体期

排卵后，残余的卵泡壁内陷、大量新血管长入，形成一个黄色的内分泌腺细胞团，称黄体（corpus luteum）。黄体细胞在黄体生成素（luteinizing hormone，LH）作用下，大量分泌孕激素和雌激素。同时，子宫内膜细胞体积增大，糖原含量增加，称为分泌期。分泌期的子宫内膜为妊娠做好准备。

4. 经前期

排出的卵子若不受孕，黄体则发生退化。许多女性此期内可出现一系列症状，如烦躁、易怒、失眠、头痛、水肿等，称为经前期紧张症候群。

5. 月经期

黄体退化，血中雌、孕激素浓度明显下降，子宫内膜血管发生痉挛性收缩，继而出现子宫内膜脱落与流血。

（二）反馈调节

在卵泡开始发育时，血中雌激素及孕激素浓度处于较低水平，对卵泡刺激素（follicle stimalating hormone，FSH）和 LH 分泌的反馈抑制作用较弱，血中 FSH 表现逐渐增高的趋势，随后 LH 亦有所增加。随着卵泡渐趋成熟，雌激素的分泌逐渐增加，约于排卵前 1 周，卵泡分泌的雌激素明显增多，血中浓度迅速升高。与此同时，血中 FSH 水平由于雌激素及卵泡抑制素的抑制作用，水平有所下降。于排卵前一天，血中雌激素浓度达到最大，形成第一个高峰。在其作用下，下丘脑增强促性腺激素释放激素（gonadotropin - releasing hormone，GnRH）分泌，进而刺激腺垂体 LH 与 FSH 的分泌，特别是 LH 的分泌，形成 LH 高峰，雌激素这种促进 LH 大量分泌的作用称为雌激素的正反馈效应。LH 峰值出现后导致排卵的发生。

在黄体期，大约在排卵后 7 ~ 8 天黄体成熟时，血中雌激素形成第二个高峰，但较第一个高峰的峰均值为低。同时，孕激素分泌量达到最高峰。孕激素及雌激素浓度的增加，将使下丘脑与腺垂体受到抑制，GnRH 释放减少，FSH 与 LH 在血中浓度相应下降。至黄体退化时，雌激素、孕激素分泌减少，使腺垂体 FSH 与 LH 的分泌又开始增加，重复另一个周期（图 13 - 1）。

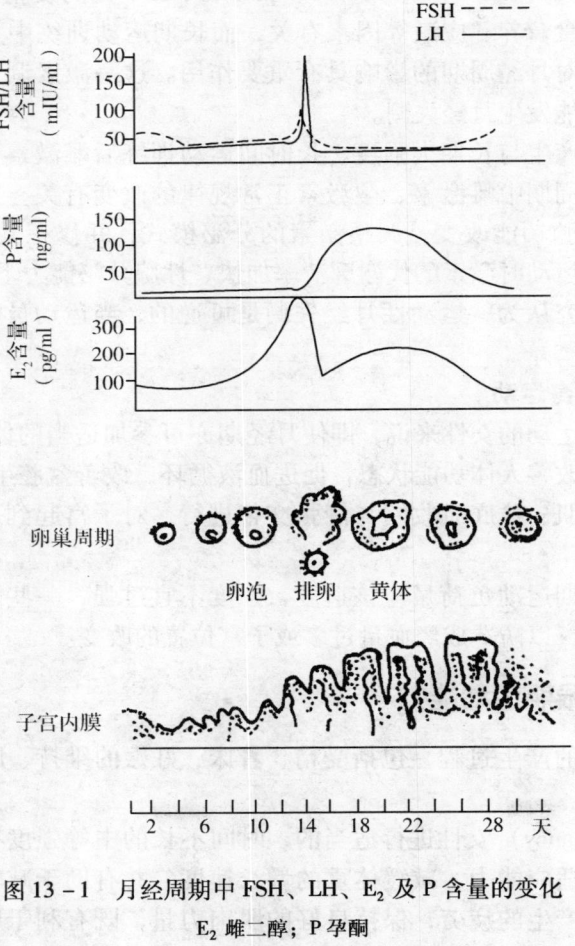

图 13 - 1　月经周期中 FSH、LH、E₂ 及 P 含量的变化

E₂ 雌二醇；P 孕酮

（三）女子的运动能力随月经周期的变化。

女子的有氧运动能力及整体体能以黄体期为最强，卵泡期及排卵期其次，经前期及月经期最弱。大强度、长时间的剧烈运动较易引起运动员的月经失调，但运动性月经失调大多是可逆的。

1. 不同时相中运动能力的变化

月经周期中由于女性激素水平的规律性波动，导致机体的运动能力发生相应变化。研究表明，在月经周期不同时相中，人体运动能力的变化具有明显的个体差异。人体有氧运动能力及整体体能以黄体期为最强，卵泡期及排卵期其次，经前期及月经期最弱。因此，在女运动员的训练和竞赛安排中，应充分注意女子体能与月经周期的关系，根据各时相体能的变化规律合理安排训练负荷量，大负荷训练应与体能的高峰时期相吻合，以使负荷作用达到最佳状态，从而提高训练效果和比赛成绩。

2. 运动性月经失调

大多数运动项目对女性的月经周期没有影响，但大强度、长时间的剧烈运动则易引起运动员月经失调，表现为周期延长、周期缩短、月经过多、月经过少、甚至闭经。例如，长跑运动员约有20%发生长期闭经或月经过少，我国女运动员中闭经的发病率为17%。

运动性月经失调（athletic menstrual irregularity，AMI）的发生与运动负荷、体脂厚度、运动项目、饮食营养、应激等因素有关，而长期运动训练中下丘脑－腺垂体－卵巢轴的功能状态，对月经周期的影响具有重要作用。这一激素调节途径的任何一个环节出现障碍，均可能发生月经失调。

运动性闭经的产生与长期大强度、长时间运动训练后雌激素、孕激素水平下降有关，亦与一个月经周期中雌激素、孕激素正常规律的改变有关。这种变化的原因一方面可能是由于下丘脑功能改变，调整激素的分泌模式，并修正其对运动应激的反应；另一方面，可能与运动时激素的代谢廓清率加快、性腺分泌能力下降有关。

目前大多数研究认为，运动性月经失调是可逆的，当运动员停止训练后，月经周期将恢复正常。

3. 月经期与健身运动

对于参加健身运动的女性来说，即使月经期亦可参加适当的体育活动。这是因为，适度的体育活动能改善人体功能状态，促进血液循环，改善盆腔生殖器官的血液供应，并可通过运动时腹肌、盆底肌收缩与舒张交替进行，对子宫起到一定的按摩作用，促进经血排出。

一般认为，经期运动负荷量应该适度，强度不宜过强，一些跳跃、速度、腹压增大的练习应该避免，以防造成经血量过多或子宫位置的改变。

三、女性妊娠期运动能力

妊娠是新个体的产生过程，包括受精、着床、妊娠的维持、胎儿的生长及分娩等过程。

妊娠期（pregnancy）女性进行适当的、时间不长的中等强度有氧运动，可以增强机体各器官系统的适应能力，减缓体重的增长速度，并有助于减轻下肢水肿，减轻机体由于负担加重所产生的疲劳，保持良好的肌肉力量，既有利于胎儿的生长发育，亦有利于分娩过程。

美国的一项调查表明，195 名孕妇中，90% 的人在孕期的前 7 个月内仍参加运动，均未产生不良反应。对平时无运动习惯的孕妇，应鼓励参加舒缓轻柔的运动，如行走、柔软体操、健身跑、骑自行车等，以提高机体和心理的适应能力。但是，随着妊娠月份的增加，身体重心下降，运动能力受到影响。在整个妊娠期进行同样强度的运动，孕妇的耗氧量、心率、肺通气量、呼吸交换率逐渐增加。而且，有氧能力的下降幅度与孕妇体重的增加及适应能力的下降程度呈正比，与子宫体积增大的速度亦呈正比。

动物实验表明，长期运动可使动物幼仔出生体重减轻。随着运动强度和运动时间的增加，豚鼠的出生体重下降（特别是运动时间超过 30min）。但对人类的研究大多报道胎儿出生体重不受母亲孕期运动的影响。因此，对于正常女性或运动员，只要妊娠期内运动对孕妇及胎儿无显著不良反应，均可适度进行运动，但应避免接触性的、对抗性的运动。

四、更年期综合征及体育锻炼

更年期为妇女卵巢功能逐渐消退至完全消失的一个过渡时期。在更年期的过程中月经停止来潮，称绝经，一般发生于 45～55 岁之间。部分妇女在更年期期间可出现一系列性激素减少所致的症状，包括自主神经功能失调的症状，称为更年期综合征。

更年期妇女更要注重加强体育锻炼。劳动可以代替体育锻炼的观点是错误的。劳动与体育锻炼有很大的区别，就劳动对机体而言往往是一种局部负荷，就改善健康而言，其作用远远不及体育锻炼。体育锻炼是全身活动，能改善全身的血液循环，提高心血管功能、呼吸功能，增强肌力，消耗多余的脂肪，减轻体重。此外，锻炼以户外活动为主，在体育锻炼的同时，能够多晒太阳，多呼吸新鲜空气。运动是参与社会活动的媒介，如太极拳、舞蹈、球类项目等，可通过这类运动参与到社会活动中。

更年期妇女参加体育活动，既锻炼了身体，又改善了精神状态，是更年期保健的重要环节。体育锻炼有益于绝经后妇女的骨健康。有氧运动可阻止绝经后骨量丢失，体育锻炼对延缓骨量丢失效应高于骨量提高的效应。每周进行 3～4 次、每次 30～60min 的锻炼可以明显减缓绝经后妇女的骨丢失；中等强度和大强度锻炼者髋部骨密度均显著高于小强度锻炼者；负重锻炼效果最好。

本章小结

人体生长发育是从婴儿、幼儿、少年、青年、壮年直到老年的完整过程。婴幼儿运动能力的发展呈现一定的有序性：首先是从头至脚的方向（即从上至下）依次发展；其次是从躯干运动向四肢运动的方向发展；第三是全身运动能力的发展。儿童少年的生长发育，遗传因素决定机体发育的可能性，环境条件影响着发育的进程。青春发育期是由儿童少年时期过渡到成人的一个迅速发育的阶段，而体育运动可通过调节机体的新陈代谢、神经内分泌系统的作用，对青少年形态发育产生不同程度的影响。

成年期是人的生理机能由旺盛到平衡、由成熟到逐渐衰退的过程。经常参加体育锻炼的成年人，体格健壮、机能良好、适应能力强、反应灵敏、动作敏捷、思维能力强、生命力旺盛，且身体形态、身体机能、内脏器官功能都保持青壮年水平，抵御疾病的能力强。

衰老是人体随着年龄的增长，形态结构和生理功能出现的一系列退行性变化。人类的衰老变化是循序渐进的，它受到先天遗传因素和后天环境因素等多方面的影响。运动可减慢退行性变化，提高身体能力和工作能力，改进生命的质量。

女子的生理机能及运动能力与男子相比明显不同。月经周期中由于女性激素水平的规律性波动，导致机体的运动能力发生相应变化。在月经周期不同时相中，人体运动能力的变化具有明显的个体差异。更年期妇女参加体育活动，既锻炼了身体，又改善了精神状态，是更年期保健的重要环节。

思考与讨论

1. 正确解释生长发育、成熟、生活年龄和发育年龄、青春发育期、青春性高血压。
2. 婴幼儿及学龄前儿童的生理学特点是什么？
3. 如何根据儿童少年生理特点及身体素质发展规律指导体育教学和训练？
4. 如何通过健身锻炼提高中年人生活质量？
5. 体育锻炼对延缓衰老过程有哪些影响？老年人最适宜的运动项目有哪些？
6. 结合女子生理特点分析健身运动及运动训练中应注意的问题。

（孙　飙）

参 考 文 献

[1] 张镜如. 生理学. 第4版. 北京：北京人民卫生出版社，1995.
[2] 孙飙，王梅. 我国成年人体质的年龄变化特点和趋势分析. 体育与科学，2003，24（6）：41~44，74.
[3] 郑陆. 生殖激素及抗生殖激素在运动性月经失调中的作用. 中国运动医学杂志，1997，3：203.
[4] 童坦君，张宗玉. 医学老年学. 第一版. 北京：人民卫生出版社，1995.
[5] 谢泼德. 体力活动与衰老. 陶心铭，译. 北京：人民体育出版社，1987.
[6] 耿德章. 中国老年保健全书. 北京：人民卫生出版社，1999.
[7] 乔奇 A · 布茹克司. 运动生理学. 杨锡让等，译. 北京：北京体育学院出版社，1988.
[8] 叶广俊. 现代儿童少年卫生学. 北京：人民卫生出版社，1999.
[9] 过家兴，延烽. 青少年业余训练. 北京：北京体育大学出版社，1986.
[10] 中国国民体质监测系统课题组，国家体育总局科教司. 中国国民体质监测系统的研究. 北京：北京体育大学出版社，2000.

［11］沈海琴．儿童少年生长发育 12 年追踪研究．北京：北京体育大学出版社，1998.

［12］C Harmon Brown, Jacqueline L Puhl, Robert O Voy. Sport science perspectives for women. Human Kinetics, 1988.

网 站 导 航

1. http：//www. the – aps. org
2. http：//www. genderphysiology. org
3. http：//www. endotext. org/neuroendo/neuroendo 5c /neuroendo 5c. html
4. http：//www. asep. org/general/goals

11. [文献条目，部分遮挡]
12. [Shannon Buout, Jacquart, Polis, Robert Oliver, Sport training periprective von a Dumption]

第十四章 运动处方的生理学基础

1. http://www.the.fpa.org
2. http://www.geothappbykology.org
3. http://www.endocrine.Preappractic Se-Deprivatrich Se-latib
[部分遮挡文字]

教学 目标

通过学习，掌握运动处方的概念和要素，了解运动处方的制定步骤，掌握运动强度的设定，学会为指定的运动者制定合理的运动处方。

相关 概念

运动处方（exercise prescription）：指针对个人的身体状况而制定的科学的、定量化的、周期性锻炼计划。

最大心率（HR_{max}）：最大心率一般是用公式"$HR_{max} = 220 -$ 年龄"来推算。

靶心率（target heart rate，THR）：运动者在健身运动中应达到和保持的心率。

心率储备（HRR）：心率储备由最大心率（HR_{max}）减去安静心率（HR_{rest}）得出。

随着科学技术的发展，生活水平的日益提高，人们的体力活动越来越来越少，于是体育运动越来越受到人们的重视。体育运动无疑对身体健康起到了积极的作用，如增强体质、预防疾病等。但这些积极作用是有前提条件的。由于不同的个体对于同一运动负荷的反应是有差异的，并且同一个体在不同的时期、不同的状态下，对于同一运动负荷的反应也不一样，因此，需要有针对性地制定一个适宜的运动计划来指导体育运动锻炼，即运动处方（exercise prescription）。

运动处方的概念最早是生理学家卡波维奇（Kapovic）在20世纪50年代提出的。20世纪60年代以来，随着康复医学的发展及对冠心病等疾病的康复训练的开展，运动处方开始受到重视。它是指康复医师、体疗师或体育工作者，对病人、从事体育锻炼者或运动员，根据医学检查资料（包括运动试验和体力测验），按其健康、体力以及心血管功能状况，用处方的形式制定个性化的、系统化的方案。运动处方是指针对个人的身体状况而制定的科学的、定量化的、周期性锻炼计划。即根据不同个体的需要，用处方的形式制定适宜的运动类型、强度、时间、频度（间隔）、持续周期等，以最大限度地发挥体育运动的效果，达到预期锻炼的目的。

参加体育运动可以增强身体的运动能力，增强心血管和呼吸系统的功效，减少冠心病的发病率，改善体内新陈代谢功能（如减肥），延缓生理的老化，调节心理状态

（放松压抑，增强自信）等等。根据运动的目的不同，可以将运动处方分为健身运动处方、健美运动处方、竞技运动处方（运动员训练计划）和康复运动处方等。

本章主要以健身运动处方为例来介绍。

第一节　运动处方的基本要素

运动处方的基本要素包括运动目的、运动类型、运动强度、运动时间、运动的时间带、运动频度和注意事项等。其中运动类型、运动强度、运动时间、运动频度是运动处方的四要素。

一、运动目的

个体通过运动想要达到的目标即运动目的。由于个人兴趣和身体状况不同，每个人的目标自然不同。运动的目的有促进生长发育、防治某些疾病、保持健康、延缓衰老、增强体质、丰富业余生活、提高生活质量、调节心理状态、提高竞技水平等等。分类来说：①健身运动处方的目的是提高身体功能、促进健康、预防疾病（高血压、冠心病、糖尿病、肥胖）等。②竞技运动运动处方（运动员训练计划）的目的是提高专项运动成绩。③康复运动处方的目的是恢复身体的功能。

二、运动类型

运动的方式或种类即运动类型。

（一）运动类型的分类

在运动生理学中可以把运动按肌肉的活动特征、动作结构特征、运动供能特点等来分类。

按运动时代谢供能特点分类，可将运动分为无氧供能（无氧供能为主）运动、有氧供能（有氧供能为主）及混合型运动（表 14－1）。

表 14－1　运动类型的分类

有氧运动		无氧运动	混合运动
中等强度	低强度	举重	足球
竞走	远足	拔河	篮球
游泳	慢跑	投掷	手球
超长跑	保健操	短距离跑	橄榄球
自行车	太极拳	力量训练	间歇训练

（二）运动类型的选择

健身运动处方主要包括以下 3 种类型。

第一类：有氧耐力性运动，可以选择的运动类型有步行、慢跑（健身跑）、自行车、游泳、滑雪等。主要改善和提高人体的有氧工作能力，预防运动缺乏病（高血压、肥胖等）。

第二类：伸展性运动，可以选择的运动类型有健美操、舞蹈、武术、瑜伽、各类体操等。

第三类：力量性运动，可以选择的运动类型有负重练习、利用健身器械进行的阻力练习。主要目的是增加力量、健美形体。

健身运动处方运动类型的选择主要以有氧供能为主的有氧耐力性运动，同时可安排强度较低的伸展性运动，在强度起伏不大的情况下变换不同的运动方式，可以增加健身者的兴趣，避免长时间的重复而产生疲劳和厌倦。

应用专栏

> 近年逐渐兴起了一种水中锻炼，即在水中进行练习、游戏和跳舞等方式。水中锻炼适用于各种人群，尤其对于一些病后康复的人更加有利。在水中锻炼时，人体会受到在地上运动时没有的力的作用，比如推力、阻力、浮力等。
>
> 在良好的场地条件下，水中锻炼的优点有：①水可以支持部分体重，因此做某些动作更容易。②水具有吸收冲力的作用，能减少关节承受的压力。③水的散热性远大于空气，在水中运动20min所消耗的热量相当于同样强度在陆地运动一个多小时。④水中活动的受阻感是空气的800倍。如果动作速度相同，完成同样的一组动作，水中与陆地相比至少要多用6倍以上的力量。那么，水中运动将取得事半功倍的效果。

三、运动强度

在周期性的有氧运动中，运动强度取决于速度。在力量性的练习中，运动强度取决于阻力的负荷重量。运动强度是运动处方中决定运动量最主要的因素，也是运动处方科学性的核心问题。因此，合理安排运动强度，不仅关系到运动的效果，还关系到运动者的安全。实践中通过心率、主观用力感觉（ratings of perceived exertion，RPE）、最大摄氧量来设定运动强度。

（一）心率法

除去环境、心理刺激、疾病等因素，心率和运动强度之间存在线性关系，因此，通常用心率来衡量运动强度的大小。运动者在健身运动中应达到和保持的心率称为靶心率（target heart rate，THR）。由于靶心率在控制运动强度时简单易行，因此，在运动处方中应用广泛。

（1）用最大心率（HR_{max}）的百分比来设定运动强度。

最大心率＝220－年龄。有氧耐力性运动的健身运动处方的强度一般设定在55% ~ 77% HR_{max} 为宜。

（2）用最大心率储备（HRR）百分比来设定运动强度。

最大心率储备（HRR）＝最大心率（HR_{max}）－安静心率（HR_{rest}）

用此方法确定的靶心率的公式是：

$$THR = （HR_{max} - HR_{rest}）×运动强度 + HR_{rest}$$

如一个人年龄为 40 岁，安静时心率为 70 次／min，运动强度范围是 60% ~ 80%，那么靶心率的范围是：

$$60\% 时的 THR = （180 - 70）×0.6 + 70 = 136$$

$$80\% 时的 THR = （180 - 70）×0.8 + 70 = 156$$

所以，此人的靶心率范围就是 136 ~ 156 次／min。

（二）主观用力感觉法

1970 年，瑞典生理学家 Borg 首先提出了主观用力感觉的概念，并制定了 RPE 分级标准。RPE 是用主观感觉来反映身体负荷强度的一种方法，是监测个体对运动负荷的一个有价值的、可信赖的标准。RPE 是反映主观感觉的指标，但与一些客观指标之间有较好的相关性，不同强度时的 RPE 分值乘以 10，大约相当于当时的心率值，此法比较适用于成年人（表 14 - 2）。

表 14 - 2　主观运动强度（RPE）测定表

RPE	主观运动感觉	相对强度	相应心率
6	安静	0.0	
7	非常轻松	7.1	70
8		14.3	
9	很轻松	21.4	90
10		28.6	
11	轻松	35.7	110
12		42.9	
13	稍费力	50.0	130
14		57.2	
15	费力	64.3	150
16		71.5	
17	很费力	78.6	170
18		85.8	
19	非常费力	95.0	195
20		100.0	最大心率

（三）最大摄氧量法

最大摄氧量（VO_2max）存在个体差异，因此在制定运动处方时，常用 % VO_2max 来表示强度。最大摄氧量的测试比较复杂，通常以跑台、功率自行车、台阶试验的方法间接计算得出。

（四）能量代谢当量

能量代谢当量（metabolic equivalent of energy，MET），音译为梅脱。机体的耗氧量

与身体活动时的能耗量呈正比，梅脱是以安静、坐位时的能量消耗为基础。每千克体重从事 1min 活动，消耗 3.5ml 的氧气，这样的运动强度为 1MET。静息状态下耗氧量绝对值约为 250ml/min，相对值约为 3.5ml/（kg·min），这一安静状态下的值规定为 1 梅脱。1MET 的活动强度只比健康成年人的基础代谢稍高一些，相当于健康成年人安静坐着时的代谢水平。一项活动的需氧量如需要安静状态下需氧量的多少倍即为多少梅脱（表 14 –3）。

表 14 –3 常见体力活动的代谢当量

活动方式	METs	活动方式	METs
坐公交车	1.0	竞走	6.5
做饭	2.0	游泳	7.0
打扫卫生	3.0	滑冰	7.0
散步	3.5	打网球	7.0
打高尔夫	4.5	慢跑	7.0
打羽毛球	4.5	骑自行车	8.0
打篮球	6.0	踢足球	8.0
有氧舞蹈	6.5	跳绳	10.0

四、运动时间

在耐力运动中，运动时间指运动的持续时间；在力量性运动和柔韧性运动中，则更复杂，运动时间包括完成每个动作的重复次数、每组练习所需要的时间、共需完成几组、组间隔等。所以在运动处方确定了强度之后，运动时间就决定了运动量的大小，并且影响锻炼效果。如果运动时间过短，运动对机体的刺激不够，达不到应有的效果；如果运动时间过长，会造成机体疲劳，影响下次训练，并可能会对机体造成损伤。因此要根据目的和强度来确定运动时间，从而达到最好的训练效果。对于大多数人来说，不包括准备活动和整理活动时间，以 70% ～85% 最大心率或 60% ～80% 储备心率进行 20 ～30min 的有氧运动，可以达到健康、健身和控制体重的目的。

运动持续的时间与运动强度成反比，强度大，时间相应缩短；强度小，时间可适当延长。对于提高心血管系统功能和有氧工作能力的健身处方，时间 20 ～60min 为宜。对于初练者，可利用 60% 最大心率的强度运动 15 ～20min，如果感觉到费力，期间可加入一次 1 ～2min 的恢复时间。

五、运动的时间带

运动的时间带是指在一天中的哪个时间来进行运动。运动的适宜时间应遵循人体自身的生物节律周期。

一般来说，早晨和黄昏在公园、运动场锻炼的人居多。多年来，人们习惯上认为锻炼身体以早晨为最佳，其次是黄昏，因为那时的空气最新鲜。但是研究证明，在一般情况下空气污染每天有两个高峰期，一个为日出前，一个为傍晚，特别是冬季。因此由于城市空气污染的缘故，最佳锻炼时间也发生了变化。

另外，有研究表明，人体的血液黏度在凌晨至早 8 点显著增高，因此，高血压患者、心血管病患者和中老年人运动的时间应遵循血液的生理变化。

不宜进行运动的时间如下。①进餐后：这时较多的血液流向胃肠部，以帮助食物消化及吸收，此时运动会妨碍食物消化，从而导致胃肠系统的疾病，影响身体的健康，因此，最好在饭后 30～45min 之后再做运动。②饮酒后：酒精吸收到血液中，会进入脑、心、肝等器官。此时运动将加重这些器官的负担。因此，酒后不宜运动。

六、运动频度

运动频度通常以周为单位，即每周运动的次数。运动对于人体产生的作用是一个循序渐进的过程，因此，安排一个合适的频度，既不会使机体产生疲劳，又能使运动的良好效果得到累积。

运动频度是根据训练者的身体状况和运动目的的不同而制定的。以有氧健身为例，每周至少保证 3 次的运动。如为了减少脂肪，则可选择低等到中等强度范围的运动，每周 4～6 次，每次 20～60min。随着时间的推移，机体会对运动产生适应，同等强度的刺激会降低，这时，可以每天进行运动，把运动作为每天生活不可或缺的一部分，养成良好的习惯，对于身体是大有裨益的。

七、注意事项

在健身运动处方中，需告知运动者相关的体育卫生知识，如穿着宽松、舒适的运动服、运动鞋；做好准备活动和整理活动，并且保证运动的持续过程与之是循序渐进的；运动后不要立即坐、卧，以免引起"重力性休克"；不能立即吃生冷食物；不能立即游泳或冷水浴；饭后不宜立即运动等。

以治疗和康复为目的的处方中应指出禁忌的运动项目。

第二节　运动处方的制定

一、制定运动处方的步骤

由于运动者可能存在心血管疾病的危险因素，因此制定运动处方时，应先按照一定的程序进行身体检查，对健康状况进行评估。通过询问、观察和本人填写调查表（表 14-4）等方法了解病史、运动爱好、饮食结构、生活方式、是否服用某些药物等情况，并且进行一般体检、身体测量等，以对其健康状况做出初步的判定。

（一）一般体检

表 14 – 4　生活方式调查问卷

生活方式调查问卷			
姓名	年龄	性别	职业

第一部分　你的训练目的及当前的训练习惯

1. 请你在希望通过训练达到的目的上打√

　减少体内脂肪

　改善有氧系统功能

　获得一些明显的肌肉块

　提高健康状况

　减轻压力

　其他

2. 为了使我们按你的需要制定训练计划，请回答以下有关你的训练史的一些问题

在学校时你喜欢参加体育运动吗	是	否	
如果是，你喜欢的运动是什么	是	否	
你经常训练吗	是	否	

　如果你经常训练，请给出详情

　①训练的种类

　②训练的频度　　　　　　　　　　　次/周

　③训练时感觉到的强度

	困难	中等	轻松　很轻松

你是否在训练中有消极情绪或者不好的感受

如果有，请简单叙述：＿＿＿＿＿＿

第二部分　生活方式和医学方面的问题

你是否正在服用药物	是	否
最近受过伤吗	是	否
你有无背痛	是	否
你每天抽 2 支以上的烟吗	是	否
你知道自己的血压吗	是	否
如果知道，是多少		
你有哮喘吗	是	否
你有糖尿病吗	是	否
你的家族里有 60 岁以下的患心脏病的人吗	是	否

（二）体质测试

目的是对现有的健康状况进行评价，判断能否进行运动负荷试验，是否有潜在性疾病或危险因素，预防事故。

1. 静态指标

测试运动者安静状态下的心功能状态，如心率、血压以及常见的血液指标，如血常规、血糖、血脂等。

2. 身体形态和身体成分测试与评价

特定的身体形态与某些疾病具有相关性，因此，需对运动者的身体形态（如腰臀

比等）和身体成分进行评价。

3. 肌肉力量、肌肉耐力和柔韧性测试与评价

对运动者的肌肉力量、肌肉耐力和柔韧性进行测试，在制定运动处方时可以更加具有针对性。

（三）运动负荷试验及体力测验

运动负荷试验是制定运动处方的基本依据之一。运动负荷试验的方法很多，根据检查的目的、被测者的特点来选择适合的方法。现在最常用的方法是递增负荷运动试验，或采用"台阶试验"、"多级负荷试验"。对运动者进行初步的健康评价，目的在于评定受试者心血管功能，发现潜在的心血管疾病，测出最大摄氧量和最大心率等指标，为制定运动处方提供依据。

运动负荷试验无异常的人，才能接受体力测验，即进行肌力、爆发力、柔韧性等运动能力和全身耐力测验。库珀提出的有氧代谢运动的体力测验包括走、跑、游泳 3 种方式，你可以任选其中之一，用来检查和衡量心血管系统功能。根据库珀和日本学者的实验研究，认为 12min 跑测验与最大摄氧量相关系数最高。或者采用定距离的 2400m 跑作为有氧代谢能力测验法。

二、运动处方卡示例

通过以上的步骤，在获得了运动者的健康状况、生活方式及身体现状等相关信息之后，即可以开始制定运动处方（表 14 – 5）。

表 14 – 5　运动处方卡示例

运动处方卡

姓名_____　性别_____　年龄_____

最大有氧能力：_____　梅脱：_____

1. 运动目的：_____

2. 运动类型及时间分配：_____

3. 负荷强度：心率控制在_____次/min；相当于最大耗氧量的_____%；靶心率_____次/min；RPE_____min

4. 锻炼次数及每次持续时间：每周_____（天/次），每次_____min，力量锻炼方法：_____次/周

5. 准备活动项目：_____（5~10min）；心率_____

6. 整理活动项目：_____（5~10min）；心率恢复时间_____min

7. 注意事项：_____

第三节　运动处方的实施

一、实施过程的阶段性

在制定好运动处方以后，针对处方的每一次实施，都应该有准备阶段、训练阶段、和整理阶段。

（一）准备阶段

准备阶段即在正式的训练内容之前做准备活动的过程。通过做准备活动，可以提高神经中枢和肌肉的兴奋性；提高心血管和呼吸系统功能，克服内脏生理器官惰性，增加肌肉的血流量和供氧量；使体温适当升高，降低肌肉的黏滞性，避免运动损伤；在心理上，为接下来的运动做好准备。此时运动者的身体功能由相对安静的状态过渡到适宜强度的运动状态。

准备活动的时间因人和环境而异，一般来说，需要达到10min以上。根据年龄、温度和个人体质、运动水平等因素的不同，时间长短亦不相同。在年龄小、气温高、体质弱、运动水平低的条件下，准备活动时间可相应短一些，反之，时间要长一些。

准备活动的内容可以选择一些低强度的伸展性活动，使身体各个部位和关节都活动开，直至身体有微微出汗的感觉。

（二）训练阶段

训练阶段即执行运动处方中选定的运动方式，是运动处方实施过程中的核心部分。不同的运动处方所需达到的目的和效果，主要由训练阶段来完成。因此，需要运动者克服心理、身体上的困难，认真执行这一阶段。

（三）整理阶段

整理阶段是训练过程结束后，通过整理活动逐渐降低运动强度的阶段，身体功能由激烈的状态恢复到相对安静的状态。整理活动可以促进血液从肌肉回流到循环系统，避免发生重力性休克；促进乳酸的消除，减少肌肉的酸痛，有助于疲劳的消除等。

整理活动的内容可与准备活动相同，可以做一些拉伸运动，避免肌肉僵硬。时间应在5min以上。

二、实施过程中的自我监控

（一）心率自我监测

心率一般通过测脉搏来得出，常选择手腕桡动脉处。方法是：运动即刻结束后，测得10s的脉搏乘以6，得出1min的近似心率。如跑台或者功率自行车都有自动测心率的功能。

（二）主观感觉强度

在运动的过程中，将RPE与心率结合监测运动强度，简单易行，并且有效。参照表14－2。将客观的生理变化与主观的运动体验结合起来，可以避免特殊情况下为了强制达到靶心率而产生的危险。如运动者的靶心率为150次/min，RPE值为15，但是运动者身体状况欠佳时，靶心率达到150次/min的RPE值会增加，这种情况可能是前期病理症状的表现，保持靶心率强度的运动比较危险。通过RPE值的运用就避免了这种潜在危险的发生。

（三）谈话试验

谈话试验是一种简单的、确保心率达到120～130次/min的强度测试。对于大多数人来说比较适合，这样确定的心率较低而安全，并能达到训练要求的效果。另外，还可被用来评估强度是否过大。如果训练者不能舒适的谈话或者呼吸，说明强度可能已经超过了有氧训练的强度，此时，则要稍微降低强度。

（四）自我感觉与基础指标检查

正常的自我感觉应该是睡眠良好、精神饱满、愉快、运动积极性高，锻炼后稍感疲劳，肌肉有酸累感，但休息后很快恢复。如感到精神不振、无力、困倦、头晕，情绪容易激动，局部关节肌肉酸软、麻木、疼痛，胸闷、气短等，则需要对运动处方进行调整。

运动后次日基础状态下测得的心率、呼吸频率、血压、体重等指标无明显升高或者降低。如果脉搏、血压较平时明显升高，或者肺活量、体重明显下降，说明运动量偏大，应及时作出调整。

在实施运动处方的过程中，训练过程中还应遵循以下原则：即个体化原则、超量负荷原则。另外，在运动处方实施的进程中，会有一些突发状况，或者机体适应了先前制定的强度时，应及时对运动处方进行修订和调整。

第四节 健身运动处方示例（健身跑）

一、健身跑的特点

健身跑（慢跑）是采用较长时间、慢速度、较长距离的有氧锻炼方法，是当今世界上最流行的有氧代谢运动方法，被称为"有氧代谢之王"。

其技术特点简单、易掌握，健身效果明显，适合于不同年龄、性别和不同身体状况的人。健身跑简便、易行，不受场地、器材条件的限制，并且运动强度易于控制，是我国群众性体育活动中普遍开展的项目之一。

经常参加健身跑能改善人体生理功能，增强心肺工作能力，改善神经系统功能，提高各器官协调能力，提高肌肉工作耐力，还可以促使骨骼的生长发育，延缓衰老。还有治疗神经衰弱、颈椎病，预防动脉硬化、冠心病、高血压，降低血脂、减肥、保持骨质密实度等功能，并能显著地增强身体的抵抗能力。另外，有研究证明，在心理健康方面，健身跑对缓解抑郁症有显著作用。

在人们日常进行的健身活动中，被广泛选择的还有步行、登楼梯、游泳、骑自行车等。

步行：快步行走是一种最简单而有效的有氧健身运动。锻炼者可根据自己的健康情况、体力、年龄和习惯，自行掌握强度。速度一般应控制在100～130m/min，每次步行持续不少于20min。每天最好选择在晚饭前或进餐0.5h以后，在空气清新、环境幽雅的场所步行。

登楼梯：登楼梯是一项健身与日常生活相结合的运动，简便、有效、容易开展，且运动量便于调节的健身运动方法。与步行相比，登楼梯是一项较激烈的有氧锻炼形式，锻炼者须具备良好的健康状态。

游泳健身运动是利用人体在水中受到浮力、阻力、摩擦力，以及人体在水中处于失重状态下进行锻炼的一种全身运动，适合于各类人群。骑自行车健身的锻炼效果不亚于慢跑和游泳。游泳和骑自行车健身更适用于身体肥胖的人。

二、健身跑运动处方

（一）运动目的

（1）强身健体，提高有氧耐力，提高心肺功能。

（2）降低血脂，促进脂肪代谢，控制体重或者减肥。

（3）防治心血管疾病。

（二）运动形式与方法

1. 走跑交替

走跑交替是指在跑的过程中，走和慢跑交替进行的方法，此法适合体质较弱者和缺乏锻炼的人。走跑交替有2种方法：一种是先走后跑，即走1min后跑1min，交替进行。每隔2周可调整增加一次运动量，缩短走的时间，增加跑的时间。另一种是由走开始锻炼，随着身体适应能力的增强，渐渐过渡到由慢跑代替行走。运动时间可持续20～30min，每周不少于4次。亦可以作为运动处方的初始阶段，运动者可以先少跑多走，逐渐过渡到跑与走相等最后到多跑少走，直至全跑，循序渐进，不断提高自己的体质与体能。

2. 匀速跑

匀速跑即在跑的过程中速度基本不变。不同身体状况的人可以选择不同的速度。随着运动处方的实施，速度可适当地提高。

3. 变速跑

变速跑是在跑的过程中快跑一阵后，再慢跑一阵，快跑和慢跑交替进行的跑法。通常是把慢跑放在两次短距离的快跑之间，做到松张有节，以提高健身效果。这是适合体质较好的长跑爱好者的跑法。慢跑时，吸入的氧气可以满足肌肉活动的需要，是有氧代谢；而快速跑时，肌肉活动加剧，氧需求量增多，不能完全满足运动对氧的求，会有一部分无氧代谢。这种方式除了提高机体的有氧耐力，还能提高机体的速度耐力素质。

（三）运动强度

慢跑的速度不宜太快，步伐平稳、呼吸均匀，主观上不感觉难受，客观上以每分钟心率控制在180减去年龄数为宜。例如一个60岁的人，其慢跑时的心率应为每分钟 $180 - 60 = 120$ 次。以谈话试验来衡量，强度以能与人谈话而不气喘为准。年轻人及体质较好者，可以选择强度相对较大、持续时间较短的方案；中老年及体质较差者，可选择强度小、持续时间相对长的方案。

（四）运动时间、频度与时间带

一般情况下运动时间不少于20min，每周不少于4次。对于初期的锻炼者可适当减少，机体适应后再逐渐延长时间。青少年体质健康，每周可运动4～5次，每次20～25min；中老年者适度削减，可每周3次，每次15～20min。每天的运动时间、运动量不是恒定的，可根据本人身体状况，稍有增减。运动时间、运动量的增加一定要严格遵照循序渐进的原则，切不可操之过急。

运动的时间带可根据个人的习惯、条件而定。不过，如果每天选择固定的时间运动效果更好。

（五）注意事项

（1）跑步前一定要做准备活动，使身体从相对安静状态逐步过渡到肌肉适度紧张状态，提高中枢神经系统的兴奋性和各器官的活动能力，以适应跑步的需要。可先做摆臂、踢腿、转体、下蹲及其他体操动作，特别要注意活动髋、膝、踝关节。

全身达到发热，身体感觉轻快，心率达到85次/min以上，就可转入跑步。跑步结束后一要做整理（放松）活动，使人体各器官从运动状态逐步恢复到相对安静状态。可先慢走一段距离，再做几节放松操或做深呼吸等，时间一般为3～5min。

（2）有身体不适或感冒、发热等时，请暂停实施运动处方。

（3）在锻炼时可根据自己的感觉（轻松或吃力），稍微调节运动强度，以锻炼后第二天不感觉疲劳为宜。

（4）应选择良好的锻炼环境，避免在严寒、酷暑、风暴等恶劣环境下锻炼。

（5）锻炼前后应注意适宜补液，尤其是在天气炎热的夏天。

（6）根据能量平衡和膳食平衡的原则，调节好自己的饮食。

（7）选择舒适的运动服、运动鞋。

（8）肥胖者在健身跑过程中，因体重大，膝关节和关节部分承重过大，易受到损伤，出现踝关节肿痛、膝关节炎症性疼痛等。因此，比较适合肥胖者的健身运动应是游泳、骑自行车等，而不应选择健身跑。

最后，可根据以上的要求及个人自身状况，参照表14-5，制定出健身跑的处方卡。

本章小结

运动处方类似于医生药物处方，是把运动者的运动类型、运动强度、运动时间、运动频度等以处方的形式制定出来，指导运动者科学、合理地进行有计划的、周期性的运动。

运动处方的四要素是：运动类型、运动强度、运动时间、运动频度。

运动处方的种类包括：健身运动处方、健美运动处方、竞技运动处方（运动员训练计划）和康复运动处方等。

健身运动处方包括以下类型：有氧耐力性运动，可以选择步行、慢跑（健身跑）、自行车、游泳、滑雪等运动方式；伸展性运动，可以选择健美操、舞蹈、武术、瑜伽、各类体操等运动方式；力量性运动，可以选择负重练习、利用健身器械进行的阻力练习的方式。

制定运动处方时，先要对运动者进行疾病的排查，然后进行身体健康的检查，在进行运动试验，确定其健康状况情况下，根据身体功能，按照运动处方的要素，制定出合理的运动处方。

每一次运动处方的实施，都需包括准备阶段、训练阶段和整理阶段。在运动的过程中，运动者需根据心率、RPE、谈话试验等进行自我监控。运动处方实施一段时间后，运动者的功能状况会有所提高，需对运动处方进行修正调整。

健身跑是健身运动处方中最普遍、易行的一种方式，适合各类人群。

复习题

1. 何为运动处方？运动处方的四要素是什么？
2. 如何设定运动处方的运动强度？
3. 为别人制定一份健身运动处方。

思考与讨论

1. 制定运动处方前的工作有哪些？
2. 实施运动处方的过程中需要注意些什么？

（王　蕾）

参 考 文 献

［1］Egger G. 健身训练教练员手册. 深圳市中航健身康体有限公司，译. 北京：北京体育大学出版社，2002.

［2］王健，何玉秀. 健康体适能. 北京：人民体育出版社，2008.

网 站 导 航

1. http：//sportsmedicine. about. com/od/fitnessevalandassessment/a/ExPrescription. htm
2. http：//www. exrx. net/Aerobic/AerobicComponents. html
3. http：//www. circ. ahajournals. org/cgi/content/full/112/15/2354
4. http：//www. aerobictest. com/ExerciseDisplay. htm

第十五章 运动生理负荷的监测与调控

掌握运动生理负荷有关的基本概念；了解机体对运动负荷刺激的反应与适应特征；学会利用常用的生理指标进行运动生理负荷的监测与调控；理解竞技运动和健身运动的运动生理负荷监控的区别。

运动生理负荷（physiological workload）：即机体在生理方面所承受的训练刺激。

激素（hormone）：由内分泌腺或内分泌细胞分泌的高效生物活性物质，在体内作为信使传递信息，对机体生理过程起调节作用的物质称为激素。

运动负荷阈：指体育课或训练课中适宜生理负荷的低限至高限的范围。

训练效果：通过反复的身体练习，使机体结构与功能发生一系列良好的适应性变化，从而提高运动能力，这一良好的适应性变化称为训练效果。

健身锻炼和运动训练中机体承受的生理负荷是否适宜，是影响健身锻炼与运动训练效果的重要因素。运动中机体承受的生理负荷是对机体的有效刺激，是引起各器官系统功能产生适应性增强的原发因素。生物机体对过强刺激不能产生良好的适应，甚至可能导致损伤，太弱的刺激则会大大延长适应的发生过程，只有在生理范围内适宜的刺激才能加快适应过程。利用生理功能指标来监测生理负荷的大小，可为科学从事运动训练、健身锻炼提供依据。

第一节 概 述

一、运动生理负荷的概念

运动负荷是以身体练习为基本手段对有机体施加的训练刺激。机体对这种刺激所做出的反应表现在生理和心理2个方面，通常所说的运动负荷是生理负荷，即机体在生理方面所承受的训练刺激。在运动负荷的强烈刺激作用下，与运动相关的各器官系统的功能状态都会受到程度不等的影响。因此，生理负荷量的大小可用某些生理或生化指标来度量。运动负荷的外部表现为量和强度，其内部表现则为心率、血压、摄氧量等生理功能指标的变化。内部负荷反映的是运动负荷的本质内容，也就是运动负荷本身，而所谓"外部负荷"是指人体外部的身体活动和行为等各种因素对人体所施加的刺激，两者之间是一种因果关系。一般来说，外部的刺激越强，内部的生理应激水平越高。由于生理负荷必须与特定的体育运动紧密联系，所以通常所说的生理负荷更确切地应称为"运动生理负荷"。

二、运动生理负荷的基本要素

运动生理负荷的基本要素包括运动生理负荷强度、负荷时间及负荷积分。三者既紧密联系又相互区别。一般人们所称的运动生理负荷量，实际上包含了上述负荷强度、时间及积分。

（一）负荷强度

运动生理负荷强度指在运动负荷强度刺激作用下所引起的整体生理功能反应程度或幅度，简称负荷强度。一般而言，负荷强度与运动强度（负荷）呈平行关系，即运动强度越大，产生的生理负荷强度就越大；反之则小。

1. 负荷强度指标的量值

负荷强度的量值可分为瞬时负荷强度和平均负荷强度（Imw）。前者主要反映最大（极值）、最小或某时刻的负荷强度变化量；后者主要反映整个过程中的平均变化量。在运动训练和体育教学等实际工作中，教练员常用平均强度（值）来反映整个训练课中的负荷强度。平均负荷强度的计算（以心率 *HR* 为例）：$I = (\sum_{t=1}^{N} HRt) / N$（其中，*t* 表示每个采样时刻、*HRt* 为 *t* 时刻的心率值、*N* 是心率样本数）。在运动训练和体育教学等实际工作中，教练员常用平均强度（值）来反映整个训练课中的负荷强度。

2. 负荷强度指标的分类

表达运动生理负荷强度的指标分为两大类，即频率性指标和振幅性指标。

（1）频率性指标　主要指以单位时间内的变化次数（如次/min）为计量单位的生理指标，如心率（脉搏）、呼吸频率等。频率性指标往往是反映机体快速适应生理负荷强度变化的敏感指标，当生理负荷强度增加时，频率性指标就能立即作出应答。如当跑步速度加快时，生理负荷强度增加，心率、呼吸频率就会立即随之加快。故当对运动训练中生理负荷强度的变化情况进行实时监控时，可首先选择这类指标。

在运动负荷增加的初期，机体的生理负荷强度反应往往是以频率变化性指标变化为主。运动训练程度较低的运动员和普通人，心肺功能也往往是以频率性增加为主。

（2）振幅性指标　主要指以单位体积和时间内的变化幅度为计量单位的生理指标，如每搏输出量（ml/次）、最大吸氧量 L/min）、潮气量（ml/次）等。振幅性指标往往是反映机体承受生理负荷强度功能潜力（储备）或机体运动生理负荷积累程度的敏感指标。

在对运动负荷反应的方式上，由于两类指标各有侧重，故在进行生理负荷强度监控时，应注意生理指标的选择。一般而言，频率性指标主要反映负荷强度的变化程度，振幅性指标主要反映功能潜力和负荷强度的积累程度。

在训练程度的功能评价时，在运动（负荷加载）的初期，机体往往以频率性指标变化为主，如以增加心率来提高心输出量。在运动负荷的中、后期，机体动员功能潜力，以振幅性指标变化为主，如以增加每搏输出量来提高心输出量。人体的训练程度也反映在两类指标上，优秀运动员的振幅性指标增加最为明显。如运动过程中心输出量增加至 8L 时，优秀耐力性项目运动员的心率为 80 次/min，每搏输出量 100ml；而缺乏体育运动者的心率为 100 次/min，每搏输出量 80ml，反映出两者的心肺功能不同。

（二）负荷时间

运动生理负荷时间指机体在整个运动过程中，持续负载运动生理负荷的时间。由于赛前状态等因素，增加了生理负荷时间，加之运动停止后的生理功能恢复时间，实际上的运动生理负荷时间往往比运动时间长。但为了便于计算，把运动生理负荷时间特指为运动阶段的负荷时间，从而使负荷时间与运动时间一致起来。

运动生理负荷时间的表达方式与运动时间相同，如进入工作状态时间、稳定工作状态时间等。在功能评定中，稳定工作状态下的负荷时间是评价功能潜力的一项重要指标。

（三）负荷积分

运动生理负荷积分是指运动过程中生理负荷强度随负荷时间变化的函数关系，其本质是负荷强度与负荷时间的积分。用符号"Sp"来表示（图 15-1）。负荷积分将负荷强度和负荷时间结合起来，既反映运动生理负荷量也反映人体运动生理负荷功能潜力的一项综合指标。一般而言，负荷积分值越大，运动生理负荷量值就越大，其功能潜力也就越大。目前，此项指标在运动员心肺功能评定中逐渐被使用。

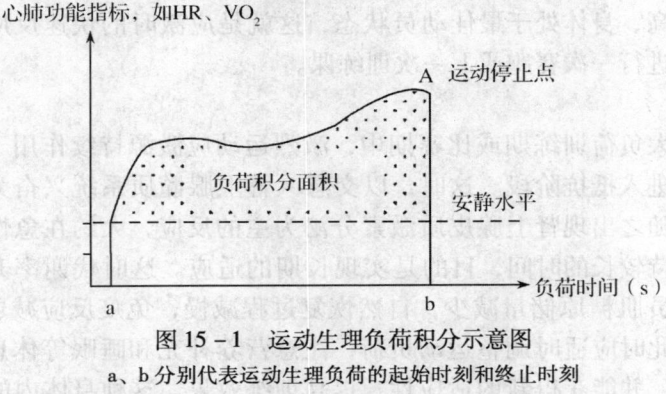

图 15-1　运动生理负荷积分示意图

a、b 分别代表运动生理负荷的起始时刻和终止时刻

负荷积分值的计算：$y = \int_a^b [f(t)] \, dt$。

从本质上讲，负荷积分量就是运动生理负荷量，简称负荷量。计算时按负荷单位进行。在具体评价时，应根据指标的特点加以说明。如用心率指标进行计算时，负荷量值称为心率负荷单位；用吸氧量指标进行计算时，则称为吸氧量负荷单位。

三、运动生理负荷的决定因素

运动生理负荷量主要取决于运动强度、运动时间及负荷（强度）反应3个方面。运动时间与运动强度、负荷（强度）反应呈反比关系。运动强度越大，所引起的生理负荷（强度）反应就越大，持续运动时间则必然缩短，负荷积分值也相对较小；适宜运动强度刺激，能引起较大负荷强度反应。可持续运动时间也最长，所产生的负荷积分值则最大。

就运动生理负荷反应而言，对同一运动强度的刺激，不同个体表现出一定的差异性。如进行同一速度及坡度的跑台运动，甲、乙二人的吸氧量、心率和血乳酸值等负荷反应可能出现较大的不同。这既与受试者的训练程度、功能状态等后天因素有关，也与其本身的先天遗传等个体差异性有关。故在应用运动生理负荷指标进行功能评定、运动负荷监测和调控时，应充分考虑到各种影响因素。

四、机体对运动生理负荷的适应

人体在生命活动过程中，机体神经内分泌系统能精确调节，使身体内环境处于相对的稳定状态，称内稳态。当身体受到各种强烈刺激时，内稳态会受到冲击而发生波动，机体通过调节力求达到新的内稳态，从而提高对强烈刺激的适应。运动员在训练和比赛时的运动应激是一种应激源。不同运动员有不同的身体特异性反应，但也有共同的、一致的非特异性反应，这种非特异性反应称为应激（stress）。激烈运动时的应激和随后的适应过程，同一般性应激和适应过程一样可分为3个阶段。

1. 警戒阶段

在激烈的运动应激时，运动员的身体功能迅速动员以适应运动的需求。首先是以交感 - 肾上腺髓质系统兴奋为主，并伴有肾上腺皮质激素分泌增多，使心率增加、血压上升、血糖升高、身体处于最佳动员状态，这就是应激时的快速反应，此阶段时间很短，如运动员进行一次赛跑或上一次训练课。

2. 抵抗阶段

如在运动员大负荷训练期或比赛期中，激烈运动应激源持续作用于身体，在警戒阶段之后，身体进入抵抗阶段。这时，以交感 - 肾上腺髓质系统兴奋为主的一些警戒反应逐步减退，随之出现肾上腺皮质激素分泌为主的反应，大约在急性应激后几分钟才发生，可以维持较长的时间，目的是实现长期的适应。这时代谢率升高，体内能源消耗增加，运动员肌糖原储量减少，自然恢复过程减慢，免疫反应减弱，胸腺、淋巴组织体积减少，此时应适时调整运动负荷，注意营养补充和睡眠等休息手段，身体才能开始出现适应，并能获得新的适应性，提高训练效果。这种身体内的适应性变化基本途径可用 Viru 的图示来说明（图15-2）。蛋白质合成过程的酶活性提高，氨基酸利用增加，蛋白质合成的结构和功能适应运动需求，有助于提高能量利用效率，改善免疫能力，这是运动应激基本的适应机制。

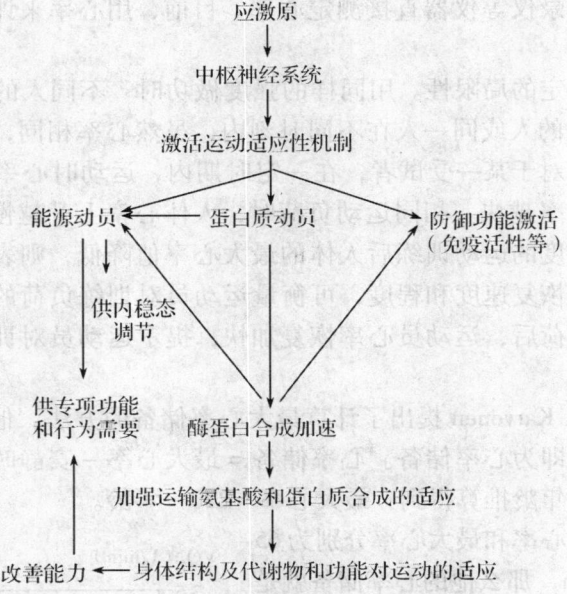

图 15 - 2　运动应激的一般适应机制

在图 15 - 2 中可见，Viru 分析的以酶和蛋白质为中心的适应机制可分为 3 个部分：①机体调节能力提高（包括酶和结构蛋白质增加、激素平衡调节加强）。②机体能源储备能力提高。③机体防御动员能力提高（内环境变化的免疫调节能力等）。

3. 衰竭阶段

持续长时间的过大运动负荷会耗竭机体的抵抗力，同时出现神经内分泌和代谢调节紊乱。这时机体力求恢复稳态，出现肾上腺皮质激素持续升高，但皮质醇受体亲和力及其数量下降，运动员安静时皮质醇长期过高，反而会直接引起 2 种变化。

（1）抑制下丘脑 - 垂体 - 性腺轴分泌功能　雄性激素分泌减少，出现运动性低血清睾酮，使合成代谢下降，肌肉蛋白质、Hb、骨骼肌磷酸肌酸和肌糖原等与运动能力相关物质合成减少，进而出现运动性贫血、肌肉萎缩（血尿素持续上升）、力量和耐力下降。女运动员会发生月经紊乱，甚至闭经。

（2）抑制免疫功能　运动员出现抗体和细胞因子生成减少，自然杀伤（NK）细胞活性下降，身体抵抗力降低，容易受感染。最后出现肾上腺分泌衰竭，血清皮质醇和血清睾酮同时下降，这是过度训练早期的表现。

第二节　评定运动生理负荷的常用指标

一、心率

用心率来评定运动负荷是最简单易行的方法。心率是心脏周期性机械活动的频率，即心脏每分钟搏动的次数，以次/min 表示。测量心率最简单的办法是计算脉搏。正常情况下脉搏和心率是一致的，因此在运动实践中，多用测量脉搏代表心率，可通过测定桡动脉、颈总动脉的脉搏来间接测定心率。也可用听诊器直接听心音，或者利用遥测心率计、心电图记录仪等仪器直接测定心率。目前，用心率来评定运动强度已被国内外广泛采用。

心率的使用有一定的局限性。用同样的强度做功时，不同人的心率并不相同（图 15 - 3）。反之，不同的人或同一人在不同时刻内，虽然心率相同，但是其做功强度可能并不相同。不过，对于某一受试者，在一定时期内，运动时心率的快慢与运动强度有关。强度越大，心率越快。相同运动负荷时，人体心率上升越慢，提示人体功能状况越好。进行同一强度的运动训练后人体的最大心率值降低，则表明人体的身体功能增强。运动后心率的恢复速度和程度，可衡量运动员对训练负荷的适应水平或身体功能状况。相同运动负荷后，运动员心率恢复加快，提示运动员对训练负荷适应或功能状况良好。

芬兰科学家 M. J. Karvonen 提出了计算最大心率储备的方法。他认为最大心率和安静时心率之间的差值即为心率储备。心率储备 = 最大心率 - 安静时心率。最大心率可以根据下面的公式由年龄推算得到：最大心率 = 220 - 年龄。

如果某人安静时心率和最大心率分别为 65 次/min 和 200 次/min，那么他的心率储备就是 200 - 65 = 135。靶心率是在安静心率的基础上加上心率储备的百分比。如 70% 心率储备的靶心率为：安静时心率 + 70% 心率储备，他的靶心率 = 65 + (0.7 × 135) = 160 次/min。

甲、乙两人以同一节奏跑步时的心率不同，并不能认为心率越高，其运动负荷越大。例如：甲的最大心率为 210 次/min，在运动中心率达到了 160 次/min，而另一名选手乙（其最大心率为 170 次/min）运动中心率为 140 次/min。甲运动中心率比自身的最大心率

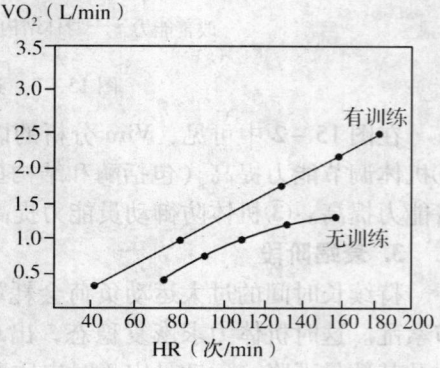

图 15 - 3 运动强度与心率的关系

少 50 次/min，而乙仅少了 30 次/min，应当说，甲的运动负荷更大。根据人体安静时心率和最大心率，可以利用下列公式评定运动强度：100% × （运动中心率 - 安静时心率）/（最大心率 - 安静时心率）。

如上所述，甲、乙安静时心率是 50 次/min，那么，他们的运动负荷为 69% 和 75%。Karvonen 使用心率百分比表示负荷强度所得到的数值要比最大吸氧量百分比表示法高出 10% 左右。

二、血压

血压包括收缩压与舒张压。在一个心动周期中，动脉血压随着心室的收缩和舒张而发生规律性变化。心室收缩时，动脉血压升高，它所达到的最高值称为收缩压。心室舒张时，动脉压下降，在心室舒张末期动脉血压下降所达到的最低值称为舒张压。收缩压与舒张压的差值称为脉压。收缩压主要反映心脏每搏输出量的大小；舒张压主要反映外周阻力的大小；脉压则反映大动脉管壁的弹性。

在对人群血压的研究中显示，急性运动时，无论是正常人还是高血压患者，均可引起收缩压的显著升高。动脉血压是由心输出量和外周阻力的大小决定的。剧烈运动时可使心输出量增加4~8倍，因此运动时心输出量增加是升高动脉血压的一个重要因素，通常可使血压升高30%~40%。运动时外周阻力的变化与多种因素有关。由于运动时，与运动有关的肌肉、心脏、脑、皮肤等的血管舒张，而交感神经兴奋使腹腔内脏等部位的血管收缩，所以，一般来说，总的外周阻力是降低的。由于增加心输出量的作用部分被总外周阻力降低的作用抵消，所以平均动脉血压实际上随着运动强度增加而轻度或中度升高。

大强度训练后收缩压上升和舒张压下降明显，且恢复较快，表明身体功能良好。训练后收缩压明显上升，舒张压亦上升或血压反应与强度刺激不一致，恢复时间延长等说明运动负荷偏大，身体功能状况不佳。运动时脉压差增加的程度比平时减少或出现梯形反应及运动过程中收缩压忽然下降20mmHg时，预示人体不能承受此运动负荷。

三、吸氧量

人体运动需要能量，需要消耗能量。ATP是运动的直接能源，但最终消耗的是糖、脂肪和蛋白质。按一定的化学反应，这些物质最终通过有氧氧化途径产生二氧化碳和水，并释放一定的能量。因此，可以通过运动中的氧耗量计算能量的消耗、提供能量的物质和运动量。

人体的活动可以分为2种类型：一种是活动参加者不需要负担自身的体重，如骑自行车、划船等。活动参加者所需做的功，是为了克服摩擦力或阻力。这种活动运动强度的大小与每分钟吸氧量有固定关系，与活动参与者的体重大小无关。可用每分吸氧量（L/min）来衡量运动强度（图15-4）。另一种类型的活动（占各种活动中的绝大多数），参加者必须克服自身的体重。不同体重的人以同样强度活动时（如以同样的速度跑步），吸氧量不同。体重越大，吸氧量越大。但如以单位体重的吸氧量来计算，在单位时间内的能量消耗是相同的，吸氧量也是相同的。所以运动强度可以用每千克体重每分钟吸氧量的毫升数（ml/kg·min）来计算运动强度。

运动强度越大，吸氧量越大，两者间有相对固定的关系。所以，可以利用吸氧量来评定运动强度。中等强度运动时，能量消耗随着运动强度的增大而增大。每分吸氧量（VO_2）可反映运动强度和能量消耗水平。当强度逐级增大时，VO_2也逐级增加，并与心率呈线性关系；当强度达到一定水平后，VO_2不再随心率增加而出现平台，此时心率继续增加，VO_2达到最大即最大摄氧量VO_2max。最大摄氧量是在心肺功能和全身各器官系统充分动员的条件下，在单位时间内机体吸收和利用的氧容量，它的意义在于反映人体最大有氧代谢能力，反映心肺功能氧的转运能力和肌肉对氧的吸收、利用能

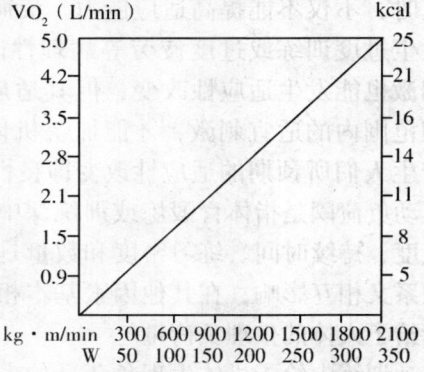

图15-4 蹬车时功率与吸氧量和能量消耗的关系

力。每个人的最大吸氧量不同，处于同一吸氧量水平，对体力不同人的实际负担大不相同。因此，常以最大吸氧量的百分比来表示活动的强度。掌握了一个运动员的最大摄氧量，即可以其对应值（成绩或者速度）的比例把握和决定运动强度。最大摄氧量可分为绝对最大摄氧量和相对最大摄氧量，绝对值单位表示为 L/min，相对最大摄氧量是绝对最大摄氧量除以受试者体重，相对值单位表示为 ml/（kg·min）。绝对最大摄氧量在借助某些器材的运动项目，如自行车、赛艇等意义较大，而相对最大摄氧量在体重影响运动成绩的运动项目，如中长跑中的意义较大，因此，在用最大摄氧量评价有氧训练的效果时，不同的运动项目偏重的评价指标也不同。

四、梅脱

MET 是由吸氧量计算而来，但其使用较吸氧量更为方便，不论活动是否需要克服自身重量，均可用 MET 来表示其运动强度。

人们从事任何强度的活动时，都可测出其吸氧量，进一步计算出每分钟、每千克体重吸氧量，折合为相应的 MET 值。而且不同年龄、性别、体重的人，从事同一强度的活动时，其 MET 值基本相同。故 MET 可用来评定各种不同运动的强度，也可以对不同强度的运动进行相互比较。

另一方面，当人尽力活动时，所能达到的吸氧量水平，也可用 MET 表示其大小。世界卫生组织曾对各种日常生活自理活动、家务劳动、娱乐活动、职业活动等进行了大量能量消耗的测定，取得各种活动的平均值，规定了各种活动的估算 MET 值，从而使 MET 的应用大为简化，可用于大众健身和康复实践中去。

第三节　运动生理负荷的监控

一、运动负荷阈

运动过程中机体承受的生理负荷是对机体的有效刺激，是引起各器官系统功能产生适应性变化的原发因素。但刺激引起机体出现反应与适应的程度与刺激强度的大小有关。若运动负荷刺激过小，则很难引起机体的适应性变化；若负荷过大而恢复不足时，不仅不能提高适应能力，反而会伤害运动员的身心健康和降低运动能力，并可发生过度训练或过度疲劳等病理性改变，这是一种不良适应。因为机体对不适宜的刺激也能发生适应性改变，但其适应的结果往往不是我们预期的。因此，只有在生理范围内的适宜刺激，才能加快机体适应过程，并使机体的形态、结构与生理功能产生人们所预期的适应性改变即良性适应，并非训练强度越大，训练效果越好。

运动负荷阈是指体育锻炼或训练课中适宜生理负荷的低限至高限的范围。运动练习的强度、持续时间、练习密度和数量是构成运动负荷阈的 4 个基本因素。它们之间相互联系又相互影响，在其他因素基本相同的情况下，某一因素的变动均会影响该次练习所给予人体的生理负荷量。

运动训练中给予机体生理负荷量的大小可用某些生理或生化指标来度量。心率是控制运动强度最简易和有效的生理指标，在体育教学与训练实践中，人们常用"心搏峰"理论和"最佳心率范围"使运动负荷控制在最适宜的生理负荷范围，以使机体产生最佳的反应和适应，从而获得最佳的运动训练效果。

综上，运动训练的生理本质就是通过人为地、有目的地、有计划地给机体施加系统化的适宜运动负荷刺激，使之产生最佳的反应与适应，从而获得预期的训练效果。

二、健身锻炼的运动负荷阈

（一）健身锻炼负荷阈的特征

健身锻炼教学负荷阈的生理学基础是心搏峰理论和最佳心率范围理论。人们从安静状态至运动，心率随负荷而增加，每搏量也随心率的加快而增加。然而当心率增加至一定水平时，每搏量将达到峰值而不再增加，此后心输出量的增加将主要取决于心率的加快。运动生理学将每搏量达到峰值时的心率水平称为"心搏峰"。关于峰值时的心率水平，学者们的报道不尽一致，一般在 110～130 次/min，表明在此心率范围内运动时，每搏量达到最大值。随着心率进一步增加，每搏量保持不变，心输出量则因心率增加而增大。当心率达到一定限度时，心输出量达到最大值。当超过这一限度（大约 180～200 次/min），由于心室充盈时间太短，回心血量减少而使心输出量下降。通常将心输出量能保持在较高水平的心率范围称为"最佳心率范围"。约在 110～120 次/min 至 170～180 次/min 之间。

（二）健身锻炼运动负荷阈的调控

当前，在了解和评价体育锻炼的生理负荷时，常用心率作为指标，心率的快慢反映体内耗氧水平，可间接反映运动练习时机体的生理负荷。我国一些学者建议将体育健身锻炼适宜生理负荷的平均心率标准定为 120～140 次/min。在组成这一平均心率中包含有不同高低的心率。因此，应考虑充分利用心搏峰及最佳心率范围理论，一是要在心搏峰的心率水平上持续运动一定时间，使保持心搏峰值的时间较长，以发展心肌泵血功能；二是应注意到心搏峰时心率水平并不高，每分心输出量未达到最高水平，心脏泵血功能未发挥最大泵血效率。因此，体育锻炼也应达到一定的强度，有心率出现高峰达最佳心率范围高限的时间，使在体育课中人体心脏泵血功能获得更好的锻炼。应该指出，在运用心率评价体育课生理负荷时，还应考虑到练习项目的内容特点，周期性运动，如跑、竞走、游泳等练习心率较高，而非周期性项目，如体操、投掷等练习心率较低。因此，应具体分析，同时在内容安排上考虑项目间的互补作用。

三、体育运动训练负荷阈

（一）运动训练负荷阈的特征

运动训练除有增强体质的任务外，还有提高运动成绩和参加比赛的任务，所以，训练课的负荷阈应该比健身锻炼高。也就是说，训练应体现超负荷原则，使机体产生更大的应激而收到更佳效果。生物机体内物质能量代谢的恢复代偿规律、神经系统的强度法则均提示较大的适宜负荷对各器官系统功能的增强及运动技能的掌握更有利。

从运动训练的实际出发，要遵循循序渐进的超负荷原则，逐步增加负荷。心率是肌肉活动时反映心脏承受负荷大小的常用指标，运动开始后，肾上腺素分泌增多，交感神经紧张度迅速提高，使心率升高。在一定的范围内，心率随着运动强度的增加而升高，即心率与运动强度之间呈良好的线性相关，因此，心率是监控训练强度的有效指标。但是当以同样的强度持续运动超过 2~10min 后，心率就停留在一个稳定状态，并且在短暂的强度改变后不会有明显的变化，这是因为人体的一种生理惰性现象造成的。出此，评定运动强度时往往需要用尽可能均匀的速度和力量持续运动 10s 以上，然后测定心率。

在运动训练中，教练员常用的心率有晨脉、安静心率、运动心率（运动后即刻值）、最大心率、恢复心率（运动后在一定时间内心率的恢复值）及心率储备等指标。业余运动训练的负荷阈主要是应用最佳心率范围理论，应使训练大多数时间内心率处于最佳心率范围之中，同时最佳心率范围的高限因不同项目而有不同要求，一些激烈的极强强度练习后，心率超过最佳心率范围的上限也是允许的。运动训练中不同项目可达的最高心率水平可作为运动训练时的参考。100~200m 跑后，心率可达 140~160 次/min；400m 跑后可达 200 次/min 以上；800~1500m 跑后心率可达 200 次/min 以上；长跑后心率可达 180~200 次/min；超长跑后心率升高不多，通常为 140 次/min 左右。非周期性项目（如投掷、武术、体操等）都多在最佳心率范围之内，比周期性项目要低。

（二）运动训练负荷阈的调控

晨脉是清晨起床前空腹卧位心率，通常较为稳定。运动员晨脉随着训练年限的延长和训练水平的提高而减慢。如果晨脉忽然加快或减慢，提示有过度疲劳或疾病存在。若经过一段时间的正常训练后，运动员的安静心率下降，说明运动员的身体功能增强。晨脉一般为 40~50 次/min，有些人甚至更低，而未经训练者的晨脉在 70~80 次/min 之间，但耐力水平提高后，晨脉会逐渐下降。通过测定晨脉可以早期诊断运动员对训练负荷的适应情况，过度训练及所有的病毒性感染疾病（如感冒和流感）都能引起晨脉的变化，运动员对当前的训练负荷不适应、过度训练或病毒性感染后的晨脉会升高，而运动员身体恢复或康复后的晨脉则逐渐下降。

安静时心率的变化有明显的个体差异。正常健康成人的心率为 60~80 次/min。运动员的安静心率一般较低，正常值范围在 45~80 次/min，优秀运动员安静心率通常为 40~50 次/min，个别优秀耐力运动员的心率可达 30 次/min。与正常人相比，运动员每搏输出量明显增大，心率降低，每分钟的心输出量变化不大，说明在安静状态下运动员心脏保持着良好的能量节省化状态，心肌耗氧、耗能量维持在最低水平，保持着良好的心力储备。

运动员在运动时，心脏储备充分动员。其主要表现为：①心率增快，可达 180~200 次/min（构成心脏储备的重要部分——心率储备）。②心脏收缩时尽量排空，使心脏收缩末期容积明显降低。心脏舒张期回心血量增加，心脏舒张末期容积增大，心脏前负荷增大（构成心脏储备的重要部分）。③每搏输出量和每分心输出量明显增大，可达 35~45L/min，相当于安静状态的 8~10 倍，可见心脏泵血功能明显增强。

运动时心率的快慢与运动强度有关。强度越大，心率越快。相同运动负荷时，运动员心率上升越慢，提示运动员身体功能状况越好。进行同一强度的训练后，运动员的最大心率值降低，则表明运动员的身体功能增强。

运动后心率的恢复速度和程度，可衡量运动员对训练负荷的适应水平或身体功能状况。相同运动负荷后，运动员心率恢复加快，提示运动员对训练负荷适应。

人体的血压通常以肱动脉血压为准。正常情况下，晨起卧床血压较为稳定。若安静时收缩压升高 20% 左右，并持续 2 天以上时，可能是功能下降或过度疲劳的表现。

训练中血压的变化与运动强度有关，大强度训练后收缩压上升和舒张压下降明显，且恢复较快，表明身体功能良好。训练后收缩压明显上升，舒张压亦上升或血压反应与强度刺激不一致，恢复时间延长等说明功能状况不佳。运动时脉压差（收缩压与舒张压之差）增加的程度比平时减少或出现梯形反应，无休止音及运动过程中收缩压忽然下降 20mmHg 时，预示运动员功能不良。

在长时间大强度专项和力量训练时，运动员的舒张压可上升。经调整训练后能恢复。但如果不及时调整，血压可继续上升，运动员随之出现失眠、头痛、训练欲望下降和专项素质下降。

在日常训练中，如果连续数周出现：①安静舒张压增加超过自己日常水平10mmHg。②安静脉压差减少超过自己日常水平 20mmHg。③安静心率增加超过自己日常水平 6 次/min，特别是在调整训练阶段出现上述情况时，提示运动员的身体功能状况不佳。

第四节　体育运动的生理负荷监控

一、篮球竞技运动的生理负荷监控

以篮球运动为例，它是对手之间激烈抗争的竞赛性项目。比赛时双方激烈争夺，攻防转换极快，因此运动员必须快速奔跑，运动强度很大，在重大的国际比赛中，心率可达 180～216 次/min。

在紧张激烈的篮球比赛中，运动员要在篮球场上往返奔跑 180～200 次，约 5400～6000m。强度大、密度高、时间长。内脏器官尤其是心血管系统的负荷量很大，长期从事篮球运动能明显改善心血管系统的功能。训练水平高的运动员在安静状态下心跳缓慢，血压下降到正常范围的下限值。

（一）心率

在篮球运动实践中，常用基础心率、安静心率、运动时心率和运动后心率来进行生理负荷监控。基础心率是清晨起床前空腹卧位心率，基础心率较为稳定。篮球运动员基础心率随着训练年限的延长和训练水平的提高而减慢。如果基础心率忽然加快或减慢，提示有过度疲劳或疾病存在。若经过一段时间的正常训练后，运动员的安静心率下降，说明运动员的身体功能增强。安静心率的变化存在明显的个体差异。正常健康人的心率为 60～80 次/min，运动员的安静心率一般较低，正常值范围在 45～80 次/min（表 15-1）。与正常人相比，运动员每搏输出量明显增大，心率减小，每分输出量变化不大，说明在安静状态下，篮球运动员心脏保持着良好的能量节省化状态，心肌耗氧、耗能量维持在最低水平，保持着良好的心力储备。

表 15－1　晨起安静心率评价方法

分级	次/min
优	42～54
中	54～60
差	>60

相同运动负荷时，人体心率上升越慢，提示人体功能状况越好。进行同一强度的运动训练后人体的最大心率值降低，则表明人体的身体功能增强。运动后心率的恢复速度和程度，可衡量运动员对训练负荷的适应水平或身体功能状况。相同运动负荷后，运动员心率恢复加快，提示运动员对训练负荷适应或功能状况良好。

比赛后即刻脉搏，打满全场的运动员心率多在 180 次/min 以上，优秀运动员最高达 200 次/min 以上。训练水平越高，脉搏恢复越快（表 15－2）。

表 15－2　比赛后的脉搏　　　　　　（单位：次/min）

分级	准备活动即刻	全场比赛后					
		1 min	5 min	15 min	30 min	60 min	90 min
优	80～90	>200	180～190	130～140	120～130	100～110	<90
中	90～100	190～200	170～180	140～150	130～140	110～120	90～100
差	>100	180～190	160～170	150～160	140～150	120～130	100～120

（二）血压

正常情况下，晨起卧床血压较为稳定。若安静时收缩压升高 20% 左右，并持续 2 天以上时，可能是运动负荷量过大导致功能下降或过度疲劳。

训练中血压的变化与运动强度有关，大强度训练后收缩压上升和舒张压下降明显，且恢复较快，表明篮球运动员身体功能良好，运动负荷适当；训练后收缩压明显上升，舒张压亦上升或血压反应与强度刺激不一致，恢复时间延长等说明运动负荷过大，功能状况不佳。运动时脉压差增加的程度比平时减少或出现梯形反应、无休止音及运动过程中收缩压忽然下降 20mmHg，预示运动员功能不良，应调整运动负荷（表 15－3）。

表 15－3　篮球运动员安静血压

分级	血压（mmHg）
优	96～100/54～60
中	100～128/60～80
差	>128/82

（三）最大摄氧量

摄氧量与运动强度呈相关关系，运动强度越大，摄氧量就越大，因此常用最大摄氧量的百分比来表示运动强度。掌握了一个运动员的最大摄氧量，即可以其对应值（成绩或者速度）的比例把握和决定运动强度。篮球运动员常采用实验室活动平板递增负荷法和12min跑法测定最大摄氧量。篮球运动员 VO$_2$max 越高其有氧耐力越强。功能提高时，VO$_2$max 提高或保持稳定，功能下降或不佳时，VO$_2$max 下降。

在运动队中教练员更常用测量12min内运动员跑距的方法来评估运动员 VO$_2$max，这种方法所需仪器简单、方法简单易行。国家女篮的实验结果表明：12min跑的成绩与相对最大摄氧量值相关系数高达0.7357（$P < 0.01$）。在国家女篮，运动员12min跑距与相对最大摄氧量值的回归方程为：$y = 0.0229x - 6.9521$。其中，y 代表相对最大摄氧量值，x 代表12min跑距（m）。

二、篮球健身锻炼的生理负荷监控

中学、高校体育课的主要任务是增强学生体质，学习篮球技术是为增强体质服务的。运动生理学的研究表明：当学生在篮球练习过程中，心率在110次/min以下时心功能还没有充分发挥出来，机体的血压、血液成分和心电图等指标没有明显变化，健身效果不大，称为阈限下负荷。心率超过110次/min后，心搏量急剧上升，到150次/min时逐渐开始下降，心率在110～150次/min为心搏量极限区间，身体练习在此范围内进行，并保持练习总时间的2/3，健身效果良好，为运动负荷有效价值阈。心率在120～140次/min时，每搏输出量最大，机体各组织器官都得到充分的氧气养料供应，健身效果最明显，为运动负荷最佳价值阈。心率在150～180次/min时为限阈上负荷，每搏输出量下降，每分输出量增大，可安排强度大、时间短的无氧代谢练习。

在体育教学的篮球训练中，对生理负荷的监控可以通过评定心血管系统、呼吸系统功能的方法。教师可进行运动负荷试验，测定运动前、运动后、恢复期的脉搏、血压、呼吸频率、最大摄氧量等身体功能指标，观察、分析、比较其变化。如在对学生进行篮球负重速度力量训练前，先测定学生在相对安静状态下的脉搏、血压，根据测定所得的指标对学生的身体功能进行初步的评定，然后按预定的中等身体功能水平学生的运动负荷量进行训练，每组重复练习5次，训练终止开始计时，连续测定数个1min的脉搏、血压。观察每组学生运动前、运动终止后恢复期的心血管的功能变化。负荷结束后脉搏上升很少，说明运动负荷量过小；脉搏在3min内恢复安静状态时的指标，说明功能良好；脉搏在3min内不能恢复安静状态时的指标，而且增加率超过70%，说明身体体能较差，预定的运动负荷过大。对于体育和体育基础好的学生，尤其是学校体育代表队的学生，可适当安排阈限上负荷的练习，提高无氧代谢能力，为提高运动技术水平创造条件。根据按预定运动生理负荷训练后学生生理反应及恢复情况，对生理指标进行分析，及时调整和修改预定的运动负荷阈，制定新的运动负荷。

三、中长跑、马拉松项目的生理负荷监控

中长跑、马拉松是以最短时间完成规定比赛距离的周期性耐力项目。运动心率是运动员承受运动负荷造成的各器官系统变化的综合指标。由于心率在120次/min至无氧阈心率范围内与训练强度高度相关，因此目标心率（指运动员生理负荷强度的目标值）已经广泛应用于现代训练中。而对运动中心率进行监控也是了解运动强度对运动员造成生理负荷的重要手段。值得注意的是，女子中长跑、马拉松运动员运动心率达到无氧阈时，开始逐渐脱离原有的直线关系，在超过无氧阈后利用心率评价训练负荷

时，只能点对点对应，而不能简单推测此时的生理负荷。在同一负荷下，随着运动能力的提高，心率的平均值会有所下降，这主要是由于动作的协调性增高（能量节省化）及心肌的收缩能力加强（射血能力的提高）造成的。高水平运动员在同一负荷下心率的下降或在同一心率下跑速的提高，可能是运动员技术动作的改进、肌肉的放松能力提高的表现。无氧阈是指随着运动强度的增大而开始发生无氧代谢激增的临界点。一般情况下，每个运动员基本上都会有一个无氧阈水平上较为稳定的心率，其大小因训练水平等因素有着较大的个体差异，但绝大部分的无氧阈心率都在 160~180 次/min 的范围内。心率的大小主要决定于运动员的训练水平和年龄。训练水平越高、年龄越大，其目标心率一般就越小。为了能够获得准确的目标心率，应在测试无氧阈时同时记录心率。

晨脉是简单易测的指标，便于运动员自己掌握，既是科研人员和教练员掌握耐力运动员基本功能状态的必要指标，也有助于提高运动员的科学训练意识和对自身状态的把握。国家中长跑、马拉松队运动员的晨脉一般为 40~60 次/min，运动员的个体差异较大，同一运动员正常情况下的晨脉则较为稳定，具有良好的纵向可比性。如果连续几天出现晨脉的显著升高或降低（波动幅度 >10%），应注意结合运动员的训练情况、主观感觉、运动能力变化和相关功能指标考虑运动员是否出现过度疲劳（中长跑、马拉松运动员多见晨脉升高）。

优秀中长跑和马拉松运动员最大摄氧量通过训练可提高的幅度较小，所以一般不用来评定高级运动员的训练效果，而更多地用于评定当前的身体功能状态。最大摄氧量速度是指渐增负荷中最大摄氧量出现时的速度。研究表明，最大摄氧量速度与 1500m 以上项目的平均跑速关系密切，具有显著的相关性，是评价运动员经济、合理地运用能量能力的重要指标，也是指导训练的重要指标。

为了便于对不同运动生理负荷监控，经常用无氧阈或最大摄氧量速度为基点对训练负荷进行评价。根据 American College of Sports Medicine 的推算。对中长跑、马拉松运动员来说，有氧供能系统产生训练效应的最低负荷为 80% 左右的无氧阈速度，此时的大部分运动员心率在 140~150 次/min、血乳酸在 2~3mmol/L。在这一负荷上进行大运动量训练，具有较为明显的促使心脏伴有心壁增厚的离心性肥大、相关呼吸肌力的增强、运动肌中慢肌纤维参与比例的提高、慢肌纤维的选择性肥大、慢肌纤维中线粒体数量的增多等作用。而随着训练强度的增加，与相对低强度的训练相比，能够进一步长时间地刺激运动员的心肺功能，使之更能向耐力项目的比赛需求发展。但这种强度并不可以无限增强，因为训练强度的增大会引起糖代谢及快肌纤维参与比例增高，进而促使乳酸的产生量逐渐增加。当乳酸产生量大于乳酸分解量时，乳酸就会在体内积累，最终引起体液酸化，导致跑速减慢甚至停止。也就是说，无氧阈水平上的负荷是能够维持大运动量训练负荷的最大平均负荷。无氧阈心率一般在 160~180 次/min 的范围内，而个体无氧阈血乳酸一般在 3~6mmol/L 范围内。

在 1500m 以上距离的比赛中，最大摄氧量速度占据着非常重要的地位。山地敨司及 Berthon 等人的研究表明，最大摄氧量速度与最大摄氧量速度维持时间的大小是决定 1500~10000m 最终成绩的最主要因素。虽然通过 80% 无氧阈至无氧阈速度的训练可以达到促使心脏和肌肉向耐力型发展，但只有当训练强度达到或接近最大摄氧量速度才能产生改善与比赛需求相应的肌肉末梢组织的状况，提高专项比赛能力的直接效应。

在这种训练过程中，每一组运动心率、运动后血乳酸都应该有明确的目标值，并根据这个目标值确定明确的间歇时间。其运动心率应在 180 次/min 以上。

四、健身跑的生理负荷监控

跑步能改善人体的形态结构。它能使人体神经过程的兴奋和抑制交替加速，提高神经过程的灵活性，能改善肌肉物质代谢的特点，提高人体运动器官和内脏器官在缺氧条件下的工作能力，提高呼吸系统和心血管系统的功能；具有预防、治疗某些慢性疾病和增强体质、延年益寿的作用。

12min 健身跑是国外传播过来的一种有氧练习方法，它是通过一定时间的健身活动来增强体质，改善心肺功能，预防心血管疾病。在运动过程中机体主要运动器官（如肌肉、心脏、肺脏）以吸入、运输和使用氧气为目的耐久性运动，能全面提高机体素质和心脏功能，使机体达到最佳状态。有研究认为，中、低强度的运动可以取得比大强度更为理想的降压效果，参加有呼吸、心率改变的健身活动，能减少心血管系统的致病因素。

在进行 12min 健身跑的过程中，所动员的肌肉对氧的吸收量的增加可通过增加血流量和从血液中摄取较多的氧来完成。人体在安静情况下，血液流经每克肌肉的流量极低，这是因为骨骼肌中血管平滑肌具有较高的张力，故血管收缩。而在健身跑的过程中，这种肌张力很快减弱，即使在刚开始进行时就已出现了，因而血管很快舒张。由于在健身跑的过程中，需动用的肌肉系统中血管的总容量极大，若完全扩张，则可超过全身总的血容量。因此在进行健身跑时，肌肉的血管开放，同时，其他脏器血管相应收缩，使血液重新分配。

依据相关研究成果理论，将 12min 健身跑运动后的即刻心率（在 110～150 次/min 的区间），确定为运动负荷有效价值阈；把心率在 120～140 次/min 的区间，确定为运动负荷最佳价值阈。由于每个人的体质状况不同，同一个强度作用于不同的人，所产生的生理负荷也是不尽相同的。健身锻炼的运动负荷价值阈是指刚刚能引起身体产生锻炼效果的最小负荷程度，它按一定的心率区间确定运动负荷的计量标准和尺度。

本章小结

运动中机体承受的生理负荷是对机体的有效刺激，是引起各器官系统功能产生适应性增强的原发因素，只有在生理范围内适宜的刺激才能加快适应过程。运动生理负荷的基本要素包括运动生理负荷强度、负荷时间及负荷积分，三者既紧密联系，又相互区别。人体在生命活动过程中，身体内环境处于相对的稳定状态，即内稳态。当身体受到各种强烈刺激时，内稳态会受到冲击而发生波动，机体通过调节力求达到新的内稳态，从而提高对强烈刺激的适应。心率是用来评定运动负荷最简单易行的方法，但其使用具有一定的局限性；血压是反映负荷强度和身体功能状况的常用指标；吸氧量是评定运动强度的有效指标；梅脱（MET）是由吸氧量计算而来，但其使用较吸氧量更为方便，不论活动是否需要克服自身重量，均可用 MET 来表示其运动强度。运动负荷阈是指体育锻炼或训练课中适宜生理负荷的低限至高限的范围。 运动练习的强度、 持续时间、 练习密度和数量是构成运动负荷阈的四个基本因素。 运动训练的生理本质就是通过人为地、 有目的地、 有计划地给机体施加系统化的适宜运动负荷刺激， 使之产生最佳的反应与适应， 从而获得预期的训练效果。 篮球、 中长跑、 马拉松、 健身跑等运动项目的生理负荷监控有其各自不同的特点与方法。

复习题

1. 如何理解健身锻炼中要充分利用 "心搏峰" 和 "最佳心率范围" 理论?
2. 健身锻炼的生理负荷监控与运动训练的生理负荷监控有何不同?
3. 简述评定运动生理负荷的常用指标?

思考与讨论

结合自己喜爱的体育运动， 试用所学知识， 建立最适合自己的运动负荷最佳价值阈。

（岳春林　张　林）

参 考 文 献

[1] 杨静宜， 徐峻华. 运动处方. 北京： 高等教育出版社， 2005.
[2] 冯连世， 冯美云， 冯炜权. 优秀运动员身体功能评定方法. 北京： 人民体育出版社， 2003.

网 站 导 航

1. http：//www. nismat. org/ptcor/orthotics
2. http：//www. isssmc. com/programme. html
3. http：//www. mendeley. com/research/a－new－approach－to－monitoring－exercise－training/
4. http：//www. ausport. gov. au/sportscoachmag/development＿ and＿ maturation2/monitoring＿ training＿ load
5. http：//physiotherapy. curtin. edu. au/resources/educational － resources/exphys/98/ex-hr. cfm